Interdisziplinäre System-Bildung

D1732480

Wilhelm Walgenbach

Interdisziplinäre System-Bildung

**Eine Aktualisierung bildungstheoretischer Ansätze
mit Musterbeispielen, empirischen Studien und
Implementationsstrategien**

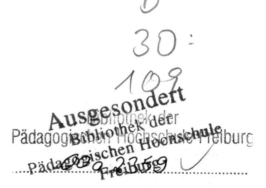

Paed
B
30:
109

Ausgesondert
Pädagogi... Bibliothek der
Bibliothek Hochschule Freiburg
Päda... ...ischen Hochschule
Freiburg

PETER LANG

Frankfurt am Main · Berlin · Bern · Bruxelles · New York · Wien

Die Deutsche Bibliothek - CIP-Einheitsaufnahme

Walgenbach, Wilhelm:

Interdisziplinäre System-Bildung : eine Aktualisierung
bildungstheoretischer Ansätze mit Musterbeispielen,
empirischen Studien und Implementationsstrategien / Wilhelm
Walgenbach. - Frankfurt am Main ; Berlin ; Bern ; Bruxelles ;
New York ; Wien : Lang, 2000
    ISBN 3-631-35138-0

Illustrationen:
Judith Walgenbach

Gedruckt auf alterungsbeständigem,
säurefreiem Papier.

ISBN 3-631-35138-0

© Peter Lang GmbH
Europäischer Verlag der Wissenschaften
Frankfurt am Main 2000
Alle Rechte vorbehalten.

Das Werk einschließlich aller seiner Teile ist urheberrechtlich
geschützt. Jede Verwertung außerhalb der engen Grenzen des
Urheberrechtsgesetzes ist ohne Zustimmung des Verlages
unzulässig und strafbar. Das gilt insbesondere für
Vervielfältigungen, Übersetzungen, Mikroverfilmungen und die
Einspeicherung und Verarbeitung in elektronischen Systemen.

Printed in Germany 1 2 3 4 6 7

Für Ursula, Katharina und Judith
sowie in Erinnerung an
Heiko Herwald, Gunter Otto, Arne Raeithel und Rudolf Wehling

Vorwort

„Interdisziplinäre System-Bildung": Das ist eine anspruchsvolle Zielsetzung! Unter **„Interdisziplinarität"** wird nicht nur eine Vernetzung wissenschaftlicher Disziplinen verstanden, sondern auch eine Integration von Wissenschaft, Kunst, Technologie und - zunehmend verwissenschaftlichtem - Alltagsleben. **„System"** wird gesehen als ein interdisziplinäres Konstrukt nicht nur von höchster Abstraktheit, sondern auch mit der Zielrichtung, *Atomismus* (als traditionelle Strategie der Wissenschaften) und *Holismus* (als eine erst einmal vorwissenschaftliche, jetzt aber auch in der modernen Wissenschaft diskutierte Strategie) in einer komplementären Weise miteinander zu vermitteln. **„Bildung"** schließlich ist ein vieldeutiger Begriff, unter dem nicht nur im Alltag und in der Politik, sondern auch in den Erziehungswissenschaften sehr Verschiedenes verstanden wird (s. dazu etwa: TENORTH, H.-E., 1997).

Diese Komplexität wird deshalb als bearbeitbar angesehen, weil eine bestimmte **Strategie** gewählt wurde und besondere **Bedingungen** (nämlich Möglichkeiten interdisziplinären Arbeitens) gegeben waren. Zu diesen *Bedingungen* gehört, daß der Autor in einer achtjährigen Praxis als Lehrer in verschiedenen Schulformen auf aufgeschlossene Schulleiter und -aufsichtsbeamte (Josef DETERMANN, Rudolf WEHLING, Gottfried DUHME, Hermann SCHÜTZ) sowie reformfreudige Kollegen (besonders: Günter RITTER und Ulrich STAUDENMAYER) traf und sich die Unterstützung fortsetzte in den wissenschaftlichen Institutionen, in denen der Autor arbeitete, nämlich in der Forschungsgruppe Gesamtschule NW (Leitung: Aloysius REGENBRECHT) und im Institut für die Pädagogik der Naturwissenschaften (IPN) an der Universität Kiel (unter der Leitung von Karl FREY, Heinrich STORK, Jürgen BAUMERT und Horst BAYRHUBER). Besonderer Dank gilt dem Leiter der Akademie für musische Bildung und Medienerziehung Remscheid, Max FUCHS, sowie dem dortigen Dozenten für Kunst und Fotografie, Roland OESKER. Wissenschaftlich beraten wurden die Arbeiten im Rahmen akademischer Qualifikationsprozesse und/oder bestimmter Forschungszusammenhänge durch Herwig BLANKERTZ, Karl FREY, Ulrich GÜNTER, Fritz LOSER, Hilbert MEYER und Gerd PRIESEMANN sowie - mehr informell - durch Thomas MIES, Thomas NEUMANN und Michael OTTE. Grundlegend für den hier vorgestellten Ansatz „Interdisziplinäre System-Bildung" war weiterhin die Mitarbeit in den BLK-Modellversuchen „Kollegstufenversuch NW" und „Naturwissenschaften im Wahlpflichtbereich der Sekundarstufe I", in denen Erfahrungen auf der Ebene mittelbarer Bildungspraxis gesammelt werden konnten. Die interdisziplinäre Kooperation mit Mitarbeitern in den genannten Forschungsinstitutionen und Forschungsprojekten schlug sich in Resultate nieder, die für diese Arbeit grundlegend sind. An den entsprechenden Stellen finden sich Namen von Mitarbeitenden. Besonders hervorgehoben werden soll hier aber die mehrjährige Zusammenarbeit mit Jan R. BLOCH, Wolfgang BÜNDER, Hermann DILLMANN, Bernd FICHTNER, Maria FRANK, Hartmut GIEST, Gerald HEIDEGGER, Ulrich JÜDES, Günter KLARNER, Rudolf KÜNZLI, Mins MINSSEN, Peter REINHOLD, Roland OESKER, Rose SCHMIDT-STETTIN, Stefan SCHULDT, Ulrike SKAUMAL, Ulrich STAUDEN-MAYER, Walter WESTPHAL, Wilhelm WOLZE und Horst ZIEFUSS, ohne die diese Arbeiten nicht möglich gewesen wären. Hinzu kommt die von Ivone RICHTER initiierte mehr als zehnjährige Zusammenarbeit mit den brasilianischen Kollegen Cleusa PERALTA, José FLORES, Nara MARONE, Jaime JOHN, André PETRÝ, Frederico RICHTER, Sirio VELASCO und Carolus Maria VOOREN sowie Kerst BOERSMA vom Naturwissenschaftsdidaktischen Zentrum der Universität Utrecht/Niederlande.

Nicht weniger wichtig war die Zusammenarbeit mit den „nichtwissenschaftlichen Mitarbeitern" (so die offizielle Bezeichnung im IPN) Monika BRAFKNECHT, Eckard BAST, Ulrike HASS, Erika KOLACZINSKI, Gerda MAHNKE, Peter POHREEP und Holger WADEWITZ. Besonders intensiv war die Kooperation mit Kurt NIEMANN, der mit den von ihm entwickelten Experimentiergeräten und seinen Ideen zum Einsatz Neuer Medien die wissenschaftliche Arbeit entscheidend mitbestimmte. Zusammen mit Ulrike HASS wurde die hier vorgelegte Endfassung angefertigt, die eine Bearbeitung einer vom Fachbereich Erziehungswissenschaften der Universität Hamburg angenommenen Habilitationsschrift darstellt (Mitglieder der Habilitationskommission: Arno COMBE, Hermann-Josef KAISER, Wolfgang LEGLER, Meinart A. MEIYER (Vorsitz), Patricia NEVERS, Gunter OTTO, Karlheinz SCHERLER, Volker SCHURIG und Hans UECKERT).

.
Die Bearbeitung der mit dem Ansatz „Interdisziplinäre System-Bildung" verbundenen Komplexität war aber auch nur deshalb möglich, weil für den theoretischen Ansatz die **Strategie** von Albert EINSTEIN leitend war: „Alles sollte so einfach wie möglich gemacht werden, aber nicht einfacher". Die Fülle der Probleme bei einem Ansatz, der zugleich ein theoretisches Konzept, Musterbeispiele, empirische Studien, Praxisrealisationen, Nutzung neuer Medien usw. umfaßt, wurde nur dadurch bearbeitbar, daß die **Kategorie „Selbsttätigkeit"** zum Ausgangs- und Mittelpunkt pädagogischer Systembildung erhoben und die **Erforschung von *elementaren heuristischen Mitteln zum zentralen Forschungsgegenstand*** gemacht wurde. Das implizierte ein dialektisches Denken, das wiederum eine bestimmte Darstellungsart erforderlich macht: Grundlegende Begriffe und Bestimmungen werden nicht - und schon gar nicht zu Anfang - festgelegt, sondern im Prozeß schrittweise und ohne endgültigen Abschluß entfaltet Das bedeutet aber für den Leser, daß er sich in diesen Prozeß integrieren und lange Ketten von Voraussetzungen und Schlußfolgerungen im Kopf behalten muß, um in sich selbst die Entwicklung der Gedanken wahrzunehmen, mitzuvollziehen und eigenständig weiterzuentwickeln.

Es handelt sich also mehr um ein „Arbeits-"buch als um ein „Lese-"buch. Zur Unterstützung dieser schwierigen Art des Denkens sind zum einen zentrale Begriffe immer wieder hervorgehoben worden, die sonst leicht in neuen Kontexten überlesen werden (eine Gestaltung als Hypertext käme dieser Denk- und Darstellungsmethode mehr entgegen). Weiterhin liegt den Bildtafeln eine im Anhang dargestellte Entwicklungslogik zugrunde. Außerdem wurde das Stichwortregister so angelegt, daß bestimmte Problemkomplexe ausgewiesen und das Aufsuchen der angegebenen Stellen die Herstellung eines komplexen Bestimmungsgefüges ermöglicht. Dabei haben einzelne Teile den Reifegrad von unmittelbar einsetzbaren Instrumentarien (wie z.B. die Entwicklungsreihen für materielle und ideelle heuristische Mittel). Andere Teile (wie die über die Vermittlung von „Selbsttätigkeit" und „Selbstorganisation" oder über das „Wechselwirkungskonzept") sind bewußt eingegangene Wagnisse mit Interesse an Diskussionen mit Wohlmeinenden.

Mit besonderer Eindringlichkeit soll auch noch darauf hingewiesen werden, daß die angeführten „Beispiele" genau eben nicht Beispiele sind, sondern Versuche in Richtung eines von GOETHE sogenannten **„gegenständlichen Denkens"**, verstanden als ein Wechselspiel von anschauendem Denken und denkendem Anschauen. Die **„Wirbelstraße"** spielt dabei eine zentrale Rolle, weil an ihr exemplarisch Theoriestücke erarbeitet werden, die dann grundlegend sind für den Ansatz „Interdisziplinäre System-Bildung" insgesamt. Sie hat die Funktion wie das „Pendel" in der Physik, das E.coli-Bakterium in der Biologie oder der von CEZANNE immer wieder gemalte Berg Sainte Victoire. Solche Untersuchungsobjekte können als **Miniaturen** gesehen werden, die die ganze Komplexität eines Problembereichs repräsentieren und deshalb umfassende und zugleich konzentrierte Forschungen ermöglichen.

Bisherige Erfahrungen zeigen, daß es Außenstehenden erst einmal schwerfällt, sich ernsthaft auf die „Miniaturen" (wie die „Wirbelstraße" oder den „Hefeteig") einzulassen. Erst aber wenn man diese nicht mehr als beliebige Gegenstände oder Beispiele begreift und sich ernsthaft mit ihnen beschäftigt (indem man etwa selbst in einer Wasserwanne eine Wirbelstraße herstellt und dabei konkrete Erfahrungen gewinnt, wie sie unter 5.2 von Teilnehmern an Kursen, Projekten, Workshops usw. dokumentiert sind), wird man einen Zugang zu dem hier vorgestellten Ansatz gewinnen. Dessen Anschluß an die bildungstheoretische Tradition wird nämlich versucht durch das Ernstnehmen grundlegender Ideen wie etwa die von Wilhelm von HUMBOLDT in Bezug auf den Bildungsgegenstand, die dieser wie folgt formuliert:„ Was also der Mensch braucht, ist bloß ein Gegenstand, der die Wechselwirkung seiner Empfänglichkeit mit seiner Selbstthätigkeit möglich macht. Allein wenn dieser Gegenstand genügen soll, sein ganzes Wesen in seiner vollen Stärke und seiner Einheit zu beschäftigen, so muß er der Gegenstand schlechthin, die Welt seyn, oder doch (denn dieß ist allein richtig) als solcher betrachtet werden." (HUMBOLDT, W.v., 1965, S. 26f.). Die „Wirbelstraße" oder der „Hefeteig" aber sind solche Gegenstände, die es ermöglichen und dazu anregen, komplexe Systeme zu entfalten, die Kunst, Wissenschaft, Technologie und Alltagleben und damit (fast) die ganze Welt umfassen.

Inhalt

Einführung und Übersicht

Der Wissenschaftsrat kam 1984 bei einer Evaluation der außeruniversitären erziehungswissenschaftlichen Institute in Deutschland zu folgender generellen Einschätzung der Pädagogik als Wissenschaft: „Der Konsensus über Standards und Kriterien für „gute" Forschung (und auch Lehre) ist im Vergleich zu anderen Fächern in der Erziehungswissenschaft wenig entwickelt. Insofern ist ihr Forschungsstand besonders uneinheitlich und insgesamt nicht befriedigend". Hinsichtlich der Beziehungen zu den Nachbardisziplinen Psychologie und Soziologie wird festgestellt: „Sie hat sich in einigen Bereichen von der traditionellen Pädagogik und ihrer primär erziehungsphilosophischen Argumentation in Richtung einer empirisch forschenden Sozialwissenschaft entwickelt. Sie tut sich bis heute schwer, in dieser Entwicklung gegenüber den Bezugsdisziplinen Psychologie und Soziologie unter Rückgriff auf ihre angestammt pädagogischen Orientierungen eine Balance zu finden, welche die Identität und Autonomie des Faches wieder stärken." (WISSENSCHAFTSRAT, 1984, S. 11).

Eine Möglichkeit, bei den angestammten pädagogischen Orientierungen wieder anzuknüpfen, besteht in der Wiederaufnahme des „pädagogischen Grundproblems" (LUHMANN, N., SCHORR, K. E., 1982, S. 7), das wie folgt formuliert werden kann: **Wie läßt sich Selbsttätigkeit durch Einwirkungen von außen auslösen und in ihrer Entwicklung unterstützen?**

Mit der Konstitution von „Selbsttätigkeit" als zentraler Kategorie hat Bildungstheorie Pädagogik als Wissenschaft in zweierlei Hinsicht revolutioniert:

(1) Ausgangspunkt von Erziehung ist nicht mehr ein bestimmter, fest vorgegebener Entwicklungsstand gesellschaftlichen Wissens, der von den Lernenden reproduktiv angeeignet werden muß. Selbsttätigkeit wird vielmehr verstanden als Selbstbestimmung des Subjekts in größtmöglicher Freiheit und als **Erzeugung von Neuem** insofern, als das individuelle Subjekt sich in seiner Einmaligkeit zum Ausdruck bringt und damit gleichzeitig zumindest potentiell zur Höher- und Weiterentwicklung der Gesellschaft beiträgt, weil es deren Möglichkeiten bereichert.

(2) Selbsttätigkeit wird nicht verkürzt verstanden als eigenes praktisches Tun und Handeln (etwa als Selbstdurchführung von Experimenten im naturwissenschaftlichen Unterricht) wie bei Ansätzen zur „Handlungsorientierung" oder als Anknüpfen an die subjektiven Interessen, Bedürfnisse, Motivationen usw. von Lernenden wie bei Ansätzen zur „Kindorientierung". Im Anschluß an die Philosophie des Idealismus wird Selbsttätigkeit vielmehr bestimmt als ein Akt, **in dem ein Ich sich sein Selbst gegenüberstellt und Entwürfe für die Entwicklung der eigenen Persönlichkeit entwirft und zu realisieren sucht.** In seiner Selbsttätigkeit konstituiert der Mensch damit ein

grundlegend neues, **theoretisches Verhältnis** zu sich selbst und zur Wirklichkeit, indem er auf Distanz zu seinem gegebenen Ich geht und Möglichkeiten eines zukünftigen Selbsts entwirft. Wie bei aller Theoriebildung wird damit *Wirklichkeit und Möglichkeit* in ein Spannungsverhältnis zueinander gesetzt.

Mit der Kategorie „Selbsttätigkeit" hat Bildungstheorie aber zugleich auch die Bearbeitung eines Paradoxons zum zentralen Gegenstand von Pädagogik gemacht: **Mit welchen Mitteln kann man überhaupt von außen auf ein Subjekt einwirken, das sich in Freiheit selbst bestimmt?** Vor allem in Verbindung mit dem Konzept der *Kausalität*, nach dem eine bestimmte Ursache (die erzieherische Maßnahme) eine bestimmte Wirkung (die Selbsttätigkeit des Subjekts) hervorruft, wurde dieses Paradoxon mit Blick auf die KANTsche Kategorienlehre (Unvereinbarkeit von Kausalität und Freiheit) als theoretisch-systematisch unlösbar angesehen und nicht weiter bearbeitet (s. dazu: LUHMANN, N., SCHORR, K.-E., 1979, S. 7).

Versuche zur Lösung des pädagogischen Grundproblems lassen sich historisch aber in pädagogischen Ansätzen finden, die mehr *pragmatisch-praktisch (praxeologisch)* ausgerichtet sind. Zusammengefaßt können sie verstanden werden als Bemühungen von Pädagogen wie etwa PESTALOZZI, FRÖBEL oder DIESTERWEG um die Konstruktion von **„Elementaren Mitteln"** (s. dazu die problemgeschichtliche Analyse von Wolfgang KLAFKI, 1963).

Aus der Sicht heutiger Wissenschafts- und Erkenntnistheorie kann das Ziel dieser Ansätze verstanden werden als Suche nach **heuristischen Mitteln** (= Mittel für die Erzeugung von Neuem/s. dazu Tafel XII). Heuristische Mittel bewahren einerseits bisheriges „altes" Wissen in sich auf und sind insofern *geschlossen-bestimmt;* andererseits sind sie aber *offen-unbestimmt,* weil sie die **Erzeugung von Neuem** nur orientieren, nicht aber das Resultat im voraus festlegen. Das selbsttätige Subjekt hat damit einen Spielraum für Kreativität und Originalität, zugleich aber auch Anschluß an gesellschaftliche Erfahrungen.

Exkurs: Die zentrale Bedeutung der Mittel im Bildungsprozeß

Die zentrale Bedeutung der Mittel im Bildungsprozeß soll im folgenden an einem Beispiel aufgezeigt werden. Dabei handelt es sich um einen kurzen Auszug aus einer Unterrichtsstunde (Sachunterricht in einer vierten Klasse), die von der „Arbeitsstelle Unterrichtsmitschau" einer Pädagogischen Hochschule über Jahre in der Ausbildung von Grundschullehrern als Musterstunde vorgestellt wurde (s. dazu: WARTHORST, A., 1973).

Ziel der Stunde ist die Erarbeitung des Begriffs „Ballungsraum" am Beispiel des Ruhrgebiets. Zur Entwicklung dieses Begriffs werden den Schülern zwei Fernsehstandbilder gezeigt: eines vom Münsterland, einem wenig besiedelten ländlichen

Raum, und eines vom Ruhrgebiet als einem dichtbesiedelten Ballungsraum. Aufgabe der Schüler ist es, ausgehend von den gezeigten Bildern, Merkmale für beide Landschaftsräume zu nennen, bestimmte gemeinsame Merkmale auszuwählen und einander kontrastierend gegenüberzustellen (etwa: viele Häuser/wenig Häuser) und schließlich den Begriff „Ballungsraum" zu bilden. Dieser Begriff soll ihnen als ein allgemeines Erkenntnismittel zur Verfügung stehen, um in späteren Stunden Landschaftsräume klassifizieren zu können (Ballungsraum/ kein Ballungsraum/s. dazu auch Tafel XXI).

*Die folgende Analyse erfolgt insofern theoriegeleitet, als die Möglichkeit von Selbsttätigkeit geprüft werden soll. Die Durchsicht des Unterrichtsprotokolls läßt dabei zwei entscheidende Beschränkungen von Selbsttätigkeit sichtbar werden: die Lernenden sind nicht an der Konstitution des Gegenstandes beteiligt (s. dazu auch 1.2.3.4) und kennen im Gegensatz zum Lehrenden nicht das angezielte **Mittel**, den zu bildenden Oberbegriff „Ballungsraum". Gleichzeitig ist ihnen bewußt, daß das von ihnen zu Suchende eigentlich nichts Neues ist, sondern zumindest dem Lehrer bekannt.*

Der Protokollauszug bezieht sich auf jenen Teil des Unterrichts, in dem das Bild vom Münsterland von den Schülern beschrieben wird:

L: *Moment! - Zunächst einmal ansehen! - Ein Bild aus dem Münsterland - So! - Könnt Ihr jetzt 'mal zeigen, was ihr gesehen habt? Martina!*

SJ: *Bäume und Wälder und ...*

L: *Stop!*

SM: *Ackerland ...*

L: *(Tafelanschrift) Münsterland*
       Münsterland - Bäume - Wälder. Ich will mal nur schreiben „Wälder" - ja, Sabine!

SM: *Alles war verschneit.*

L: *Das wirkte nur so auf dem Fernsehschirm - in Wirklichkeit war es aber nicht verschneit, das sah nur so aus. - Thomas!*

SJ: *Wiesen und Wälder*

L: *(Tafelanschrift) Jaha - Heike?!*

SM: *... und Ackerteile*

L: *Jaha - (Tafelanschrift) Acker - Olaf!*

SJ: *Einzelne Hügel -*

L: *Mhm - Wo sind denn Hügel? Ich glaube, das wirkte nur so durch die ...oh, das würde ich aber nicht sagen! Johannes! Johannes, was hast Du entdeckt?*

SJ: *Da ist weit und breit kein Dorf zu sehen - auf dem Bild.*

L: *Aha! - Sabine?*

SM: *Ein paar Häuser.*

L: *Er hat doch gesagt, er hat kein Dorf gesehen - und Du sagst, da sind Häuser gewesen?*

SM: *Ein paar habe ich schon gesehen --*

L: Aha, das war kein Dorf...
SM: ...Nein!
L: ...sondern
SM: Das war ein Teil ...
L: Das waren also nur einzelne Häuser
(Tafelanschrift: einzelne Häuser)

*Erkennen läßt sich an diesem kurzen Auszug aus dem Unterrichtsprotokoll, daß das angezielte **Mittel** der Wissenskonstruktion, der Begriff „Ballungsraum", und die damit verbundene **Methode** seiner Erzeugung durch ein „induktives" Aufsteigen **vom Konkreten zum Abstrakten** die Möglichkeiten von Selbsttätigkeit grundlegend einschränkt. Der Lehrer bestimmt, welche Merkmale des Gegenstands akzeptiert werden, weil nur er über dessen Konstitution entschieden hat. Der Lehrer wählt weiterhin Merkmale im Hinblick auf den zu bildenden Oberbegriff „Ballungsraum" aus, den er im Gegensatz zu den Schülern schon kennt. Den Lernenden bleibt nichts anderes übrig, als zu raten und zu erproben, welche Merkmale vom Lehrenden akzeptiert oder abgelehnt werden. Die Gründe für die von ihm getroffenen Entscheidungen und für die Umformulierung von Schüleräußerungen sind für die Lernenden nicht vorher- und einsehbar, sondern müssen einfach hingenommen werden.*

*Zusammenfassend läßt sich jetzt sagen: Die für diese „Musterstunde" gewählte „induktive" Methode mit ihrem „Aufsteigen vom Konkreten zum Abstrakten" führt zu einem autoritären Lehrstil. Dieser Lehrstil würde auch nicht durch den häufigen Gebrauch von Wörtern wie „wir" oder „bitte" oder etwa durch den Einsatz von Methoden der „humanistischen Psychologie"- wie etwa der „Themenzentrierten Interaktion (TZI)" - entscheidend geändert. **Die Mittel der Wissenserzeugung bestimmen die Tiefenstruktur und damit den gesamten pädagogischen Prozeß**: die Unterrichtsform, die Sitzordnung in der Klasse, die Beziehungen der Lernenden untereinander und zu dem Lehrenden, die Art der Objektkonstitution und der Begriffsentwicklung, die Möglichkeit, über Gegebenes hinaus zu Neuem vorzudringen usw.*

Für die in dieser Arbeit vorgestellte Bearbeitung des als zentral definierten Problems der **Mittel der Wissenskonstruktion** waren vor allem eine Idee Adolph DIESTERWEGs und die praktische Konzeption Friedrich FRÖBELs für die frühkindliche Erziehung grundlegende Orientierungen:

- DIESTERWEG wünschte sich einen „pädagogischen Homöopathen", der uns lehrt, wie man Wissen in einer möglichst geringen Dosis, aber mit hoher Wirkung verabreicht. Die heuristischen Mittel sollten also wie die weißen Kügelchen in der homöopathischen Medizin eine minimale Größe haben, zugleich aber hochverdünnte, komprimierte und potenzierte Substantialität enthalten, die die Eigenkräfte des einzelnen Subjekts aktiviert und von ihm zu entwickeln ist (s. dazu: DIESTERWEG, A., 1958, S. 93).

- FRÖBELs Elementarmittel, das er an den Anfang einer Reihe von „Spielgaben" für Kinder stellte, war der **Ball**. Einerseits sah er ihn in seiner *materiellen* Dimension, andererseits aber auch in seiner *ideellen* Dimension insofern, als darin Entgegensetzungen (wie *Teil/Ganzes, hin/her, haben/loslassen, dasein/verschwinden usw.*) angelegt sind, die explizit gemacht werden können (s. dazu die Tafel I). Indem Materielles und Ideelles in ein Wechselspiel miteinander gebracht werden, entsteht „**Kategoriales**" insofern, als einerseits ein bestimmter Inhaltsbereich erschlossen, andererseits das Formal-Allgemeine (die Kategorien in Form von Begriffspaaren) zur weiteren Erschließung der Wirklichkeit und des eigenen Selbsts als Mittel einsetzbar ist. Der Ball repräsentiert dabei wie eine *Miniatur* die Welt insgesamt und bildet den Ausgangspunkt einer **Entwicklungsreihe** von „Spielgaben", dessen *Metamorphosen* zum Würfel, Zylinder, Kegel usw. führen. (s. dazu: FRÖBEL, F., 1982, S. 13 - 52).

In der Tradition dieses Denkens kann als Gegenstand und Ziel von Pädagogik die **Konstruktion elementarer heuristischer Mittel** *zur Initialisierung und Unterstützung von Selbsttätigkeit* bestimmt werden. Nicht das lernende Subjekt (und damit Psychologisches), nicht das gesellschaftliche Wissen (und damit Epistemologisches) und auch nicht die Kommunikation zwischen Subjekten (und damit Soziologisches) stehen damit im Zentrum pädagogischer Theoriebildung, sondern die **elementaren Mittel**, die vom Lehrenden zwischen Subjekt und Wissen geschoben werden, um sie miteinander zu vermitteln. Nicht mehr direkt-kausal wird auf Subjekte eingewirkt, sondern vermittelt *über Sachen* (s. dazu auch die Kritik am Ansatz von Dietrich BENNER unter 7.2) und in einer auf *Wechselwirkungen* (s. dazu Tafel XXIII) zielenden *indirekten* Weise, so daß Selbsttätigkeit zwar angestoßen und in Bewegung gesetzt und gehalten, nicht aber in ihrer Eigenständigkeit erstickt wird. Wesentlich ist auch, daß die Mittel in die Hand der Lernenden übergehen und von ihnen selbst auf der Grundlage reflexiver Akte (Erzeugung von *Wissen über Wissen* und von *Wissen über die eigenen Mittel der Wissenskonstruktion*) weiterentwickelt werden.

Einerseits stehen also **heuristische Mittel** im Zentrum pädagogischen Interesses. Andererseits aber ist zu verfolgen, ob diese Mittel von den Lernenden akzeptiert und wie sie von ihnen entwickelt werden. Zugang zu diesem Prozeß ermöglichen **Selbstthematisierungen**, durch die das Subjekt sich seinen Entwicklungsprozeß selbst bewußt und der Kommunikation mit anderen zugänglich macht. Gegenstand der Selbstreflexion ist dabei das Wechselspiel von *Materiellem und Ideellem*, von Gegenstand (dem „Ball") und Idee (den vom Ball provozierten kategorialen „Entgegensetzungen"). Diese Gegensätzlichkeit muß das Subjekt in sich aushalten lernen bis hin zu Entwicklungsstufen (s. Tafel XVII), in denen beide Seiten eine relative Eigenständigkeit gewinnen (das Ideelle in Form von *abstrakt-theoretischen* Kategorien, das Materielle als eigenständiges System mit der Fähigkeit zu einer vom Menschen unabhängigen *Selbstorganisation*).

Exposition des Grundansatzes:
Konstruktion elementarer Mittel
als Gegenstand und Ziel von Pädagogik

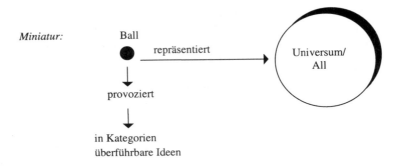

Miniatur: Ball

repräsentiert → Universum/ All

provoziert

in Kategorien
überführbare Ideen

Elementares Mittel in der Konzeption von FRÖBEL

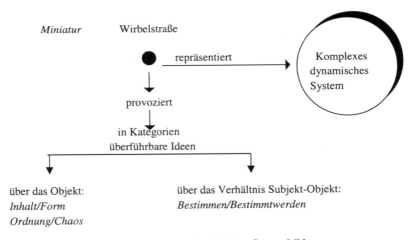

Miniatur Wirbelstraße

repräsentiert → Komplexes dynamisches System

provoziert

in Kategorien
überführbare Ideen

über das Objekt:
Inhalt/Form
Ordnung/Chaos

über das Verhältnis Subjekt-Objekt:
Bestimmen/Bestimmtwerden

Elementares Mittel für interdisziplinäre Systembildungen

Tafel I

Mit dem Blick von den Mitteln auf das Subjekt wird der Forderung nach „Naturgemäßheit" des Lernens entsprochen, für DIESTERWEG der oberste Grundsatz von Erziehung und Bildung. Mit dem Blick von den Mitteln zum gesellschaftlichen Wissen hin kommt aber auch die „Kulturgemäßheit" ins Spiel. Kultur wird dabei der Natur nachgeordnet, „... sie beabsichtigt nichts als Entwicklung, Unterstützung, Stärkung und Veredlung der Natur durch all die Momente, welche sich die veredelte Menschheit seit Jahrtausenden angeeignet hat." (DIESTERWEG, A., 1956, S. 326).

Wie kann man Kultur ins Spiel bringen, ohne daß sie die Selbsttätigkeit des Subjekts erstickt? Notwendig sind dazu Elementarisierungen, die offen insofern sind, als sie ihren Ausgang nehmen **von dem jeweils entwickeltsten, noch nicht abgeschlossenen Stand der Gesellschaft mit seiner Ausrichtung auf Zukunft hin** (deswegen die Ausführungen über moderne Entwicklungen in Wissenschaft und Kunst unter 2.1).

So wie das Subjekt in seiner Selbsttätigkeit **Neues**, nämlich seine einmalige Persönlichkeit, erzeugt, so wird Neues in der Gesellschaft vor allem in Wissenschaft, Kunst und Technologie hervorgebracht. Nicht aber primär die *Resultate* dieser gesellschaftlichen Tätigkeiten mit hoher Innovationsrate sind grundlegend für die Initialisierung und Unterstützung von Selbsttätigkeit, sondern *die elementaren Problemstellungen und Mittel* zu deren Bearbeitung. Nur dann ist *Offenheit* gegeben, mit der Selbsttätigkeit in eine symmetrische Wechselwirkung treten kann (s. dazu besonders die musikdidaktischen Beispiele in 3.1 und 7.4).

Zum entwickeltsten Stand einer wissenschaftlich-technischen Zivilisation gehören interdisziplinäre Systembildungen. Interdisziplinäre Systembildung ist:
- eine *komplexe* Tätigkeit, die Erkenntnisse, Methoden und Materialien aus verschiedensten Bereichen in ein produktives Wechselspiel miteinander bringt;
- eine *theoriegeleitete* Tätigkeit, die das interdisziplinäre Konstrukt „System" als Mittel nutzt, um das Ausgangsmaterial auf ein bestimmtes theoretisches Niveau zu bringen und so miteinander kompatibel zu machen;
- eine *integrative* Tätigkeit, die Zusammenhänge herstellt in zwei Dimensionen: horizontal als Vernetzung von Disziplinen (*Interdisziplinarität*), vertikal als Herstellung von Verbindungen zwischen Theorie und Praxis (*Transdisziplinarität*);
- eine *Praxis verändernde, revolutionäre* Tätigkeit, weil sie das ganze Spannungsfeld zwischen Theorie und Praxis umfaßt und in der Realisierung materieller Systeme erst ihre Vollendung findet;
- eine hochabstrakte, (selbst-)reflexive Tätigkeit, deren grundlegender Ausgangspunkt die elementare Fragestellung ist: Wie werden Systeme gebildet in einem Spannungsfeld von *Atomismus* (Aspekt der Teile und Elemente) und *Holismus* (Aspekt der Beziehungen zwischen Teilen und des Ganzen)?

Wie kann Systembildung in einer *elementaren* Weise verstanden werden? Das Wort System, abgeleitet von dem altgriechischen Wort systema, bedeutet erst einmal nichts

Systembilder in systematischer Sicht

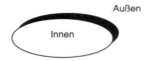

Systemkonstitution: Innen/Außen

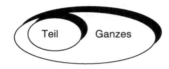

Ausdifferenzierung: Teil/Ganzes

Prozessualisierung: Zustand/Prozeß

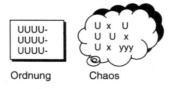

Zustandscharakterisierung

Tafel II

weiter als „das Zusammengestellte" (s. dazu: VON DER STEIN, A., 1968, S. 1 ff.) und bezeichnet damit - aus der Sicht der *Konstruktion* von Wissen - das Ergebnis einer auf Integration ausgerichteten Tätigkeit. Wenn ich etwas zusammengestellt habe, ist eine *Einheit* konstituiert, über die ein *Innen* abgegrenzt ist von einem *Außen*. Innerhalb dieser Einheit lassen sich durch Ausdifferenzierung *Teile* ausmachen, die zugleich eine relative Eigenständigkeit aufweisen und trotzdem immer auf das *Ganze*, das mehr ist als die Summe seiner Teile, bezogen bleiben. Außerdem befinden sich die Teile in **Wechselwirkungen** miteinander, die einen bestimmten Zustand des Systems bewirken (homöostatisches System), aber auch das System in Prozesse überführen können, die letztlich zur Transformation des Systems und vielleicht zur Ausbildung eines neuen Systemzustandes führen können (ultrastabiles System). Das System nimmt dabei Zustände ein in einem Spannungsfeld von *Ordnung* und *Chaos*.

Die systembildende Tätigkeit bewegt sich also in **Spannungsfeldern**, die sich mit Begriffspaaren wie *Innen/Außen, Zustand/Prozeß, Teil/Ganzes* oder *Ordnung/Chaos* charakterisieren lassen (s. dazu Tafel II und die Arbeiten von E. v. WEIZSÄCKER, 1974, Erich JANTSCH, 1982 und Gerd PAWELZIG, 1970, sowie Arbeiten, die im Zusammenhang mit der Entwicklung des Konzepts „Interdisziplinäre System-Bildung" stehen, wie die von Jan R. BLOCH, 1992, Jens BRAAK, 1990, Gerald HEIDEGGER, 1985, Wilhelm WALGENBACH, 1979 und 1984 sowie Wilhelm WOLZE, 1989 und 1991). Als grundlegend für diese Spannungsfelder kann der für die moderne Wissenschaft revolutionäre Versuch angesehen werden, *Atomismus* und *Holismus* miteinander zu vermitteln und Zusammenhänge zu entwickeln, die zugleich auf Akte der *Differenzierung* (Ausrichtung auf Teile und grundlegende Elemente) und *Integration* (Ausrichtung auf Zusammenhänge, auf „Ganzheiten") aufbauen. Systemdenken ist deshalb ein zutiefst *paradoxes* **Denken**, das grundlegende Widersprüche miteinander zu vermitteln sucht, die in der bisherigen Wissenschaftsgeschichte weitgehend getrennt voneinander gesehen und bearbeitet wurden (zu Paradoxien des Systemdenkens s.: BLAUBERG, I. V., SADOVSKY, V. M., JUDIN, E. G., 1977, S. 276 - 282)

Mit diesen, Paradoxien zum Ausdruck bringenden Begriffspaaren als theoretisch-abstrakte Mittel der Systembildung, die sich sowohl analytisch-deskriptiv für die Beschreibung gegebener Systeme wie synthetisch-konstruktiv für die Bildung neuer Systeme bzw. Transformation gegebener Systeme einsetzen lassen, sind auch immer elementare **bildhaft-anschauliche Vorstellungen** verbunden wie etwa die in Tafel II dargestellten.

Der Systembegriff ist aber auch ein Begriff mit einer bestimmten Geschichte und nicht erst in der modernen Wissenschaft ausgebildet worden (s. dazu: VON DER STEIN, A., 1968). Die verschiedenen Stadien seiner Entwicklung sind dabei immer mit **bestimmten bildhaften Vorstellungen** verbunden, die jeweils spezifische Denkmuster

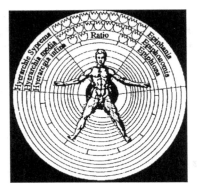

Mittelalter: Konzentrische Kreise

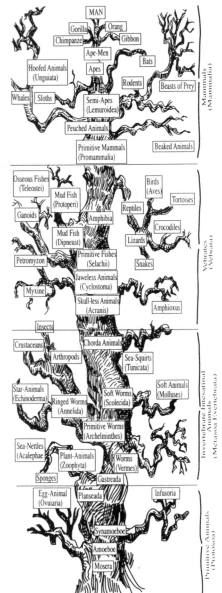

Neuzeit: Verzweigte Hierarchien

Tafel III

Systembilder in historischer Sicht

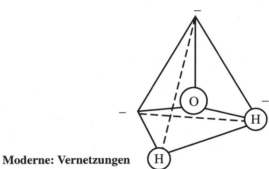

Moderne: Vernetzungen

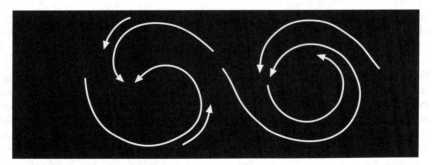

Neuere Ansätze: Zentren dynamischer Selbstorganisation

einer Epoche zum Ausdruck bringen (s. dazu auch: LEISEGANG, H., 1951), aber auch für heutiges Systemdenken in seinen verschiedenen Varianten (z. B. Vernetztes Denken, Evolutionäres Systemdenken oder Systemisches Denken) grundlegend sind (s. dazu Tafel III).

Konzentrische Kreise sind Mittel spekulativ-intuitiver Systembildungen, wie sie etwa von der Antike bis ins Mittelalter grundlegend waren. Die mit der Renaissance einsetzende empirisch-analytische Haltung des Menschen gegenüber der Natur war mit Systembildern verbunden, in denen die Elemente in *baumartige Hierarchien* (Begriffspyramiden) eingeordnet wurden, mit denen vor allem im 19. Jahrhundert Klassifikationen, Systematiken und Typologien zur Anschauung gebracht wurden. Charakteristisch für das atomistische Denken in den modernen (Natur-)Wissenschaften (und auch für die empirische Lehr-Lern-Forschung/s. dazu 1.2.3.4) sind *Netzdarstellungen von Strukturen*, mit denen Elemente und ihre Verbindungen untereinander sichtbar gemacht werden. Die Systembilder der modernen, dynamisch-evolutionären Systemtheorie tendieren demgegenüber wieder mehr zu einem zyklischen, jetzt aber dynamisch-evolutionären Prozeßdenken, in dem etwa die Gruppierung von Punktelementen um Zentren, die als *Attraktoren, Ordner, Generatoren* usw. bezeichnet werden, in Form von Computergraphiken und -animationen (besonders bekannt: die Fraktale der Chaosforschung/s. Tafel XI) zur Anschauung gebracht wird System*bildung* kommt hier in allgemein-abstrakten System*bildern* in den Blick. Wie bei FRÖBEL sind sie begrifflich in Form von „Entgegensetzungen" (*Teil/Ganzes, Innen/Außen, Chaos/Ordnung* usw.) formuliert, thematisieren grundlegende Sicht- und Zugriffsweisen des Menschen auf die Welt und haben von daher die Qualität von „**Kategorialem**". Um diese Mittel nutz- und handhabbar zu machen, sind sie in einem Prozeß des **Aufsteigens vom Abstrakten zum (Geistig-) Konkreten** (s. Tafel XIV, XXI und XXII) zu entwickeln. Es müssen also Strategien zur Entwicklung solcher kategorialen Entgegensetzungen entwickelt werden (s. dazu die Ausführungen im Teil 3).

Bei FRÖBEL kann man aber auch lernen, daß gleichzeitig **Inhaltlich-Gegenständliches** benötigt wird, das diese abstrakten Ideen hervorruft, und an dem man diese Ideen bis hin zu expliziten *kategorialen Begriffen* entwickeln kann. Es findet daher zugleich ein Prozeß des **Aufsteigens vom Konkreten zum Abstrakten,** im Fall von FRÖBEL also vom Ball zu ausgearbeiteten Kategorien, statt (s. Tafel XXII).

Dementsprechend ist dann **interdisziplinäre Systembildung** in *der* Form zum Gegenstand von Bildung und Erziehung zu machen, daß **Begriffspaare** wie *Innen/Außen, Prozeß/Zustand oder Ordnung/Chaos* mit einer gegenständlichen **Miniatur** gekoppelt werden, die zu interdisziplinären Systembildungen herausfordert. Aus dem Wechselspiel von *Ideellem* - den Begriffspaaren - und *Materiellem* - der Miniatur - geht dann in einem wechselseitig aufeinander bezogenen Prozeß des **Aufsteigens vom Konkreten zum Abstrakten** und einem **Aufsteigen vom Abstrakten zum Konkreten** ein komplexes System hervor (s. dazu Tafel XVII). Dieses hat seinen Bildungswert in der

Erreichung eines bestimmten Resultats, läßt aber auch **heuristische Mittel für inter-disziplinäre Systembildungen** erkennbar werden, und zwar sowohl in ihrer Entwickelbarkeit als auch in ihrem möglichen Gebrauch. Es wird also nicht nur Wissen erzeugt, sondern auch *Wissen über Wissen* (Metatheoretisches) sowie *Wissen über die eigenen Mittel und Strategien der Wissenserzeugung* (Metakognitives).

Vorgestellt werden für diese Vorgehensweise *Musterbeispiele* (oder, im Sinne von Thomas S. KUHN, 1976, zur Theorieentwicklung zählende „Paradigmatische Anwendungen") Von denen wird die Sequenz **„Die Wirbelstraße: Ein sensibles System zwischen Ordnung und Chaos"**, in der interdisziplinäre Systembildungen mit Flüssigem durchgeführt werden, besonders ausführlich diskutiert (s. dazu die Ausführungen unter 4.3 und die weiteren, im Sachregister ausgewiesenen Stellen). Grundlegend sind in dieser Systembildungssequenz zum einen die **Begriffspaare** *Inhalt/Form, Ordnung/Chaos* und *Bestimmen/Bestimmtwerden,* zum anderen als **Miniatur** die in Flüssigkeiten erzeugbare *Wirbelstraße* (s. dazu Tafel I, XVI und XVII).

Die Wirbelstraße wird dabei als ein **„Urphänomen"** angesehen, das in hochkomprimierter Form bestimmte Probleme von Systembildungen miniaturartig repräsentiert (s. dazu: GROSSMANN, S., 1989, KÜKELHAUS, H., 1978, LUGT, H. J., 1979, SCHWENK, T., 1988). Dieses Urphänomen aber ruft bestimmte **„Urbilder"** hervor, wie etwa *Ordnung und Chaos*, die sich dann bis hin zu Kategorien entwickeln lassen (s. dazu auch die Untersuchungen von HASS, H., 1998).

Orientiert an der Konzeption von FRÖBEL kann dann die in Tafel I dargestellte Formalisierung vorgenommen werden.

Im Gegensatz etwa zu fertigen und statisch-geschlossen erscheinenden Objekten wie Tisch, Stuhl und Schrank, die zu einem System „Möbel" vereinigt werden können, wird schon die Konstitution einer Einheit bei Flüssigem zum Problem: **Was soll als Einheit definiert werden, wo sind die Grenzen des Systems, was ist Innen und Außen, was Zustand oder Prozeß?** Wenn man selbst eine Wirbelstraße in einem Becken durch Hindurchziehen eines Stabes erzeugt, erlebt man zugleich ein Spannungsfeld von *Bestimmen* (als systembildendes Subjekt) und *Bestimmtwerden* (durch das Flüssige als Material der Systembildung) sowie ein Spannungsfeld von *Ordnung und Chaos* im dynamischen System des Flüssigen. Die Wirbelstraße ist dabei ein besonders interessantes Phänomen, weil sie an der **Grenze** zwischen *Ordnung* (laminare Strömung) und *Chaos* (Turbulenz) sowie von *Bestimmen* (Reproduzierbarkeit, Berechenbarkeit und Vorhersagbarkeit) und *Bestimmtwerden* (Nichtreproduzierbarkeit, Unberechenbarkeit und Nichtvorhersagbarkeit) liegt (s. dazu Tafel XVI).

Ziel dieser Arbeit ist es also, **die Konstruktion von elementaren Mitteln in der Selbsttätigkeit und die Initialisierung und Unterstützung dieses Prozesses durch ein Angebot von heuristischen Mitteln zu diskutieren und aufzuzeigen.** Dabei wird zuerst im Teil 1 nach *Lösungsideen* für die Konstruktion und den Einsatz heuristischer Mittel in der Geschichte der Pädagogik gesucht. Diese werden im Anschluß an W. KLAFKI (1963) als **Suche nach „Elementarmitteln"** verstanden. Im Teil 2 wird diese Suche nach Elementarmitteln erweitert, indem die *Erzeugung von Neuem* in Wissenschaft und Kunst unter dem speziellen Aspekt der Konstruktion *heuristischer* Mittel untersucht wird. Auf der Grundlage der gewonnenen Orientierungen werden dann im Teil 3 *heuristische Mittel* für die Initialisierung und Unterstützung von „Interdisziplinärer System-Bildung" in systematischer Form entwickelt und im Teil 4 Musterbeispiele für deren Einsatz beschrieben. Im Teil 5 werden Möglichkeiten empirischer Forschung diskutiert und erste explorative Studien vorgestellt. Dabei deutet sich ein Ansatz an, der empirische Forschung nicht von außen in einer deskriptiv-analytischen Weise an Prozesse der Selbsttätigkeit heranträgt und so das Subjekt zum Objekt macht. In Form einer *dialogischen Forschung* wird vielmehr das empirische Instrumentarium zum *Mittel der Selbsttätigkeit* insofern, als die Subjekte etwa über *semantische Netzwerke* sich ihre eigenen Strategien zur Konstruktion von Mitteln gegenüberstellen und in Distanz zu sich selbst entwickeln. Im Teil 6 werden dann Möglichkeiten einer Implementation des Ansatzes „Interdisziplinäre System-Bildung" in das Bildungssystem diskutiert und im Teil 7 abschließend eine Einordnung des Ansatzes in die aktuelle erziehungswissenschaftliche Diskussion vorgenommen.

Insgesamt wird diese Arbeit verstanden als ein Beitrag zu Bemühungen, eine *pädagogische* **Fragestellung** aufzunehmen und konsequent beizubehalten. Die Rückbesinnung auf das **pädagogische Grundproblem** und den produktivsten Lösungsansatz, die **Theorie der kategorialen Bildung**, wird dabei als eine Möglichkeit für die Erziehungswissenschaften gesehen, die Eigenständigkeit und Ebenbürtigkeit mit anderen Fachwissenschaften zu erhöhen. Es können nämlich von hieraus in einer schlüssigen Weise Antworten gegeben werden auf Fragen nach der **zentralen Kategorie** bildungstheoretischer Pädagogik, ihrem **Forschungsgegenstand**, ihrer grundlegenden **Forschungsfrage**, der Entscheidung für eine bestimmte **Analyseeinheit**, der adäquaten **Forschungsorganisation** und den angemessenen **Forschungsmethoden** (s. dazu zusammenfassend 7.1).

Da für den Ansatz "Interdisziplinäre System-Bildung" dialektisches Denken grundlegend ist, folgt auch die Darstellung dieser Methode. Um deren Nachteile (z.B. keine fertigen Definitionen und Begriffe, sondern deren schrittweise Entwicklung) auszugleichen, sind bestimmte methodische Maßnahmen (s. dazu und zu weiteren methodischen Anmerkungen auch das Vorwort) getroffen worden wie häufige Querverweise oder Strukturierung des Sachregisters nach Problemkomplexen. Dazu gehört auch eine Darstellung der Entwicklungslogik ausgewählter Bildtafeln, die eine schnelle Übersicht über den hier vorgestellten Ansatz "Interdisziplinäre System-Bildung" ermöglichen.

Teil 1

Das Pädagogische Grundproblem und die Theorie der Kategorialen Bildung

---

1.   Methodologische Vorbemerkungen

Folgt man der Aufforderung des WISSENSCHAFTSRATs (1984, S. 11), die Pädagogik solle sich auf ihre angestammt pädagogisch-philosophischen Orientierungen zurückbesinnen, dann besteht eine Möglichkeit in der Wiederaufnahme des „pädagogischen Grundproblems" (LUHMANN, N., SCHORR, K.-E., 1982, S. 7), das sich wie folgt formulieren läßt: **Wie kann man von außen auf sich in Freiheit bestimmende Subjekte einwirken?**

Bei der Wiederaufnahme dieses „pädagogischen Grundproblems" sind erst einmal ähnliche Ergebnisse und Reaktionen wie bei einem Versuch von LUHMANN/ SCHORR in den achtziger Jahren zu erwarten. Sie hatten dazu einen Kreis von Pädagogen eingeladen, um mit **neuen Begriffsmitteln** - vor allem der Systemtheorie - die alte Fragestellung zu bearbeiten. Das Ergebnis bewerteten LUHMANN/SCHORR selbst als unbefriedigend: Einerseits wurde ihnen abgeraten, das Problem erneut aufzugreifen, weil nach den Regeln der Transzendentalphilosophie die Vereinbarkeit von empirischer Kausalität und Freiheit eine verbotene Fragestellung sei (vgl. dazu LUHMANN, N., SCHORR, K. E., 1982, S. 7 und die Diskussionen mit Dietrich BENNER in der Zeitschrift für Pädagogik 1979 in den Heften 3, 4. und 5). Andererseits war das Fazit: „Ein allgemeiner Theorierahmen zeichnet sich nicht ab. Das schließt nicht aus, daß die Perspektiven sich besser miteinander verknüpfen ließen, als es hier gelungen ist. Vorherrschend ist jedoch der Eindruck, daß die Frage nach den Wirkungsmöglichkeiten der Pädagogen sich in ganz verschiedene Richtung auflösen und theoretisch weiter bearbeiten läßt, wobei das Interesse an der Freiheit des Menschen, der zu erziehen ist, eher zurücktritt." (LUHMANN, N. SCHORR, 1982, S. 9).

In dieser Arbeit wird ein erneuter Versuch der Wiederaufnahme des „pädagogischen Grundproblems" unternommen. Dabei gibt es Gemeinsamkeiten und Unterschiede zu der Vorgehensweise von LUHMANN/SCHORR: Einerseits soll das als fundamental angesehene Problem der Pädagogik ebenfalls mit heutigen Begriffsmitteln und dabei wiederum vor allem der Systemtheorie bearbeitet werden. Andererseits wird aber ein solch zentraler pädagogischer Grundbegriff mit einer langen Tradition wie der der „Selbsttätigkeit" nicht einfach durch systemtheoretische Begriffe wie „Selbstreferenz" oder "Selbstorganisation" ersetzt. Statt dessen soll der Begriff „Selbsttätigkeit" aufgenommen, geklärt und so weiterentwickelt werden, daß Gemeinsamkeiten und Unterschiede mit systemtheoretischen Denkweisen erkennbar und produktiv aufgenommen werden können. Die Grundfrage wird dann sein: **„Wie läßt sich Selbsttätigkeit zu einer systembildenden Tätigkeit entwickeln, in der das Spannungsverhältnis zwischen der Selbsttätigkeit von Subjekten und der Selbstorganisation von Systemen produktiv aufgenommen wird?"** (s. dazu auch Tafel X)

Die Wiederaufnahme des „pädagogischen Grundproblems" orientiert sich an Strategien der Wissenserzeugung und -entwicklung, die Klaus FISCHER in seiner „Rationalen Heuristik" aufgezeigt hat: Grundprobleme einer Disziplin, die zum „Motor" wissenschaftlicher Entwicklung werden können, „sind sehr oft nicht empirischer Natur, sondern in begrifflichen und konstruktiven Schwächen alter Theorien zu suchen. Meist sind es solche, die bereits bekannt waren, ohne daß man über die Mittel verfügte, sie zu beseitigen." (FISCHER, K., 1983, S. 262). Eine von Klaus FISCHER auf der Grundlage historischer Rekonstruktionen wissenschaftlicher Theoriebildungen herausgearbeitete allgemeine Strategie zur Bearbeitung solcher Grundprobleme ist, „nicht zu fragen, wie man eine altbekannte Anomalie, eine empirische, begriffliche, metaphysische Schwierigkeit zum Verschwinden bringen kann, sondern wie eine Theorie aussehen müßte, die die Aporie/**Paradoxie**/begriffliche Lücke ins Positive wendet und zum Axiom erhebt." (FISCHER, K., 1983, S. 267/ Hervorhebung: W.W.).

Bei dem hier vorgestellten Ansatz „Interdisziplinäre System-Bildung" wird die **Paradoxie der Einwirkung auf ein sich in Freiheit selbstbestimmendes Subjekt** in der Weise aufgenommen, daß anstelle des *Kausalkonzepts* das *Wechselwirkungskonzept* eingeführt und zur Grundlage von Einwirkungen gemacht wird (s. dazu die Ausführungen zum Wechselwirkungskonzept und zu der absoluten Metapher „Wechselwirkung ist symmetrische Wirkungsproduktion" unter 3.6 und 3.7 und die Tafel XXIII).

Eine solche Vorgehensweise schließt die Herstellung historischer Bezüge ein. Wenn dabei etwa auf die Bildungstheorie Wilhelm von HUMBOLDTs Bezug genommen wird, dann geschieht das methodisch nicht streng nach philologischen Regeln. Deren Defizit sieht H.-J. WAGNER darin, „bloß nachvollziehend interpretiert zu haben und auf der Ebene des von Humboldt intentional Gedachten stehengeblieben zu sein." (WAGNER, H.-J., 1995, S. 8). Es wird vielmehr eine heute erst mögliche Sichtweise an historische Ideen und Ansätze herangetragen, die diese durch *Reinterpretationen und Rekombinationen* mehr oder weniger verändern. Solche Veränderungen können dabei so weit gehen wie bei D. ZÖLLNER, der für seine HUMBOLDT-Interpretation in Anspruch nimmt, daß hier „der „echte" Humboldt in den Blick kommt, auf eine Weise, die ein aus der Gegenwart hervorgehendes, systematisches Interesse bestimmt." (ZÖLLNER, D., 1989, S.1).

Die hier eingenommene besondere Sichtweise besteht darin, daß die für die Bildungstheorie grundlegende Kategorie *„Selbsttätigkeit"* konsequent mit dem Ziel der „Er-

zeugung von Neuem" verbunden wird. Damit tritt Pädagogik aus der nachgängigen Funktion zu anderen Disziplinen heraus, bei der sie nur deren Ergebnisse - wenn vielleicht auch in einer durch Fachdidaktiken modifizierten Form (etwa auf der Grundlage sogenannter "didaktischen Reduktionen") - zu vermitteln hat. Andererseits kann sie dann aber auch durch *Rekonstruktionen von kreativen Akten in anderen Wissenschaften und in der Kunst* **heuristische Orientierungen** gewinnen (s. dazu die Ausführungen in den Teilen 2 und 3 sowie folgende eigene Arbeiten: WALGENBACH, W., 1979, MINSSEN, M., WALGENBACH, W., 1985, und WOLZE, W., WALGENBACH, W., SCHULDT, S., 1994 und 1997), um Lernende bei der *„Erzeugung von Neuem"* zu unterstützen und ihnen Mittel in die Hand zu geben, das in der Pädagogik spezifisch Neue, nämlich die immer *einmalige individuelle Persönlichkeit*, hervorzubringen. Das Ziel der *„Erzeugung von Neuem"* wird auch von Bildungstheoretikern wie Clemens MENZE (1991) oder P. U. HOHENDAHL (1982) explizit vertreten, von Bildungstheoretikern wie Dietrich BENNER (s. dazu etwa: 1990, S. 142 f.) oder Wolfgang KLAFKI (s. dazu etwa: 1973, S. 17 ff.) aber eher mit Skepsis beurteilt.

Neuere Entwicklungen im Bildungsbereich, die etwa mit dem Einsatz von Multimediasystemen in Verbindung stehen, lassen das Ziel der *„Erzeugung von Neuem"* im Lernprozeß weniger idealistisch und/oder utopisch erscheinen. Noch weitergehend sind dann allerdings Schulprojekte, in denen auch **für die Gesellschaft relevantes Neues** geschaffen wird (s. dazu als Beispiel: REICHLE, R., 1999).

Wenn Bildungstheorie den Schwerpunkt von Bildung und Erziehung von der *Reproduktion und Repräsentation von gegebenem Wissen* auf die *„Erzeugung von Neuem"* verlagert, dann hat das Konsequenzen für das gesamte pädagogische System. Didaktik etwa hat jetzt nicht mehr (nur) eine Service-Funktion für andere Wissenschaften, sondern wird zu einem gleichberechtigten Partner, indem sie die Aufgabe übernimmt, „einen wissenschaftsdidaktischen Prozeß anzuregen, der im Wechselspiel von Disziplinarität und Interdisziplinarität Veränderungen nicht nur im Schulunterricht, sondern im ganzen Sachfeld und d. h. auch in der Wissenschaft selbst bewirkt." (BLANKERTZ, H., 1973, S. 12; s. dazu auch die Ausführungen unter 7.2 zu einer Modernisierung des Didaktik-Begriffs).

Angezielt ist in dieser Arbeit nicht ein pädagogischer Gesamtentwurf, der Aufgabe einer Systematischen Pädagogik ist, sondern ein (praxeologisch orientiertes) **operatives Konzept** für die Vermittlung von Wissen in organisierten Lehr-Lern-Prozessen. In Anknüpfung an Michael OTTE (1985), dessen Arbeiten wichtige Anregungen für den hier vorgestellten Ansatz gaben, wird dabei als das zentrale Problem die **Theoretisierung von Wissen** gesehen, für ihn die grundlegende Aufgabe von Schule überhaupt.

1.1 Die Kategorie „Selbsttätigkeit": Sich suchen, um sich zu erfinden

Denkt man etwa an EINSTEINs Relativitätstheorie oder PICASSOs kubistische Male-rei, dann wird eine der grundlegenden gesellschaftlichen Funktionen von Wissenschaft und Kunst erkennbar, nämlich aufzuzeigen, wie **man** *etwas als etwas grundlegend neu sehen kann*. Von besonderer Bedeutung bei dieser *Erzeugung von Neuem* - sei es als *Entdeckung von Neuem* in Gegebenem oder *Erfindung von Möglichem* - ist der **An-fangs- bzw. Ausgangspunkt**, von der älteren Heuristikforschung als „Aha-Erlebnis", „göttlicher Funke" oder „Schlüsselerlebnis" bezeichnet (s. dazu etwa: BROMME, R., HÖMBERG, E., 1977). EINSTEIN hat die Bedeutung dieses grundlegenden, Theorie konstituierenden Schritts durch einen Vergleich der Tätigkeit eines Detektivs mit der eines Wissenschaftlers verdeutlicht: Beide Tätigkeiten haben viele Gemeinsamkeiten, wie etwa die Suche nach Spuren und Indizien. Dabei weiß der Detektiv in der Regel, daß ein Verbrechen vorliegt. Der Wissenschaftler aber muß, „wenn man so sagen darf, sein Verbrechen zumindest teilweise selbst begehen. Dann erst kann er mit der Unter-suchung beginnen." (EINSTEIN, A., INFELD, L., 1968, S. 54 f.).

Was sind die „Verbrechen" der Pädagogik *als Wissenschaft*, ihre „göttlichen Funken", „Aha-Erlebnisse", „Schlüsselerlebnisse" oder - um es moderner auszudrücken - **„Con-ceptual Revolutions"** (THAGARD, P., 1992)? Für LUHMANN/ SCHORR gehört dazu das um 1800 formulierte „pädagogische Grundproblem", das sie wie folgt be-stimmen: „Die Erziehung bringt ihren Gegenstand nicht hervor, sie setzt ihn vielmehr als selbsttätiges Wesen voraus. Der Erzieher will ein freies Wesen für die Freiheit er-ziehen. Er will die Selbsttätigkeit nur anregen, ausweiten, modifizieren, will aber nicht selbst an ihre Stelle treten. Gleich am Anfang der pädagogischen Bewegung war des-halb die Frage aufgetaucht, wie ein kausales Einwirken auf Freiheit überhaupt zu den-ken sei. Man hatte auf der Basis dieser Problemstellung nach einer Theorie der Erzie-hung gesucht - und dann resigniert." (LUHMANN, N., SCHORR, K.E., 1982, S. 7).

Die Kategorie „Selbsttätigkeit", die bei der Formulierung des „pädagogischen Grund-problems" eine zentrale Rolle spielt, ist auch heute noch in pädagogischen Diskussio-nen anzutreffen. Verstanden wird sie allerdings meistens nur noch in einer oberflächli-chen und verkürzten Bedeutung: In Ansätzen *einer „Pädagogik vom Kinde aus"*, die von den Bedürfnissen, Interessen und Wünschen der lernenden Subjekte ausgehen will, wird „Selbsttätigkeit" nur noch subjektivistisch gesehen und die Objekt-/ Inhalts-seite vernachlässigt. In Ansätzen zum *„handlungsorientierten Lernen"*, die das eigene Tun der Lernenden, das Selbermachen, das praktische Handeln (etwa das eigenhändige Experimentieren im naturwissenschaftlichen Unterricht) in den Mittelpunkt didakti-scher Überlegungen stellen, wird „Selbsttätigkeit" nur noch pragmatisch gesehen und Planen und Handeln zum Selbstzweck erhoben. In beiden Fällen steht nicht die *Theo-retisierung von Wissen*, das aus der praktisch-gegenständlichen Tätigkeit hervorgeht und Selbstreflexionen dieser Tätigkeit einschließt, im Mittelpunkt der Lern- und

Lehrtätigkeit, sondern die Psychologisierung des Subjekts und/oder die Methodisierung seiner mehr oder weniger spontanen praktischen Handlungen.

Der *theoretischen Qualität* des Begriffs „Selbsttätigkeit" kommt man auf die Spur, wenn man ihn als **Spezifizierung des Begriffs „Tätigkeit"** begreift und dessen philosophisch-epistemologischen Stellenwert historisch klärt. Der russische Philosoph und Systemtheoretiker JUDIN (1977) zählt ihn zu den „Grenzabstraktionen", die die fundamentalen Begriffe einer bestimmten historischen Epoche bilden und deshalb zugleich *Erklärungsprinzip und Untersuchungsgegenstand* sind, weil hinter ihnen keine anderen Begriffe mehr stehen, mit denen sie erklärt werden können. Zu solchen Grenzabstraktionen zählt JUDIN den Begriff „Kosmos" für die Antike und den Begriff der „Natur" für das Mittelalter. Der Begriff *„Tätigkeit"* aber wird erst in der Renaissance zu einem zentralen Begriff, weil der Mensch sich jetzt mehr und mehr als (Mit-) Gestalter der Welt erlebt und begreift und deshalb zu einer „konstruktivistischen" Sichtweise seiner Rolle im Weltgeschehen gelangt.

Mit der Einführung der Grenzabstraktion *„Tätigkeit"* ist insofern eine Revolution im epistemologischen Denken verbunden, als die **„Grundfrage der Philosophie"** (s. dazu die ausführliche Diskussion bei LEKTORSKY, W. A., 1968) nach dem Verhältnis von Subjekt (Mensch) und Objekt (Realität) in einer radikalen Weise neu beantwortet wird: Anstelle einer *Verabsolutierung der Objekt-Seite* - wie in Ansätzen des Empirismus oder des Materialismus - oder der *Verabsolutierung der Subjekt-Seite* - wie in Ansätzen des Idealismus oder des Rationalismus - wird mit der Einführung der Kategorie „Tätigkeit" ein *vermittelndes Moment* in die damit dialektisch gesehene Beziehung zwischen Subjekt und Objekt eingeführt:

(vermittelndes Moment)

"Tätigkeit" als vermittelndes Moment im Subjekt-Objekt-Verhältnis

Weder das Objekt noch das Subjekt wird jetzt noch als gegeben und die andere Seite determinierend und damit auch dominierend angesehen. In einem dynamischen Prozeß, der nur mit einem *komplementär-dialektischen Denken* (s. dazu 3.3.2.2 und die Tafel XX) angemessen begriffen werden kann, wechselwirken, vermittelt über die menschliche Tätigkeit, Subjekt und Objekt miteinander und verändern sich gegenseitig (s. zu einem differenzierteren Tätigkeits-Modell ENGESTRÖM, Y, 1987).

In einer historisch und systematisch idealisierenden und hierarchisierenden Sichtweise ist menschliche Tätigkeit zuerst einmal eine *gegenständlich-praktische Tätigkeit*, über die der Mensch Material aus der Wirklichkeit in Objekte umwandelt und sich dadurch

Selbsttätigkeit: Sich suchen, um sich zu finden

Selbstthematisierung in Selbstbildern

Tafel IV

Formalisierung der Kategorie "Selbsttätigkeit"

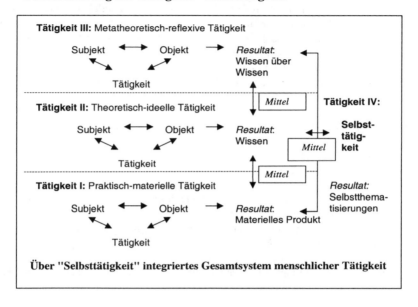

Tätigkeit III: Metatheoretisch-reflexive Tätigkeit

Subjekt ←→ Objekt → *Resultat:* Wissen über Wissen

Tätigkeit

Mittel

Tätigkeit II: Theoretisch-ideelle Tätigkeit

Tätigkeit IV:

Subjekt ←→ Objekt → *Resultat:* Wissen

Selbsttätig-keit

Mittel

Tätigkeit

Mittel

Tätigkeit I: Praktisch-materielle Tätigkeit

Resultat: Selbstthematisierungen

Subjekt ←→ Objekt → *Resultat:* Materielles Produkt

Tätigkeit

Über "Selbsttätigkeit" integriertes Gesamtsystem menschlicher Tätigkeit

aneignet. Da die Wirklichkeit dem Menschen aber nicht unmittelbar gegeben ist, ist die gegenständlich-praktische Tätigkeit mit der *theoretisch-ideellen Tätigkeit* gekoppelt, über die der Mensch Wissen über die Realität erzeugt, indem er **etwas als etwas** sieht. Diese **Bilder** und das aus ihnen entwickelbare Wissen (s. dazu 1.2.1.2 und 2.5) , das er über *Entdeckungen* (kreative Abbildungen gegebener Wirklichkeit) und *Erfindungen* (kreative Ein-bildungen und darauf beruhende Konstruktionen möglicher Wirklichkeit) gewinnt, können dann als *Mittel für eine zielgerichtete Tätigkeit* genutzt werden.

Eine in einer hierarchischen Betrachtungsweise noch höhere Ebene erreicht der Mensch, wenn er seine eigene Tätigkeit zum Objekt macht und dann *Wissen über Wissen* (**metatheoretisches Wissen**) oder - weil das Wissen ja auf seiner Tätigkeit beruht - *Wissen über die Konstruktion von Wissen* gewinnt. Damit kommt aber auch er selbst als *Konstrukteur* des die gegenständlich-praktische Tätigkeit orientierenden Wissens in den Blick und ermöglicht **Selbstreflexionen**, in denen das eigene Ich und die es leitenden Prinzipien der Weltaneignung und -gestaltung zum Gegenstand der Tätigkeit werden. Konstituiert wird damit eine *meta-"kognitiv"-selbstreflexive Ebene*, auf der hochabstraktes Wissen von weitreichender Allgemeinheit erzeugt wird.

Die grundlegende Bedeutung von Metatheoretischem und Metakognitivem für die *Erzeugung von Neuem* in der menschlichen Tätigkeit wird erkennbar, wenn man es von Forschungsergebnissen moderner Wissenschafts- und Erkenntnistheorie und speziell der **Heuristikforschung** her betrachtet. So faßt etwa Klaus FISCHER seine Erkenntnisse aus der Rekonstruktion der Entwicklung der Relativitätstheorie durch EINSTEIN wie folgt zusammen: „Der strategische Ansatzpunkt für eine Lösung lag nicht in den augenfälligen Konflikten der einzelnen Theorien mit bestimmten Phänomenen, sondern, wie Einstein sehr klar erkannte, in den **tieferen (wenn man will „metaphysischen") Asymmetrien, Inkonsistenzen und begrifflichen Widerständen**... Die Lösung fand Einstein, indem er nicht wie Lorentz oder Poincaré interne Anpassungen vornahm, die zwar die empirischen Konflikte beseitigte, nicht aber die begrifflichen, sondern indem er die **metatheoretischen Axiome** änderte. Die Richtung der Änderung ergab sich aus den bisherigen Schwierigkeiten, zur Lösung dienten Gedankenexperimente, methodische, logische und ästhetische Überlegungen." (FISCHER, K. 1983, S. 263; Hervorhebungen: W.W./s. dazu auch: WOLZE, W., WALGENBACH, W., SCHULDT, S., 1997).

In der Tätigkeit auf der *metakognitiven, theoretisch-selbstreflexiven Ebene* geht es also um die grundlegenden Mittel menschlicher Tätigkeit, um **die elementarsten, einfachsten und obersten Prinzipien** ideeller und materieller Konstruktionen zur Erfassung und Gestaltung der Welt und des eigenen Selbsts. Andererseits ist sie aber auch auf alle anderen Ebenen menschlicher Tätigkeit gerichtet und hat deren Koordination und Steuerung zum Ziel und zum Inhalt. Sie sorgt aufgrund ihrer integrativen Funktion für die *Konstitution eines Gesamtsystems menschlicher Tätigkeit* über deren Theoretisierung. Diese komplexe, auf einem *theoretischen Verhältnis* zur Wirklichkeit basierende Tätigkeit wird hier als **„Selbsttätigkeit"** begriffen.

In der Tafel IV, in der eine von BENNER vorgenommene Formalisierung der Kategorie „Selbsttätigkeit" weiter ausdifferenziert ist (s. dazu: BENNER, D., 1987, S. 68), sind die genannten Ebenen menschlicher Tätigkeit zu einem Gesamtsystem zusammengefaßt, dessen Elemente über „Selbsttätigkeit" miteinander verknüpft und zu einem Ganzen integriert werden.

Die bisherigen Bestimmungen für die Kategorie „Selbsttätigkeit" lassen sich jetzt wie folgt zusammenfassen:

- „Selbsttätigkeit" ist *„Wechselwirkung mit sich selbst"* (SAUER, 1798, S. 272). In dieser Wechselwirkung konstituiert der Mensch ein theoretisches Verhältnis zur Wirklichkeit: Er macht damit einen *Neuanfang (!!!)*, indem er seine eigene Tätigkeit zum Objekt seiner Tätigkeit macht und damit eine über Gegebenes hinausweisende Paradoxie erzeugt, nämlich den Gegensatz von „Ich" und „mein Selbst", der jedoch zugleich eine Einheit bildet. Eine Theoretisierung menschlicher Tätigkeit leitet diese Paradoxie insofern ein, als sie dem gegebenen Ich ein Selbst-bild gegenüberstellt, das zugleich das empirisch gegebene Ich widerspiegelt, aber auch auf ein mögliches Ich gerichtet ist (s. dazu die Diskussion bei MOLLENHAUER, K., 1972, S. 160 - 167, und die Konzeption des „Spiegelstadiums" in der menschlichen Entwicklung bei LACAN, J., 1975).
- „Selbsttätigkeit" als eine nicht nur theoretische, sondern auch metatheoretisch-reflexive Tätigkeit bewegt sich auf der höchsten Ebene menschlicher Tätigkeit und ermöglicht durch die Distanz zu praktisch-empirischen Zwängen die von Wilhelm von HUMBOLDT gesuchte „Verknüpfung unseres Ichs mit der Welt zu der allgemeinsten, regsten und freiesten Wechselwirkung" (HUMBOLDT, W. v., 1965, S. 25).
- Theoriehaftigkeit und Freiheit ermöglichen und begünstigen die Erzeugung von Neuem in der „Selbsttätigkeit". Das Neue besteht in der Hervorbringung der eigenen, immer einzigartigen Persönlichkeit. Dabei besteht die Aufgabe einerseits darin, die elementarsten, einfachsten und obersten Prinzipien und Kategorien zu bestimmen, mit denen unser Ich sich selbst und die Welt erschließt. Andererseits sind diese Mittel produktiv einzusetzen bei der Lösung der „letzten Aufgabe unseres Daseyns", nämlich „dem Begriff der Menschheit in unsrer Person, sowohl während der Zeit unseres Lebens, als auch noch über dasselbe hinaus, durch die Spuren des lebendigen Wirkens, die wir zurücklassen, einen so großen Inhalt, als möglich zu verschaffen. (HUMBOLDT, W. v., 1965, S. 25). Die Form, in der dieses Subjektiv-Neue zum Ausdruck gebracht und vergegenständlicht wird, kann als „Selbstthematisierung" begrifflich gefaßt werden (s. dazu die in dem Sammelband von HAHN, A., KAPP, V., 1987, diskutierten verschiedenen ideellen und materiellen Formen von Selbstthematisierungen sowie die Tafel XIV).

„Selbsttätigkeit" ist keineswegs nur eine idealistische Setzung und nur subjektivistisch-individualistisch ausgerichtet. Sie ist vielmehr in Verbindung zu sehen mit einer bestimmten kulturhistorischen Entwicklungsstufe der menschlichen Tätigkeit und erst auf dieser möglich. Das geht etwa aus empirischen Untersuchungen hervor, die LURIJA mit Bauern unterschiedlichen Bildungsniveaus durchgeführt hat und wie folgt zusammenfaßt: „Das Bewußtwerden der persönlichen Eigenschaften, die Selbstanalyse und die Selbsteinschätzung bilden sich unter dem Einfluß der gesellschaftlichen Existenzbedingungen heraus; die Reflexion über eigene psychische Besonderheiten stellt einen komplizierten Prozeß dar, welcher sich unter dem unmittelbaren Einfluß der sozialen Lebensweise herausbildet (die auch die anderen psychischen Seiten des Individuums bestimmt); der Mensch kann eher andere beurteilen und Einschätzungen anderer über sich selbst aufnehmen, und erst durch den Einfluß solcher Beurteilungen lernt er, sich selbst einzuschätzen." (LURIJA, A. R., 1986, S. 168). Es liegt deshalb auch die hier nicht weiter verfolgte Frage nahe, welche konkreten historisch-gesellschaftlichen Bedingungen zur Ausbildung der Kategorie „Selbsttätigkeit" in der Philosophie des Deutschen Idealismus (etwa bei KANT, HEGEL oder FICHTE) und darauf aufbauend in der Bildungstheorie geführt haben (s. dazu weiterführend: BRACHT, U., FICHTNER, B., MIES, T., RÜCKRIEM, G., 1990).

1.1.1   Komponenten der Selbsttätigkeit

Die Setzung der Kategorie „Selbsttätigkeit" als Ausgangs- und Mittelpunkt pädagogischer Systembildungen durch Begründer der Bildungstheorie wie Wilhelm von HUMBOLDT, den FICHTE-Schülern SAUER und RITTER oder dem mehr auf Bildungspraxis ausgerichteten Adolf DIESTERWEG bedeutete eine **Konzeptrevolution** in der Pädagogik als Wissenschaft insofern, als Erziehung jetzt in einer radikalen Weise neu gesehen wurde: Im Mittelpunkt stand nicht mehr Lernen als Reproduktion von fertig Gegebenem, **sondern die *Erzeugung von Neuem* in der Selbsttätigkeit in Form der eigenen, immer einzigartigen Persönlichkeit, die - zumindest potentiell - immer auch eine Bereicherung der gesellschaftlichen Möglichkeiten bedeutet.**

Durch dieses „Verbrechen" (EINSTEIN) sah sich Pädagogik vor einer Reihe von komplexen Folgeproblemen gestellt. Im folgenden werden sie kurz skizziert, indem die **grundlegenden Komponenten**, die Selbsttätigkeit mit jeder menschlichen Tätigkeit teilt - nämlich *Material/Gegenstand, Mittel und Methoden, soziale Organisation und Ziele/Resultate* - , je für sich betrachtet werden.

1.1.1.1   Das Material der Selbsttätigkeit: Elementares

„Er (der Zögling; W. W.) soll die Naturwissenschaften nicht lernen, sondern erfinden." (ROUSSEAU, J.-J., 1995, S. 159) Diese Forderung von Jean-Jacques ROUSSEAU ist nur erfüllbar, wenn die Realität und das in ihr vorhandene Material nicht mehr wie in empiristisch-positivistischen Positionen (zu denen auch dogmatische, auf Widerspiegelungstheorien basierende Positionen des dialektischen Materialismus tendieren) als fertig gegeben gesehen wird, sondern als **offen und damit vom Subjekt selbst organisier- und transformierbar.** Dementsprechend muß Bildungstheorie sich auf erkenntnistheoretische Positionen stützen, **die nicht von einer vorgegebenen Realität ausgehen** (wie etwa der Empirismus oder ein mechanischer Materialismus), weil dann als höchste Stufe nur die Hervorbringung von Neuem in Form von *Ent-deckungen* möglich ist. Dem Subjekt müssen vielmehr Möglichkeiten zur selbstbestimmten Gestaltung von möglichst frei verfügbarem Material offenstehen, damit in Freiheit Neues in der Qualität von *Erfindungen* produziert werden kann (s. dazu auch die Ausführungen unter 2.1 und die Tafel XVIII).

Dementsprechend gründet Wilhelm von HUMBOLDT seine theoretischen Ansätze auf das **Konzept der Produktion** (s. dazu: SCHARF, A., 1994). Das wird besonders deutlich bei einer Gegenüberstellung seines mit der Bildungstheorie aufgrund gemeinsamer Annahmen eng verbundenen sprachwissenschaftlichen Ansatzes mit dem von Noam CHOMSKY: Bei Wilhelm von HUMBOLDT werden dem Subjekt Freiheitsspielräume zugestanden, in denen es die Objekte und die Mittel zu ihrer Konstitution und Entwicklung - wie Gedanken und Sprache - selbst schaffen und in einem Prozeß gegenseitiger Beeinflussung entwickeln kann (vgl. dazu: SCHARF, A., 1994 sowie die Diskussion bei WINOGRAD, T., FLORES, F., 1992). Im Gegensatz dazu setzt Noam CHOMSKY auf das **Konzept der Repräsentation** und damit mehr oder weniger auf die Widerspiegelung einer gegebenen Wirklichkeit in Gedanken und in der Sprache. Damit weist er eine große Nähe auf zu Konzepten der Kognitions- (und Computer-) Wissenschaften, die wiederum vor allem über die Kognitionspsychologie Eingang gefunden haben in die empirische Lehr-Lern-Forschung (s. dazu auch 1.2.3.4 und 7.3).

Grundlegend für das Konzept der Repräsentation sind *atomistische Strategien*: Ganzheiten werden schrittweise zerlegt bis zu einfachsten Elementen, aus denen dann aufgrund der mehr oder weniger freien Kombinierbarkeit auf synthetischem Wege neue Ganzheiten konstruiert werden sollen. Dabei ist ein grundlegendes Problem, daß bei Zerlegung organischer Ganzheiten der alte Zustand zerstört und oft nicht wiederhergestellt werden kann.

Im Gegensatz zur *"harten Empirie"* analytisch-atomistischer Vorgehensweisen wird das Konzept der Produktion hier mit einer *"sanften Empirie"* (GOETHE, J. W.) in Verbindung gebracht. Gesucht wird nach "Ur"-elementen wie etwa GOETHEs "**Urpflanze"** (GOETHE, J., 1985)**, aus der sich verschiedenste Varianten entwickelt haben bzw. entwickeln lassen. **Analytisch-statischen Systembildungen** auf der Grundlage einer *binären Logik* wie beim Repräsentationskonzept stehen dann **holistisch-genetische Systembildungen** auf der Grundlage einer *dialektischen Logik* beim Produktionskonzept gegenüber (s. auch 2.4.4).

1.1.1.2 Mittel der Selbsttätigkeit: „Ur-"Bilder

Wenn die Realität nicht mehr fertig vorgegeben ist, sondern vom Subjekt erst konstituiert und entwickelt werden muß - und dann noch in einer offenen Weise, die die *Erzeugung von Neuem* auch zukünftig nicht nur nicht behindert, sondern sogar noch fördert -, bekommen **Mittel für Erfindungen** eine zentrale Bedeutung. In der Bildungstheorie sind diese eng verknüpft mit **bildhaftem Denken** und werden in Verbindung mit zentralen Begriffen der Philosophie des Deutschen Idealismus und der Deutschen Romantik wie *„Anschauung"* und *„Einbildungskraft"* diskutiert. Diese Begriffe werden aber nicht einfach übernommen, sondern weiterentwickelt und im Hinblick auf die *Erzeugung von Neuem* weiter ausgeschärft: „Einbildungskraft, in der kantischen Philosophie bloß Vermittlungsinstanz zwischen Sinnlichkeit und Verstand, erreicht bei Humboldt eine neue Qualität. Sie schafft Neues, sie ist „Schöpfung des Nicht-Wirklichen". Die Einbildungskraft verwandelt das Wirkliche in ein Bild. Das so geschaffene Bild ist gleichsam die Produktionsinstanz neuer Gestalten." (WINKLER, H.-J. 1995 , S 17). Ebenso sieht auch FRÖBEL Anschauung nicht einseitig als einen mehr oder weniger passiven Abbildungsvorgang, sondern hebt mit seinem Begriff der *„Tatanschauung"* den aktiv-produzierenden Charakter von Bildern hervor, *mit denen der Mensch nicht nur Äußerliches innerlich, sondern zugleich auch Innerliches äußerlich macht, indem er das im Bild Entworfene vergegenständlicht* (s. dazu: FRÖBEL, F., 1951, S. 58).

Daß diese Verbindung von *Bild und Bildung* nicht neu ist und zwischen beiden nicht nur ein etymologischer Zusammenhang besteht, hat PAZZINI in einer Studie gezeigt, in der er einen weiten Bogen spannt von den Bildungsideen des Mystikers Meister ECKART bis hin zur modernen Malerei. Dabei betont er den grundsätzlich **provokativen Charakter** von Bildern, ihre Ausrichtung gegen das Hergebrachte und damit auf die *Erzeugung von Neuem* (vgl. dazu: PAZZINI, K. J., 1988).

In der Selbsttätigkeit stellt sich der Mensch sich selbst gegenüber, macht seine Tätigkeit zum Gegenstand der Anschauung und schafft sich ein **Selbst-bild**. Diese *Selbst-Anschauung* ist aber zugleich auch immer eine Anschauung der Welt, weil seine Tätigkeit eine gegenständliche Tätigkeit ist, ausgerichtet auf die Aneignung und Gestaltung von Welt.

Adolph DIESTERWEG unterscheidet eine innere und äußere Anschauung: „Das Anschauungsvermögen hat zwei Seiten: eine äußere und eine innere. Durch das eine faßt der Mensch mittelst der Sinnesorgane die einzelnen Dinge der Welt und ihre Merkmale auf; durch das andere treten die einzelnen Geisteszustände vor das Bewußtsein: Die dadurch gewonnenen Vorstellungen nennt man äußere und innere Anschauungen, welche uns immer nur Einzeldinge vorführen... Ihrer bemächtigt sich der Verstand oder das Begriffsvermögen schon von selbst, um aus ihnen durch Weglassung (Abstraktion) der nicht gemeinsamen und durch Zusammenfassung (Reflexion) der gemeinsamen Merkmale höhere oder allgemeinere Vorstellungen oder Begriffe zu bilden." (DIESTERWEG, A., 1958, S. 103).

Bei DIESTERWEG erscheinen die Dinge in der Welt als fertig gegeben, werden in der Anschauung mehr oder weniger passiv widergespiegelt und über Abstraktionen begrifflich erfaßt. Weitergehend und dynamischer ist das Konzept der „Tat-Anschauung" von FRÖBEL, der fordert, daß man die Lernenden „die Form und Gestalt und ihre Gesetze an den Gegenständen selbst anschauen und erkennen lasse..., und zwar in Beziehung auf die Entstehung dieser Gegenstände einmal an schon ruhend sich vorfindenden, schon fertig daseienden Körpern, dann an von ihnen und unter ihrer Hand erst entstehenden Körpern, Formen und Gestalten." (FRÖBEL, F., 1951, S. 58/s. dazu auch die Ausführungen über die **Konstitution und Konstruktion des Untersuchungsobjekts** in der modernen Wissenschaft und Kunst im Teil 2 sowie die Beschreibung epistemologischer Metamorphosen einer „Wirbelstraße" unter 3.3.1 und die Tafeln XVII und XXII). Denkt man FRÖBELs Bestimmung des Menschen hinzu, daß dieser schaffend und darstellend „nicht nur Äußeres innerlich, sondern zugleich Inneres äußerlich" (KLAFKI, W., 1963, S. 106) macht, dann befindet sich der Gegenstand in dauernder Bewegung und erfährt durch die menschliche Tätigkeit und die daraus resultierende *Vergegenständlichung von Subjektivem im Objektiven* eine schrittweise Weiter- und zumindest potentiell auch Höherentwicklung. Geschaffen wird eine Totalität, die permanent ausgeweitet wird und immer mehr in sich einschließt (s. dazu auch Tafel XIV und XVII).

Gesehen werden muß auch die andere Seite der Bewegung, die *Bewegung des Gegenstandes* im menschlichen Denken. Diese Denkbewegung beginnt eben nicht wie bei DIESTERWEG und EINSIEDLER (s. dazu 1.2.3.4) mit dem fertig gegebenen Gegenstand, sondern dessen Konstitution durch die Verbindung von Mannigfaltigkeit zu einer Einheit in ästhetisch-kreativen Akten Diese **„ästhetische Integration"** (s. dazu ausführlicher WALGENBACH, W. 1979, S. 111 - 118) lag für KANT nicht in der Anschauung selbst, sondern war für ihn ein Akt der Spontaneität der Vorstellungskraft, die er wiederum als eine Verstandeshandlung auffaßte, „die wir mit der allgemeinen Benennung **Synthesis** belegen würden, um dadurch bemerklich zu machen, daß wir uns nichts als im Objekt verbunden vorstellen können, ohne es vorher selbst verbunden zu haben, und unter allen Vorstellungen die Verbindung die einzige ist, die nicht durch die Objekte gegeben, sondern nur vom Subjekt verrichtet werden kann, weil sie ein Aktus der Selbsttätigkeit ist." (KANT, I., 1787, B130/Hervorh.: W.W.).

KANT sah zwei Möglichkeiten, *Einheit im Mannigfaltigen* herzustellen. Nach einem mechanischen Erklärungsprinzip verfährt man, wenn Mannigfaltigkeit unter gegebene mechanische Gesetze und Begriffe subsumiert wird. Das geschieht auf der Grundlage einer *bestimmenden Urteilskraft*, die keine Autonomie hat. Demgegenüber ist es Aufgabe der *reflektierenden Urteilskraft*, auf der Grundlage eines teleologischen Erklärungsprinzips Mannigfaltigkeit unter Gesetze zu subsumieren, welche noch nicht gegeben sind, sondern erfunden werden müssen.

Einerseits ist nach diesen Bestimmungen die reflektierende Urteilskraft der bestimmenden Urteilskraft insofern unterlegen, als sie nicht zu sicher begründetem Wissen führt, wie es die mechanischen Gesetze garantieren. Andererseits ist sie der bestimmenden Urteilskraft insofern überlegen, als aus eigener Kraft eine neue Einheit von Besonderem und Allgemeinem hervorgebracht wird. Die Überlegenheit hinsichtlich der Sicherheit im Wissen wird allerdings dadurch relativiert, daß die Subsumtion der empirisch gegebenen Mannigfaltigkeit unter die mechanischen Gesetze zu einem gewissen Grad zufällig ist: „Die formalen Schemata von Raum und Zeit sowie die dort waltenden logischen Beziehungen und die empirischen Daten sind nicht mit Notwendigkeit aufeinander bezogen. Welche mechanischen Kausalitäten man auch immer an einem Grashalm studieren wird, es wird sich daraus kein Ganzes und kein Zusammenhang ergeben. Dasselbe gilt für größere Zusammenhänge der unbelebten Natur und schließlich für die Auffassung des Naturganzen." (JAHNKE, H. N., 1990, S. 50).

KANT hat mit der Annahme einer reflektierenden Urteilskraft, die aus sich heraus Einheit stiften kann, eine für ihn *ideal - „unmögliche" Situation* konstruiert. Nur hypothetisch fragte er sich, wie ein Verstand beschaffen sein könnte, dem die direkte Erfassung der Einheit der Natur möglich wäre. Seine Antwort bestand in der Annahme eines **„anschauenden Verstandes"**, den er sich wie folgt vorstellte: „Nun können wir uns aber auch einen Verstand denken, der, weil er nicht wie der unsrige diskursiv, sondern intuitiv ist, vom Synthetisch-Allgemeinen (der Anschauung eines Ganzen, als eines solchen) zum Besonderen geht, d.i. vom Ganzen zu den Teilen; der also und dessen Vorstellung des Ganzen die Zufälligkeit der Verbindung der Teile nicht in sich enthält, um eine bestimmte Form des Ganzen möglich zu machen, die unser Verstand bedarf, welcher von den Teilen, als allgemein gedachten Gründen, zu verschiedenen darunter zu subsumierenden möglichen Formen, als Folgen, fortgehen muß. Nach der Beschaffenheit unseres Verstandes ist hingegen ein reales Ganze der Natur nur als Wirkung der konkurrierenden bewegenden Kräfte der Teile anzusehen. Wollen wir uns also nicht die Möglichkeit des Ganzen als von den Teilen, wie es unserem diskursiven Verstand gemäß ist, sondern, nach Maßgabe des intuitiven (urbildlichen), die Möglichkeit der Teile (ihrer Beschaffenheit und Verbindung nach) als vom Ganzen abhängend vorstellen: so kann dieses, nach eben derselben Eigentümlichkeit unseres Verstandes nicht so geschehen, daß das Ganze den Grund der Möglichkeit der Teile (welches in der diskursiven Erkenntnisart Widerspruch sein würde), sondern nur, daß die Vorstellung eines Ganzen den Grund der Möglichkeit der Form desselben und der dazugehörigen Verknüpfung der Teile enthalte." (KANT, I., 1799, 349/50).

KANT hielt diese von ihm beschriebene **intellektuelle Anschauung** für nicht gegeben und auch nicht für möglich, sondern dachte sie theoretisch als *Grenzfall menschlicher Erkenntnis*. Andererseits kann seine Bestimmung einer *intellektuellen Anschauung* als ein Versuch angesehen werden, sie selbst zu praktizieren: Intuitiv wird etwas nicht Gegebenes und (bisher) für nicht möglich Gehaltenes gedacht und damit ein einheitsstiftendes Prinzip gesetzt, das dann auszudifferenzieren und zu entfalten ist. Genau dieser Ansatz wurde in der nach-kantischen Philosophie verfolgt, in der vor allem bei FICHTE und SCHELLING der Begriff der *intellektuellen Anschauung* als epistemologischer Begriff eine zentrale Rolle spielte bei dem Versuch, neue Formen der Erkenntnis zu beschreiben (s. dazu: JAHNKE, H. N., 1990).

Hans Niels JAHNKE (1990, S. 52 - 56) hat einen umfangreichen Katalog über die Folgen die Kritik der Urteilskraft auf den nach-kantianischen Idealismus aufgestellt. Daraus sollen einige zentrale Punkte aufgegriffen und teilweise weiterentwickelt werden, die dann in den folgenden Ausführungen - auch als Mittel der Darstellung - eine Rolle spielen werden bei dem Versuch, den grundlegenden Prinzipien bildungstheoretischer Systembildungen nachzugehen und sie in dem Konzept „Interdisziplinäre System-Bildung" selbst zur Anwendung zu bringen:

1. Die Entfaltung des Begriffs der intellektuellen Anschauung führte zu einer Intellektualisierung des Anschauungsbegriffs. Die äußere Anschauung als Anschauung von außerhalb des Subjekts Gegebenem wurde als statisch und unproduktiv angesehen, weil sie an Gegenständlichem gebunden ist. Demgegenüber wurde die geistig-intellektuelle Anschauung als mehr oder weniger frei von der Determination durch die Gegenstände bestimmt und als eine schöpferische Anschauung gedacht, die aus sich selbst heraus Neues schafft. Dem Menschen wurde sogar im „ältesten Systemprogramm des Deutschen Idealismus" (HEGEL, G.W.F., 1969) die Fähigkeit zu einer **„Schöpfung aus dem Nichts"**, d. h. zu einer Erzeugung von Neuem rein aus sich selbst heraus, zuerkannt.

2. Im Gegensatz zum bisherigen Verständnis von Konstruktion, die als Aufbau eines Ganzen durch schrittweises Addieren von Teilen verstanden wurde, trat jetzt eine Auffassung, bei der aus einem Kern - eben aus der intellektuell-(ur-) bildlichen Anschauung heraus - ein Ganzes in einem integrativen Prozeß entwickelt wird. Als ein grundlegendes Mittel für die Konstruktion organisch-systemischer Zusammenhänge wurde die dialektische Entfaltung von Gegensätzen und Polaritäten angesehen, die in höhere Einheiten übergehen, dort miteinander wechselwirken und so sich gegenseitig in ihrer Entwicklung vorantreiben. Die Einheiten wurden nicht statisch-ergebnishaft gesehen, sondern als sich in einer ständigen Dynamik befindend und damit zum Ende hin offen. Propagiert wurde ein offenes, sich permanent entfaltendes Denken, das aus einem Kern heraus sich zu immer höherer Komplexität entfaltet (s. dazu auch 1.3.3.4).

3. Wissenschaft und Kunst wurden dementsprechend auch nicht mehr als gegensätzlich angesehen, sondern als miteinander verwandt und sogar als aufeinander bezogen. Eine ihrer Gemeinsamkeiten wurde etwa darin gesehen, daß beide die alltägliche Erfahrung verfremden und in Formen bringen, die durch Gesichtspunkte wie (ästhetische oder wissenschaftliche) Einfachheit, Stimmigkeit oder Harmonie be-

stimmt sind. Als aufeinander bezogen wurden sie insofern gedacht, als Konstruktion sowohl eine ästhetisch-intuitive Tätigkeit wie auch eine theoretisch-diskursive Tätigkeit erfordert.

Diesem Denken folgend, „wurde in der Pädagogik als das wichtigste Ziel die Förderung der inneren Anschauung angesehen, äußere Anschauung sollte nur zur Weckung der inneren dienen." (JAHNKE, H. N., 1990, S. 54 f.). Wer heute etwa die **Waldorfpädagogik** verstehen will, muß sie in der Tradition dieses Denkens sehen und die zentrale Rolle der bildhaften Anschauung erkennen. Unterricht in der Waldorfschule ist *„bildhafter Unterricht":* „Waldorfpädagogik versteht unter Bild mehr als innere Repräsentanz von Gesehenem (Erinnerungsbild); Bild ist im Sinne der abendländischen Geistesgeschichte Wesenhaftes im Medium des Anschaulichen. In dieser Bedeutung sind z. B. Fabel und Mythos Bild, aber auch eine Biographie. Bilder gewinnt das Kind nicht durch Anschauen, sondern in innerer Tätigkeit - z. B. an dem, was ihm erzählt oder geschildert wird. Durch das Bild erfährt das Kind nicht nur geistleere Gegenständlichkeit: Indem die Schüler im 5. Schuljahr lernen, die Bildung von Pflanzen im Anschauen innerlich nachzugestalten, erfassen sie etwas von den Bildegesetzen des Lebendigen, vom Zusammenhang pflanzlicher Gestaltung mit den Kräften der Natur und von den Verwandlungen der Pflanzenbildung im Laufe des Jahres." (KRANICH, E.-M., 1987, S. 15).

Hier klingt an, daß es nicht Ziel von Bildungstheorie ist, mehr oder weniger flüchtige **Ab-Bilder** und oberflächliche Veranschaulichungen anzubieten, sondern - in der Tradition GOETHEs - **Urbilder** zu gewinnen und in einem intensiven und zeitbeanspruchenden Prozeß zu entwickeln. Wie Rudolf STEINER betont, kommt man mit diesen Urbildern „nur zurecht, wenn man sie beweglich denkt: Wenn man diese Beweglichkeit aufnimmt, von der Goethe selbst spricht, dann hat man nicht einen abgeschlossenen, in seinen Formen begrenzten Begriff, sondern man hat das, was in seinen Formen lebt, was durchkriecht in der ganzen Entwicklung des Tierreichs oder des Pflanzenreichs, wie das Dreieck sich in ein spitzwinkliges oder ein stumpfwinkliges verändert, und was bald „Wolf" und „Löwe", bald „Käfer" sein kann, je nachdem die Beweglichkeit so eingerichtet ist, daß die Eigenschaften sich abändern im Durchgehen durch die Einzelheiten." (STEINER, R., zitiert nach: STRAWE, C., 1986, S. 125).

Neben Urbilder gibt es bei GOETHE auch „**Urphänomene**" (s. dazu auch Tafel VI*). Die Beziehungen zwischen beiden bleiben bei ihm unklar. Hier sollen sie so gesehen werden, *daß Urbilder von Urphänomenen ausgelöst und an ihnen gewonnen werden.* Dabei sind beide nicht statisch gegeben, sondern unterliegen Veränderungen und Entwicklungen. Deshalb war es GOETHEs Anliegen als Naturforscher, nicht (nur) fertige Gegenstände anzuschauen wie etwa Kristallines im physischen Bereich, sondern *die Bewegung des Phänomens, seine **Metamorphosen**, seine Veränderung und Entwicklung aus sich selbst heraus* und so seine spezifischen Eigenheiten zu erfassen und zu verstehen (s. dazu auch die Tafeln XVII und XXII sowie die Gegenüberstellung von analytisch-atomistischer Methode und ganzheitlich-organischer Methode bei BOR-TOFT, H., 1995). Von hieraus läßt sich auch sein spezielles Interesse an Pflanzen erklären, die er nicht wie LINNÉ als fertige Objekte betrachten, vergleichen und dann in einem System unverbunden nebeneinander stellen, sondern als eine Einheit mit beweglichen Ideen fassen wollte. Mittel sollte dabei ein **„gegenständliches Denken"** sein, unter dem er im Anschluß an den Anthropologen HEINROTH verstand, „daß mein Denken von den Gegenständen sich nicht sondere, daß die Elemente der Gegenstände, die Anschauungen in dasselbe eingehen und von ihm auf das innigste durchdrungen werden, daß mein Anschauen selbst ein Denken, mein Denken ein Anschauen sei..." (GOETHE, J. W. v., 1967, S. 37). Für den Umgang mit den im Teil 4 vorgestellten „Miniaturen" ist genau ein solches *„gegenständliches Denken"* notwendig.

1.1.1.3 Ziele/Resultate von Selbsttätigkeit: Selbstthematisierungen

In Prozessen der Bildung hervorgebrachte Bilder sind immer *sowohl Mittel für weitere Produktionen wie auch Ziele/Resultate von Bildung.* Welche Qualität haben sie jeweils und welche Bedeutung haben diese zuerst einmal *individuell-subjektiven Produkte* allgemein für die Gesellschaft? Geht man mit einer Gruppe von Menschen in eine Landschaft hinaus und bittet nach einiger Zeit jeden einzelnen, die Landschaft so zu beschreiben, wie er sie gesehen hat, dann erlebt man, daß es so viele Landschaftsbilder wie Teilnehmer gibt. Die jeweiligen Landschaftsbilder sind dabei zugleich *Abbildungen* in dem Sinne, daß sie in der Realität vorhandenes Material organisieren, wie auch *Ein-bildungen*, die jeder aufgrund seiner persönlichen Geschichte, seinen augenblicklichen Stimmungen oder dem ihm zur Verfügung stehenden Wissen und Mitteln vornimmt. Solche Bilder sind also immer auch **Selbstthematisierungen** (ein Kind australischer Aborigins zeichnete in der Schule anstelle des verlangten Selbstporträts die Landschaft, in der er lebte), die ihren Eigenwert haben und erst einmal nicht nach „richtig" oder „falsch" bewertet (und benotet) werden können. In den Blick kommt damit das Problem der Beziehung zwischen in der Selbsttätigkeit erzeugtem *Subjektiv-Neuen* und dem vor allem in den Bereichen Wissenschaft, Kunst und Technologie erzeugtem *Objektiv-Neuen*. (In diesem Fall: den von Wissenschaft und Kunst hervorgebrachten Bildern und Theorien von Landschaften). Wird das Schwergewicht einseitig auf das in der Selbsttätigkeit erzeugte *Subjektiv-Neue* gelegt (wie bei einer „Pädagogik vom Kinde aus"), ergeben sich Defizite hinsichtlich der Objektivität, Allgemeingültigkeit und damit auch der Akzeptierbarkeit für die Gesellschaft. Lösungsversuche müssen deshalb darauf ausgerichtet sein, **Subjektiv-Neues und Objektiv-Neues in ein produktives Wechselspiel miteinander zu bringen**. Zusätzlich ergibt sich dann noch das Problem, welches Neue überhaupt als wünschenswert angesehen werden soll (man denke hierbei etwa an Diskussionen über die Neuen Technologien/ s. auch 2.2). Dabei verbietet sich die Vorgabe noch so abstrakter und allgemeiner Normen und Werte, weil damit die Freiheit für die selbsttätigen Subjekte entscheidend eingeschränkt würde.

Selbstthematisierungen können in verschiedenen Phasen und Stadien von Selbsttätigkeit produziert werden. In der für die Systembildungssequenzen entwickelten Prozeßstruktur wird dabei das *Wechselspiel von Subjektiv- und Objektiv-Neuem* immer symmetrischer und mündet schließlich ein in den Entwurf *konkretisierbarer Utopien* (s. Tafel XIV, die Ausführungen in 2.4.4 und 3.2.1 sowie die in 4.1 beschriebene Systembildungssequenz „Spiegelungen: Konkretisierbare Utopien als Selbstthematisierungen").

1.1.1.4 Soziale Organisation von Selbsttätigkeit: „Ich" und „das Andere"

Der Prozeß der *Erzeugung von Neuem* läuft in jedem selbsttätigen Subjekt individuell ab und führt zu *Subjektiv-Neuem*, das dann mit dem Subjektiv-Neuem anderer Subjekte und dem aus Wissenschaft und Kunst hervorgehendem *Objektiv-Neuen* zu vermitteln ist. Bildungstheorie muß für diesen Prozeß produktive Formen sozialer Organisation finden und zur Verfügung stellen. Ein Blick auf soziale Konstellationen in wissenschaftlichen und künstlerischen Entdeckungs- und Erfindungszusammenhängen zeigt, daß die *Erzeugung von Neuem* besonders gut in erst einmal **sozial geschützten Räumen** gedeiht. So sagt etwa GOETHE über seine sozialen Beziehungen: „Widersacher kommen nicht in Betracht, denn mein Dasein ist ihnen verhaßt, sie verwerfen die Zwecke, nach welchen mein Tun gerichtet ist, und die Mittel dazu achten sie für ebensoviel falsches Bestreben. Ich weise sie daher ab und ignoriere sie, denn sie können mich nicht fördern, und das ist's, worauf im Leben alles ankommt; von Freunden aber lass' ich mich ebenso gern bedingen als ins Unendliche hinweisen, stets merk' ich auf sie mit reinem Zutrauen zu wahrhafter Erbauung." (GOETHE, 1241/s. dazu auch die Ausführungen in 2.1.2 über die Bildung von *Experimentiergemeinschaften* im Bereich der Neuen Musik) .

Andererseits ist aber in der Selbsttätigkeit von Anfang an ein Keim zur Distanzierung, zur **Konfrontation mit „dem Anderen"** angelegt. Indem nämlich das Subjekt in Wechselwirkung mit sich selbst tritt und sich sein Selbst gegenüberstellt, konstituiert es in sich selbst ein *„Anderes"*. Es ist wie ein Blick in einen Spiegel, den man sich selbst vorhält. Man kann daran zerbrechen (s. dazu auch das Spiegelstadium bei J. LACAN, 1975), man kann diese Gegenüberstellung aber auch in einer produktiven Weise aufnehmen, indem man über eine dialektische Vermittlung beide Seiten sich gegenseitig entwickeln und so eine spannungsreiche **individuelle Identität** entstehen läßt. Diese kann erweitert werden, indem man das Selbst um die Familie und um den engeren Bekanntenkreis bis hin zur Gemeinde erweitert. In diese Beziehungen, in denen eine bestimmte Tradition lebendig ist, ist man hineingeboren, ist ein Teil von ihnen und gleichzeitig doch etwas Eigenständiges und Fremdes. Nimmt man die natürliche Umwelt (die „Heimat") hinzu, in der man lebt, dann läßt sich die **kulturelle Identität**, die aus der Erweiterung der individuellen Identität hervorgeht, zu einer **lokalen**

Identität entwickeln, die jetzt auch die umgebende Natur bewußt in sich aufnimmt. Indem die lokale Identität in den Gesamtzusammenhang globaler Entwicklungen hineingestellt wird, kann sich eine **interkulturelle Identität** herausbilden, die auf ein globales Denken und auf dieses aufbauende lokale Handeln ausgerichtet ist (s. zur Entwicklung dieser verschiedenen Arten von Identitäten die Tafel XIV, die Ausführungen unter 3.2.1, das unter 4.1 beschriebene Musterbeispiel „Spiegelungen: Konkretisierbare Utopien als Selbstthematisierungen" sowie die unter 6.3.2 beschriebene sprachdidaktische Konzeption).

Aus der Selbsttätigkeit läßt sich so ein hochkomplexes System entfalten, das schließlich - zumindest potentiell - die ganze Welt erfaßt. Damit ist aber auch die Gefahr verbunden, **daß die Subjekte alles „*Andere*" unter ihre Subjektivität, unter die von ihnen entworfene Totalität subsumieren.** Angesichts der Erfahrungen mit totalitären Systemen muß daher die ethische Forderung erhoben werden, *das Andere* in seiner (relativen) Eigenständigkeit anzuerkennen und nicht gänzlich in die vom Subjekt hervorgebrachte Totalität aufgehen zu lassen.

Die Philosophie eines Subjekts, das alles unter seine Totalität zu vereinnahmen sucht, wird vor allem von französischen Philosophen wie Jean-Francois LYOTARD, Jacques DERRIDA und Emmanuel LÈVINAS (mit-) verantwortlich gemacht für totalitäre Machtstrukturen, die etwa zum zweiten Weltkrieg und zum Holocaust führten: „Gemeinsam ist diesen Denkern - und sie greifen dabei auf Heidegger zurück -, daß sie die Geschichte des abendländischen Denkens insgesamt als eine Geschichte eines sich radikalisierenden machtförmigen Umgangs mit Wirklichkeit rekonstruieren. Und sie sehen den Grundzug abendländischen Denkens darin, daß der Mensch als Subjekt alles Seiende und letztlich auch den anderen so als Objekt vorstellt, daß sie nur im Horizont eines vorstellenden Entwurfs sein dürfen und damit dem rechnend-manipulierenden Zugriff unterworfen werden und bleiben. Die industrielle Menschenvernichtung in den Weltkriegen und im Holocaust ist dann nur die Vollendung dieser Grundtendenz in modernen Gesellschaften." (PEUKERT, H., 1994, S. 8 f)

Der Brasilianer Ricardo Timm DE SOUZA, einer der Vertreter der Befreiungsphilosophie in Lateinamerika, schließt vor allem an die Philosophie von Emmanuel LÉVINAS an, wenn er die Taktiken totalitären Denkens aufzudecken sucht. Für die Totalität gibt es nur Totalität, es erscheint ihr unmöglich, daß eine andere Wirklichkeit existiert, die nicht unter ein totalitäres Schema subsumiert ist. Wenn nun das >Andere< sich der Totalität verweigert und keine eigene Totalität ausbildet, so wird das als Betrug, Trick oder Verweigerung eines notwendigen Krieges gewertet: „Das „sich-nicht-totalisieren-Lassen" des Anderen, das in unwiderruflicher Weise Fremd-sein des schwachen Antlitzes, bestätigt genau die Mutmaßung, daß hier ein Betrug stattfindet. Wie kann nämlich der Andere anders als totalitär sein?" (DE SOUZA, R.T., 1994, S. 148).

Für Ricardo Timm DE SOUZA ist der wiederbelebte Rechtsradikalismus ein Beispiel: Unsicherheiten und Ängste werden in das Andere, das Fremde projiziert. Statt die Ursachen des Elends in sich selbst und seiner Umgebung zu suchen, wird ein Teil der Gesellschaft ausgegrenzt und als Feind identifiziert. Dieser Feind ist dann nicht mehr innerhalb der Totalität, die als gut begriffen wird. Die Bedrohung wird um so gefährlicher empfunden, je weiter der Andere als außerhalb gesehen wird. Der furchtbarste Alptraum des totalitären Denkens ist dabei die Schwäche des Anderen, das nicht als schwach vorgestellt werden kann. Von daher bietet sich eine Erklärung dafür an, daß das Totalitäre in vielen Fällen auf die Schwächsten der Anderen ihren größten Haß richtet (vgl. dazu: DE SOUZA, R.T., 1994, S. 149 f.).

Ricardo Timm DE SOUZA sieht eine pädagogische Perspektive darin, **daß das Totalitäre seine Angst überwindet** und dadurch fähig wird, die Sprache der Andersheit überhaupt zu vernehmen. Allerdings setzt er weniger auf die Lernfähigkeit der Totalität, sondern hofft auf die in jedem Kind schon vorweggenommene >Neuheit<: „Die Hoffnung der ethischen Zukunft besteht also eigentlich nicht in einem naiven Vertrauen auf die erschöpfte, erstarrte, ontologische Vergangenheit in ihrer Dynamik, die die gegenwärtige Ausbeutung des Menschen und der Natur, den sich verbreitenden, ängstlichen Haß und die Hilflosigkeit der Schwächsten nicht nur auf eine ganz subtile und indirekte Weise versucht, sondern auch rechtfertigt.

Nur die „Neuheit", die in jedem Kind schon vorweggenommen ist, kann die Stimme der Zukunft - die Keime der ethischen Hoffnung, die immer noch existieren - auf eine für die Zukunft selbst kreative Weise hören. Im Kind ist noch die ganze ethische Zukunft in nuce angelegt; nur das Kind ist wirklich der Pädagogik des ethischen Unendlichen gegenüber gänzlich offen. Es ist eine tragische Ironie für die Geschichte des Menschen, daß gerade die Menschen, die diese Geschichte leicht verändern könnten, unter die schwächsten aller Menschen zu zählen sind. Das bestätigt jedoch die seltsame Logik des ethischen Unendlichen, nämlich die Tatsache, daß das Unendliche sich in der Schwachheit des Anderen offenbart; aber Unendlichkeit ist auch, in diesem Sinne, Fruchtbarkeit einer „schwachen" doch lebendigen Hoffnung, die sich in der Neuheit des Lebens des Kindes hält und ihren unendlichen Inhalt freigeben kann." (DE SOUZA, R.T., 1994, S. 152).

Das Konstrukt der „Selbsttätigkeit" dahingehend zu überprüfen, ob es für eine Pädagogik geeignet ist, die diese Gedankengänge in sich aufnimmt, gehört mit zu den Grundanliegen dieser Arbeit. Das Interesse an der *Erzeugung von Neuem in der Selbsttätigkeit* ist von hierher inhaltlich begründet. Es besteht Bewußtheit darüber, daß das Konstrukt der „Selbsttätigkeit" in sich die **Gefahr einer Totalisierung** enthält. Die spätere Kopplung mit dem Konstrukt „System" kann diese Gefahr noch verstärken. Es wird also darauf ankommen, die inhaltliche Zielsetzung nicht aus den Augen zu verlieren und Mittel zu entwickeln, die Selbsttätigkeit, Systembildung und Andersheit in ihrer Gegensätzlichkeit bestehen und doch aufeinander beziehen lassen.

1.1.2 Zusammenfassung und Ausblick

• Selbsttätigkeit ist ein konstitutiver Akt, in dem das Subjekt sich selbst zum Gegenstand seiner Tätigkeit macht. Dazu bedarf es eines vermittelnden Moments, nämlich des Selbstbildes, mit dem sich das Subjekt selbst anschaubar macht. Über *"ästhetische Integration"* (s. dazu auch: FICHTNER, B., 1977, NEUMANN, T., OTTE, M., 1969 und WALGENBACH, W. 1979 und 1982) wird die zuvor an der eigenen Person wahrgenommene Vielfalt und Mannigfaltigkeit zu einer Einheit zusammengefügt, die dann zum Ausgangspunkt weiterer Entwicklung werden kann.

• Mit dem Selbstbild schafft sich das Subjekt einen Gegenstand und ein Mittel für seine Bildung. Konstituiert wird damit eine theoretische Ebene insofern, als bisherige Empirie überschritten und in einer dem axiomatischen Vorgehen ähnlichen Weise ein **Neuanfang** gesetzt oder - in der Terminologie EINSTEINs - ein „Verbrechen" begangen wird. Das Selbstbild ist zwar einerseits ein Ab-Bild, zugleich aber immer eine latente Konstruktion und offen für Ein-Bildungen, die zu Selbstentwürfen für zukünftige Gestaltungen des Selbsts, zu Vor-Bildern, werden können. Der Akt der Konstitution wird als frei und voraussetzungslos insofern erlebt, als es dazu keiner besonderen Vorkenntnisse und Fähigkeiten bedarf und ein bestimmtes Ziel nicht vorgegeben ist.

• „Selbsttätigkeit" kann schon zu Beginn in ersten Ansätzen begrifflich erfaßt und als eine Kategorie erlebt werden, die insofern eine Grenzabstraktion ist, als sie nicht mehr mit anderen Begriffen, die tiefer liegen, erklärt werden kann. Um diese Grenzabstraktion zu entwickeln, muß sie daher zum Mittel ihrer eigenen Erklärung gemacht werden. „Selbsttätigkeit" ist dann Gegenstand und Mittel zugleich, die sich wiederum wechselseitig beeinflussen und bereichern.

• Mit dem Selbstbild wird etwas Inneres in ein Äußeres transformiert, das dann wieder internalisiert und umgeformt wird zu etwas, das dann wiederum externalisiert wird usw. Da Selbsttätigkeit immer eine gegenständliche Tätigkeit insofern ist, als sie diese reflektiert und organisiert, geht das Selbstbild auch in diese ein, wenn das Subjekt sich in der Welt vergegenständlicht. Es kommt damit zu einem iterativen Prozeß, in dem das Subjekt sein Inneres zum Äußeren macht und das Äußere zum Inneren. Dieser Prozeß weitet sich durch permanente Wiederholungen zu einer immer komplexeren Totalität aus. Da schon zu Anfang dieses Prozesses das Subjekt sich in der Anschauung seiner selbst im Selbstbild als etwas Anderes erlebt, wird in ihm auch die Fähigkeit angelegt, Andersheit in seiner (relativen) Eigenständigkeit zu akzeptieren und in sich auszuhalten.

• Iterative Prozesse sind vor allem bei einer raschen Abfolge nicht mehr mit einem Ursache-Wirkungs-Denken erfaßbar. Adäquat ist ein Denken in Wechselwirkungen, bei dem die beteiligten Elemente gleichberechtigt sind und sich gegenseitig in ihrer Entwicklung vorantreiben. Der Anfang dieses Prozesses kann so gedacht werden, daß eine Wechselwirkung die Ursache ist von Wechselwirkung (s. dazu ausführlicher Tafel XXIII sowie 3.6 und 3.7). Im Fall der Selbsttätigkeit ist es das mit sich selbst wechselwirkende Selbst, das den iterativen Prozeß auslöst, und/oder ein anderes Subjekt (etwa ein Erzieher), der diese Wechselwirkung initialisiert.

- In der Selbsttätigkeit sieht der Mensch sich selbst an, macht sich zum Gegenstand seiner Anschauung und produziert ein Selbstbild. Das Selbstbild als Ergebnis von Selbsttätigkeit wird insofern als paradox erlebt, als man sich selbst anschaut und sich doch als etwas Anderes erlebt. Einheit und Verschiedenheit werden in ein spannungsvolles Verhältnis zueinander gebracht, das zu Anfang noch relativ inhaltsarm ist, in Form eines komplementären Begriffspaars sprachlich gefaßt und in einem Prozeß des „Aufsteigens vom Abstrakten zum Konkreten" durch Einarbeitung von Material aus der Wirklichkeit zu immer höherer Komplexität und Bestimmtheit entwickelt werden kann. Zugleich findet ein Prozeß des „Aufsteigens vom Konkreten zum Abstrakten" insofern statt, als das Subjekt seine Selbsttätigkeit in der Wechselwirkung mit anderen selbsttätigen Subjekten immer allgemeiner und abstrakter sehen kann (s. dazu die Systembildungssequenzen in 4.1 und 6.3.2).
- Selbsttätigkeit ist also kein solipsistischer Akt, sondern immer eingebunden in einen bestimmten kulturhistorischen Kontext. Das ist schon deshalb der Fall, weil Selbsttätigkeit auf die Bewußtmachung der eigenen gegenständlichen Tätigkeit zielt, über die sich das Subjekt mit der Welt in Beziehung setzt. Die Gegenständlichkeit dieser Welt aber ist historisch geworden, ist als Tat-Sache Resultat der Tätigkeit von Subjekten innerhalb bestimmter sozialer Kontexte und ein Faktum (= etwas Gemachtes), in dem subjektive Eigenschaften und Fähigkeiten vergegenständlicht sind.
- In seiner Selbsttätigkeit konstruiert das Subjekt so eine Totalität, die immer umfassender wird. Diese Totalität aber birgt in sich die Gefahr eines Totalitarismus, der alles unter die Verfügungsmacht des Subjekts bringen will. Aufzunehmen und zu nutzen ist deshalb die Erfahrung des Subjekts, daß es sich in seiner Selbsttätigkeit sich selbst gegenüberstellt und sich dabei erst einmal als etwas Fremdes und Anderes erlebt und erfährt. Die Dialektik von Identität und Verschiedenheit darf deshalb vom Subjekt nicht durch einfache Harmonisierungen beseitigt, sondern muß in ihm selbst und in den Beziehungen zu anderen ausgehalten und gelebt werden.

Bildung kann jetzt als ein Prozeß bestimmt werden, in dem Subjekte in ihrer Selbsttätigkeit Bilder als Mittel nutzen, um mit diesen einerseits sich mit sich selbst und mit "Ursprünglichem" (der „Weltsubstanz"/s. dazu 2.4.4) in Beziehung zu setzen und andererseits mit ihnen Neues zu entwerfen und zu gestalten. Will **Erziehung** sich in diesen Prozeß einschalten und ihn produktiv unterstützen, dann kann sie dieses nur, wenn sie sich zu diesen grundlegenden Bestimmungen von Bildungsprozessen adäquat verhält. Im folgenden soll gezeigt werden, daß dieses am weitestgehenden Friedrich FRÖBEL dadurch gelungen ist, daß er seinen Ansatz darauf ausrichtet, ein **Urphänomen** zu definieren, an diesem **Urbilder** gewinnen zu lassen und dann im Wechselspiel beider zu elementaren kategorialen Mitteln zu gelangen.

1.2 Das pädagogische Grundproblem und klassische Lösungsansätze

Wenn der selbsttätige Mensch sich als Subjekt und Objekt selbst setzt, kann die Pädagogik ihn nicht als ihren Untersuchungsgegenstand konstituieren, sondern muß ihn als gegeben voraussetzen (s. dazu auch: LUHMANN, N., SCHORR, K. E., 1982, S. 7). Was ist dann aber der Untersuchungsgegenstand von Pädagogik?

Mit dem Setzen von „Selbsttätigkeit" als zentraler Kategorie hatte sich die Pädagogik ein Problem vorgegeben, das LUHMANN/SCHORR als „pädagogisches Paradox" bezeichneten: *Wie läßt sich Selbstbestimmung in Freiheit von außen anregen und in ihrer Entwicklung unterstützen?*

LUHMANN/SCHORR stellten Anfang der achtziger Jahre fest, daß dieses pädagogische Grundproblem bzw. Paradox in der Geschichte bisheriger Pädagogik weitgehend unbearbeitet geblieben war. Den Grund für die Nichtbearbeitung sahen sie in dem Rückgriff auf das Konzept der Kausalität, das gleichzeitig für die deutsche Pädagogik - als eine aus der Philosophie hervorgegangenen Disziplin - einen Rückgriff auf die Diskussion über die Vereinbarkeit von Freiheit und Kausalität bei KANT implizierte. Da in der Tradition dieser Philosophie von einer generellen Unvereinbarkeit von Freiheit und Kausalität ausgegangen würde, sei auch das Problem der Aktivierung von Selbsttätigkeit durch Einwirkungen von außen in der Pädagogik unbearbeitet geblieben (s. dazu: LUHMANN, N., SCHORR, K. E., 1982, S. 7).

Ist das pädagogische Grundproblem also unbearbeitbar? Oder hat es zumindest Lösungsideen und -ansätze gegeben?

Bei LUHMANN/SCHORR deutet sich schon an, daß das Schlüsselproblem bisheriger Lösungsansätze zum pädagogischen Grundproblem sich aus dem Rückgriff auf das **Konzept der Kausalität** ergibt. Da dieses als grundlegend für die Naturwissenschaften angesehen wurde bzw. heute noch wird, meinte man sicherlich auch, mit diesem Konzept so wissenschaftlich werden und theoretisch auf einem hohen Niveau sich bewegen zu können wie etwa die Physik, die auch innerhalb der Naturwissenschaften eine Leitfunktion bei der Ausbildung von Disziplinen zu einer theoretischen Disziplin eingenommen hat und weitgehend auch heute noch einnimmt (s. dazu etwa LYBEK, L., 1973). Demgegenüber hat Wilhelm WOLZE (1989) aufgezeigt, daß grundlegend vor allem für die moderne Physik - aber auch schon für die klassische etwa in der NEWTONschen Formulierung actio = reactio - ein **Denken in Wechselwirkungen** ist. Das Konzept der Kausalität ist dabei nicht einfach aufgehoben und obsolet geworden, sondern hat seine Berechtigung für bestimmte Anwendungsbereiche behalten, dann allerdings am produktivsten in der Fassung, daß Ursachen, die selbst auf Wechselwirkungen beruhen, **Ursachen für Wechselwirkungen** sind (s. dazu weiterführend 3.6 und 3.7 sowie die Tafel XXIII).

Kann man also mit dem neuen Mittel „Wechselwirkung" zu produktiveren Lösungsansätzen hinsichtlich des pädagogischen Grundproblems kommen? Kann man Selbsttätigkeit als „Wechselwirkung mit sich selbst" (so der FICHTE-Schüler SAUER, 1798, S. 272) von außen durch Wechselwirkung auslösen und in ihrer Entwicklung unterstützen?

Im Vorgriff auf spätere Ausführungen sollen zur Beantwortung dieser Frage schon erste Überlegungen angestellt werden, um die Suchrichtung erkennbar werden zu lassen. Mit dem **Kausalkonzept** ist ein *Denken in Ursache und Wirkung* verbunden: Eine Ursache wirkt auf etwas anderes ein und verändert dieses. Die eine Seite ist dabei aktiv und dominant, die andere passiv, reaktiv und unterlegen. Übertragen auf die Pädagogik sieht ein Erziehungsprozeß dann etwa so aus, daß ein erfahrener und erwachsener Erzieher auf einen jüngeren und lernbedürftigen Schüler einwirkt und in ihm bestimmte Einsichten, Fähigkeiten und Fertigkeiten entwickelt. Der Schüler ist zwar zur Mitarbeit aufgefordert und damit zur Einbringung seines Selbst, das eigentliche Ziel aber ist die mehr oder weniger starke Anpassung an das von außen Vorgegebene (s. dazu auch die Kritik am Ansatz von BENNER in 7.2).

Das *Konzept der Selbsttätigkeit* ist dagegen auf **Wechselwirkung** ausgerichtet: Ein Subjekt macht seine eigene Tätigkeit zum Gegenstand seiner Aktivitäten und tritt damit mit sich selbst in Wechselwirkung. Dabei ergibt sich wie beim pädagogischen Grundproblem eine **paradoxe Situation**: Das Subjekt beobachtet sich selbst, ist im gleichen Augenblick *es Selbst und etwas Anderes*.

Wenn nun jemand sich von außen mit einer so bestimmten Selbsttätigkeit in Beziehung bringen will, dann kann er das nur auf der Grundlage von Wechselwirkung: Um überhaupt kompatibel mit der Selbsttätigkeit von anderen sein zu können, muß man selbst Erfahrungen als Selbsttätiger sammeln und deshalb in Wechselwirkung mit sich selbst treten. Dabei erlebt man Freiheit als Bedingung und als produktives Verhältnis, das die *Erzeugung von Neuem* ermöglicht. Die Freiheit, die man selbst erlebt, muß man aber auch anderen zugestehen, weil nur dann auch diese ihre Möglichkeiten entfalten können. Diese Möglichkeiten der anderen sind aber immer auch zugleich eigene Möglichkeiten, die über Wechselwirkungen für alle fruchtbar werden können. Um es in einem Bild zu sagen: **Aus dem mit Kausalität verbundenen „Gewinner-Verlierer-Spiel" wird ein sich auf Wechselwirkungen gründendes „Gewinner-Gewinner-Spiel".** Der Erzieher kann zwar immer noch Ursache in einem Erziehungsprozeß gesehen werden; diese Ursache ist aber insofern auf ein Minimum reduziert, als sie selbst auf Wechselwirkungen gründet und wiederum nur Wechselwirkungen auszulösen versucht. Es ist gleichsam eine „homöopathische" Beziehung, in der *Gleiches mit Gleichem* interagiert. An die Stelle von Oben-Unten-Verhältnissen treten damit gleichberechtigte, „demokratische" Verhältnisse (s. dazu auch unter 7.2 die Ausführungen zu einem modernen Didaktik-Begriff).

Im folgenden soll nach Lösungsideen und -ansätzen in der Geschichte der Pädagogik gesucht werden, die diesen Überlegungen nahestehen Dabei besteht nicht der Anspruch, entsprechend den methodischen Kriterien der historischen Pädagogik Ansätze etwa unter Berücksichtigung des Gesamtwerks eines Pädagogen und seiner Stellung in einer bestimmten geschichtlichen Epoche aufzuarbeiten. Die Vorgehensweise entspricht mehr dem Ansatz der „**Spurensuche**" in der Kunst: Künstler wie Anne und Pierre POIRIER fahren eine bestimmte Zeit an einen Ort wie etwa Pompey, setzen sich dort unter Einbeziehung von Ergebnissen historischer Forschung mit der Vergangenheit auseinander und erstellen schließlich nach ihrer Heimkehr ein Modell, in das sowohl „objektive" Fakten wie ihre eigene ästhetisch-künstlerische Sehweisen und Visionen eingehen (s. dazu etwa: RUHRBERG, K., 1978).

Eine ähnliche Vorgehensweise wird im folgenden gewählt: Es werden Lösungsideen und -ansätze aufgenommen und zugeschärft. Die gewählte Perspektive ist dabei bestimmt durch das Interesse an der **Konstruktion heuristischer Mittel für Wechselwirkungsprozesse zwischen Subjekten sowie zwischen Subjekten und Objekten**.

1.2.1 Zwei unproduktive Lösungsansätze: Theorien der Materialen und Formalen Bildung

Im folgenden werden zwei Ansätze zur Bearbeitung des pädagogischen Grundproblems vorgestellt (s. dazu Tafel V), die noch heute aktuell sind, obschon Wolfgang KLAFKI (1963) in einer überzeugenden Weise ihre Probleme und mangelnde Produktivität herausgearbeitet hat. Gemeinsam ist diesen Ansätzen, daß auf der Grundlage **analytisch-atomistischer Strategien** (Zerlegung von Ganzheiten in elementare Bausteine) nach elementaren Mitteln gesucht wird, die Ausgangspunkte von Lehr-Lern-Prozessen sein können. Der erste Ansatz, der **Ansatz der Materialen Bildung**, konzentriert sich dabei auf die *Objekt-Seite* im Lehr-Lern-Prozeß und versucht das Elementare über die Zerlegung von Inhaltlichem zu gewinnen. Der **Ansatz der Formalen Bildung** stellt demgegenüber die *Subjekt-Seite* in den Mittelpunkt und zerlegt die Persönlichkeit der Lernenden, von ihnen durchzuführende Tätigkeitsprozesse und die soziale Organisation von Lernen und Lehren in einer formalen Weise in elementare Bausteine. Wie später zu zeigen ist, versucht dagegen **der Ansatz der Kategorialen Bildung**, Inhaltliches und Formales nicht voneinander zu trennen, sondern elementare Mittel zu finden oder zu konstruieren, die *Objektiv-Materiales und Subjektiv-Formales zugleich* keimhaft enthalten und sich im Prozeß der Selbsttätigkeit entfalten lassen (s. dazu Tafel VI).

Die Darstellung der Ansätze folgt einerseits der problemgeschichtlichen Analyse, die Wolfgang KLAFKI zur Theorie der Kategorialen Bildung vorgelegt hat (s. dazu: KLAFKI, W., 1963). Andererseits wird eine Aktualisierung insofern vorgenommen,

Materiale Bildung:
Zerlegung von Inhaltlich-Objektivem[*]

* s. dazu als Beispiel KNEIP, W., STACHWEIT; W., 1991, S. 7

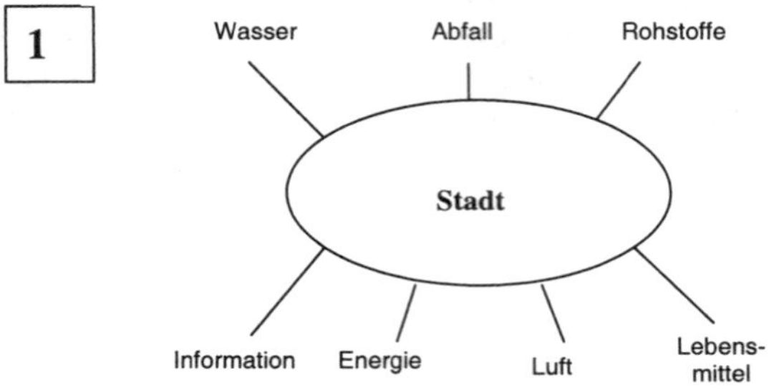

1

Wasser　　Abfall　　Rohstoffe

Stadt

Information　Energie　　Luft　　Lebens-
mittel

**Atomistische Zerlegung eines
Gegenstandsbereichs**

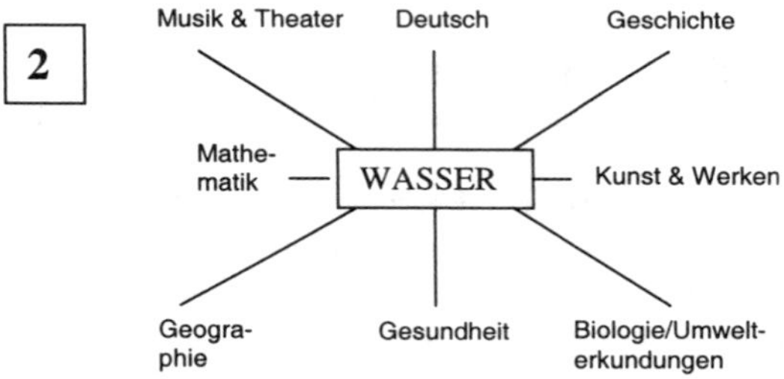

2

Musik & Theater　Deutsch　　Geschichte

Mathe-
matik　——　WASSER　——　Kunst & Werken

Geogra-
phie　　　Gesundheit　　Biologie/Umwelt-
erkundungen

**Addition von disziplinären Wissensstücken:
Beispiel „Wasser"**

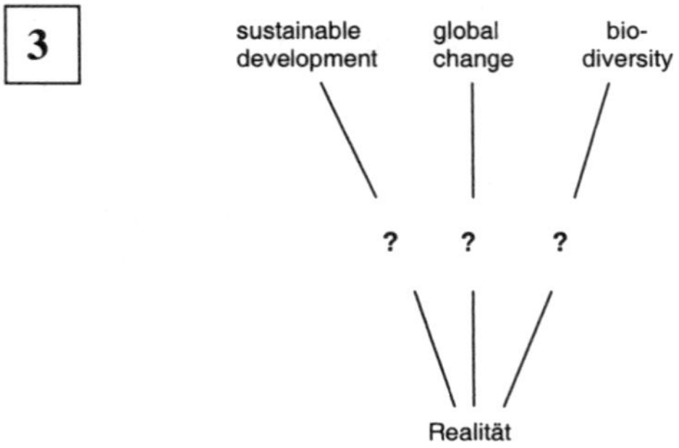

3

sustainable　global　　bio-
development　change　diversity

?　?　?

Realität

**Hochabstrakte, unintegrierte „Big Ideas":
Ziele der Rio-Konferenz als Beispiel**

Tafel V

Formale Bildung:
Zerlegung von Subjektivem*

s. dazu als Beispiel DIAS, G.F., 1992

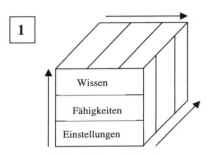

**Abstrakt-formalistische
Persönlichkeitsmodelle**

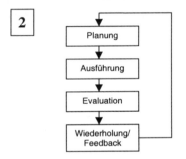

**Abstrakt-formalistisches Handlungsschema:
Beispiel „Projektmethode"**

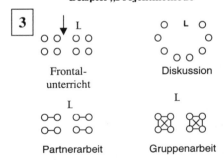

**Abstrakt-formalistisches
Organisationsmodell**

als umweltpädagogische Konzepte analysiert und bewertet werden. Es wird sich dabei zeigen, daß die als unproduktiv einzuschätzenden Lösungsversuche zu einer materialen und formalen Bildung auch heute noch grundlegend sind für Entwicklungen in einem Bereich, der sich aktuellen gesellschaftlichen Problemen zu stellen sucht.

1.2.1.1 Die Theorie der Materialen Bildung: Zerlegung von Lehrinhalten

An der Pädagogik PESTALOZZIs hat Wolfgang KLAFKI aufgezeigt, daß dieser zum einen Ansätze zu einer Materialen Bildung verfolgte (s. dazu zusammenfassend: KLAFKI, W., 1963, S. 40 - 57). PESTALOZZI bewegte sich in diese Richtung mit seinem Versuch, elementare Mittel für den Sprachunterricht zu entwickeln. Sprache war für ihn objektive Gegebenheit, die er in grundlegende Bausteine zerlegen wollte. Er gelangte so zu den Lauten, denen er Buchstaben des ABC zuordnete. Durch synthetische Operationen sollte dann das vorher Zerlegte wieder zu Sinnzusammenhängen zusammengefügt werden. PESTALOZZI erkannte dabei nicht, daß es keinen kontinuierlichen Übergang von rein phonetischen Elementen und Elementkombinationen zu Sinn und Bedeutung in der Sprache gibt. Der Versuch, Bildung über Elemente herzustellen, die durch Zerlegung von Inhaltlichem in seine grundlegenden Bestandteile gewonnen wurden, erwies sich als Irrweg (s. dazu auch 1.2.3.4).

Ein Blick auf moderne Konzepte der Umweltpädagogik zeigt, daß dieser unproduktive Lösungsansatz hier seine Wiederholung findet. Angeboten wird folgende Strategie (s. dazu auch Tafel V):

- In einem ersten Schritt wird ein bestimmtes komplexes Objekt wie etwa die „Stadt" aus der Realität ausgewählt und in verschiedene Elemente wie Abfall, Wasser, Rohstoffe, Luft usw. zerlegt.
- Im zweiten Schritt wird aus dieser Komplexität ein bestimmtes Element - etwa das „Wasser" - ausgewählt und zu diesem Wissen aus verschiedenen Disziplinen zusammengetragen. Man meint damit Interdisziplinarität gewonnen zu haben, die die von Wissenschaft und Technik herbeigeführte Zersplitterung des Wissens aufhebt. Diese Interdisziplinarität beruht allerdings nur auf einem intuitiven Holismus, bei dem alles mit allem irgendwie zusammenhängt. Ein explizites, theoretisch begründetes Integrationskonzept, das eine bewußte Herstellung von Beziehungen zwischen den Elementen erlaubt, wird nicht ausgewiesen.
- Um in einem dritten Schritt die fehlende Integration doch noch zu erreichen, werden hochabstrakte, allgemeine Prinzipien, Ziele, Schlüsselprobleme oder Leitideen („Big Ideas") eingeführt, mit denen das in Elemente Zerlegte wieder zusammengefügt werden soll. Diese „Big Ideas" sind aber wiederum nicht aufeinander bezogen, sondern stehen isoliert für sich da. Außerdem macht ihre Abstraktheit es schwer, sie als integrierendes Moment in konkreter Inhaltlichkeit wirksam werden zu lassen.

Der Ansatz der Materialen Bildung läßt sich jetzt - in bewußter Zuspitzung - wie folgt zusammenfassen und bewerten:

- Die Komplexität der Wirklichkeit wird schrittweise in Elemente zerlegt, deren Beziehungen untereinander zunehmend verlorengehen.
- Zu den definierten Elementen wird Wissen aus den verschiedensten Disziplinen zusammengesucht, das untereinander kaum Beziehungen aufweist. Die Beziehungslosigkeit der Elemente untereinander wird durch die Beziehungslosigkeit der Wissensstücke noch verstärkt.
- Die Lernenden werden bei der Integration der Elemente weitgehend allein gelassen. Vertraut wird auf einen intuitiven Holismus, der alles mit allem irgendwie zusammenbringt.
- Wenn Integrationshilfen angeboten werden, dann in Form von „Big Ideas" (Prinzipien, allgemeine Zielstellungen, Schlüsselprobleme, Leitideen u. ä.), die nur schwer mit konkreter Inhaltlichkeit zu vermitteln und untereinander weitgehend unverbunden sind.
- Pädagogik sieht sich einer Dominanz vor allem der **Objektwissenschaften** (Physik, Biologie, Chemie, Umweltwissenschaften usw.) ausgesetzt. Lehrende und Lernende haben sich einem didaktischen Objektivismus zu unterwerfen.
- Wissen ist nicht Mittel der Selbsttätigkeit, sondern Selbstzweck bzw. Machtmittel anderer. Lernende haben das fertige Wissen zu reproduzieren und kommen höchstens indirekt, über quasi naturwüchsige Effekte im Umgang mit dem aufgezwungenen Wissen zur Entwicklung ihrer eigenen Persönlichkeit.
- Pädagogik verkommt zu einer Hilfsdisziplin, die Wissen aus anderen Disziplinen auszuwählen, in eine plausible Reihenfolge zu bringen und methodisch so zu verpacken hat, daß Lernende es möglichst reibungslos zu reproduzieren imstande sind.

1.2.1.2 Die Theorie der Formalen Bildung: Zerlegung von Lehr-Lern-Strukturen

Ebenfalls am Beispiel der Pädagogik PESTALOZZIs zeigt Wolfgang KLAFKI (1963, S. 41 ff.) einen zweiten Irrweg bei der Suche nach Elementarem auf. Bei PESTALOZZI findet sich dieser Ansatz in seinem Konzept zu einer Elementargymnastik. Ausgangspunkt der Konzeptentwicklung sind die Gelenkbewegungen des Kindes, die er in grundlegende Elemente zu zerlegen sucht. Das Elementare wird hier also nicht in einer objektiven Inhaltlichkeit gesucht, sondern in den Kräften, Funktionen und Operationen des Subjekts. Gewonnen wird Formales, das mit beliebiger Inhaltlichkeit in Verbindung gebracht werden kann. Diese Inhalte sind dann nur noch Mittel zum Zweck, nämlich zur Entwicklung des Formalen, den Fertigkeiten und Fähigkeiten des Subjekts.

Ansätze zu einer formalen Bildung finden sich auch in modernen Konzepten der Umweltpädagogik. Hier sind es nicht die Objektwissenschaften, die der Pädagogik das Material vorgeben, sondern die **Subjektwissenschaften** *Psychologie und Soziologie.* Grundlegend ist wiederum die **Strategie des Zerlegens**, mit der das Elementare aufgedeckt werden soll (s. dazu auch Tafel V*).*

Im Rückgriff vor allem auf Forschungsergebnisse der Kognitions- und Entwicklungspsychologie werden **Strukturmodelle** für das Lernen und Lehren entwickelt. Die einzelnen Elemente werden dabei aus ihren Forschungskontexten herausgerissen und in einer Weise zu Modellen vereinigt, die höchstens Plausibilität für sich beanspruchen kann, wissenschaftlich aber unbefriedigend begründet ist. Das Modell wird damit *formalistisch* und kann höchstens noch grobe Orientierungen auf einem abstrakt-allgemeinen Niveau liefern.

Dienen solche Modelle als Mittel, Strukturen des Subjekts in einer statisch-klassifikatorischen Weise auszuweisen, so wird Prozessuales über **Prozeßschemata und Ablaufdiagramme** ins Spiel gebracht. Von Inhaltlichem getrennt und in Elemente zerlegt werden Tätigkeitsprozesse, die gewonnenen Elemente sodann in formal-abstrakten Methodenschemata organisiert. Diese Schemata lassen sich auf beliebige Inhaltlichkeit anwenden und weisen keinen spezifischen pädagogischen Eigenwert auf. Auch hier kann das angebotene Instrumentarium nur grobe Orientierungen bieten, die zudem so abstrakt-allgemein sind, daß sie sich auf beliebige Inhalte - z. B. auf Bildungsprozesse oder den Verkauf von Autos - anwenden lassen.

Sind psychologisch orientierte Strukturmodelle auf das individuelle Subjekt ausgerichtet, so bieten soziologisch ausgerichtete **Organisationsmodelle** Orientierungen für die soziale Strukturierung von Lehr-Lern-Prozessen an. Weil auch hier in einer unproduktiven Weise eklektizistisch verfahren und nicht systematisch auf theoretisch begründete Konzepte etwa der Organisationssoziologie zurückgegriffen wird, kommt es nur zu einer formalistisch-klassifikatorischen Strukturierung von sozialen Beziehungen in Lehr-Lern-Prozessen mit einem geringen Erkenntniswert.

Ansätze zu einer Formalen Bildung lassen sich jetzt wie folgt zusammenfassen und wiederum zuspitzend bewerten:

- Konzepte formaler Bildung werden vornehmlich dadurch entwickelt, daß aus Psychologie und Soziologie übernommene Forschungsergebnisse aus ihrem ursprünglichen Forschungskontext herausgerissen und in einer Weise zu Modellen zusammengefügt werden, die höchstens Plausibilität für sich beanspruchen kann und wegen der defizitären theoretischen Begründung nur einen geringen Erkenntniswert aufweist.

- Die Trennung von einer bestimmten Inhaltlichkeit macht das Formale zwar allgemeiner verfügbar. Gleichzeitig wird es aber immer abstrakter und formalistischer, so daß es höchstens noch grobe Orientierungen liefern kann.
- Das Formale kann mit beliebigen, damit aber auch mit nicht wünschenswerten Inhalten verbunden werden. Inhalte werden Mittel zum Zweck, an denen Formales entwickelt wird.
- Das Formale wird in der Regel für die Lernenden nicht explizit gemacht, sondern nur den Lehrenden als Orientierung angeboten. Während bei Ansätzen zu einer Materialen Bildung die Lernenden an die Kette vorgegebener Inhaltlichkeit gelegt werden, haben sie sich bei Ansätzen zu einer Formalen Bildung abstrakt-formalistischen Strukturen, Prozeßschemata und Organisationsmodellen zu unterwerfen, die zudem meistens nur den Lehrenden bekannt, nicht aber den Lernenden als Mittel ihrer Tätigkeit zur Verfügung gestellt werden.
- Wird Pädagogik bei Ansätzen zu einer Materialen Bildung der Dominanz von Objektwissenschaften ausgesetzt, so bei Ansätzen zu einer Formalen Bildung der Dominanz der Subjektwissenschaften Psychologie und Soziologie. In beiden Fällen findet Pädagogik nicht zur Bearbeitung ihrer eigenen Problemstellung, nämlich zugleich inhaltlich und formal bestimmtes Elementares zu konstruieren, mit dem sich Selbsttätigkeit bei Lernenden auslösen und in ihrer Entwicklung unterstützen läßt.

1.2.2 Der Ansatz der Kategorialen Bildung: Initialisierung und Unterstützung von Selbsttätigkeit durch elementare heuristische Mittel

Die Idee für einen dritten Weg zwischen materialer und formaler Bildung läßt sich mit einem einfachen Bild gewinnen: Betrachtet man Früchte wie Kirschen, Pflaumen oder Pfirsiche, so haben diese nicht nur eine bestimmte inhaltliche Substanz und eine bestimmte charakteristische Form, sondern auch einen Kern, aus dem sich in einem genetisch-dynamischen Prozeß Form und Inhalt entwickeln.

Analog dazu ist also zur Lösung des pädagogischen Grundproblems **nach einem Kern zu suchen, der von Anfang an Inhalt und Form keimhaft in sich vereinigt**, und aus dem heraus dann im Prozeß eine komplexe Ganzheit in Wechselwirkung mit der Umwelt entwickelt werden kann. Das Elementare wird dabei nicht durch eine Strategie der Zerlegung von Ganzheiten in Teile gewonnen, sondern durch das Finden oder die Konstruktion eines **"Ur-"elements** (s. dazu Tafel VI und XVI) das - wie der Kern einer Frucht - Inhaltliches und Formales zur gleichen Zeit in komprimierter Form enthält (in dieser Arbeit wird es später als "epistimologisches Heurem" bestimmt).

Ein solcher Lösungsansatz kann generell als charakteristisch angesehen werden für Systembildungen der deutschen Klassik und des deutschen Idealismus: Es wird ein

Kategoriale Bildung:
Urelemente als Keimzellen von Systembildungen

**Die Vorsilbe "ur-"
hat die Bedeutung von
"aus", "heraus", "der
Anfang" und wird
zugleich als Mittel der
Steigerung gebraucht**

Ur- aufführung
Ur- christentum
Ur- farben
Ur- farne
Ur- fehde
Ur- formung
Ur- geschichte
Ur- gestalt
Ur- heberrecht
Ur- insekten
Ur- keimzelle
Ur- landschaft
Ur- maß
Ur- mensch
Ur- pflanze
Ur- pilze
Ursprüngliches als Ausgangspunkt   *Ur- sache*
Ur- schleim

"Wer nicht gewahr werden kann, daß ein Fall oft *Ur- sprache*
tausende wert ist, und sie alle in sich schließt, wer *Ur- sprung*
nicht das zu fassen und zu ehren imstande ist, was *Ur- teil*
wir Urphänomene genannt haben, der wird weder *Ur- vogel*
sich noch anderen jemals etwas zur Freude und zum *Ur- wald*
Nutzen fördern können." *Ur- welt*
Ur- zeit

Goethe, 1966, S. 91 f.

Tafel VI

Urbild Spirale

**Metamorphosenbildung
im Wechselspiel von Ur-
phänomen und Urbild**

Urphänomen Wirbelstraße

Ausgangs- und Mittelpunkt gesetzt, aus dem dann schrittweise ein komplexes Ganzes entfaltet wird. Man denke etwa an BEETHOVENs 5. Symphonie, wo aus einem zellartigen Motiv heraus - und eben nicht durch Reihung von Teilen (Sequenzen) wie etwa in der Volksmusik - eine hohe Komplexität erzeugt wird.

Ein anderes Beispiel ist das „Kapital" von Karl MARX. Die Zelle ist hier der Begriff „Ware", als eine historische Konkretisierung des Begriffs „Arbeit" bei HEGEL insofern verstehbar, als das Resultat menschlicher „Arbeit" auf einer bestimmten Entwicklungsstufe bestimmt wird. Diese begriffliche Zelle enthält dann in sich den grundlegenden Widerspruch von *Gebrauchswert und Tauschwert*, aus dem heraus ein komplexes politisch-ökonomisches System entfaltet wird (s. dazu: ZELENY, J., 1968).

Auch GOETHE betont: „...ich raste nicht, bis ich einen prägnanten Punkt finde, von dem sich vieles ableiten läßt, oder vielmehr der vieles freiwillig aus sich hervorbringt und mir entgegenträgt, da ich denn im Bemühen und Empfangen vorsichtig und treu zu Werke gehe." (GOETHE, 1243; s. dazu auch: BORTOFT, H. 1995, S. 72 f.). Wilhelm von HUMBOLDT entdeckte in seinem Denken eine ähnliche Vorgehensweise, sieht diese aber mehr analytisch und beschreibt sie wie folgt: „Wenn ich zu irgend etwas mehr Anlage, als die allermeisten besitze, so ist es zu einem Verbinden sonst gewöhnlich als getrennt angesehener Dinge, einem Zusammennehmen mehrerer Seiten, und dem Entdecken der Einheit in einer Mannigfaltigkeit von Erscheinungen." (HUMBOLDT, W. v., 1983, S. 182).

Diese Art der *Systembildung aus einer "Zelle" (DAVYDOV) heraus* ist auch für die Bildungstheorie grundlegend: **Mit der Kategorie „Selbsttätigkeit" wird ein zu entfaltender Ausgangs- und Mittelpunkt gesetzt, der in sich einen realen Widerspruch von Selbstentwicklung des Subjekts und Entwickeltwerden durch das "Andere" (etwa die Umwelt) enthält.** Für die Art der Einwirkungen lassen sich in der (deutschen) Pädagogik verschiedene Lösungsideen und -ansätze finden, die aber alle eine gemeinsame Suchrichtung haben, nämlich **„das Element"** (SCHLEIERMACHER, F. E. D., 1871, S. 654) zu finden, das wiederum Ausgangs- und Mittelpunkt weiterer Systembildungen ist.

Im Gegensatz zur philosophisch-systematischen Behandlung des pädagogischen Grundproblems, die aufgrund der von KANT konstatierten Unvereinbarkeit von empirischer Kausalität und Freiheit nur die Nichtbearbeitbarkeit feststellen konnte, gab es Bildungstheoretiker und -praktiker, die sich in einer mehr pragmatischen Weise um Problemlösungen bemühten. Dabei verwendeten sie in einer weitgehend noch intuitiven Weise - so die hier vertretene These - **Denkkonzepte und begriffliche Mittel, die erst heute genauer als Bemühungen um ein Wechselwirkungskonzept und um heuristische Mittel bestimmt und für die Bildungstheorie produktiv gemacht werden können.** Über Rekombination von in der klassischen Bildungstheorie entwikkelten Ideenkeimen, theoretischen Bestimmungen und praktischen Lösungsansätzen soll im folgenden gezeigt werden, daß sich ein bildungstheoretisches Konzept zumindest schon andeutete, das sich anstatt auf ein *Denken in Kausalitäten* auf ein **Denken in Wechselwirkungen und heuristischen Mitteln** gründete.

Begonnen werden soll mit einer Bestimmung von Bildung, die der FICHTE-Schüler SAUER vorgenommen hat: „Die Bildung des VernunftWesens findet ... auf keine andere Weise, als durch eine **WechselWirkung** derselben mit sich selbst statt. Was auch immer von außen zu ihrer Beförderung geschehen mag, ... so gelangt ... nie etwas in dasselbe hinein, es sey denn, daß es sich dasselbe aneigne... Denn auf eine Einwirkung erfolgt, wenn das Subjective nicht auf das Objective reflectirt, und so das Vernunft-Wesen mit sich selbst in Wechsel tritt, nichts als etwa ein leidiges, verhasstes Gefühl der Einwirkung, durch welches sie unerkannt zurückgewiesen wird." (SAUER, 1798, S. 272/ Hervorhebung: W.W.)

An die Stelle eines Asymmetrien erzeugenden Kausalverhältnisses zwischen Erzieher und Zögling wird hier ein **auf Symmetrie zielendes Denken in Wechselwirkungen** insofern angelegt, als die *Wechselwirkung des Subjekts mit sich selbst in seiner Selbsttätigkeit* und nicht die Einwirkung eines Lehrenden auf einen Lernenden zum Ausgangspunkt von Bildung gemacht wird. Das aber bedeutet: Es findet eine **„Konzeptrevolution"** (THAGARD, P., 1992) statt!

Die Beibehaltung dieses Wechselwirkungsdenkens in den folgenden Schritten der Konzeptentwicklung wird ermöglicht durch die Ab- und Umlenkung der Aufmerksamkeit von der *Subjekt-Subjekt-Beziehung* (Erzieher - Zögling) auf die **Subjekt-Objekt-Beziehung** (Lernender-Gegenstand, s. dazu auch die Charakterisierung des Konzepts „Interdisziplinäre System-Bildung" durch U. EISLER in 5.2.2 sowie die Ausführungen zu dem Ansatz von Dietrich BENNER in 7.2), wie sie Wilhelm von HUMBOLDT vornimmt: „Was also der Mensch braucht, ist bloß ein Gegenstand, der die Wechselwirkung seiner Empfänglichkeit mit seiner Selbsttätigkeit möglich mache. Allein wenn dieser Gegenstand genügen soll, sein ganzes Wesen in seiner vollen Stärke und seiner Einheit zu beschäftigen, so muß er der Gegenstand schlechthin, die Welt seyn, oder doch (denn diess ist eigentlich allein richtig) als solcher betrachtet werden." (HUMBOLDT, W. v., 1965, S. 27 f.).

Solch ein Repräsentant zwar nicht der ganzen Welt, aber doch eines komplexen Wirklichkeitsbereichs ist GOETHEs **„Urphänomen"**. Ein Beispiel ist die *„Urpflanze"* (GOETHE, J.W., 1985), aus deren Ausgangsgestalt durch **Metamorphosen** vielfältige Formen hervorgehen. Man kann auch an **Miniaturen** denken, die in komprimierter Form die Komplexität eines größeren Ganzen enthalten (s. dazu Tafel VI und die späteren Ausführungen unter 3.3.1).

Eine weitere Idee zur Bestimmung eines Gegenstands, der Selbsttätigkeit auslöst, findet sich bei DIESTERWEG. Er wünschte sich einen „pädagogischen Homöopathen", „der uns lehrt, die geistigen Gaben in solcher Dosis zu reichen, daß sie möglichst energisch wirken, daß ein geringes Maß die höchste Wirkung hervorruft." (DIESTERWEG, A., 1958, S. 93). Dieser Analogie entsprechend muß der gesuchte Gegenstand in komprimierter Form eine „*Potentialität*" (BEUYS) enthalten, die nach erfolgter Verabreichung vom Subjekt zur Entfaltung gebracht wird. **Der Gegenstand verwandelt sich damit in ein Mittel der Selbsttätigkeit,** dessen weitere Entwicklung im gleichberechtigten Dialog zwischen Lernenden („Patient") und Lehrenden („Therapeuten") betrieben wird. Das „homöopathische" Mittel hat dann vieles gemeinsam mit dem „(Ausgangs-) Punkt", auf den GOETHE die Komplexität von Phänomenen bringt, oder mit der „Einheit", die Wilhelm von HUMBOLDT in die Mannigfaltigkeit einbildet und zu deren Organisation nutzt.

DIESTERWEG forderte zwar solche Mittel, verfügte aber noch nicht über sie in der Praxis. Statt dessen suchte er Selbsttätigkeit über den Einsatz einer Methode zu erreichen, die er in Absetzung von einer „dogmatisch-deduktiven" Lehrweise als **„heuristische Lehrweise"** bezeichnete und wie folgt bestimmte: „Die sogenannte wissenschaftliche Methode ist die deduzierende, synthetische, progressive, dialektische, oft und zwar im schlechtesten Falle die rein dogmatische; die Elementarmethode ist die induktive oder induzierende, analytische, regressive, heuristische... Die dogmatisch-oktroyierende Methode ist aristokratischer, die entwickelnde (Pestalozzische) demokratischer Natur. Jene paßt für absolutistische Zustände, diese für freie Selbstbestimmung und Selbstregierung" (A. DIESTERWEG, 1958, S. 112 f.).

Auffallend an dieser Bestimmung ist zum einen die heuristischen Methoden zugesprochene Reichweite bis hin zu politisch-sozialen Auswirkungen, zum anderen aber auch die Unsicherheit in der Bestimmung, die an der Wahl einer Vielzahl, miteinander weitgehend unverbundener Adjektive erkennbar ist. Ein von ihm benutztes Beispiel, die Entwicklung des Begriffs „Blume" (DIESTERWEG, A., 1958, S. 107 f./s. auch unter 1.2.3.4 die Ausführungen zu einem Ansatz von Wolfgang EINSIEDLER), macht deutlich, daß DIESTERWEG unter einer *heuristischen Lehrweise* noch ein Verfahren versteht, das DAVYDOV als **„formal-induktive Verallgemeinerung"** (s. dazu DAVYDOV, V. V., 1972) bezeichnet. Dabei werden die Merkmale bestimmter Objekte, die als statisch gegeben aufgefaßt werden, miteinander verglichen und durch Zusammenfassung gemeinsamer Merkmale Oberbegriffe gebildet, die dann als Mittel für die Bildung von Klassifikationen, Systematiken und Typologien genutzt werden können (Beispiel: Roggen. Hafer, Gerste = Getreide). Die begrenzte Leistungsfähigkeit dieses Verfahrens für die *Erzeugung von Neuem* liegt darin, daß der Entstehungs- und Entwicklungszusammenhang der Objekte nicht aufgedeckt und zugänglich gemacht wird (s. dazu: WERTHEIMER, M., 1964) und nur empirisch Gegebenes in eine Ordnung gebracht, nicht aber auf der Grundlage von Theoretischem Mögliches aufgezeigt wird (s. dazu: DAVYDOV, V. V., 1972).

In Lehr-Lern-Prozessen eingesetzt, führt DIESTERWEGs „heuristische" Methode zu einem dogmatisch-autoritären Lehrstil (s. dazu auch: PRANGE, K, 1992), weil Lehrende die jeweiligen Objekte fertig vorgeben und im Hinblick auf den zwar ihnen, aber nicht den Lernenden bekannten Oberbegriff die von den Lernenden benannten Merkmale auswählen, ohne daß die Gründe für die Nichtberücksichtigung oder Berücksichtigung bestimmter Merkmalsnennungen einsichtig sind (s. dazu das Unterrichtsbeispiel zum Begriff „Ballungsraum" in der Einführung).

Der entscheidende Unterschied zwischen GOETHE (und auf ihn aufbauende pädagogische Ansätze wie die Waldorfpädagogik oder phänomenologische Ansätze wie die von WAGENSCHEIN, M., 1970; BRATER, M., 1988, oder KÜKELHAUS, H., 1978) und Adolf DIESTERWEG ist, daß grundlegend die von *„Urphänomenen"* ausgelösten *„Urbilder"* sind (anstelle von Methoden also Mittel!). Zuerst sind es noch unbestimmte, unscharfe und intuitive Bilder, die erst in der weiteren Entwicklung vor allem durch Wechselwirkungen mit den Urphänomenen begrifflich entwickelt und ausgeschärft werden. Die Urphänomene wiederum durchlaufen durch die Aufschließung **Metamorphosen**, die dann zu neuen Grundlagen der Entwicklung der Urbilder bis hin zu abstrakt-allgemeinen Kategorien in der „intellektuellen Anschauung" werden. Urphänomene und Urbilder werden sich so gegenseitig zu Mitteln ihrer Entwicklung (s. dazu Tafel XVII sowie die späteren Ausführungen zum Musterbeispiel „Die Wirbelstraße: Ein sensibles System zwischen Ordnung und Chaos" in 4.3).

Die von DIESTERWEG eingebrachten Gegenstände dagegen sind keine ausgesuchten Objekte, sondern normale, fertig gegebene Bestandteile des alltäglichen Lebens. Aufgabe der Lernenden ist es, sie sich auf der Grundlage einer vom Lehrenden gesteuerten Methode passiv-rezeptiv anzueignen. Zwar müssen die Lernenden gegenüber der „dogmatischen" Methode, die die Ergebnisse im vornherein vorgibt, insofern eine höhere Eigenaktivität zeigen, als sie auf einem „induktiven" Wege die Merkmale der Gegenstände auffinden und miteinander vergleichen müssen. Die Bildung des Oberbegriffs als einem Mittel für die Erzeugung von Systematiken, Typologien und Klassifikationen aber gelingt den Lernenden - wenn überhaupt - nur mehr oder weniger zufällig und bleibt meistens den Lehrenden überlassen, die diesen Begriff dann schließlich gegen Ende des Lernprozesses eingeben.

Sucht man nach der Besonderheit, die Einwirkungen auf Lernende in Form von Urphänomenen und -bildern auszeichnet, so besteht diese darin, daß diese Einwirkungen nicht nur normale Gegenstände des Alltags sind, sondern bestimmt insofern sind, als sie aufgrund von bestimmten Kriterien, die später noch benannt werden, theoriegeleitet konstituiert werden. Zugleich sind sie aber auch noch weitgehend unbestimmt und müssen von jedem Subjekt je für sich entwickelt und in bewußt eingesetzte Mittel umgewandelt werden. Sie entsprechen damit den Forderungen, die SAUER an pädagogische Einwirkungen stellt und die von FUNKE wie folgt zusammengefaßt werden: „Eine erzieherische Einwirkung soll: i) ‚unbestimmt' sein, d. h. sie darf dem Adressaten nicht eine fest umrissene Reaktion auf die Einwirkung vorgeben oder eine solche Reaktion auslösen; ii) ‚bestimmt‘ sein, d.h. sie muß eine diffus-ziellose Reaktion des Adressaten ausschließen." (FUNKE, R., 1983, S. 72)

Eine solche Ambivalenz von *Bestimmtheit und Unbestimmtheit* ist ein grundlegendes Merkmal von heuristischen Mitteln und Methoden (s. dazu auch die Tafel XII). Die Heuristikwissenschaft, die solche für die *Erzeugung von Neuem* grundlegenden Mittel menschlicher Tätigkeit erforscht, hat diese erst einmal über *Fallanalysen* von Entdeckungs- und Erfindungsakten in Wissenschaft, Technik und Kunst erforscht. Eines der bekanntesten Beispiele ist dabei die „Entdeckung" des Benzolrings durch den Chemiker KEKULÉ. Dieser hatte die ihm zur Verfügung stehenden empirischen Daten über das Benzol entsprechend der Vorgehensweise damaliger Chemiker erst einmal in Ketten anzuordnen versucht, war dabei aber erfolglos geblieben. Wie er selbst auf dem Kongreß der Deutschen Chemiker 1890 berichtete, verfiel er dann eines Abends, im Lehnstuhl vor dem Kamin seines Arbeitszimmers sitzend, in einen Traum, in dem die Atome vor seinem geistigen Auge tanzten, sich in Schlangen verwandelten, von denen eine sich plötzlich selbst in den Schwanz biß. Dieses Traumbild, das an das *alte alchemistische Symbol* für die Vereinigung von Gegensätzen erinnert, brachte ihn auf die Idee, die Elemente des Benzols ringförmig zu organisieren. (s. dazu auch die Tafel XII, die Ausführungen unter 2.5 und MINSSEN, M., WALGENBACH, W. 1985).

Eine Konzeption, in der grundlegende Ideen der klassischen Bildungstheorie am weitestgehenden und praxisnahesten verwirklicht wurden, hat Friedrich FRÖBEL für die Kindererziehung entwickelt. Bei seinen Überlegungen, welches wohl der erste elementare und immer wieder aufzusuchende Ausgangs- und Bezugspunkt für kindliches Lernen sein könnte, entschied er sich für den **Ball, für ihn letztlich Repräsentant des ganzen Universums**. Dem Ball schrieb er Qualitäten wie die eines GOETHEschen *Urphänomens* zu: „Also alles das, was das Kind in seinen Lebens- und Tätigkeitsäußerungen sowohl zum frühesten Beginne, wie zum späteren Fortgange seiner Entwicklung bedarf, reicht und leistet demselben der Ball: denn wie er selbst ein Ganzes in sich ist, so ist er gleichsam der Stellvertreter, der allgemeine Ausdruck von jedem Ganzen. Das Kind kann jedes Ganze und sich selbst darin sehen, wie es daraus gleichsam jedes Ganze, jeden Gegenstand machen, ihm sein eigenes Bild mehrfach aufprägen und sich so sich selbst gegenüber stellen kann." (FRÖBEL, F., 1982, S. 14).

Der Ball ist also *Ganzes* und zugleich *Teil* von einem Ganzen, dem „All" (FRÖBEL selbst spielte mit diesem Gleichklang der beiden Wörter „Ball" und „All"). Damit provoziert der Ball aber auch zugleich grundlegende Ideen über die Welt im allgemeinen und führt so zu grundlegenden Vorstellungen, die im Sinne der GOETHEschen *Urbilder,* aber auch als moderne Systembildungsprinzipien (s. dazu die Ausführungen zu Mitchel FEIGENBAUM in 3.6) verstanden werden können. Daß diese grundlegenden Ideen in Form von *„Entgegensetzungen"* (s. dazu die späteren Ausführungen zur

Komplementarität und Dialektik in 3.2.2.2) ausgedrückt werden, ist bei FRÖBEL keineswegs ein Einzel- und Zufall, sondern gezielt eingesetztes, auf **dialektischem Denken** beruhendes Mittel. Ein weiterer Beleg dafür ist etwa die „Entgegensetzung" *Einigung/Trennung*, die diesmal nicht eine elementare Eigenschaft von Objekten thematisiert, sondern ein grundlegendes *Verhältnis zwischen Subjekt und Objekt*. Dabei geht FRÖBEL in seiner Argumentation bis an die Anfänge der Kindheit zurück: „Was es bisher schon so oft durch die Mutterbrust unmittelbar gefühlt hat: Einigung und Trennung, das nimmt es jetzt außer sich, an einem er- und umfaßbaren, schon wirklich er- und umfaßten Gegenstande wahr; und so befestigt, stärkt und klärt sich ihm durch die Wiederholung dieses Spieles das in das ganze Leben des Menschen so tief eingreifende Gefühl und die darum so wichtige Wahrnehmung des Eins- und Einigseins und des Gesondert- und Getrenntseins, des Habens und des Gehabthabens." (FRÖBEL, F., 1982, S. 16).

In der folgenden Darstellung sind die grundlegenden Elemente der FRÖBELSCHEN Konzeption noch einmal zusammengefaßt:

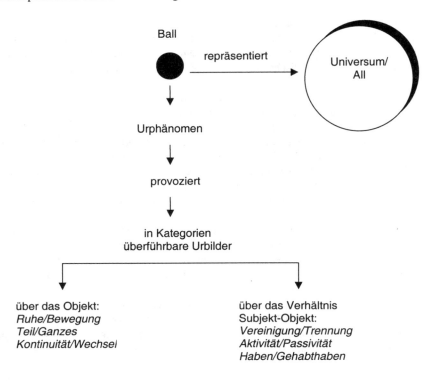

Reinterpretierte FRÖBELsche Konzeption

Schon aus den aufgeführten Zitaten geht hervor, daß es FRÖBEL nicht um die Erfassung bestimmter *statischer Zustände* geht, sondern um **genetisch-dynamische Prozesse**, um *Bewegung, Entwicklung und Veränderung*. Das gilt sowohl für die *materielle Dimension* (Objekt „Ball") wie auch für die ideelle Dimension (Kategorien wie *Teil/Ganzes* oder *Einigung/Trennung*). In der *materiellen Dimension* konstruiert er eine **Entwicklungsreihe**, die nach dem Prinzip der „Entwicklung zum Entgegengesetzgleichen" vom Ball als „Urgestalt" über Zwischenstufen wie etwa die der Walze bis hin zum Würfel als dem Gegenüber des Balls reicht (s. dazu auch die Entwicklungsreihe zum Gegenstand „Wirbelstraße" in 3.3.1 und Tafel XVII). Ziel der Konstruktion dieser *Entwicklungsreihe* war es für FRÖBEL, die Kinder die Fortschreitung als ein notwendig in sich und durch den Gegenstand selbst Gegebenes auffinden zu lassen. Die zugrundeliegende Idee, daß durch eine solche vorgegebene *Entwicklungsreihe* Selbsttätigkeit ausgelöst und unterstützt und nicht etwa erstickt wird, läßt sich dahingehend verallgemeinern, daß die *Subjekt-Subjekt-Beziehung* (Lehrende/Lernende) durch eine *Subjekt-Objekt-Beziehung* (Lernender/(dynamischer) Lerngegenstand) zu ersetzen ist, um Selbsttätigkeit zu ermöglichen (s. dazu auch 7.2).

Für die *ideelle Dimension* allerdings entwarf FRÖBEL solche Enwicklungsreihen nicht, in denen etwa Wege vom „Urbild" zu „Kategorien" oder methodische Orientierungen für die Entwicklung von Kategorien aufgezeigt worden wäre. (s. dazu unter 3.3.2.2 die eigenen heuristischen Orientierungen zur Entwicklung ideeller Mittel).

In komprimierter Form lassen sich jetzt die grundlegenden Ideen und Lösungsansätze klassischer Bildungstheorie wie folgt zusammenfassen:

- Ausgangspunkt ist ein elementares Mittel, das nicht durch die Zerlegung von Inhaltlich-Objektivem oder Formal-Subjektivem gewonnen wird, sondern durch die Bestimmung eines Urphänomens, das mit bestimmten Urbildern gekoppelt ist und diese provoziert. Beide zusammen bilden das Ausgangsmittel zur Auslösung und Unterstützung von Selbsttätigkeit (später in 3.2.3 als „epistemologisches Heurem" bestimmt).
- Mit den Urbildern wird von Anfang an eine Form- und damit auch theoretische Ebene konstituiert. Initialisiert werden zwei gegenläufige Prozesse, die Induktion und Deduktion miteinander verschränken: Zum einen findet ein Aufsteigen vom Konkreten zum Abstrakten statt, indem das Urphänomen Ausgangspunkt der Entwicklung der Urbilder ist bis hin zur Formulierung in allgemeinen Kategorien. Zum anderen findet insofern ein Aufsteigen vom Abstrakten zum Konkreten statt, als die zuerst noch inhaltsarmen Urbilder in der Auseinandersetzung mit der Materialität des Urphänomens und dessen Aufschlüsselung zunehmend mit realer Komplexität verbunden und „geistig-konkret" (HEGEL) werden (s. dazu auch 3.4 und Tafel XXII).
- Die Mittel werden zwar von Lehrenden in den Lernprozeß induziert, gehen dann aber in die Hand der Lernenden über. Initialisiert wird deren Selbsttätigkeit, indem

sie veranlaßt werden, die eigene Tätigkeit zum Gegenstand von Selbstreflexionen zu machen. Dabei werden die Urbilder expliziert und so zu Mitteln für Selbstthematisierungen, in denen sich die Lernenden ihren Lernprozeß bewußt und auch für Außenstehende zugänglich machen.

In einem solchen Prozeß, in dem Kategoriales aus dem Wechselspiel von Urphänomenen und Urbildern hervorgeht, entsteht *Kategoriale Bildung*, die Wolfgang KLAFKI wie folgt bestimmt: „Bildung ist kategoriale Bildung in dem Doppelsinn, daß sich dem Menschen eine Wirklichkeit „kategorial" erschlossen hat und daß damit er selbst - dank der selbstvollzogenen „kategorialen" Einsichten, Erfahrungen, Erlebnisse - für diese Wirklichkeit erschlossen ist." (KLAFKI, W., 1978, S. 76).

1.2.3   Neuere Arbeiten zum pädagogischen Grundproblem und zur Theorie der Kategorialen Bildung

Blickt man auf die klassischen Lösungsideen und -ansätze zurück, so lassen sich daraus für die Weiterentwicklung der Theorie der kategorialen Bildung folgende Aufgaben ableiten:

*   Es ist konsequent von der Kategorie „Selbsttätigkeit" und damit von der *Erzeugung von Neuem* und der Konstitution eines *theoretischen Verhältnisses zur Wirklichkeit* her zu denken.
*   Es sind *elementare Kategorien* zu bestimmen und nach Methoden ihrer bewußten Entwicklung zu suchen (von „Urbildern zu expliziten Begriffen").
*   Es sind *Elementarobjekte* („Miniaturen") zu bestimmen, die die Bildung der Kategorien provozieren.
*   Es ist eine *Methodenstruktur* für die Organisation des Wechselspiels von Phänomenen und Kategorien zu entwerfen.
*   Die elementaren Phänomene und Kategorien müssen zu Mitteln der Selbsttätigkeit werden, indem sie in die *Hand der Lernenden* übergehen und nicht nur von den Lehrenden genutzt werden.

Im folgenden werden neuere Ansätze vorgestellt, die als Beiträge mit unterschiedlicher Schwerpunktsetzung zur Bearbeitung dieser Aufgaben gesehen werden können.

1.2.3.1   Der Beitrag von Wolfgang KLAFKI: Historische Rekonstruktion und Bestimmung von Lehrformen

Das zentrale Problem der Initialisierung und Realisierung von Kategorialer Bildung liegt darin, einen *„Punkt"* (GOETHE), eine *„Einheit in der Mannigfaligkeit"* (HUMBOLDT) oder *„das Element"* (SCHLEIERMACHER) zu finden, **das zugleich Inhaltliches und Formales in komprimierter Form enthält**. FRÖBEL wählt dafür den

„Ball" und die von diesem hervorgerufenen kategorialen Anschauungen, die er in Form von „Entgegensetzungen" formuliert. Diese elementaren Mittel werden zu Mitteln der Selbsttätigkeit, indem aus ihnen heraus komplexe Systeme und zugleich Mittel für spätere Systembildungen entwickelt werden.

Während FRÖBEL dabei in einem *vorschulischen und vor-disziplinären Bereich* ansetzt und daher frei ist von fachlichen Vorgaben, entwirft KLAFKI seine Konzepte für den *schulischen Bereich* und ist deshalb determiniert durch disziplinäre Festlegungen der einzelnen Fächer. Beeinflußt durch deren Fragmentierung, bestimmt er nicht „das Element" bzw. „den Punkt", sondern unterscheidet verschiedene „Grundformen des Fundamentalen und Elementaren" (KLAFKI, W. 1963, S. 441 - 457) wie das Exemplarische, das Typische (unter dem er dann auch das „Urphänomen" subsumiert), das Klassische oder das Repräsentative. Das „Kraftzentrum" wird damit aber insofern geschwächt, als nicht mehr konsequent und konsistent von einem Punkt aus, nämlich der Selbsttätigkeit, Systembildungen vorgenommen werden. Die verschiedenen Grundformen stehen vielmehr additiv und damit unverbunden nebeneinander. Damit ist zwar *Kompliziertheit* gegeben, nicht aber eine aus einem Kern entfaltbare *Komplexität* (zu den Begriffen „Kompliziertheit"/Komplexität" s. 7.2).

Ein grundlegender Unterschied zu der Konzeption von FRÖBEL ist auch, daß die Mittel vornehmlich *in der Hand der Lehrenden* liegen. Die von KLAFKI bestimmten Mittel wie das Exemplarische, Repräsentative, Typische usw. sind **Lehrformen**, denen die Lernenden ohne große Mitbestimmungs- und -gestaltungsmöglichkeiten unterworfen werden sollen.

Die sich bei der Bestimmung der Lehrformen schon andeutende Neigung zu einer *analytisch-zergliedernden Vorgehensweise* tritt in späteren Entwürfen KLAFKIs noch stärker auf und führt zu Rückfällen in von ihm mit hoher Kompetenz kritisierte Ansätze zu einer Materialen und Formalen Bildung. So tendieren die von KLAFKI formulierten *„Epochaltypischen Schlüsselprobleme"* (Krieg und Frieden, Umweltprobleme, Wachstum der Weltbevölkerung, Gesellschaftlich produzierte Ungleichheit, Gefahren und Möglichkeiten der Neuen Medien und die Subjektivität des Einzelnen und das Phänomen der Ich-Du-Beziehung; s. dazu: KLAFKI, W. 1992, S. 21) durch die Aufzählung von für Bildung grundlegenden Inhalten in Richtung einer Materialen Bildung. Die Themen werden dabei additiv aneinandergereiht, Beziehungen zwischen ihnen nicht aufgezeigt.

Ebenso nur additiv miteinander verbunden sind die formulierten *„Übergreifenden didaktischen Prinzipien"* (s. dazu: Wolfgang KLAFKI, 1992, S. 26 - 31), nämlich die Prinzipien der Wissenschaftsorientierung, des mehrperspektivischen und problemorientierten Unterrichts, des exemplarischen Lehrens und Lernens, des methodenorientierten Lernens und des handlungsorientierten Unterrichts bzw. des „praktischen Lernens". Hier wird in allgemeinster Form Methodisches gefordert ohne Verbindung zu Inhaltlichem. Damit findet ein Rückfall in Ansätze der Formalen Bildung statt.

Der Grund dafür ist in der **inkonsequenten Verwendung der Kategorie „Selbsttätigkeit"** zu sehen. Diese wird nicht zur zentralen Kategorie erhoben, sondern als eine unter anderen behandelt (im Stichwort-Register des Hauptwerks von KLAFKI taucht sie in der Kopplung „Selbsttätigkeit-Spontaneität" auf; s. dazu: KLAFKI, W., 1963, S. 569). Damit erfolgt auch keine konsequente Ausrichtung auf das Ziel der *Erzeugung von Neuem* und der *Konstitution eines theoretischen Verhältnisses zur Welt.*

Allerdings bestimmt KLAFKI in einer allgemeinen Form das Wechselspiel von Materialem und Formalem mit dem Begriff der „kategorialen Anschauung" bzw. der „besonderen Allgemeinheit" in einer bis heute nicht überholten Weise wie folgt: „Trotz der Unmittelbarkeit und Nähe des Objektiven in der „Anschauung" ist das Angeschaute nie als bloße Gegenwärtigkeit und als Einzelnes, Besonderes gegeben. Immer wird im Besonderen oder an ihm ein „Allgemeines" erfaßt; daß dieses Allgemeine aber unbeschadet seiner Allgemeinheit unmittelbar gegeben ist, eben darauf zielt der pädagogische Begriff der Anschauung". (KLAFKI, W. 1963, S. 431) Das Allgemeine der Anschauung aber ist dasjenige, was sowohl den besonderen „Fall", in dem oder an dem es erfaßt wird, als auch eine Reihe analoger „Fälle" oder gar eine ganze Grundrichtung erschließt; solche Anschauung wirkt als Kategorie dessen, der sie erfaßt hat, sie ist „kategoriale Anschauung" bzw. „kategoriale Erfahrung" (KLAFKI, W., 1963, S. 432).

1.2.3.2 Vassily V. DAVYDOV und Joachim LOMPSCHER: „Inhaltliche Verallgemeinerungen" und die Strategie „Aufsteigen vom Abstrakten zum Konkreten"

Expliziter als Wolfgang KLAFKI wenden sich Vassily V. DAVYDOV und Joachim LOMPSCHER **theoretischen Begriffen** als Mittel der Lern- Lehr-Tätigkeit zu. Ihr Ziel ist es, daß Lernende *inhaltliche Verallgemeinerungen* ausbilden und selbst als Mittel für komplexe Systembildungen einsetzen. Damit nehmen sie - wie die Theorie der Kategorialen Bildung - das Problem auf, Mittel auszubilden, die zugleich inhaltlich (mit Materiellem verbunden) und begrifflich-formal („begriffliche Verallgemeinerungen") sein sollen. Die folgende Analyse wird allerdings zeigen, daß sie entgegen dieser Zielsetzung zum Formal-Abstrakten tendieren.

Der von DIESTERWEG am Beispiel der Rose aufgezeigte Erkenntnisweg ist ein typisches Beispiel für ein von DAVYDOV als **formal-induktive Verallgemeinerung** bezeichnetes Verfahren: Der Mensch geht von der sinnlich-gegebenen Vielfalt zum formal-abstrakten Allgemeinen über und nutzt umgekehrt die Kenntnis des Allgemeinen, um einen gegebenen Gegenstand einer bestimmten Kategorie zuzuordnen (DAVY-DOV, V.V., 1972, S. 243).

DAVYDOV kritisiert an diesem von der traditionellen Psychologie und Didaktik bevorzugten Verfahren, daß mit ihm ausschließlich empirische Begriffe gewonnen werden können, die zwar grundlegend für das tägliche Leben, nicht aber für modernes wissenschaftliches Denken sind. Traditionelle Psychologie und Didaktik verhindern damit einen Unterricht, der auf das Leben in einer sich verwissenschaftlichenden Gesellschaft vorbereitet (s. dazu: DAVYDOV, V.V., 1977).

DAVYDOV fordert, daß an die Stelle *empirischer Verallgemeinerungen* **theoretische bzw. inhaltliche Verallgemeinerungen** treten sollen: „Das Ziel der theoretischen Verallgemeinerung (oder der inhaltlichen Verallgemeinerung) besteht darin, durch die Analyse der Gesamtheit von Tatsachen ihre wesentlichen Zusammenhänge hervorzuheben. Diese Zusammenhänge bilden eine wesentliche Quelle, eine genetische Grundlage aller anderen Besonderheiten des untersuchten Ganzen. Sie sind die noch nicht entwickelte „Zelle" der theoretischen Verallgemeinerung, die zum theoretischen Begriff (zum „eigentlichen" Begriff) führt. Der Inhalt eines solchen Begriffs... existiert, zum Unterschied von dem formal-abstrakt Einmaligen, objektiv in der Wirklichkeit. Es handelt sich dabei um wesentliche Zusammenhänge, die bei der nachfolgenden Aufgliederung und Entwicklung die Einheit der vielfältigen Seiten innerhalb des Ganzen bestimmen" (DAVYDOV, V.V., 1972, S. 248).

So wie bei FRÖBEL der Ball als Elementarmittel mitsamt den ihm immanenten kategorialen „Entgegensetzungen" zum Ausgangs- und Mittelpunkt eines komplexen Lernprozesses wird, so streben auch DAVYDOV und LOMPSCHER **inhaltliche Verallgemeinerungen als „Zellen"** einer Lehr-Lern-Strategie an, die sie als *„Aufsteigen vom Abstrakten zum Konkreten"* bezeichnen. Orientierung ist dabei die Bildung des *Begriffs „Ware"* im „Kapital" von Karl MARX, der aus dieser Zelle und dem ihr immanenten Widerspruch von *Gebrauchswert* und *Tauschwert* ein komplexes ökonomisch-politisches System entfaltet.

Diese (Lehr-)Strategie des *Aufsteigens vom Abstrakten zum Konkreten* verdeutlicht DAVYDOV am Beispiel des Sprachunterrichts in den Klassen 2 bis 4 (s. dazu: DA-VYDOV, V.V., 1972, S. 253 - 260 und AIDAROVA, L. I, 1976). Im ersten Abschnitt ist es das Ziel, den Kindern die Beziehung von *Form und Bedeutung* (also eine „Entgegensetzung" wie bei FRÖBEL) als eine **„Zelle"** zu vermitteln, die dem ganzen sprachlichen System und seinen einzelnen Teilen gemeinsam ist. Grundlegend für die Hervorhebung dieser Beziehung sind vier Handlungen mit sprachlichem Material: *das Verändern, Vergleichen, Gegenüberstellen und die schematische Darstellung.* Indem aus den Schemata die einzelnen konkreten Morpheme entfernt werden, bleiben reine Modelle der Wörter übrig, die lediglich die Reihenfolge der Morpheme und die allgemeine Bedeutung jedes Morphems widerspiegeln. In einem zweiten Abschnitt werden diese Modelle für die Analyse verschiedener besonderer Situationen genutzt. Im *Aufsteigen vom Abstrakten zum Konkreten* wird die „Zelle", die zu Anfang noch inhaltsarm, unentwickelt und daher auch einseitiger Ausdruck des Ganzen ist, genutzt, um ein reichhaltiges konkretes Ganzes - ein System - entstehen zu lassen.

Zentral ist in der Konzeption von DAVYDOV und LOMPSCHER nicht der als idealistisch angesehene Begriff *„Selbsttätigkeit"*, sondern der einem materialistischen Denken näherstehende Begriff der **„Lerntätigkeit".** Diese wird als eine besondere Form menschlicher Tätigkeit neben *Spielen oder Arbeiten* und als die dominierende und führende in den ersten Schuljahren gesehen (s. dazu: V. V. DAVYDOV, 1982, und 1988, S. 24). Wie jede menschliche Tätigkeit ist auch die Lerntätigkeit mit einer schöpferischen Umgestaltung des Gegenstandes verbunden: „Die Aneignung von Wissen durch den Schüler in Form der Lerntätigkeit beginnt immer mit der schöpferischen Umgestaltung des anzueignenden Stoffes. Die Besonderheit der Lerntätigkeit besteht darin, daß im Prozeß ihrer Realisierung sich der Schüler theoretische Kenntnisse aneignet. Der Inhalt dieser Kenntnisse ist die Entstehung, das Werden und die Entwicklung irgendeines Gegenstandes" (DAVYDOV, V.V., 1988, S. 24).

Die Entwicklung der Lerntätigkeit erfolgt über *Lernaufgaben*, die mittels eines Systems von Lernhandlungen gelöst werden. Die erste Lernhandlung ist auf die Bestimmung der **genetischen Ausgangsbeziehung** gegenständlicher Bedingungen der vorgegebenen Problemsituation gerichtet, die dann die allgemeine Grundlage für weitere Lernhandlungen darstellt, in denen diese *Ausgangsbeziehung* modelliert, analysiert und unter zahlreichen einzelnen Bedingungen bestimmt wird.

Dreh- und Angelpunkt der Lerntätigkeit ist also die **Ausgangsbeziehung**, von DAVYDOV **„genetische Zelle",** von Joachim LOMPSCHER(1989, S. 71, und 1990, S. 46) *„Ausgangsabstraktion"* genannt. Von der Funktion her gleicht sie dem von GOETHE gesuchten „Punkt" oder der von Wilhelm von HUMBOLDT angestrebten „Einheit in der Mannigfaltigkeit".

Der Ausgangsbeziehung, „Zelle" oder Ausgangsabstraktion kommt insofern eine **heuristische Funktion** zu, als sich mit ihr Erkenntniswege und -methoden im Hinblick auf ein noch offenes Ziel - dem zu bildenden System - organisieren und reflektieren lassen. Die Gestaltung des Lernprozesses liegt dann auch nicht mehr allein beim Lehrer wie bei DIESTERWEGs heuristischer Lehrmethode, sondern wird in einem Prozeß der Kommunikation und Kooperation zwischen Lernenden und Lehrenden bestimmt.

Wenn man die elementaren Ausgangsabstraktionen bzw. Zellen mit dem Ziel einer *inhaltlichen Verallgemeinerung* in Beziehung setzt, weisen diese eine auffallende Gleichgültigkeit auf sowohl gegenüber dem konkreten Objekt („Der Lehrer nennt irgendein Wort, zum Beispiel Heft, und fragt die Kinder, was dieses Wort bedeutet." DAVYDOV, V. V., 1972, S. 54) wie auch gegenüber dem konkreten lernenden Subjekt („Die Lerntätigkeit beinhaltet eine schöpferische Quelle, sie liefert aber kein neues Produkt von objektivem gesellschaftlichen Wert"; DAVYDOV, V. V., 1988, S. 30). Dementsprechend wird gegen dieses Konzept auch Kritik vorgebracht wie: Vorgabe fertiger Abstraktionen, Unterschätzung unmittelbarer Anschauung, vorrangig deduktives Vorgehen, Abstraktheit des Unterrichts oder Konzentration auf das Lösen von Anwendungsaufgaben (s. dazu: LOMPSCHER, J., 1989, S. 75 - 77).

In den bisherigen Konkretisierungen des Konzepts des *Aufsteigens vom Abstrakten zum Konkreten* ist es also noch nicht ausreichend gelungen, die angezielten **inhaltlichen Verallgemeinerungen** auszubilden. Für diese ist zu fordern, daß sie **bestimmte konkrete Subjekte mit bestimmten konkreten Objekten so in eine Beziehung bringen, daß Allgemeines aus einer Individualität heraus erzeugt wird.** *Inhaltliche Verallgemeinerungen* entsprächen dann in ihrem Charakter den in der Theorie der kategorialen Bildung gesuchten **Elementarmitteln**, die immer an bestimmte materielle Objekte *(„Urphänomene")*, dem Inhaltlich-Individuellen, und aus diesen gewinnbare ideelle Mittel *(„Urbilder/Kategorien")*, dem Allgemein-Formalen, gebunden sind, und mit denen man beim Lösen von Problemen auf der Basis von unzureichendem Wissen zu neuem Wissen gelangt.

Vergleicht man die *inhaltlichen Verallgemeinerungen* mit den Elementarmitteln von FRÖBEL, dann besteht ein grundlegender Unterschied darin, daß DAVYDOVs und LOMPSCHERs Elementarmittel **disziplinär** sind und damit auf spezielle Bereiche (Sprache, Mathematik, usw.) bezogen und eingeschränkt, FRÖBELs Elementarmittel sind hingegen **vordisziplinär-"ganzheitlich".** Die im Ansatz „Interdisziplinäre System-Bildung" eingesetzten Mittel (die kategorialen, für Systemdenken grundlegende Begriffspaare) sind *interdisziplinär* (s. dazu 3.3). Inhaltliche Verallgemeinerungen sind darüber hinaus wesentlich *ideelle Mittel*, FRÖBELs Elementarmittel demgegenüber zugleich *materiell* (der Ball) und *ideell* (die dem Ball immanenten „Entgegensetzungen"). Dem folgt auch der Ansatz „Interdisziplinäre System-Bildung", wenn etwa die „Wirbelstraße" als materielles Mittel und mit ihr verbindbare Begriffspaare wie *„Ordnung/Chaos"* als ideelle Mittel zur Verfügung gestellt werden.

Für die Erfassung und Explikation der den Elementarmitteln immanenten „Entgegensetzungen" ist bei FRÖBEL ein *Wechselspiel zwischen ästhetisch-intuitiver Anschauung und theoretisch-reflexiver Begriffsbildung* erforderlich. Die **Einbeziehung der ästhetisch-emotionalen Dimension** bei FRÖBEL über die unmittelbare Beziehung des Subjekts zu einem bestimmten Gegenstand und seiner Inhaltlichkeit ermöglicht die Ausbildung von Kategorien, die nicht einfach technische und formal-abstrakte Mittel sind. Zum Ausdruck gebracht wird vielmehr in einer elementaren Form ein komplexes Spannungsverhältnis von Inhalt und Form, eine „besondere Allgemeinheit" (KLAFKI, W., 1963, S. 431). Zumindest nicht explizit findet diese *ästhetisch-emotionale Dimension* (besonders der Gebrauch von Bildern als elementare heuristische Mittel) bei DAVYDOV und LOMPSCHER die ihr gebührende Aufmerksamkeit.

1.2.3.3 Niklas LUHMANN und Karl-Eberhard SCHORR: Systemtheoretische Begrifflichkeit und Kausalpläne

Klaus FISCHER hat in seiner „Rationalen Heuristik" aufzeigt, daß die Neuaufnahme eines ungelösten Grundproblems in einer Disziplin immer dann aussichtsreich ist, wenn *neue Mittel für seine Bearbeitung* zur Verfügung stehen (s. dazu. FISCHER, A., 1983, S. 262 ff.). Dem entspricht die Argumentation von LUHMANN/SCHORR, daß mit der modernen Systemtheorie neue Mittel für die Bearbeitung des pädagogischen Grundproblems zur Verfügung stehen. Der Systembegriff wird bei ihnen aber nicht zum *Mittel der Lernenden*, er dient ihnen vielmehr nur als **Mittel, um pädagogische (Lehr-)Prozesse zu beschreiben, zu analysieren und zu konzipieren.** Zu ihren Vorschlägen gehört, den „schöner" (LUHMANN, N., SCHORR, K. E., 1979, S. 349) klingenden Begriff „Selbsttätigkeit" durch den systemtheoretischen Begriff „Selbstreferenz" zu ersetzen und anstelle theoretisch wenig explizierter Wörter (gedacht werden kann da etwa an die Begriffe „Einwirkung" oder „Erregung") den Begriff „Technologie" zu benutzen (s. dazu: LUHMANN, N.; SCHORR, K. E., 1982, S. 8 f.).

LUHMANN/SCHORR sehen das weitgehende Desinteresse an dem pädagogischen Grundproblem darin begründet, daß man dessen Bearbeitung immer wieder auf die Frage nach einem Bekenntnis für oder gegen die Grundlagen der KANTischen Philosophie zugespitzt habe, speziell auf die Frage nach der Vereinbarkeit von empirischer Kausalität und Freiheit. Dies sei zu einer verbotenen Fragestellung erklärt worden, auch mit der Folge, daß in der Pädagogik sich eine allgemeine Technologiefeindlichkeit entwickelt habe (s. dazu die Diskussion zwischen LUHMANN/SCHORR und BENNER in der „Zeitschrift für Pädagogik" 1979, H. 3, 4 u. 5).

Im folgenden soll aufgezeigt werden, daß LUHMANN/SCHORR die Diskussion über das pädagogische Grundproblem dadurch vorangebracht haben, daß sie das Konzept der „Kausalpläne" einführten und die (relative) Eigenständigkeit des Interaktionssystems Unterricht gegenüber dem selbsttätigen Subjekt (in der Terminologie LUHMANN/SCHORRs des „selbstreferentiellen Systems") betonten.

Grundlage für die pädagogische Diskussion war bisher ein Verständnis von Kausalität gewesen, das man aus Naturwissenschaft und Technik meinte ableiten zu können. Man dachte Einwirkungen auf die selbsttätigen Subjekte als kausale Akte, über die eine gezielte und effektive Beeinflussung von Erziehenden auf zu erziehende Menschen stattfände. Dieser Effekt wurde einerseits von einer konservativen Pädagogik angezielt, andererseits von progressiven Erziehungswissenschaftlern befürchtet und abgelehnt.

Pädagogische Technologie auf der Grundlage von Kausalgesetzlichkeiten zu entwickeln war nicht nur aus humanistisch - idealistischen Gründen nicht akzeptabel, sondern erwies sich auch aus praktischen Gründen als nicht machbar: „Angesichts der Komplexität des Interaktionssystems Unterricht kann der Lehrer die faktischen Voraussetzungen für zielsicheres Handeln kaum nennen, kaum ermitteln... Im Rahmen einer von J. THOMPSON entwickelten Typologie von Technologien kommt für ihn keine „long-linked technology" (z. B. Produktion am Fließband) und keine „mediating technology"(z. B. Handel, Banken, Versicherungen), sondern nur eine „intensive technology" (man beachte den Verlegenheitsausdruck - gleichsam ein semantisches Korrelat des Technologiedefizits), eine Technologie, die am reagierenden Objekt operieren und ihre Entscheidungen treffen muß. Auch darauf kann man sich jedoch vorbereiten, indem man lernt, mit Hilfe von typisierender Erfahrung oder mit routinisierten Verhaltensprogrammen Situationen zu erfassen und auszunutzen." (LUHMANN, N., SCHORR, K. E., 1979, S. 358).

LUHMANN/SCHORR setzen deshalb an die Stelle von strenger Kausalität „**Kausalpläne**" mit einer „*offenen Kausalität*" und beschreiben diese wie folgt: „Für Kausalpläne sind ganz allgemein bestimmte Verkürzungen typisch, die von der Realität abweichen, auf die man sich einlassen muß, um überhaupt eine rasch genug verfügbare und hinreichend eindeutige Grundlage für eigenes Erleben und Handeln zu gewinnen. Offene Kausalität ist eine Schematisierung von Welt, die Simplifikationen geradezu erzwingt - aber eben damit auch entwicklungsfähig, anpaßbar und situativ beeinflußbar macht. Insofern kann man etwas überspitzt sagen: Kausalpläne sind immer „falsch". Die eine Verkürzung läuft über Stoppregeln der Suche nach weiteren Ursachen bzw. weiteren Wirkungen. Einzelne oder einige wenige Faktoren werden als „die" Ursache bzw. als „die" Wirkung ausgezeichnet, um die es in bestimmten Situationen geht. Das ermöglicht Zurechnen und Zwecksetzungen. Eine andere wichtige Vereinfachung besteht in Linearisierungen. Zirkel und Wechselwirkungen bleiben unberücksichtigt bzw. werden aufgelöst... Solche Vereinfachungen sind nicht etwa nur Irrtümer, die man durch Aufklärung der wahren Sachlage beseitigen könnte. Es sind notwendige Komplexitätsreduktionen..." (LUHMANN, N., SCHORR, K. E., 1979, S. 351/s. dazu auch die Ausführungen unter 3.6).

Das **Konzept einer offenen Kausalität** soll nach den Vorstellungen von LUHMANN/SCHORR zunächst einmal erforscht werden, indem erhoben wird, welche Kausalpläne überhaupt im Gebrauch sind und wie sie in Abhängigkeit von welchen Faktoren variieren. Sodann solle versucht werden, die im Gebrauch befindlichen Kausalpläne und aktionsleitenden Technologien zu verbessern, „die in den Plänen bereits erfaßte Komplexität der Kausalfaktoren zu steigern. Man kann versuchen, mehr Faktoren einzubeziehen, längere Ketten zu bilden oder sogar **Wechselwirkungen** einzubauen." (LUHMANN, N., SCHORR, K. E., 1979, S. 352; Hervorhebung W. W).

Das von LUHMANN/SCHORR skizzierte Forschungsprogramm ist also eher deskriptiv-analytisch und auf die Optimierung von Gegebenem ausgerichtet als theoretisch-experimentell, an den Entwurf ideal-„unmöglicher" Situationen und deren Erprobung interessiert. Untersuchungsgegenstand soll das Interaktionssystem Unterricht sein. Anstelle der Konzentration auf eine „Mensch-zu-Mensch-Pädagogik" und auf individuelle Selbsttätigkeit soll eine sozialstrukturelle Analyse der Komplexität von Interaktionssystemen des Schulunterrichts treten, weil „Selbstreferenz" faktisch so massenhaft auftritt, daß sie vom Standpunkt des Lehrers, der zudem noch selbst in das System involviert ist, ohnehin nicht mehr zu überblicken ist (vgl. dazu: LUHMANN, N., SCHORR, K. E., 1979, S. 351).

Das Erkenntnisinteresse im Ansatz von LUHMANN/SCHORR ist somit auf ein **gegebenes System** gerichtet, in dem sich vielfältige Prozesse beobachten, analytisch erfassen und optimieren lassen. In diesem System herrschen nicht nur starre Beziehungen, sondern ebenso *Zufallsereignisse*. Deshalb müssen die Systemmitglieder eine Sensibilität für Zufälle und Chancen haben (s. dazu: LUHMANN, N., SCHORR, K. E., 1979, S. 358 ff.).

Gegenüber dem alten Kausalitätskonzept kann dieser Ansatz insofern als **„Konzeptrevolution"** im Sinne THAGARDs (1992) verstanden werden, als pädagogische Systembildung *nicht mehr auf der Grundlage rigider Kausalbeziehungen, sondern einer* **offenen Kausalität**, *die Wechselwirkungen und Zufälligkeiten einschließt, betrieben werden soll.*

LUHMANN/SCHORR verdeutlichen ihre systemtheoretische, auf Kausalplänen aufbauende Betrachtungsweise von Unterricht mit folgendem Beispiel: Ein Schüler „Stephan" sagt im Unterricht etwas, das den Verlauf der Stunde entscheidend bestimmt. Die Schüleräußerung wäre ohne das System „Unterricht" nicht gemacht worden; gleichzeitig ist sie aber in dem System „Unterricht" nicht explizit vorgesehen, „und niemand, auch der Lehrer nicht, hätte sie vermißt, wenn sie nicht geäußert worden wäre. Stephan ist als Person ein System der Umwelt des Interaktionssystems Unterricht, das für das System sozialer Kommunikation, aber auch für alle Teilnehmer an ihm, weitgehend intransparent ist." (LUHMANN, N., SCHORR, K. E., 1982, S. 28).

Die Person Stephan und seine Äußerung sind also gegenüber dem System etwas Äusserliches und werden mehr oder weniger nur durch Zufall ein Teil davon. Um systemrelevant zu werden, muß Stephans Äußerung als Faktum „eine länger anhaltende, eine auch für andere Systemzusammenhänge relevante und eine auch andere Personen interessierende Bedeutung erhalten. Es muß retrospektiv generalisiert, muß nachträglich (vielleicht zu Stephans eigener Überraschung) als wichtig, als Leistung erscheinen. Was ein Einfall, eine Erinnerung, eine vage Assoziation gewesen sein mag, könnte zum Beispiel wie die Lösung eines Problems behandelt werden. Sein Sinn wird angereichert mit Referenzen und mit Gründen versehen in einem Prozeß, in dem Stephan selbst sich zumindest eine Weile lang noch als Autor, als Ursache fühlen und mitentwickelt werden kann." (LUHMANN, N., SCHORR, K. E., 1982, S. 29).

Aus der Sicht von „Selbsttätigkeit" erscheint dieser systemtheoretische Zugang zur Pädagogik erst einmal insofern als kontraproduktiv, weil sich hier ein Subjekt nicht in

Freiheit selbst bestimmen kann, sondern als einem eigenständigen, sich selbst organisierenden System mehr oder weniger zufällig angehörig und ihm unterworfen erscheint und begriffen wird. Es hat sich der Systementwicklung anzupassen mit dem **möglichem** Effekt, daß es sich „mitentwickeln" kann.

Bevor man sich vorschnell aus humanistisch-idealistischen Gründen gegen eine solche Sichtweise sperrt, sollte man sich die Vorteile bewußtmachen, die mit ihr verbunden sind bzw. sein können:

1. *Akzeptieren von Zufall und Wahrscheinlichkeit:* Anstelle einer (mono-) kausalen Einwirkung eines Erziehers auf einen Zögling wird hier ein System im Gesamtzusammenhang gesehen, in dem die Elemente miteinander auf der Grundlage auch von Zufallsereignissen wechselwirken. Das System hat also einen bestimmten Freiheitsgrad, der höher ist als bei eindimensionalen Ursache-Wirkungs-Beziehungen.
2. *Wirklichkeitsnähe durch Akzeptieren von Komplexität:* Mit dem Akzeptieren von Zufall und Wahrscheinlichkeiten werden Möglichkeiten eröffnet, wirklichkeitsnäher und komplexitätsbewußter zu denken und zu handeln.
3. *Pluralismus anstelle von Einheitszwang:* Das Denken in Komplexität, Zufall und Wahrscheinlichkeit ermöglicht eine offenere Einstellung, die Menschen, Wissen und anderes Ausgangs-"material" von Systembildungen nicht in ein starr vorgegebenes System pressen muß.
4. *Entdecken und Erfinden von Systemkreativität:* Kreativität wird nicht mehr nur im individuellen Subjekt angesiedelt, sondern auch Systemen zuerkannt auf der Grundlage etwa der Erkenntnis, daß das Ganze mehr ist als seine Teile.
5. *Ermöglichung von funktional-abstraktem Denken:* Indem bestimmte Menschen (oder in der Terminologie von Niklas LUHMANN: „psychische Systeme") nicht als unverzichtbare Bestandteile von Systemen, sondern nur als zu ihrer Umgebung gehörig betrachtet werden, wird funktional-abstraktes Denken möglich: nicht mehr nur bestimmte, sondern (relativ) beliebige Kombinationen können mit verschiedenartigen Elementen (Stephan ist austauschbar) vorgenommen werden, um bestimmte Systemziele zu erreichen.
6. *Selbstschutz für Individuen:* Systeme gewähren individuellen Subjekten Selbstschutz, indem sie ihnen durch Teilnahme an Systemen ermöglichen, bestimmte Seiten ihrer Subjektivität nicht aufzuklären, sondern im Dunkeln zu lassen. Der Philosoph Günter SCHULTE vertritt daher die Auffassung, daß selten das Subjekt, „das nach Freud mit der kaum durchdringbaren Abdunklung seines Selbstseins zu leben hat, eine solche Bedeutung gewonnen hat wie in Luhmanns Systemtheorie: die Bedeutung eines latenten Apriori. Die Systemtheorie erweist sich als eine extravertierte oder umgestülpte Subjekttheorie, die ihre eigene Abdunklung durch eine Mystik und Mythologie des Selbstschutzes besorgt." (SCHULTE, G., 1993, S. 12).
7. *Trennung von System und individuellem Subjekt*: Systeme binden nur selektiv das einzelne Subjekt. Kein System allein gibt also dem Individuum den für ihn entscheidenden Lebenssinn. Niklas LUHMANN ist weder an einer festen Einbindung

der Individuen in die Gesellschaft interessiert noch verfolgt er das Ziel, verselbständigte gesellschaftliche Prozesse wieder in die Verfügungsmacht der Subjekte zurückzugeben. Er zieht statt dessen soziale und individuell-subjektive Prozesse auseinander. Für ihn ist es „viel zu riskant, die Individuen in öffentliche und feste Ideologien oder Moralen einzubinden. Das hieße, Möglichkeiten zu vernichten, die schon morgen für das System Notwendigkeiten sein können. Ein Individuum, das sich außerhalb seiner bestimmten gesellschaftlichen Beziehungen als Individuum stabilisiert, ist gleichzeitig fungibler und eingebunden. Es ist nicht einer bestimmten gesellschaftlichen Tätigkeit oder Haltung verpflichtet, aber einem Zustand, der die nötigen Ressourcen für Freizeit und Konsum schafft. So lange der gegeben ist, bleibt das Individuum flexibel und verfügbar, die ideale Umwelt für soziale Systeme." (KNOBLOCH, C., 1986, S. 52).

8. *Optimierungsmöglichkeiten durch Variantenbildung:* Weil das System nicht an bestimmte Individuen und gesellschaftliche Traditionen gebunden ist, ergeben sich verschiedenartigste Möglichkeiten ihrer Organisation: „Die soziale Wirklichkeit besteht dann aus lauter Lösungen, und der Soziologe hat die Aufgabe, die dazugehörigen Probleme zu finden. Im zweiten Schritt kann man dann fragen: gibt es andere, bessere Lösungen für dasselbe Problem, Lösungen mit geringeren Folgekosten an anderen Stellen, mit weniger unerwünschten Seiteneffekten?" (KNOBLOCH, C., 1986, S. 56).

Einerseits ist die LUHMANNsche Systemtheorie von hoher Abstraktheit, gleichzeitig aber auch insofern sehr realitätsnah, als sie einen neuen gesellschaftlichen Integrationsstil analytisch erfaßt, „der in der Tat soziale Systeme sichert, indem er individuelle und gesellschaftliche Reproduktion weiter auseinanderzieht." (KNOBLOCH, C., 1986, S. 53). Die Abstraktheit der Theorie begünstigt andererseits aber auch die Produktion von Ideologien etwa im Anschluß an Postmodernismen wie den „Tod des Subjekts", dem „Ende der Utopien" und dem Ende der von der Moderne hervorgebrachten „Meta-Erzählungen": „die Emanzipation der Menschheit (in der Aufklärung), die Teleologie des Geistes (im Idealismus) und die Hermeneutik des Sinns (im Historismus)." (WELSCH, W., 1988, S. 32).

1.3.3.4 Ansätze der empirischen Lehr-Lern-Forschung: Analytischer Atomismus anstelle eines genetischen Holismus

KLAFKI sieht die Produktivität der Theorie der Kategorialen Bildung darin, „daß sie die Überwindung des alten, bis in die Gegenwart hineinwirkenden Dualismus von „formaler" und „materialer Bildung" ermöglicht... Der Terminus „kategorial" wird im Sinne eines eigenständig pädagogischen Begriffes verwendet. Er stützt sich also auf keinen bestimmten philosophischen Sprachgebrauch, ist weder formal im Sinne Kants noch ontologisch-logisch im Sinne des Aristoteles oder Nicolai Hartmanns oder heuristisch im Sinne der „Kategorien des Lebens" bei Dilthey zu verstehen. Zunächst hat er mit den philosophischen Kategorienbegriffen nur eine allgemeine Bestimmung gemein: Er bezeichnet eine Korrespondenz bzw. Korrelation eines objektiv-gegenständlichen und eines subjektiv-formalen Momentes." (KLAFKI, W., 1963, S. 8 f.).

In FRÖBELs Konzeption ist das objektiv-gegenständliche Moment der „Ball", das subjektiv-formale Moment die „kategoriale „Entgegensetzung". Zusammen bilden sie eine Einheit, die als **„Besondere Allgemeinheit"** (KLAFKI, W., 1963, S. 432) zu Anfang nur keimhaft gegeben ist und zum Ausgangspunkt einer *genetisch-holistischen Systembildung* gemacht werden kann (zum Begriff der *„besonderen Allgemeinheit"* siehe auch dessen Verwendung bei Georg LUKACS, 1969, für das Kunstwerk, das einerseits als ein bestimmter Gegenstand etwas *Individuelles* ist, andererseits aber etwas *Besonderes* insofern, als an ihm *Allgemeines* zum Ausdruck gebracht wird) .

Diese Art von Systembildung „aus einem Punkt heraus" kann als **genetischer Holismus** bezeichnet werden und ist eine charakteristische Strategie für den Deutschen Idealismus und die Deutsche Romantik sowie für die in diesem Denken verankerte Bildungstheorie (s. dazu auch 1.2.2). Ausgangs- und Mittelpunkt dieser Strategie ist ein *Elementares*, das innerhalb der von N. I. STEPANOV (1982) diskutierten Lösungsansätze zum **Problem der Elementarität** mit der *„religiös-idealistischen"* Richtung in Beziehung gebracht werden kann. Dazu gehören östliche Religionssysteme und - etwa von PASCAL unterstützte - mystische Konzeptionen: „In ihnen wurde die Ohnmacht des menschlichen Verstandes zur Erkenntnis der Naturerscheinungen infolge ihres allgemeinen Zusammenhangs und der Unmöglichkeit der Erkenntnis einer Erscheinung ohne Kenntnis aller anderen behauptet. Der Ausweg wurde nicht auf dem Weg wissenschaftlicher Forschung gesucht, sondern darin, durch Meditation, geistige Konzentration, **vieldeutige „dunkle" Symbole** das Bewußtsein zur Einheit zu „erheben" und dadurch das Erlebnis der Einheit aller Dinge zu erreichen, der **„Auflösung" im Einen**, der Verschmelzung mit ihm." (STEPANOV, N. I., 1982, S. 223 f./Hervorhebungen: W.W.). Denkt man an GOETHEs alchemistische Phase, dann liegt es nahe, *„Urphänomene"* und *„Urbilder"* (s. dazu Tafel VI und VII) mit diesem Denken, das nach *„Ursprünglichem"* sucht, in Verbindung zu bringen.

Der **genetische Holismus** ist damit erst einmal gegen einen **analytischen Atomismus** gerichtet, der *„Elementarobjekte"* durch *Zerlegung von Ganzheiten* zu gewinnen sucht, um dann aus den gefundenen fundamentalen Bausteinen durch Kombination neue, „künstliche" Ganzheiten zu konstruieren (s. dazu auch die Ausführungen zur Materialen und Formalen Bildung in 1.2.1 sowie die Tafel V). Unterschieden werden kann dabei ein *ontologischer* und ein *gnoseologischer Elementarismus:* „Im ersten Fall steht die Konzeption zur Erforschung von Elementarobjekten in der Realität selbst zur Diskussion, im zweiten Fall diese Konzeption im System der theoretischen Erkenntnismittel. Gewöhnlich sind diese beiden Aspekte miteinander verbunden. Elementarobjekte treten sowohl als Bild der Realität als auch als Erkenntnismittel (Erklärungs-, Verstandesmittel, u. a.) auf." (STEPANOV, N. I., 1982, S. 217 f.).

Historisch gesehen erscheint der *analytische Atomismus* gegenüber dem *genetischen Holismus* erst einmal insofern erfolgreicher und dominanter, als er sich auf eine **empirische Erforschung** von Elementarobjekten stützte und präzise Anleitungen für technische Gestaltungen liefern konnte. Allerdings sind in der Geschichte der wissenschaftlichen Erkenntnis immer wieder begriffliche, logisch-theoretische und experimentelle Schwierigkeiten entstanden, die mit der Anerkennung oder Ablehnung von Elementarobjekten verbunden waren. Besonders radikal änderte die Quantenphysik die Problemstellung des Elementarismus durch die Veränderung der physikalischen Vorstellungen über die Beziehungen von *Kontinuität und Diskontinuität*: „Wenn früher das physikalische Denken vor der fast unausweichlichen Alternative stand, als elementare Einheiten entweder unteilbare Teilchen oder einfachste Wellenbildungen zu wählen, so festigt sich mit der Entwicklung der Quantenmechanik die Annahme der Einheit von Kopuskular- und Welleneigenschaften der Mikroobjekte." (STEPANOV, N. I., 1982, S. 221). Neuere Forschungsrichtungen in der modernen Physik tendieren sogar zu einer mehr oder weniger radikalen Abwendung von der Idee des Elementarobjekts hin zur Vorstellung der Welt als eines einheitlichen und unteilbaren Ganzen. Dazu gehört etwa die „bootstrap"-Hypothese mit der Annahme, „daß *alle* physikalischen Erscheinungen miteinander verbunden sind, „auseinander bestehen" und keine Komponente fundamentaler als eine andere ist." (STEPANOV, N. I., 1982, S. 223).

Im folgenden soll gezeigt werden, daß das **Problem der Elementarität** und der erst einmal entgegengesetzten Strategien eines *genetischen Holismus* und eines *analytischen Atomismus* auch grundlegend für moderne pädagogische Diskussionen sind. Während nämlich *Bildungstheorie* nach elementaren heuristischen Mitteln sucht, aus denen sich ein komplexer Systembildungsprozeß entfalten läßt, stützt sich die *empirische Lehr-Lern-Forschung* auf die **Kognitionswissenschaften - speziell auf Kognitionspsychologie -** mit einer analytisch-atomistischen Ausrichtung (s. dazu auch Tafel V).. Eine Hoffnung ist dabei, menschliches Denken und Lernen genau so oder ähnlich wie Computer konzipieren und steuern zu können.

Der Rückgriff auf die Kognitionswissenschaften liegt nahe, weil diese in unmittelbarer Verbindung mit der Entwicklung von Computern stehen, bei denen es auch um Denken und Lernen geht. Computer sind dabei produktiv und erfolgreich, weil sie große Datenmengen in einer kurzen Zeit verarbeiten können. Mit der **Computer-Metapher** (s. dazu: BAUMGARTNER, P., 1988)wird deshalb versucht, menschliches Denken und Lernen als *ebenso* funktionierend wie der Computer („harte" Künstliche-Intelligenz-These) oder *ähnlich* wie der Computer („weiche" Künstliche-Intelligenz-These) zu sehen.

Computer basieren (bisher noch weitgehend) auf einem **binären Denken** (s. dazu auch die Ausführungen zur "Schöpfung aus dem Nichts" im Sinne von LEIBNIZ unter

2.4.4) und der mit diesem verbundenen **traditionellen zweiwertigen Aussagenlogik**. Zugelassen sind also nicht komplexe, für den Menschen grundlegende Äußerungen wie *Fragen, Vermutungen, Bitten oder Behauptungen*. Durch Digitalisierung wird das zugelassene Ausgangsmaterial in elementare Bausteine zerlegt und durch Angabe notwendiger Zweierschritte im Computer repräsentiert. So lassen sich etwa Buchstaben wie a, b, c, d oder Zahlen wie 1, 2, 3, 4 wie folgt in einem „Binär-Baum" darstellen und z. B. der Buchstabe c (bzw. die Zahl 3) sich repräsentieren als 1/0

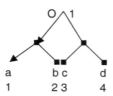

Binäre Repräsentation

Solche atomistischen Strategien verleihen dem Computer eine hohe, dem Menschen überlegene Fähigkeit besonders bezüglich Schnelligkeit und Zuverlässigkeit z.B. beim Schreiben von Texten oder bei Operationen mit Zahlen.

Neben vielen Vorteilen kauft man sich mit Digitalisierungen aber auch Nachteile ein. Peter BAUMGARTNER hat einige bei der Diskussion der Leistungsfähigkeit der Computer-Metapher, die von einer Strukturähnlichkeit bzw. -gleichheit zwischen Computer und menschlichem Gehirn ausgeht, benannt:

- *Syntax und Semantik*: Man kann zwar Semantisches in rein Syntaktisches umwandeln, nicht aber wieder von rein Syntaktischem zu Semantischem aufsteigen (s. dazu auch die Kritik an der Formalen Bildung).
- *Repräsentation und Intentionalität*: Repräsentation wird auf Idealfälle ausgerichtet, damit sie die gleiche Struktur wie der von ihr präsentierte Teil der Welt hat (Isomorphie). Isomorphie von formalen Strukturen ist aber zu wenig, weil es zumindest noch einer ursächlichen Relation zur realen Welt bedarf.
- *Syntax und Semantik*: Da Computerprogramme syntaktisch definiert sind, können sie nicht von sich aus zu Semantik aufsteigen. Denken ist demgegenüber nicht bloßes Manipulieren bedeutungsloser Symbole, sondern ist intensional, auf etwas gerichtet.
- *Wissensrepräsentation und Bedeutung*: Die verschiedenen Techniken der Wissensrepräsentaion wie semantische Netzwerke, Frames, Skripts oder regel- und logikbasierte Repräsentationen können nicht den Unterschied zwischen den zwei grundsätzlich unterschiedlichen Arten der formalen und intentionalen Informationsverarbeitung aufheben.

- *Komplexität und Bedeutung*: Syntaktischen Strukturen läßt sich nicht durch Komplexität (wie „seltsame Schleifen", Rekursionen, Modularisierungen u.ä.) wieder Semantik verleihen.

- *Deklaratives und prozedurales Wissen*: Eine Lösung des Problems der Bedeutung sieht die Kognitionswissenschaft in der Möglichkeit, Algorithmen auf Faktenwissen anzuwenden. Wie aber soll ein Algorithmus „wissen", welche Fakten für eine bestimmte Aufgabe wichtig sind?
  (vgl. dazu: BAUMGARTNER, P., 1988, S. 265 - 273)

Einer kritischen Analyse unterzieht auch Winfried D' AVIS (1998) die Kognitionswissenschaften, wobei er sich vor allem auf das Problem von *Repräsentation und Bedeutung* konzentriert. Er unterscheidet drei grundlegende, zeitlich aufeinanderfolgende Modelle, die sich um eine „Theorie des Geistes" bemühen und dabei vor Problemen der inhaltlichen, gesellschaftlichen und ästhetisch-emotionalen Dimensionen von Wissen stehen (s. dazu auch die Diskussion bei WINOGRAND, T., FLORES, F., 1997).

Für die klassische Kognitionswissenschaft, dem *„Kognitivismus"*, ist Kognition *symbolische Repräsentation*, die sowohl von technischen Maschinen (Computern) wie vom menschlichen Denken realisierbar ist. Der *Konnektionismus* geht demgegenüber von einer *numerischen Repräsentation* aus, die ebenfalls auf digitalen Maschinen realisierbar ist. Das von VARELA vertretene Modell der *Inszenierung* versteht demgegenüber Kognition als *neurophysiologische Herstellung* einer Welt in der Geschichte einer strukturellen Kopplung zwischen Organismus und Umwelt. Erst in diesem Modell beginnen *Bedeutung* und *materielles Substrat*, deren technische Realisierung bis jetzt nicht gelungen ist, eine Rolle zu spielen.

Für D' AVIS erreichen die drei Modelle vor allem deshalb ihr Ziel einer „Theorie des Geistes" nicht oder nur unzureichend, „weil sie entweder Bedeutung oder Repräsentation als Grundbegriff ausschließen. Dieser negativen Bewertung geht die Annahme voraus, daß geistige Prozesse Bedeutung gebende bzw. Bedeutung verstehende Prozesse sind oder anders: Eine Theorie des Geistes ist erst dann vollendet, wenn sie erklärt, was *Inhalte* sind, wie sie entstehen und wie sie verarbeitet werden." (D' AVIS, W., 19.., S. 45). D' AVIS verdeutlicht das Problem „Inhalt" an einem Beispiel: Man kann einem Säugling ein Messer *zeigen*, aber es kann kein Messer *sehen*. Ein Messer *als Messer* zu erkennen (oder allgemeiner: *Etwas als etwas zu sehen*), hat eine *gesellschaftlich* bestimmte Interpretation zur Voraussetzung bzw. Konsequenz. Diese inhaltliche Dimension kann nur hergestellt werden, wenn die empirische Funktion des Messers (z. B. Zerkleinern von Essen) zuvor in einem Sozialisationsprozeß erlernt wurde. Kognitionstheorie ist daher nicht ohne Gesellschaftstheorie möglich.

Neben der sozialen Komponente betont D' AVIS die **ästhetisch-emotionale Komponente** von Wissen. Als Beispiel greift er auf die Physik mit Symmetrien und Invarianzen als logische Grundlagen zurück und verweist auf die Forderung von Chr. v.

WEIZSÄCKER, mit Symmetrie als dem besten Anfang zu beginnen, weil diese „schön" sei. An der Kognitionswissenschaft aber kritisiert DÁVIS, daß diese die Frage einer *ästhetisch-emotionalen Komponente der Kognition* nicht einmal zur Kenntnis nehme (vgl. dazu: D´AVIS, W., 1998, S. 56).

Dem steht die Suche der Bildungstheorie gegenüber, einen Ausgangspunkt für die *Erzeugung von Neuem* zu finden, der **elementar, aber nicht atomistisch** ist. Es sollen Antworten gefunden werden auf Fragen folgender Art: **Wie kann man elementar werden, „in die Tiefe" (zu Urphänomenen, Urbildern, Urerfahrungen, usw.) gehen und zu einem Anfang kommen, der Inhaltlichkeit in einer höchst komprimierten, auf einen zentralen Punkt reduzierten Form enthält, historisch bis an erste Anfänge zurückreicht, emotional-ästhetisch den Menschen in seiner Subjektivität tiefgreifend berührt, gesellschaftliche Tradition bewahrt und gleichzeitig den Blick auf aktuelle Fragestellungen öffnet, dem Subjekt Freiheitsspielräume aufgrund von Offenheit zugesteht, den Entwurf möglicher Zukünfte provoziert und die Theoretisierung der menschlichen Tätigkeit über Kategoriales bis hin zur (Selbst-) Reflexion aller dieser Momente herausfordert?**

Der **genetische Holismus** der Bildungstheorie unterscheidet sich damit grundlegend von einem **analytischen Atomismus** der Kognitionswissenschaften (und damit auch von der auf sie aufbauenden Lehr-Lern-Forschung; s. dazu die Ausführungen weiter unten und in 7.3) Die folgenden, bewußt zugespitzten und jeweils negativen Charakterisierungen der beiden Strategien von Systembildungen lassen erst einmal eine grundsätzliche Unvereinbarkeit vermuten:

Genetischer Holismus	Analytischer Atomismus
fundamentalistisch	ahistorisch
(Suche nach „Ur-"Dingen)	*(Elementare Bausteine)*
spekulativ	empiristisch
dogmatisch-totalitaristisch	liberalistisch
(„ganzheitliche" Systeme)	*(autonome Teilsysteme)*
organistisch	isolationistisch
(Entfaltung einer „Zelle")	*(Zerlegung in Elemente)*
ästhetizistisch	rationalistisch
substantialistisch	formalistisch
(„Ur-" Substanz)	*(gleichwertige Elemente)*
subjektivistisch	objektivistisch
(emotional engagiert)	*(distanziert-neutral)*

Ist eine Vermittlung und damit eine gleichzeitige Nutzung beider Strategien von Systembildungen möglich? Wolfgang EINSIEDLER (1992) macht einen solchen Versuch bei Überlegungen zu einer *theoretischen Konzeption für den Sachunterricht*, die einerseits auf der Theorie der kategorialen Bildung aufbauen und andererseits anschließen soll an die Standards moderner Wissenschaften durch Rückgriff auf die Kognitionspsychologie und mit dieser verbundenen empirischen (kognitionspsychologischen) Forschung.

Dieser Versuch ist deshalb besonders beachtenswert, weil der Autor sich in seinen Veröffentlichungen mit beiden Ansätzen ausführlich beschäftigt hat (s. dazu etwa: EINSIEDLER, 1992, 1994 und 1996). Seine Vorgehensweise begründet EINSIEDLER wie folgt: „Der Kerngedanke der kategorialen Bildung, den Aufbau von Strukturwissen zu fördern, hat eine überraschende Nähe zu Ergebnissen der neueren Wahrnehmungs- und Lernforschung. Bedeutungshaltiges Wissen speichern wir demnach größtenteils in **netzartigen Strukturen** ab.... Begriffe, Merkmale, Elemente werden in einen sinnvollen Zusammenhang gebracht und als Strukturwissen verarbeitet." (EINSIEDLER, W., 1992, S. 484/Hervorhebung W.W. mit Verweis auf die Systembilder in Tafel III, die erkennen lassen, daß vernetztes Denken nicht das entwickeltste Denken ist).

Eines der von ihm gewählten Beispiele ist die Wissens-"Repräsentation" über Kirschen als ein Element der Menge „Steinobst" (s. dazu EINSIEDLER, W., 1996 und die Tafel XXI , die erkennen läßt, daß damit keine theoretische Ebene erreichbar ist). Überführt man die von ihm präsentierte statische Wissensdarstellung in eine dynamische, auf die Tätigkeit der Wissens*konstruktion* ausgerichtete Darstellung, dann wird erkennbar, daß hier nichts anderes propagiert wird als das Verfahren der **„formalinduktiven Verallgemeinerung"** (DAVYDOV, V.V., 1972). Die Schritte dieser Art der Wissenskonstruktion lassen sich nämlich wie folgt zusammenfassen: Es gibt fertig gegebene Gegenstände. Diesen Gegenständen werden die Namen Kirsche, Pflaume und Pfirsich zugeordnet. Es werden sinnlich-konkret wahrnehmbare Teile der Gegenstände wie Kern, Fruchtfleisch oder Schale benannt und ebenso sinnlich-konkret wahrnehmbare Merkmale wie rot, glänzend oder saftig erhoben. Diese Elemente werden in einem Wissenskomplex zusammengefaßt. Name und Gegenstand dienen dabei als „Attraktoren", die die Elemente zusammenhalten. Die Merkmalselemente werden miteinander verglichen, gemeinsame Merkmale wie Kern, Fruchtfleisch und Haut ausgesondert und in einem Oberbegriff „Steinobst" zusammengefaßt. Durch Vergleich mit andern Obstsorten wie Äpfel oder Birnen kann ein Ober-Ober-Begriff „Obst" gebildet werden. Insgesamt gesehen ist damit eine baumartig-hierarchische Struktur angelegt mit Ober- und Unterbegriffen, die Allgemeines zum Ausdruck bringen, und mit individuellen Objekten, die in eine bestimmte Ordnung gestellt sind. Es bestehen dabei keine Wechselbeziehungen zwischen den Ausgangselementen, den einzelnen Objekten (s. dazu auch Tafel XXI).

Wie ist nun dieses Wissen aus der Sicht der Theorie der Kategorialen Bildung zu bewerten?

- Die Gegenstände sind fertig gegeben, sie werden vom Subjekt nicht konstruiert. *Selbsttätigkeit* ist damit an Vorgegebenes, das nicht elementar ist, gekettet und in ihrer Freiheit eingeschränkt, sie hat sich anzupassen.
- Es findet keine Rückbindung an „Ursprüngliches" statt, die Gegenstände kommen nur als „normale" Gegenstände des Alltags ohne eine tiefere, ästhetisch-emotionale und für das Subjekt existentiellere Bedeutung in den Blick.
- Da die Konstruktion von Wissen an empirisch Gegebenes gebunden ist, wird keine *theoretische Ebene* konstituiert, auf der *Mögliches erfunden* und *Neues* erzeugt werden kann.
- Die gebildeten Begriffe ermöglichen zwar Wissenskonstruktionen wie Systematiken, Klassifikationen oder Typologien, mit denen dann Gegenstände aus der Wirklichkeit gesichtet und bei Übereinstimmung in bestimmten Merkmalen auch in die baumartig - hierarchisch angelegte Ordnung eingegliedert werden können. Die Ordnung aber bleibt den Gegenständen äußerlich, erfaßt nur in Ausschnitten die spezifischen Eigenheiten der Gegenstände und stellt zwischen den Gegenständen keine Beziehungen her. Die Gegenstände kommen nicht in ihrer *Bewegung, Veränderung und Entwicklung* in den Blick. Das konstruierte Wissen ist dementsprechend statisch und auch nicht als Mittel einsetzbar für die Entwicklung der Gegenstände.
- Die Gegenstände werden nur von außen, von den sinnlich-konkret wahrnehmbaren Merkmalen her erfaßt. Äußere *Anschauung* wird nicht in innere *Anschauung* überführt. Es finden keine *Akte der (Selbst-)Reflexion* („Metakognitionen") statt und keine *Erzeugung von Wissen über Wissen* („Metatheoretisches").

Erkennbar wird, daß dieser aus der Kognitionspsychologie in die Pädagogik importierte Weg der Konstruktion von Wissen keine überzeugenden Mittel und Methoden zur *Initialisierung und Unterstützung von Selbsttätigkeit* und für die Realisierung der Theorie der Kategorialen Bildung bereitzustellen vermag. Es ist auch keineswegs ein neuer Weg der Wissenserzeugung, sondern etwa schon von Adolph DIESTERWEG als „heuristische Lehrweise" in folgender Weise propagiert worden: „Zuerst faßt der erwachende Menschengeist in sogenannten Empfindungen ganz einfache Merkmale der sinnlichen Gegenstände, z. B. die Farbe der Rose oder den Glanz der Sonne und nichts weiter auf; nach und nach bemächtigt er sich auch der übrigen Merkmale der Rose und verknüpft sie zu einer Gesamtheit, zur Anschauung einer einzelnen Rose, die eine unendliche Menge von Merkmalen in sich beschließt. Die einzelnen Rosen werden dann miteinander verglichen, es bildet sich der Begriff der Rose, eine schon einfache Vorstellung im Verhältnis zu der Vorstellung einer einzelnen Rose; durch Vergleichung der Rose mit andern ähnlichen Geschöpfen entsteht der Begriff der Blume, der Pflanze, des Wesens oder Dinges, womit der Geist zu einer ganz einfachen Vorstellung gelangt, die nur ein Merkmal enthält, die daher nicht weiter zergliedert oder verallgemeinert werden kann, die also das Ende der Reihe der Vorstellungen enthält. An dem andern Ende, dem Anfangspunkt der Reihe, lag auch eine ganz einfache Vorstellung; also begrenzen überhaupt einfache Vorstellungen die zusammengehörigen Reihen der Vorstellungen; man geht von ganz Einfachem aus und gelangt endlich wieder zu ganz Einfachem. In der Mitte liegt das Zusammengesetzte." (A. DIESTERWEG, 1958, S. 107 f.).

Einen solchen Erkenntnisweg sieht DIESTERWEG als „natürlich" an. Von EINSTEINs Charakterisierung wissenschaftlicher Tätigkeit unterscheidet sich dieser Weg aber in einem entscheidenden Punkt: Der Anfang bzw. die Grundlage von Erkenntnis, etwa der Gegenstand „Rose" und mit ihm verbundenes empirisches Wissen, ist bei DIESTERWEG - und eben auch bei EINSIEDLER - fertig gegeben. Dessen Merkmale werden ermittelt, mit den Merkmalen anderer Gegenstände verglichen, gemeinsame Merkmale ausgesondert und in einem Oberbegriff zusammengefaßt. **Die (theoriegeleitete) Konstitution des Gegenstands aber kommt nicht in den Blick!**

Im Gegensatz dazu muß nach EINSTEIN in der wissenschaftlichen Tätigkeit erst einmal ein „Verbrechen" begangen werden. Das schließt ein, daß der Gegenstand der wissenschaftlichen Tätigkeit theoriegeleitet konstituiert und konstruiert werden muß. Erst in einem zweiten Schritt, der der „Synthese" folgt, kann dann mit der „Analyse" begonnen werden.

Das von DIESTERWEG und EINSIEDLER propagierte Verfahren des *Aufsteigens vom Konkreten zum Abstrakten* nennt V. V. DAVYDOV (1972) „**formal-induktiv**", weil aus einem Gegenstand heraus Merkmale entwickelt und in einem formalen Oberbegriff zusammengefaßt werden.

Die Leistungsfähigkeit dieses Erkenntnismittels ist nach zwei Seiten hin beschränkt:

• Max WERTHEIMER kritisiert an diesem aus der traditionellen Logik hervorgegangenen Verfahren, daß es die **Konstitution von Gegenständen** und ihre Absetzung gegenüber anderen nicht untersucht, sondern voraussetzt (WERTHEIMER, M., 1965, S. 239 - 248).
• V. V. DAVYDOV hebt hervor, daß das mit diesem Verfahren erzeugte Wissen **an empirisch Gegebenes gebunden bleibt** und nicht zur Ebene der Theorie und des auf ihr gewinnbaren Möglichem aufsteigt (s. dazu: V. V. DAVYDOV, 1972 u. 1977).

Für die *Erzeugung von Neuem* in der *Selbsttätigkeit* bringt das formal-induktive Verfahren also entscheidende Einschränkungen. Das Subjekt wird nämlich nicht an dem „Verbrechen" der Konstitution des Ausgangspunkts des Wissens beteiligt. Zudem wird nicht bewußt eine *theoretische Ebene* konstituiert (wie in der Selbsttätigkeit durch die Erzeugung der **Paradoxie** von „Ich" und „mein Selbst"), die zwar Wirklichkeit enthält bzw. sich auf diese bezieht, aber nicht unmittelbar Wirklichkeit ist und damit auch die Konstruktion von Möglichem über Gegebenes hinaus ermöglicht.

Daß die Lehr-Lern-Forschung durch **Ausblendung der Gegenstandskonstitution und -konstruktion** (und damit der grundlegenden Phase der Produktion von Wissen) und der **fehlenden Konzeption für das Erreichen einer theoretischen, über formal-induktive Verallgemeinerungen hinausgehenden Ebene** (und damit auch einer *metatheoretischen und -kognitiven Ebene*) fundamentale Probleme nicht bearbeitet und deshalb auch zu unbefriedigenden Lösungsvorschlägen kommt, soll im folgenden an einem Standardthema des Sach- und Physikunterrichts aufgezeigt werden, dem **„Einfachen elektrischen Stromkreis"**. Dieses Thema ist zugleich ein bevorzugter Untersuchungsgegenstand der (fachdidaktischen) Lehr-Lern-Forschung (s. dazu etwa die jährlichen Tagungsbände der „Gesellschaft für die Didaktik der Chemie und Physik (GDCP)"). Der Bildungswert des Themas bleibt in der Regel undiskutiert, weil man offensichtlich meint, daß dieser sich wegen der Alltagsbedeutung von Elektrizität von selber versteht.

Der erste Schritt der Lehr-Lern-Forschung besteht darin, **(Alltags-) Vorstellungen** von Lernenden zum elektrischen Stromkreis zu erheben. Dabei zeigt sich, daß die große Mehrheit der Lernenden erst einmal zu einer Ein-Leitungs-Vorstellung „Batterie-1 Kabel-Lampe" neigt. Nach Präsentation einer funktionierenden Schaltung bevorzugen 85 % der Lernenden eine Zweizuführungsvorstellung „Batterie-2 Kabel-Lampe" (Argument: Nur mit zwei Kabeln genug Strom). Generell neigen die Lernenden fast ausnahmslos zu Verbrauchs- oder Veränderungs-Vorstellungen (etwa: „Lampe verbraucht Strom"; s. dazu: STORK, E., WIESNER, H., 1981). Man kann noch hinzunehmen, daß diese Vorstellungen, wie auch die zu anderen physikalischen Themen von der Lehr-Lern-Forschung erhobenen Schülervorstellungen, international keine großen Abweichungen zeigen. Es „überrascht die beinahe nahtlose Übereinstimmung in unterschiedlichen Sprachen und Kulturen." (DUIT, R., 1998, S. 7)

Diese interkulturelle Übereinstimmung in den Ergebnissen ist aber dann nicht mehr erstaunlich, wenn man sich bewußtmacht, daß der „einfache" elektrische Stromkreis keineswegs einfach im Sinne von "**elementar**" ist, sondern ein *theoriegeleitet konstruierter, technisch hochspezialisierter Sonderfall des Phänomens „Elektrizität"*. Da die theoriegeleitete Konstruktion des elektrischen Stromkreises aber den Lernenden nicht zugänglich und einsehbar gemacht wird, können sie aus sich heraus (etwa über „entdeckendes Lernen") kaum anderes als „falsche" Vorstellungen produzieren. Auch die Übereinstimmung in verschiedenen Kulturen kann von hieraus mit anderen Augen gesehen werden, nämlich als Folge einer objektivistischen Vorgabe von wissenschaftlich-technischen Artefakten aus dem abendländischen Kulturkreis und damit als ein Akt von Kultur-Imperialismus. Würde man nämlich das allgemeinere Problem „Naturkräfte" (von denen die Elektrizität eine ist) zum Gegenstand von Untersuchungen machen, kämen mit Sicherheit kulturelle Unterschiede zum Vorschein.

Beim nächsten Schritt, der *Therapierung* der „falschen" Schüler- und Alltagsvorstellungen, stützt sich die Lehr-Lern-Forschung zuerst einmal auf **Widerlegungsstrategien**, die STORK und WIESNER wie folgt beschreiben: In einer von ihnen untersuchten Lerngruppe erwarteten 18 von 24 Schülern ein Leuchten eines Birnchens bei Verbindung mit einem Kabel. Nach Vorführung des Nicht-Funktionierens argumentierten fast alle mit einer Schadhaftigkeit der benutzten Teile. Die Demonstration eines richtigen Anschlusses mit zwei Kabeln führte keinen der 18 Lernenden zur Argumentation mit einer Stromkreisvorstellung, aber 17 äußern eine Zweizuführungsvorstellung (aus beiden Batterielaschen kommt etwas). Gegen die Zweizuführungsvorstellung werden von den Lehrenden Argumente vorgebracht, bis die Stromkreisvorstellung übrigbleibt. Bei einem Test nach zwei Monaten vertreten noch etwa ein Drittel der Lernenden die Zweizuführungsvorstellung. (s. dazu: STORK, E., WIESNER, H., 1981, S. 79 - 81)

Abgesehen davon, daß offen bleibt, welcher Art die Vorstellungen der anderen Lernenden jetzt sind, werden alle mit der erlernten Kreislaufvorstellung wenig anfangen können, wenn sie im Haus ihrer Eltern drei Kabel sehen, bei Überlandleitungen fünf und mehr Kabel oder bei Steckern zwei, drei oder vier Pole. Es kann also nur zu einem unproduktiven **Hybridwissen** kommen, bei dem Alltagsvorstellungen und wissenschaftliche Vorstellungen additiv aneinandergefügt werden und unverbunden nebeneinander stehen. Dabei spielt die Frage noch gar keine Rolle, „ob dieses latente Abqualifizieren kindlicher Vorstellungen ... mit der Vorstellung des humanen Lernens in Einklang steht." (KIRCHER, E., 1999, S. 151).

Eine zweite Strategie der Lehr-Lern-Forschung, die Lernenden von ihren Vorstellungen zu den wissenschaftlichen Vorstellungen zu führen, ist der Einsatz von **Analogien**. Bevorzugt wird dabei die *Wasserkreis-Analogie*: Der elektrische Strom fließt danach wie in einem geschlossenen Wasserkreis (s. dazu etwa: DUIT, R., 1990, und SCHWEDES, H., 1995).

Diese Strategie, die Form eines bekannten Phänomens zu nutzen, um ein unerkanntes Phänomen zu erklären, läßt sich wie folgt bewerten:

- Genutzt wird Wissen über ein bekanntes, sinnlich-konkret wahrnehmbares Phänomen (bevorzugt: der Wasserkreislauf).
- Das Wissen wird - oft nur implizit- verallgemeinert (Kreislauf-Modell) und zur Erklärung des unerkannten Phänomens („Elektrischer Stromkreis") genutzt, um einen „Konzeptwechsel" herbeizuführen.
- Für die Konstruktion von (neuem) Wissen sind Analogien insofern einschränkende Mittel, als Unerkanntes unter die Form von Erkanntem gezwungen wird und an Eigenwert einbüßt.

- Mit der Wasserkreislauf-Analogie ist zudem das spezifische Problem verbunden, daß ein grundsätzlich undurchschaubares Phänomen (Elektrizität) mit einem sinnlich-konkret wahrnehmbaren Phänomen erklärt werden soll.
- Lehr-Lern-Forschung beschränkt sich auf „kommunikative" Analogien (HOOPS, W., 1992, S. 4), mit denen den Lehrenden bekanntes Wissen (hier: über den Stromkreis) auf Lernende übertragen werden soll. Die Lernenden lernen keine „heuristische Analogien" kennen, geschweige denn heuristische Mittel wie Metaphern und Kategorien (s. dazu 3.3.2.1).
- Die Entwicklung von Wissen wird nur horizontal (von sinnlich-konkretem Wissen über Wasserbewegungen zu - angeblich - auf derselben Qualitätsstufe stehendem Wissen über die Bewegung von Elektrizität), nicht aber vertikal aufsteigend (von empirischem Wissen zur Erzeugung von theoretischem Wissen; s. dazu auch die folgende Skizze zur Rekonstruktion der Wissensentwicklung über das Phänomen „Elektrizität") gesehen. Lehr-Lern-Forschung konzentriert sich also nur auf *statische Wissensstrukturen*, hat aber keine Konzepte für die **Konstitution des Gegenstandes** und die **Entwicklung von Wissen** im *Wechselspiel von Empirie und Theorie* zu immer höherer wissenschaftlich-theoretischer Qualität (s. dazu 3.4 und die Tafel XVII).

Neben der Erhebung von Schülervorstellungen, der Erforschung von Widerlegungsstrategien und der Wissensvermittlung mit Hilfe kommunikativer Analogien beschäftigt sich die Lehr-Lern-Forschung noch mit der Erhebung von Ausgangsbedingungen wie **Interesse, Motivation oder Einstellungen** bei den Lernenden. Diese werden aber bezogen auf die als fertig gegeben angesehenen „Inhalte" oder „Themen" wie den einfachen elektrischen Stromkreis. **Damit kommen Probleme etwa des Wechsels von Interesse oder Motivation nicht in den Blick, die sich aus *dynamischen Entwicklungsprozessen und besonders aus der Transformation von Gegenständlichem in der (Selbst-)Tätigkeit* der Lernenden ergeben.**

Durchgeführt werden schließlich noch **Leistungstests und Leistungsvergleiche.** Das ist insofern als problematisch anzusehen, weil beim „Einfachen elektrischen Stromkreis" erkennbar wird, daß bei den bisherigen Lehr-Lern-Strategien die Lernenden kaum eine Chance haben, etwas zu verstehen (s. dazu auch 7.4). Das läßt sich auch verallgemeinern: Das Physikverständnis und die Physikleistungen werden in nationalen und internationalen Untersuchungen insgesamt als mangelhaft angesehen (s. dazu einen zusammenfassenden Überblick bei SCHECKER, H., 1985). So stellte etwa für den Gymnasialbereich Georg NOLTE-FISCHER schon 1989 zusammenfassend fest: „Denn mit Sicherheit das markanteste, wenn auch manchem Schulpraktiker vielleicht gar nicht so sehr überraschende Ergebnis der unternommenen Analyse der Bildungsziele und -wirklichkeit des gymnasialen Physikunterrichts ist - gemessen an den didaktischen Zielsetzungen - dessen nahezu völlige Unwirksamkeit. Aus der Sicht der zum Ziel gesetzten, äußerst weit gesteckten und detaillierten fachphysikalischen Unterweisung als Basis für eine allgemeine wissenschaftskulturelle Bildung der Schüler verlassen diese die Schule in ihrer übergroßen Mehrheit schlicht als physikalische Analphabeten." (NOLTE-FISCHER, G., 1989, S. 288). Nimmt man diese Untersuchungsergebnisse ernst, dann wird in Leistungstests und Leistungsvergleichen wie etwa bei der TIMSS-Studie (s. dazu 7.3) - zugespitzt gesagt - *nichts mit nichts verglichen*.

Die hier an der Lehr-Lern-Forschung aus bildungstheoretischer Sicht vorgenommene Kritik läßt sich wie folgt zusammenfassen:

- Die Lehr-Lern-Forschung entwickelt keine Konzepte für die Konstitution und Konstruktion des Gegenstandes. Die Gegenstände werden als durch die Fachwissenschaften und/oder -didaktiken als (vor-)gegeben hingenommen. Das entspricht allerdings auch dem *Repräsentationskonzept* der Kognitionspsychologie bzw. der Kognitionswissenschaften, für das grundlegend die Reproduktion (Widerspiegelung) einer gegebenen Wirklichkeit ist.

- Geht man von einer *Interdependenzhypothese* aus, nach der alle Elemente der Wissenskonstitution und Wissenskonstruktion miteinander in Wechselwirkung stehen, dann wird auch erklärlich, warum die Lehr-Lern-Forschung ebenfalls keine Konzepte für die *Entwicklung von Wissen* vorlegt: Aus der Sicht moderner Wissenschafts- und Erkenntnistheorien wird ein Gegenstand immer theoriegeleitet konstituiert; der konstituierte Gegenstand ist dann wieder Ausgangspunkt neuer Theoriebildungen, die dann wieder zur Konstitution neuer Gegenstände führen usw. Indem dieses grundlegende *Wechselspiel zwischen Empirie und Theorie* von der Lehr-Lern-Forschung nicht aufgedeckt und konzeptionell verarbeitet wird, findet sie auch nicht zu Konzepten der Wissensentwicklung und deren Untersuchung (s. dazu die Ausführungen zu dem Musterbeispiel „Die Wirbelstraße" im Teil 4 und das unter 3.4 diskutierte und in Tafel XVII dargestellte Wechselspiel zwischen *Theoretischem und Empirischem).*

Im Gegensatz dazu ist Bildungstheorie bei der Suche nach **elementaren heuristischen Mitteln** darauf ausgerichtet, einen Gegenstand wie den „Einfachen elektrischen Stromkreis" bis in seinen Entstehungszusammenhang zurückzuverfolgen (zur Geschichte der Elektrizität s. etwa: BASFELD, M., 1992, und STICHWEH, R., 1984, S. 252 - 317). Erkennbar wird dann, daß Elektrizität bei ihrer Entdeckung um 600 vor Christus durch Thales von Milet erst einmal an einen bestimmten Gegenstand, nämlich den Bernstein (griechisch: elektron/daher: Elektrizität) gebunden war. Thales fand heraus, daß ein mit einem Seidentuch geriebener Bernstein kleine Gegenstände anzieht. Diese Beobachtung auf der Stufe inhaltlich-intuitiver Verallgemeinerung (s. dazu Tafel XXI) konnten er und seine Zeitgenossen aber noch nicht theoretisch erfassen und praktisch verwerten.

Bis in die erste Phase der Erforschung der Elektrizität durch die neuzeitliche Wissenschaft, die bis etwa 1785 reichte, war dieses Phänomen weiterhin nur als Reibungselektrizität oder als atmosphärische Elektrizität bekannt. Sie war gebunden an bestimmte Gegenstände wie Bernstein, Glas oder Harz und konnte nur in den kurze Zeit dauernden Entladungsvorgängen und an ihren anziehenden und abstoßenden Wirkungen studiert werden. Die Bindung an konkrete Gegenstände führte dann auf dem Weg *formal-induktiver Verallgemeinerungen* (s. dazu Tafel XXI) zu Unterscheidungen wie etwa einer Harz- und einer Glas-Elektrizität.

Die zweite Phase, in der ein Übergang von sinnlich-konkreter Erfahrung zu einem theoretischen Zugang zum Phänomen „Elektrizität" erfolgte, begann mit der Entdeckung der „tierischen Elektrizität" Galvanis und endete mit den Experimenten Michael Faradays zur elektromagnetischen Induktion im Jahre 1831. In dieser Zeit lernte es der Mensch, die Elektrizität als dauernde Erscheinung zu erzeugen und Beziehungen zu anderen Naturkräften zu erkennen. Mittel der Wissenskonstruktion waren dabei vornehmlich **Analogien**, mit denen Erfahrungen aus dem Umgang mit sinnlich-konkret wahrnehmbaren Phänomenen auf das Phänomen Elektrizität übertragen wurden. Diese Analogien aber waren im Gegensatz zu den von der Lehr-Lern-Forschung verwendeten *kommunikativen* Analogien, mit denen bekanntes Wissen an Lernende vermittelt werden soll, *heuristische* Analogien, da mit ihnen Neues sowohl in Form von Wissen wie von Mitteln für den Umgang mit Undurchschaubarem angezielt wurde.

Das endgültige Erreichen einer theoretischen Ebene im Umgang mit dem Phänomen „Elektrizität" aber ist mit dem Einsatz von **Metaphern** (wie etwa: Elektrischer Strom **ist** bewegte Ladung/... ist ein molekularer Strom/... ist eine Weltkraft usw./ zur Struktur von Metaphern s. die Ausführungen unter 3.3.2.1 und Tafel XIX) verbunden, weil diese es ermöglichen, Wissen über etwas Unerkanntes (die Elektrizität) mit ebenso Unerkanntem (etwa: bewegte Ladung, bei der die Unanschaulichkeit der Elementarteilchenphysik ins Spiel kommt) zu konstruieren, indem beide Seiten sich gegenseitig erklären. Damit war die Leistungseinschränkung von Analogien, die aus der Übertragung von Formen eines erkannten Inhalts auf einen unerkannten, damit aber unter eine fremde Form gezwungenen Inhalt beruht, überwindbar und die Erzeugung von neuem Wissen über Unerkanntes und (vielleicht) Undurchschaubares möglich (s. dazu auch die Ausführungen zur NOVALIS-Metapher „Das Flüssige ist das sensible Chaos" und zu der abstrakten Metapher „Wechselwirkung ist symmetrische Wirkungsproduktion" im Teil 3).

Auf der Grundlage dieser kurzen historischen Rekonstruktion (s. auch den Ansatz von Urlich KATTMANN, 1996, zur "Didaktischen Rekonstruktion") der Erzeugung von Wissen über das Phänomen Elektrizität und im Vorgriff auf spätere Ausführungen (s. dazu die Beschreibung der Systembildungssequenz „Virtuelle Labyrinthe" unter 4.4) kann jetzt eine bildungstheoretische Perspektive für den Umgang mit dem Phänomen „Elektrizität" wie folgt umrissen werden:

- Das Phänomen „Elektrizität" ist insofern ein Phänomen mit besonderem Bildungswert, als es undurchschaubar ist. Historisch gesehen veränderte der explizite Umgang mit diesem Undurchschaubaren die Epistemologie grundlegend.
- Um unsichtbare und undurchschaute Phänomene erfaßbar zu machen, konstruiert der Mensch **Systeme** in einem Spannungsfeld von *Determination* (Entdeckung von objektiv Gegebenem) und *Konstruktion* (subjektive Erfindung) bis hin zu *virtuellen Systembildungen*, in denen man mit Fiktionen (wie etwa in der Physik die virtuellen Teilchen, die virtuellen quantenmechanischen Zustände, die virtuelle Masse und die virtuelle Arbeit oder in der EDV die virtuellen Speicher) Erkenntnis gewinnt über etwas, das erst einmal oder auch generell nicht durchschaubar und erfaßbar oder sogar rein immateriell, fiktiv oder virtuell ist.
- Adäquate Mittel für die Bildung von Systemen über undurchschaubare Phänomene sind nicht sich auf Empirisches stützende Analogien, sondern Metaphern, in denen zwei unerkannte Pole sich wechselseitig erklären (Beispiel: Elektrischer Strom ist bewegte Ladung).
- Metaphern sind verbunden mit einem Übergang zu einer metatheoretischen und -kognitiven Ebene, weil diese Mittel für ihren Einsatz (Selbst-)Reflexionen herausfordern und benötigen (s. dazu ausführlicher 3.3.2.1).
- *Epistemologische Metaphern* sind (metakognitive und metatheoretische) Mittel, um Systembildungen Reflexionen zugänglich zu machen. Sie ermöglichen die Erzeugung von *Wissen über (die Konstruktion von) Wissen* (metatheoretisches Wissen) *und über sich selbst* (metakognitives Wissen).
- „*Energiefelder sind virtuelle Labyrinthe*" ist eine mögliche epistemologische Metapher, mit der die Konstruktion von Wissen über ein undurchschaubares Phänomen wie das der Elektrizität bewußt erzeugt und reflektiert werden kann. Erkennbar wird nämlich mit dieser Metapher, daß Elektrizität nicht einfach gegeben ist, sondern konstruiert wird, und zwar in diesem Fall besonders umfassend, weil ohne menschliche Eingriffe in die Natur das Phänomen nicht wahrnehmbar ist. Das „Labyrinth" kann dabei als ein Bildungsmittel eingesetzt werden, um den Konstruktionsakt im Spannungsfeld von *Teil* und *Ganzem* der Reflexion anschaubar und damit zugänglich zu machen (s. dazu die Systembildungssequenz "Virtuelle Labyrinthe" in 4.4).
- Im Falle des „Einfachen elektrischen Stromkreises" setzt Bildungstheorie deshalb umfassender und tiefer an: Problematisiert wird die **Beziehung zwischen elektrischem Feld und Leitung** durch die Fragestellung, in welcher Beziehung diese beiden Erscheinungsformen elektrischer Energie miteinander stehen. Dabei wird die Bedeutung der menschlichen Tätigkeit erkennbar, die erst in einem relativ späten Zeitpunkt, nachdem vorher nur mit der Reibungselektrizität und dem elektrischen und magnetischen Feld experimentiert worden war, die Leitung als ein Medium entdeckte und entwickelte, mit dem elektrische Energie transportierbar wurde.

Um wenigstens kurz anzudeuten, in welche Richtung nach Alternativen zur traditionellen Behandlung des Phänomens „Elektrizität" gesucht werden kann, soll im folgenden eine von Josef GREINER (1996) vorgeschlagene Experimentieraktion vorgestellt werden, in der das Subjekt sich mit einem Energiefeld in Wechselwirkung bringt und durch seine Eingriffe verändert. Von hierher ist auch der Umgang des Menschen mit „Elektrizität" diskutierbar und die List, Energie in eine bestimmte Form (die „Leitung") zu bringen.

Ausgangspunkt für Josef GREINER ist, daß Naturkräfte wie Schwerkraft, Elektrizität, magnetische Kräfte oder die Kapillarkraft vielfältige Wirkungen, Formen, Muster und Gestalten hervorbringen. Allerdings treten die Menschen diesen Kräften heute vorwiegend als „Herrscher" gegenüber, nutzen sie zum Antrieb von Motoren und spannen sie in technische Infrastrukturen ein. Im Gegensatz dazu lernt man die Kräfte von einer anderen, zuerst einmal ästhetisch-emotionalen Seite kennen, wenn man in Zusammenarbeit mit ihnen **Bilder und Reliefs** schafft, bei denen man nicht mehr genau sagen kann, ob sie Wirkung und Abbild („Repräsentation") der jeweiligen Kraft oder Werk und Ausdruck des gestaltenden Menschen („Produktion") sind.

Erzeugt wird durch eine bestimmte Anordnung von Magneten ein Kraftfeld. In dieses Feld kann man nun mit Pinsel, Wasser und schwarzer Eisenoxyd-Farbe hineinmalen. Die Eisenoxyd-Partikel reagieren im Wasser auf das Magnetfeld, richten sich aus und bilden Linien und Strukturen oder schwärmen zu einem Pol hin. Es kann jetzt ein Wechselspiel zwischen Subjekt und Objekt beginnen: Einerseits modifizieren die Magnetkräfte die Malaktionen und lassen die Struktur des Kraftfeldes durchscheinen; andererseits kann das tätige Subjekt sich auf die Strukturen einlassen, sie nachvollziehen, an ihnen weiterarbeiten oder auch ihnen entgegenarbeiten.

An solche Erfahrungen lassen sich Fragen und Untersuchungen anschließen zu **Vorstellungen von Lernenden über Naturkräfte** und speziell über Magnetismus und Elektrizität, die für naturwissenschaftsdidaktische Forscher nicht mehr nur von Interesse sind, weil er sie zu den „richtigen" wissenschaftlichen Vorstellungen hinbiegen will. Sie haben vielmehr ihren Eigenwert, werden respektiert und können eingebettet werden in **historische Rekonstruktionen** des Umgangs des Menschen mit undurchschaubaren Naturenergien wie etwa in der chinesischen „Geomantie" (s. dazu etwa PIEPER, W., 1993), in der es darum ging bzw. geht, die Natur zu respektieren und für sich in einer partnerschaftlichen Weise nutzbar zu machen. Hier entsteht auch Interesse daran, wie in der *Biographie* von Lernenden die Elektrizität als Naturkraft zum ersten Mal aufgetaucht ist und wie diese Anfangserfahrungen und -vorstellungen weiterentwickelt wurden bis zum heutigen Wissensstand. Anschließen läßt sich daran *Geschichtliches über die Erforschung der Elektrizität,* über die Mittel, die die Menschen geschaffen haben, um mehr über dieses Phänomen zu erfahren und für sich nutzen zu können bis hin zur Überführung der Elektrizität in Elektronik und deren Nutzung in heute die gesamte gesellschaftliche Praxis revolutionierenden Computern. Damit ist zugleich ein Blick in die Zukunft geöffnet und eine Motivation gegeben, sich über konkretisierbare Utopien Gedanken zu machen (s. dazu ausführlicher die Beschreibung der Systembildungssequenz „Virtuelle Labyrinthe" unter 4.4).

Aus einem technisch-pragmatischen Umgang der Fachdidaktik Physik und der auf sie ausgerichteten Lehr-Lern-Forschung mit Elektrizität, der vom Wissen her nur empiristisch-positivistisch ausgerichtet ist und den einfachen elektrischen Stromkreis möglichst umstandslos an die Lernenden bringen will (damit aber weitgehend erfolglos bleibt), wird so ein komplexer Prozeß der Wissensentwicklung, der aus der Selbsttätigkeit der Lernenden hervorgeht und in verschiedenste Richtungen entfaltet wird: zu ästhetisch-emotionalen Erfahrungen, zu theoretisch-reflexivem Wissen, zu perspektivischem, zur Zukunft hin offenem Wissen und schließlich zur Gesamtreflexion der menschlichen Tätigkeit im Umgang mit undurchschaubaren Phänomenen wie dem der „Elektrizität". Diese ganze Spannbreite der Wissensentwicklung ist im folgenden noch einmal zusammengefaßt:

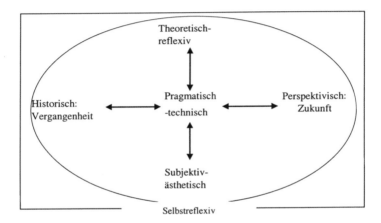

Dimensionen von Wissen in bildungstheoretischer Sicht

Teil 2

Wissenschafts- und erkenntnistheoretische Orientierungen für eine Aktualisierung der Theorie der Kategorialen Bildung

---

2. Zur Konstruktion von elementaren heuristischen Mitteln

Bildungstheorie hat mit der Setzung von „Selbsttätigkeit" als grundlegendes theoretisches Konstrukt das Problem der Vermittlung von *Subjektiv-Neuem*, das aus der Selbsttätigkeit hervorgeht, und *Objektiv-Neuem*, das aus Wissenschaft und Kunst hervorgeht, aufgeworfen. Denn in der Selbsttätigkeit sollen Subjekte sich selbst in Freiheit bestimmen und die Einmaligkeit ihrer Person als etwas Neues zum Ausdruck bringen. Wie aber ist diese *Tätigkeit* der freien Selbstbestimmung ohne Zwang von außen beeinflußbar und wie kann das erzeugte Neue kompatibel gemacht werden mit Neuem, das theoriegeleitet auf der Grundlage ausgefeilter Methoden und intersubjektiver Prozesse in Wissenschaft und Kunst als hochentwickelte Bereiche menschlicher Tätigkeit erzeugt wurde und wird?

Bei der Analyse von klassischen Lösungsansätzen in der Pädagogik *zur Erzeugung von Neuem* in der Selbsttätigkeit wurde in den vorhergehenden Ausführungen die Theorie der kategorialen Bildung als der produktivste und innerhalb derer wiederum der Lösungsansatz von Friedrich FRÖBEL als der anregendste für die Bildungspraxis vorgestellt. Friedrich FRÖBEL bestimmt eine Miniatur mit der Qualität eines Urphänomens - den Ball als Repräsentanten des Universums - und sieht diese als Auslöser für grundlegende *Urbild*er über die Dinge in der Welt und über die Beziehungen zwischen den Subjekten und den Dingen in der Welt an. Aus zuerst noch „dunklen Anschauungen" sollen im Wechselspiel mit dem Gegenstand „Ball" klare Begriffe und *Kategorie*n herausgearbeitet werden. Damit hatte Friedrich FRÖBEL *elementare Mittel* - nämlich „Urphänomene" und ihnen verbundene „*Urbild*er" - zur Initialisierung und Unterstützung von *Selbsttätigkeit* bestimmt (s. dazu Tafel I und VI).

Solche *elementaren Mittel* lassen sich in einer modernen Sicht als *heuristische Mittel* (s. dazu Tafel XII) bezeichnen. Im folgenden wird untersucht, wie Wissenschaft und Kunst Neues erzeugen und interdisziplinäre Systeme gebildet werden. Damit sollen Orientierungen gewonnen werden für die *Konstruktion elementarer heuristischer Mittel zur Auslösung und Unterstützung von Selbsttätigkeit.* Die diskutierten Beispiele sind zugleich inhaltliche Grundlage der später vorgestellten Musterbeispiele für interdisziplinäre Systembildungen (s. dazu Teil 4). Übergeordnetes Ziel ist es, Orientierungen zu gewinnen, wie *Selbsttätigkeit zu einer systembildenden Tätigkeit entwickelt werden kann.*

2.1 Die Revolutionierung des Materials in Wissenschaft und Kunst durch den Computer

Wissenschaft (und Technologie als Technik auf wissenschaftlicher Grundlage) wie auch Kunst gelten als die gesellschaftlichen Bereiche, die hauptsächlich für die *Erzeugung von Neuem* zuständig sind. Es soll gezeigt werden, daß die Tätigkeit in diesen innovativen Bereichen wesentlich eine *experimentelle Tätigkeit* ist, die heute grundlegend mit dem **Einsatz von Computern** verbunden ist. Über den Computer wird das Ausgangsmaterial für Systembildungen in einer Bandbreite vom einfachsten Grundbaustein (in der Musik der Sinuston) bis zur höchsten Komplexität (in der Musik das „weiße Rauschen") zur Verfügung gestellt. Der Untersuchungsgegenstand ist damit nicht mehr einfach in der Realität gegeben (wie etwa das als „natürlich" verstandene Material der tonalen Musik), sondern das Objekt der Forschung muß gezielt konstruiert werden, bevor mit seiner Erforschung begonnen werden kann. **Damit bekommen** *heuristische Mittel* **in einem viel höherem Maße als früher einen zentralen Stellenwert, weil nur diese noch Fixpunkte sind innerhalb eines Tätigkeitssystems, in dem Untersuchungsgegenstand, Organisationsstruktur und Zielstellung weitgehend offen und unbestimmt sind und sich in Wechselwirkung miteinander entwickeln.** Besonders faszinierend ist dabei, wie die heuristischen Mittel zu Mitteln ihrer eigenen Erklärung werden und wie in ihrer Entwicklung damit ein permanenter Wechsel zwischen Mittel als **Gegenstand der Entwicklung** und als **Mittel der Entwicklung** stattfindet.

2.1.1 Die Revolutionierung im System Wissenschaft: Das Beispiel Biowissenschaften

Im folgenden sollen am Beispiel „Biowissenschaften" charakteristische Merkmale moderner Wissenschaft aufgezeigt werden. Kurt BAYERTZ (1989) sieht vier Entwicklungen für diese Wissenschaften als grundlegend an: (1) den zunehmenden Reduktionismus, der von Beobachtbarem zu nicht beobachtbaren Komponenten führt, (2) die zunehmenden Wechselbeziehungen zwischen experimenteller Methode und Technik, (3) die Verlegung der Datenproduktion in die Wissenschaft und damit der Verzicht auf außerhalb der Wissenschaften gewonnene Wissensbestände, Erfahrungen und Fertigkeiten und (4) die Verlegung der technischen Entwicklung in die Wissenschaft und damit die Technisierung der Wissenschaft, die wiederum zu einer Verwissenschaftlichung der Technik führt. Verknüpft mit dieser Entwicklung sieht BAYERTZ drei Tendenzen in den Biowissenschaften:

(1) *Interdisziplinarität:* Die Technisierung ist unauflöslich verknüpft mit Kontakten zu anderen Disziplinen. Diese Kontakte finden nicht nur auf der Begriffs- und Modellebene statt, sondern ebenso auf der Verfahrens- und Methodenebene. Ein Beispiel ist dafür die zunehmende Physikalisierung der Biologie. Den Entwicklungsgang beschreibt BAYERTZ wie folgt: „Die modernen Biowissenschaften beginnen mit dem Import außerwissenschaftlich erzeugter Daten, Techniken und Verfahren; sie werden dann selbst initiativ bei der Entwicklung neuer Technologien und kehren auf einer dritten Stufe zum Importgeschäft zurück: diesmal aber nicht zum Import außerwissenschaftlicher Techniken, sondern zum Import aus anderen Disziplinen." (BAYERTZ, K., 1989, S. 10).

(2) *Artifizialisierung der Erkenntnisobjekte:* Die Untersuchungsobjekte werden in immer geringerem Maße in der Natur fertig vorgefunden, sondern meistens technisch erzeugt oder zumindest im Labor verändert. Der Wissenschaftler hat es mit einer *konstruierten Welt* zu tun.

(3) *Schaffen konstruktiver Potentiale:* Die Biowissenschaften gehen immer mehr von einem analytischen Zugriff auf gegebene Realität zu synthetischen Verfahrensweisen über. Ziel ist die *Erzeugung von Neuem* über künstliche Synthesen, *Erfindungen* treten gegenüber *Entdeckungen* in den Vordergrund. Das Schaffen konstruktiver Potentiale vollzieht sich:

(a) *in der Anwendung:* Konstruiert wird Neues mit gezielt herbeigeführten zweckmäßigen Eigenschaften. Es werden also keine Gegenstände mehr studiert, sondern Objektsysteme kreiert. Das konstruktive Potential reicht dabei über die Wissenschaft hinaus in die unmittelbare Lebenswelt. Der Zusammenhang zwischen Grundlagenforschung, angewandter Forschung und technischer Verwertung wird sehr eng. Die theoretischen Durchbrüche erweisen sich in kürzester Zeit als praxisrelevant und machen die Realität in einem bisher unbekannten Ausmaß technisch verfügbar. Die Verwissenschaftlichung der Technik und die Technisierung der Wissenschaften erweisen sich als zwei Momente desselben Prozesses.

(b) *im Erkenntnisprozeß:* Der Konstruktivismus schlägt sich nicht erst nachträglich auf industrielle und sonstige Anwendungen nieder, sondern schon in der Grundlagenforschung selbst. *Im wachsenden Maß wird die Realität dadurch erkannt, daß sie konstruiert wird* (s. dazu auch kritisch das Verhältnis von Objektkonstitution und Leh-Lern-Forschung in 1.2.3.4).

(4) *Entmoralisierung:* Die wissenschaftliche Entwicklung hat soziale, ontologische und ethische Implikationen wie: ontologische Neutralisierungen, Pluralismus der Weltanschauungen, Vorrang von Tatsachen gegenüber Werten, qualitativ neues Verhältnis von Theorie und Praxis (Risiken und Probleme entstehen schon im Stadium der Grundlagenforschung), Re-Moralisierung der Natur (dem Natur-Subjekt werden Eigenrechte zugeschrieben, menschliche Naturbeherrschung richtet sich nicht mehr nur auf die umgebende Natur, sondern auch auf die eigene, die menschliche Natur).

Systembildung
im Spannungsfeld von Atomismus und Holismus

Ins Innere des Hefeteigs eindringen: Im Inneren wieder ein Inneres, welches wiederum ein Inneres hat, welches...

Sproßmycel	vegetative Zelle	Endospore	Chromosomensatz	DNA-Sequenz

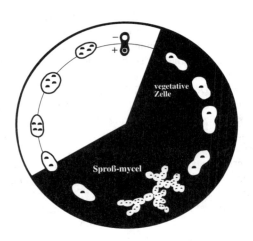

| Im Inneren des Teiges ein Sproßverbund von Hefezellen | Im Innern einer Zelle: ein Zellkern | Im Innern eines Zellkerns: Zwei Zellkernteile (Endosporen) | Im Inneren von Zellkernteilen: ein spezifischer Chromosomensatz | Innerhalb eines Chromosomensatzes: DNA-Sequenzen |

Holistisch-kontemplative Ausrichtung:
Entwicklungsvorgänge beobachten

Tafel VII

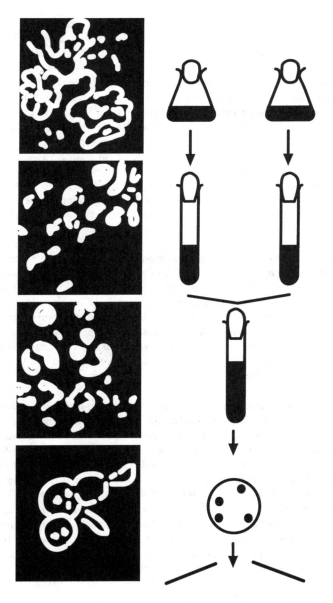

**Atomistisch-technische Ausrichtung:
Elementare Bausteine zu neuen
Systemen synthetisieren**

Die von BAYERTZ vorgenommenen Charakterisierungen beziehen sich auf eine Biowissenschaft, die grundlegend auf *atomistische Denkweisen* aufbaut. Deren Entwicklungsweg läßt sich am Beispiel eines *Hefeteigs* (s. dazu Tafel VII und das Musterbeispiel „Der Hefeteig: Eine eigenwillige Masse" " in 4.2) wie folgt skizzieren: Im vorwissenschaftlichen Bereich der alltäglichen Lebenswelt ist der Hefeteig erst einmal eine „Ganzheit", zu der der Mensch sich in der Position eines *Außenstehenden* befindet. Da ihm die Vorgänge *im Innern* des Hefeteiges nicht bekannt sind, kann er nur aufgrund sinnlich-konkreter Erfahrungen mit dieser Ganzheit umgehen und sie für sich nutzen. Gefragt sind dabei vor allem Fähigkeiten des Sich-Einfühlens und der Fürsorge. Dieses *symbiotische Verhältnis* geht zunehmend in ein *separatistisches Verhältnis* über, wenn der Hefeteig zum Gegenstand wissenschaftlicher *Tätigkeit* wird. Immer tiefer dringt der Mensch dann in das Innere ein: Von den Hefezellen zu den Zellkernen, dann zum Kernplasma als deren Innern, von da zu den Chromosomensätzen usw. Bei den Enzymen ist dann schließlich ein Stadium erreicht, in dem die Hefe nicht mehr lebt (s. dazu Tafel VII*).*

Gewonnen werden auf diesem analytisch-atomistischen Weg Elemente, die in unterschiedlicher Weise organisierbar sind. Auch hier zeigt sich wieder die Spannbreite von **Symbiose und Separation** (s. zu diesem Begriffspaar: LÜDERS, W., 1975), innerhalb derer Biowissenschaft sich bewegt. Elemente der Hefezelle können zum einen *kreisförmig* organisiert werden. Erkenntnisinteresse ist dann die Erfassung der (Selbst-) Entwicklung der Hefezelle. Anders das Interesse des Hefegenetikers und daher auch seine Organisation der Elemente: Da Bausteine getauscht und neu kombiniert werden sollen, wählt er ein lineares Ablaufschema mit sich verzweigenden und wieder vereinigenden Wegen (s. dazu Tafel VII).

Läßt sich das Spannungsfeld von *Symbiose und Separation*, das auch als Spannungsfeld von **Naturerhaltung und Naturgestaltung** spezifiziert werden kann, produktiv gestalten ohne Verabsolutierung einer Seite? Ansätze dazu sind in der Biotechnologie erkennbar: Faßt man den Begriff **„Biomasse"** nicht nur rein quantitativ-formal (= Menge organischer Substanz je Flächen- und Raumeinheit zu einem bestimmten Zeitpunkt), sondern auch qualitativ-inhaltlich (= Lebendmasse oder Gesamtzahl aller Lebewesen in einer Lebensgemeinschaft eines Lebensraums), dann ist damit tendenziell ein Denken angelegt, das die Biomasse gleichzeitig *atomistisch-analytisch* (und damit auf dem Erkenntnisniveau moderner Biowissenschaften) und *organismisch-ganzheitlich* (auf dem Niveau einer ökologischen Verantwortungsethik) betrachtet. Überlegt werden kann dann, wie der Hefeteig als Biomasse nutzbar ist für eine *„Allianztechnik"* (E. BLOCH), die auf eine Partnerschaft von Mensch und Natur ausgerichtet ist. Ansätze wie „alternative Technologien", „sanfte Chemie", „sustainable development" oder „Neue Alchemie" sind Beispiele dafür, wie eine solche Beziehung zwischen Mensch und Natur, die auf *symmetrische Wechselwirkungen* (s. dazu auch 3.7) ausgerichtet ist, heute Gegenstand (kritischer) wissenschaftlich-technologischer Diskussionen ist.

Im folgenden soll aufgezeigt werden, daß von Kurt BAYERTZ genannte Merkmale moderner Biowissenschaften in ähnlicher Weise im Bereich von Kunst und Musik aufzufinden sind. Dabei wird deutlich werden, daß die Entwicklungen in diesem Bereich grundlegend verbunden sind mit der **Einführung des Computers als** *Mittel* **experimenteller Tätigkeit**. Für den Bereich der Bildenden Kunst wird aufgezeigt werden, wie sich mehr qualitativ-inhaltlich orientierte Ansätze wie der von Joseph BEUYS und mehr formal-technologisch orientierte Ansätze wie die Computerkunst von Louis BEC und Vilem FLUSSER erst einmal unverbunden gegenüberstehen und quasi zwei Kulturen in der einen der „zwei Kulturen" (SNOW, C. P., 1987), der ästhetisch-künstlerischen, bilden.

2.1.2 Die Revolutionierung der Musik durch den Einsatz von Elektronik: Neue Musik als experimentelle Tätigkeit

Grundlegende Veränderungen im Bereich der Musik lassen sich Anfang der 50er Jahre feststellen, als mit der **Einführung des Synthezisers** und damit der Elektronischen Musik nicht mehr nur von „natürlichen" Instrumenten (einschließlich der menschlichen Stimme) „natürlich" erzeugte Töne und Klänge den Komponisten zur Verfügung standen, sondern die ganze Bandbreite akustischen Materials *vom reinen Sinuston bis hin zum „Weißen Rauschen"* als Bereich der höchsten Komplexität. Die „natürlichen" Töne waren jetzt als ein bestimmter Ausschnitt aus dem Gesamtspektrum erkennbar. Die bisher in Harmonie- und Kompositionslehren niedergelegten Regeln für den Umgang mit „natürlichem" Material wurden damit weitgehend relativiert, weil sie sich als abhängig von eben dieser Materialauswahl und nur als für den Umgang mit tonaler Musik geltend erwiesen.

H. W. KULENKAMPFF sieht die Revolutionierung musikalischer Praxis und Theorie grundlegend mit der sich vollziehenden **„Materialexplosion"** verbunden: „Denn - ob wir nun wollen oder nicht - die Musik ist infolge der Materialexplosion radikal in einen Status versetzt worden, der sich nur mit ganz alten, längst auf Nimmerwiederkehr überwunden geglaubten Erfahrungen charakterisieren läßt. Was begonnen hat, ist eine Art zweites Mittelalter, was wir heute treiben und treiben müssen, ist musikalische Alchemie. Das erklärt, warum das Experiment an die Stelle des Metiers, die physische oder metaphysische Spekulation an die Stelle der Theorie, Empirie an die der Lehre, Dilettantismus an die des Professionalismus getreten sind. Die unbestimmte und weitgehend unbekannte Materie zwingt den Komponisten zum alchemistischen Verhalten, das dilettierend, empirisch, spekulativ und experimentell dem alchemistischen Zweck dient: Sondierung durch Mischung. Vielleicht könnte man auch von einer Epoche der Mixtur sprechen, die es zu durchlaufen gilt." (KULENKAMPFF, H. W., 1967, S. 159 f.).

Mit der Einführung der elektronischen Musik gibt es kein „natürliches", vorstrukturiertes Material mehr. Das (Ausgangs-)Objekt musikalischer Forschung und Gestaltung muß vielmehr innerhalb der Gesamtkomplexität definiert und mit dem selektierten Material konstruiert werden. Es müssen Systeme gebildet werden im Spannungsfeld von **Determination und Konstruktion** (s. dazu auch Tafel IX). Denkt man an DIESTERWEGs formal-induktives Verfahren, bei dem er die „Rose" als fertig gegeben voraussetzt, so wird deutlich, daß mit dem experimentellen Verfahren eine ganz neue Einstellung gegenüber der Gegenständlichkeit verbunden ist. Das Objekt kann nur konstituiert werden, wenn man es aus einem bestimmten Ausgangsmaterial über *Akte ästhetischer Integration* integriert und/oder aus einer Gesamtkomplexität ausschneidet. Schon der Prozeß des Ausschneidens wird immer subjektiv sein, verschiedene Menschen werden verschiedene Ausschnitte wählen, die damit zugleich subjektiv und objektiv sind (s. dazu auch: CAPRA, F., 1987, S. 30).

Wenn diese Objektkonstitution nicht nur willkürlich erfolgen soll, muß man nach Theoretischem suchen, das *Organisation* und *Konstruktion des Materials* leiten kann. Komponisten der Neuen Musik wie Karl-Heinz STOCKHAUSEN, Pierre BOULEZ oder György LIGETI griffen dabei auf mathematisch-naturwissenschaftliche Konzepte wie „Zufall", „Wahrscheinlichkeit" oder „Entropie" zurück, naheliegend deshalb, weil das neue Material ohne moderne Mathematik und Naturwissenschaft nicht denkbar gewesen wäre und mit Denkweisen aus diesen Bereichen eng verknüpft ist. Diese Konzepte werden allerdings von den Komponisten der Neuen Musik in einer eigenwilligen Weise **metaphorisch** (s. dazu 3.3.2.1) gebraucht, so daß sie sich von puristischen Vertretern dieser Wissenschaften unsauberen Begriffsgebrauch und Eklektizismus vorhalten lassen mußten (s. dazu das Vorgehen der Komponisten verteidigend: ECO, U., 1973). Verkannt wurde von den Kritikern, daß solche Konzepte auch in den Naturwissenschaften vorrangig erst einmal aus *Formal*wissenschaften wie der Mathematik oder Logik übernommen und ebenso *metaphorisch* eingesetzt worden waren bzw. werden wie bei den Komponisten der Neuen Musik. Präzision und produktive Schärfe gewinnen diese Konzepte erst in der Konfrontation mit dem konkretem Material der Disziplin (s. dazu auch die in 3.6 .beschriebene Vorgehensweise des Mathematikers und Chaosforschers Mitchel FEIGENBAUM).

Genau diese Vorgehensweise verfolgten auch die Komponisten Neuer Musik. Im *Wechselspiel zwischen metaphorischen Konzepten und konstruiertem Material* entwickelten sie neue Regeln, da die alten Regeln der klassischen Harmonielehre keine produktive Gestaltung mehr ermöglichten. Komponieren wurde zum **Experiment**, in dem *Material, Mittel und Zielstellung* neu definiert und in *Wechselwirkung* miteinander gebracht wurden, um *Neues* zu erzeugen. So wurden etwa neue Notationsweisen entwickelt, weil die traditionelle Notation keine adäquate Abbildung der neu komponierten musikalischen Vorgänge mehr ermöglichte (s. dazu: KARKOSCHKA, E., 1966, und die Ausführungen unter 3.1 zu der grundlegenden musikdidaktischen Konzeption).

Gefunden werden mußten auch **neue Organisationsformen** für die Durchführung musikalischer Experimente, weil sich kein Abonnentenpublikum dafür gewinnen ließ. Es bildeten sich deshalb *Experimentiergemeinschaften,* die in kleinen Zirkeln sich mehr oder weniger gegenseitig ihre Arbeitsergebnisse vorstellten und nach Verallgemeinerungsfähigem suchten, weil keine Tradition mehr die Ziele vordefinierte. Erkennbar wird, **daß sich das gesamte Tätigkeitssystem im Bereich der Neuen Musik änderte.** Als Hauptfaktor für diese Revolutionierung läßt sich verallgemeinernd die *Erzeugung von Neuem* angeben (s. dazu auch unter 6.1 die Ausführungen zu „Bildungsexperimenten", für die *Experimentiergemeinschaften* ebenfalls zu den konstitutiven Bestandteilen gehören).

Umberto ECO hat diese Entwicklung im Bereich der Musik zum Ausgangspunkt gemacht, um die grundlegende Ausrichtung menschlicher *Tätigkeit* in der Moderne auf das *Neue* zu verdeutlichen (s. dazu: ECO, U., 1972, S. 380 - 391). Das neue Denken, das mit dieser Tätigkeit verknüpft ist, bezeichnet er als *serielles Denken.* Dem stellt er ein *strukturalistisches Denken* gegenüber und bringt es in Verbindung mit den Arbeiten von Claude LEVY-STRAUSS, der sich ebenfalls auf musikalische Erscheinungen bezogen und die tonale Musik mit ihrem natürlichen Material und dem traditionellen Musikinstrumentarium zur Basisstruktur aller Musik erklärt hatte.

Die beiden Denkweisen charakterisiert Umberto ECO wie folgt: „Der Hauptzweck des seriellen Denkens ist es, die Codes sich historisch weiterentwickeln zu lassen und neue zu entdecken, und nicht, immer weiter bis zum ursprünglichen Erzeugungscode (zur *STRUKTUR*) zurückzugehen. Folglich zielt das serielle Denken darauf, Geschichte zu erzeugen, und nicht darauf, unterhalb der Geschichte die zeitlosen Abszissen jeder möglichen Kommunikation wiederzufinden. Mit anderen Worten: während das strukturale Denken auf Entdeckung aus ist, ist das serielle Denken auf Produktion aus." (ECO, U., 1972, S. 382). Der Strukturalismus mit seinem Interesse an *Ent-deckung* von grundlegenden Strukturen in der Welt tendiert deshalb für Umberto ECO zu einem konservativ-fundamentalistischen Weltbild, das auf **Erkennen und Erhalten der gegebenen Welt** ausgerichtet ist. Der Serialismus fühlt sich demgegenüber einem progressiv-konstruktivistischen Weltbild verpflichtet, ihm geht es um die *Erfindung* möglicher Welten (s. dazu: ECO, U., 1972, S. 388 - 391/ der Gegensatz von *Entdeckung* und *Erfindung* wird später zu einem grundlegenden Gestaltungsprinzip für die Ablaufstruktur von Systembildungssequenzen; s. dazu 3.4 und die Tafel XVII).

Für die Pädagogik lassen sich aus diesen Entwicklungen im Bereich der Neuen Musik zwei Orientierungen gewinnen: Zum einen wird die neue Entwicklung durch eine **radikal neue Materialbasis** ausgelöst, die vor allem mit dem Einsatz des Computers verbunden ist (s. dazu auch Teil 3, in dem ein Beispiel aus der Musikdidaktik vorgestellt wird, das auf den obigen Überlegungen und Erkenntnissen basiert). Zum anderen verändert sich ein ganzer gesellschaftlicher Bereich, wenn das Ziel die *Erfindung von Neuem* und nicht mehr nur die *Reproduktion bzw. Ent-deckung von Gegebenem* das

Ziel ist (s. dazu die Ausführungen über eine *„heuristische Curriculumentwicklung"* unter 6.4).

Blickt man auf die Entwicklungen im Bereich der Neuen Musik, dann ist davon auszugehen, daß auch der Ansatz "Interdisziplinäre System-Bildung" sich innerhalb der alten Strukturen des Bildungssystems nur schwer oder gar nicht realisieren lassen wird. Wie beim traditionellen Abonnentenpublikum wird auch bei „normalen" Lehrenden und Lernenden sowie den Verwaltern des Bildungssystems wenig Bereitschaft bestehen, sich dem Neuen und den mit ihm verbundenen Risiken zu öffnen. Es müssen deshalb *Experimentiergemeinschaften* gebildet werden, die erst einmal in einem relativ geschütztem Raum Neues experimentell erzeugen und erforschen. In den Teilen 6 und 7 werden Möglichkeiten diskutiert und erste Erfahrungen vorgestellt, wie Lernende und Lehrende gemeinsam die *Erzeugung von Neuem* zum Gegenstand und Ziel ihrer *Selbsttätigkeit* im Rahmen von *Experimentiergemeinschaften* machen können.

2.1.3 Die Revolutionierung Bildender Kunst durch den Computer: Moderne Kunst als experimentelle Tätigkeit

Der Übergang von der traditionellen Musik zur Neuen Musik ist verknüpft mit der Einführung des Synthesizers als Generator akustisch-musikalischen Materials in der größten überhaupt möglichen Komplexität. In der Bildenden Kunst bewirkte der Graphik-Computer eine ähnliche Revolutionierung bisheriger Bildproduktion. Der Kommunikationsphilosoph Vilem FLUSSER hat diese tiefgreifende Veränderung als Übergang von **traditionellen Bildern** zu **technischen Bildern** bestimmt (s. dazu: FLUSSER, V., 1989). Obwohl FLUSSER diesen Übergang schon mit der Einführung der Photographie gegeben sieht, wird er erst bei Computergraphiken auf der Grundlage von Bildungsgesetzen der Fraktalen Geometrie klar erkennbar (s. dazu ausführlicher 3.2.6/neben dem von Umberto ECO definierten Bruch zwischen *Entdeckung und Erfindung* wird der *von* Vilem FLUSSER definierte Bruch zwischen *traditionellen und technischen Bildern* ebenfalls zu einem grundlegenden Gestaltungsmittel der unter 3.4 und in der Tafel XXI vorgestellten Prozeßstruktur von Systembildungssequenzen).

Stellt man auf der Grundlage von Iterationsgleichungen gewonnene Zahlenreihen nach bestimmten Regeln als *Punktmengen* auf dem Computerbildschirm dar, dann bedeuten diese erst einmal nichts als sich selbst. Vergleichen lassen sich diese *Punktmengen* mit den Darstellungen von Strömungswissenschaftlern. Auch in deren Bildern findet man Punktansammlungen. Diese haben aber eine bestimmte Bedeutung insofern, als sie Flüssigkeitsteilchen repräsentieren. Es sind also Ab-bildungen bzw. Repräsentationen von in der Realität gegebenen oder möglichen Strukturen, die immer an eine bestimmte Substanz gebunden bleiben. Die abstrakten *Punktmengen* auf dem Bildschirm aber sind formal-abstrakt und ohne jede Substanz, wenn man von ihrer technischen

Realisation als Bildschirmpunkte und dem schwierigen Problem der Semantik mathematischer Formalismen (erst) einmal absieht (s. dazu Tafel X)

Will der Mensch solche *Punktmengen* für sich nutzen, dann muß er sie „als etwas sehen". Vilem FLUSSER nennt diesen Vorgang - in Entgegensetzung zu den *Abbildungen* in traditionellen Bildern - *Ein-bildungen* (s. dazu: FLUSSER, V., 1989, S. 31 ff.). Solche *Ein-bildungen* werden etwa vorgenommen, wenn man sagt: „Diese *Punktmenge* auf dem Bildschirm sieht aus wie Verwirbelungen oder Turbulenzen in Flüssigkeiten". Technische Bilder werden dann mit Bedeutung versehen, die sie aus sich selbst heraus nicht besitzen. Syntax wird semantisch aufgeladen/bedeutsam gemacht und damit mögliches Mittel für den Entwurf *konkretisierbarer Utopien*, die sich als **pragmatische Systembildungen** verstehen lassen (s. dazu auch 3.4).

Traditionelle Bilder sind insofern mit Gegebenem verbunden, als sie abbilden und repräsentieren (von daher ist auch das *Repräsentationskonzept* der Kognitionswissenschaften und der darauf aufbauenden Lehr-Lern-Forschung als traditionell einzustufen/s. dazu 1.2.3.4). Wie der *Strukturalismus* sind sie also - obwohl immer auch konstruiert - mehr auf die **Entdeckung, Repräsentation und Konservierung von Gegebenem** ausgerichtet. *Technische Bilder* sind demgegenüber frei von gegebenen Bedeutungen und deshalb insofern mehr der *Erfindung und dem Möglichen zugewandt*, als sie relativ beliebig mit Bedeutung gefüllt werden können. Dem Computer ist etwa gleichgültig, ob er in 0/1-Codierungen repräsentierte Ergebnisse von Kalkulationen in Form von Zahlenkolonnen, als Graphik oder als Musik ausgibt.

Damit eröffnen sich praktisch unbegrenzte Möglichkeiten, computergestützt *virtuelle Realitäten* zu entwerfen und ins Utopische vorzudringen (vielleicht auch abzugleiten). Wie sehr das technische Phantasie beflügelt, ist bei Vilem FLUSSER zu lesen: „Vor unseren ungläubigen Augen beginnen alternative Welten aus dem Computer aufzutauchen: aus *Punktmengen* zusammengesetzte Linien, Flächen, bald auch Körper und bewegte Körper. Diese Welten sind farbig und können tönen, wahrscheinlich können sie in naher Zukunft auch betastet, berochen und geschmeckt werden. Aber das ist noch nicht alles, denn die bald technisch realisierbaren Körper, wie sie aus den Komputationen emporzutauchen beginnen, können mit künstlichen Intelligenzen vom Typ Turing´s man ausgestattet werden, so daß wir mit ihnen in dialogische Beziehungen treten können." (FLUSSER, V., 1991, S. 147).

Auch im Bereich der Bildenden Kunst ist damit die experimentelle *Erzeugung von Neuem* mit Hilfe technischer *Mittel* fundamental geworden. Vergleicht man die Grundlagen, auf denen diese Entwicklung sich vollzieht, mit denen in der Neuen Musik, dann ergibt sich als Gemeinsamkeit, daß mit **elektronischen Mitteln** Komplexität in einer Bandbreite erzeugt wird, die von einem elementaren Grundbaustein - in der Neuen Musik der obertonfreie Sinuston, im Bereich der Modernen Kunst die Pixel („Punkte") auf dem Bildschirm - bis hin zur Stufe höchster Komplexität - in der Neuen

Musik in Form des „Weißen Rauschens", in der Bildenden Kunst in Form von „Multimedia-Systemen" (als Bild, Ton und Text in einer nicht-linearen Logik vereinigenden Systemen) reichen. **Die traditionelle Musik und die traditionellen Bilder stellen dann nur einen Ausschnitt aus der Bandbreite der Möglichkeiten dar und werden in ihrem bisherigen ontologischen Status grundlegend relativiert.**

Zieht man nach dieser Skizze der experimentellen Tätigkeit im Bereich der Kunst auch hier eine Bilanz und versucht, erste Folgerungen für die Entwicklung elementarer pädagogischer *Mittel* aufzuzeigen, dann lassen sich folgende Orientierungen angeben: Wie in den Naturwissenschaften ist auch im Bereich der Kunst durch Technisierung eine Revolution eingetreten. Kunst ist experimentell geworden und konzentriert sich auf die *Erzeugung von Neuem*. Dabei werden **fiktive Welten** generiert, die ohne die neuen elektronischen Mittel früher nicht denk- und machbar waren. Grundlage für diese Entwicklung ist die Bereitstellung von Material, das vom elementaren Grundbaustein bis hin zu höchster Komplexität reicht. Die Erfordernisse, die sich aus dem Umgang mit diesem neuen Material ergeben, erfassen das ganze Tätigkeitssystem des jeweiligen Praxisbereiches: *die Mittel, die Organisationsformen und die Zielstellungen*. Dementsprechend sind auch in der Pädagogik **heuristische Tätigkeitssysteme zu organisieren** (s. dazu die Ausführungen unter 6.4 zur „heuristischen Curriculumentwicklung").

2.2 Neues als Problem und verschiedene Arten von Neuem: „Materialexplosion" im Bereich des Wissens

Charakteristisch für Wissenschaft und Kunst ist ein zentrales Interesse an der *Erzeugung von Neuem*. Damit verbunden ist - wie etwa in dem Zitat von Vilem FLUSSER deutlich wurde - eine hohe **Fortschrittsgläubigkeit**. Wolfgang WELSCH zeigt nun, wie man in wenigen Augenblicken von der Fortschrittsgläubigkeit der Moderne in die Skepsis und Ablehnung von Utopien der Postmoderne gelangen kann.

Anknüpfungspunkt ist für ihn der Modernisierungsschub, den München Anfang der sechziger Jahre im Zusammenhang mit der Vorbereitung der Olympischen Spiele erlebte. Auf Bautafeln wurde über die jeweiligen Vorhaben und ihre Details informiert. Als Überschrift prangte auf diesen in roten Buchstaben die Standardzeile: „München wird modern".

Schon durch die Umdeutung eines Wortes kann dieser Text in seiner Bedeutung umschlagen: „Eines Morgens ... las ein gedankenverlorener Passant in zerstreuter Wahrnehmung plötzlich einen anderen Text (er ist ihn seither nicht mehr losgeworden). Die Tafeln, die Farben, die Buchstaben - gewiß, alles war noch wie vorher. Aber der Text lautete anders. Da prangte nicht mehr die Fortschrittsparole „München wird modern", sondern da stand plötzlich eine Fäulnisprophetie: „München wird *modern*" (in Moder übergehen). Die Modernisierungsparole erwies sich als Palimpsest, jetzt war das Menetekel hervorgetreten: München wird - dereinst, in absehbarer Zeit, bald, es hat schon begonnen - modern: wird sich in Fäulnis, Verwesung, Moder auflösen." (WELSCH, W., 1988, S. 178 f.).

Nur durch einen Wechsel des Tons und des Akzents schlägt hier Fortschrittspathos in Katastrophenstimmung um. Einen solchen *Umschlag des Utopischen ins Katastrophische* zählt Wolfgang WELSCH zu den Initialerfahrungen der Postmoderne. Zu solchen postmodernen Katastrophenvorstellungen zählt auch die maßlose Wucherung und die Reproduktion des immer Gleichen, die BAUDRILLARD in seiner Schrift „Die fatalen Strategien" als Realität in den immer dicker werdenden Leibern vor allem der Menschen in den USA, im Krebs, in der Entwicklung der Massen, in den überfütterten Informationsspeichern und Gedächtnissystemen und dem Klon sieht. Den von Wissenschaft, Technik und Kunst hervorgebrachten Ergebnissen und Prozessen, die auf utopischen Hoffnungen und Fortschrittsgläubigkeit gründeten, wird jetzt die Hervorbringung von Katastrophen zugeschrieben: „Das ist eine schwarze Diagnose... Sie diagnostiziert die Gegenwart als Zeit der Einlösung der Utopien, aller Utopien der Moderne, aber diese verkehren sich in ihrer Einlösung ins Gegenteil. So hat man es nicht gewollt - aber das ist daraus geworden. Baudrillard ist kein Vertreter der These, daß die Postmoderne das Ende der Utopien bedeute, daß solcher Utopie-Verzicht ihr Mangel sei. Seine These ist anders und schärfer: Man braucht keine Utopien mehr, weil sie sich alle schon erfüllt haben, und die Erfüllung von Utopien gerät fatal - weil sie es selbst schon sind. Unsere Heilsvorstellungen sind in Wahrheit allesamt Unheilsvorstellungen. An diese These muß man sich bei Baudrillard gewöhnen." (WELSCH, W.,1988, S. 151).

Dieses postmodern-pessimistische Denken ist auch in der Pädagogik rezipiert worden, etwa in Abhandlungen über das „Ende der Erziehung" oder das „ Ende pädagogischer Utopien" (s. zur Kritik dieser Rezeptionen: MÜLLER, H. R., 1990, S. 309 - 334).

Weniger Aufmerksamkeit wird den *produktiv-optimistisch* orientierten Ansätzen der Postmoderne gewidmet. Ausgangspunkt für Heinrich KLOTZ etwa ist die Suche nach einer Antwort auf die „radikale Abstraktion", wie sie von der Moderne vorgenommen wurde. Orientierungen bietet ihm Karl Friedrich SCHINKEL, der zu Beginn des 19. Jahrhunderts ebenfalls sich gegen die radikale Abstraktion wandte, die ein Bauwerk allein aus seinem trivialen Zweck zu entwickeln sucht und zu einem trockenen, starren und Freiheit ermangelnden Funktionalismus führt. In den von SCHINKEL gewählten zwei Mitteln, nämlich dem **Historischen und dem Poetischen**, sieht Heinrich KLOTZ auch die heute mögliche und notwendige Antwort auf die „radikale Abstraktion". Mit *dem Historischen* können Bereicherungen des Spektrums gewonnen werden, Bezüge hergestellt und die unterschiedlichen Stilmittel zur Sprache der Gegenwarts-Architektur hinzugewonnen werden. Daraus kann das *Poetische* hervorgehen mit seiner Kraft zur Vorstellung wünschbarer Orte und mit der Fiktion, die der Gegenstandslosigkeit des bloßen Nutzens die Inhalte der Phantasie entgegensetzt. Der Stil-pluralismus der Postmoderne ist also nicht Erklärung in sich selbst, sondern Voraussetzung dafür, eine neue Sprachfähigkeit und eine ästhetische Fiktion zu entwickeln. Gefragt wird nicht danach, in welchem Stil gebaut werden soll, sondern allein, „welche Stilmittel dazu taugen, einen bestimmten Inhalt zu veranschaulichen. Nicht die Entscheidung zur Begründung eines neuen Stildogmas - Romantik oder Renaissance - wird abverlangt, sondern allein die Entscheidung muß getroffen werden, ob die Architektur abstrakt bleiben oder ob ihre dichterischen Darstellungsmöglichkeiten wieder zur Geltung gebracht werden sollen. Wenn letzteres geschehen soll, so stellen sich unter dem Anspruch dieser leitenden Absicht die unterschiedlichen Stilmittel von selbst ein, die zum Material der Fiktion gehören. Es ist also wenig gesagt, wenn wir das Kennzeichen der Postmoderne im Stilpluralismus sehen. Dieser ist vielmehr eine Folge der neuen, gegen die Abstraktion gerichteten „gegenständlichen" Darstellungs-absicht." (KLOTZ, H., 1988, S. 107 f.).

Mit folgenden Gegenüberstellungen grenzt KLOTZ die Postmoderne von der Moderne ab: Regionalismus anstelle von Internationalismus, fiktionale Darstellung anstelle von geometrischer Abstraktion, nicht nur Funktion, sondern auch Fiktion, Vielfalt von Bedeutungen anstelle von Symbolgehalt der Maschine und der Konstruktion, Überwindung der Technik-Utopie zugunsten von Poesie, Improvisation und Spontaneität anstelle von unantastbarer Vollendung, geschichtliche Erinnerung anstelle von Interessantheit der reinen Form und schließlich Relativierung eines Bauwerks durch die historischen, regionalen und topographischen Bedingungen eines Ortes anstelle der Autonomie geometrischer Formen (s. dazu: KLOTZ, H., 1988, S. 108 f.).

Überträgt man diese Kriterien und die mit ihnen verbundenen Zielperspektiven auf Wissen, mit dessen Erzeugung, Organisation und Kommunikation Pädagogik zu tun hat, so läßt sich als Problem formulieren: *Welche Möglichkeiten gibt es für den Umgang mit einer Vielheit von Wissen im Hinblick auf das Ziel der Entwicklung einer historisch-poetischen Fiktion?*

Postmodernismus bedeutet also nicht Abschied von der Utopie, sondern Abschied von „Ein-Heils-Imaginationen" (WELSCH, W., 1988, S. 183). *Die Utopie der Postmoderne ist die der Vielheit:* „Der Postmodernist kann die Empfindung vieler teilen, daß die Gesellschaft eine neue Begeist(er)ung brauche. Aber die Vorstellung, daß diese Begeisterung, die integrativ wirken müsse, nur eine an einer neuen Einheit sein könne, hält er genau für falsch. Er plädiert dagegen für eine Vision der Vielheit, denn allein diese vermag den Aporien der Mono-Utopien zu entgehen und doch zugleich deren berechtigte Motive einzulösen." (WELSCH, W., 1988, S. 184).

Um eine Vision der Vielheit von Wissen zu entwickeln, ist es zuerst einmal notwendig, diese Vielheit zu entfalten. Da es nicht nur um eine Utopie von Wissen geht, sondern auch um **Wissen als** *Mittel* **für Utopiebildungen**, ist das Wissen vor allem in seinen innovativen Dimensionen zu untersuchen.

Für die *Gewinnung von Neuem* ist Wissen schon dann funktional, wenn es die Entstehung von Neuem abbildend erfaßt und Neues damit verfügbar macht. Unter dieser Perspektive spielt Wissen als Erfassung der *Produktivität von Natur* eine wichtige Rolle. Diesem Problem stellte sich etwa die Naturphilosophie SCHELLINGs. In deren Mittelpunkt stand die Erzeugung von neuartigen, komplexeren Prozeßstrukturen durch die Natur aus sich selbst heraus, die aus vorhergehenden Zuständen des betrachteten Systems deterministisch nicht herleitbar waren. Bereits vor 1800, als der Begriff „Biologie" noch gar nicht existierte, konzipierte SCHELLING seine Entwicklungsidee der Natur und rüttelte damit an dem bestehenden Dogma von der Konstanz der Tier- und Pflanzenarten: „Die Produktivität der Natur ist absolute Kontinuität. Deswegen werden wir auch jene Stufenfolge der Organisationen nicht mechanisch, sondern dynamisch, d. h. nicht als eine Stufenfolge der Produkte, sondern als eine Stufenfolge der Produktivität aufstellen. **Es ist nur Ein Produkt, das in allen Produkten lebt.** Der Sprung vom Polypen zum Menschen scheint freilich ungeheuer, und der Übergang von jenem zu diesem wäre unerklärlich, wenn nicht zwischen beide Zwischenglieder träten. Der Polyp ist das einfachste Tier, und gleichsam der Stamm, aus welchem alle anderen Organisationen aufgesproßt sind." (SCHELLING, F. W. J., zitiert nach: HEUSER-KESSLER, M.-L., 1986, S. 25/ s. dazu auch die Darstellung des "Urphänomens" Wirbelstraße in Tafel VI).

Aus der von LINNÉ und BONNET aufgestellten hierarchischen Stufenleiter der Organismen machte SCHELLING durch Einführung der historischen Zeit einen Prozeß der Höherentwicklung und nahm damit der ewigen, gottgegebenen Ordnung der Natur ihren unveränderlichen Charakter (s. dazu: HEUSER-KESSLER, M.-L., 1986, S. 24 - 28). Konzepte wie „Neue Alchemie", „Sanfte Chemie", „Sanfte Technologie" oder „Nachwachsende Rohstoffe" stehen dem Gedanken einer organischen Entwicklung nahe oder nehmen sogar - wie in den Diskussionen über Möglichkeiten der Nutzung von natürlichen Selbstorganisationsprozessen für eine Allianztechnik (s. dazu: BLOCH, J. R., MAIER, W., 1984) - darauf direkt Bezug.

Durch Gegenüberstellung der Konzepte einer statischen Naturordnung einerseits und eines organisch-dynamischen Prozesses der Höherentwicklung andererseits wird erkennbar, daß Wissen über Natur immer eine *Konstruktion* von Menschen ist, *die einerseits Wirklichkeit hat, andererseits aber nicht unmittelbar Wirklichkeit ist*. Die Veränderung einer Konstruktion oder die Neukonstitution aber sind letztendlich Taten von Subjekten, auch wenn diese durch das Ausgangsmaterial und den darin stattfindenden Veränderungen zu ihren Systembildungen angeregt werden (s. dazu auch Tafel IX).

Die erzeugten Systeme sind dabei zuerst einmal *subjektiv-neu*. Wenn es sich dabei nur um individuelle Abweichungen von gegebenen Systemen handelt, tritt dadurch zwar Neues in die Welt, es wird aber in der Regel nicht als wertvoll (an)erkannt. Um zu einer epochemachenden Veränderung zu werden, muß die Möglichkeit und deren Notwendigkeit im *System* - etwa in dem von Wissenschaft und Kunst - selbst vorgesehen sein (s. dazu: GROYS, B., 1992, S. 189). Erst dann kann es zu *Objektiv-Neuem* werden, das allgemein in einer Gesellschaft anerkannt und von ihr genutzt wird.

Boris GROYS sieht eine Veränderung in der Beziehung von *Subjektiv-Neuem* und *Objektiv-Neuem* früher und heute „Früher strebte jeder Neuerer danach, daß seine Ideen universelle Anerkennung erführen, daß möglichst viele Menschen sie teilten, daß sie die Entwicklung der Zukunft prägten, daß sie in der Zukunft unverändert bleiben und daß sein Name zum Symbol der Zukunft würde... Heute bleibt das historische Gedächtnis an einen bestimmten Autor weniger aufgrund eines totalen Sieges seiner Ideen erhalten als vielmehr durch das universelle System der Archive in Form von Bibliotheken und Museen, in denen die Informationen über ihn aufbewahrt und verbreitet werden. Für keinen Autor ist es in dieser Situation mehr ein Sieg, wenn seine Ideen von der Gesellschaft als wahr anerkannt werden, sondern eine existentielle Gefahr, denn es bedeutet, daß sie bei massenhafter Verbreitung durch andere ihren Wert verlieren und ihr Autor seinen einzigartigen Platz im System des historischen Gedächtnis einbüßt. Andererseits führt es keineswegs zur Löschung bestimmter Ideen aus dem historischen Gedächtnis, wenn sie für unwahr befunden werden: sie müssen nur als originell anerkannt sein. Der Erfolg oder Mißerfolg bestimmter Theorien oder Methoden wird heute ausschließlich danach bemessen, in welchem Verhältnis sie zu anderen Theorien und Methoden in der Kulturökonomie stehen, und nicht danach, wie sie sich zu einer utopischen, außerkulturellen Wirklichkeit verhalten." (GROYS, B., 1992, S. 39).

Wie oben schon angesprochen, ist die *Tätigkeit* des Subjekts nicht nur auf die *Konstruktion* von Systemen ausgerichtet, sondern findet auch innerhalb bestimmter Systeme statt, die ihm in ihrer (relativen) Eigenständigkeit gegenübertreten. Über die Eigenschaften und Möglichkeiten der sie konstituierenden Teile zeigen diese Systeme ein eigensinniges Verhalten und bringen aus sich selbst Neues hervor. In der Systemtheorie wird diese Eigenschaft von Systemen als „*Emergenz*" bezeichnet. Verstanden wird darunter das plötzliche Auftreten einer neuen Qualität, die sich nicht durch die Eigenschaften oder Reaktionen beteiligter Elemente erklären läßt, sondern durch eine jeweils besondere selbstorganisierende Prozeßdynamik (s. dazu: KROHN, W., KÜPPERS, G., 1992).

Insgesamt ergibt sich damit eine **Vielheit an Arten der *Erzeugung von Neuem*** im Wissen, die von der Erfassung von Naturproduktivität über subjektiv-neue und objektiv-neue Systemkonstruktionen bis hin zu Systememergenzen reicht. In der folgenden Abbildung sind sie zusammengefaßt. Die Naturproduktivität ist als Grundressource des Gesamten in den Mittelpunkt gestellt worden. Ein Koordinatenkreuz mit der Achse Individuum/Gesellschaft in der Vertikalen und Subjektiv-Neues/Objektiv-Neues in der Horizontalen ermöglicht die Einordnung der unterschiedlichen Arten des von Menschen erzeugtem Neuen. Die Systememergenz ist als dem Ganzen einen Raum gebend eingetragen. Damit ist eine Orientierung gewonnen für den Umgang mit der Kategorie "Selbsttätigkeit", für die die Ausrichtung auf die *Erzeugung von Neuem* konstitutiv ist. Erkennbar wird, daß "Selbsttätigkeit" (und damit Didaktik) wie die moderne Kunst und Wissenschaft jetzt ebenfalls vor einer "Materialexplosion" gestellt ist, für deren Bearbeitung heuristische Mittel erforderlich sind, wenn man nicht nur intuitiv-pragmatisch zu Problemlösungen kommen will.

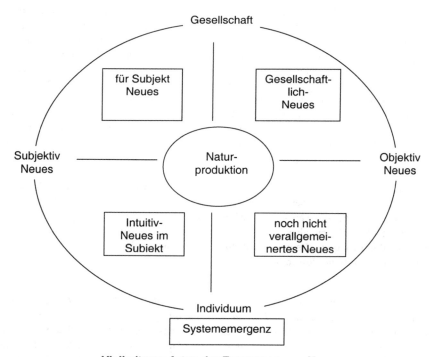

Vielheit von Arten der Erzeugung von Neuem

2.3 Das Problem der Integration von Wissen: Inter- und Transdisziplinarität in den Umweltwissenschaften als Beispiel

Wie lassen sich die verschiedenen Arten von Neuem in ein produktives Wechselspiel miteinander bringen? Mit dieser Frage begibt man sich auf die Suche nach *Mitteln für die Integration von Wissen*, und zwar speziell eines Wissens, das noch *offen und unabgeschlossen* und damit in Entwicklung ist. Ein Bereich, in dem sich dieses Problem heute verschärft stellt, ist die Umweltwissenschaft. Auf die dort anstehenden Probleme bezogen soll im folgenden eine Strukturierung (s. dazu Tafel VIII) vorgenommen werden, die sich vor allem auf Analysen und Konzepte stützt, wie sie zwischen Jean PIAGET (1972) und Erich JANTSCH (1972) auf einer OECD-Konferenz über Interdisziplinarität diskutiert wurden (s. dazu: OECD, 1972), und auf Erfahrungen mit interdisziplinärem Arbeiten, die in dem von KOCKA (KOCKA, J., 1987) herausgegebenen Sammelband über die Arbeit des Interdisziplinären Zentrums für Berufliche Praxis der Universität Bielefeld vorgestellt werden. Grundlegend sind aber auch eigene Arbeiten am Institut für die Pädagogik der Naturwissenschaften (IPN) an der Universität Kiel, einem außeruniversitären Forschungsinstitut mit *interdisziplinärem und gesamtstaatlichem Auftrag*. Bewußt verzichtet wird auf einen Definitionsversuch des Begriffs "Disziplin", weil dieser bisher noch keinem in einer überzeugenden Weise gelungen ist (s. dazu etwa den Versuch von HECKHAUSEN, H., 1987, S. 130 f. und die Tafel VIII).

Wissen in den Umweltwissenschaften ist eine **neue Art wissenschaftlichen Wissens,** das nicht mehr nur in einer Disziplin produziert wird, sondern aus dem Zusammenspiel vieler Forschungsansätze, Fächer, Disziplinen usw. hervorgeht. Einzelne Wissensstücke müssen also integriert werden, **und das auf einem theoretischen Niveau, das mit dem theoretischen Niveau von Einzeldisziplinen (wie etwa der Physik oder Biologie) kompatibel ist.**

Wissen in den Umweltwissenschaften ist zudem ein *offenes, dymamisches, sich noch in Entwicklung befindliches und daher weitgehend offenes Wissen.* So ist etwa das Wissen über globale Veränderungen des Weltklimas noch kein gesichertes Wissen (wie es die „klassischen" Wissenschaften für ihre Gegenstandsbereiche anbieten), sondern basiert auf miteinander konkurrierende Hypothesen, die bis hin zur Leugnung dieses Effekts reichen. Von daher erklärt sich die Suche nach Mitteln, wie man mit *offenem und noch unfertigem Wissen* umgeht und wie Prozesse der *Entwicklung und Integration von Wissen* zu organisieren sind. Die Mittel sind als **heuristische Mittel** bestimmbar (s. dazu Tafel XII).

Komplexes, offenes und dynamisches Wissen auf einem hohen theoretischen Niveau kann nicht mehr in einfacher Weise weitergegeben werden, sondern erfordert komplizierte und komplexe Vermittlungsprozesse, die *Theorie/Wissenschaft* und *Praxis/Gesellschaft* in ein produktives Wechselspiel miteinander bringen, in dem beide Seiten geben und nehmen. Notwendig ist dafür ein „gemeinsamer Nenner". **Mitteln kommt dann insofern eine zentrale Rolle zu, weil mit ihnen Wissen erzeugt und organisiert werden kann.** Sie enthalten sowohl vorhergehendes Wisssen, sind aber auch zugleich grundlegend für die Gewinnung neuen Wissens. Von daher sind sie ein **gemeinsamer Bezugspunkt**, auf den sich verschiedene Arten und Formen von Wissen beziehen lassen. Solche Mittel für inter- und transdisziplinäre Wissensprozesse zur Verfügung zu stellen, kann als zentrale Aufgabe einer **modernen Didaktik** bestimmt werden, die damit nicht mehr nachgängig zu fachwissenschaftlichen Endergebnissen agiert (s. dazu auch 7.2). In dieser Arbeit werden solche Mittel in Form von **"Epistemologischen Heuremen"** und Instrumentarien für deren Entwicklung angeboten.

Die Entwicklung von Forschung im Bereich der Umweltwissenschaft lassen folgende Problemschwerpunkte der Integration von Wissen erkennbar werden (s. dazu auch WISSENSCHAFTSRAT, 1994, und DASCHKEIT, A., 1995):

(1) Das Problem der **Interdisziplinarität**: Die Aktivitäten im Bereich der (Umwelt-)Wissenschaften selbst müssen stärker miteinander vernetzt und integriert werden

(2) Das Problem der **Transdisziplinarität**: Das Verhältnis zwischen Umweltwissenschaft und Gesellschaft - oder allgemeiner: zwischen Theorie und Praxis - muß verbessert werden.

Was aber ist unter Disziplinarität, Interdisziplinarität und Transdisziplinarität genauer zu verstehen?

Umweltprobleme sind komplexe Probleme, die sich nur noch in der Kooperation verschiedenster Disziplinen bearbeiten lassen. Die historische Entwicklung der Wissenschaften ist aber in eine entgegengesetzte Richtung verlaufen: Teilprobleme wurden aus der Komplexität der gesellschaftlichen Praxis ausgegliedert und isoliert bearbeitet. Einerseits wurden damit hochspezialisierte und effektive Lösungen erzielt, andererseits aber standen die erzielten Teillösungen immer isolierter da und waren zunehmend nicht mehr in den Gesamtzusammenhang der gesellschaftlichen Praxis integrierbar (s. dazu auch die Ausführungen zu der grundlegenden musikdidaktischen Konzeption unter 3.1 und die Tafel XIII, in der ein produktives Wechselspiel von *Differenzierung und Integration* vorgeschlagen wird). Außerdem bewirkten sie Folgeprobleme, die aus disziplinärer Sicht nicht vorhersehbar waren.

Systembildung im Spannungsfeld von Disziplinarität und Interdisziplinarität

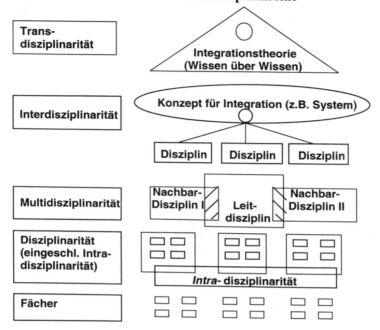

Trans-
disziplinarität

Integrationstheorie
(Wissen über Wissen)

Interdisziplinarität

Konzept für Integration (z.B. System)

Disziplin   Disziplin   Disziplin

Multidisziplinarität

Nachbar-
Disziplin I   Leit-
disziplin   Nachbar-
Disziplin II

Disziplinarität
(eingeschl. Intra-
disziplinarität)

Intra- disziplinarität

Fächer

(Hierarchische Klassifikation von Integrationsansätzen in den Wissenschaften in Anlehnung
an Erich JANTSCH 1972, S. 97 - 121)

Beispiel für Schwierigkeiten bei der Definition des Begriffs „Disziplin"

„Erstens, den Tausenden von Fächern stehen nur wenige >>Disziplinen<< im Sinne von Disziplinaritäten gegenüber. Es gibt vielleicht 20 bis 30 Disziplinaritäten. Eher sind es weniger, ich würde mich wundern, wenn es viel mehr wären.

Zweitens, ... der Zuschnitt in der Definition der einzelnen Fächer hat sich im einzelnen an verschiedenen Abstraktionsniveaus orientiert ... Disziplinaritäten sind demgegenüber stärker vom Erkenntnisstand der Fächer bestimmt....

Drittens, manche Fächer sind von einer leitenden Disziplinarität bestimmt. Viele Fächer haben die gleiche Disziplinarität mit anderen Fächern gemeinsam. Andere Fächer wiederum haben zwei oder noch mehr Disziplinaritäten...; es gibt sogar Disziplinaritäten, die ihre Definition so sehr von einem speziellen Realitätsausschnitt ableiten, daß - wie z.B. in der Pädagogik - die jeweils herangezogene Disziplinarität einer pädagogischen Abhandlung eher >>ausgeborgen<< als facheigen zu sein scheint."(HECKHAUSEN, H., 1987, S. 130f.)

Tafel VIII

Ein naheliegender Weg zu einer stärkeren Integration von Disziplinen ist die Integration von Forschung über ein **gemeinsames Objekt**. Das kann z. B. eine bestimmte Landschaft sein, die aufgrund besonderer Umweltprobleme und/oder Repräsentativität für andere Landschaften ausgewählt wird. **Damit ist zwar ein gemeinsames Objekt vorhanden, das Wissen über diese Landschaft steht aber immer noch unverbunden nebeneinander (s. dazu auch die Ausführungen zur Materialen Bildung in 1.2.1.1 und die Tafel V).**

Der nächste Schritt kann darin bestehen, eine stärker theoretisch begründete Interdisziplinarität dadurch zu erreichen, daß *theoretische Konstrukte*, die in verschiedenen Disziplinen entwickelt wurden, miteinander *vernetzt* und so transformiert werden, daß sie miteinander kompatibel sind (wie etwa die theoretischen Konstrukte Energie, Gleichgewicht oder Wechselwirkung).

Eine Steigerung läßt sich durch den Gebrauch eines schon in sich interdisziplinären Konstrukts wie das des **„Systems"** erreichen. Auf diese Weise war es etwa der Ökosystemforschung möglich, Ansätze zu einer *Interdisziplinarität* auszubilden, in der Forschungen unter Beteiligung mehrerer Disziplinen auf einer gemeinsamen theoretischen Grundlage im Wechselspiel von *Differenzierung* (Anwendung des Systembegriffs in den einzelnen Disziplinen) und *Integration* (Ausbildung eines interdisziplinären Gesamtsystems) durchzuführen. Diese Interdisziplinarität beschränkt sich allerdings hauptsächlich auf den naturwissenschaftlichen Bereich, u. a. wegen der gemeinsamen Ausrichtung auf ein empirisch-analytisches Paradigma und damit verbundenen quantitativen Methoden. Wenn überhaupt gesellschaftswissenschaftliche Disziplinen bzw. Fächer einbezogen werden, dann etwa die Wirtschafts- oder Verhaltenswissenschaften, weil auch diese weitgehend eine mit quantitativen Daten operierende Forschung betreiben (s. dazu auch: WISSENSCHAFTSRAT, 1994).

Über diese Interdisziplinarität können Ansätze noch hinausgehen, wenn sie eine Integration auf der Grundlage von **Wissen über (die Konstruktion von) Wissen** herbeizuführen suchen. Dabei können verschiedene wissenschaftliche Ansätze in eine Entwicklungsreihe gebracht werden wie etwa auf der Grundlage einer Strategie des *„Aufsteigens vom Konkreten zum Abstrakten und wieder zurück zum Konkreten"* (s. dazu auch die Ausführungen unter 7.4 zu dem Symposium „Zukünfte einer brasilianischen Landschaft" und die Tafel XVII).

Grundlegend für eine solche Entwicklungsreihe sind *Reflexionen über die Konstruktion von Wissen*: In der Reflexion schaut der Mensch aus der Distanz das Objekt - hier: seine Tätigkeit (mit Wissen als Resultat) - an und gewinnt *„Wissen über (die Konstruktion von) Wissen"* (s. dazu auch Tafel IV und XI). Damit werden größere Möglichkeiten eröffnet, das Wissen anderer Menschen zu verstehen und mit ihnen in einen Dialog einzutreten, weil man sich gemeinsam über die jeweiligen Implikationen sowie die Vor- und Nachteile einer bestimmten Art der Produktion von Wissen und der daraus hervorgehenden Resultate verständigen kann. Dieses Operieren auf einer metatheoretischen und metakognitiv-selbstreflexiven Ebene soll hier als *Transdisziplinarität* bezeichnet werden. In der Tafel VIII ist dieser Vorschlag für die Klassifikation von Disziplinärem sowie Inter- und Transdisziplinärem zusammengefaßt.

Von dem hier verfolgten Ansatz „Interdisziplinäre System-Bildung" sind vor allem **Bilder als Mittel der Wissenskonstruktion** (s. dazu 2.5) für die Ausbildung von Transdisziplinarität grundlegend. Wenn etwa in den Umweltwissenschaften eine bestimmte Landschaft Ausgangspunkt und gemeinsames Objekt für verschiedene Disziplinen ist, dann ist diese Landschaft nicht einfach schon vorhanden und gegeben, sondern muß vielmehr theoriegeleitet konstruiert werden. Grundlegendes Mittel sind dafür *Bilder*. Das grundlegende Bild eines Ökosystemforschers ist etwa das folgende: Die ganze Welt ist ein komplexes System, bestehend aus Subsystemen, die sich wiederum aus Elementen und deren Relationen zusammensetzen. Die ausgewählte Landschaft wandelt der Ökosystemforscher deshalb um in ein Systemmodell, das für die Simulation verschiedener Systemzustände genutzt werden kann. Die Ergebnisse lassen sich in Form von Diagrammen darstellen. Positiv bewertete Systemzustände können dann ausgewählt werden als Orientierungen, um Realität zu transformieren.

Bilder für interdisziplinäre Systembildungen (s. dazu auch 2.5.4) können deshalb als besonders produktive Mittel für die Wissenskonstruktion angesehen werden, weil sie Bilder von zwei grundverschiedenen wissenschaftlichen Paradigmen miteinander zu vereinen suchen: dem *atomistischen* Paradigma der empirisch-analytischen Wissenschaft und dem *holistischen* Paradigma der phänomenologisch-hermeneutischen Wissenschaft (s. zum folgenden auch BORTOFT, H., 1995, sowie die Beschreibung der Systembildungssequenz „Muscheln: Nachhaltiger Umgang mit Systemen").

Empirisch-analytische Wissenschaft sucht nach grundlegenden Elementen, mit denen sie Modelle konstruieren und mit diesen Wirklichkeit und Möglichkeit erforschen kann. Im Fall einer Landschaft sind das auf einer ersten Stufe Elemente wie Vögel, Steine oder Pflanzen. Eine Stufe tiefer können mit dem Mikroskop dann etwa Mikroorganismen entdeckt werden. Entwickelbar sind dann Biographien und Idiographien für diese einzelnen Elemente (s. dazu und zum folgenden auch Tafel XXI).

Der nächste Schritt besteht darin, für die gefundenen Elemente Ordnungen zu konstruieren in Form von Systematiken, Klassifikationen und Typologien. Es folgt dann eine Quantifizierung der Elemente und die Konstruktion von Modellen, die als *hinter* der erscheinenden Wirklichkeit liegend angesehen werden. Mit den Modellen werden schließlich sowohl Analysen gegebener Wirklichkeit wie auch die synthetisch-künstliche Konstruktion möglicher Wirklichkeiten durchgeführt.

Die *atomistische Wissenschaft* ist in zweierlei Hinsicht „hart": Zum einen wird nach Fakten in quantifizierter Form gesucht, zum anderen werden auch organisch-lebendige

Ganzheiten in Teile zerlegt, die durch Synthetisierung nicht mehr zu der ursprünglichen, sondern höchstens noch zu einer künstlichen Ganzheit zurückgeführt werden können (im Falle eines Lebewesens eventuell auch gar nicht mehr).

Phänomenologen arbeiten demgegenüber auf der Grundlage einer „sanften" Empirie: Ganzheiten wie eine Muschel werden nicht in Teile zerlegt, sondern mit Hilfe einer *exakten sinnlichen Phantasie* wird versucht, „die immer schaffende Natur nachzuschaffen" (J. W.GOETHE, 1966, S. 42). Im Falle der Muschel wird deren Entwicklung aus dem Aufeinandertreffen von Festem und Flüssigem und der Auflösung der daraus entstehenden Spannung in spiraligen Formen in der Vorstellung nachvollzogen Sie wird dann als eine Art *Urphänomen* gesehen, das einen Fall darstellt, der „oft Tausende wert ist, und sie alle in sich schliesset" (J. W. GOETHE, 1966, S. 91). Spiralige Entwicklungen können anschließend studiert werden in organischen Ganzheiten verschiedener Größe: von der Wirbelstraße im Wasser über den mäandrierenden Bach bis zu komplexen Strömungen in den Weltmeeren oder auch in der Atmosphäre (s. dazu den Bildteil des Buchs „Das sensible Chaos" von Theodor SCHWENK, 1988).

Indem die Entwicklung von Wissen reflektiert wird, können Mittel der Wissenskonstruktion bewußtgemacht werden, die dann als Mittel für inter- und transdisziplinäre Dialoge verwendbar sind. Auf diese Weise kann eine Grundlage geschaffen werden für Transdisziplinarität als Integration von Wissenschaft, Kunst, Technologie und Alltagsleben (s. dazu auch: AUTORENGRUPPE "INTERDISZIPLINÄRE SYSTEMBILDUNG", 1998 und 1999).

2.4   Die Kategorie „Tätigkeit" als integratives Mittel

Ein gemeinsamer Bezugspunkt für Wissen aus verschiedenen Disziplinen wird erkennbar, wenn man nach der Entstehung dieses Wissens fragt. Die Antwort ist dann: *Es sind aus der menschlichen Tätigkeit hervorgegangene Konstruktionen, Resultate menschlicher Tätigkeit.* Einzeldisziplinen wie auch die komplexeren Bereiche Wissenschaft und Kunst sind aus dieser Perspektive begreifbar als jeweils *besondere Formen menschlicher Tätigkeit*, die aus dem Gesamtzusammenhang *menschlicher Tätigkeit*, der gesellschaftlichen Praxis, ausdifferenziert werden und darin wieder zu integrieren sind (s. dazu ausführlicher Tafel XIII und WALGENBACH, W., 1979, S. 79 - 99). Es bietet sich daher an, „*Tätigkeit*" als eine integrative *Kategorie* zu nutzen und mit ihr eine *inter- und transdisziplinäre Theorie* auszubilden.

Von der Kategorie „*Tätigkeit*" her gesehen betonen und verabsolutieren pädagogische Integrationsansätze bisher bestimmte Seiten der *menschlichen Tätigkeit*. Über die Kategorie „Tätigkeit" lassen sich solche Integrationskonzepte dann in einen Zusammenhang bringen und aufeinander beziehen, wenn man sie als Thematisierungen bestimmter **Komponenten menschlicher Tätigkeit** auffaßt, die zusammen ein Gesamtsystem bilden (s. dazu auch die „Inhaltsheuristik" in 3.2.2 und die Tafel XIII). Eine Integrationstheorie hätte dann ein Gesamtsystem der Tätigkeit auszuweisen, um eine umfassende Interdisziplinarität zu ermöglichen und nicht bei Teilintegrationen stehenzubleiben (s. dazu die Ausführungen zu einer „Offenen Heuristik" im Teil 3, besonders 3.2, sowie die Tafel XIII).

2.4.1 Tätigkeitstheorie und Konstruktivismus: Gemeinsamkeiten und Unterschiede

Um *Mittel* für interdisziplinäre Systembildungen zu gewinnen, sollen im folgenden die Kategorie *„Tätigkeit"* und die auf sie aufbauende Tätigkeitstheorie ausführlicher diskutiert werden.

„Tätigkeit" begreift der Philosoph und Systemtheoretiker JUDIN (1977 und 1978, S. 274 - 294) als eine Grenzabstraktion, hinter der keine anderen Begriffe mehr stehen. Vorgänger dieser Grenzabstraktion, deren Entstehung er in die Zeit der Renaissance legt, sind für ihn „Kosmos" als Grenzabstraktion der Antike und „Natur" als Grenzabstraktion der neuzeitlichen Wissenschaft. *„Tätigkeit"* betrachtet er als eine neue und besondere *Form* von Grenzabstraktion insofern, als sie zugleich Untersuchungsgegenstand ist, wenn man *„Tätigkeit"* erforschen und bestimmen will, und *Mittel*, um den Gegenstand *„Tätigkeit"* zu erklären. Tätigkeitstheorie versucht damit, sich quasi am eigenen Schopf aus dem Sumpf zu ziehen, indem sie das Problem zum **Mittel der Lösung des Problems** macht. Der Historizität der Grenzabstraktion *„Tätigkeit"*, die erst auf einem bestimmten gesellschaftlichen Entwicklungsstand, nämlich im Zeitalter der Renaissance, formuliert werden konnte (weil der Mensch jetzt seine Rolle als (Mit-) Gestalter der Welt zum ersten Mal mit höherer Bewußtheit begriff), steht damit gleichzeitig eine hohe Voraussetzungslosigkeit gegenüber.

Von ihrem Ursprung her ist die Tätigkeitstheorie eine philosophische Theorie, die vor allem im Deutschen Idealismus (KANT, HEGEL, FICHTE, SCHELLING) Bedeutung erlangte und von hieraus (besonders über den Begriff der „Arbeit" in den Theoriebildungen von Karl MARX) zur Grundlage des Dialektischen Materialismus wurde. In der früheren Sowjetunion und DDR hat dann die Tätigkeitstheorie eine spezifische Ausformung als **psychologisch-pädagogische Theorie** durch Wissenschaftler wie etwa LEONTJEV, LURIJA oder DAVYDOV (der wiederum eng mit Joachim LOMPSCHER zusammenarbeitete) erfahren, die in enger Verwandtschaft zu der von VYGOTSKY in den zwanziger Jahren begründeten „kulturhistorischen Schule" standen. Dabei entgingen sie nicht immer - vor allem bei Rückgriffen auf eine mehr oder weniger mechanistische Widerspiegelungstheorie - der Gefahr, einem einseitigen objektivistischen Materialismus zu verfallen. Verfehlt wurde dann eine dialektische Vermittlung von idealistischen und materialistischen Positionen, indem einseitig der Schwerpunkt auf Materialistisches gesetzt wurde (s. dazu auch die Ausführungen zu dem Ansatz von DAVYDOV/LOMPSCHER in 1.2.3.2).

Aufgrund ihres materialistischen Standpunkts ist für die Tätigkeitstheorie der *Gegenstand der Tätigkeit* konstitutiv. Zu ihm setzt sich der Mensch über seine *Tätigkeit* in Beziehung, um ihn sich anzueignen. In diesem Akt konstituiert sich der Mensch als Subjekt, indem er *Material aus der Wirklichkeit* in ein *Objekt seiner Tätigkeit* verwandelt. Die Einführung der *Kategorie „Tätigkeit"* ist also eine spezifische Antwort auf die *Grundfrage der Philosophie* (s. dazu den historischen Überblick bei LEKTORSKY, W. A., 1985) nach dem *Verhältnis von Subjekt und Objekt*: Subjekt und Objekt werden nicht als gegeben angesehen, sondern als sich konstituierend in der menschlichen *Tätigkeit*. In seiner *Tätigkeit* verändert der Mensch das Material aus der Wirklichkeit, indem er es zu einer Einheit, dem Objekt, organisiert und seine Kräfte und Fähigkeiten darin vergegenständlicht. Gleichzeitig verändert das Subjekt aber auch sich selbst unter dem Einfluß des Objekts. Subjekt und Objekt sind also erst in Wechselwirkung miteinander existent und über einen dialektischen Prozeß miteinander verbunden, vermittelt über die *Tätigkeit* .

Die Tätigkeitstheorie unterscheidet sich dadurch grundlegend von anderen Ansätzen, die entweder in Form des *Idealismus, Rationalismus oder Subjektivismus* die Subjektseite oder in Form eines mechanischen *Materialismus, Empirismus oder Objektivismus* die Objekt-Seite verabsolutieren. Festgeschrieben wird in solchen Ansätzen ein *statisches Verhältnis* zwischen Subjekt und Objekt anstelle des von der Tätigkeitstheorie konzipierten *dynamisch-dialektischen Verhältnisses*. Die Aktualität der Tätigkeitstheorie wird etwa deutlich, wenn man sich noch einmal die Ausführungen von BAYERTZ (s. dazu 2.1.1) vergegenwärtigt über die Entwicklung der Biowissenschaften, die vor allem dadurch charakterisiert ist, **daß die Objekte der Forschung nicht (mehr) einfach gegeben sind, sondern konstruiert werden im Wechselspiel von Empirie und Theorie, damit aber auch von objektiver Determination und subjektiver Konstruktion** (s. dazu auch Tafel IX).

Für die Tätigkeitstheorie sind darüber hinaus weitere Bestimmungen konstitutiv. Auch wenn diese hier vielleicht noch abstrakt und inhaltsarm erscheinen, wird sich später zeigen, daß durch sie grundlegend pädagogische Systembildungen festgelegt werden. Entsprechend dem dialektisch-materialistischen Grundansatz wird die menschliche *Tätigkeit* zwar als gegenständliche *Tätigkeit* gefaßt, zugleich aber dialektisch in einer Spannung zur ideellen *Tätigkeit* gesehen, in der der Mensch sich ein „Ideal" (DAVYDOV, V. V., 1990, S. 13) von dem zu bearbeitenden Gegenstand und dem aus ihm zu entwickelnden Objekt bildet. Dieses Ideal ist dann für ihn ein *Mittel*, das seine *Tätigkeit* orientiert bei der „Transformation" (DAVYDOV, V. V., 1990, S. 10) des Objekts.

Das Ideal ist ein *ideelles Mittel*. Es werden in der *Tätigkeit* aber auch *materielle Mittel* entwickelt, indem etwa ein Objekt zu einem Werkzeug umgeformt und zur Bearbeitung von anderen Objekten eingesetzt wird .

Der **Entwicklung ideeller und materieller Mittel** wird in der Tätigkeitstheorie ein zentraler Stellenwert zugeschrieben. Zum einen sind *Mittel* Instrumente zur Bearbeitung des Objekts, zum anderen können sie aber auch selbst zum Gegenstand der Entwicklung werden. Mehr noch als in den aus der *Tätigkeit* hervorgehenden Objekten gehen in die *Mittel* die Fähigkeiten, Fertigkeiten und die sozialen Beziehungen der Menschen untereinander ein (Man denke etwa an die umfassenden Veränderungen, die das Mittel „Computer" in allen Bereichen menschlicher Tätigkeit hervorruft). Deshalb ist ihre Aneignung für das Subjekt auch grundlegend, weil es sich damit besonders effektiv von Menschen erarbeitete Erfahrungen, Kompetenzen und Möglichkeiten verfügbar macht. Von hierher begründet sich auch die **zentrale Stellung der Mittel** für die Pädagogik.

Aufgrund der *Vergegenständlichung sozialer Verhältnisse in den Mitteln* setzt sich der Mensch zugleich auch mit anderen Menschen in einer bestimmten Weise in Beziehung. (Erinnert sei noch einmal an die Analyse des formal-induktiven Verfahrens und die Auswirkungen auf das Lehrer-Schüler-Verhältnis in der Einführung). In der pädagogisch-psychologischen Variante der kulturhistorischen Tätigkeitstheorie sind diese Bestimmungen des Charakters der *Mittel* zur Grundlage der Ausarbeitung des Konzepts der „Internalisierung" geworden, unter dem die „Umwandlung von externen Prozessen mit externen Gegenständen in einen inneren mentalen und bewußt ausgeführten Prozeß" (LEONTJEV, A. N. 1981, S. 55) verstanden wird. Damit in Verbindung steht die These von VYGOTSKY, daß die Ausbildung der *Tätigkeit* „ihrer Natur nach anfänglich sozial ist, d. h. sich nur unter den Bedingungen der Kooperation und der sozialen Interaktion entwickelt." (zitiert nach LEONTJEV, A. N., 1982, S. 35).

Für das Lernen und Lehren hat das zur Konsequenz, daß Anfangs- und Ausgangspunkt **eine in einen sozialen Kontext eingebettete Gegenständlichkeit** zu sein hat. Wenn FRÖBEL den Ball als erstes Elementarmittel im Rahmen der Mutter-Kind-Beziehung einführt, initialisiert er damit genau den Prozeß einer *„Internalisierung" als Umformung von Objektiv-Sozialem in Subjektives* innerhalb eines bestimmten sozialen Kontexts. Das Internalisierte kann dann wieder externalisiert werden und das Soziale bereichern.

Heinrich BAUERSFELD (1993) hat Tätigkeitstheorie und Konstruktivismus einander gegenübergestellt. Ein Vergleich beider Ansätze liegt deshalb nahe, weil Tätigkeitstheorie und Konstruktivismus in ihrem Grundansatz miteinander verwandt sind: Beide betonen die *Konstruktion* von Realität und grenzen sich damit in ihren pädagogischen Varianten von Konzepten ab, die etwa in Form von Instruktionstheorien auf die Vermittlung und die Repräsentation von fertig gegebenem Wissen ausgerichtet sind (s. dazu auch 3.3.2).

Die Funktion der Werkzeuge bzw. der gegenständlichen *Mittel* würde allerdings von Vertretern des Radikalen Konstruktivismus bezweifelt werden, „weil sie keinen prinzipiellen Unterschied zwischen den Prozessen subjektiver Bedeutungskonstitution mit oder ohne Beteiligung von Objekten sehen." (BAUERSFELD, H., 1993, S. 43). Während Tätigkeitstheoretiker unter „gegenständliche *Mittel*" früher nur die physischen Werkzeuge für menschliche Arbeit faßten, hat LEKTORSKY - wie VYGOTSKY - die Sprache einbezogen, aber auch Symbole, Zeichen, Graphiken, Theorien, Modelle usw. BAUERSFELD sieht zwar die Gefahr, daß diese weite Bestimmung schließlich in einen leeren Begriff mündet, meint aber auch, daß die Verallgemeinerung des Mittelbegriffs Tätigkeitstheorie und Konstruktivismus näher zusammenführt, insbesondere im Verständnis der Funktion von Sprache und Kommunikation.

Den Begriff der Transformation in der Tätigkeitstheorie bringt BAUERSFELD zusammen mit der Betonung der prinzipiellen Subjektivität des Konstruierens im Radikalen Konstruktivismus. Während aber die Tätigkeitstheorie die *Konstruktion*en als Annäherungen an die objektive Realität verstehe und Möglichkeiten sehe, „objektives", wenn nicht sogar „wahres" Wissen zu erlangen, würde der Konstruktivismus mit dem Begriff der „Viabilität" den Grad der hinreichenden Anpassung zwischen den Konstrukten verschiedener Subjekte markieren.

Übereinstimmung besteht zwischen Tätigkeitstheorie und Radikalem Konstruktivismus auch in der Einschätzung der Bedeutung der sozialen Dimension für die Kognition. BAUERSFELD sieht diese Übereinstimmung mit den folgenden Worten VYGOTSKYs auf eine einfache Formel gebracht: „In der kulturellen Entwicklung des Kindes erscheint jede Funktion zweimal bzw. tritt auf zwei Ebenen auf. Zuerst erscheint sie auf der sozialen Ebene und dann auf der psychischen Ebene. Erst erscheint sie zwischen den Menschen als eine interpsychologische Kategorie und dann im Kinde als eine intrapsychologische Kategorie. Dies gilt gleichermaßen für die willkürliche Aufmerksamkeit, das logische Gedächtnis, die Ausformung von Begriffen und die Entwicklung des Wissens." (zitiert nach BAUERSFELD, H., 1993, S. 44).

Neben Gemeinsamkeiten bzw. Ähnlichkeiten sieht BAUERSFELD aber auch grundlegende Gegensätze zwischen den beiden Ansätzen bei folgenden Problemen:

(1) *Das Problem der Universalien*: Die Tätigkeitstheorie besteht auf der Existenz von Universalien, von unabhängig von Sprache und Kultur herrschenden Strukturen im geistigen Überbau.
(2) *Das Problem der Internalisierung externer Strukturen*: Im Gegensatz zur Tätigkeitstheorie, der BAUERSFELD als Grundlage eine materialistische Widerspiegelungstheorie mit der Annahme einer internen Abbildung der einen externen Welt zu-

schreibt, betont der Radikale Konstruktivismus, daß es keinen Weg gibt, unsere Konstruktionen als fertig gegebene Strukturen einer ontologisch vorgeordneten Welt zu verstehen.

(3) *Das Problem der kreativen Produktion*: Da die Tätigkeitstheorie die interne kognitive *Tätigkeit* in einer engen Abhängigkeit von der externen sozialen Praxis sieht, hat sie Schwierigkeiten, die kreative Produktion des Individuums hinreichend zu erklären.

(4) *Das Problem von System und Selbstreferenz*: Schwierigkeiten hat die Tätigkeitstheorie auch mit dem Begriff des „selbstreferentiellen Systems", weil damit das Erkennen des Gegenstandes mit seiner *Konstruktion* identisch gesetzt und in das Erkenntnissystem gelegt wird. Die Tätigkeitstheorie sieht demgegenüber die Objektivität des Wissens und seiner Tradierung in der Gesellschaft gesichert durch ein besonderes *System* künstlich geschaffener Mittel-Gegenstände.

(5) *Das Problem „kollektives Subjekt"*: Die Tätigkeitstheorie sieht als Träger von Erkenntnisprozessen das kollektive Subjekt an; das individuelle Subjekt ist gleichzeitig Mitglied mehrerer kollektiver Subjekte. Die kognitionspsychologische Deutung z. B. des kollektiven Schülers als empirisch zugängliche Lehrervorstellung und damit als eine subjektive Konstruktion sieht BAUERSFELD als naheliegender für den Radikalen Konstruktivismus an. Er vermutet, daß der Begriff „kollektives Subjekt" „als Trojanisches Pferd zur Einführung von „objektivem" oder „wahrem" oder „wissenschaftlichem" Wissen auf der sozialen Ebene dienen muß." (BAUERSFELD, H., 1993, S. 48).

(6) *Das Problem „Habitus"*: Die Betonung der fundamentalen Rolle des Bewußtseins in der Tätigkeitstheorie und der aktiven Sinnkonstruktion im Radikalen Konstruktivismus machen es schwierig, vorbewußte Regeln und Normen in Konzepte zur Erklärung der menschlichen *Tätigkeit* einzubeziehen. Die Tätigkeitstheorie kann solche Regularitäten dem kollektiven Subjekt zuschreiben aufgrund der Annahme, daß das Wissen des kollektiven Subjekts sich auch im vorbewußten Handeln des individuellen Subjekts realisieren kann. Dem widerspricht jedoch die Bewußtheitsforderung. Dem Radikalen Konstruktivismus fällt es schwer, die Ausformung von Handlungsorientierungen und -normen gewissermaßen als Beiprodukt oder indirekt Gelerntes im zielorientierten Konstruieren anzuerkennen.

2.4.2 Systembildung als eine hochentwickelte menschliche Tätigkeit

Das Erkenntnisinteresse von BAUERSFELD bei seinem Vergleich von Tätigkeitstheorie und Radikalen Konstruktivismus wird zum Schluß seiner Ausführungen deutlich, wenn er **praktische Konsequenzen aus den beiden Theorieansätzen für die Gestaltung von Unterricht** aufzuzeigen versucht: „Mit einer TT- (Tätigkeitstheorie, W. W.) Orientierung im Hinterkopf wird die Lehrerin versuchen, den Schüler zu <<einer>> Wahrheit hinzuführen. Es gibt wahr und falsch, weil es einen wissenschaftlichen Ansatz gibt, der unbedingtes, objektiv wahres Wissen hervorbringt. Direkte Instruktion, sehr detailliert und präzis präsentiert unter Benutzung machtvoller gegenständlicher Mittel und bei expliziter Darlegung der reflexiven Strategien wird als bester Weg erscheinen... Die Sowjetische Akademie der Pädagogischen Wissenschaften konzentrierte folgerichtig ihre Forschungsarbeiten auf die Herstellung <<des besten>> Mathematik-Schulbuches (dsgl. für alle Unterrichtsfächer) und unterstellte dies als prinzipiell möglich.

Für eine am RK (Radikalen Konstruktivismus, W.W.) orientierte Lehrerin dagegen gibt es keine Beurteilung des Schülerhandelns durch Einschätzung der Differenz zwischen einem <<erreichten>> Lernstatus und <<dem>> Ideal. Das Urteil <<besser>> ist unausweichlich relativ, weil es keine Konvergenz gegen eine objektive Wahrheit gibt, mangels Zugänglichkeit einer solchen, sondern nur Zirkularität, d. h. den Bezug auf subjekteigene Konstrukte. (Eine Metapher, die sich hier anbietet, ist der freitragende Brückenbau, der Baubeginn an einem Ufer, Stück für Stück ansetzend ohne zuverlässige Sicht auf das andere Ufer). In diesem Sinne haften auch dem Begriff des <<Lehrens>> das Risiko, Ungewißheit und Subjektivität an." (BAUERSFELD, H., 1993, S. 52).

Wie aus den dann folgenden Ausführungen BAUERSFELDs erkennbar wird, gehören seine Sympathien dem konstruktivistischen Ansatz. Im Gegensatz zum Lehren als Darstellen von Information und Vermittlung von Wissen auf der Grundlage der Tätigkeitstheorie zeigt danach die Lehrerin mit dem Radikalen Konstruktivismus als Hintergrundstheorie nur auf etwas, lenkt die Aufmerksamkeit auf etwas oder läßt etwas als Widerstand oder Beschränkung für die subjektive Sinnkonstruktion des Schülers erfahren. Diese subjektiven Sinnkonstruktionen werden dann im längeren Zusammenleben innerhalb einer Klassengemeinschaft untereinander abgestimmt und dadurch so entwickelt, daß sie zu „viablen" Konstrukten werden. Lehrer und Schüler formen auf diese Weise gemeinsam eine **„Klassenzimmer-Kultur"**: „Die Betonung wechselt dabei grundsätzlich von der Wahrheitsvermittlung zur Förderung der *Selbstorganisation* des Lernenden, vom Messen am Ideal und der Autoritätsabhängigkeit zu selbstgesteuerten Prozessen relativer Verbesserung und relativer Selbstkontrolle, vom Einklagen der strengen, <<allein richtigen>> Formulierung zur Einsicht in Form und Nutzen einer besseren Darstellung durch Gebrauchsnotwendigkeiten, und schließlich von der Instruktion zur aktiven Teilnahme in einer (Sub-) Kultur des Mathematisierens." (BAUERSFELD, H., 1993, S. 53).

2.4.3   Die Komplementarität von Tätigkeit und System

Vergleicht man dieses Konzept eines **„sozialen Konstruktivismus"** (BAUERSFELD, H., 1993, S. 39) mit den Ausbildungsexperimenten von DAVYDOV und LOMPSCHER, so deutet sich bei BAUERSFELD eine Tendenz an, von der *Kategorie „(Selbst-)Tätigkeit"* zur *Kategorie „System" (zum Subjekt als sich selbst organisieren-*

des System und/oder zur „Klassenzimmerkultur" als soziales System und damit zu einem sozialen Konstruktivismus) überzugehen. Dieser **Wechsel zu systemtheoretischen Sichtweise** liegt auch nahe, weil der Radikale Konstruktivismus Begriffe wie *„Selbstorganisation"*, *„Selbstreferentielles System"* oder *„Autopoietisches System"* nutzt, die grundlegend sind für Systemtheorien wie etwa die von LUHMANN oder MATURANA (s. dazu etwa: SCHMIDT, S. J., 1987 oder RUSCH, G., SCHMIDT, S. J., 1994). Im Ansatz von LUHMANN/SCHORR wird dann auch eindeutig das Schwergewicht auf das Management eines *sich selbst organisierenden Systems* gelegt.

In einem Fall steht ein **gegebenes System** im Mittelpunkt, innerhalb dessen die Elemente - die Lernenden und Lehrenden - miteinander interagieren. Für konstruktivistische Ansätze in der Pädagogik liegt dieser Übergang nahe, weil der *Radikale Konstruktivismus* den Einfluß von Objektivem auf das konstruierende Subjekt so weitgehend ausschließt, daß nur noch von „Störungen" gesprochen wird (s. dazu 3.3.2). Wie aber soll Objektivität zustandekommen? Den Ausweg sieht man in einem *sozialem Konstruktivismus*, der „Objektivität" durch die **Kommunikation** von Subjekten über die von ihnen entwickelten Konstrukte, damit also über **Intersubjektivität,** erreichen will (s. dazu auch Tafel XVIII).

Für Tätigkeitstheorie und Bildungstheorie ist demgegenüber der Ausgangspunkt (oder vorsichtiger: müßte es sein) das Subjekt, das sich in seiner Selbsttätigkeit seine eigene Tätigkeit gegenüberstellt, **die sich immer in seiner *gegenständlich-praktischen Tätigkeit* gründet.** Da im Gegenständlichen immer Soziales vergegenständlicht ist - wie vor allem VYGOTSKY nicht müde wird zu betonen - findet Selbsttätigkeit immer in einem bestimmten **kulturhistorischem Kontext** statt. Damit aber kommt ein Gegensatz von *Tätigkeit* und *System* in den Blick, den man zuerst einmal auf einen *Dualismus* zuspitzen kann, bei dem beide Seiten sich unverbunden gegenüberstehen:

- Denkt man von der *Kategorie „Tätigkeit"* her, dann konzentriert man sich auf einen Ausgangspunkt, der erst einmal nicht viel mehr ist als ein **Nullpunkt.** Im Zentrum steht ein Subjekt mit seiner *Tätigkeit.* In dieses Subjekt kann man sich hineinversetzen, es gleichsam **von innen her** sehen, kann sich mit ihm solidarisieren, weil es - wie man selbst - ein Mensch ist. Dessen *Tätigkeit* ist zuerst einmal auf Natur gerichtet, **von der es selbst ein Teil ist.** Die *Tätigkeit* ist von daher **inhaltlich durch die vorgegebene Weltsubstanz** bestimmt. Diese *Tätigkeit* kann sich aber auch auf die eigene *Tätigkeit* richten. In Form einer Selbstanwendung wird dann Tätigkeitstheorie genutzt, um sich selbst zu erklären. Es findet damit ein Übergang von der Kategorie "Tätigkeit" zur Kategorie "Selbsttätigkeit" statt.
- Denkt man von der *Kategorie „System"* her, dann geht man von einem vorhandenen Zusammenhang aus, in dessen Rahmen sich bestimmte, miteinander in Beziehung stehende, interagierende Elemente (Lernende und Lehrende) befinden. Diesen Zusammenhang versucht man möglichst optimal **von außen** zu analysieren, zu beeinflussen und zu steuern (s. dazu noch einmal die Ausführungen zu LUHMANN/SCHORR in

1.2.3.3). Während man sich in einen Tätigen noch hineinversetzen kann, weil man selbst ein Mensch ist, wird man dem *System* gegenüber sich als Außenstehender sehen und ein bestimmtes *Gefühl der Fremdheit* empfinden, weil ein unaufgeklärter und auch als weitgehend unaufklärbar angesehener **Systemautomatismus** entscheidend die Systemprozesse bestimmt.

Vor allem wenn man selbst der Tätige ist, wird man die Kategorie „*Tätigkeit*" eher mit **Konstruktion** in Verbindung bringen, den Begriff „*System*" aber mit **Determination,** zumindest solange die Konstitution und Entwicklung eines Systems unaufgeklärt bleibt und man sich trotz Steuerungsmöglichkeiten einem Systemautomatismus ausgeliefert sieht. Will man also über einen Dualismus von *Tätigkeit* und *System* hinauskommen, dann ist das Problem der *Systembildung* (s. Tafel IX) aufzuhellen und dabei vor allem das Verhältnis von *Determination* (Festgelegtheit bei der Systembildung) und *Konstruktion* (Freiheit bei der Systembildung). Wie bei der Analyse des von DIESTERWEG propagierten formal-induktiven Verfahrens deutlich wurde, erscheint dem Menschen das Objekt - und damit auch das *System* - seiner *Tätigkeit* erst einmal als fertig vorgegeben und in sich abgeschlossen. Die *Determination* für die *Tätigkeit* ist dann sehr hoch, weil die *Konstruktion* an das Gegebene gebunden ist und sich *erst einmal* auf dessen Erfassung beschränken muß.

Anders ist die Situation, wenn das Subjekt selbst frei kombinierbares Material aus der Wirklichkeit auswählt und *über Akte ästhetischer Integration* zu Einheiten miteinander verbindet (s. zum folgenden auch die Tafeln IX und XVII). Ist hier die Freiheit des Subjekts sehr weitgehend, so beeinflußt schon die leichter zu realisierende Beteiligung des tätigen Subjekts an der *Auswahl von Objekten* das Verhältnis von *Determination* und *Konstruktion*. Das Subjekt kann erfahren, wie es die Verbindungen des gewählten Ausschnitts mit dem in der Wirklichkeit gegebenen Material durchschneidet und erst dadurch mehr oder weniger theoriegeleitet ein Objekt gewinnt (s. dazu auch die Ausführungen zu den Systembildungssequenzen im Teil 4.). Dieser Vorgang des Durch- und Ausschneidens wird als ein vom Subjekt stark beeinflußter und daher nicht nur auf Objektivem, sondern auch auf Subjektivem beruhender *Konstruktion*sakt erlebt: „Verschiedene Leute werden verschiedene Verknüpfungen durchschneiden. Was wir ein <<Objekt>> nennen, wird daher davon abhängen, wer wir sind, wie wir wahrnehmen und in welchem Bewußtseinszustand wir uns befinden. Natürlich werden die Unterschiede normalerweise nicht groß sein - und meistens sind sie so klein, daß man sie nicht wahrnimmt - , doch Unterschiede bestehen immer. Wir sehen alle etwas anderes, je nachdem wie wir diese Objekte aus der Umwelt herauslösen. Und das war genau die Lehre, die sich die Physiker in den zwanziger Jahren aneignen mußten. Das Ganze, welches Ganze man hier auch immer untersucht, ist ein verknüpftes Netz von Beziehungen, und was immer wir einen Teil nennen, ist ein annäherungsweiser und subjektiver Begriff. Dieser Gedanke, dieses subjektive Element, wurde in der Quantentheorie von Werner HEISENBERG eingeführt und in seiner Unschärferelation präzise formuliert." (CAPRA, F., 1987, S. 30).

Systembildung im Spannungsfeld
von Determination und Konstruktion

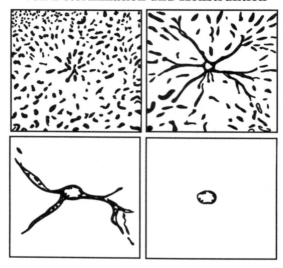

**Die Entwicklung eines Schleimpilzes als
Systembildung im Spannungsfeld
von Vielfalt und Einheit interpretieren**

I: für S zugänglicher Über-Raum   II: für S unzugänglicher
| Über-Raum

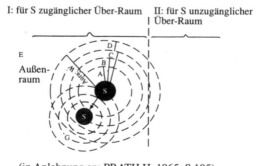

(in Anlehnung an: PRATH,H. 1965, S.105)

Darstellung eines Systems und seiner >Aura<. s: innerer Bereich des Systems. w: äußerer
Einflußbereich (Aura) mit verschiedenen Zonen von abnehmender Intensität

Ausdifferenzierung des Spannungsfelds von Innen und Außen

Tafel IX

**Etwas als etwas sehen: Systeme sind nicht gegeben, sie werden
mit Material aus der Wirklichkeit konstruiert**

Ist nun das Objekt konstituiert, indem *Teil und Ganzes* im Hinblick auf das Objekt und auf die Beziehungen zu seiner Umgebung definiert worden sind, dann wird durch das Subjekt das Verhältnis von *Determination* und *Konstruktion* entscheidend von der Gestaltung eines anderen Verhältnisses, nämlich dem von *Inhalt* und *Form*, bestimmt (s. zum folgenden vor allem Tafel X). Bezeichnet man die Einheit von *Inhalt* und *Form* als **Gestalt**, so kann man in einem nächsten Schritt die **Form** eines Objekts ermitteln, indem man *Inhalt* und *Form* voneinander trennt. Die gewonnene *Form* kann man vom Ursprungsinhalt ablösen und mit anderen *Inhalten* in Verbindung bringen wie bei der Bildung von Analogien (s. dazu auch 4.4): Die *Form* etwa des unmittelbarer Anschauung leichter zugänglichen Wasserkreislaufes wird dann genutzt, um sie auf den elektrischen Stromkreis zu übertragen und durch die Feststellung von Gemeinsamkeiten - aber auch von Unterschieden - dieses andere Objekt besser erkennen zu können.

Stellt man sich in einem nächsten Schritt die Frage nach den Formbildungskräften und -gesetzen, dann wird es notwendig, in das Innere der Objekte einzudringen und die *grundlegenden Elemente* und deren Beziehungen (Relationen) untereinander zu entdecken. Damit wird ein Übergang von der *Form* zur **Struktur** vollzogen, die sich definieren läßt als *Menge der Beziehungen zwischen den Elementen*. Der Übergang von der *Entdeckung von Strukturen* zur **Erfindung von Systemen** ergibt sich, wenn man die Elemente von ihren inhaltlichen Bindungen löst und sie frei verfügbar macht für mehr oder weniger beliebige Kombinationen innerhalb eines Gesamtrahmens, den man dann als **System** bezeichnen kann. Das *System* (das Ganze) beeinflußt dabei die *Elemente* (Teile), und umgekehrt beeinflussen die Elemente das *System*. Systemdenken ist daher insofern ein *paradoxes* Denken, als es zugleich **atomistisch** und **holistisch** ausgerichtet ist (s. dazu auch : BLAUBERG, I. V., SADOVSKY, V. N., JUDIN, E. G., 1977).

Der bisher aufgezeigte Prozeß zunehmender Abstraktion ist in der Geschichte von Wissenschaft und Technik mit einem Prozeß *zunehmender Formalisierung und Mathematisierung und Technisierung* verbunden, der schließlich u.a. zu jenen formal-abstrakten Gleichungen führte, auf deren Grundlage mit dem Computer abstrakte **Texturen** (s. zu diesem Begriff und seine Abgrenzung zum Begriff „Struktur" BENSE, M., 1971) in Form von *Punktmengen* auf dem Bildschirm generierbar wurden, deren Elemente keine direkten Beziehungen mehr untereinander aufweisen und nur noch sich selbst bedeuten (s. dazu Tafel X und XI). Diese abstrakten *Punktmengen* aber bilden eigene Ordnungen, die es nahelegen, ihnen eine Fähigkeit zur **Selbstorganisation** zuzuschreiben. Von der damit erreichten Ebene **syntaktischer Systembildung** wird ein erster Schritt zurück zur konkreten gesellschaftlichen Wirklichkeit vollzogen, wenn man in die abstrakten *Punktmengen* „Ein-bildungen" vornimmt und sie dadurch mit Bedeutungen versieht. Von der damit erreichten Ebene **semantischer Systembildungen** führt der letzte Schritt zur Ebene **pragmatischer Systembildung**, auf der die konstruierten Systeme als Orientierungen für die praktische Gestaltung gesellschaftlicher Wirklichkeit genutzt werden können.

Dieser hier abstrakt beschriebene Konstruktionsprozeß wird zur Grundlage von *System*bildungssequenzen, die im Teil 4 als Musterbeispiele näher beschrieben werden (s. dazu besonders die Systembildungssequenz „Die Wirbelstraße: Ein sensibles System zwischen Ordnung und Chaos"). Konkret erfahrbar ist da in der *Tätigkeit* des Systembildens innerhalb eines Spannungsfelds von *Disziplinarität und Interdisziplinarität*, wie sich die Komplementarität von *Determination* und *Konstruktion* in der menschlichen *Tätigkeit* entwickelt: **Je weniger *Inhalt*liches die *Tätigkeit* determiniert, desto größer wird die Freiheit des Subjekts in seinen *Konstruktion*en.** Diese Freiheit entsteht durch die immer stärkere Konzentration auf *Formales*, bis sie beim Erreichen der *syntaktischen Ebene* umschlägt in eine neue *Determination*, diesmal aber durch die *Selbstorganisation von Formal-Abstraktem*. Je größer die Freiheit in der *Konstruktion* durch die Abkehr von „objektiv Gegebenem" wird, desto mehr muß man schließlich akzeptieren, daß die - vom Menschen aufgrund seiner konstruktiven Tätigkeit mitbewirkte - *Selbstorganisation* formal-abstrakter *System*e eine neue Art von *Determination* mit sich bringt. Damit wird die Vermittlung dieser neuen Art von *Determination*, die erst einmal als unaufklärbarer Systemautomatismus begriffen wird, zum existentiellen Problem menschlicher *Tätigkeit*; oder anders formuliert: **Die produktive Vermittlung der Selbsttätigkeit von Mensch (und Natur) und die *Selbstorganisation* von Formal-Abstraktem wird Gegenstand und Ziel hochentwickelter, selbstreflexiver Formen menschlicher Systembildung. Der Ansatz „Interdisziplinäre System-Bildung" ist dann darauf ausgerichtet, die Entwicklung von Kompetenzen für diese Tätigkeit anzuregen und zu unterstützen.**

Im folgenden soll ein Lösungsansatz ***versucht (!)*** werden, diese Vermittlung über den Begriff „*System*bildung" herzustellen: *Tätigkeit* und *System* stehen sich dann nicht mehr dualistisch-unverbunden gegenüber, wenn man sie über den **Begriff „*System*bildung"** miteinander in Beziehung setzt. Aus der Sicht des entwickeltsten Stands der *Tätigkeit* ist der Prozeß insgesamt von der *Objektkonstitution* bis hin zur Stufe der *Selbstorganisation* von *System*en und ihrer Vermittlung mit der Selbst*tätigkeit* ein Prozeß der *System*bildung. Dem Vorteil der Sicht eines kontinuierlichen Prozesses mit dem gemeinsamen Nenner „Systembildung" ohne Unterteilung in untereinander weniger kompatible Teile wie Objektkonstitution, Analyse, Theoriebildung, Modellbildung, Realisation u. ä. steht der Nachteil gegenüber, daß der Begriff „*Systembildung*" leicht leer wird, weil er die *Tätigkeit* insgesamt umfaßt und nicht mehr nur eine bestimmte Stufe, Form oder Qualität dieser *Tätigkeit*.

Diese Gefahr läßt sich aber dadurch auffangen, daß *System*bildung in der ***Komplementarität von Tätigkeit und System*** gesehen wird. Die *Tätigkeit* ist dabei der Motor des Prozesses, das *System* das Ergebnis in einer bestimmten *Form* und zu einem bestimmten Zeitpunkt, das dann aber auch zukünftige Tätigkeiten mitbestimmt. Das *Denken von der Tätigkeit* her ist mehr **methodisch-operativ** sowie **prozeß- und entwicklungsorientiert**, vollzieht sich **von innen nach außen**. Das *Denken vom System her* ist mehr **beschreibend - konstatierend, analytisch** und vollzieht sich **von außen** (der Wahrnehmung von Systemen) nach innen (zum Systemautomatismus hin, der aber als unaufklärbar angesehen wird).

Beide Denkrichtungen werden zusammengeführt in dem Begriff der *System*bildung. Von ihm aus erscheint der Blick zur *Tätigkeit* hin als Suche nach dem Ursprung des *System*s, dem *Konstruktion*sakt und dem Subjekt als *System*bildner. Der Blick zum *System* hin aber richtet sich auf das Ergebnis von *System*bildung, das konstruierte *System* bzw. auf eine Einheit, innerhalb derer sich Systembildungen vollziehen..

Verbinden kann beide Sichtweisen der Blick auf den Ausgangspunkt von *System*bildungen. Dieser kann als *System*keim, *System*kern oder als **„*System*bildender Faktor"** bezeichnet werden, der im Verständnis von ANOCHIN „eine chaotische Vielzahl von Komponenten in ein funktionelles *System* einordnet." (ANOCHIN, P. K., 1978, S. 289). In Analogie dazu kann die Suche nach elementaren Mitteln in der Pädagogik als **Suche nach elementaren systembildenden Faktoren** verstanden werden.

Im folgenden soll aufgezeigt werden, daß erst einmal zwei qualitativ verschiedene *systembildende Faktoren* unterschieden werden können. Das bewußte Operieren mit diesen beiden Faktoren in einem Gesamtzusammenhang soll dann als *interdisziplinäre Systembildung* verstanden werden.

2.4.4 Die Vermittlung von Selbsttätigkeit und Selbstorganisation als Gegenstand und Ziel interdisziplinärer Systembildungen

PESTALOZZIs **Suche nach dem Elementarem**, die die Richtung späterer pädagogischer Systembildungen grundlegend bestimmte, läßt sich aus systemtheoretischer Sicht als **Suche nach dem systembildenden Faktor** interpretieren. Solange PESTALOZZI diesen durch *analytisch-atomistische Zerlegung* von „verwickelten Phänomenen" - beim Sprachunterricht durch Zerlegung von Sprache in Grundelemente bis hin zu den Lauten, beim Gymnastikunterricht durch Zerlegung komplexer Bewegungsabläufe des Subjekts in elementare Körperbewegungen - zu finden suchte, verfehlte er sein Ziel. Erst als er seine Suche umorientierte auf **elementare Ausgangspunkte**, die man als „*Urmittel*" bezeichnen kann, aus denen heraus in „lückenloser Reihenfolge" ein genetisch wachsender Gesamtzusammenhang entfaltet werden sollte, kam er der Realisierung seiner Idee einer Elementarbildung näher (s. dazu: KLAFKI, 1963, S. 31 - 51).

Im Gegensatz zur Konzeption eines *vernetzten Systemdenkens*, für das *Kompliziertheit* (d.h. die Verbindung einer Vielzahl unterschiedlicher Elemente) konstitutiv ist, gründet die neuere *evolutionär-dynamische Systemtheorie* auf **Zentren**, aus denen alles hervorgeht (wenn man es prozeßhaft sieht) bzw. um die alles gruppiert ist (wenn man es mehr zustandhaft sieht). Zur Kennzeichnung dieser Zentren werden Begriffe wie

Generator, Organisator, Systemkern, Attraktor oder Ordner benutzt (s. Tafel III). Benannt wird damit der Motor oder das Kraftzentrum von Systembildungen. Knüpft man an die Ausführungen unter 3.6 an, in denen die Entstehung von komplexen Systemen aus einfachen Iterationsgleichungen vorgestellt wird, so hat man eine erste Art von *system*bildendem Faktor, dessen produktive Kraft sich auch in den erzeugten Computergraphiken widerspiegelt, in denen *Punktmengen* sich um Zentren gruppieren und **anthropomorphisierende Vorstellungen** hervorrufen, die dazu führen, den generierten *System*en eine Fähigkeit zur *Selbstorganisation* zuzuschreiben.

Bis zu welchen weltanschaulich-ideologischen Dimensionen sich solche Vorstellungen entwickeln können, zeigt sich bei Vilem FLUSSER. Die technischen Bilder gehen für ihn aus wissenschaftlichen Theorien als systembildende Faktoren hervor, „die uns unabweisbar belehren, daß „in Wirklichkeit" alles ein zerfallender Punktschwarm ist, eine gähnende Leere. Die Wissenschaft und die aus ihr hervorgegangene Technik, diese Triumphe der westlichen Zivilisation, haben einerseits die objektive Welt um uns herum in ein Nichts zerrieben und uns andererseits in eine Welt der Einbildung gebadet. Es scheint uns daher, als sei unsere geschichtliche Entwicklung in einem Endstadium angelangt, das sich im wesentlichen in nichts vom buddhistischen Weltbild unterscheidet: ein Schleier von Maya umhüllt das gähnende Nichts des Nirvana. So gesehen, würde der gewaltige Strom der westlichen Geschichte daran sein, in den Ozean des zeitlosen Orients zu münden." (FLUSSER, V., 1991, S. 35).

Der systembildende Faktor wird also in den abstrakten Theorien und daraus abgeleiteten mathematischen Formeln gesehen, wie sie auch den technischen Bildern zugrunde liegen (s. auch Tafel XI). Für Michael KIRN steht dieses Verständnis von **Formeln als dem eigentlichen systembildenden Faktor von Welt überhaupt** in der Tradition der Philosophie von LEIBNIZ und diese wiederum in einer Verwandtschaft mit dem *altchinesischen Selbstorganisationsdenken.* Als grundlegend sieht KIRN die Annahme einer **„Schöpfung aus dem Nichts"** an, bei der die *Entstehung von Neuem* **aus einer einzigen Grundformel** heraus geschieht: „Wie im binären Zahlensystem sich aus den Elementen 1 und 0 von selbst alle Rechenarten erzeugen, so müsse die Schöpfung der Welt als Selbstorganisation der Natur, als je gegenwärtiger Realisierungsprozeß des Einen aus dem Nichts (Chaos) begriffen werden. So ergibt sich nach Leibniz eine Kontinuität der „Schöpfung aus dem Nichts", indem eben dieses Nichts zur mathematischen „Null" und damit zum Moment eines berechenbaren Naturvorgangs gemacht wird, aus welchem alles, auch das menschliche Bewußtsein selbst, hervorgeht. Die Berechenbarkeit der Substanz ist also hier das Haltende der Kontinuität und damit der ontologische Ausgangspunkt der „natürlichen Theologie" überhaupt." (KIRN, M., 1985, S. 72 f.).

Vilem FLUSSER beklagt, daß den aus abstrakten Formeln *generierten virtuellen Realitäten* nur der Status von Scheinwelten zuerkannt wird: „Warum mißtrauen wir eigentlich diesen synthetischen Bildern, Tönen und Hologrammen? Warum beschimpfen wir sie mit dem Wort „Schein"? Warum sind sie für uns nicht real? Die vorschnelle Antwort lautet: weil diese alternativen Welten eben nichts anderes sind als komputierte Punktelemente, weil sie im Nichts schwebende Nebelgebilde sind. Die Antwort ist vorschnell, da sie Realität an der Dichte der Streuung mißt und wir uns auf die Technik verlassen können, daß sie in der Lage sein wird, die Punktelemente ebenso dicht zu streuen, wie dies bei den Dingen der uns gegebenen Welt der Fall ist. Der Tisch, auf dem ich schreibe, ist nichts anderes als ein Punktschwarm. Wenn einmal im Hologramm dieses Tisches die Elemente genauso dicht gestreut sein werden, dann werden unsere Sinne zwischen beiden nicht mehr zu unterscheiden vermögen. Das Problem stellt sich also: Entweder sind die alternativen Welten ebenso real wie die gegebene oder die gegebene ist ebenso gespenstisch wie die alternativen." (FLUSSER, V., 1991, S. 147).

„Der Tisch, auf dem ich schreibe, ist nichts anderes als ein Punktschwarm": Diese Reifizierung (= Gleichsetzung von Theorie und Realität) mag erst einmal abstrus klingen. Die Einführung einer solchen Argumentation in die pädagogische Diskussion wäre dann nur deshalb noch zu rechtfertigen, weil man eventuell bei Lernenden auf ähnliche Gedankengänge trifft, die dann zu diskutieren sind.

Hier wird aber auch ein grundsätzliches Problem im Umgang mit solchen technisch generierten *System*en deutlich: **Wie kann ich, nachdem ich mich so weit von gegebener Weltsubstanz und Inhaltlichkeit entfernt habe, zu ihr zurückfinden? Wie kann ich das gewonnene Formal-Abstrakte in eine produktive *Wechselwirkung* bringen mit Inhaltlich-Konkretem?**

Folgt man der historischen Rekonstruktion der *Chaos*forschung von James GLEICK (1987), dann ist die **Experimentelle Mathematik** die ursprüngliche Quelle dieses neuen Forschungsansatzes. Untersucht werden aus Iterationsgleichungen hervorgehende Zahlenkolonnen, deren *Struktur*en zum Teil erst dann zugänglicher waren, als die Umsetzung in Computerbilder gelang und abstrakte Mathematik durch diese anschaubar wurde (s. dazu Tafel XI)..

Die Relevanz der Forschungsergebnisse für ihre Wissenschaft erkannten die Physiker (obschon traditionsgemäß der Mathematik nahestehend) erst später, Wissenschaftler anderer Disziplinen noch später. **Die gefundenen *Struktur*en, *Systembildungsprinzipien und -konzepte* wurden dann von ihnen in einer metaphorischen Weise genutzt, indem man etwa ein bestimmtes physikalisches *System* (Metaphernteil A: *Inhalt*) als ein fraktales oder chaotisches *System* (Metaphernteil B: *Form*) betrachtete und so zur *Erzeugung von Neuem* (Metaphernteil C) zu kommen suchte** (s. dazu auch die Ausführungen zu Metaphernbildungen unter 3.3.2.1).

Zu den in der modernen *System*theorie ausgebildeten Konzepten gehört auch das der „*Emergenz*": „Emergenz bezeichnet das plötzliche Auftauchen einer neuen Qualität, die jeweils nicht erklärt werden kann durch die Eigenschaften oder Relationen der beteiligten Elemente, sondern durch eine jeweils besonders *selbstorganisierende Prozeßdynamik*." (KÜPPERS, G., KROHN, W., 1992, S. 7 f). Mit diesem Konzept der *Emergenz* ist offensichtlich die Idee einer sich automatisch vollziehenden *Erzeugung von Neuem* verbunden, für das kein *system*bildendes Subjekt angegeben wird bzw. angegeben werden kann. Zu einem solchen *Emergenz*-Konzept tendieren auch systemtheoretische Ansätze in der Pädagogik wie etwa der von LUHMANN/SCHORR, da auch bei ihnen an die Stelle des selbsttätigen Subjekts **das sich selbst organisierende** *System* tritt, dem in einem gegebenen Systemrahmen eine gewisse Funktion bei der *Erzeugung von Neuem* - eben in *Emergenz*prozessen - zuerkannt wird (s. dazu auch die Ausführungen zu Dieter LENZEN unter 7.2).

Mit diesem Grundansatz ist zumindest tendenziell eine Weltanschauung verbunden, die letztlich das *Formal-Abstrakte* **zum Ausgangspunkt** erhebt und dieses als den *system*bildenden Faktor betrachtet, von dem dann quasi automatisch Systembildungen hervorgebracht werden. Die Attraktivität dieses Konzepts ist in der Anerkennung einer eigenständigen *System*dynamik zu sehen; das Problematische liegt aus bildungstheoretischer Sicht in der Ausblendung des tätigen Subjekts. *Denn auch das Konzept des selbstreferentiellen Systems, mit dem das individuelle Subjekt im System pädagogischer Interaktionen repräsentiert werden soll, ist mit der Idee des formalen Systemautomatismus - hier des Individuums als System - verbunden und tendiert eher zu Distanz und Entfremdung als zu Nähe und Solidarität.* Als ein Beleg für diese Annahme kann vielleicht der Eindruck genommen werden, den LUHMANN/SCHORR selbst von den Ergebnissen ihrer Neuaufnahme des pädagogischen Grundproblems haben, daß nämlich „die Frage nach den Wirkungsmöglichkeiten des Pädagogen sich in ganz verschiedene Richtungen auflösen und theoretisch weiter bearbeiten läßt, wobei das Interesse an der Freiheit des Menschen, der zu erziehen ist, eher zurücktritt." (LUHMANN, N., SCHORR, K. E., 1982, S. 9).

Der Idee einer aus formal-abstrakter *Selbstorganisation* hervorgehenden „*Schöpfung aus dem Nichts*", wie sie von LEIBNIZ gedacht wurde, stellt Michael KIRN die im „ältesten Systemprogramm des Deutschen Idealismus" entwickelte Idee einer „*Schöpfung aus dem Nichts*" (HEGEL, G. W. F., 1969, S. 234) gegenüber, die aus der menschlichen *Tätigkeit* im Prozeß ihrer Gestaltung von Welt hervorgeht. Die Philosophie von LEIBNIZ mit ihrer Nähe zum altchinesischen *Selbstorganisationsdenken* sieht KIRN in einem scharfem Gegensatz zur Philosophie HEGELs und deren Beziehung zur jüdisch-christlichen Religion, „die die Kontinuität der Schöpfung sehr viel mehr vom Menschen her begreift, d. h. die dessen Aufgaben in der Welt nicht darauf beschränkt, die göttliche Lebenssubstanz zu berechnen, sondern vielmehr den Gesichtspunkt der kontinuierlichen Verwandlung der letzteren durch die menschliche Tätigkeit betont." (KIRN, M., 1985, S. 73).

Weltsubstanz in abstrakte Punkte auflösen

"Selbstähnlichkeit" in den Wasserstudien Leonardo da VINCIs: Wirbel im Wirbel im Wirbel...

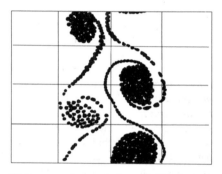

Strömungswissenschaften: Auflösung von Flüssigem in Teilchen.

Selbstorganistation abstrakter, nur sich selbst bedeutender Punktmengen

Tafel X

Zwei Arten von "Schöpfungen aus dem Nichts"

Joseph BEUYS: Einbildungen in Weltsubstanz

Einbildungen in sich selbstorganisierende Punktmengen (in Anlehnung an den "LAKE MANDELBROT " von H.O.PEITGEN /H.JÜRGENS / D.SAUPE)

Geht die erste Art der „Schöpfung aus dem Nichts" aus formal-abstrakter *Selbstorganisation* hervor, so die zweite aus der inhaltlich an gegebene Weltsubstanz gebundenen *Selbst-Tätigkeit* von Subjekten.

Die Konsequenzen des zweiten Ansatzes, der dem menschlichen Subjekt die Fähigkeit zu einer „Schöpfung aus dem Nichts" zuschreibt, und seine Relevanz für die heutige Zeit soll im folgenden an dem künstlerischen Werk von **Joseph BEUYS** aufgezeigt werden. Im Gegensatz zu Vilem FLUSSER, der in seiner Zusammenarbeit mit dem französischen Computerkünstler Louis BEC künstliche Lebewesen und denen adäquate virtuelle Welten entwarf (s. dazu: FLUSSER, V., BEC, L., 1987), sind nicht vom Computer generierte abstrakte Punktschwärme, sondern **Filz, Honig, Fett oder Bäume, also organische Substanzen,** das Material von Joseph BEUYS (s. dazu HARLAN, V., 1987, ZWEITE, A., 1991 und die Tafel X).

Seinen Umgang mit diesen Materialien beschreibt Joseph BEUYS wie folgt: „Ich greife in ein unbestimmtes Material, Fett oder Ton, und durch eine bestimmte Bewegung bringe ich das in eine Form. Es ist auch wichtig, daß man diese Form in eine unbestimmte Form zurückführen kann. Unter Umständen versperrt mir der Gegenstand im nächsten Jahrhundert die Landschaft..." (zitiert nach ZWEITE, A., 1991, S. 13). Geleitet wird der Umgang mit den aus der Natur entnommenen Materialien von Ideellem: „Den skulpturalen Vorgang versteht Beuys als ein „Abdruckverfahren", als ein „Hineindrücken einer Tat in die Materie", und da, seiner Auffassung nach, „Denken Tat ist", ist das „Denken bereits ein skulpturaler Prozeß." (ZWEITE, A., 1991, S. 14).

Ein grundlegendes Motiv seiner künstlerischen Tätigkeit ist für Joseph BEUYS die *Veränderung des Verhältnisses des Menschen zur Natur*, das er als tief gestört ansieht. Dieses Motiv der Zerstörung der Natur durch den Menschen und die Notwendigkeit eines Umdenkens spielte in seinem Werk eine so zentrale Rolle, daß er in seiner Aktion *7000 Eichen* die Transformation der Kunst so weit betrieb, daß der Eigenwert des Ästhetischen weitestgehend aufgegeben und ein konkretes, ökologisch begründetes und politisch vermitteltes Ziel anvisiert wurde.

Arnim ZWEITE sieht mit solchen Zielstellungen das Werk von Joseph BEUYS in einem deutlichen Gegensatz zu anderen modernen Strömungen in der Kunst: „Angesichts der neuen Unübersichtlichkeit, angesichts des Zerfalls aller Zusammenhänge scheint vielen Zeitgenossen ein derartiger Emanzipationshorizont des eigenen Tuns abhanden gekommen, jener Emanzipationshorizont, der das Tun von Beuys durchgängig bestimmte. Was heute weitgehend vorherrscht, ist die Beuys völlig fremde Überzeugung, nicht mehr intervenieren, nicht mehr auf Veränderung zum Besseren hin arbeiten zu können. Die Ausgangslage, in der wir uns befinden, wird jetzt häufig dahingehend bestimmt, daß es - wie Lyotard es ausdrückte - „eine Moderne gibt, die man mit der Aufklärung ansetzen kann, die aber heute vorbei ist". Dem künstlerischen Bewußtsein einer Zeit nach Beuys scheint die Imagination eines anderen Zustandes vielfach verloren gegangen zu sein, der Kräfte freisetzt, nicht nur eine Alternative zu Bestehendem zu denken, sondern auch handelnd anzustreben." (ZWEITE, A., 1991, S. 51).

Aus der Sicht der künstlerischen Konzeption von Joseph BEUYS erscheinen die Vorbehalte und die Skepsis von Heinrich BAUERSFELD gegenüber der *Tätigkeitstheorie* in einem anderen Licht. Die Orientierung auf *Gegenständlichkeit und Inhaltlichkeit* muß nicht in Dogmatismus und Bestehen auf „objektive Wahrheit" münden, sondern ist von ihrer eigentlichen Zielrichtung her auf die *kreative und zugleich verantwortungsbewußte Gestaltung gegebener Weltsubstanz* ausgerichtet. *Tätigkeit* wird so konzentriert auf eine *elementare Inhaltlichkeit*, die als gestaltbar angesehen wird. Diese *Inhaltlichkeit* garantiert Geschichtlichkeit und Kontinuität, die über einen geschichtslosen *Systemautomatismus* hinausgeht. Sie stellt das tätige Subjekt in einen **kulurhistorischen Prozeß** der Transformation gegebener Weltsubstanz hinein, der zugleich auf Bewahrung und auf *Erzeugung von Neuem* durch Transformation des Vorgegebenen ausgerichtet ist. Wirklichkeit und Möglichkeit werden dabei zusammengeführt über Ideale, die die *Tätigkeit* der Subjekte bei der Gestaltung der Wirklichkeit orientieren und Bewußtheit in dieser *Tätigkeit* herstellen.

Gegenüber dieser *inhaltlich-gegenständlich* ausgerichteten (Selbst-)*Tätigkeit* entbehrt die *Selbstorganisation* von *System*en in ihrer formalen Ausrichtung erst einmal Grund und Boden, sie erweckt das Gefühl „gähnender Leere" (s. das obige Zitat von FLUSSER). Michael KIRN verdeutlicht das an Erlebnissen, die sich vor einem Computerbildschirm einstellen: „Man betrachte unbefangenen Auges, wie auf dem Monitor des Computers ein „bit" das andere auslöscht, wie die eben noch aufleuchtende Zahl, das eben noch herumturmnelnde Männchen in dem grauen oder grünen Einerlei einer Scheibe augenblicklich und rückstandslos verschwindet, ohne daß an dem unmittelbaren Punkt der Negation ein Kampf, ein Widerstand oder Übergang, ein Verrotten oder Verwesen als vermittelnder Prozeß dieser Negation erkennbar wäre. Etwas ist da, etwas anderes von der gleichen Art fällt blitzartig herein, und jenes erstere ist restlos ausgelöscht." (KIRN, M., 1985, S. 142). Den von BAUERSFELD hervorgehobenen Vorzügen konstruktivistischer (*System-*)Theorie wie **Liberalität, Offenheit, Toleranz, Bescheidenheit und Möglichkeit zur Selbstorganisation** steht - zumindest tendenziell - **Geschichtslosigkeit, Beliebigkeit, Bindungslosigkeit, Perspektivlosigkeit und die Herrschaft unaufgeklärter** *Systemautomatismen* gegenüber.

Die beiden gegensätzlichen Haltungen gegenüber der Welt findet man auch in sozialwissenschaftlichen *System*theorien wieder, wie durch einen Vergleich der Ansätze von C. West CHURCHMAN und Niklas LUHMANN aufgezeigt werden kann. CHURCHMAN (1973 a u. b, 1981) geht in seiner *System*theorie auf die Philosophie von KANT zurück. Damit wird zum einen *das selbsttätige Subjekt als Ausgangspunkt von Systembildungen gesetzt*, das in Akten synthetischer Urteilsbildung Einheiten konstituiert. Zum anderen ist *System*bildung auf „Ganzheitlichkeit" ausgerichtet insofern, als der Systembegriff nicht auf ein *Mittel* instrumenteller Vernunft verkürzt und damit bis in die alltägliche Lebenswelt hinein desavouiert wird, wo er mit Assoziationen von Zwang und Unterdrückung durch politische, technische oder formal-abstrakte wissenschaftliche Systeme verbunden wird. Statt dessen behält der Systembegriff seine kritische Funktion, die sich bei KANT gegen die **Partikularität nur politischer, moralischer, religiöser, wissenschaftlicher oder ästhetischer Ansprüche** richtet (modern und positiv ausgedrückt: auf Inter- und Transdisziplinarität). Ziel ist die Gestaltung neuer Systeme, von denen das größte das „Ich" ist (s. dazu: CHURCHMAN, C. W., 1973 a, S. 7). In neueren Ansätzen der Technologieforschung - wie etwa die von Michael BRATER (1988) oder Felix RAUNER (1988) - wird diese Gestaltung neuer *Systeme* unter Beteiligung der Betroffenen zum Ausgangs- und Mittelpunkt und geht damit über die Beschreibung und Optimierung gegebener Systeme hinaus. Begründet werden diese Ansätze mit den Erfordernissen und Möglichkeiten neuer Informations- und Kommunikationstechnologien.

In der *System*theorie von Niklas LUHMANN verschwindet demgegenüber das Subjekt aus dem Blick. Selbst wenn es mit dem Begriff „selbstreferentielles *System*" thematisiert wird, wird es mit Distanz von außen betrachtet und seine *system*bildende Kraft nicht erfaßt. Statt dessen werden gegebene *System*e mit der Begrifflichkeit funktioneller *System*theorie beschrieben und analysiert. Auf dieser Grundlage werden dann Überlegungen zu Möglichkeiten der **Systemoptimierung** angestellt, die aber *System(r)evolutionen durch das Subjekt* nicht miteinbeziehen. Gegenüber subjektzentrierten *System*ansätzen besteht allerdings die Leistung solcher *System*theorien darin, daß sie die Eigendynamik von *System*en bis hin zu *Emergenz*prozessen herausarbeiten.

Sind beide Systemansätze miteinander vermittelbar bei Beibehaltung der jeweiligen Stärken? Über eine Komplementarität hinaus, wie sie weiter oben für die Begriffe *Tätigkeit* und *System* thematisiert wurde, ginge eine **dialektische Vermittlung**, versteht man darunter die Organisation von Komplementaritäten unter gleichzeitiger Ausrichtung auf ein Ziel, das über und durch das Wechselspiel beider Seiten erreicht werden soll (s. dazu die methodischen Überlegungen in 3.2.2.2). Dieses Ziel bekäme dann die **Funktion eines Ideals** im Sinne der *Tätigkeit*stheorie, das die *Tätigkeit* orientiert und Kontinuität und Bewußtheit ermöglicht.

Eine inhaltliche Orientierung für die Formulierung dieses Ideals läßt sich aus den Arbeiten von Joseph BEUYS gewinnen, der ein neues Mensch-Natur-Verhältnis in den Mittelpunkt seiner künstlerischen *Tätigkeit* stellte. Die Form eines solchen Ideals könnte die **konkretisierbare Utopie** (s. dazu auch 4.1.1) sein, in der Möglichkeit und Wirklichkeit aufeinander bezogen werden. **Die utopische Produktion würde sich auf die zwei Arten von „Schöpfungen aus dem Nichts" gründen, die aus der Selbsttätigkeit von Subjekten und der Selbstorganisation von Systemen hervorgehen.** Wirklichkeit wäre repräsentiert zugleich in ihrem *System*zusammenhang und in ihrem Ursprung und Motor der Entwicklung, der *Selbsttätigkeit* von Mensch und Natur.

Der **Entwurf konkretisierbarer Utopien** erfordert ein *Wechselspiel von ästhetisch-gestaltender und wissenschaftlich-analytischer Tätigkeit.* Bei der *Konstruktion* virtueller Realitäten ist diese Zusammenarbeit von Künstlern auf der einen Seite und Wissenschaftlern und Technikern auf der anderen Seite schon zu einer Selbstverständlichkeit geworden (s. dazu etwa entsprechende Aktivitäten im M.I.T oder im Karlsruher Zentrum für Kunst und Neue Technologie). Notwendig und möglich ist also eine **Überbrückung der Kluft zwischen den „zwei Kulturen"** (SNOW, C. P., 1987).

Zu einem grundlegenden Problem einer interdisziplinären *System*bildung, die auf eine **dialektische Vermittlung von Selbsttätigkeit und Selbstorganisation** ausgerichtet ist, wird die *Organisation des Wechselspiels von Inhaltlichem und Formalen im Entwurf konkretisierbarer Utopien.* Pädagogik kann zu dessen Lösung einen Beitrag liefern, wenn sie in der Tradition der deutschen Bildungstheorie *Elementarmittel* entwickelt, die für die *Vermittlung von Selbsttätigkeit und Selbstorganisation* eingesetzt werden können (s. dazu auch die Ausführungen zur Systembildungssequenz „Muscheln: Nachhaltiger Umgang mit Systemen" unter 4.5).

2.5 Bildhaftes Denken als grundlegendes Mittel für Systembildungen

Welches sind elementare Mittel für die Vermittlung von *Selbsttätigkeit* von Subjekten und der *Selbstorganisation* von Systemen? Ein Beispiel dafür läßt sich bei James GLEICK in seiner historischen Rekonstruktion der Chaosforschung finden: Der Mathematiker Mitchel FEIGENBAUM hatte seinen Computer auf der Grundlage von Iterationsgleichungen Zahlenkolonnen generieren lassen (s. dazu auch 3.6), vor denen er jetzt saß und in denen er nach Ordnung, nach ihnen zugrundeliegenden Prinzipien suchte. Die entscheidende Idee kam ihm dann durch einen Rückgriff auf GOETHEs Farbenlehre, die er jetzt noch einmal las: So wie GOETHE nach **einer** Wahrnehmung und **den ihr zugrunde liegenden Prinzipien** suchte, die das ganze Durcheinander der Erfahrung sichten und universale Eigenschaften herausfinden sollte, so fragte sich FEIGENBAUM, welche Art mathematischer Formalismus der menschlichen Wahrnehmung entsprechen möchte: „Die Inspiration kam in Gestalt eines Bildes, der geistigen Vision zweier kleiner Wellenformen und einer großen. Das war alles - ein leuchtendes, scharf umrissenes Bild, das sich in seinem Geist eingegraben hatte, vielleicht nicht mehr als die sichtbare Spitze eines gewaltigen Eisbergs mentaler Prozesse, die sich unterhalb der Wasseroberfläche des Bewußtseins abspielten. Es hatte mit Skalierung zu tun, und es wies Feigenbaum den Weg, nach dem er gesucht hatte." (GLEICK, J., 1990, S. 253).

Diese Idee der Skalierung, d.h. der Wiederholung von Formen und Strukturen in verschiedenen Maßstäben, führte ihn zur Formulierung des *Prinzips der Universalität.*

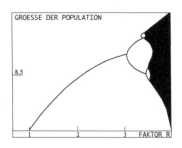

GROESSE DER POPULATION

8.5

1   2   3   FAKTOR R

**Das Feigenbaum-Diagramm:
Prozeßdarstellung
des Wegs ins Chaos**

**Die Mandelbrotmenge:
Zustandsdarstellung einer
Punktmenge im Spannungsfeld
von Ordnung und Chaos**

**Transformation von unanschaulicher
Mathematik in anschaubare Punktmengen**

**Ausschnitt aus einer Julia-
Menge: Spiralförmige
Verwirbelungen**

Tafel XI

144

Unanschauliches anschaubar machen:
Mit einer Iterationsgleichung generierte Komplexität

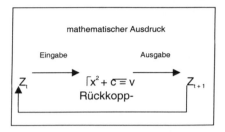

mathematischer Ausdruck

Eingabe   Ausgabe

Z_t ⌐$x^2 + c \equiv v$ Z_{t+1}
Rückkopp-

Eine Iterationsgleichung als
Generator

$X^2 = 0{,}5 / c=0$		$X^2 = 0{,}5 / c= -1$		$X^2 = 0{,}5 / c= -2$	
1	9.0000000000E-01	1	5.0000000000E-01	1	9.0000000000E-01
2	2.5000000000E-01	2	-7.5000000000E-01	2	-8.7500000000E+00
3	6.2500000000E-02	3	-4.3750000000E-01	3	1.0625000000E+00
4	3.9062500000E-03	4	-4.0889375000E-01	4	-6.7109575000E-01
5	1.5258789065E-05	5	-3.4617616746E-01	5	-12411956787E+00
6	2.5283066365E-10	6	-3.8016207493E-01	6	-6.5943328719E-01
7	5.6210108626E-20	7	-2.2531672186E-01	7	-17889210547E+00
8	2.9387356771E-32	8	-9.4923327611E-01	8	-1.2002385398E+00
9	0.0000000000E+00	9	-8.8956187518E-02	9	-5.5942744757E-01
10	0.0000000000E+00	10	-9.9020767295E-01	10	-1.68706093009E+00
11	0.0000000000E+00	11	-1.9433764427E-02	11	8.4610710256E-01
12	0.0000000000E+00	12	-9.9962018806E-01	12	-1.2841027710E+00
13	0.0000000000E+00	13	-7.5967961886E-04	13	-3.5103007351E-01
14	0.0000000000E+00	14	-9.9999942329E-01	14	-18767427320E+00
15	0.0000000000E+00	15	-1.1534176316E-06	15	1.5221634697E+00
16	0.0000000000E+00	16	-1.0000000000E+00	16	3.16981428612E-01
17	0.0000000000E+00	17	0.0000000000E+00	17	-1.8945226471E+00
18	0.0000000000E+00	18	-1.0000000000E+00	18	1.6081362869E+00
19	0.0000000000E+00	19	0.0000000000E+00	19	5.8626313347E-01
20	0.0000000000E+00	20	-1.0000000000E+00	20	-1.6562955383E+00
		21	0.0000000000E+00	21	7.4331491029E-01
		22	-1.0000000000E+00	22	-14474829443E+00
		23	0.0000000000E+00	23	9.5206873582E-02
		24	-1.0000000000E+00	24	-1.9909356512E+00
		25	0.0000000000E+00	25	1.9638267673E+00
		26	-1.0000000000E+00	26	1.8344077167E+00
		27	0.0000000000E+00	27	1.4469922138E+00
		28	-1.0000000000E+00	28	9.3786466819E-02
		29	0.0000000000E+00	29	-1.9912040936E+00
		30	-1.0000000000E+00	30	1.9643937424E+00
		31	0.0000000000E+00	31	1.3608074977E+00
		32	-1.0000000000E+00	32	1.4626049433E+00
		33	0.0000000000E+00	33	1.3921205073E-01
		34	-1.0000000000E+00	34	-1.9806200049E+00

Generierte Zahlenfolge:
Unanschauliche Komplexität

Dieses Prinzip bringt zum Ausdruck, daß es in Systemen Strukturen und Formen gibt, die immer die gleichen bleiben, aber unterschiedliche Größen annehmen. In der Chaosforschung und der Fraktalen Geometrie ist diese Erscheinung auch mit dem Begriff *„Selbstähnlichkeit"* belegt worden (s. dazu: GLEICK, J., 1989, S. 236 - 239 und 263 - 269 sowie Tafel X).

FEIGENBAUM entdeckte das *Prinzip der Universalität* **auch in künstlerischen Darstellungen** (etwa in von RUYSDAEL und TURNER gemalten Wasserläufen/ s. auch in Tafel X die Wasserstudien von Leonardo da VINCI) wieder. Er war darüber hinaus davon überzeugt, daß seine Theorie, **die aus der Untersuchung von numerischen Funktionen hervorgegangen war**, „ein **Naturgesetz über Systeme** am Punkt des Übergangs von Ordnung zu Turbulenz ausdrückte. Jedermann wußte, daß Turbulenz ein kontinuierliches Spektrum verschiedener Frequenzen bedeutete, und jedermann fragte sich, woher die verschiedenen Frequenzen kamen. Plötzlich konnte man sehen, wie die Frequenzen regelmäßig aufeinanderfolgend auftraten. Die physikalische Konsequenz daraus lautete, **daß reale Systeme sich in derselben erkennbaren Weise verhielten** und daß darüber hinaus dieses Verhalten meßbar dasselbe sei. Feigenbaums Universalität war nicht nur qualitativ, sie war auch quantitativ; nicht nur strukturell, sondern auch metrisch. Sie erstreckte sich nicht nur auf Muster, sondern auch auf Zahlen" (GLEICK, J., 1990, S. 259; Hervorh.: W.W.).

FEIGENBAUM verwandte also ein Mittel der Systembildung, nämlich das Prinzip der Universalität, in einer *metaphorischen Weise* **sowohl in der Mathematik und Naturwissenschaft wie in der Kunst, indem er einen bestimmten** *Inhalt* - etwa **ein physikalisches System oder ein Bild von Turner - mit einem bestimmten** *formalen* **Systembildungsprinzip - dem Prinzip der Universalität - konfrontierte und so ein** *Wechselspiel zwischen Inhalt und Form* **initialisierte** (s. dazu Tafel X und die Ausführungen zur metaphorischen Vorgehensweise in 3.3.2.1).

Wird am Beispiel FEIGENBAUM deutlich, wie **formal-allgemeine Systembildungsprinzipien** zu Mitteln werden können für die Herstellung von Beziehungen zwischen einer Vielheit von Wissen in Wissenschaft und Kunst und damit auf einer *qualitativ gleichen (Theorie-)Ebene* **(interdisziplinäre Ebene),** so zieht Jürgen HABERMAS als gelungenes Beispiel für die Aneignung von Expertenkultur aus dem Blickwinkel der Lebenswelt - und damit der *Vermittlung von Subjektiv- und Objektiv-Neuem (transdisziplinäre Ebene)* - eine Darstellung von Peter WEISS (1983) in dessen „Ästhetik des Widerstands" heran, in der eine Gruppe politisch motivierter, lernbegieriger Arbeiter im Berlin des Jahres 1937 auf einem Abendgymnasium die Mittel erwerben, um in die (Sozial-) Geschichte der europäischen Malerei einzudringen: „Unsere Auffassung einer Kultur stimmte nur selten überein mit dem, was sich als ein riesiges Reservoir von Gütern, von aufgestauten Erfindungen und Erleuchtungen darstellte. Als Eigentumslose näherten wir uns dem Angesammelten zuerst beängstigt, voller Ehrfurcht, bis es uns klar wurde, daß wir dies alles mit unseren eigenen Bewertungen zu füllen hatten, daß der Gesamtbegriff erst nutzbar werden konnte, wenn er etwas über unsere Lebensbedingungen sowie die Schwierigkeiten und Eigentümlichkeiten unserer Denkprozesse aussagte." (Peter WEISS: Die Ästhetik des Widerstands, Bd. 1, S. 54)

Führt man beide Beispiele zusammen, so kann als Zielstellung für eine „Interdisziplinäre System-Bildung" formuliert werden, **daß Mittel bereitzustellen sind, mit denen Subjekte die Vielheit von Wissen sowohl** *transdisziplinär* **von unten nach oben - von ihren eigenen Bedingungen und Bedürfnissen aus - wie auch** *interdisziplinär* **- horizontal auf einer qualitativ gleichen (Theorie-) Ebene - integrieren können.** Einheit wird dann nicht mehr fertig vorgegeben, sondern es werden unterschiedliche Einheiten von unterschiedlichen Subjekten konstituiert, die aber über die Mittel miteinander kompatibel sind. Solche auf der Grundlage des Konzepts „Interdisziplinäre System-Bildung" entworfene Einheiten sind **„konkretisierbare Utopien"**, die zum einen insofern eine Vielheit darstellen, als sie an historisch-konkrete Verhältnisse gebunden sind, zum anderen aber miteinander über heuristische Mittel für Systembildungen in Beziehung zueinander gesetzt werden können und damit in einem *bestimmten* Zusammenhang stehen.

Die von den Subjekten ausgebildeten Einheiten lassen sich insofern als ***produktives Hybridwissen*** bezeichnen, als hier unterschiedliche Wissensformen miteinander verbunden werden: **Subjektives Wissen** aus der alltäglichen Lebenspraxis und **Wissen aus spezialisierten Kulturbereichen** wie Kunst, Wissenschaft und Technik. Der Bildungsbereich gewinnt dann insofern an Bedeutung, als hier in einem **transdisziplinären Dialog** die *Zusammenführung der Wissensformen* in einer von unmittelbaren Zwängen der gesellschaftlichen Praxis entlasteten Situation geleistet werden kann (s. dazu auch die Ausführungen unter 6.4).

Mittel der Integration, die die Qualität für Hybridwissen sichern helfen, sind **allgemeine Systembildungsprinzipien** wie etwa FEIGENBAUMs *Prinzip der Universalität*, das er im Anschluß an die GOETHEsche Naturforschung gewinnt, in der Mathematik als den Bereich seiner Spezialisierung entwickelt und durch metaphorische Verwendung in den Natur- und Sozialwissenschaften zu einem allgemeinen Erkenntnismittel entwickelt. Eine andere Form von allgemeinen Systembildungsprinzipien sind **komplementäre Begriffspaare** wie *Ordnung/Chaos, Selbstentwicklung/Entwickeltwerden oder Erstmaligkeit/ Bestätigung,* wie sie von Erich JANTSCH (1982) und Ernst von WEIZSÄCKER (1974) in ihren systemtheoretischen Arbeiten und von Gerd PAWELZIG (1970) in seinen philosophisch-systematischen Arbeiten genutzt werden. Mit solchen Begriffspaaren werden *systembildende Faktoren* in Form von Spannungsverhältnissen benannt, die **sowohl der Entstehung und Bildung von „natürlichen" wie formal-abstrakten Systemen** zugrunde liegen.

Solche Mittel können insofern als ***heuristische Mittel*** (s. Tafel II, III und XII) bezeichnet werden, als sie einerseits Erfahrungen mit Systembildungen in allgemeiner

Das im Tagtraum sich einstellende Bild
einer sich in Schwanz beißenden Schlange
brachte Kekule auf die Idee
einer ringförmigen Anordnung der
Benzolelemente.

Staudinger stellte sich bei der Entwicklung
des Makromolekülkonzepts kreuz und
quer aneinander liegende Mikadostäbchen
vor.

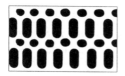

Der Biologe Nägli dachte bei der Entwicklung seiner Micellarlehre an die
Bilder von Mauerwerken.

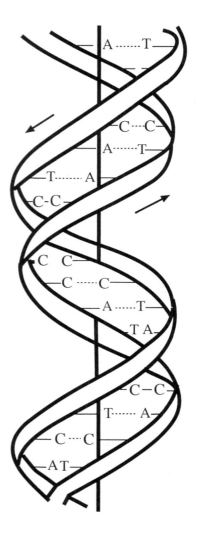

Die Form der Spirale organisierte die
Forschungen von Watson/Crick zur DNS-
Struktur

Bilder als heuristische Mittel:
Systembildung im Spannungsfeld Inhalt von und Form

Tafel XII

Entfaltung heuristischer Mittel in heuristischen Methoden

	Theorie	Methode
Versuch - Irrtum	-	-
Erfahrungs- regeln	-	+
Algorith- men	+	+
Heuristiken	(+)	(+)

(+) = offene Theorie/offene Me- thode
-   = keine explizite Theorie/ Methode

Algorithmus
Lineare Ab- arbeitung mit Lösungs- garantie

Heuristik
Wahlmöglichkeiten mit Lösungswahr- scheinlichkeiten

Heuristische Methoden: Theoriegeleitetheit, aber mit Freiheitsspielraum für subjektive Kreativität

und hochkomprimierter Form in sich aufbewahren, andererseits aber genutzt werden können zur *Erzeugung von Neuem.* Das als Material für Systembildungen genutzte Wissen wird dann bei einem Gebrauch dieser Mittel nicht mehr nur eklektizistisch in einen additiven Zusammenhang gebracht, sondern transformiert und zu einem System integriert, in dem das Ganze gegenüber seinen Teilen eine eigene Qualität besitzt, die wiederum auch die Teile bestimmt.

In den folgenden Ausführungen soll die Struktur und das Operieren mit solchen heuristischen Mitteln diskutiert werden. Dabei wird sich zeigen, daß solche Mittel einerseits bisherige Erfahrungen in hochkomprimierter Form enthalten und hochabstrakt sind, andererseits aber zugleich ästhetisch-bildhaft und begrifflich-reflexiv angelegt sind.

2.5.1   Systembildung als ästhetisch-wissenschaftliche Tätigkeit

In Fallanalysen der kreativen Tätigkeit von Wissenschaftlern, Künstlern und technischen Erfindern hat die **Heuristikforschung** aufgezeigt, daß heuristische Mittel für die Erzeugung von Neuem grundlegend auf einem *bildhaften Denken* aufbauen (s. dazu etwa: BROMME, R., HÖMBERG, E., 1977, PUSCHKIN, W. N., 1968, KEDROW, B. M., 1973, WERTHEIMER, M.,1964, MINSSEN, M., WALGENBACH, W., 1985). Ungeordnete Mannigfaltigkeit, die zu Anfang eines Prozesses der Wissenserzeugung vorliegt, wird mit diesen bildhaften Mitteln in Akten einer *ästhetischen Integration* organisiert und weiterentwickelt.

Zu den bekanntesten Beispielen (s. dazu Tafel XII) gehören das Bild der sich selbst in den Schwanz beißenden Schlange, mit dem der Chemiker KEKULÉ die empirischen Daten des Benzols ringförmig organisierte, der Kreis als Symbol der vollendeten göttlichen Ordnung, mit dem KEPLER sein Planetensystem zu konstruieren suchte, es aber aufgrund der empirischen Daten von Tycho BRAHE zu einer Ellipse modifizierte (s. dazu: SCHNEIDER, E., 1945, S.13 - 18), oder die Form einer Spirale, die WATSON/CRICK trotz erst einmal widersprechender empirischer Daten ihrer (Re-) Konstruktion der DNS-Struktur zugrundegelegten (s. dazu: WATSON, J. D., 1969).

War für KEPLER der Kreis ein göttliches Symbol, für KEKULÉ die sich selbst in den Schwanz beißende Schlange (der „Ourobos") noch ein im Mythischen verankerter Archetyp an der Grenze zwischen Bewußtem und Unbewußtem, so verlieren die bildhaften Mittel in den modernen Wissenschaften immer mehr ihre Konkretheit und Inhaltlichkeit und werden immer formaler gehandhabt: Für WATSON/CRICK ist die Spirale zumindest nicht mehr explizit ein geheimnisvolles, magisch-mythisches Symbol, sondern einfach eine allgemein-abstrakte Form, mit der ungeordnetes Material organisiert und als Orientierung für die Suche nach weiteren Daten genutzt wird.

Dieser Entwicklung zum Formalen hin folgt auch die **Heuristikforschung,** wenn sie entweder formale Regeln für die *Erzeugung von Neuem* aufzustellen sucht (s. dazu die Übersicht bei BROMME, R., HÖMBERG, E., 1977, S. 6 - 43) oder den kreativen Prozeß immer mehr vom Inhaltlichen löst und über Psychologisierungen in das Subjekt verlegt. In der psychologischen Denkforschung von Dietrich DÖRNER wird dann das Heuristische neutralisiert zu einem **„Informationsverarbeitungsatom unter anderen"** (DÖRNER, D., 1976, S. 39). Ausdrücklich warnt Dietrich DÖRNER vor Überzentrierungen durch den Gebrauch bestimmter Bilder und betont die Notwendigkeit, Bilder flüssig zu halten und Übergeneralisierungen zu vermeiden (s. dazu: DÖRNER, D., 1989, S. 144). Keinem bildhaften Mittel soll aufgrund einer besonderen Tiefgründigkeit eine herausragende Stellung eingeräumt werden. Wie in einem Werkzeugkasten sollen sie nebeneinander liegen und je nach aktuellen Erfordernissen beliebig verfügbar sein.

Das Interesse der Heuristikforschung wendet sich dementsprechend immer mehr von den *(bildhaften) Mitteln* ab und *Ablaufstrukturen von Methoden* zu, in denen die „Informationsverarbeitungsatome" in einer bestimmten Weise organisiert werden. Konstruiert werden *formale Ablaufdiagramme, heuristische Modelle und Programme,* die nicht mehr **monistisch** ein bestimmtes Mittel ins Zentrum stellen und von diesem aus Systembildungen entwickeln, sondern die **pluralistisch** Elemente von Heuristischem formal und mehr oder weniger additiv zusammenstellen (s. dazu auch die Ausführungen zur Formalen Bildung unter 1.2.1.2 und Tafel XII).

Im Gegensatz zur zunehmend *psychologisch ausgerichteten* Heuristikforschung betont die **Wissenschafts- und Erkenntnistheorie** aufgrund ihrer stärker inhaltlichen Ausrichtung auch heute noch die **zentrale Rolle der Mittel** bei der *Erzeugung von Neuem.* Paul THAGARD etwa untersuchte wissenschaftliche Revolutionen wie die Theorie von DARWIN in der Biologie, die Theoriestrukturen von KOPERNIKUS, NEWTON, EINSTEIN und der Quantentheorie in der Physik oder den Wechsel vom Behaviorismus zum Kognitivismus in der Psychologie. Erkennbar wird bei ihm die Auswechslung von zentralen Konzepten, die dann zu Konzeptrevolutionen führte, bei denen Systeme durch neue Systeme ersetzt (s. dazu THAGARD, P. 1992, S. 6/ in diese Richtung zielt auch die „conceptual change"-Forschung, reduziert aber die Mittel zu sehr auf „kommunikative Analogien; s. dazu 1.2.3.4).

Im folgenden wird davon ausgegangen, daß solche Konzepte zugleich *logisch - rational* und *ästhetisch-intuitiv* sind. Michael OTTE hat das Verhältnis zwischen beiden Seiten des Denkens am Beispiel des Umgangs mit einem Labyrinth (s. dazu auch das Musterbeispiel „Virtuelle Labyrinthe" unter 4.4) als Komplementarität von *Intuition und Logik* herausgearbeitet: Während der Konstrukteur eines Systems oder der über das Labyrinth fliegende Ikarus über ein Gesamtbild des Labyrinths verfügt, muß der im Labyrinth Eingeschlossene sich quasi blind einen Algorithmus für den Weg aus dem Wirrwarr konstruieren. Aber auch er macht sich zumindest ein allgemeinintuitives Bild vom Labyrinth (z. B. als ein Gebilde in einer ebenen Fläche mit einem Ein- und Ausgang), um Methode entwickeln zu können (s. dazu: OTTE, M., 1984).

Das Bild als mehr ästhetisch-intuitives Mittel und Zentrum der heuristischen Tätigkeit ist also einerseits Grundlage der Konstruktion von Methode; andererseits stehen **Mittel und Methode** in einem komplementären Verhältnis zueinander und werden in *Wechselwirkung* miteinander entwickelt.

Die Entwicklung der menschlichen Tätigkeit hat dazu geführt, daß *Intuition und Logik* immer weiter spezialisiert wurden und sich auseinander entwickelten bis hin zu der Kluft zwischen den „zwei Kulturen" (SNOW, C. P., 1987). **Das Ziel von Bildungstheorie kann von hieraus auch so verstanden werden, daß mit den Elementarmitteln die** *ursprüngliche Einheit von Ästhetisch-Intuitivem und Rational-Logischem* **am Anfang der Wissenserzeugung konstituiert werden soll, um diese dann in einem Wechselspiel von Differenzierung und Integration und ohne Verabsolutierung einer Seite zu einem komplexen Gesamtzusammenhang zu entwickeln.** Zu vermeiden ist also der in der Geschichte menschlicher Wissensentwicklung immer wieder eingetretene **Bruch zwischen den „zwei Kulturen", der sich nicht nur in dem Gegensatz zwischen ästhetisch-literarisch und naturwissenschaftlichtechnisch Gebildeten zeigt, sondern ebenso in der Trennung zwischen alltäglicher Lebenswelt und etablierter Kultur, innerhalb der etablierten Kultur dann zwischen Kunst und Wissenschaft, innerhalb der Wissenschaft zwischen Geistes- und Naturwissenschaft, innerhalb der Naturwissenschaft zwischen empirischer Analytik und theoretischer Konstruktion und innerhalb theoretischer Konstruktionen dann schließlich zwischen Intuition und Logik.**

Im Gegensatz zu der Geringschätzung, die GOETHEs Naturforschung in der Normalwissenschaft gefunden hat, steht ihre anregende Kraft, die sie für die Pädagogik, aber etwa auch, wie am Beispiel FEIGENBAUM aufgezeigt, für die Chaosforschung gehabt hat und hat. Bei der **Suche nach dem „Element"** ist es vor allem der Begriff des *„Urphänomens"* gewesen, der heute noch - vor allem durch das pädagogische Werk („Rettet die Phänomene") des Physikdidaktikers Martin WAGENSCHEIN (1980) - bis zu reformorientierten Ansätzen in der Naturwissenschaftsdidaktik eine Rolle spielt (s. dazu etwa: MIKELSKIS, H., 1990 und 1992).

Das Spezifische des *Urphänomens* war für GOETHE, daß sein Allgemeines unmittelbar in der Anschauung aufweisbar ist. Es gibt nichts, was hinter dem Urphänomen als sein Grund zu suchen ist; andererseits ist vom *Urphänomen* her unmittelbar eine Reihe besonderer Erscheinungen erklärbar, die sich aus ihm anschaulich ableiten lassen (s. dazu: KLAFKI, W., 1963, S. 446).

Verbunden mit dem Begriff des *„Urphänomens"* ist bei GOETHE der des *„Urbilds".* Rudolf STEINER, der seine „Waldorf"-Pädagogik in enger Anlehnung an GOETHEs

Forschungsansatz entwickelte, betont, daß man mit diesem Begriff nur zurechtkommt, wenn man das „*Urbild*" beweglich denkt. Als Beispiel nimmt er ein Dreieck, bei dem man jeder Seite erlaubt, „daß sie sich nach jeder Richtung, wie sie will, bewegt. Und zwar erlauben wir ihr, daß sie sich mit verschiedenen Schnelligkeiten bewege (...). Man muß sich vorstellen, daß die Seiten des Dreiecks fortwährend in Bewegung sind. Wenn sie in Bewegung sind, dann kann ein rechtwinkliges oder ein stumpfwinkliges oder ein spitzwinkliges Dreieck oder jedes andre gleichzeitig aus der Form der Bewegungen hervorgehen (...). Der allgemeine Gedanke Dreieck ist das, wenn man den Gedanken in fortwährender Bewegung hat, wenn er versatil ist." (STEINER, R., zitiert nach: STRAWE, C., 1986, S. 124/ Moderne Bildschirmschoner für Computer kann man als eine Realisierung eines solchen Urbilds „Dreieck" begreifen).

Ist die Vorgehensweise GOETHEs darauf ausgerichtet, aus einer bestimmten Inhaltlichkeit grundlegende Formen herauszuarbeiten ohne Verlust von Beziehungen zu dieser Inhaltlichkeit, so ist der Einfluß, den die Philosophie KANTs auf die deutsche Pädagogik ausübte, stärker von Formalem her geprägt. In Bezug auf das **Problem des Elementaren** erlangte dabei der von KANT und BAUMGARTEN entwickelte Ansatz einer Ästhetik nicht als Theorie des Schönen, sondern als **„Theorie der unteren Erkenntnisvermögen"** Bedeutung und Relevanz, **weil hier das Problem des Anfangs und der elementaren Konstitution von Erkenntnis thematisiert wurde.**

Nach KANT ist uns in der Anschauung nur eine Mannigfaltigkeit gegeben, die in der Erkenntnis zu einer Einheit verknüpft werden muß. Diese Konstitution einer Einheit kann mit EINSTEINs „Verbrechen", das ein Wissenschaftler begehen muß, in einen Zusammenhang gebracht werden. Der Philosoph Joachim RITTER hat für den **Landschaftsbegriff** diesen Akt der Konstitution in einem Bild wie folgt verdeutlicht: Der Renaissancedichter und -philosoph PETRARCA bleibt nicht wie die Bauern und Hirten seiner Zeit in der umgebenden Natur, sondern besteigt den Mont Ventoux und geht damit auf Distanz zu ihr. Indem er die von dem Berg erblickte Mannigfaltigkeit als Landschaft zu einer Einheit zusammenfaßt, begeht er einen Akt *ästhetischer Integration* (s. dazu auch: FICHTNER, B., 1977, NEUMANN, T., OTTE, M., 1969, WALGENBACH, W., 1979 und 1982 sowie das erste Tätigkeitsfeld der Systembildungssequenz "Muscheln" in 4.5), der insofern von RITTER als geschichtlich bedingt angesehen wird, als er ein Gegengewicht gegen die durch die Naturwissenschaften erfolgte *Zerlegung und Zersplitterung von Natur* schuf (s. dazu: RITTER, J., 1963, S. 29). *Integration* als ästhetischer Akt der Konstitution von Einheiten und *Differenzierung* als rationale Gliederung werden so einander gegenübergestellt und stellen zwei Seiten in der menschlichen Tätigkeit - damit auch in der systembildenden Tätigkeit - dar, die es in einem Entwicklungsprozeß gegenseitig zu vermitteln gilt, wenn man ein Auseinanderdriften und damit Desintegration vermeiden will.

Die Konstitution von Einheit in der ästhetischen Tätigkeit gründet nicht nur in der *Konstruktion* durch das Subjekt, sondern auch in der *Determination* durch das Ausgangsmaterial, das zu einem Objekt synthetisiert wird. (s. Tafel IX) Dieses Objekt wird zum einen über Anschauung erkannt, die beim „Urphänomen" als einer besonderen Art von Objekt *das Allgemeine im Besonderen* zur Erkenntnis bringt. Mittel in diesem Prozeß ist das „Urbild", das alle Möglichkeiten eines Objekts in einem dynamischen, auf der Idee von Metamorphosen gründenden Bild zusammenfaßt. (s. dazu in Tafel VI, XVII und XXII). Auf der Grundlage dieser Bilder ist dann auch die Entwicklung von Begriffen möglich (s, dazu auch die EINSTEIN-Zitate S. 163).

Für einen solchen Ansatz, der Ästhetisch-Bildhaftes zur Grundlage pädagogischer Prozesse macht, ist die Forschungslage unbefriedigend (s. etwa zur auch heute noch gültigen Forschungslage zum Verhältnis von Bild und Begriff PIAGET, J., INHELDER, B., 1978, S. 19 f.). Um trotzdem Schritte in diese Richtung gehen zu können, werden im folgenden Rekonstruktionen wissenschaftlicher Tätigkeit auf individueller, disziplinärer und interdisziplinärer Ebene durchgeführt, um Orientierungen für die Entwicklung von elementaren heuristischen Mitteln für eine „Interdisziplinäre System-Bildung" zu gewinnen.

2.5.2 Bildhaftes Denken in der *individuellen* ästhetisch-wissenschaftlichen Tätigkeit

Die *Entdeckung und Erfindung von Neuem* ist Gegenstand wissenschafts- und erkenntnistheoretischer Forschung, speziell der **Heuristik** (vom altgriechischen heureka = ich habe es gefunden - angeblich der Ausruf von ARCHIMEDES bei der Entdeckung des „spezifischen Gewichts"/zur Entwicklung und zum Stand der Heuristikforschung s.: BROMME, R., HÖMBERG, E, 1977, FISCHER, K., 1983, HARTKOPF, W., 1987, KOESTLER, A., 1966, MÜLLER, J., 1970, PUSCHKIN, W. N., 1968, PEARL, J., 1984, QUISKE, F. H., SKIRL, S. J., SPIESS, G., 1973). Dabei stehen mehr die wissenschaftlich-technischen Tätigkeitsformen im Mittelpunkt als die ästhetisch-künstlerischen, wohl weil die letzteren wegen ihrer Verwurzelung in subjektiver Intuition als noch schwerer aufklärbar angesehen werden.

Eines der Verfahren der Heuristikforschung ist die **Analyse von Fallbeispielen** berühmter Entdeckungen und Erfindungen, zu denen auch - als ein besonders oft zitiertes Beispiel - die „Entdeckung" des Benzolrings durch den Chemiker KEKULÉ gehört (s. dazu auch: WOLZE, W., WALGENBACH, W., SCHULDT, S., 1996 sowie die neuere Rekonstruktion von SCHIEMENZ, G. P., 1994, die noch einmal - entgegen der Auffassung von WISWESSER - die Autorenschaft von KEKULÉ nachweist).

Auf einem Kongreß der deutschen Chemiker hat KEKULÉ seinen kreativen Prozeß wie folgt beschrieben:

„Ähnlich ging es mit der Benzoltheorie. Während meines Aufenthaltes in Gent in Belgien bewohnte ich ein elegantes Junggesellenzimmer in der Hauptstraße. Mein Arbeitszimmer aber lag nach einer engen Seitengasse und hatte während des Tages kein Licht. Für den Chemiker, der die Tagesstunden im Laboratorium verbringt, war dies kein Nachteil. Da sass ich und schrieb an meinem Lehrbuch: aber es ging nicht recht; mein Geist war bei anderen Dingen. Ich drehte den Stuhl nach dem Kamin und versank in Halbschlaf. Wieder gaukelten die Atome vor meinen Augen. Kleinere Gruppen hielten sich diesmal bescheiden im Hintergrund. Mein geistiges Auge, durch wiederholte Gesichte ähnlicher Art geschärft, unterschied jetzt grössere Gebilde von mannigfacher Gestalt. Lange Reihen, vielfach dichter zusammengefügt; Alles in Bewegung, schlangenartig sich windend und drehend. Und siehe, was war das? Eine der Schlangen erfaßte den eigenen Schwanz und höhnisch wirbelte das Gebilde vor meinen Augen. Wie durch einen Blitzstrahl erwachte ich; auch diesmal verbrachte ich den Rest der Nacht um die Consequenzen der Hypothese auszuarbeiten. (KEKULÉ, 1890, S. 1306)“.

Versucht man dieses Beispiel einer wissenschaftlichen Entdeckung zu verallgemeinern (um sie, wie in den in 4. beschriebenen Systembildungssequenzen, für die Gestaltung von Bildungsprozessen nutzen zu können), dann lassen sich folgende Phasen kreativer wissenschaftlicher Tätigkeit unterscheiden:

1. Phase *„Produktion einer ungeordneten Mannigfaltigkeit“*: Der Wissenschaftler sammelt Daten, die erst einmal relativ ungeordnet und unverbunden nebeneinander stehen. Bisherige Mittel erweisen sich als ungeeignet zur Ordnung der Mannigfaltigkeit.
2. Phase *„Wahl eines neuen bildhaft-formalen Mittels“*: Der Wissenschaftler stößt (mehr oder weniger intuitiv) auf ein neues bildhaftes Mittel
3. Phase *„Konstitution einer heuristischen Idee“*: Der Wissenschaftler bringt das neue Mittel mit der ihn beschäftigenden Inhaltlichkeit in einen Zusammenhang und kommt auf die Idee, diese mit dem neuen Mittel zu organisieren.
4. Phase *„Konstruktion eines idealen Systems“*: Der Wissenschaftler bringt Inhalt und das ästhetisch-formale Mittel in Wechselwirkung miteinander, aus der dann ein **ideales System** (Wirkliches und Mögliches umfassend) hervorgeht.

Formalisieren läßt sich dieser Prozeß wie folgt:

A   B

Unstrukturierte Inhaltlichkeit   bildhaftes Mittel/Form

C

heuristische Idee

D

ideales System als Ergebnis

Prozeßstruktur der ästhetisch-wissenschaftlichen Tätigkeit

Dieser Prozeß schöpferisch-wissenschaftlicher Tätigkeit hat eine **metaphorische Struktur:** Es werden (wie in der Metapher „Die Nacht ist eine blaue Seidendecke" oder „Der Mensch ist ein Wolf"/s. dazu auch die Ausführungen unter 3.3.2.1) zwei mehr oder minder bekannte Elemente (altes Wissen: bei KEKULÉ die empirischen Daten des Benzols einerseits, andererseits die Kreisform) in Wechselwirkung miteinander gebracht. Aus dieser Wechselwirkung geht das Neue durch die konstruktive Tätigkeit des Wissenschaftlers hervor. **Neues entsteht also durch die Kombination von Altem** (s. dazu auch den Bericht von C. BINNIG, 1992, über die Erfindung des Rastertunnelmikroskops).

Der Bericht KEKULÉs steht im Einklang mit den bereits erwähnten Beispielen, in denen bei KEPLER, WATSON/CRICK oder FEIGENBAUM erkennbar ist, wie grundlegend ästhetisch-bildhaftes Denken *mit Symbolen, Analogien und Metaphern* als Mittel für die individuelle wissenschaftliche Tätigkeit ist (s. dazu Tafel XII).

Die zentrale Bedeutung bildhaften Denkens in der wissenschaftlichen Tätigkeit hat besonders Albert EINSTEIN (s. dazu die Zitaten-Sammlung S. 163) hervorgehoben. Faßt man seine an verschiedenen Stellen zu findenden Ausführungen darüber zusammen, so erhält man einige grundlegende Orientierungen:

- EINSTEIN vergleicht die Tätigkeit eines Wissenschaftlers und eines Detektivs miteinander. Trotz Gemeinsamkeiten sieht er einen grundlegenden Unterschied: Der Wissenschaftler muß sein „Verbrechen" (die Konstitution der Theorie) erst einmal begehen, bevor er mit der Spurensuche beginnen kann.
- Seit seinem siebzehnten Lebensjahr denkt EINSTEIN über den Lichtstrahl nach (Wie ist es, wenn ich auf ihm reite, vor oder hinter ihm herlaufe?/s. dazu: WERTHEIMER, M., 1964, S. 195). Er schafft sich (ähnlich wie FRÖBELs „Ball") eine **Miniatur** (den Lichtstrahl), die in komprimierter Form die zu bearbeitende Problemkomplexität enthält und erforschbar macht.

- Wie EINSTEIN verweisen auch andere Wissenschaftler und Künstler auf ganz bestimmte, oft seit der Jugend tief in ihnen verwurzelte Bilder hin, die zu grundlegenden Mitteln ihrer Tätigkeit wurden.
- Bildhaftes Denken steht am Anfang der wissenschaftlichen Tätigkeit. Erst in einem **sekundären Stadium** werden Begriffe gebildet und Formalisierungen durchgeführt. Dieses zweite Stadium wird von EINSTEIN nicht gerade geliebt, er führt solche Arbeiten - etwa mathematische Operationen- nur ungern aus.
- Die Bilder sind nicht nur „heuristische Krücken" zu Anfang, **sondern integrative Mittel**, mit denen über Akte „ästhetischer Integration" vorher Zusammenhangloses miteinander verknüpft wird. Sie sorgen für *Kontinuität* bei der Bearbeitung von Problemen.

Bildhafte Vorstellungen als Schlüsselerlebnisse wie bei dem siebzehnjährigen EINSTEIN finden sich nicht nur bei Wissenschaftlern, sondern auch bei Künstlern. Georg JAPPE faßt seine in Gesprächen mit Künstlern gesammelten Informationen zu diesem Thema so zusammen: „Es ist mir im Lauf der Jahre aufgefallen, daß in langen Gesprächen mit vertrauten Künstlern irgendwann ein Schlüsselerlebnis auftaucht, ein bildliches Geschehen von zentraler Bedeutung, das wie ein persönliches Axiom angeführt wird, wenn andere Argumente und Erklärungen nicht mehr greifen. Bei dem Land Art - Künstler Jan DIBBERSEN war es ebenso wie bei dem Wasser-Künstler Klaus RINKE das Erlebnis des ersten Meeresblicks, bei dem Maler Franz Erhard WALTHER eine vor einem REMBRANDT-Bild stehende Frau in einem Museum, bei Joseph BEUYS ein immer wiederkehrender Wachtraum, in dem „eine Art Engel" ihm sagte: „Du bist der Prinz vom Dach"." (JAPPE, G., 1977, S. 44) .

Angesichts solcher Berichte hat Pädagogik sich zu fragen, ob der rasche Wechsel von Gegenständen, Phänomenen und Bildern innerhalb eines Schultages oder sogar innerhalb einer Unterrichtsstunde zu einem produktiven Lernen führt. Für den Ansatz „Interdisziplinäre System-Bildung" wird daraus der Schluß gezogen, heuristische Mittel anzubieten, die ein bildhaftes Denken provozieren. Diese Mittel werden dann - manchmal in jahrelangen Prozessen (s. dazu 7.3) - entwickelt in Systembildungsprozessen mit steigender Komplexität.

2.5.3   Bildhaftes Denken in der *disziplinären* ästhetisch-wissenschaftlichen Tätigkeit: Geographie als Beispiel

Aufgrund der engen Beziehungen zwischen *Ästhetisch-Intuitivem* und *Theoretisch-Rationalem* in der kreativen wissenschaftlichen Tätigkeit wird hier von der **„ästhetisch-wissenschaftlichen Tätigkeit"** gesprochen. Das Wechselspiel zwischen Ästhetisch-Intuitivem und Theoretisch-Rationalem ist aber nicht nur grundlegend für die *individuelle* ästhetisch-wissenschaftliche Tätigkeit, sondern auch für die Tätigkeit **in** den einzelnen Disziplinen. Aufgezeigt werden kann diese grundlegende Bedeutung von Bildern für Forschungsarbeiten besonders bei solchen Disziplinen, die zumindest noch zu Anfang ihrer Entwicklung sinnlich-konkrete Phänomene aus der unmittelbar zugänglichen Wirklichkeit zu ihrem Forschungsgegenstand machen. Dazu gehört die Geographie (zu den in der Geographie verwendeten bildhaften Mitteln s. auch die Systembilder in Tafel III). Sie wird hier als Beispiel auch deshalb gewählt, weil die Landschaft als ihr Gegenstand eine grundlegende Rolle spielt in allen später beschriebenen Musterbeispielen, speziell in der Systembildungssequenz „Muscheln: Nachhaltiger Umgang mit Systemen"(s. dazu 4.5/zur Entwicklung der Geographie aus epistemologischer Sicht s. ausführlicher: WALGENBACH, W. 1979, S. 111 - 158, und WALGENBACH, W., 1982).

(1)   Die ästhetische Konstitution von „Landschaft" als eine Einheit

Der Begriff „Landschaft" ist von seiner Entstehung her zugleich in der Wissenschaft und Kunst beheimatet (s. dazu: EISEL, U., 1988). Vor allem in den Anfängen der Entwicklung des Landschaftsbegriffs war die Verortung noch höchst unklar. So beklagt um 1900 der Geographiewissenschaftler SEYFERT die Schwierigkeiten, diesen Begriff endlich für seine Wissenschaft zu reservieren: „Spricht man das Wort Landschaft aus, so denken achtzig bis hundert an das Bild, das dort an der Wand hängt, zehn an irgendein Stück Land, das sie gelegentlich einmal von einem Ausgangspunkt aus überschaut oder das sie einmal durchwandert haben. Der Begriff Landschaft aber ist ein geographischer geworden. Die Wissenschaft versteht darunter ein Stück der Erdoberfläche, das eine innere Einheit bildet, ein geographisches Individuum, ein vor allem durch seine Entstehung Zusammengehöriges". (SEYFERT, R., 1903, S. 7).

Dieses Zitat macht noch einmal deutlich, daß zu Anfang der Entstehung einer Disziplin erst einmal ein „Verbrechen" (EINSTEIN) begangen werden muß: Über Akte „ästhetischer Integration" ist eine Einheit - hier eine "Landschaft" - als Objekt zu konstituieren (s. dazu auch den Bezug auf RIITER S. 133). Naheliegend ist vor allem für Wissenschaften, die ihren Ausgang nehmen bei sinnlich-konkret wahrnehmbaren Phänomenen und eben nicht von Undurchschaubarem wie die „Elektrizität", die Tendenz zu einem Empirismus, der nicht das Wechselspiel von *Konstruktion und Determination* über die Vermittlung eines einheitsstiftenden Bildes durchschaut, sondern die erzeugte Erkenntnis als eine Einheit von Wissen und Gegenstand (Reifizierung) oder - wie in dem obigen Zitat von SEYFERT - als eine mehr oder weniger wirklichkeitsgetreue Widerspiegelung von Gegebenem, das durch seine Entstehung zusammengehört. Auf dieser Ebene ist dann auch das Denken bei DIESTERWEG und EINSIEDLER angesiedelt, wenn sie **fertige Objekte** (z. B. die Rose oder die Kirsche) zum Ausgangspunkt von Verallgemeinerungen machen, die über empirisches Wissen nicht hinauskommen (s. auch Tafel XVIII und XXI).

(2)   Länderkunde: Die idiographische Erfassung der Einheit

Die als Einheit konstituierte Landschaft kann in einem nächsten Schritt in all ihren Einzelheiten beschrieben werden, wie es in der Geographiewissenschaft der Ansatz der **Länderkunde** getan hat. Wie sehr auch dieser Ansatz noch erkennbar mehr *ästhetisch-subjektive* als rational-objektive Anteile aufweist, läßt sich den Elementen entnehmen, die Alexander von HUMBOLDT für seine noch stark literarisch ausgerichteten Landschaftsbeschreibungen als bedeutsam ansah: „Himmelsbläue, Wolkengestaltung, Duft, der auf der Ferne ruht, Saftfülle der Kräuter, Glanz des Laubes, Umriß der Berge" (HUMBOLDT, A. v., 1845, S. 7 f.).

(3)   Vergleichende Länderkunde: Ordnung von Landschaften mit Klassifikationen, Systematiken und Typologien

Wenn einzelne Landschaften beschrieben und in ihrer Individualität erfaßt sind, lassen sie sich miteinander vergleichen. Historisch hat sich daraus der Ansatz der **Vergleichenden Länderkunde** entwickelt. Es werden gemeinsame Merkmale bestimmter Objekte ausgesondert und in Oberbegriffen zusammengefaßt werden (Beispiel: Spanien-Italien-Griechenland = Mittelmeerländer). Diese auf der Grundlage *formalinduktiver Verallgemeinerungen* gebildeten Oberbegriffe sind dann nutzbar als Generatoren und Organisatoren für *Klassifikationen, Systematiken und Typologien,* in die gegebene Wirklichkeit eingeordnet werden kann. Die ästhetische Tätigkeit ist hier schon verdeckter: Merkmale werden in einem *Akt ästhetischer Integration* zu Oberbegriffen zusammengefaßt, mit den Oberbegriffen werden neue Einheiten, nämlich Systematiken, Klassifikationen und Typologien gebildet. Visuell organisiert werden solche Ordnungen in Form **baumartiger Verzweigungen** (s. dazu auch noch einmal die Systembilder in der Tafel III).

(4)   Theoretische Geographie: Einführung theoretischer Konstrukte

Länderkunde und Vergleichende Länderkunde (auch Allgemeine Länderkunde/Allgemeine Geographie genannt) bleiben noch an das empirisch Gegebene gebunden. Sie können noch nicht - wie eine der führenden theoretischen (oder hoch theoretisierten) Wissenschaften, die Physik - neben empirisch erfahrbarer Wirklichkeit auch theoretisch Mögliches konstruieren. Das ist erst möglich mit der **Einführung theoretischer Konstrukte** - wie in der Physik etwa Kraft, Feld oder Energie -, die nicht unmittelbar aus der Wirklichkeit abgeleitet sind, sondern *im Denken gesetzt* werden (s. dazu auch 3.4 und Tafel XXI).

Zu solchen theoretischen Konstrukten, die zwar Wirklichkeit haben, aber nicht Wirklichkeit sind, gehört auch das **Konstrukt „System"**. Im Gegensatz zu den genannten physikalischen ist es kein disziplinäres, sondern ein *interdisziplinäres Konstrukt,* das in allen Disziplinen eingesetzt werden kann. In der Geographiewissenschaft erfährt es eine Konkretisierung, wenn etwa HAGGETT als System eine Region begreift, „in der eine Menge von Objekten (Städte, Dörfer, landwirtschaftliche Betriebe, usw.) durch eine Menge von Objekten (Städte, Dörfer, landwirtschaftliche Betriebe, usw.) durch Bewegungsprozesse (Kapital, wandernde Personen, Güter, usw.) und Informationen verknüpft ist und die Energiezufuhr über natürliche und soziale Bedürfnisse der Beteiligten erfolgt. „(HAGGETT, P., 1973, S. 23). In einer *metaphorischen Weise* (s. dazu: 3.3.2.1) werden die „Inhalte" der Geographie (die Landschaft und ihre Elemente) in Wechselwirkung gebracht mit dem Konstrukt „System", das die Konstitution einer theoretisch-formalen Ebene ermöglicht. Organisiert und visualisiert werden solche geographischen Systeme als **Vernetzungen**, in denen die **Elemente** in Form von Punkten und die **Elementbeziehungen** durch Verbindungslinien zwischen den Elementen dargestellt werden (s. dazu auch noch einmal die Systembilder in Tafel III). Der **Systemrahmen** als Markierung der Grenze *zwischen Innen und Außen* wird als durch die geographisch gewachsene Einheit vorgegeben angesehen.

2.5.4 Bildhaftes Denken in der *interdisziplinären* ästhetisch-wissenschaftlichen Tätigkeit

Einerseits zeigt die skizzierte Entwicklung der Geographie den Weg zu einer eigenständigen *theoretischen* Disziplin. Andererseits macht die Verwendung des interdisziplinären Systembegriffs sie anschließbar an die Ebene *theoretisch-abstrakter Systemtheorien*. Von den konkreten Elementen einer „anschaulichen" Disziplin wie der Geographie bleiben auf der Ebene der **Allgemeinen Systemtheorie** nur noch abstrakte Elemente und Elementbeziehungen übrig, die aufgrund ihrer Loslösung von Substantiellem relativ frei kombinierbar und spielerisch zu immer neuen Systemen verbunden werden können. Hier können auch mit dem Computer aus einfachen Gleichungen komplexe, dynamische Systeme generiert und in Form von Computergrafiken zur Anschauung gebracht werden. Die aus diesen abstrakten Systembildungen gewonnenen Erkenntnisse können dann wieder als *heuristisch-metaphorische Mittel* in Einzeldisziplinen genutzt und zu Ausgangspunkten neuer disziplinärer und interdisziplinärer Forschungen werden.

Trotz seiner Abstraktheit ist der Systembegriff aber keineswegs ein von bildhaften Vorstellungen freier und ebenso kein Begriff ohne Geschichte (s. dazu auch noch einmal 2.4.2). Vom altgriechischen „systema" abgeleitet, bedeutet er „das Zusammengesetzte" und bezeichnet damit - aus konstruktivistischer Sicht - erst einmal nur das *Resultat einer Tätigkeit*, die Einheiten schafft, Zusammenhänge herstellt, Formen konstituiert oder Ganzheiten erzeugt (s. auch Tafel II).

Vom Prozeß der Erkenntniserzeugung her gesehen steht die Konstitution solcher Einheiten und Ganzheiten am Anfang. Mit ihnen wird eine *theoretische Ebene* konstituiert, die *keine unmittelbare* Entsprechung in der Wirklichkeit hat. Der **theoretisch-formale** Charakter dieser Ganzheiten und Einheiten ist deshalb oft nicht leicht erkennbar, weil sie mehr oder weniger intuitiv konstituiert und rational noch wenig abgesichert sind.

Im folgenden wird die Entwicklung von bildhaften Vorstellungen als grundlegende Mittel von Systembildungen in ihrer historischen Entwicklung beschrieben (s. dazu auch die Tafel III). Erkennbar wird, daß sich Systemdenken von einem **statisch- zyklischen** Denken immer mehr in Richtung eines **atomistisch-zergliedernden** Denkens bewegt hat und dann über die Vernetzung von Elementen wieder zu einem **Denken in Zusammenhängen** hat bis hin zu einem **zyklischen Denken**, das jetzt aber **genetischevolutionär** (kreisförmige Gruppierung von Elementen und Elementenbahnen um Zentren wie Generatoren, Ordner, Attraktoren usw.) ausgerichtet ist.

Kreisförmiges Systemdenken
Historisch gesehen sind es magische, spekulative Gedankensysteme, stärker zum Subjekt gehörig, noch kaum mit der Widerständigkeit des Objektiven konfrontiert (s. dazu etwa: KÖLLER, W., 1975 und LEISEGANG, H., 1951). Verbunden sind sie vorzugsweise mit **Kreisförmigem** als bildhafter Vorstellung, das Komplexität zusammenhält und in eine Form bringt. Der Kreisform wird dabei die Qualität von *Symbolischem* zuerkannt, sie gilt etwa als *Sinnbild und Ausdruck vollkommener (göttlicher) Ordnung*.

Klassifikatorisch-baumartiges Systemdenken
Durch die Konfrontation mit Empirischen und die rationale Ausdifferenzierung der konstituierten Einheiten werden zunehmend Einzelheiten herausgearbeitet. Im Vergleich solcher Einheiten können Gemeinsamkeiten festgestellt und bestimmte Einzelheiten in Oberbegriffen zusammengefaßt werden. Damit sind **Organisatoren und Generatoren** gewonnen für die Bildung von *Systematiken, Klassifikationen und Typologien*. Empirisch Gegebenes läßt sich damit in eine Ordnung bringen. Die mit dieser Art von Systembildung verbundene bildhafte Vorstellung ist - wie schon bei der Entwicklung der Geographiewissenschaft gezeigt - die des sich **verzweigenden Baumes**. *Analogiebildungen* sind für die Erstellung solcher Systeme insofern grundlegend, als Formales von Inhaltlichem gelöst und auf andere Inhalte übertragen wird.

Vernetzendes Systemdenken
Durch weitere Ausdifferenzierung und Zerlegung von Objekten kommt es zu Atomisierungen, bei denen Objektgrenzen aufgelöst und Elemente relativ frei kombinierbar werden. **Vernetzungen**, die neue Einheit schaffen, werden damit zum Gegenstand systembildender Tätigkeit.

Evolutionäres Systemdenken
Die zunehmende Formalisierung und Mathematisierung bei atomistischen Systembildungen führt dazu, daß das Inhaltlich-Substantielle mehr und mehr verschwindet und schließlich nur noch Form dasteht. Die zunehmende Bewußtheit über die Trennung von *Inhalt und Form* und das freie Operieren mit Elementen kann mit als ein Grund

dafür angesehen werden, daß in der wissenschafts- und erkenntnistheoretischen Diskussion zunehmend die These vertreten wird, daß der eigentlich kreative Akt, der zur
Hervorbringung von Neuem führt, auf **metaphorische Systembildungen** (s. dazu etwa: HOOPS, W., 1992, S. 6) beruht: Inhalt(liches) und Form(ales) werden dabei nicht
einfach wie bei Analogiebildungen in eine hierarchische Beziehung miteinander gebracht (der unerkannte elektrische Stromkreis wird durch Übertragung formaler Elemente des Wasserkreislaufes erklärt), sondern in eine gleichberechtigte Wechselwirkung: Beide Seiten sind mehr oder weniger unerkannt und müssen sich wechselseitig
in einem Prozeß erklären, der von einer ästhetisch-wissenschaftlichen Tätigkeit getragen wird (s. dazu ausführlicher unter 3.3.2.1). Das Metaphorische ist dann der Organisator und Generator für komplex-dynamische Systembildungen.

Das für diese Art komplex-dynamischer Systembildung bildhafte Mittel ist das eines
Systemkerns, der aus sich heraus Komplexität generiert und/oder vorhandene Komplexität organisiert und strukturiert (s. dazu auch Tafel III). Begrifflich wird dieser
Kern mit Wörtern wie *Ordner, Attraktor, Senke, Quelle, Organisator oder Generator*
belegt. Die Vorstellung von Systemkernen hat eine gewisse Nähe zu Vorstellungen der
nach-kantianischen Philosophie, die Erkenntnisprozesse ebenfalls als sich aus einem
Zentrum entwickelnd dachte (s. dazu noch einmal 1.2.3.4).

Begriffspaare wie *Innen/Außen, Zustand/Prozeß oder Chaos/Ordnung* sind Mittel, mit
denen Systembildungen aus einem Zentrum heraus (weiter-) entwickelbar sind (s. Tafel II). Exemplarisch soll dieses an dem Begriffspaar *Vielheit/Einheit* gezeigt werden:
Verfolgt und systemtheoretisch interpretiert werden kann die **Entwicklung eines
Schleimpilzes.** Man sieht, wie eine ungeordnet erscheinende Mannigfaltigkeit sich
Schritt für Schritt auf eine Einheit hin bewegt. Hat diese Einheit sich gebildet, dann ist
ein *Innen und Außen* unterscheidbar (s. Tafel IX).

„Was ist eigentlich „Denken"? Wenn beim Empfangen von Sinneseindrücken Erinnerungsbilder auftauchen, so ist das noch nicht „Denken". Wenn solche Bilder Serien bilden, deren jedes Glied ein anderes wachruft, so ist dies auch noch kein „Denken". Wenn aber ein gewisses Bild in vielen solchen Reihen wiederkehrt, so wird es eben durch seine Wiederkehr zu einem ordnenden Element für solche Reihen, indem es an sich zusammenhanglose Reihen verknüpft. Ein solches Element wird zum Werkzeug, zum Begriff. Ich denke mir, daß der Übergang vom freien Assoziieren oder „Träumen" zum Denken charakterisiert ist durch die mehr oder minder dominierende Rolle, die der „Begriff" dabei spielt. Es ist an sich nicht nötig, daß ein Begriff mit einem sinnlich wahrnehmbaren und reproduzierbaren Zeichen (Wort) verknüpft sei; ist er es aber, so wird dadurch Denken mitteilbar.

Mit welchem Recht - so fragt nun der Leser - operiert dieser Mensch so unbekümmert und primitiv mit Ideen auf einem so problematischen Gebiet, ohne den geringsten Versuch zu machen, etwas zu beweisen? Meine Verteidigung: all unser Denken ist von dieser Art eines freien Spiels mit Begriffen; die Berechtigung dieses Spiels liegt in dem Maße der Übersicht über die Sinnerlebnisse, die wir mit seiner Hilfe erreichen können. Der Begriff der „Wahrheit" kann auf ein solches Gebilde noch gar nicht angewendet werden; dieser Begriff kann nach meiner Meinung erst dann in Frage kommen, wenn bereits eine weitgehende Einigung (Konvention) über die Elemente und Regeln des Spieles vorliegt." (EINSTEIN, A., 1979, S. 2 f.).

„Meine Stärke und Fähigkeit liegt darin, daß ich die wissenschaftlichen Einsichten, Konsequenzen und Möglichkeiten mir bildlich vorstellen und verarbeiten kann. Mathematische Behandlungen fallen mir nicht leicht, und ich mache sie ungern und schwerfällig."
„Die Wörter oder Sätze, wie sie geschrieben oder gesprochen werden, scheinen in meinem Denkmechanismus keine Rolle zu spielen. Die physikalischen Einheiten, die offensichtlich als Denkelemente fungieren, sind bestimmte Zeichen oder mehr oder minder klare Bilder, die „willkürlich" reproduziert und auch kombiniert werden können.
Vom psychologischen Standpunkt aus scheint dieses Zusammensetzspiel das Wesensmerkmal produktiven Denkens zu sein, ehe durch Worte oder andere mitteilbare Zeichen irgendeine Verbindung zu logischen Konstruktionen besteht.
Die oben genannten Elemente sind in jedem Fall visueller Natur, einige auch motorischer. Konventionelle Wörter oder andere Zeichen müssen erst in einem sekundären Stadium mühsam gesucht werden, wenn das beschriebene Assoziationsspiel genügend gefestigt ist und willkürlich reproduziert werden kann.
Dementsprechend zielt das Spiel mit den genannten Elementen auf eine Analogie mit gewissen logischen Zusammenhängen, nach denen man sucht.
In dem Stadium, wo die Worte sich überhaupt einstellen, sind sie für mich rein auditiv, sie intervenieren aber erst, wie ich bereits erwähnt habe, in einem sekundären Stadium."

„Mein Denken baut auf mehr oder weniger klaren Bildern auf, die bald sichtbar, bald spürbar sind."
(Die letzten drei Zitate aus: QUISKE, F. H.; SKIRL, S. J.; SPIESS, G, 1973, S. 61)

Teil 3

Interdisziplinäre System-Bildung - Eine Offene Heuristik für die Gestaltung integrativer Bildungsprozesse

---

3. Offene Heuristik als Form

Bis heute fällt Pädagogik in alte Fehler zurück, indem Konzepte und Programme entwickelt werden, die entweder zu einer Materialen Bildung oder zu einer Formalen Bildung tendieren bzw. mehr oder weniger additiv beide nebeneinanderstellen. Wolfgang KLAFKI gibt dafür selbst ein Beispiel: Mit dem Versuch einer Bestimmung von „epochaltypischen Schlüsselproblemen" bewegt er sich wieder in Richtung einer *Materialen Bildung* (s. dazu: KLAFKI, W., 1992, S. 21 - 31), mit der Bestimmung von „übergreifenden didaktischen Prinzipien" (wie methodisches Lernen, handlungsorientiertes Lernen usw.) in Richtung einer *Formalen Bildung* (s. dazu: KLAFKI, W., 1992, S. 26 - 31).

Ein anderes Beispiel ist das **Konzept „Ökologie und Umwelterziehung"** (EULEFELD, G., u. a., 1981), in dem *drei Komponenten* (Komponente I: Gegenständliche Teilsysteme wie Klima, Licht, Boden./Komponente II: Aussagesysteme von Disziplinen, Interdisziplinen und außerwissenschaftlichen Aussagen/Komponente III: ökologische Thematisierungsgesichtspunkte wie Vernetztheit, Problemhaftigkeit, Geschichtlichkeit und Prozeßhaftigkeit) und *Empfehlungen für Unterrichtsmethoden* ausgewiesen werden. Wie bei Wolfgang KLAFKI wird darauf vertraut, daß die beiden getrennten Formen von Bildung im nachhinein irgendwie wieder miteinander in Beziehung gebracht werden können.

Im Gegensatz dazu ist bei der Theorie der Kategorialen Bildung konsequent von der *Kategorie „Selbsttätigkeit"* und den *Mitteln zur Auslösung und Unterstützung von Selbsttätigkeit* auszugehen. Diese Mittel, die als **elementare heuristische Mittel zugleich Inhaltliches und Formales keimhaft in sich enthalten,** prägen dann insgesamt die sich anschließenden Systembildungen. Es sind auch nicht nur Mittel für die Lehrenden, sondern sogar vorwiegend für die Lernenden, die damit ihre Selbsttätigkeit entwickeln.

Da grundlegend für die Theorie der Kategorialen Bildung und deren Aktualisierung in dem Ansatz „Interdisziplinäre System-Bildung" *elementare heuristische Mittel* sind, kann auch nur eine *Offene Heuristik* die Form sein, in der Orientierungen für die **Gestaltung von Bildungsprozessen** bereitgestellt werden.

Eine solche *„Offene Heuristik für Interdisziplinäre System-Bildung"* wird im folgenden schrittweise entwickelt. Dabei kann zuerst einmal der Eindruck entstehen, daß mit der Vorstellung einer **„Inhaltsheuristik"** ebenfalls ein Rückfall in eine *Materiale Bildung* und mit den **„Orientierungen für die Entfaltung heuristischer Mittel"** ein Rückfall in eine *Formale Bildung* stattfindet. Die weiteren Ausführungen lassen aber zunehmend klarer erkennen, daß die den Lernenden schließlich angebotenen Mittel immer *zugleich Inhaltliches und Formales* enthalten und zu *Mitteln ihrer Selbsttätigkeit* werden. Die Lernenden bewegen sich damit **nicht mehr nur** auf der für eine Materiale und/oder Formale Bildung üblichen Ebene der Aneignung von mehr oder weniger fertigem Wissen und vorgegebenen Methoden. Sie agieren vielmehr mit den heuristischen Mitteln zugleich auf einem **metatheoretischen und metakognitiven Niveau** und bringen die jeweils erreichten Stadien der Selbsttätigkeit in **Selbstthematisierungen** zum Ausdruck.

Angeeignet wird also zum einen ein bestimmter gesellschaftlicher Entwicklungsstand wie in den bisher üblichen Bildungsprozessen. Zum anderen aber wird - wie bisherige, hier nur in Ausschnitten vorgestellte Realisierungen des Ansatzes "Interdisziplinäre System-Bildung" zeigen (s. dazu die im Teil 4 vorgestellten Musterbeispiele und die Ausschnitte aus Tagungsprotokollen im Teil 5) - ein produktiver **Gestaltungsprozeß** initiiert, in dem Lernende in Selbstthematisierungen sowohl Ergebnisse ihrer eigenen Selbsttätigkeit zum Ausdruck bringen wie auch bei dem Entwurf vor allem von *konkretisierbaren Utopien* Ergebnisse ihrer Kooperation.

3.1   Eine musikdidaktische Konzeption als Ausgangsorientierung

(Die Interpretation der musikdidaktischen Konzeption von der Kategorie „Selbsttätigkeit" und dem Begriffspaar „Differenzierung/Integration" her wurde angeregt durch Thomas NEUMANN und Michael OTTE)

Im folgenden wird zuerst ein musikdidaktisches Konzept vorgestellt, um über dessen Verallgemeinerung Orientierungen für die Entwicklung eines curricularen Gesamtsystems zu gewinnen. Dieses Konzept stand auch am Anfang der Entwicklung des Ansatzes „Interdisziplinäre System-Bildung" (s. dazu auch: WALGENBACH, W., 1969, und 1979, S. 30 - 57) und ist **eine grundlegend Orientierung für dessen Ausarbeitung bis heute.**

Ausgangspunkt ist der Musikunterricht zu Beginn der Sekundarstufe I. Die Lernenden betreten den Musikraum und finden darin die verschiedenen Instrumente des Orff-

Instrumentariums vor (Metallophone, Xylophone, Trommeln, Becken usw.). Nachdem sich jeder ein Instrument gewählt hat, fordert der Lehrer sie auf „Spielt einmal etwas!". Das Ergebnis ist: *Chaos*. Nach einigen solcher Versuche entsteht in den Lernenden das Bedürfnis nach *Ordnung* und Abstimmung untereinander. Selbsttätig organisieren sie das musikalische Material nach den Parametern Höhe („hell-dunkel"), Dauer (kurz-lang), Lautstärke (laut-leise) und Klangfarbe (verbunden mit bestimmten Instrumenten). Auf der Grundlage dieser elementaren Ordnung sind sie dann imstande, sich selbst einfache Gestaltungsaufgaben zu stellen, wie etwa: Erst kommt das Metallophon, das spielt drei kurze hohe Töne, dann das Xylophon mit zwei tiefen langen Tönen, dann kommt ein Schlag auf die Trommel usw.

Dieser Teil des Unterrichts soll als „offen" bezeichnet werden, weil weder Schüler noch Lehrer das Ergebnis kennen. Die Klasse ist eine *Experimentiergemeinschaft*, die sich in der Situation eines Komponisten elektronischer Musik mit komplexem, aber noch unstrukturiertem Material befindet, auf das Regeln der klassischen Musik nicht mehr anwendbar sind (s. dazu auch 2.1.2). Es müssen daher neue Gestaltungsprinzipien, -mittel und -methoden gefunden werden. **Der Abstand zwischen dem von den Lernenden hervorgebrachten *Subjektiv-Neuen* und dem in der Gesellschaft vorhandenem *Objektiv- Neuen* schmilzt hier zusammen, weil verbindliche gesellschaftliche Problemlösungen nicht vorliegen und erst noch zu entwickeln sind.**

offen

Bei der Formulierung und Realisierung solcher Gestaltungsaufgaben stoßen die Lernenden auf das Problem, daß bei Versuchen, bestimmte Realisierungen (beispielsweise nach einer Woche) zu wiederholen, das vorher Geplante vergessen ist. Deshalb beginnen sie mit der Entwicklung von **Zeichensystemen**, mit denen sich die Gestaltungsaufgaben visuell repräsentieren und gleichzeitig auch im Rahmen der Experimentiergemeinschaft diskutieren und weiterentwickeln lassen.

Dieser Teil des Unterrichts soll als **teilweise offen** bezeichnet werden. Einerseits ist er durch die eigenen Gestaltungsversuche bestimmt und insofern geschlossen-bestimmt, andererseits aber offen-unbestimmt, weil auch hier Lehrer und Schüler im voraus das zu entwickelnde Zeichensystem nicht kennen.

teilweise offen

Etwa nach drei bis vier Monaten stoßen die Schüler auf die Möglichkeit **einfacher Mehrstimmigkeit:** Ein Instrument spielt durchgehend eine bestimmte Klangfolge und schafft damit eine *statische Klangebene*, über die dann *dynamische Klangschichten* gelegt werden können. An dieser Stelle wird vom Lehrenden eine Chaconne von J. S. BACH vorgespielt, in der die Lernenden Anregungen für ihre eigenen Gestaltungsversuche entdecken können: Bach läßt nämlich die statische Klangschicht nicht durchgehend in der Unterstimme liegen, sondern verlegt sie zeitweise auch in die Mittel- und Oberstimmen. Die Lernenden gewinnen durch das Anhören dieses Musikwerks, das allgemeiner als *Aneignung gesellschaftlicher Erfahrung* bestimmt werden kann, Orientierungen und Anregungen für ihre eigenen Gestaltungsversuche.

Dieser Teil des Unterrichts soll als **geschlossen-flexibel** bezeichnet werden, weil einerseits die Lernenden ein abgeschlossenes Resultat gesellschaftlicher Tätigkeit kennenlernen, andererseits dieses aber unmittelbar auf ihre eigenen Gestaltungsprobleme beziehen können.

geschlossen-flexibel

Neben diesen Unterrichtsteilen, die wesentlich von der *Selbsttätigkeit* der Lernenden ausgehen und von ihr bestimmt sind, wird ein **Lehrgang** durchgeführt, in dem Ziel sowohl das Erlernen des Blockflötenspiels wie der traditionellen Notation ist. Dieser Unterrichtsteil kann insofern als **geschlossen-starr** bezeichnet werden, als hier systematisch und mit einer bestimmten Entfremdung *Resultate gesellschaftlicher Tätigkeit* anzueignen sind. Allerdings lassen sich wiederum Beziehungen zu den offenen Unterrichtsteilen herstellen, wenn etwa thematisiert wird, **daß das traditionelle (Noten-) System wie das eigene (Noten-)System der Lernenden** *von Menschen gemacht und damit von ihnen auch veränder- und entwickelbar ist.* Damit ist grundsätzlich eine andere Einstellung zu *Systemen in Wissenschaft, Kunst und Technologie* angelegt, deren Ursprung und Entwicklung aus der menschlichen Tätigkeit ebenso diskutiert und als Konstruktion erkannt werden können.

geschlossen-starr

Insgesamt ergibt sich damit eine Unterrichtsorganisation, für die ein *Wechselspiel von Integration und Differenzierung* grundlegend ist: Über die *Selbsttätigkeit* der Lernenden konstituiert sich ein zuerst nur keimhaft vorhandener *Gesamtzusammenhang*, dessen weitere Entwicklung bestimmt wird von Prozessen der *Ausgliederung von Teil-*

problemen (Prozesse der Differenzierung wie die Entwicklung eines eigenen Notensystems oder die Aneignung von Resultaten gesellschaftlicher Tätigkeit) und der *Eingliederung der erreichten Teilergebnisse* (Prozesse der Integration) in den dadurch ständig wachsenden Gesamtzusammenhang. **Eine Pädagogik „vom Kinde aus" (Schülerorientierung) und eine Pädagogik „von der Sache aus" (Wissenschaftsorientierung) sind hier in einer produktiven Weise aufeinander bezogen.**

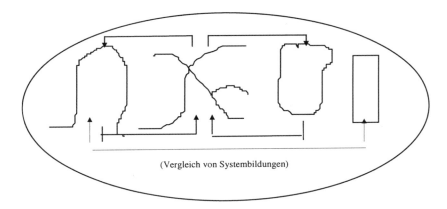

(Vergleich von Systembildungen)

**Unterrichtsorganisation im Wechselspiel
von Differenzierung und Integration**

Der Prozeß der **Entwicklung von Tätigkeit** im Wechselspiel von *Differenzierung und Integration* läßt sich verallgemeinern zu einem Organisationsmodell, in dem die einzelnen Tätigkeitsformen von geschlossen bis offen in eine hierarchische Abfolge gebracht werden und die verschiedenen Spezialisierungsbereiche strukturieren. In der Mitte liegt dabei ein interdisziplinär-integrierender Tätigkeitsbereich, von dem aus in Differenzierungsprozessen mehr oder weniger intensiv in fachliche Zusammenhänge eingedrungen und erarbeitete Teilergebnisse in den Gesamtzusammenhang importiert werden können.

Mit diesem Modell lassen sich Tätigkeitsprozesse in unterrichtlichen Rahmen strukturieren, wenn man etwa das interdisziplinäre Projekt in die Mitte stellt und von da aus in die verschiedenen Fächer mehr oder weniger tief eindringt (s. dazu Tafel XIII*)*.
Dieses Modell läßt sich aber auch allgemein für die Strukturierung menschlicher Tätigkeit im Gesamtzusammenhang gesellschaftlicher Praxis nutzen (s. dazu Tafel XIII)*:* **Interdisziplinarität** steht dabei im Zentrum. Die verschiedenen *Disziplinen und Spezialisierungen* gehen aus diesem integrativen Bereich hervorgehen. Der *„Punkt"* (GOETHE) oder die *„Zelle"* (DAVYDOV), aus dem das Ganze hervorgeht, ist die "Tätigkeit", bildungstheoretisch spezifiziert die "Selbsttätigkeit" (s. dazu auch ausführlicher: WALGENBACH, W. 1979, S. 89 - 110).

Organisationsmodell für inter- und transdisziplinäre Systembildungen in selbstähnlichen Systemeinheiten

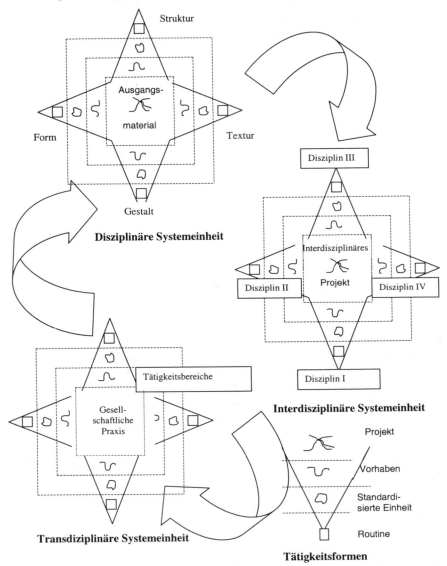

Disziplinäre Systemeinheit

Interdisziplinäre Systemeinheit

Transdiziplinäre Systemeinheit

Tätigkeitsformen

Tafel XIII

3.2 Entwurf eines curricularen Gesamtsystems mit der Kategorie „Selbsttätigkeit" als Ausgangs- und Mittelpunkt

Unter Orientierung an der musikdidaktischen Konzeption soll im folgenden ein curriculares Gesamtsystem entworfen werden, das ebenfalls auf einem **Wechselspiel von Differenzierung und Integration** aufbaut und als Ausgangs- und Mittelpunkt die **Kategorie „Selbsttätigkeit"** hat. Am Anfang steht eine Systembildungssequenz „Spiegelungen: Konkretisierbare Utopien als Form von Selbstthematisierungen", in der die Lernenden ihre Selbsttätigkeit in **Selbstbildern** zum Ausdruck bringen, die dann schrittweise ausdifferenziert und entfaltet werden durch Einbeziehung immer größerer Wirklichkeitsausschnitte. Damit entsteht ein immer komplexer werdendes System, das von lokalen zu globalen Zusammenhängen voranschreitet und zu verschiedenen Formen von Selbstthematisierungen führt. Grundlegend ist dabei der Einsatz elementarer kategorialer Mittel, die eine „Interdisziplinäre System-Bildung" als Prozeß und Resultat insofern ermöglichen, als sie die Selbsttätigkeit der Lernenden ausrichten auf:

- die **Erzeugung von Neuem** und die Organisation eines Wechselspiels von *Subjektiv-Neuem* (hervorgehend aus der Selbsttätigkeit der Lernenden) und *Objektiv-Neuem* (hervorgehend vor allem aus Wissenschaft und Kunst)
- die **Konstitution eines theoretischen Verhältnisses zur Wirklichkeit,** das sich vor allem im Agieren auf der *metatheoretischen und metakognitiven Ebene* zeigt.

3.2.1 Konstitution eines Ausgangssystems: Entwicklung von Identität durch Spiegelungen

Die Tätigkeiten innerhalb des curricularen Systems sind insgesamt auf die **Entwicklung von Selbsttätigkeit zu einer systembildenden Tätigkeit** ausgerichtet. Die Strukturierung dieses Prozesses kann durch Unterscheidung von verschiedenen Arten von *Selbstthematisierungen* erfolgen, in denen das Subjekt den jeweils erreichten Stand der Selbsttätigkeit zum Ausdruck bringt. Eine Form der *Vergegenständlichung* dieser Selbstthematisierungen sind *Bilder,* in denen die Mannigfaltigkeit der Erfahrung von Selbsttätigkeit in eine bestimmte Form gebracht wird. Gekoppelt werden können diese Bilder mit verschiedenen Stadien der Identitätsbildung.

Ausgangspunkt ist die Entwicklung einer **individuellen Identität,** die in *Selbstbildern* dargestellt wird, in denen die *Spiegelung des eigenen Ichs* ihren Ausdruck findet. Eine Erweiterung erfährt dieses erste Stadium der Identitätsbildung durch Einbeziehung der unmittelbaren sozial-kulturellen Umwelt (der Familie und der Gemeinde), die zu einer

Vom Selbstsystem zu Selbstthematisierungen in ökologischen Systemen

Entwurf von konkretisierbaren Utopien für Landschaften

Tafel XIV

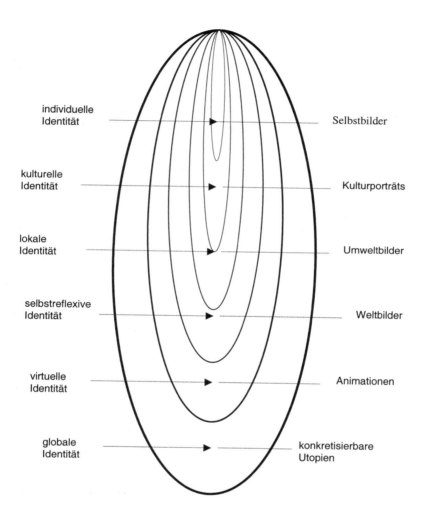

individuelle Identität — Selbstbilder

kulturelle Identität — Kulturporträts

lokale Identität — Umweltbilder

selbstreflexive Identität — Weltbilder

virtuelle Identität — Animationen

globale Identität — konkretisierbare Utopien

Stufen der Identitätsentwicklung und deren Vergegenständlichung in Bildern

kulturellen Identität führt und in *Gruppenbildern/Kulturpoträts* zum Ausdruck gebracht werden kann. Die kulturelle Identität ist erweiterbar zu einer **lokalen Identität,** indem die lokale Umgebung (die „Heimat") in die Systembildung einbezogen wird. Dabei legt die zunehmende Objektivierung nahe bzw. erfordert es, daß Kunst und Wissenschaft als Mittel genutzt werden zur Entwicklung von ästhetisch-wissenschaftlichen *Umweltbildern.* Mit dem Rückgriff auf moderne Wissenschaft und Kunst kommt auch der Computer ins Spiel und damit das Erlebnis der *Selbstorganisation von Systemen.* Eigene *Selbsttätigkeit* ist damit konfrontiert mit eigenwilligen *Systemautomatismen,* die zu **Selbstreflexionen über die Differenz und Einheit eigener und auf der Grundlage formaler Mechanismen ablaufender Systembildungen** herausfordern. Damit kommt es zur Ausbildung einer **selbstreflexiven Identität,** die ihren Ausdruck findet in *Weltbildern,* in denen grundlegende Sichtweisen von Welt zum Ausdruck gebracht werden. In *(Computer-)Animationen* können diese Weltbilder erweitert werden zu *virtuellen Realitäten,* in denen in utopischer Weise mögliche Formen einer **virtuellen Identität** (etwa: Leben auf fremden Planeten) angedacht und entworfen werden; vor allem sind hier aber auch Vorschläge und Vorstellungen von anderen (z. B. Technikenthusiasten) zu analysieren und auf ihre Wünschbarkeit hin zu bewerten. Im Entwurf von *konkretisierbaren Utopien* wird dann eine Vermittlung von Möglichkeit und Wirklichkeit im Hinblick auf eine „nachhaltige Entwicklung" (sustainable development) bei gleichzeitiger Beachtung lokaler und globaler Erfordernisse angezielt. Zum Ausdruck gebracht wird darin eine **globale bzw. interkulturelle Identität** .

Die Konstruktion dieser Abfolge von Identitätsstufen und deren Ausdruck in verschiedenen Bildarten erfolgt zum einen theoriegeleitet (s. dazu spätere Ausführungen zum Begriff der Identität S. 245 f. und auch das in einigen Punkten verwandte Konzept zum „regionalen Lernen" von Carsten MEYER, 1996, das mit Begriffspaaren nahestehenden „Polaritäten" arbeitet). Zum anderen ist sie pragmatisch insofern begründet und ausgerichtet, als sie sich auf konkrete Praxiserfahrungen stützt und Orientierungen anbietet für ähnliche Projekte.

In Tafel XIV sind die Stufen der Identität und die zugeordneten Bildarten noch einmal zusammengefaßt.

3.2.2 Ausdifferenzierung des Ausgangssystems: Entwurf einer Inhaltsheuristik

Wie bei HEGEL und MARX die Kategorie „Arbeit" läßt sich die (allgemeinere) Kategorie „Tätigkeit" in Komponenten wie *Material/Gegenstand, Mittel/Methoden, Organisation und Ziele/Resultate* zerlegen. Diese zuerst einmal formal-abstrakten Bestandteile jeder menschlichen Tätigkeit können inhaltlich bestimmt werden, wenn man ihre historisch-konkrete Entwicklung rekonstruiert und den entwickeltsten Stand zu bestimmen sucht. **Mögliche** Konkretisierungen sind:

- *Material der Tätigkeit*: Biomasse als Einheit von sowohl bioten wie auch abioten Bestandteilen (im Gegensatz etwa zum weitgehend „toten" Material in der bisherigen Technik, vor allem in der Großtechnologie)
- *Mittel/Methoden der Tätigkeit*: Heuristiken als offene, theoriegeleitet konstruierte Strategien (im Gegensatz etwa zu Erfahrungsregeln, für die keine theoretischen Grundlegungen zur Verfügung stehen).
- *Organisation der Tätigkeit*: Systeme in einem Spannungsfeld von *Subjektivität und Selbstorganisation* (im Gegensatz zu traditionellen Organisationssystemen, die hierarchisch aufgebaut und daher mit mehr oder weniger Fremdbestimmung verbunden sind)
- *Ziele/Resultate der Tätigkeit*: Systembildung als zugleich atomistisch und holistisch angelegte Bearbeitung von Einheiten (im Gegensatz etwa zu traditionellen, auf atomistischen Strategien sich gründende Naturwissenschaften)

Um diese Komponenten zum Gegenstand der Selbsttätigkeit werden zu lassen, ist nach **Miniaturen** zu suchen, die folgende Kriterien erfüllen:

- Eine Miniatur hat die *Qualität eines „Urphänomens"*, das vom selbsttätigen Subjekt als existentiell bedeutsam erlebt wird
- Eine Miniatur repräsentiert die *gesamte Problemkomplexität* und damit (möglichst) alle Fälle, die mit einer bestimmten Tätigkeitskomponente verbunden sind.
- Eine Miniatur enthält einen *Grenzfall*, der besonders erschließungsmächtig ist.
- Aus der Miniatur läßt sich durch *Bildung von Metamorphosen* eine Entwicklungsreihe erstellen (s. dazu auch 3.3.1 und die in den *Tafeln V b und VII* dargestellten Metamorphosen einer "Wirbelstraße")

Die Auswahl oder Konstruktion solcher Miniaturen muß theoriegeleitet erfolgen. Die folgenden Miniaturen sind vor allem im Arbeitsgebiet „Interdisziplinäre System-Bildung" des Instituts für die Pädagogik der Naturwissenschaften an der Universität Kiel erarbeitet worden *(in Zeiträumen von jeweils ein bis zwei Jahren, was den erforderlichen Aufwand erkennen läßt)*.

Zuerst einmal erscheinen die vorgestellten Miniaturen mehr oder weniger willkürlich und zufällig. In den weiteren Ausführungen werden die Gründe für die Wahl gerade dieser Miniaturen aber immer plausibler und ihre theoriegeleitete Konstruktion erkennbar. Ein Beispiel: Die Auswahl der Miniatur „Muschel" erscheint schon begründeter, wenn man weiß, daß BATESON seinen Studenten eine Plastiktüte voller Muscheln und anderem Kleingetier mitgebracht hat und dann fragte, wie man an toten Dingen erkennen kann, daß sie einmal gelebt haben (s. dazu: BATESON, G., 1983, S. 20 f.).

Inhaltsheuristik

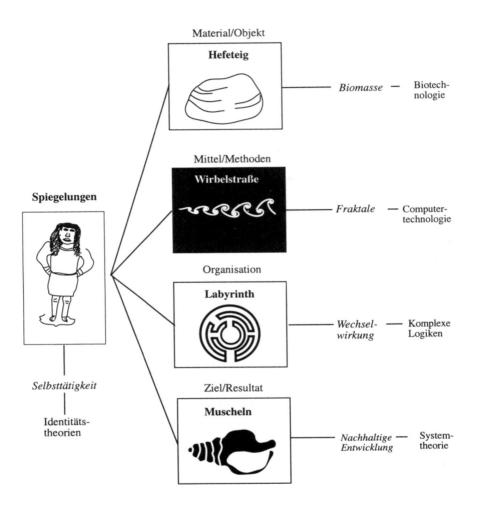

Material/Objekt

Hefeteig

Biomasse — Biotech-nologie

Mittel/Methoden

Wirbelstraße

Fraktale — Computer-technologie

Spiegelungen

Organisation

Labyrinth

Wechsel-wirkung — Komplexe Logiken

Selbsttätigkeit

Identitäts-theorien

Ziel/Resultat

Muscheln

Nachhaltige Entwicklung — System-theorie

Tafel XV

Epistemologische Heureme

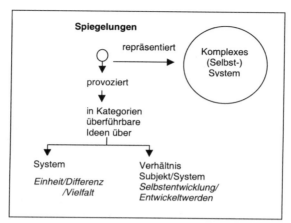

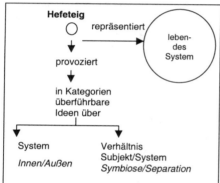

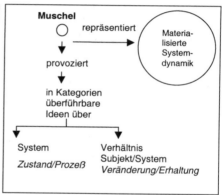

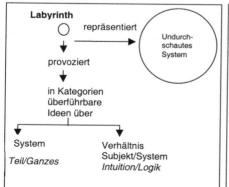

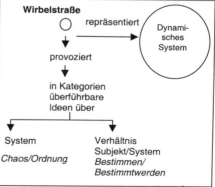

Die Miniaturen und die in Verbindung mit ihnen entwickelten Themen für Systembildungssequenzen sind:

- Subjekt der Tätigkeit: *Spiegelungen*: Ich und das Andere
- Material der Tätigkeit: *Der Hefeteig:* Eine eigenwillige Masse
- Mittel/Methoden: *Die Wirbelstraße*: Ein sensibles System zwischen Ordnung und Chaos
- Organisation: *Virtuelle Labyrinthe*: Organisation von Undurchschautem
- Ziele/Resultate: *Muscheln:* Nachhaltiger Umgang mit Systemen

Eine grundlegende Orientierung für die Wahl dieser Miniaturen und die Zuordnung von Themen ist der skizzierte Musikunterricht: Die Lernenden werden dort in eine offene Situation gestellt, die dem *entwickeltsten Stand* in der Musik (der elektronischen Musik) entspricht. **Offenheit wird also nicht (wie bei der „Trickpädagogik") den Lernenden vorgespielt, sondern ist auch in der gesellschaftlichen Praxis gegeben.** Bei Vorgabe etwa von tonalem Material wären die Lernenden aufgrund des Materials oder auch ihrer Hörerfahrungen so determiniert, daß sie nicht in einer freien Weise agieren und improvisieren könnten. So aber müssen sie wie Komponisten in der elektronischen Musik nach neuen Regeln, Zeichensystemen, Organisationsformen usw. suchen und aufgrund der neuen Materiallage das ganze Tätigkeitssystem revolutionieren.

Die Lernenden werden also durch die ausgewählten Miniaturen in Problemsituationen versetzt, die dem entwickeltsten Stand der gesellschaftlichen Praxis entsprechen:

- *Spiegelungen* des eigenen Ichs in der *Selbsttätigkeit* führen zur Entdeckung *„des Anderen"*, zuerst in sich selbst, dann aber auch außerhalb durch Spiegelungen des Selbsts in der Familie und der sozialen Umgebung (Verwandtschaft, Gemeinde usw.), der lokalen Umgebung (lokales Ökosystem), der Selbstorganisation von Systemen, dem Leben in virtuellen Realitäten und schließlich im globalen Zusammenhang. Damit wird grundsätzlich ein Zugang eröffnet zu modernen Theorieansätzen der Entwicklung von **Identität** im gesellschaftlichen Gesamtzusammenhang.
- Der *Hefeteig* als *Biomasse* führt hin zur **Biotechnologie** mit einer neuen Art des Verhältnisses von Mensch und Natur: War die traditionelle (Groß-) Technologie mehr auf die Verarbeitung von „totem" Material (Steine, Metall, Kunststoffe usw.) ausgerichtet, so pflegt die Biotechnologie den Umgang mit lebendem Material. Während für die Klein- und Mittleren Technologien mehr ein *symbiotisches* Verhältnis zur Natur konstitutiv ist (etwa beim Brotbacken im Haushalt oder in der Bäckerei), beruhen Großtechnologien stärker auf *Separation* und suchen durch atomistische Zerlegung der Materie in fundamentale Bausteine der Materie nach neuen (künstlichen) Möglichkeiten einer grundlegenden Naturbeherrschung, die dann aber auch mit tiefgreifenden, oft irreversiblen Eingriffen verbunden sind (s. dazu auch Tafel VII).

- Die *Wirbelstraße* kann aufgrund ihres (selbst-)ähnlichen Aufbaus aus Spiralwirbeln in Verbindung gebracht werden mit **Fraktalen** und Erinnerungen wachrufen an Verwirbelungen in Flüssigkeiten. Solche Fraktale sind Resultate der **Computerwissenschaft und -technologie** und gehören zu den entwickeltsten (bildhaften) Mitteln, mit denen der Mensch sich Systeme im Spannungsfeld von *Ordnung und Chaos* verfügbar machen kann.
- Das *Labyrinth* ist für den Menschen Sinnbild für Undurchschaubares und Unerkanntes. Man kann sich in ihm nur zurechtfinden, wenn man gleichzeitig über **Intuition** eine Vorstellung vom Ganzen und über eine ausdifferenzierende **Logik** eine Vorstellung von den einzelnen Teilen und ihren Zusammenhängen entwickelt (s. dazu auch: OTTE, M., 1986). Labyrinthe lassen sich daher als *epistemologische Mittel* nutzen, um sich in sich **selbstorganisierenden** komplexen Systemen zurechtzufinden.
- *Muscheln* am Strand sind Grenzgänger zwischen Leben und Tod (s. dazu auch: BATESON, G., 1983, S 20 f.). In sich vergegenständlicht haben sie komplexe **Systembildungen**, die aus der **Wechselwirkung** zwischen einem System und seiner Umwelt hervorgegangen sind.

Insgesamt ergibt sich damit eine **Inhaltsheuristik**, die über den *Begriff der „Tätigkeit"* und dessen *Ausdifferenzierung in Komponenten* logisch zusammengehalten wird. Die ausgewählten Miniaturen eröffnen einen Zugang zu *zentralen Konzepten und Konstrukten modernen Denkens* (Identität, Biomasse, Fraktal, Wechselwirkung, Selbstorganisation) sowie zu *modernen Theorien* (Systemtheorie, komplexe Logiken) und *Technologien* (Biotechnologie, Computertechnologie).

In dieser Inhaltsheuristik lassen sich explizit und/oder implizit Ziele, Prinzipien und „Schlüsselprobleme" wiederentdecken, die auch in modernen Lehrplan- und Curriculumdiskussionen zu finden sind (etwa: Wissenschaftsorientierung, Umweltprobleme, Neue Technologien, Subjektivität/Ich-Du-Beziehungen, Vieldimensionale Präsentation von Inhalten, Phänomenorientierung usw.). Der entscheidende Unterschied aber ist, daß hier anstelle einer *Addition* eine **Integration** vorgenommen wird durch die Ausrichtung auf die *Gestaltung und Reflexion der eigenen (Selbst-) Tätigkeit* in ihren grundlegenden Komponenten und ihren historisch-konkreten Problem- und Möglichkeitsräumen. In der Tafel XV ist diese Inhaltsheuristik noch einmal zusammengefaßt, die dann im folgenden über die Zuordnung von *kategorialen Begriffspaaren* weiter ausdifferenziert und inhaltlicher bestimmt wird.

3.2.3 Bildung von epistemologischen Heuremen

Eine grundlegende Orientierung für die hier vorgestellte Konzeption „Interdisziplinäre System-Bildung" ist das von Friedrich FRÖBEL entwickelte **„Epistemologische Heurem"** (Ausgangseinheit von Wissenskonstruktionen/zu diesem Begriff s. ausführlicher

3.6) für die frühkindliche Erziehung, das aus dem „Ball" als *Miniatur* und den durch dieses Urphänomen provozierten *Urbildern/Kategorien* in Form von „Entgegensetzungen" über das Objekt und über die Beziehungen zwischen Subjekt und Objekt besteht. Dementsprechend kann eine Ausdifferenzierung der vorgestellten Inhaltsheuristik dadurch erfolgen, daß den ausgewählten Miniaturen kategoriale Bestimmungen zugeordnet werden.

(1) Der Hefeteig: Gibt man Lernenden den Auftrag, aus einem **Hefeteig** Landschaften zu formen, so kommen sie in der Regel nicht auf die Idee, daß sie mit einer lebenden Masse wechselwirken. Erst wenn nach etwa einer halben Stunde die „Landschaften" aufgehen und über die Tische quellen, steigt in ihnen eine Ahnung auf, daß im **Innern** dieser Masse, der sie sich erst einmal **von außen** nähern, irgendeine Kraft lebendig ist. In den Blick kommt damit ein auch für die Systemtheorie grundlegendes Spannungsfeld von *Innen und Außen* (s. auch Tafeln VII und IX)), das dann unter Orientierung an historische Entwicklungen in den Naturwissenschaften (Streit zwischen Biologen und Chemikern über den Charakter von Gärungsprozessen) aufgenommen werden kann mit dem Ziel, immer tiefer in den Hefeteig und in die Hefezelle einzudringen. Schließlich gelangt man zu den Enzymen, nimmt mit deren Entdeckung aber auch den Tod der Hefezelle in Kauf (s. dazu auch die Ausführungen in 2.1.1).

Erkennbar wird, daß im Gegensatz zur Biologie (bis hin zur Gentechnologie), die sich zunehmend den kleinsten Bausteinen der Zelle zugewandt hat, die Biotechnologie die *Biomasse* als ein anderes, ganzheitlicheres Objekt wählt und in Fermentern für deren „Wohlergehen" sorgt. Ein Spannungsfeld öffnet sich, innerhalb dessen sich der Mensch in seinem Verhältnis zur Natur und zur Wirklichkeit insgesamt bewegt (s. dazu auch: LÜDERS, W., 1975), nämlich das von *Symbiose (Naturnähe/Naturerhaltung)* und *Separation (Distanz zur Natur/Naturgestaltung und -verwertung)*. Damit läßt sich mit der Miniatur „Hefeteig" und den aufgewiesenen Spannungsfeldern das in der Tafel XV dargestellte epistemologische Heurem konstruieren.

(2) Die Wirbelstraße: Erzeugt man in einer Wasserwanne durch Hindurchziehen eines Stabes eine **Wirbelstraße**, dann erlebt man ein Spannungsfeld von *Bestimmen* und *Bestimmtwerden*. Man versucht, bestimmte Formen im Wasser zu erzeugen, erlebt dabei aber immer wieder, daß nicht nur man selbst die entstehenden Gebilde bestimmt, sondern auch das Wasser. Außerdem kann man beobachten, daß das Wasser Zustände in einem Spannungsfeld von *Ordnung* und *Chaos* annimmt und sich als ein *dynamisches System* zeigt, das seine Zustände permanent wechselt.(s. dazu Tafel XVI). Ein epistemologisches Heurem läßt sich dann mit der Wirbelstraße und den aufgezeigten Spannungsfeldern wie in Tafel XV dargestellt konstruieren.

(3) Das Labyrinth: Der Computer als eines der entwickeltsten Mittel menschlicher Tätigkeit ist eng verbunden mit den Phänomenen „Elektrizität" bzw. „Elektronik". Diese Phänomene sind insofern besonders problemhaltig für den Menschen, weil sie undurchschaubar sind. Es müssen besondere Mittel konstruiert werden, um sie überhaupt zur Erscheinung zu bringen und verfügbar zu machen. Das **Labyrinth** ist ein produktives Mittel, um sich Undurchschautem und Unerkanntem zu nähern (s. dazu: OTTE, M., 1986). Im Umgang mit Labyrinthen erlernt man nämlich Strategien, **Teile zu erkunden und gleichzeitig sich ein Bild vom Gesamtsystem zu machen.** Der Umgang mit diesem Spannungsfeld von *Teil* und *Ganzem* erfordert zugleich *Intuition* **und** *Logik:* Über Intuition muß ein Gesamtzusammenhang konstituiert werden, der dann durch Logik ausdifferenzierbar ist. Die Miniatur „Labyrinth" läßt sich mit diesen Spannungsfeldern wie in Tafel XV dargestellt zu einem epistemologischen Heurem verbinden:

(4) Die Muschel: Muscheln am Strand zu sammeln ist wohl nicht zuletzt deshalb beliebt, weil sich in ihnen ein lebendiger Entwicklungsprozeß vergegenständlicht hat. Muscheln stellen also einen Grenzfall zwischen Leben und Tod dar, an ihnen zeigt sich zur gleichen Zeit ein bestimmter *Zustand* und ein in der Vergangenheit abgelaufener *Prozeß* (s. dazu auch: BATESON, G., 1983, S. 20 f.). Zerstört man nun eine solche Muschel etwa durch Zerstampfen, dann ist dieser Eingriff irreversibel. Das kann Reflexionen darüber hervorrufen, wie weit man die *Veränderung* eines bestimmten Systemzustands herbeiführen will oder sich durch Verzicht auf Eingriffe für dessen *Erhaltung* entscheidet. Vom Umgang mit Muscheln kann man dann zu weitergehenden Überlegungen kommen, die auf das ökologische Leitziel der **„Nachhaltigen Entwicklung („Sustainable Development")"** im Umgang mit der Natur ausgerichtet werden können. Das aus der Miniatur „Muschel" und den angesprochenen Spannungsverhältnissen formulierbare epistemologische Heurem läßt sich wie in Tafel XV darstellen.

(5) Spiegelungen: Spiegelungen der Selbsttätigkeit ermöglichen die bisher aufgezeigten epistemologischen Heureme insofern, als sie nicht nur ein außerhalb befindliches Objekt der Tätigkeit in seiner Eigenstruktur in den Blick bringen (etwa: *Ordnung/Chaos* bei der Wirbelstraße), sondern über Selbstreflexionen auch das eigene Selbst in Beziehung zu diesem Objekt (etwa: *Bestimmen/Bestimmtwerden*). Diese Spiegelung des Selbsts ist noch direkter, wenn man sein eigenes Bild im Spiegel betrachtet. Man erfährt eine *Einheit* und *Differenz* deshalb zur selben Zeit, weil man sich im Spiegel zwar als ein Gegenüber und als ein „Anderes" erlebt, das aber doch gleichzeitig immer ein Teil des eigenen Selbsts ist. Dieses Andere kann die Funktion eines Vor-Bilds annehmen, wenn man darin ein zukünftig wünschbares Selbst projiziert. Die Andersheit läßt sich verstärken, wenn man sich selbst mit seiner sozialen und lokalen Umgebung konfrontiert und von da voranschreitet zu immer allgemeineren und globaleren Zusammenhängen. Dann ist das Andere mehr und mehr nach außen verlagert und gleichzeitig in einem Spannungsfeld verankert von *Selbstentwicklung* und *Entwickeltwerden* durch die Umgebung. Das aus diesen Überlegungen ableitbare epistemologische Heurem läßt sich dann wie in Tafel XV ausweisen.

3.3 Orientierungen für die Entfaltung epistemologischer Heureme

Theorien der Materialen und Formalen Bildung gründen sich auf einen *analytischen Atomismus.* Das beginnt schon bei der Aufgliederung von Bildung in einen *inhaltlichen* (materialen) und einen *formalen* Teil, in denen dann jeweils weitere Zergliederungen vorgenommen werden (s. dazu die Tafel V*).* Kategoriale Bildung versucht statt dessen, *elementare heuristische Mittel* zu konstruieren, die zugleich Inhaltliches und Formales keimhaft in sich enthalten, und diese den Lernenden - und nicht nur den Lehrenden - für komplexe Systembildungen zur Verfügung zu stellen. Bereitgestellt werden können darüber hinaus nur noch **Orientierungen für die Entfaltung dieser Mittel,** wie sie im folgenden vorgestellt werden. Es geht dabei immer um *Bewegung, Veränderung und Entwicklung von Wissen* sowohl in der inhaltlich-materiellen wie formal-ideellen Dimension und dessen Steuerung und Koordination auf der metatheoretischen und metakognitiven Ebene..

3.3.1 Entfaltung der materiellen Dimension: Metamorphosen von Miniaturen

Gegenstände des Lernens werden in Theorien Materialer und Formaler Bildung, aber auch in der modernen Lehr-Lern-Forschung (weitgehend) als gegeben angesehen (s. dazu auch die Ausführungen zum „Elektrischen Stromkreis" in 1.2.3.4). **Im Gegensatz dazu enthält der den Lernenden auf der Grundlage der Theorie der Kategorialen Bildung zur Verfügung gestellte Gegenstand erst einmal nur einen Ausgangszustand und keimhaft ein *Potential,* das in einem Wechselspiel zwischen *Materiellem und Ideellem* bis hin zu konkretisierbaren Utopien zur Entfaltung zu bringen ist.**

Eine erste Orientierung für die *Konstruktion und Entwicklung des Gegenstandes* findet sich bei Friedrich FRÖBEL in seiner „dynamischen Schulgeometrie". FRÖBEL versteht jede geometrische Figur als fixierte Phase eines den Formen immanenten Entwicklungsgesetzes. Darauf aufbauend konstruiert er eine Folge von geometrischen Gebilden, bei der etwa die Kugel über die Walze als Vermittlungsform zum Würfel voranschreitet, der von FRÖBEL als „Entgegengesetztgleiches" zur Kugel aufgefaßt wird. Auf diese Weise werden Entwicklungsreihen gebildet, in denen der Lerngegenstand verschiedene, auseinander hervorgehende Metamorphosen durchläuft.

Mit dieser Vorgehensweise, nicht eine Vielzahl verschiedener Gegenstände isoliert zu untersuchen und auf diesem Wege zu Wissen zu finden (wie es überwiegend im Schulalltag geschieht), sondern sich **auf einen Gegenstand zu konzentrieren** und dessen Entwicklung zu studieren, läßt sich auch die *experimentelle Methode* in Beziehung setzen, wie sie von Max WERTHEIMER am Beispiel der „Schiefen Bahn" von GALILEI aufgezeigt wurde: Untersuchbar sind an dieser *Miniatur* zugleich der Wurf, der Fall und die horizontale Bewegung von Körpern. GALILEI steht damit ein (mehr oder weniger künstlich geschaffenes) **komplettes und ideales System zur Verfügung, das alle Fälle und außerdem noch einen besonders interessanten und ergiebigen Sonderfall**, den „freien Fall", enthält: „Die verschiedenen Fälle erscheinen als Teile in einer wohlgeordneten Struktur ... In der Struktur taucht eine kritische Stelle auf - die Stelle der horizontalen Bewegung." (WERTHEIMER, M., 1964, S. 191). Der freie Fall kann dann unter folgender Fragestellung betrachtet werden: „Ist der freie Fall nicht einfach ein Grenzfall, der Grenzfall, bei dem die Neigung des Fallweges anstelle eines kleineren Winkels 90 ^{0} beträgt?" (WERTHEIMER, M., 1964, S. 187).

Ein weiteres Beispiel für die Konzentration auf *einen* bestimmten Gegenstand ist EINSTEINs Nachdenken über den **Lichtstrahl**: „Wie wäre es, wenn man hinter einem Lichtstrahl herliefe? Wie, wenn man auf ihm ritte? Wenn man einen Lichtstrahl auf seiner Reise verfolgte, würde seine Geschwindigkeit dann abnehmen? Wenn man schnell genug liefe, würde er sich dann überhaupt nicht mehr bewegen?... Dem jungen Einstein kam dies sonderbar vor." (WERTHEIMER, M., 1964, S. 195).

Auch in der Kunst findet sich diese Strategie, wenn etwa CÉZANNE immer wieder einen bestimmten Berg, den **„Sainte Victoire"**, mit der Begründung malt: „Hier am Ufer des Flusses vervielfältigen sich die Motive, der gleiche Bildgegenstand, unter verschiedenen Blickwinkeln gesehen, bietet ein Studienthema von äußerstem Interesse und so mannigfaltig, daß ich glaube, ich könnte mich während einiger Monate beschäftigen, ohne den Platz zu wechseln, indem ich mich einfach zeitweise mehr nach rechts, zeitweise mehr nach links wende." (CÉZANNE, P., 1957, S. 72).

Deshalb liegt es nahe - analog zur *experimentellen Vorgehensweise in Wissenschaft und Kunst* und zur FRÖBELs dynamischer Geometrie -, nach **einem** Untersuchungsgegenstand zu suchen, der einerseits eine bestimmte Problemkomplexität möglichst weitgehend in sich aufbewahrt, andererseits aber deren bewußte und zielgerichtete Erforschung ermöglicht. Im folgenden soll das am Beispiel der **„Wirbelstraße"** aufgezeigt werden (s. dazu Tafel XVI). Die Auswahl gerade dieses Gegenstandes erfolgte im Hinblick auf die später diskutierte NOVALIS-Metapher „Das Flüssige ist das sensible Chaos" (s. dazu 3.3.2.1) und wird erst in diesem Kontext verständlich.

Ausgangspunkt ist die Beschäftigung mit dem für Systembildungen grundlegenden Spannungsfeld von *Ordnung und Chaos* (s. dazu auch HASS, H., 1998, und die später vorgestellten empirischen Studien zu diesem Begriffspaar in 5.2), das sich in jedem Brunnen, Bach oder Fluß beobachten läßt. Bei der Beschäftigung mit Flüssigkeitsbewegungen bedeutet es schon eine Komplexitätsreduktion, wenn man *Wasser als eine spezifische Erscheinungsform von Flüssigem* zum Untersuchungsgegenstand macht.

Erzeugen einer Wirbelstraße

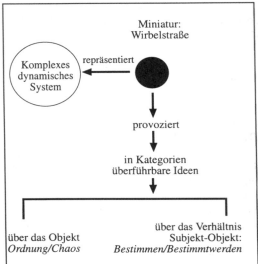

Miniatur:
Wirbelstraße

Komplexes dynamisches System ← repräsentiert ●

provoziert

in Kategorien überführbare Ideen

über das Objekt
Ordnung/Chaos

über das Verhältnis
Subjekt-Objekt:
Bestimmen/Bestimmtwerden

Elementares Mittel für interdisziplinäre Systembildung

Spannungsfeld von Ordnung und Chaos

Tafel XVI

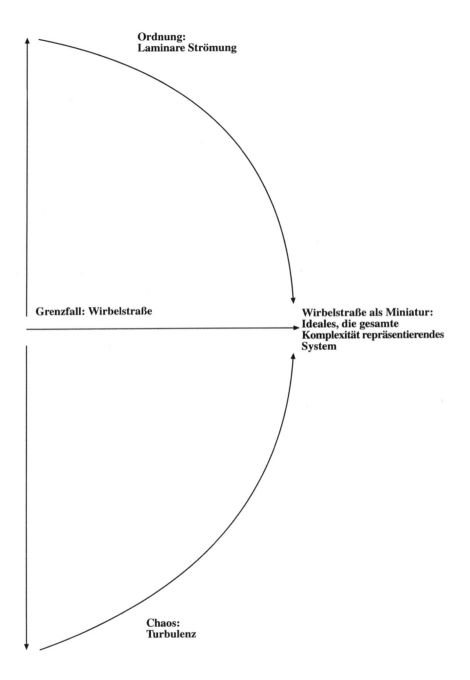

Ordnung:
Laminare Strömung

Grenzfall: Wirbelstraße

Wirbelstraße als Miniatur:
Ideales, die gesamte
Komplexität repräsentierendes
System

Chaos:
Turbulenz

Die aber auch mit diesem Phänomen immer noch verbundene große Mannigfaltigkeit an Bewegungsformen wie etwa Wellen, Wogen, Strömungen, Strudel oder Turbulenzen läßt sich noch mehr komprimieren, wenn man in einem Wasserbecken durch Hindurchziehen eines Stabes eine von den Strömungswissenschaftlern sogenannte *„Wirbelstraße"* erzeugt.

Diesem Gebilde kann man die Qualität eines *„Ur-Phänomens"* insofern zusprechen, als es wie eine Miniatur die Komplexität von *Form*en und *Struktur*en des Flüssigen hochkomprimiert in sich aufbewahrt (s. dazu die die Tafel XVI und SCHWENK, T., 1988). Zum einen liegt die Wirbelstraße genau in der Mitte eines Feldes, das sich zur einen Seite hin bis zur hohen *Ordnung* laminarer Strömungen, zur anderen Seite bis zum *Chaos* komplexer Verwirbelungen und Turbulenzen hin entfalten läßt. Gleichzeitig liegt das nach dem Physiker KARMAN auch KARMANsche Wirbelstraße genannte Phänomen an der Grenze *zwischen Reproduzierbarkeit* und *Nicht-Reproduzierbarkeit* (s. dazu: GROSSMANN, S., 1989 u. LUGT, H. J., 1979). Als *„Urphänomen"* kann die KARMANsche Wirbelstraße auch deshalb angesehen werden, weil sie auf der **universalen Form der Spirale** (s. dazu: KÜKELHAUS, H., 1978) aufbaut und ins Makroskopische hinein erweiterbar ist (etwa hin zu Verwirbelungen in einem Bach, in Meeresströmungen oder in der Atmosphäre).

Im folgenden soll am Beispiel „Wirbelstraße" aufgezeigt werden, wie durch **Metamorphosenbildung** eine Miniatur in einem **Wechselspiel zwischen Empirie und Theorie sowie in einem Spannungsfeld von Inhalt und Form** entfaltet werden kann (s. dazu die Tafel XVII) .

Erster Schritt: *Gestalten als Einheit von Inhalt und Form erleben und beobachten*

In der Natur begegnet man dem Wasser in seiner **Gestalt** als Einheit von *Inhalt*, der „Substanz" Wasser, und *Form*, etwa einer (stehenden) Welle im Bach. Weil die Welle als Form gleichbleibt, das durch sie hindurchfließende Wasser aber wechselt, kann in einem die Idee entstehen, daß *Inhalt und Form* voneinander verschieden und trennbar sind.

Zweiter Schritt: *Den Gegenstand so manipulieren, daß man die Form vom Inhalt trennen kann*

Wie kann man die Form vom Inhalt trennen? Um dieses zu erreichen, sperrt man das Wasser in ein Bassin, erzeugt durch Hindurchziehen eines Hindernisses **Formen** des Wassers, legt dann ein Blatt Papier auf die Wasseroberfläche, drückt es leicht an und hebt es vorsichtig ab. Auf dem Papier sind dann *Formen* des Wassers abgebildet und von ihrem Inhalt getrennt.

Dritter Schritt: *Die Form in Teilchen auflösen und die Bildung von Strukturen durch Untersuchung der Elementbeziehungen erforschen.*

Wie entstehen Formen? Eine mögliche Antwort kann man finden, wenn man wie in der Geometrie Formen zusammengesetzt sieht aus Linien und diese wiederum aus Punkt(-Teilch)en. Das führt zu der Idee, daß man *Teilchen* ins Wasser einstreuen kann, um die Entstehung von Formen aus Teilchen zu erforschen. Beobachtungen ergeben dann, daß bei „ordentlichen" Formen (laminaren Strömungen) bestimmte Teilchen stets Nachbarn bleiben. Bei chaotischen, turbulenten Formen aber gehen sie jeweils ihre eigenen Wege. So kann man *Strukturen* erforschen, versteht man darunter den Zusammenhang von Elementen und ihren Beziehungen untereinander.

Vierter Schritt: *Die Teilchen von einer bestimmten Substanz lösen und dadurch frei kombinierbar machen*

Die ins Wasser gestreuten Teilchen sind nicht selbst Wasser, aber mit dieser Substanz eng verbunden und deshalb in einer bestimmten Weise ihre **Repräsentanten.** Wie aber verhalten sich *abstrakte Teilchen*, die völlig frei sind von einer sie bestimmenden Substanz? Man kann den Computer veranlassen, auf der Grundlage bestimmter Formeln (Iterationsgleichungen) *Punktmengen* zu generieren, die nur noch sich selbst bedeuten (s. dazu auch 2.4.4 und die Tafel X). Im Gegensatz zu Elementen innerhalb von Strukturen, deren Relationen durch die Verbindung mit einer bestimmten Substanz festgelegt sind, können die Punkte (relativ) frei kombiniert werden zu *Texturen,* in denen die Elemente keine bestimmten Beziehungen mehr aufweisen. In großer Freiheit lassen sich jetzt über *syntaktische Systembildungen* Muster erfinden, die erst einmal für den Menschen „nutzlos" sind, weil sie nichts bedeuten außer sich selbst.

Fünfter Schritt: *Abstrakte Punkte wieder an Inhaltliches binden, indem man etwas als etwas sieht*

Vom Computer erzeugte abstrakte Punktmengen bedeuten erst einmal nichts außer sich selbst (von allen Bildern sind sie daher eigentlich die Konkretesten). Wenn aber der Mensch in sie Bedeutungen einbildet und so *etwas als etwas* sieht (etwa: Diese Punktmengen sehen ja aus wie Turbulenzen im Wasser oder wie ein See), kann er sie nutzen, um über *semantische Systembildungen* **virtuelle Realitäten** zu generieren. Über *Ein-Bildungen* gelangt er in Möglichkeitswelten, die vielleicht nie realisierbar sind.

Sechster Schritt: *Mit Möglichem Wirkliches analysieren und mit dem Wissen von Möglichem neue Wirklichkeiten entwerfen und realisieren*

Die vom Menschen entwickelten ideellen und materiellen Mittel und die auf dieser Grundlage erfundenen Möglichkeitswelten können in einem letzten Schritt genutzt

Interdisziplinäre Systembildung:

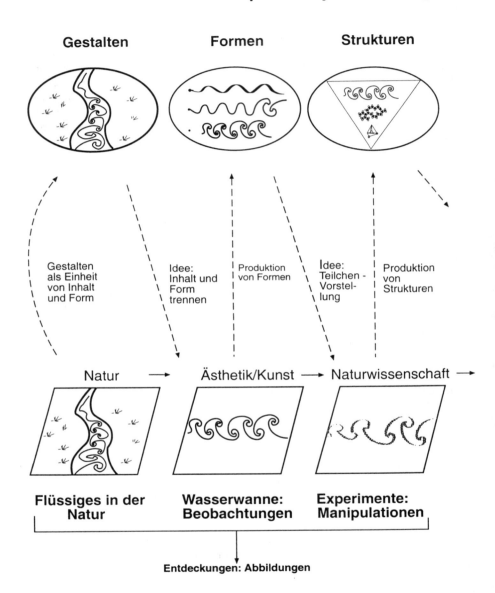

Tafel XVII

Metamorphosen einer Wirbelstraße im Wechselspiel von Empirie und Theorie

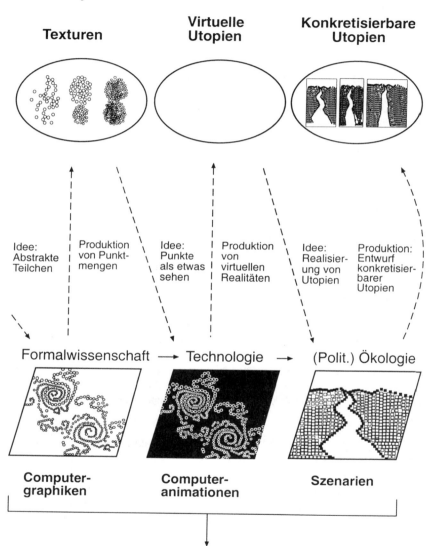

Texturen   Virtuelle Utopien   Konkretisierbare Utopien

Idee: Abstrakte Teilchen

Produktion von Punktmengen

Idee: Punkte als etwas sehen

Produktion von virtuellen Realitäten

Idee: Realisierung von Utopien

Produktion: Entwurf konkretisierbarer Utopien

Formalwissenschaft → Technologie → (Polit.) Ökologie

Computergraphiken   Computeranimationen   Szenarien

Erfindungen: Einbildungen

werden, um in *pragmatischen Systembildungen* gegebene Wirklichkeit sowohl zu analysieren wie auch zu verändern. Damit endet ein Prozeß der *Vergegenständlichung*, in dem der Mensch im Wechselspiel von *Produktion* und *Repräsentation* Ideen an der Realität erzeugt und diese Ideen in ihr materialisiert und erforscht.

3.3.2 Entfaltung der ideellen Dimension: Entwicklungsreihen "Von bildhaften zu begrifflichen Mitteln"

Am Beispiel der *Bildung von Metamorphosen* zu dem Gegenstand „Wirbelstraße" wird erkennbar, daß ein dauernder *Wechsel von Empirie und Theorie* die Systembildung vorantreibt: Der jeweilige Zustand des Gegenstands provoziert bestimmte Ideen, die zur Transformation des Gegenstandes führen, um das jeweils in den Blick gekommene Problem besser studieren zu können. Neue Ideen führen dann zu weiteren Transformationen und zu neuen Zuständen, die wiederum neue Ideen entstehen lassen.

Das Beispiel „Wirbelstraße" erscheint erst einmal plausibel und mit keinen besonderen (epistemologischen) Problemen verbunden. In Wirklichkeit aber wird hier auf grundlegende erkenntnistheoretische Fragen eine ganz bestimmte Antwort gegeben. Es können nämlich die auf der Tafel XVIII im Überblick vorgestellten Positionen hinsichtlich der Beziehungen zwischen Wissen und Realität unterschieden werden.

Im Hinblick auf die Ausführungen im Teil 2 über die *Erzeugung von Neuem* in Wissenschaft und Kunst wird verständlich, daß Positionen, die die *Konstruktion und Produktion von Wissen* betonen, heute immer mehr an Gewicht gewinnen. Weniger intensiv herausgearbeitet worden ist allerdings die **Revolutionierung der Materialbasis** vor allem durch den *Einsatz von Computern und durch das Eindringen in Mikrobereiche (etwa in der Mikrosystemtechnik)*: **Objektives ist damit immer weniger gegeben und determinierend für die Wissenskonstruktion. Auch die materielle Wirklichkeit wird immer mehr vom Subjekt in seiner Tätigkeit produziert und konstruiert.**

Die mangelnde Bewußtheit und Klarheit über die **Produktion und Konstruktion sowohl der Realität wie auch des Wissens** führt etwa in der empirischen **Lehr-Lern-Forschung** dazu, daß nicht nur auf *kognitivistische* und *konstruktivistische*, sondern auch - durch Bezugnahme auf die kulturhistorische Tätigkeitstheorie und dabei vor allem auf das Werk VYGOTSKYs - auf *dialektisch-materialistische* Positionen gleichzeitig zurückgegriffen wird. Dabei werden diese Positionen oft nur unzureichend geklärt und voneinander abgegrenzt. Sie können dann aber auch nicht produktiv aufeinander bezogen werden, sondern stehen in der Art eines *additiven Eklektizismus* einfach nebeneinander.

Ein Beispiel dafür ist das von Andreas KRAPP (1992) entwickelte Konzept der „gegenstandsbezogenen Interessensforschung". Auf engstem Raum wird hier in einem Zitat wie dem folgenden Konstruktivismus und Kognitivismus miteinander verbunden: „Wir gehen davon aus, daß das Individuum sich und seine Welt als strukturiertes Gebilde erlebt. Die *kognitiv* **repräsentierte** Umwelt besteht aus mehr oder weniger stark voneinander abgegrenzten Teilbereichen... Ein Gegenstand ist in dieser **konstruktivistischen** Interpretation ein subjektiv bestimmter Umweltausschnitt, den eine Person von anderen Umweltausschnitten unterscheidet und als strukturierte Einheit in ihrem **Repräsentationssystem** *abbildet.*" (KRAPP, A., 1992, S. 305/Hervorhebungen: W. W.). Nur wenige Seiten später wird wie folgt Bezug genommen auf **dialektisch-materialistische Positionen:** „Jedes aktive In-Beziehung-Treten einer Person mit dem Interessengegenstand verändert die Person-Gegenstands-Relation und hinterläßt auf beiden Seiten Spuren. Einerseits wirkt die Person auf den Gegenstand ein, geht mit ihm um und verändert ihn –manchmal sogar in seinem objektiven Zustand, z. B. bei der Herstellung eines Werkes. Die Interessenhandlung führt zur „Vergegenständlichung" (Leontjev, 1977; Oerter, 1986). Andererseits sammelt die Person neue Erfahrungen und Kenntnisse und erweitert damit das Wissen über den Gegenstand, d. h. sie lernt und entwickelt sich." (KRAPP, A., 1992., S. 309).

Unklar bleibt in solchen Ansätzen vor allem das **Problem der Konstitution und der Transformation von Gegenständen/Objekten.** Damit werden aber auch Folgeprobleme nicht bearbeitet wie das *Wechselspiel von Empirie und Theorie* oder das Interesse von Subjekten, das - so kann man begründet vermuten - grundlegend verschieden ist bei der Annahme eines statischen, nicht veränderbaren und dadurch stark determinierenden Objekts und bei der Annahme von Möglichkeiten der *Gestaltung* und damit subjektiven Einflußnahme auf Objekte.

Am Beispiel der „Wirbelstraße" ist demgegenüber aufgezeigt worden, wie das Subjekt Ideen am Objekt gewinnt und diese durch Transformation des Objekts erforscht, das damit gezielter auf die jeweilige Fragestellung ausgerichtet ist (s. Tafel XVII). Erkennbar wird, wie von der *Gestalt* über die *Form* und die *Struktur* das Objekt immer formaler und abstrakter angelegt und schließlich in der *Textur* „die objektive Welt um uns herum in ein Nichts zerrieben" (FLUSSER, V., 1985, S. 15) wird und nur noch sich selbst bedeutende Punktmengen übrigbleiben. Im Gegensatz zur Struktur, bei der die Elemente noch bestimmte Beziehungen untereinander aufweisen, stehen diese Punkte erst einmal beziehungslos nebeneinander, bilden freie „Punktschwärme" (FLUSSER, V., 1985). Hier wird besonders deutlich erkennbar, daß die Welt dem Menschen nicht unmittelbar gegeben ist, sondern daß er *etwas als etwas* sehen, d.h. die Punkte organisieren muß, um sie für sich bedeutsam werden zu lassen.

Erkenntnistheoretische Positionen

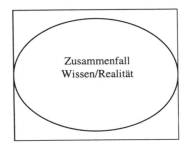

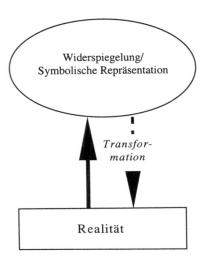

Als ein mehr oder weniger naiver **Realismus/ Naturalismus** soll eine Position begriffen werden, die zwischen *Realität* und *Wissen über diese Realität* keine Unterscheidung macht und beide als eine *Einheit* ansieht. Zum Ausdruck kommt das z. B. in Begriffen wie „Sachlogik", „Sachstruktur" oder „naturwissenschaftlicher Inhalt", die eine Reifizierung (=Gleichsetzung von Wissen und Realität) anzeigen.

Als ein mehr oder weniger **naiver Empirismus** soll eine Position begriffen werden, die zwar Realität und Wissen unterscheidet, aber Realität als gegeben ansieht. Wissen hat dann die Aufgabe der *Widerspiegelung* dieser Realität. Gegenüber dieser passiven *Reproduktion* ist ein **auf atomistischen Strategien aufbauender Empirismus** schon mehr auf *Produktion* insofern ausgerichtet, als über *Analysen* fundamentale Elemente gesucht werden, aus denen dann über *Synthesen* (künstliche) Systeme gebildet werden sollen.

Gemeinsamkeiten mit dem Empirismus hat der **Kognitivismus** insofern, als auch hier die Wirklichkeit als gegeben angesehen wird. Es erfolgt allerdings eine *Repräsentation* über *Symbole* („Modellbildung"), die dann nach bestimmten Regeln für *Transformationen* genutzt werden kann.

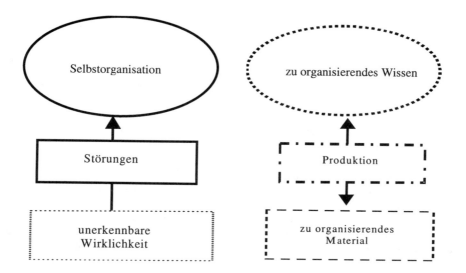

Als **radikaler Konstruktivismus** soll eine Position begriffen werden, die im Gegensatz zu den bisher vorgestellten Positionen davon ausgeht, daß Wissen nicht durch Reproduktion oder Repräsentation einer gegebenen Wirklichkeit erzeugt wird, sondern Produkt des Gehirns als eines sich selbst organisierenden Systems und damit eine *Produktion* ist. Die Außenwelt kann auf die *Selbstorganisationsprozesse* keinen direkten Einfluß nehmen, sondern nur in Form von „Störungen" solche Prozesse anstoßen.

Da Objektivität auf diese Weise nicht erzielt werden kann, versucht eine Variante, der *soziale Konstruktivismus*, dieses Problem dadurch zu lösen, daß in der menschlichen Kommunikation *Intersubjektivität* hergestellt wird über „viable Konstrukte", die dann die Herstellung eines „Objektivitätsersatzes" ermöglichen.

Als **Dialektik** sollen Positionen begriffen werden, die mit dem Konstruktivismus das Konzept der *Produktion* gemeinsam haben. Der Wirklichkeit wird aber eine grundlegende Rolle in der Interaktion Subjekt/Objekt zuerkannt: Einerseits verändert das Subjekt die Wirklichkeit nach seinen Bedürfnissen, andererseits aber verändert sich das Subjekt aufgrund der Erfahrungen, die es im Umgang mit dem Objekt macht. Positionen eines *dialektischen Idealismus* geben (in Anschluß an HEGEL) dabei dem **Subjekt** ein größeres Gewicht und betonen stärker die Rolle der *Konstruktion*. Positionen des *dialektischen Materialismus* legen (im Anschluß an MARX) das Schwergewicht auf *Determinationen durch das Objekt* und tendieren dabei leicht - wie im „realen Sozialismus" entwickelte Theorien - zu mehr oder weniger dogmatischen Ansätzen, die mit Widerspiegelungskonzepten dann schon wieder zum Realismus oder Empirismus tendieren.

Es müssen spätestens hier **Systeme erst einmal gebildet** werden, indem durch Ziehung von *Systemgrenzen* die Zugehörigkeit von Punkt-Elementen zu einer bestimmten Ganzheit, dem *System*, festgelegt, die Punkte als *Elemente* des Systems gruppiert und durch Definition von Beziehungen untereinander zu *Strukturen* miteinander verknüpft werden. Erkennbar wird, **daß Systeme nicht gegeben sind, sondern von Menschen produziert und konstruiert werden.** Rückblickend wird dann auch deutlich, daß schon die *Gestalten, Formen und Strukturen* eines Objekts Konstruktionen sind, allerdings - im Vergleich zu abstrakten Punktmengen - sehr viel stärker determiniert durch die Substantialität des Materials.

Gesucht werden muß aber auch nach **ideellen Mitteln,** die mit der abstrakten Qualität von Objekten korrespondieren und mit ihnen kompatibel sind. Das können keine *traditionellen Bilder* mehr sein, keine *Abbildungen* und *Repräsentationen* gegebener Wirklichkeit. **Es müssen vielmehr Mittel gewählt werden, mit denen die Produktion von Systemen möglich wird.** Diese Mittel müssen *Einbildungen* ermöglichen und damit die *Erzeugung von Neuem.* Sie können nicht von gegebener Wirklichkeit abgeleitet werden, sondern müssen die eigenständige Schaffung neuer Wirklichkeit ermöglichen.

3.3.2.1 Entwicklung von bildhaften Mitteln: Homologien - Analogien - Metaphern - Kategorien

Im folgenden soll gezeigt werden, daß **Metaphern und Kategorien** solche ideellen Mittel zur *Erzeugung von Neuem* sind, **die eine den Punktmengen adäquate Abstraktheit aufweisen.** Angeknüpft wird dabei an Ansätze zu einer epistemologisch ausgerichteten Metaphernforschung (s. dazu vor allem ALDRICH, V.V. 1983, KÖLLER, W., 1975, sowie die Überblicke über den Stand der Metaphernforschung bei BLACK, M., 1962, ORTONY, 1979, STEINER, H. G., 1988). Das Interesse gilt damit nicht der Metaphernforschung allgemein, die sich zu einem unübersehbaren Bereich entwickelt hat, sondern der spezielleren Frage, wie bildhafte Mittel und speziell Metaphern und Kategorien, die besonders die *Erzeugung von Neuem* ermöglichen, als operative Mittel für Systembildungen genutzt werden können.

Einige Bestimmungen einer *epistemologisch ausgerichteten Metaphernforschung* hat Bernd FICHTNER wie folgt zusammengefaßt:

„(1) Metaphern sind konstitutiv für unsere Konzeption von Wirklichkeit überhaupt. Wir strukturieren die unterschiedlichen Bereiche unserer Erfahrungen in systematischer Weise mittels Metaphern. In der Metapher bauen wir Vorstellungen als „Bilder" auf, die vielfältigste Beziehungen zwischen ganz unterschiedlichen und gegensätzlichen Bereichen, Phänomenen und Prozessen schaffen und ein zusammenhängendes System derselben bilden.

(2) Auf der Ebene des Alltags, der Kunst und der Wissenschaft sind Metaphern Mittel der Systembildung. Sie fungieren hier in sehr unterschiedlicher Weise als Modelle, die unser Handeln und Erkennen orientieren.

(3) Grundlage der Metapher wie des metaphorischen Prozesses als Verstehen und Produzieren von Metaphern ist das metaphorische Prinzip. Es artikuliert sich in der fundamentalen Kompetenz, etwas als etwas sehen zu können. ...

(4) Das metaphorische Prinzip ist nicht nur für die Systembildung unserer Erfahrung konstitutiv, es ist auch innovativ für ihre Veränderung, Erweiterung, kurz für die Entstehung von Neuem. Die Grenzen eines gegebenen Erfahrungsbereichs können durch das Aufdecken von neuen Systemzusammenhängen verschoben, erweitert und gesprengt und so ein standardisierter und automatisierter Realitätsbezug aufgelöst werden. Metaphern verändern nicht die Wirklichkeit, machen sie aber veränderbar." (FICHTNER, B., 1990, S. 2 f.)

Im folgenden sollen grundlegende Bestimmungen von bildhaften Mitteln an der NOVALIS-Metapher *„Das Flüssige ist das sensible Chaos"* entwickelt werden. Ziel ist die Bildung einer **Entwicklungsreihe von Homologien zu Kategorien** und (in 3.3.2.2) die Gewinnung von **methodischen Orientierungen für den Umgang mit Kategorien.**

Die NOVALIS-Metapher läßt sich in zwei Teile, nämlich in den **Inhalt** „das Flüssige" (A) und die **Form** „das sensible Chaos" (B) zerlegen (s. dazu Tafel XIX). Die Brücke *„ist"* hat insofern eine entscheidende Bedeutung, als beide Seiten wie in einer Gleichung und gleichsam axiomatisch in eine gleichberechtigte, symmetrische Beziehung versetzt werden (im Gegensatz etwa zur Analogie, wo der Bildgeber den Bildempfänger dominiert und somit eine Asymmetrie produziert). Mit der Struktur *„Dies ist das"* wird die grundlegende menschliche Potenz aktiviert, *„etwas als etwas zu sehen"*, die - negativ formuliert - darin begründet liegt, daß dem Menschen Realität nicht unmittelbar gegeben, sondern nur über seine konstruktive Tätigkeit zugänglich ist.

Erkennbar wird das **kreative Potential** der Metapher, wenn man sie mit der *Homologie* und der *Analogie* vergleicht. Nimmt man das Wasser als eine spezifische Form von Flüssigem, dann ist mit dem Titel des GRIMMschen Märchens „Das Wasser des Lebens" eine Homologie (s. dazu Tafel XIX) formuliert, die nicht die Struktur „Dies ist das" hat, sondern einfach aussagt „Dieses". Es gibt kein getrenntes A und B und auch keine Trennung von Inhalt und Form, sondern zwei Inhalte, nämlich A (das Wasser) und A´ (das Leben) fallen zusammen, werden zu einer ungeschiedenen Einheit

Entwicklung bildhafter Mittel im Spannungsfeld von Inhalt und Form

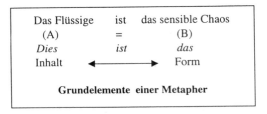

Das Flüssige   ist   das sensible Chaos
  (A)   =   (B)
  Dies   *ist*   *das*
  Inhalt   ◄─────────►   Form

Grundelemente einer Metapher

Wege zu Metaphern und Kategorien über Homologien und Analogien

Das Wasser des Lebens
(A) c (A´)
Dies und Das sind Eins
(Einheit von Inhalt und Form)
Struktur eines Homologie

Das Wasser ist *wie* eine Wüste
(A) ◄─────── (B)
Dies ist wie das
(Übertragung einer bekannten Form auf einen unbekannten Inhalt)
Struktur einer Analogie

Das Flüssige *ist* das sensible Chaos
(A)   =   (B)
Dies ist das, das ist dies
(Inhalt und Form bestimmen sich wechselseitig)

?
(C)
zu erzeugendes Neues
Struktur einer Metapher

Chaos ◄─────────► Ordnung
(B)   (B´)
Form   Form
Dies   *und*   *Das*
sind Gegenbegriffe
Struktur eines kategorialen Begriffspaars

Tafel XIX

Verknüpfung von Metaphern und kategorialen Begriffspaaren

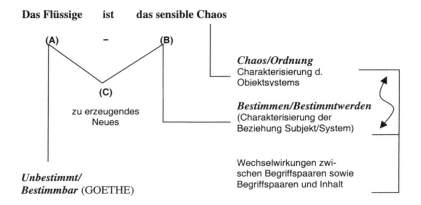

Das Flüssige   ist   das sensible Chaos

(A)   –   (B)

(C)

zu erzeugendes
Neues

Chaos/Ordnung
Charakterisierung d.
Objektsystems

Bestimmen/Bestimmtwerden
(Charakterisierung der
Beziehung Subjekt/System)

Wechselwirkungen zwi-
schen Begriffspaaren sowie
Begriffspaaren und Inhalt

Unbestimmt/
Bestimmbar (GOETHE)

Ausdifferenzierung einer Metaphernstruktur durch Bildung von Begriffspaaren

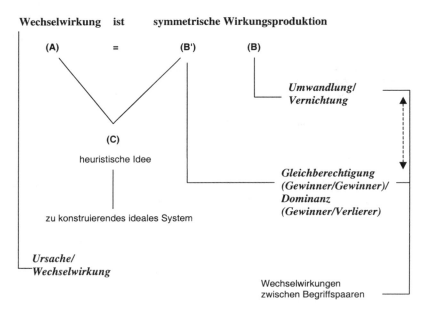

Wechselwirkung   ist   symmetrische Wirkungsproduktion

(A)   =   (B')   (B)

(C)

heuristische Idee

zu konstruierendes ideales System

Umwandlung/
Vernichtung

Gleichberechtigung
(Gewinner/Gewinner)/
Dominanz
(Gewinner/Verlierer)

Wechselwirkungen
zwischen Begriffspaaren

Ursache/
Wechselwirkung

Wechselwirkungsmetapher mit zugeordneten/abgeleiteten Begriffspaaren

"Lebenswasser" miteinander vereinigt (s. dazu auch die Definition von „Symbol" bei ALDRICH, V. V., 1983, S. 143).

Historisch gesehen sind Homologien verknüpft mit einem *symbolischen Denken*, eine frühe, für Magie und Animismus charakteristische und grundlegende Denkweise (s. dazu: KÖLLER, W. 1975, S. 222 ff.): Wenn man im Märchen den Namen „Rumpelstilzchen" weiß, dann hat man mit der Form auch die Macht über den Inhalt. **Inhalt und Form werden als Einheit gesehen.** Ein ähnliches Denken findet man bei den Alchemisten, die in Bergwerkstollen Symbole des abgebauten Materials anbrachten, die Eingänge zu den Stollen verschlossen und erwarteten, daß aus den Symbolen der verbrauchte Stoff neu hervorgehen würde (persönliche Mitteilung des Chemiedidaktikers Wolfgang BÜNDER). Formalisieren läßt sich die Struktur einer Homologie wie in Tafel XIX dargestellt.

In der Homologie fallen A und A´ zusammen, in ihrer Einheit gibt es keine Wechselwirkung und damit auch keine Entwicklung. Eine Unterscheidung in Inhalt und Form und ein Auseinandertreten dieser beiden Teile findet sich dagegen bei der **Analogie**. In einem Vergleich wie etwa „ Das Meereswasser ist wie eine Wüste" stehen die zwei Glieder nicht in einem gleichberechtigten, sondern in einem *asymmetrischen* Verhältnis zueinander: B (die Wüste) als Form und „Bildgeber" (WEINRICH, H., 1963, S. 325) ist dominant gegenüber dem Inhalt A (das Meereswasser), dem „Bildempfänger", weil der zweite Teil der Analogie als bekannt angesehen wird und den ersteren zu erklären hat. Trotzdem aber ist die Kraft zur *Erzeugung von Neuem* hier schon stärker, weil die von einem bestimmten Inhalt abgelöste Form B nicht nur **einen** unerkannten Inhalt erklärt, sondern sich auf eine Vielzahl unerkannter Inhalte übertragen läßt, diese bestimmbar macht und deshalb eine größere Beweglichkeit gegenüber der Wirklichkeit ermöglicht (s. dazu etwa: HESSE, F. W., 1991, und die Ausführungen zur Wasserkreisanalogie für den elektrischen Stromkreis in 1.2.3.4).

Historisch gesehen ist das Denken in Analogien vor allem prägend für das Mittelalter, das die ganze Welt als ein Spiegelbild göttlicher Ordnung ansah und auf der Grundlage dieser Analogie nach einer umfassenden Erklärung suchte (s. dazu: KÖLLER, W., 1975, S. 235 ff.).

Die Struktur einer Analogie läßt sich wie in Tafel XIX dargestellt formalisieren.

Überführt man die *Asymmetrie* der Analogie in eine *Symmetrie*, dann kommt man zur (Wechselwirkungs-)Metapher, in der kein Teil mehr dem anderen untergeordnet ist, sondern beide Seiten in ein gleichberechtigtes Wechselspiel miteinander treten. Das impliziert aber auch, daß beide Seiten nicht als fertig gegeben gesehen werden, sondern als sich im Prozeß wechselseitig beeinflussend und entwickelnd. Diese Entwicklung treibt zur *Ausbildung eines Neuen*, einem C, das nicht einfach gegeben ist, **sondern vom metaphernbildenden Subjekt aktiv erzeugt werden muß.** Das Neue behält dabei immer den Charakter einer *latenten Idee*, die niemals vollendet und schwer zu stabilisieren ist. Ein Beispiel für eine solche Metapher ist der Satz von NOVALIS **„Das Flüssige ist das sensible Chaos"** (Originaler Wortlaut: „Das Fl(üssige) ist wohl nicht Körper zu nennen - es ist das sensible Chaos" NOVALIS, 1968, S. 100), der wie in Tafel XIX dargestellt formalisiert werden kann.

In der Metapher begegnen wir einer *Wechselwirkungsbeziehung*. Um dieses ausführlicher aufzuzeigen, soll zuerst mit dem Bestandteil (A) der Metapher begonnen werden. Hier steht eben nicht „Das Wasser" oder, wie in gern gebrauchten Metaphernbeispielen wie „Der Mensch ist ein Wolf" oder „Die Nacht ist eine blaue Seidendecke" (s. dazu etwa: BLACK, 1988, FICHTNER, 1990, HERWALD, 1991, STEINER, 1988), etwas weitgehend Bekanntes, sondern „das Flüssige" als ein Stoff, der erst einmal zu seiner Bestimmung finden muß.

GOETHE hat im Anschluß an den Naturforscher CARUS das Flüssige als das **„bestimmbare Unbestimmte"** charakterisiert: „Jeder individuelle Organismus entwickelt sich nach dem allgemeinen Gesetze (I.) aus dem räumlich Unbestimmten, Bestimmbaren, in einer bestimmten Zeit zu einem räumlich Bestimmten. Einen räumlich, seinen Grenzen nach unbestimmt, bestimmbaren Stoff nennen wird flüssig. Das Flüssige (Elastisch- oder Tropfbar-Flüssiges) ist daher das Element aller organischen Entwicklung, oder der natürlichen Bildung überhaupt." (GOETHE, J.W., Schriften zur Morphologie II, o. J., S. 396).

Dieses bestimmbare Unbestimmte ist von Luce IRIGARAY differenziert und sensibel in ihrer „Mechanik des Flüssigen" beschrieben worden: „Auch muß man anders als in (guten) Form(en) zu hören verstehen, um zu vernehmen, was Es sagt. Daß es kontinuierlich, komprimierbar, dehnbar, viskos, leitfähig, diffundierbar ist...Daß es damit nicht aufhört, mächtig oder ohnmächtig, in diesem Widerstand gegen das Zählbare; daß Es genießt und darunter leidet, feinfühliger für Pressionen zu sein; daß Es sich ändert - an Volumen oder an Kraft zum Beispiel - entsprechend dem Grad an Temperatur. Daß Es in seiner physischen Realität durch das Aneinanderreiben von zwei unendlich Benachbarten determiniert ist - durch eine Dynamik der Nähe und nicht des Eigentlichen, durch Bewegungen, die aus dem Quasi-Kontakt zwischen zwei Einheiten hervorgehen, die als solche kaum definiert werden können (Koeffizient der Viskosität, den man in Poise berechnet, nach Poiseuille also), und nicht durch Energie eines abgeschlossenen Systems, daß es sich leicht von Strömen durchqueren läßt, in Funktion seiner Leitfähigkeit für Strömungen, die aus anderen Flüssigkeiten kommen oder durch die Wände eines festen Körpers hindurch wirken; daß es sich mit Körpern ähnlicher Beschaffenheit vermischt und sich dabei manchmal in nahezu homogener Weise verdünnt, was die Unterscheidung des (der) einen von dem (der) anderen problematisch macht; und daß Es darüber hinaus schon „in sich selbst" diffundiert, jeden Versuch statischer Identifikation vereitelnd..." (IRIGARAY, L., 1979 , S. 115 f./Wie könnte eine ähnliche Charakterisierung von „Elektrizität" - s. dazu 1.2.3.4 - aussehen?).

Dieses unbestimmte und komplexe Phänomen, „Das Flüssige", wird von NOVALIS in Wechselwirkung gebracht mit einer ebenso unbestimmten Idee von einer Form, dem *Chaos*, das zusätzlich noch als **sensibel** charakterisiert wird. Die in der Menschheitsgeschichte auffindbaren Vorstellungen vom Chaos sind sehr unterschiedlich und erscheinen selbst chaotisch, wenn etwa HESIOD den am Anfang des Weltwerdens entstandenen gähnenden Raum damit meint und ihn sich als windig und finster vorstellt, ARISTOTELES darunter einen leeren Raum versteht, ZENON und nach ihm die Stoiker Chaos begreifen als etwas Fließendes (Wasser) oder Sprühendes (z. B. Staubregen, Nebel) und ihm Merkmale zuordnen wie Unbestimmtheit, Formlosigkeit und Unordnung, die auch PLATON seinem Begriff einer anfänglichen, ungeordneten Masse zuordnet (s. dazu: KAUPPE, R., 1971, S. 980 - 984). Der Auffassung von PLATO steht dann auch die volkstümliche Vorstellung nahe, die Chaos als wüstes Durcheinander aller Dinge begreift. Für Joseph BEUYS kommt alles aus dem Chaos. Er verbindet damit allerdings positive Vorstellungen: „Die Einzelformen kommen aus einem komplexen Ungerichteten. Das muß man sich vorstellen wie eine zusammenhängende, sehr komplexe Energie, die aber keine bestimmte, sondern nur eine unbestimmte Stoßrichtung hat... Und dann sind alles andere Bestimmungen davon. Nur aus dem Chaos kann etwas kommen." (zitiert nach ZWEITE, A., 1991, S. 19).

Indem man also das **unbestimmt-bestimmbare Flüssige** mit dem ebenso **unbestimmten und zu bestimmenden Chaos** konfrontiert, ruft man ein ganzes „System assoziierter Gemeinplätze" (BLACK, M., 1962, S. 41) auf wie etwa: Unordnung, Anfang, Leere, Ungerichtetheit, Energie oder Formlosigkeit (s. auch HASS, H., 1998). Ein „Urphänomen" (das Flüssige) wird also mit einem „Urbild" (das Chaos) konfrontiert (s. dazu auch Tafel VI). *Urphänomen und Urbild* werden nicht wie beim Symbol miteinander vermischt. Ebenso erklärt nicht wie bei der Analogie eine Seite die andere. Beide Seiten bleiben vielmehr in Spannung zueinander, behalten ihre relative Eigenständigkeit und **bilden gleichwohl einen Zusammenhang in ihrer Ausrichtung auf etwas Drittes, Neues.** Die Metapher ist also strikt *komplementär*, weil beide Seiten sich gegenseitig in ihrer Spannung und in ihrem Widerspruch wechselseitig zur Voraussetzung haben. Darüber hinaus ist die Metapher aber auch potentiell *dialektisch*, weil die beiden Gegensätze in ihrer Wechselwirkung miteinander zur *Erzeugung eines Neuen*, zur Ausbildung eines C drängen (zur Bestimmung der Begriffe „komplementär" und „dialektisch" s. 3.3.2.2).

Bernd FICHTNER (1990, S. 4 - 8) hat zwei Momente dieser Komplementarität herausgearbeitet, die für die Epistemologie und für die Didaktik von besonderer Bedeutung sind, nämlich die Komplementarität von *Bild und Begriff* sowie von *Subjekt und Objekt*:

1) Die Komplementarität von Bild (Anschauung) und Begriff (Reflexion)

Die Metapher dient nicht der Veranschaulichung, dem Verdeutlichen oder der Vorstellung eines Beispiels. Metaphernbildung ist vielmehr ein imaginativer Akt, in der das ikonische Moment (das Bildhafte, Anschauliche und Visuelle) eine entscheidende Rolle spielt. Die heterogenen Elemente einer Metapher bleiben dadurch aufeinander bezogen, daß eine bildhafte Struktur entfaltet wird, die das Begriffliche trägt. Der Reichtum einer Metapher liegt deshalb besonders in dem ikonischen Moment, weil dieses Sinnliches, Ästhetisches, Kognitives und Emotionales zugleich aktiviert.

2) Die Komplementarität von Subjekt- und Objekt-Seite

Metaphern thematisieren in einer spezifischen Weise eine Priorität des Inhalts, zugleich aber rücken sie das Subjekt als Subjekt der Tätigkeit in den Mittelpunkt. Das Subjekt muß nämlich aus der Wechselwirkung der beiden Metaphernteile heraus das Neue finden, entwickeln und konstruieren. Eine Metapher ist also kein fertiges, statisches Bild, das etwas Gegebenes abbildet, erklärt oder veranschaulicht, sondern *Mittel zur Erzeugung von Neuem*. Die metaphorische Kompetenz, etwas als etwas sehen zu können, beinhaltet die Entwicklung einer Perspektive auf einen Wirklichkeitsbereich und setzt damit die **Bewußtheit dieses Standpunkts** voraus: „In der Komplementarität von Subjekt- und Objekt-Seite kann die Metapher als klassische Figur jener „subjektiven Allgemeinheit" gelten, die KANT in seiner „Kritik der Urteilskraft" beschreibt (vgl. hierzu: FICHTNER, B., 1977, S. 605). In ihrer Komplementarität entspricht „die Metapher der Vielfältigkeit der Realität und zugleich den vielfältigen Intentionen und Perspektiven auf diese Realität." (FICHTNER, B., 1990, S. 7 f).

3.3.2.2 Entwicklung von kategorialen Begriffspaaren: Monismus - Dualismus - Komplementarität - Dialektik

Wie ausgeführt, ist grundlegend für die Metapher *eine Komplementarität von ästhetisch-sinnlicher Anschauung und Begrifflich-Reflexivem*. Das Begrifflich-Reflexive ist aber noch steigerbar, wenn, wie im folgenden gezeigt werden soll, aus der Metapher Begriffspaare abgeleitet werden.

Die NOVALIS- Metapher „Das Flüssige ist das sensible Chaos" läßt sich in noch feinere Elemente zerlegen als in der bisherigen, auf die Metaphernstruktur ausgerichteten Analyse. Dazu wird wieder eine Verbindung hergestellt zur „Wirbelstraße" als „Urphänomen". Erzeugt man nämlich eine Wirbelstraße beim Hindurchziehen eines Hindernisses durch ein Wasserbecken, dann erfährt man am eigenen Leibe das *Bestimmen* von Wasser, indem man etwa das Hindernis schnell oder langsam bewegt oder verschiedene Hindernisformen durch das Wasser führt. Gleichzeitig erlebt man aber auch ein *Bestimmtwerden* durch das Wasser, weil es gleichsam in Gegenbewegungen eigene Formen und Strukturen bildet. Es vollzieht sich also eine *sensible Wechselwirkung* zwischen Subjekt und Objekt. Außerdem gibt es noch *sensible Wechselwirkungen* im Objektsystem selbst.

Das Wortelement „sensibel" in der NOVALIS-Metapher bringt dieses zum Ausdruck. In Bezug auf das Subjekt-Objekt-Verhältnis läßt sich dieses ausdifferenzieren mit dem Begriffspaar **Bestimmen/Bestimmtwerden,** mit dem das Spannungsfeld zwischen Subjekt und Objekt thematisiert werden kann. Wie dieses Verhältnis von Lernenden bewußt reflektiert wird, macht die folgende Äußerung eines Teilnehmers an einem Bildungsexperiment mit der Wirbelstraße deutlich:

Fw: *„Ich möchte da gleich beim Wasser einsetzen: Mir war von vornherein klar: da kannst Du nicht sehr viel machen. Und dann hab' ich mir überlegt- also dieses Gefühl hatte ich: Woher kommt das? Das muß mit dem Medium, dem Wasser zu tun haben und der Farbe. Das sind ja beides flüssige Medien. Ich hatte nicht den Eindruck: Ich kann das groß beeinflussen. Ich hab beim ersten Bild es dann einfach laufen lassen und hatte das Gefühl: Das ist ein sehr wenig individueller Vorgang, sondern da geht 'was durch mich durch, deswegen führe ich das nur so aus. Dann sah ich, wie die anderen sich alle bemühten, was zu machen. Irgendwie dachte ich dann, irgendwie mußt Du auch was machen. Und dann ist mir aufgefallen, daß das einzige, was ich dann durchsetzen konnte, war, daß ich mich dann bemühte: Das soll nicht so eine Soße werden, sondern ich möchte, daß da doch eine gewisse Struktur, möglichst eine feine Struktur, nicht eine grobe Struktur, drin ist. Ja, und nachher, als das Blatt abgezogen war, da hatte ich das Gefühl: Ich hab' was geboren; das muß ich jetzt ganz vorsichtig da 'rübertragen und hinlegen. "*

(Auszug aus dem Protokoll einer Fortbildungsveranstaltung mit Dozenten des Didaktikums Aarau/Schweiz)

Bei der Erzeugung einer Wirbelstraße begegnet einem aber auch noch ein zweites Spannungsverhältnis, nämlich das von **Chaos und Ordnung** (*s. dazu auch die empirische Untersuchung von HASS, H.*). Dieses ist zuerst einmal im "Wasser" als Objekt wahrnehmbar. In der NOVALIS- Metapher ist es durch das Wort „Chaos" repräsentiert, das jetzt um seinen Gegenpart „Ordnung" erweitert werden kann. In dem obigen Protokollauszug wird dieses Begriffspaar noch intuitiv-dunkel thematisiert, indem von einer „Soße" und „einer gewissen Struktur" gesprochen wird.

Bei der Definition des Ziels der Tätigkeit als „Herstellung einer gewissen Struktur" wird bewußt, daß Ordnung und Chaos nicht nur durch *Objekt-Objekt-Wechselwirkungen* (etwa zwischen den durch das Hindurchziehen des Hindernisses erzeugten Grenzflächen) entstehen, sondern auch abhängen von der *Subjekt-Objekt-Wechselwirkung*. Die Begriffspaare *Bestimmen/ Bestimmtwerden* und *Ordnung/Chaos* werden damit auch untereinander in Beziehung gesetzt und können als Mittel genutzt werden, um ein komplexes Wirkungsgefüge sich bewußtzumachen und als **Begriffs-**

netz zu organisieren (s. dazu Tafel XIX). Die vorgenommenen begrifflichen Ausdifferenzierungen der NOVALIS- Metapher sind in der Tafel XIX zusammengefaßt

Im folgenden wird am Beispiel *„Ordnung/Chaos"* aufgezeigt, wie mit solchen Begriffspaaren operiert und Wissen entwickelt werden kann. Bewegt man sich mit diesem Begriffspaar in den naturwissenschaftlichen Bereich hinein, dann ist es erst einmal ein Mittel, um das dort vorhandene Wissen für sich zu strukturieren. Der folgende Auszug aus einem Interview zeigt, wie ein Kursteilnehmer diese Möglichkeit nutzt:

„Durch das Fließfenster (einem zur Verfügung gestellten Experimentiergerät, d. A.) und durch die Betrachtungen am Fluß ist mir vieles sehr viel deutlicher geworden. Das habe ich früher nie so gesehen, daß z. B. die Physiker viel mehr an laminaren Strömungen interessiert sind. Das Chaotische haben sie ja genau versucht wegzudrükken. Daß das bei den heutigen Möglichkeiten umkippt, das ist mir sehr deutlich geworden."

(Auszug aus einem Interview mit einem Kursteilnehmer der Akademie für musische Bildung und Medienerziehung Remscheid).

Ordnung und Chaos sind also voneinander trennbar und in der abendländischen Denktradition auch voneinander getrennt worden. Bei Beachtung nur einer Seite wird ein begrifflicher **Monismus** konstituiert, dessen Struktur in Tafel XIX dargestellt ist.

Wie in der kurzen Andeutung über Auffassungen des Chaosbegriffs schon ausgeführt, stehen der *Ordnung* aber Vorstellungen von *Chaos* gegenüber, die allerdings oft erst einmal unverbunden sind mit dem Begriff „Ordnung". Damit ergibt sich eine additive Beziehung zwischen beiden Begriffen, die als **Dualismus** bezeichnet werden kann und dessen Struktur in Tafel XX dargestellt ist.

Werden Ordnung und Chaos in Wechselwirkung zueinander gesehen, bei der beide Seiten aufeinander einwirken, so ergibt sich eine Beziehung, die sich als **Komplementarität** bezeichnen läßt (s. Tafel XX).

Über eine Komplementarität hinaus gehen Beziehungen, in denen nicht nur Wechselwirkungen zwischen beiden Seiten gesehen oder organisiert werden, sondern auch die Entwicklungsrichtung von Wechselwirkungen - etwa als *symmetrische Wirkungsproduktion*, bei der beide Seiten gleichmäßig wachsen (s. dazu ausführlicher 3.6) - explizit angegeben werden. Solche Beziehungen sollen **dialektische Beziehungen** genannt werden. Die Struktur der Dialektik ist in Tafel XX dargestellt.

Dialektische und auch komplementäre Beziehungen sind *Entwicklungsbeziehungen*, bei denen sich beide Seiten sich nicht mehr nur statisch gegenüberstehen, sondern sich im Prozeß verändern. Wird dabei eine Seite zu sehr verabsolutiert, kommt es zu **Fehlentwicklungen** bis hin zur Zerstörung der Wechselbeziehung (Symmetriebruch) und

Systematische Entwicklung kategorialer Begriffspaare

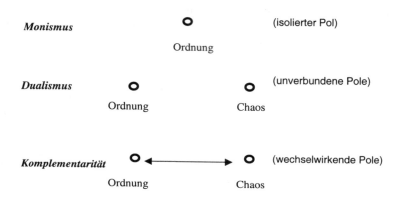

Monismus   O   (isolierter Pol)

Ordnung

Dualismus   O   O   (unverbundene Pole)

Ordnung   Chaos

Komplementarität O ←——————→ O   (wechselwirkende Pole)

Ordnung   Chaos

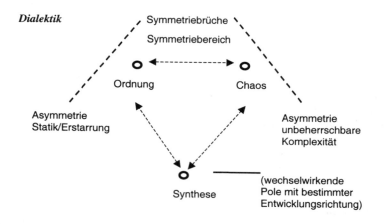

Dialektik   Symmetriebrüche

Symmetriebereich

O ←·····→ O

Ordnung   Chaos

Asymmetrie
Statik/Erstarrung

Asymmetrie
unbeherrschbare
Komplexität

O

Synthese   (wechselwirkende
Pole mit bestimmter
Entwicklungsrichtung)

Entwicklung des Begriffspaars Ordnung/Chaos

Tafel XX

Vernetzung von Begriffspaaren

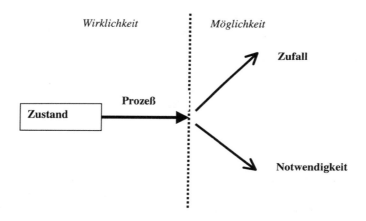

Wirklichkeit   *Möglichkeit*

Zufall

Prozeß

Zustand

Notwendigkeit

in Anlehnung an WOLZE, W., 1989, S. 143

damit zu Rückfällen auf niedrigere Entwicklungsstufen wie dem *Dualismus* oder dem *Monismus*. Die symmetrische Entwicklung von *Ordnung und Chaos* kann etwa *asymmetrisch* werden, wenn *Ordnung* überbetont wird und zur Erstarrung führt oder *Chaos* in eine unbeherrschbare Komplexität mündet (s. dazu Tafel XX und die empirischen Studien im Teil 5).

Wie schon bei den Begriffspaaren *Bestimmen/Bestimmtwerden* und *Ordnung/Chaos* angesprochen, können Begriffspaare auch miteinander in Wechselwirkung gesetzt werden,. Ein Beispiel für solche **Begriffsnetze** hat Wilhelm WOLZE für die Begriffspaare *Prozeß/Zustand, Möglichkeit/Wirklichkeit* und *Zufall/Notwendigkeit* entwickelt (s. dazu Tafel XX und WOLZE, W., 1989, S. 143 sowie HEIDEGGER, G., WALGENBACH, W., 1977)

Auch wenn die Gefahr eines formalistischen Operierens mit solchen Begriffspaaren besteht, so enthalten sie andererseits die Möglichkeit, grundlegende Spannungsverhältnisse, die die menschliche Tätigkeit bestimmen, explizit zu machen und damit *kategoriale Mittel* für die Organisation solcher Beziehungen zu gewinnen.

Dem *Abgleiten in einen abstrakten Begriffsformalismus* wird in dem hier vorgestellten Ansatz durch die Kopplung mit „*Urphänomenen*" wie der „Wirbelstraße" vorgebeugt. **Die Begriffspaare werden also im sinnlich-konkreten Umgang mit Phänomenen gewonnen, bis in disziplinäre Begrifflichkeit hinein weiterentwickelt und auch nach formal-abstrakten und philosophischen „Höhenflügen" durch den Entwurf konkretisierbarer Utopien wieder an Inhaltlichkeit zurückgebunden.** Das soll mit zwei Protokoll- bzw. Interviewauszügen kurz belegt werden.

In dem ersten Auszug reflektiert ein Lernender die Relevanz des Begriffspaars *Ordnung/Chaos* für sein eigenes Leben und entfernt sich dabei weitgehend von der vorgegebenen Gegenständlichkeit, dem Flüssigen:

„*Für mich ist das Chaos nur über Technik in den Griff zu kriegen. Nicht für mich persönlich, daß ich jetzt denke: Chaos in der Familie oder Chaos in der Gesellschaft. Ich denke, damit bringe ich das gar nicht so schnell in Verbindung. Ich denke eher an physikalische chaotische Zustände, Zustände in natürlichen Systemen etwa. Ich weiß zwar, daß das Chaos überall existiert, weil das über alle Bereiche geht. Trotzdem denke ich in die Richtung gar nicht, sehr selten eigentlich.*

Die Ordnung, die ist immer dagewesen, die hat man uns vor allem versucht beizubringen, auf allen Ebenen, in der Familie. Das Chaotische ist eben neu. Ich denke, in den Familien, wo chaotische Zustände herrschen, da ist unsere Toleranzgrenze größer geworden. Ich würde das nie als chaotisch betrachten. Für mich ist es doch so, daß in den chaotischen Mustern nach den neuesten Erkenntnissen doch wieder Ord-

nungsprinzipien sind. Ich denke nicht so tiefsinnig über diese Dinge nach, daß ich die erkenn'.

Ich frage mich auch, ob das überhaupt während unseres kurzen menschlichen Lebens möglich ist, das zu reflektieren. Kurzlebige Sachen können wir viel besser sehen und auch kontrollieren. "

(aus einem Interview mit einem Kursteilnehmer in der Akademie Remscheid)

Der zweite Auszug ist der letzten Phase der Systembildung entnommen, in der konkretisierbare Utopien für die Gestaltung von Landschaften entwickelt werden. Hier wird das Begriffspaar *Ordnung/Chaos* auf ganz konkrete Probleme der Gestaltung von Fließendem in einer Landschaft bezogen (s. dazu auch das Musterbeispiel „Die Wirbelstraße" in 4.3):

„Em: Also, in Frankreich habe ich das öfters schon gesehen, daß die Flüsse nur zu bestimmten Jahreszeiten einmal sehr viel Wasser führen. Und da gibt's sehr viele Furten, die sind in das Dorf eingegliedert, Du fährst da einfach durch. Da sind kleine Einlassungen, wo das Wasser einfach weiter kann. Ich behaupte: Hier (in Deutschland, W. W.) will man sofort eine Brücke bauen, egal, ob das Wasser viel oder wenig ist.

Km: Ja, hier muß alles seine Ordnung haben!
Lw: Ich habe das Gefühl, wenn ich wirklich möchte, daß das hier geschützt wird, daß da im Laufe der Jahre nichts abgetragen wird, daß ich mich doppelt absichern müßte gegen das Chaos oder die Unordnung, die hier entstehen kann; also ich sehe, daß ich so etwas (den Stein in der Strömung vor einer Landzunge, W. W.) nicht machen könnte. Jetzt einfach 'mal so'n Element reinsetzen und annehmen, das würde klappen. Ich habe das Gefühl, daß ich mich absichern müßte, mit Technik richtig, gegenüber allen Eventualitäten.

Mm: Du hast ja recht!. Da braucht ja nur ein Regenguß zu kommen, dann haben wir hier einen Wirbel, und der Wirbel würde garantiert die Landmassen beeinflussen. Beim ersten Hinblicken könnte man meinen, der Stein müsse ja hier die Strömungsgeschwindiget verringern und infolgedessen durch seinen Körper hier die Landnase schützen. Unter Umständen befördert dieser Stein aber gerade, daß die Landnase abgetragen wird. Dann stimmt plötzlich die Kausalkette „Stein schützt Landnase" nicht mehr. Ich mache statt dessen etwas viel Schlimmeres: Ich erhöhe durch den Stein die Turbulenz! "

(Auszug aus einer Diskussion von Teilnehmern einer Sommerakademie der Hans-Böckler-Stiftung in Wien)

3.4 Integration der entwickelten Mittel und Entwicklung einer Prozeßstruktur

Moderne Konstruktionen von Wissen tendieren nach zwei Seiten hin zu *„Schöpfungen aus dem Nichts"*: Zur *materiellen* Seite hin wird Substantielles im Durchgang durch Gestalten, Formen und Strukturen immer mehr zu einem Nichts „zerrieben" (FLUSSER, V., 1991, S. 35), bis schließlich nur noch abstrakte Punktmengen übrigbleiben, die - wenn sie auf der Grundlage von Iterationsgleichungen mit dem Computer erzeugt werden - eine Fähigkeit zur **Selbstorganisation** zu besitzen scheinen. Wie aber kann der Mensch dieses abstrakte und zugleich konkrete Material, das nur noch sich selbst bedeutet und nichts mehr repräsentiert, für sich nutzbar machen? Die Organisation dieses Materials wird hier deshalb als die **„eigentliche" und nicht mehr zu umgehende Systembildung** begriffen, weil es **keine vorgegebenen Dinge, Gegenstände, Objekte usw.** mehr gibt, sondern **Einheiten** *aus abstraktem Material* konstituiert werden müssen. Dazu ist es notwendig, **Systemgrenzen zu** definieren, mit denen erst einmal festgelegt wird, welche Elemente zum System gehören (sollen) und welche nicht. Sodann sind die Elemente zu gruppieren, miteinander in Wechselwirkung zu bringen usw. Dazu aber bedarf es ideeller Mittel als Orientierungen („Ideale" im Sinne DAVYDOVs).

In dieser Arbeit wird (unter Rückbezug auf reflektierte Systemtheoretiker wie Erich JANTSCH, Ernst von WEIZSÄCKER, E.G. JUDIN oder Gerd PAWELZIG) davon ausgegangen, daß die grundlegenden ideellen Mittel für Systembildungen **kategoriale Begriffspaare** wie *Teil/Ganzes, Zustand/Prozeß* oder *Ordnung/Chaos* sind, die in hochkomprimierter Form (wie „homöopathische" Mittel) Erfahrungen von Paradoxien im Umgang mit der Wirklichkeit zusammenfassen (s. Tafel II). Zusammen mit dem Material bilden sie *heuristische Mittel für Systembildungen,* in dem Ansatz hier als **„Epistemologische Heureme"** bezeichnet. Zugespitzt formuliert ermöglichen die ideellen Mittel die *Erzeugung von Neuem aus dem Nichts*, da eine materiale Basis nur in Form von abstrakten Punktmengen gegeben ist.

Die kategorialen Begriffspaare ermöglichen aber ein Operieren auf eben dieser abstrakten Basis, die gleichzeitig jedoch in Form von abstrakten, etwa auf dem Computerbildschirm anschaubaren Punktmengen sinnlich-konkret gegeben ist. Wendet man kategoriale Begriffspaare aber auch auf abstraktes und immaterielles Denken an, dann kommt man zu einer zweiten Art von *„Schöpfung aus dem Nichts"*, nämlich die in selbstreflexiven Akten in der Selbsttätigkeit. Eine mögliche Aufgabe wäre es dann, von hieraus zu rekonstruieren, was mit dem Begriff der **„intellektuellen Anschauung"** im Deutschen Idealismus denkbar gemacht werden sollte.

Im folgenden sollen diese Überlegungen über verschiedene Arten von Systembildungen weiter ausdifferenziert und spezifiziert werden. Dabei werden zuerst Arten von

Systembildungen mit abstrakten Punktmengen und dann mit sinnlich-konkretem Material als Ausgangsmaterial diskutiert.

In einem ersten Schritt lassen sich mit Hilfe der heuristischen Mittel (Punktmengen + Begriffspaare) *syntaktische Systembildungen* durchführen (man denke etwa an Klingelzeichen wie: dreimal kurz, zweimal lang). Indem man den entstandenen abstrakten Systemen Bedeutung zukommen läßt, findet ein Übergang zu *semantischen Systembildungen* statt (etwa: Das Klingelzeichen ist mit einem Freund vereinbart worden und zeigt dessen Kommen an). Führen die gebildeten Systeme zu praktischen Handlungen, so vollzieht sich der Übergang zu *pragmatischen Systembildungen* (Beispiel: Man öffnet dem Freund die Tür).

Man kann aber auch einen Weg der Systembildung aus der Sicht einer historischen Rekonstruktion der Wissensentwicklung verfolgen: *Metaphernbildungen* stehen dann Systembildungen mit abstraktem Material am nächsten, weil sie zwei weitgehend unerkannte und unbestimmte *Elemente* (man denke an das Beispiel „Das Flüssige ist das sensible Chaos") miteinander in Wechselwirkung bringen und sich gegenseitig erklären (oder produzieren) lassen. Hier ist das Material (etwa: „Das Flüssige") zwar noch weitgehend diffus, aber - im Gegensatz zu den abstrakten Punktmengen - doch substantiell (wie etwa die Materialien von Joseph BEUYS). *Analogiebildungen* greifen dann schon auf *Formen* zurück, die von bekannten Inhalten abgetrennt wurden (wie etwa der Kreislauf vom Wasserkreislauf) und jetzt zur Erklärung von unerkannten Inhalten (wie etwa den elektrischen Stromkreis) durch Übertragung genutzt werden. *Homologien* bringen dann *Gestalten* in Beziehung miteinander und zeigen deren (weitgehende) Übereinstimmung bzw. *Gleichheit* im Hinblick auf Inhalt und Form.

Beide Arten von Systembildung gehen in der hier gewählten Sicht- und Darstellungsweise direkt aus der *Selbsttätigkeit von Subjekten* hervor, die konkretes und/oder abstraktes Material mit Hilfe von ideellen heuristischen Mitteln organisieren.

Systembildungen können aber auch automatisiert werden. Bei Systembildungen mit Computern auf der Grundlage von Iterationsgleichungen (s. dazu die Tafel X) scheint dann eine Fähigkeit auf, die man anthropomorphisierend als **Selbstorganisation** abstrakter Punktmengen ansehen kann. Dabei gruppieren sich Punkte um bestimmte Zentren, die *Attraktoren, Generatoren, Organisatoren, systembildender Faktor oder Ordner* genannt werden.

Auch die Suche GOETHEs nach „dem Punkt" oder die von Wilhelm von HUMBOLDT nach der „Einheit in der Mannigfaltigkeit" können als Suche nach Zentren für Systembildungen verstanden werden, aus denen komplexe Systeme entfaltbar sind. Sucht man im Anschluß daran nach solchen zentralen Mitteln auch bei anderen Arten der Systembildung - oder allgemeiner: der Wissenskonstruktion -, dann lassen sich die folgenden benennen: Grundlegendes Mittel der **Homologiebildung** ist das *Symbol* *bzw. der Name*, mit dem das Material auf dieser noch sehr stark inhaltlich-substantiell geprägten Ebene der Wissenskonstruktion organisiert wird (etwa: Gruppierung von *Merkmalen* eines Gegenstands wie der einer Rose oder eines bestimmten Menschen mit dem Namen „Heinz (Meyer)"/im Märchen „Rumpelstilzchen" muß man diesen Namen kennen, um über die „Sache" verfügen zu können). Bei der **Analogiebildung** spielen *Oberbegriffe* („Gattungsbegriffe") eine zentrale Rolle, die gemeinsame Merkmale einer bestimmten Klasse von Gegenständen zusammenfassen (etwa Getreide: Weizen, Hafer, Gerste). Mit diesen Mitteln lassen sich dann *Klassifikationen, Systematiken und Typologien* erstellen, über die empirisch Gegebenes in eine Ordnung gebracht werden kann. Für die **Konstitution einer theoretischen Ebene** aber bedarf es *theoretischer Konstrukte* (wie etwa Kraft, Masse oder Feld in der Physik), die dann auch zu Begriffsnetzen miteinander verknüpft werden können. Auf einer in hierarchischer Sicht noch höheren, **metatheoretischen Ebene** sind dann *allgemein-theoretische Konstrukte* wie etwa *Kategorien* und *allgemeine Systembildungsprinzipien* anzusiedeln, weil deren Gebrauch als **metaphorische Mittel** immer auch mit *Wissen über Wissen* und *(Selbst-)Reflexionen* verbunden ist.

DAVYDOVs Suche nach „inhaltlichen Verallgemeinerungen" kann (oder müßte von ihm) als **Suche nach Mitteln auf der metatheoretischen bzw. metakognitiven (selbstreflexiven) Ebene** verstanden werden. Er knüpft dabei an Unterscheidungen hinsichtlich der Allgemeinheit von Wissen an, wie HEGEL sie in seiner Einleitung zur „Phänomenologie des Geistes" diskutiert hat. Während aber DAVIDOV nur zwei Arten von Verallgemeinerungen unterscheidet, nämlich die empirisch Gegebenes ordnende *formal-induktive Verallgemeinerung* und die *inhaltlich-logische, theoretische* Verallgemeinerung, unterscheidet HEGEL (s. dazu: HEGEL, G.W.F., 1970) eine *unbestimmte Allgemeinheit*, eine *unmittelbare Allgemeinheit* (die der formal-induktiven Allgemeinheit von DAVYDOV entspricht), eine *abstrakte Allgemeinheit* und eine *geistig-konkrete Allgemeinheit* (bei DAVYDOV die „inhaltliche Allgemeinheit").

In einem eigenen Versuch (s. dazu: WALGENBACH, W., 1979, S. 111 - 158) sind unter Orientierung an diesen Diskussionen über **Verallgemeinerungsarten** bei DAVYDOV und HEGEL und auf der Grundlage einer historischen Rekonstruktion der Geographie *fünf verschiedene Formen der Verallgemeinerung* unterschieden und beschrieben worden. An das schon damals verfolgte Ziel, **Orientierungen für interdisziplinäre Systembildungen** zu gewinnen, soll im folgenden wieder angeknüpft und eine Aktualisierung durch Kombination mit den obigen Ausführungen vorgenommen werden.

Grundlegend für die folgenden Ausführungen ist die Annahme von **zwei „epistemologischen Brüchen"**:

- Ein erster Bruch wird gesehen im *Übergang vom Empirischen zum Theoretischen*, der nicht auf *induktivem* Wege (wie viele pädagogische Ansätze oder Methoden wie die Projektmethode, phänomenologische Ansätze -soweit sie diesen Übergang zu Theoretischem überhaupt anstreben - oder Ansätze zum praktischen oder handlungsorientierten Lernen für möglich halten) aufhebbar ist.

- Ein zweiter Bruch, der mit dem ersten in Beziehung steht, wird für den *Übergang von Konzepten der Repräsentation gegebener Wirklichkeit zu Konzepten der Produktion von Möglichem* angenommen, der etwa auch grundlegend ist für die Unterscheidung von *traditionellen und technischen Bildern* bei Vilem FLUSSER (1989) und die Gegenüberstellung von *Entdeckung* und *Erfindung* bei Umberto ECO (1972).

Im folgenden wird so vorgegangen, daß **vier Stufen von Verallgemeinerungen** unterschieden werden, denen sich **drei Stufen von Systembildungen** anschließen. Dabei überdecken sich die vierte Stufe der Verallgemeinerungen mit der ersten Stufe der Systembildungen, so daß insgesamt **sechs Stufen der Wissenskonstruktion** vorgestellt werden. Im Gesamtkonzept dieser Arbeit wird davon ausgegangen, daß diese sechs Stufen insgesamt als *Systembildungen* gesehen werden. Die ersten drei wären dann aber mehr oder weniger *implizit-intuitive Systembildungen,* bei denen das eigentliche Problem bzw. Ziel noch nicht bewußt ist, daß Systeme gebildet werden sollen. Um *explizit-bewußte Systembildungen* handelt es sich dann auf den drei letzten Stufen.

Gewinnen kann man damit einen **gemeinsamen Nenner** für alle Arten von Wissenskonstruktionen, die insgesamt als Systembildungen gesehen werden (im Gegensatz etwa zur Unterscheidung von empirisch-analytischen Ansätzen, phänomenologischen Ansätzen, magisch-mythischen Ansätzen u. ä.). In Kauf genommen wird, daß der Begriff „Systembildung" - wie Erkenntnistheoretiker sagen würden - „leer" zu werden droht.

Unterschiedenen werden im folgenden sechs Stufen von Systembildungen (s. dazu auch die Zusammenfassung in Tafel XXI):

(1) Inhaltlich-induktive Verallgemeinerungen:
- Ziel/Resultat der Wissenserzeugung: *Gestalt* eines Phänomens als Einheit von Inhalt und Form
- Organisator/Generator des Wissens: *Symbol bzw. Name*
- Ideelles Mittel der Wissenskonstruktion: *Homologie*
- Zuordbare Wissenschaftsdisziplinen: *Kulturwissenschaften, Anthropologie, Soziologie (insofern sie sich mit dem „Alltagsleben" beschäftigen)*
- Wissenssyndrom (Inadäquate Wissenshaltung aufgrund von Verabsolutierungen): *Intuitiver Holismus, magisch-mythisches Denken*

Heuristische Mittel für interdisziplinäre Systembildung
Synopse der entwickelten Mittel für Wissenskonstruktionen

Systembild Formalisierung Theoretische Mittel

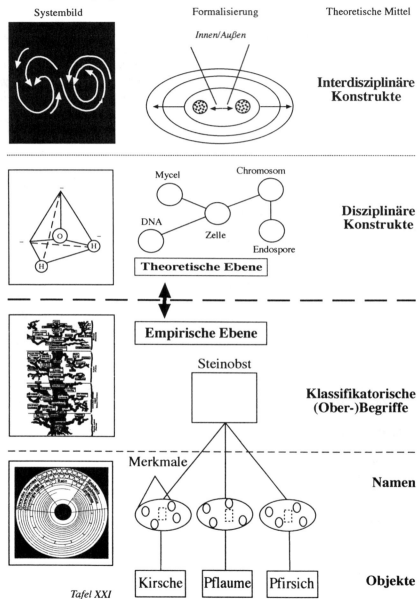

Innen/Außen

Interdisziplinäre Konstrukte

Mycel Chromosom

DNA Zelle Endospore

Theoretische Ebene

Disziplinäre Konstrukte

Empirische Ebene

Steinobst

Klassifikatorische (Ober-)Begriffe

Merkmale

Namen

Kirsche Pflaume Pfirsich

Objekte

Tafel XXI

Ideelle Mittel	Semiotische Mittel	Relationsbeziehungen

| *Inhaltlich-logische Verallgemeinerungen* | | |

Kategorien: Wechselseitige Bestimmung von Formen	**Textur:** Frei kombinierbare Elemente	**Dialektik:** Wechselbeziehung mit definiertem Ziel

| *Formal-logische Verallgemeinerungen* | | |

Metaphern: Unerkannter Inhalt/ Unerkannte Form/ Wechselseitige Bestimmung	**Struktur:** Substantiell determinierte Elementbeziehungen	**Komplementarität:** Wechselbeziehungen zwischen beiden Seiten

| *Formal-induktive Verallgemeinerungen* | | |

Analogien: Unerkannter Inhalt/Bekannte Form	**Form:** Trennung von Inhalt und Form	**Dualismus:** Unverbundene Gegenüberstellung zweier Seiten

| *Inhaltlich-intuitive Verallgemeinerungen* | | |

Homologien: Inhalt und Form bekannt und gleich	**Gestalt:** Einheit von Inhalt und Form	**Monismus:** Konstitution einer Einheit (Berücksichtigung nur einer Seite)

| **Material aus der Wirklichkeit** |

(2) Formal-induktive Verallgemeinerungen:
- Ziel/Resultat der Wissenserzeugung: *Form* eines Phänomens, gewonnen durch Trennung von Inhalt und Form
- Organisator/Generator des Wissens: *Begriffe, speziell Oberbegriffe*
- Ideelles Mittel der Wissenskonstruktion: *Analogie*
- Zuordbare Wissenschaftsdisziplinen: *Kunst, Phänomenologie, empirisch-ordnende wissenschaftliche Ansätze*
- Wissenssyndrom (Inadäquate Wissenshaltung aufgrund von Verabsolutierungen): *Ästhetizismus, Ontologisierung von Phänomenen (Fundamentalismus)*

(3) Formal-logische Verallgemeinerungen:
- Ziel/Resultat der Wissenserzeugung: *Struktur (mit der Substanz eines Phänomens substantiell verbundene Elemente und Beziehungen)*
- Organisator/Generator des Wissens: *(Disziplinäre) theoretische Konstrukte*
- Ideelles Mittel der Wissenskonstruktion: *Metapher*
- Zuordbare Wissenschaftsdisziplinen: *(Objektorientierte/Naturwissenschaftliche) Fachdisziplinen*
- Wissenssyndrom (Inadäquate Wissenshaltung aufgrund von Verabsolutierungen): *Empirismus, Atomismus*

(4) Inhaltlich-logische Verallgemeinerungen/Syntaktische Systembildung:
- Ziel/Resultat der Wissenserzeugung: *Texturen/abstrakte (Punkt)Elemente*
- Organisator/Generator des Wissens: *Logische (interdisziplinäre) Konstrukte*
- Ideelles Mittel der Wissenskonstruktion: *Kategorien*
- Zuordbare Wissenschaftsdisziplinen: *Formalwissenschaften. Logik, Semiotik, Philosophie, Epistemologie*
- Wissenssyndrom (Inadäquate Wissenshaltung aufgrund von Verabsolutierungen): *Formalismus, Rationalismus*

(5) Semantische Systembildung:
- Ziel/Resultat der Wissenserzeugung: *Virtuelle Realität/Utopie*
- Organisator/Generator des Wissens: *Interdisziplinäre Konstrukte/Heuristische Mittel für Systembildungen*
- Ideelles Mittel der Wissenskonstruktion: *(Computer-) Animationen/Modelle*
- Zuordbare Wissenschaftsdisziplinen: *Technologie/Planungswissenschaft/ (Computer-)Design*
- Wissenssyndrom (Inadäquate Wissenshaltung aufgrund von Verabsolutierungen): *Technikeuphorie, Utopismus*

(6) Pragmatische Systembildung:
- Ziel/Resultat der Wissenserzeugung: *Konkretisierbare Utopien*

- Organisator/Generator des Wissens: *Interdisziplinäre Konstrukte/Heuristische Mittel für Systembildungen*
- Ideelles Mittel der Wissenskonstruktion: *Präsentationen(etwa per Computer im Internet)/ Modelle/ Ausstellungen*
- Zuordbare Wissenschaftsdisziplinen: *Politikwissenschaften/Ökologie/Ökonomie*
- Wissenssyndrom (Inadäquate Wissenshaltung aufgrund von Verabsolutierungen): *Expertokratie/Populismus/Pragmatismus*

Solche komplexen Übersichten über Wissenskonstruktionen mit historischer und/oder systematischer Ausrichtung sind immer wieder versucht worden (neben HEGEL siehe etwa: FOUCAULT, M., 1966 oder LEISEGANG, H., 1951). Wenn man nur in einer analytischen Weise an solche Entwürfe herangeht, erscheinen sie leicht als willkürlich und beliebig, bestimmte Zuordnungen gar als schwer nachvollziehbar und unverständlich.

Adäquater und produktiver ist ein *heuristischer* Zugang, der nach Orientierungen für eigene Konstruktionen fragt und je nach konkreten Bedürfnissen und Bedingungen Varianten und Gegenentwürfe erstellt. Dann wird erfahrbar, daß solche *Orientierungen immer so gut sind, wie der beste Gebrauch, den man von ihnen macht.*

Wichtig ist auch, die Mittel der Konstruktion für solche Strukturierungen sich bewußtzumachen und ihre Stärken und Schwächen zu erkennen. Angestrebt wird mit der obigen Darstellung keine geschlossene Theorie der Wissenskonstruktion. Die Hierarchisierungen, Idealisierungen und Zuordnungen (wie etwa die Zuordnung von Form-Analogie-Kunst oder Struktur-Metapher-Naturwissenschaft) werden u. a. aus darstellungstechnischen Gründen und zur Gewinnung eines ersten, möglichst einfachen Überblicks vorgenommen. Natürlich gibt es z. B. ästhetisch-künstlerische Aktivitäten auf allen Ebenen.

Gegenüber dem hier praktizierten Denken in *Phasen und Stufen* bietet ein Denken in *Querschnittsmodellen,* bei dem alle Elemente, Ebenen, Stufen, Komponenten, Parameter u.ä. gleichzeitig zur Verfügung stehen und in Wechselwirkung miteinander gedacht werden können, andere Vorteile. Man kann besser in Wechselwirkungen denken und die einzelnen Teile dynamisch aufeinander beziehen und miteinander vermitteln.

Denkbar wird dann, **daß Mittel der höheren Wissensstufen wie Metaphern und Kategorien mit Mitteln der unteren und dabei vor allem der ersten Wissensstufe verbunden werden können,** die unmittelbar mit bestimmter Inhaltlichkeit verbunden sind. Man fängt dann zwar „unten" an (bei Phänomenen wie FRÖBELs „Ball"), aber zugleich mit den höchstentwickeltsten Mitteln (den „Entgegensetzungen" in Form von kategorialen Begriffspaaren).

Metamorphosen eines Objekts:
Systembildungen im Spannungsfeld von Konkretem und Abstraktem

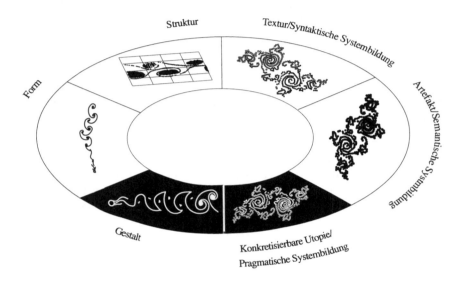

Prozeßstruktur

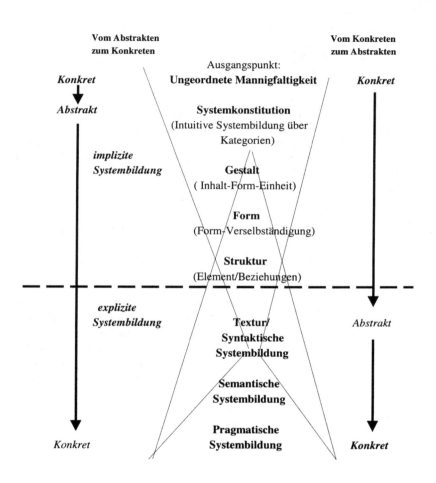

**Systembildung im Spannungsfeld
von Konkretem und Abstraktem**

Organisierbar wird damit ein Prozeß, der im Wechselspiel von *Konkretem und Abstraktem* sich einerseits vom *Konkreten zum Abstrakten* (von den unteren zu den oberen Wissensstufen), andererseits zugleich vom *Abstrakten zum Konkreten* (von den oberen zu den unteren Wissensstufen) entwickelt.

Die **Theorie der Kategorialen Bildung** kann dann auch so interpretiert werden, daß sie genau diese *dialektische Vermittlung von Konkretem und Abstraktem* anzielt. Bei FRÖBEL ist das Konkrete der Ball, der als Urphänomen gesehen wird, das Abstrakte aber die „Entgegensetzungen", die als Urbilder dem Urphänomen immanent und zu allgemeinen Kategorien entwickelbar sind. Aus Bildhaftem, das mit einer bestimmten Gegenständlichkeit unmittelbar verbunden wird, wird also Begriffliches entfaltet, das dann verallgemeinert als erschließungsmächtiges Mittel für eine bewußte Welterfassung und -gestaltung genutzt werden kann. *Bildung von Kategorialem* **führt so im Wechselspiel von Inhaltlich-Konkretem und Formal-Abstraktem zu kategorialer Bildung.**

Kategoriale Bildung läßt sich aktualisieren zu einem Ansatz *„Interdisziplinäre System-Bildung"*, wenn sie mit Systemtheorie, die als eine der höchstentwickeltsten Theorieformen angesehen werden kann, synthetisiert wird. Die grundlegende Frage ist dann: **Wie läßt sich Selbsttätigkeit zu einer systembildenden Tätigkeit entwickeln?**

In dem hier zugrundegelegten Verständnis von Systemtheorie sind Systeme nicht fertig und unmittelbar gegeben. Sie werden vielmehr von Systemkonstrukteuren entwickelt in einem Spannungsfeld von *Determination* durch das in der Wirklichkeit gegebene Material (das, historisch gesehen, zunehmend abstrakter und unbestimmter geworden ist) und *Konstruktion* durch das systembildende Subjekt. Indem der Systemkonstrukteur mit *bildhaften Mitteln* Mannigfaltigkeit zu einer Einheit verbindet, setzt er den Ausgangspunkt (in der Terminologie EINSTEINs: das „Verbrechen") eines Systembildungsprozesses, der als *„Aufsteigen vom Abstrakten zum Konkreten"* bezeichnet werden kann. Für das systembildende Subjekt ist dieses Abstrakte aber zu Beginn noch eng mit Konkretem verbunden und wird von ihm meistens oder oft nicht erkannt. Erst in einem Prozeß, der von intuitiven Systembildungen zu immer reflektierteren Systembildungen führt, wird dieses Abstrakte zunehmend bewußter, expliziter und in seiner relativen Eigenständigkeit erkannt.

Gleichzeitig findet aber ein gegenläufiger Prozeß des *„Aufsteigens vom Konkreten über Abstraktes zum Konkreten"* statt. Die einzelnen Phasen wurden weiter oben mit den Begriffen *„Gestalt - Form - Struktur - Textur „* beschrieben und sind gekennzeichnet durch eine immer stärkere Trennung von konkreter Inhaltlichkeit und zunehmend abstrakteren Formen. Auf der Stufe der Texturbildung schlägt dieser Prozeß in ein *„Aufsteigen vom Abstrakten zum Konkreten"* um, weil die nur noch sich selbst bedeutenden abstrakten (Punkt-)Elemente wieder mit Bedeutung (mit „Ein-bildungen") versehen werden müssen, damit sie Relevanz für die menschliche Tätigkeit gewinnen können. Dabei lassen sich wiederum - in Anlehnung an informationstheoretische bzw. semiotische Klassifikationen von Zeichen (s. dazu etwa: BENSE, M., 1971) - folgende Stufen unterscheiden: eine *syntaktische Systembildung*, bei der formal-abstrakte Zeichenelemente zu einem System vereinigt werden, eine *semantische Systembildung*, bei der bestimmte Zeichen mit bestimmten Bedeutungen verbunden werden, und eine *pragmatische Systembildung*, bei der die gebildeten Systeme in die praktisch-gegenständliche Tätigkeit des Menschen eingehen.

In der Tafel XII sind diese zwei **gegenläufigen** Systembildungsprozesse schematisch dargestellt. Dabei wird davon ausgegangen, daß explizite Systembildung erst dann aktuell wird, wenn die *Ebene der Textur* erreicht ist, auf der zusammenhanglose Elemente zu Einheiten zusammengefügt werden müssen.

3.5 Die „Visuelle Metapher" als materielles Integrationsmittel: Vergegenständlichung von Selbstthematisierungen in konkretisierbaren Utopien

Wird in der Metapher „Das Flüssige ist das sensible Chaos" mit dem Wort das „Flüssige" *Inhaltlich-Substantielles* thematisiert, so mit den Wörtern „das sensible Chaos" die *Form*. Die Trennung von *Inhalt* und *Form* wird unmittelbar erlebt, wenn die Wirbelstraße erzeugt, mit einigen auf die Wasseroberfläche aufgetragenen Tropfen Ölfarbe in ihren Konturen sichtbar gemacht und durch ein Blatt Papier, das man auf die Wasseroberfläche legt und abhebt, die Form vom Inhalt getrennt wird. Die Wirbelstraße ist dann in einem bestimmten Zustand „gebannt". Dieses Gewinnen von *Form* und der Verlust von *Inhalt* wird in dem folgenden Protokollauszug reflektiert und sensibel beschrieben:

„Was mir auch ein bißchen aufgefallen ist, ist, daß das Wasser nach dem Herausnehmen des Blattes nicht mehr wichtig ist. Also, ich habe dann mein Produkt in den Händen und bin darauf wirklich fixiert wie die Katze auf die Maus und schaue dieses Blatt an. Und das Wasser, von dem ich vorher so fasziniert war, spielt keine Rolle mehr. Das ist dann auch ein großer Bruch."

(Auszug aus dem Protokoll einer Fortbildungsveranstaltung mit Dozenten des Didaktikums Aarau/Schweiz)

Am Ende des Systembildungsprozesses mit der Wirbelstraße (s. dazu 4.3) wird, nachdem verschiedene Disziplinen durchlaufen sind, die *Trennung von Inhalt und Form* wieder aufgehoben im Entwurf **„*Konkretisierbarer Utopien*".** Im folgenden soll dieser Begriff ausführlicher diskutiert werden, weil mit ihm die Integration der gesamten komplexen Systembildung auf der materiellen Ebene, oder kürzer, der **Höhepunkt und das Ende des Systembildungsprozesses** bestimmt wird.

Der Begriff „Konkretisierbare Utopien" ist eine Spezifizierung des Begriffs „Utopien". In Utopien können grundlegende Weltanschauungen - wie die etwa über *Einheit und Vielfalt* oder *Ordnung und Chaos* - zum Ausdruck gebracht werden. Materialisiert werden damit Ideen über die Welt, die als Organisatoren und Generatoren genutzt werden können, um Wirklichkeit mit Bewußtheit zu gestalten. Sollen sie aber für die Menschen wirklich bedeutsam werden, dann sind sie auf die konkrete Lebenswelt zu beziehen.

Vor allem im Bereich von Technik werden Utopien in großer Zahl produziert und akzeptiert. Sie reichen von Ideen über menschenleere Fabriken mit Hilfe von „Computer Integrated Manufacturing (CIM)" bis hin zu phantastischen Architekturentwürfen etwa für große Städte auf der Erde, im Weltall oder auf dem Meeresboden. Den Realisierungen solcher Utopien gegenüber ist Skepsis geboten, wie H.M. ENZENSBERGER am Beispiel des Kongresses der spanischen Anarchisten im Jahre 1898 verdeutlicht: „Sie entwarfen damals ein glorreiches Zukunftsbild von der Zeit nach dem Sieg der Revolution. Eine Welt von strahlenden Hochhäusern mit Fahrstühlen, die einem das Treppensteigen ersparen würden, elektrisches Licht für alle, Müllschlucker und wunderbare Haushaltsmaschinen... Dieser Menschheitstraum, vorgebracht mit messianischem Pathos, kommt uns bekannt vor: im Märkischen Viertel (in Berlin) ist er Wirklichkeit geworden. Es gibt Siege, die von Niederlagen kaum zu unterscheiden sind." (ENZENSBERGER, H.E., 1978, S. 7).

Die Skepsis gegenüber Utopien resultiert aber nicht nur aus Erfahrungen mit Realisierungen, sondern auch aus der Befürchtung, daß sie auf soziale Umwälzungen ausgerichtet sind und mit ihrem humanistisch-idealistischen Pathos es zwar gut meinen, aber in Wirklichkeit zu Dogmatismus und Indoktrination neigen, indem sie fertige, von anderen zu akzeptierende Lösungen anpreisen und durchzusetzen versuchen.

Hierin ist ein wichtiger Grund zu sehen, daß der Begriff „Utopie" heute oft negativ bewertet wird. Außerdem wird er oft mit *Undurchführbarkeit* in Verbindung gebracht. Die alten Utopien - die von PLATON über die christlichen bis hin zu der ersten modernen von Thomas MORUS - wurden aber nicht als unrealisierbar, sondern als **durchführbar** angesehen. Erst im späteren Sprachgebrauch wurde der Begriff „Utopie" mit *Undurchführbarkeit* verbunden.

Konkretisierbare Utopien sind aus der Sicht des späteren Sprachgebrauchs logischer Unsinn. Das Konzept „Konkretisierbare Utopien" knüpft aber bei dem alten Utopieverständnis an und versteht den Begriff dialektisch: **Die „Konkretisierbare Utopie" ist dann das noch nicht Realisierte, gleichzeitig aber das Realisierbare und Machbare.** Grundlegend für ihren Entwurf ist eine Tätigkeit im Spannungsfeld von *Wirklichkeit und Möglichkeit*.

Das Konzept „Konkretisierbare Utopien" unterscheidet sich von traditionellen Uto-pieentwürfen aber auch durch seinen grundlegend **heuristischen Charakter:** Es wer-den **keine fertigen Lösungen** vorgegeben oder entwickelt, sondern *Mittel,* mit denen selbsttätige Subjekte im Dialog miteinander Ideen entwerfen für ihren Lebensraum und diese Ideen in *interdisziplinäre und interkulturelle* Diskussionszusammenhänge einbringen (s. dazu auch die Ausführungen zu der Systembildungssequenz „Spiegelun-gen" in 4.1 und zu einem geplanten Symposium in 7.4). Nicht fertige Lösungen wer-den präsentiert, angezielt (aber auch nicht ausgeschlossen) wird nicht eine direkte Um-setzung, sondern **ein auf Bildung ausgerichteter** *Diskurs,* in dem Ideen verhandelt und **reflexive Handlungskompetenzen** erworben werden. Dies entspricht der Aufga-benstellung des Bildungsbereichs, der *nicht unmittelbar* auf die Gestaltung gesell-schaftlich-politischer Praxis ausgerichtet ist, sondern auf **Entwürfe von Experimen-tiergemeinschaften,** die von ihnen erzeugtes *Subjektiv-Neues* mit *Objektiv-Neuem* in ein produktives Wechselspiel zu bringen suchen (s. auch die Ausführungen zu „Bil-dungsexperimenten" in 6.1).

Zur Entwicklung von „Konkretisierbaren Utopien" dienen zwei Orientierungen:

1. Die axiomatische Theorie für Utopien von Yona FRIEDMAN
2. Die Idee der „Konkreten Utopie" in der Philosophie von Ernst BLOCH

Die axiomatische Theorie für Utopien von Yona FRIEDMAN (1977) umfaßt die drei folgenden Axiome:

(1) Utopien entstehen aus einer kollektiven Unzufriedenheit heraus.
   Im Konzept „Konkretisierbare Utopien" besteht diese kollektive Unzufriedenheit in Form des allgemeinen Bewußtseins über globale Umweltprobleme.
(2) Utopien setzen das Vorhandensein eines Verfahrens oder eines Verhaltens vor-aus, das dazu dienen kann:
   a. die Ursache der Unzufriedenheit zu beseitigen, oder
   b. diese Unzufriedenheit anders einzuschätzen, indem man sie als Ausgangs-punkt für eine bessere Lage betrachtet.
   Beim Ansatz „Interdisziplinbäre System-Bildung" besteht dieses Verfahren in der Bereitstellung von heuristischen Mitteln zur Entwicklung konkretisierbarer Utopien.
(3) Utopien lassen sich nur verwirklichen, wenn sie kollektive Zustimmung finden.
   Im Konzept „Konkretisierbare Utopien" wird diese kollektive Zustimmung durch inter- und transdisziplinäre Bildungsdiskurse auf der Grundlage heuristischer Mittel angezielt.

Die zweite Orientierung für den Entwurf konkretisierbarer Utopien ist mehr inhaltli-cher Art und nimmt die Idee der „Konkreten Utopie" in der Philosophie von Ernst BLOCH auf. Diese Idee stützt sich auf die zwei Grundbegriffe „Heimat" und „Uto-pie":

- Unter „Heimat" wird oft Bodenständigkeit, Verwurzelung, integrierter Lebenszusammenhang, Geborgenheit und Überschaubarkeit verstanden. Ernst BLOCH hat dem Heimatbegriff diese verklärenden Attribute genommen. Für ihn ist „Heimat" die uneingelöste Utopie, das irdische Paradies am Tag der Befreiung oder *das, was erst noch werden soll*; es ist Auftrag und Anfrage an die Gattung Mensch. Der Begriff übersteigt damit gängige sozialwissenschaftliche Zielperspektiven wie Identität und Selbstverwirklichung. Zusammengefaßt ist er zu Anfang des Hauptwerks „Prinzip Hoffnung" von Ernst BLOCH wie folgt: „Die wirkliche Genesis ist nicht am Anfang, sondern am Ende, und sie beginnt erst anzufangen, wenn Gesellschaft und Dasein radikal werden, das heißt sich an der Wurzel fassen. Die Wurzel der Geschichte aber ist der arbeitende, schaffende, die Gegebenheiten umbildende und überholende Mensch. Hat er sich erfaßt und das seine ohne Entäußerung und Entfremdung in realer Demokratie gegründet, so entsteht in der Welt etwas, das allein in die Kindheit scheint und worin noch niemand war: Heimat." (BLOCH, E., 1959, S. 1)
- „Utopie" als zweiter Grundbegriff wird nicht als Zustand, sondern *als Prozeß* gedacht. Es geht nicht um das Ausdenken einer fertigen Zukunft, sondern um zwei Verhaltensweisen:
  a. um ein radikales „Nein"-Sagen, um die Ablehnung etwa von Umweltzerstörung, Hochrüstung, Hunger oder Terror und um das Erkennen dieser Mißstände als Produkte höchst irdischer Verfehlungen. Das Falsche soll dingfest gemacht werden, um eine Ahnung von dem zu gewinnen, was sein soll bzw. kann;
  b. um ein „Träumen nach vorwärts", um Phantasieren, Vorstellen, (Tag-) Träumen oder Wünschen als dem Denken eng verwandte Möglichkeiten des Überschreitens, der Klärung weniger falscher Bedürfnisse.

Verbunden mit dem Träumen sind Glück, Enthusiasmus, sensible Konzentration, aber auch Trauer. Träume sind potentielle Wegweiser der subjektiven Wirklichkeit zu objektiver Möglichkeit. Ermöglicht werden Grenzerfahrungen, die die persönliche Realität erweitern. Das Repertoire der Möglichkeiten, das die Geschichte hervorgebracht hat, wird erweitert durch die Unberechenbarkeit des Traums, durch die Ungezogenheit des Wunsches und durch die Kraft der Phantasie.

Die **Nutzung des Träumens** erfolgt durch seine Aufklärung, durch die Befragung von Träumen, durch ihr Abklopfen nach objektiven Möglichkeiten: „Derart aufgeklärtes Träumen weist ggf. nach vorwärts, eröffnet neue Erlebnisräume, gründet auf gesellschaftlich-historische und individuell-biographische Tradition, erlaubt Hoffnung auf besseres Gelingen, schärft den „Möglichkeitssinn" (MUSIL) der Subjekte. Er ist Bewegung. Ein radikales Nein zu den Unverschämtheiten, eine Absage an den Zynismus unserer Tage, klareres Denken, „Sein-Wollen" und Träumen nach vorwärts sind u. E. verheißungsvolle Bewegungselemente" (ESSIG, P., MATZEN, J.: 1985, S. 231).

Der Entwurf konkretisierbarer Utopien auf dieser theoretischen Grundlage soll letztlich in Form von *visuellen Metaphern* erfolgen, in denen **Landschaftsmodelle** eine bestimmte Idee des Mensch-Natur-Verhältnisses zum Ausdruck bringen (s. auch Tafel XIV). Angeknüpft wird hierbei bei Unterschieden zwischen englischen und französischer Gärten, die Gernot BÖHME wie folgt bestimmt: „Die Schönheit des französischen Gartens muß gedacht werden, sehen kann man sie höchstens aus dem ersten Stock des Schlosses, den Räumen des Königs. Der englische Garten hat dagegen gerade seinen Reiz in den wechselnden Szenen und Anblicken, die sich dem umherwandelnden Besucher bieten. Sein künstlerischer Ursprung ist auch in der Veduten- und Landschaftsmalerei zu suchen. Seine Gestalter waren häufig selbst Maler. Im Gegensatz dazu waren die Architekten des französischen Gartens wirklich Architekten, und sie gestalteten den Garten als eine Erweiterung des Hauses - mit Gängen, Hallen, Nischen - oder besser „als eine Einbeziehung der Natur in das Haus". Der französische Garten ist aus diesem Grund eine möglichst vollständige Unterwerfung der Natur unter menschliche Formprinzipien, d. h. zuallererst der Geometrie. Die Mathematisierung der Natur feiert hier, lange vor der vollen Entfaltung der Naturwissenschaft, ihre ersten Triumphe. Die englische Gartenkunst, die sich zugleich als Landschaftsgärtnerei versteht, geht dagegen von der vorfindlichen Natur aus, akzeptiert ihre gegebene Mannigfaltigkeit und paßt sich ihr ordnend an. Dieser Unterschied führt dazu, daß der französische Garten nur im ständigen Kampf gegen die Selbsttätigkeit der Natur in seiner Form erhalten werden kann: das Beschneiden ist die Hauptarbeit des Gärtners. Dagegen wirkt in den Landschaftsgärten, obwohl sie Gärten sind, die Idee von Freiheit, freier Natur: der Gärtner läßt wachsen. Manche dieser Landschaftsgärten sind für uns heute schöner als für die, die sie anlegten, weil sie erst durch das Altern haben werden können, was sie sein sollten" (G. BÖHME, 1989, S. 82).

In der Gestaltung von Landschaft bringt also der Mensch sein Verhältnis zur Natur zum Ausdruck. Als *Metapher* aufgefaßt werden kann die Landschaftsgestaltung deshalb, weil mit ihr eine Aufforderung verbunden wird, **„etwas als etwas zu sehen"**. Diese Anregung hat *heuristischen Charakter* insofern, als der Betrachter zur Interpretation herausgefordert wird, selbst tätig werden muß; der Inhalt - die Landschaft - ist mit der Form - der Art ihrer Gestaltung - in Wechselwirkung zu bringen, um das in der Landschaftsgestaltung zum Ausdruck Gebrachte zu verstehen.

Landschaft wird damit zu einer *labilen Einheit*: Einerseits ist mit ihr etwas in eine Form gebracht, andererseits aber ist diese Form veränderbar, kann neuen Ideen gemäß umgestaltet werden. *Konkretisierbare Utopien* für Landschaften stellen deshalb keine abgeschlossenen und definitiven Formen dar, sondern veränderbare Gebilde, die im gemeinsamen Dialog entwickelt werden können.

Dieser Dialog wird integriert über allgemeine Systembildungsprinzipien in Form komplementärer Begriffspaare wie *Reversibilität/Irreversibilität* oder *Ordnung/Chaos*, mit denen zugleich bildhaftes wie reflexives Denken verknüpft ist. Es sind Erkenntnismittel, die den Lernenden als **Denkwerkzeuge für den Entwurf konkretisierba-rer Utopien** dienen.

Die *Konkretisierbare Utopie*, die am Ende der Systembildungssequenzen steht, ist eine **letzte Vorstufe** der Rückkehr zur **Inhaltlichkeit alltäglicher Lebenswelt** insofern, als in ihr erst einmal nur im Bildungsbereich hervorgebrachte *Ideen zur Gestaltung ge-sellschaftlicher Wirklichkeit* zum Ausdruck gebracht werden. Die *Form* ist dabei die der *visuellen Metapher* (s. dazu die grundlegende Bestimmung bei: ALDRICH, V.C., 1983).

Heiko HERWALD (1991) hat diese Art der *Metapher* im Anschluß an ALDRICH da-durch bestimmt, daß er ihr als sprachliche Form den Satz „Das ist dies" zugeordnet hat im Gegensatz zu dem von ALDRICH der sprachlichen *Metapher* zugeordneten Satz „Dies ist das" (s. dazu: ALDRICH, V. V., 1983). Anknüpfungspunkte sind für Heiko HERWALD Skulpturen von PICASSO, die dieser aus gebrauchten Gegenständen wie Körbe, Vasen, Gaskocher, Teile von Fahrrädern usw. herstellte. Bei einer dieser Skulpturen, die eine Ziege zur Darstellung bringt, verwendet PICASSO für deren Brustkorb einen Weidenkorb. Zum einen ist das ein Weidenkorb, den man als Brust-korb sehen soll *(„Das ist dies")*, zum anderen sieht man, wenn man die ganze Ziege betrachtet, ihre Rippen als Weidenkorb. ALDRICH charakterisiert deshalb diese Skulptur als „eine zusammengesetzte Metapher mit doppelter Blickrichtung" (ALDRICH, V.V., 1983, S. 145).

PICASSO selbst erklärt seine Vorgehensweise wie folgt: „Ich gehe den Weg zurück vom Korb zum Brustkorb, von der Metapher zur Realität. Ich mache die Realität sichtbar, weil ich die Metapher gebrauche." (zitiert nach ALDRICH, V. V., 1983, S. 145). Die Entwicklung einer *konkreten Utopie* läßt sich dann als **Metaphernbildung in einer umgekehrten Richtung** begreifen, bei der man der Realität eine (Denk-)Tat eindrückt (s. dazu auch die Ausführungen zu BEUYS in 2.4.4) und in der materiellen Substanz eine bestimmte Sicht von Welt und ihrer Gestaltbarkeit zum Ausdruck bringt. Der englische Garten läßt sich so als eine *visuelle Metapher* verstehen, weil in ihm die Idee der **Wechselwirkung von der Selbsttätigkeit des Menschen und der Selbsttätigkeit der Natur** zur Ansicht gebracht wird (s. dazu: BÖHME, G.,1989). Visuelle *Metapher*n in diesem Sinn sind ebenso die nach der Französischen Revoluti-on in Frankreich entworfenen republikanischen Gärten, Tugendparks, Heiligen Berge, republikanischen Wälder, Tugendhaine und pädagogischen Gärten, in denen die Idee der Versöhnung des Menschen mit der Natur zum Ausdruck gebracht werden sollte (s. dazu: HARTEN, H.C. u. E., 1989).

3.5 Die absolute Metapher „Wechselwirkung ist symmetrische Wirkungsproduktion" als ideelles Integrationsmittel

(Grundlegend für die folgenden Ausführungen sind Diskussionen mit den Physikern Stefan SCHULDT und Wilhelm WOLZE über das Problem der Wechselwirkung. Die Idee einer Komplementarität von Kausalität und Wechselwirkung ist von Stefan SCHULDT in die Diskussion eingebracht worden)

Unter der Überschrift „Der Tisch stößt sich von Greta ab" berichtet Peter MOSCH-NITZKA über naturwissenschaftliche Versuche in einem vierten Schuljahr, in dem die Frage aufgetaucht war, wie sich eine Rakete fortbewegt. Eigentlich war für die Schüler klar: Die Rakete stößt sich mit dem Feuer von der Erde ab. Erst als die Schülerin Greta auf einen Tisch steigt und sich der Tisch bei ihrem Absprung ein Stück in die entgegengesetzte Richtung, stellen sich Ahnungen von *Wechselwirkung*en, über das sich gegenseitig Abstoßen von Greta und dem Tisch, ein, die schon NEWTON für die Physik in die Form der Gleichung „actio = reactio" faßte (s. dazu: MOSCHNITSCHKA, P., 1990).

Bei der *Bearbeitung des pädagogischen Grundproblems* griff die Pädagogik nicht auf das Konzept der *„Wechselwirkung"* zurück, sondern auf ein Denken in *Ursache* (der Erzieher) und *Wirkung* (die Reaktion des Zöglings) und damit auf das *Kausalitätskonzept*. Im Anschluß an die Philosophie KANTs wurde damit die Möglichkeit der erzieherischen Einwirkung auf ein selbsttätiges, sich in Freiheit bestimmendes Subjekt zu einem „pädagogischen Grundproblem", das für unlösbar gehalten wurde, weil Freiheit und kausale Einwirkung sich gegenseitig ausschließen.

Ein Denken in Kausalitäten wird von Nicht-Naturwissenschaftlern (aber auch von Naturwissenschaftlern) oft als grundlegend für die Naturwissenschaften gehalten. Man darf begründet vermuten, daß auch die Pädagogik mit ihrem Rückgriff auf das Kausalitätskonzept in dem Glauben war, sich über naturwissenschaftsorientierte Denkweisen als Wissenschaft besser legitimieren zu können. Der Physikdidaktiker Wilhelm WOLZE stellt demgegenüber fest: „In der Naturwissenschaft spielt der Kausalitätsbegriff gegenüber dem Wechselwirkungsbegriff eine untergeordnete Rolle. Denn auch die Kräfte korrespondieren nicht mit der Kausalbeziehung, sondern mit der Wechselwirkungsbeziehung, in der die Kraft und Gegenkraft jeweils einen Pol dieser Beziehung darstellen. So gesehen sind der Kausalbegriff und der Wechselwirkungsbegriff voneinander unabhängige, eigenständige Begriffe. Eine Erweiterung des Kausalbegriffs könnte darin bestehen, daß er auch auf Wechselwirkungen angewendet wird, von denen er nur eine Richtung repräsentiert. Dies ist speziell in asymmetrischen Fällen interessant, in denen eine Wirkung vernachlässigt werden kann, wie z. B. die Gravitationswirkung eines Steins auf die Erde relativ zur Gravitationswirkung der Erde auf den Stein." (WOLZE, W., 1989, S. 135).

Wechselwirkung als Keimzelle von Systembildungen

Beide ziehen

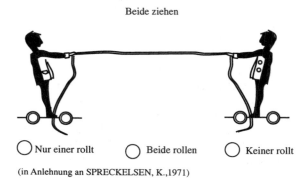

Nur einer rollt   Beide rollen   Keiner rollt

(in Anlehnung an SPRECKELSEN, K.,1971)

Was ist hier Ursache, was ist Wirkung?

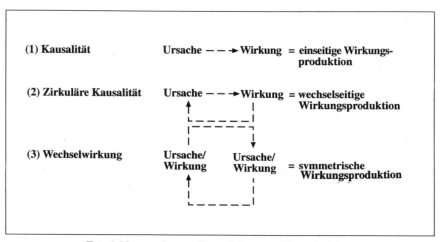

Entwicklungsreihe von Kausalitäten zur Wechselwirkung

Tafel XXIII

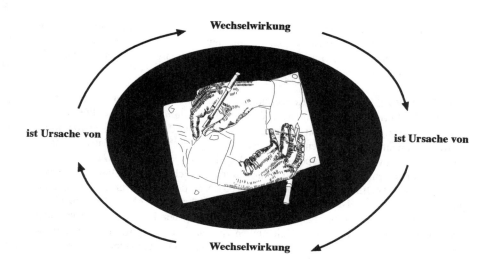

Wechselwirkungen:
Komplexität generierende Spannungsfelder

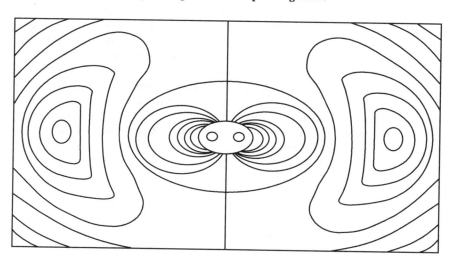

227

Im folgenden soll es nicht darum gehen, den Begriff und das Konzept *Wechselwirkung* wie in der Physik präzise und scharf zu fassen. Angezielt wird vielmehr ein Verständnis, das dann heuristisch in einer ähnlichen Weltbildfunktion genutzt werden kann wie vorher das Kausalitätskonzept in der Pädagogik.

Wilhelm WOLZE hat in seiner Konzeption von „naturwissenschaftlichen Erkenntnissystemen im Lernprozeß", die in enger Verbindung mit dem hier vorgestellten Ansatz einer „Interdisziplinären *System*-Bildung" entwickelt wurde, das **Wechselwirkungsprinzip** zu einem zentralen Element gemacht. Er zeigt eine historische Entwicklung in den Naturwissenschaften und speziell in der Physik auf, die *Wechselwirkung*en immer mehr zu einem grundlegenden *Mittel* naturwissenschaftlicher *System*bildungen werden läßt (vgl. dazu: WOLZE, W., 1989, S. 123 - 168). Von den schon früh in der Philosophiegeschichte nachweisbaren Kausalvorstellungen führt der Weg zu Problemen, die die klassische Naturwissenschaft mit der Ausarbeitung der Begriffe „Ursache" und „Wirkung" dann hat, wenn ihre Beziehungen zu den Größenbegriffen und naturwissenschaftlichen Gesetzen explizit gemacht werden sollen. Der mangelnde Erfolg führte schließlich zur Verdrängung des Kausalbegriffs aus den Naturwissenschaften: „Die marginalen Funktionen des Kausalbegriffs in der Naturwissenschaft beziehen sich im wesentlichen auf eine Charakterisierung der deterministischen Struktur. In diesem Sinne wird gelegentlich von der Akausalität in der Quantenmechanik oder der quantenmechanischen Kausalität, der starken und schwachen Kausalität in der Chaostheorie und der Kausalität der Wirkungsausbreitungsprozesse in der Relativitätstheorie gesprochen." (WOLZE, W., 1989, S. 126).

Es soll hier nicht im einzelnen verfolgt werden, wie die Naturwissenschaften durch die zunehmende Aufnahme von *Zufall und Wahrscheinlichkeit* zu immer komplexeren *System*bildungen und zu einer immer umfassenderen Ausarbeitung des *Wechselwirkungskonzepts* fanden. Das Interesse von LUHMANN/SCHORR (s. 1.2.3.3) an den Kausalplänen der am Interaktionssystem Unterricht Beteiligten kann insofern als eine Widerspiegelung dieser Entwicklungen in den Naturwissenschaften angesehen werden, weil auch von ihnen eine Aufweichung strengen Kausaldenkens durch Aufnahme komplizierterer und komplexerer Beziehungen bis hin zu *Wechselwirkung*en angestrebt wurde. Allerdings wird von LUHMANN/SCHORR der Schritt zu einem konsequenten Denken in *Wechselwirkung*en noch nicht in der Weise vollzogen, wie es die modernen Naturwissenschaften und besonders die modernen *System*theorien getan haben.

Geht man von physikdidaktischen Untersuchungen (s. dazu etwa: SCHECKER, H., 1985, JUNG, W., ENGELHARDT, P., WIESNER, H., 1981) aus, so ist der Übergang vom lebensweltlichen Denken zum „*Wechselwirkungsdenken*" als eine **„Konzeptrevolution"** im Sinne THAGARDs (1992) anzusehen. Eine der grundlegenden Hypothesen in diesen physikdidaktischen Untersuchungen ist nämlich, daß lebensweltliches Denken die Produktion von Wirkungen als *Asymmetrie* sieht: Ein aktiver Körper hat die Potenz, auf einen anderen Kraft ausüben zu können. Bei dieser Einwirkung ist der zweite Körper passiv, er setzt dem einwirkenden Körper nur Widerstand entgegen. Von diesem Denken her werden *symmetrische Wechselwirkungen* wie etwa der Stoß mit zwei äquivalenten Stoßpartnern und gleichen Anfangsbedingungen mit Hilfe des unsymmetrischen Aktiv-Passiv-Schemas beschrieben, wobei wechselseitig jeder Körper die Rolle des aktiven, der andere die Rolle des passiven Körpers annimmt.

Es drängt sich allerdings die Frage auf, ob nicht die vorgegebenen Experimente - etwa das bei Physikern beliebte Pendel, einer ihrer bevorzugten Forschungs-"Miniaturen" - die Befragten in ganz bestimmte Denkbahnen lenken und Aktiv-Passiv- bzw. Ursache-Wirkungs-Konzepte provozieren und stabilisieren. Die Unterrichtserfahrungen von Peter MOSCHNITSCHKA lassen nämlich ahnen, daß die Schüler nicht nur „Greta stößt sich vom Tisch ab", sondern bei entsprechender Versuchsanordnung auch „Der Tisch stößt sich von Greta ab" bzw. „Beide stoßen sich wechselseitig voneinander ab" denken können (s. dazu auch die Unterrichtsmaterialien von SPRECKELSEN, K.,1971, und Tafel XXIII).

Nimmt man den Ansatz der *„kategorialen Bildung"* wieder auf, dann ist zum einen zu fragen, welcher elementare Gegenstand Lernenden vorgegeben werden kann, um das gewünschte neue Denken zu provozieren. Um dieses **Elementarmittel** zu finden oder zu konstruieren, das, wie bei FRÖBELs Ball die damals gewünschten Denkweisen, jetzt **modernes systemtheoretisches Wechselwirkungsdenken initialisiert**, ist allerdings eine theoretische Bestimmung des Wechselwirkungsbegriffs notwendig; erst dann können theoriegeleitet Elementarmittel ausgewählt bzw. konstruiert werden.

Wilhelm WOLZE hat eine solche theoretische Bestimmung auf der Grundlage von Rekonstruktionen naturwissenschaftlicher Theoriebildung in den Satz gefaßt: *„Wechselwirkung ist symmetrische Wirkungsproduktion"*. Dieser Satz ist zuerst noch abstrakt und inhaltsarm und muß an konkretem Material entwickelt werden. Er weist eine *metaphorische Struktur* auf: Teil A, *„Wechselwirkung"*, soll erklärt werden mit Teil B *„symmetrische Wirkungsproduktion"* und umgekehrt. Wie bei der NOVALIS-Metapher *„Das Flüssige ist das sensible Chaos"* sind dabei beide Seiten weitgehend unbestimmt und müssen sich wechselseitig hervorbringen und in ein neues C aufgehen. Bestimmt werden muß also nicht nur, was *Wechselwirkung*, sondern auch was *„symmetrisch"* und *„Wirkungsproduktion"* bedeuten soll. Gegenüber der NOVALIS-Metapher kommt noch erschwerend hinzu, daß noch nicht einmal etwas in dem Konkretheitsgrad gegeben ist wie „das Flüssige". Der Satz *„Wechselwirkung ist symmetrische Wirkungsproduktion"* soll deshalb als *„absolute Metapher"* (s. dazu auch KÖLLER, 1975, S. 267 ff.) bezeichnet werden.

Im folgenden wird versucht, die von Wilhelm WOLZE aufgestellte „Ausgangsabstraktion" in Form einer *absoluten Metapher* mit einfachen und anschaulichen *Mitteln* so zu entwickeln, daß sie auch Nicht-Naturwissenschaftlern zugänglich wird. Ausgangspunkt ist dabei die intuitive, dem Kausalprinzip noch nahestehende Grundidee, daß jeder Veränderung eine Ursache zuzuschreiben ist. Konfrontiert man diese Grundidee mit dem ESCHER-Bild „Zeichnende Hände" (s. Tafel XXIII), steht man allerdings vor einem Paradox: Welche der zeichnenden Hände ist die Ursache, welche die Wirkung? Man ist in einen „Teufelskreis" (circulum vitiosi; s. dazu: VARELA, F., 1985) geraten, aus dem es erst einmal keinen Ausweg zu geben scheint.

Wie D. R. HOFSTADTER (1985, S. 734) aufzeigt, liegt die Lösung darin, daß man auf Distanz zu dem betrachteten *System* geht und sich bewußtmacht, daß es einen Verursacher dieser „*Wechselwirkung*" (oder vorsichtiger: Rückkopplung) gibt, nämlich den Zeichner ESCHER.

In den Blick gekommen ist jetzt eine Wechselwirkungsbeziehung, zugleich aber auch eine *Ursache-Wirkungs-Beziehung*: Die sich gegenseitig zeichnenden Hände initialisieren ein Wechselwirkungsdenken, die Hinzunahme des Zeichners ESCHER aber ein *Ursache-Wirkungs-Denken*. Will man produktiv mit der Bildproblematik umgehen, benötigt man beide Konzepte und muß sie aufeinander beziehen.

Das an der ESCHER-Zeichnung auftauchende Problem des Verhältnisses von Ursache-Wirkung und *Wechselwirkung* soll im folgenden an einer zuerst einmal einfach und normal erscheinenden Gleichung weiterverfolgt werden (s. dazu auch: PEITGEN, H. O., RICHTER, P. H. 1984):

$$x^2 + c = y$$

Schon die von PEITGEN/RICHTER gewählte Schreibweise ist ungewöhnlich, gängiger wäre die folgende:

$$y = x^2 + c$$

Mathematisch gesehen bringt die Formel eine bestimmte Zuordnung zum Ausdruck und ist erst einmal nichts Aufregendes. Das ändert sich aber, wenn man sie als **Iterationsgleichung** behandelt und den nach Eingabe eines Startwertes gewonnenen Wert für y wieder als neuen Startwert in die Formel eingibt, den dann gewonnenen Wert wiederum als Startwert nutzt usw (s. Tafel XI). Man stellt also „Rückkopplungen" zwischen beiden Seiten der Gleichung her und damit eine *zirkuläre Kausalität* wie bei ESCHERs sich selbst zeichnenden Händen. Diesen Rückkopplungsprozeß aber kann man sich bei Vorstellung eines simultanen Prozesses, bei der beide Seiten gleichzeitig aufeinander wirken, auch als *Wechselwirkung* denken. Auszumachen ist dann nicht mehr eine Ursache-Wirkungsbeziehung, sondern nur noch ein **Oszillieren zwischen beiden Seiten.**

Die *Wechselwirkungseffekte* gehen allerdings über die Rückbezüglichkeit in dem ESCHER-Bild hinaus: Die beiden Seiten der Gleichung schaukeln sich gegenseitig hoch. Es entsteht Komplexität (zu diesem Begriff s. auch 7.2) in Form von langen Zahlenkolonnen. Überraschend ist dabei, daß selbst bei eng zusammenliegenden Startwerten die Zahlenkolonnen ein unterschiedliches Verhalten zeigen, das sich in einer nicht-mathematischen Sprechweise wie folgt beschreiben läßt: Einmal streben sie schnell einem festen Wert zu, ein anderes Mal pendeln sie zwischen bestimmten Werten hin und her, dann zeigen sie aber auch wieder keine Tendenz, jemals zur Ruhe zu kommen, sondern bewegen sich ohne erkennbare Struktur ziellos im Zahlenraum (s. dazu Tafel XI).

Auch der Chaosforscher Mitchel FEIGENBAUM saß erst einmal ratlos vor solchen Zahlenkolonnen und suchte irgendwelche *Ordnung*en zu entdecken. Eines Tages erinnerte er sich dann an GOETHEs „Metamorphose der Pflanze" und eine darin enthaltene *allgemeine Systembildungsidee: die Idee der Universalität*, die darin besteht, daß *Form*en sich auf verschiedenen Skalen wiederholen, und so komplexe Gebilde entstehen (vgl. dazu: GLEICK, J., 1987, S. 234 ff.).

Läßt man den Computer nach bestimmten Regeln die *Struktur*en solcher Zahlenkolonnen in Punkte auf dem Bildschirm übersetzen, dann ergeben sich jene Bilder, die als **Computergrafiken der Chaosforschung bzw. der Fraktalen Geometrie** (s. Tafel XI) inzwischen durch populärwissenschaftliche Veröffentlichungen über das einschlägige Fachpublikum hinaus großes Interesse auch in der Öffentlichkeit gefunden haben.

Nach Meinung der Bremer Gruppe für Experimentelle Mathematik wird hier abstrakte Mathematik anschaubar (s. dazu: PEITGEN, H. O., RICHTER, P. H., 1984). Es lassen sich komplexe Systeme erkennen, die sich aus *selbstähnlichen Formen* zusammensetzen. Solche *Systembilder* unterscheiden sich grundlegend von jenen, die vor allem im Zusammenhang mit ökologischen Diskussionen als **„Vernetzte Systeme"** (s. dazu etwa: VESTER, F., 1978) bekannt geworden sind.

Einheit und Differenz von Kausalkonzept und Wechselwirkungskonzept läßt sich im Denken bestimmen, wenn man die Operationen mit der Iterationsgleichung unter zeitlichen Aspekten betrachtet. Als *kausal* erscheint eine Operation, bei der man einen bestimmten Startwert in den ersten Teil der Gleichung einsetzt und mit diesem eine Veränderung auf der anderen Seite der Gleichung bewirkt. *Zirkuläre Kausalität* wird hergestellt, wenn der erzielte Wert in den ersten Teil der Gleichung eingesetzt wird und diesen verändert. Als *Wechselwirkung* läßt sich dann der Vorgang verstehen, bei dem die Veränderungen auf beiden Seiten so schnell geschehen, daß quasi Gleichzeitigkeit gegeben ist und man nicht mehr einen Verursacher von Veränderungen feststellen kann. Diese **Stufenfolge von der Kausalität zur Wechselwirkung**, die auf den jeweiligen Stufen immer mit einer spezifischen Art von Wirkungsproduktion verbunden ist, ist in Tafel XXIII in verallgemeinerter Form dargestellt.

Wechselwirkung ist von hieraus interpretierbar als *zirkuläre Kausalität*, die zeitlich so schnell abläuft, daß Ursache und Wirkung nicht mehr zu unterscheiden sind (oder genauer: daß ein simultaner Prozeß abläuft). Die *zirkuläre Kausalität* liegt dann in der Mitte eines Spannungsfelds, dessen einer Pol die Kausalität und dessen anderer die *Wechselwirkung* ist. *Wechselwirkung* kann dabei selbst als **Ursache der Entstehung und Entwicklung von Wechselwirkungen** auf der Grundlage von *Wechselwirkung*en begriffen werden: ***Wechselwirkung ist dann Ursache von*** *Wechselwirkung* (s. dazu Tafel XXIII) .

Wechselwirkung ist zwar auch ein in der Realität auffindbares, in der Bestimmung als **symmetrische Wirkungsproduktion** aber zuerst einmal ein im Denken gesetztes Ideal. Für soziale Beziehungen kann diese Bestimmung konkretisiert werden an einem Beispiel, das Max WERTHEIMER in seinem Buch „Produktives Denken" vorstellt: Zwei Jungen unterschiedlichen Alters spielen Federball. Da der Ältere immer gewinnt, verliert der Jüngere schließlich die Lust am Mitspielen.

Max WERTHEIMER hat in Vorträgen seine Zuhörer nach Möglichkeiten gefragt, den Konflikt zwischen den beiden Partnern produktiv zu lösen. Vorgeschlagen wurde dann etwa: man solle dem Jüngeren ein Stück Schokolade geben, ihm einige Punkte als Vorgabe gutschreiben, der Ältere müsse sich ein wenig zurückhalten, der Jüngere müsse eben lernen zu verlieren usw.

Max WERTHEIMER stellt eine ganz andersartige Lösung vor: Gemeinsam setzen die beiden Jungen sich das Ziel, den Ball so lange wie möglich in der Luft zu halten. Aus einem **Gewinner-Verlierer-System**, bei dem der Stärkere („die Ursache") dominiert und den anderen bestimmt (die „Wirkung"), wird ein **Gewinner-Gewinner-System**, bei dem beide Partner in einer *symmetrischen Beziehung* miteinander wechselwirken und ein gemeinsames Ziel zu realisieren suchen (s. dazu: WERTHEIMER, M., 1964, S. 148 - 159).

Bezogen auf bestehende gesellschaftliche Verhältnisse (und auf Pädagogik) ist das auf eine symmetrische Wechselbeziehung aufbauende **Gewinner-Gewinner-System** ein Ideal, das von vielen als unrealisierbar und damit als unrealistisch eingeschätzt werden dürfte (s. dazu auch die Ausführungen zum „Erzieher-Zögling-Verhältnis" im Ansatz von Dietrich BENNER unter 7.2). Es ist aber zumindest als ein Denkmodell akzeptabel, dem man sich in der Realität schrittweise nähern kann. Es bekommt damit eine *heuristische Funktion*, die die Orientierung in einem komplexen Problemraum ermöglicht und die Suche nach Lösungen auf ein bestimmtes Ziel hin ausrichtet.

Wie der Metaphernteil *„symmetrisch"* erfordert aber auch der Metaphernteil *„Wirkungsproduktion"* eine intensive Bestimmungsarbeit. Empirische Untersuchungen zu dem von Werner DIERKS und Johann WENINGER entwickelten Chemie-Curriculum „Stoffe und Stoffumbildungen" haben gezeigt, daß die Aneignung des *Stoffumbil-*

dungskonzepts (Verbrennung als Stoffumbildung) als eines entwickelten **Produktionskonzepts** mit erheblichen Schwierigkeiten verbunden ist (s. dazu: DIERKS; W., WENINGER; J., 1988, S. 13 f. und 19 ff.). In lebensweltlicher Erfahrung ist Verbrennen ein Vernichtungsprozeß, bei dem gerade die für die Alltagspraxis relevanten Qualitäten verloren gehen.

Die Strategie des Curriculums „Stoffe und Stoffumbildung" besteht darin, Verbrennung zunächst auch unter dem Gesichtspunkt der **Produktion** zu sehen, um dann zum *Umbildungsschema* übergehen zu können. **Das Vernichtungsschema wird also mit dem Produktionsschema kombiniert, um zum** *Neuen*, **dem Umbildungsschema, übergehen zu können.** Ein weiteres Problem ist der *Übergang vom Abstrakten zum Konkreten*: Prozesse, die Vernichtungs- und Produktionsphasen enthalten, müssen noch keine Umbildungsprozesse sein (Beispiel: Zusammenkleben von Teilen eines zerschlagenen Gegenstandes). Im Übergang zum Konkreten durch die wechselseitige Modulation des Vernichtungs- und Produktionsschemas ist die spezifische Beziehung von *Vernichtung und Produktion* herauszuarbeiten: **Vernichtung muß konstitutiv für Produktion werden.**

Für die Entwicklung der Metapher *„Wechselwirkung ist symmetrische Wirkungsproduktion"* ist damit die Orientierung gewonnen, daß (Wirkungs-) Produktion in einem Spannungsfeld von *Vernichtung und Umwandlung* (Metamorphose) zu bestimmen ist. Analog zu der Gewinnung der Begriffspaare *Ordnung/Chaos* und *Bestimmen/Bestimmtwerden* aus der *Metapher „Das Flüssige ist das sensible Chaos"* können dann der *Wechselwirkungs-Metapher* die Begriffspaare *Umwandlung/Vernichtung* und - im Anschluß an das WERTHEIMER-Beispiel - *Gleichberechtigung* (Gewinner-Gewinner) und *Dominanz* (Gewinner-Verlierer) zugeordnet werden. Schematisiert läßt sich die *Struktur* der *Wechselwirkungs-Metapher* mit den ihr zugeordneten Begriffspaaren wie in Tafel XIX darstellen.

Mit dieser Metapher ist ein *„Urbild"* angelegt, das normativ die *Ausrichtung von Wechselwirkungen auf symmetrische Wirkungsproduktion* bestimmt. Die *Metapher* weist eine *dialektische Struktur* auf, weil ein bestimmtes **Ideal, das erst einmal nichts mehr ist als eine heuristische Idee,** angegeben ist.

Diese Idee gilt es zu materialisieren und zu konkretisieren. Ähnlich wie bei der „Wirbelstraße", die als ideales Objekt für die Entfaltung der NOVALIS - *Metapher* „Das Flüssige ist das sensible *Chaos*" gewählt wurde, ist zu dem „*Urbild*" der *Wechselwirkungs - Metapher* ein passendes *„Urphänomen"* zu finden.

Grundlegend für das hier vertretene Systemdenken ist die Erkenntnis, daß *Systeme* nicht einfach gegeben sind, sondern von Menschen in einem Spannungsfeld von *Determination* und *Konstruktion* gemacht werden (s. auch Tafel IX). Konstitutiv für Systembildungen ist damit das Subjekt als Systemkonstrukteur. *Systemkonstrukteur* ist aber nicht nur ein bestimmtes Subjekt oder eine bestimmte Gruppe von ausgewählten Subjekten, sondern **jedes** Subjekt: „Alle Menschen sind Systemkonstrukteure, und jeder versucht, zu bestimmen, was für ihn das größte und das kleinste System ist. Für jeden Menschen ist das System, das er konstruiert, sein Leben, sein Ich." (CHURCH-MAN, C.W., 1973, S. 7).

In seiner *Selbsttätigkeit* konstituiert das Subjekt also ein *System*, sein Leben, sein Ich. Dabei tritt es sich selbst gegenüber und setzt sich als Objekt in Form eines *Selbst - Systems* (s. dazu auch: Tafel IV und XIV). Gemäß der *Wechselwirkungs-Metapher* ist die Beziehung zwischen dem Subjekt und dem System so zu gestalten, daß eine symmetrische Wirkung produziert wird. Subjekt und System müssen sich also nach dem **Gewinner-Gewinner-Prinzip** entwickeln.

Eine Form der Materialisierung, in der dieses Selbst-*System* zum Ausdruck kommt, kann das **Selbstbild** sein. Konstituiert wird damit eine Einheit, die eine bestimmte, innerhalb des Subjekts gegebene Vielfalt zusammenfaßt und gleichzeitig sich gegenüber einer äußeren Vielfalt abgrenzt.

Das *Selbstbildnis* repräsentiert einen bestimmten Entwicklungsstand von *Selbsttätigkeit* zu einem bestimmten Zeitpunkt und kann auch als Ausdruck von gewonnener Identität angesehen werden. *Identität* wird dabei verstanden als ein Zustand, der zu einem gewissen Zeitpunkt im Prozeß der Bildung eines Individuums erreicht wurde (zum Begriff der Identität s. weiterführend die Ausführungen unten im Anschluß an Klaus MOLLENHAUER, zur Problematik der Beziehungen zwischen den Begriffen Identität und Bildung s. SCHWEITZER, F., 1988). Aufgabe und Ziel des systembildenden Subjekts ist es dann, diese Identität weiterzuentwickeln (s. dazu die *System*bildungssequenz „Spiegelungen" unter 4.1).

Die Konstitution eines *Selbst-Systems* bringt erst einmal Abkapselungen gegenüber der Außenwelt mit sich und tendiert daher zum Stadium einer Monade im LEIB-NISZschen Sinne, bei der die Grenzen persönlicher Identität strikt gezogen werden. Die Abgeschlossenheit befördert Möglichkeiten zur Entwicklung von Selbstbewußtsein, beinhaltet andererseits aber die Gefahr, sich gegenüber dem erreichten gesellschaftlichen Entwicklungsstand nicht adäquat verhalten zu können: „ Die Bewegung und Beschleunigung als ein Charakteristikum der gegenwärtigen Epoche läßt einen festen Standpunkt ... nicht mehr zu, und das Selbstbewußtsein kann seit Freuds „Entdeckung des Unbewußten" nicht mehr als autonom gesehen werden." (PAZZINI, K.J., 1988, S. 343 f.).

Die *Wechselwirkung*en des Subjekts mit sich selbst in seiner *Selbsttätigkeit* müssen deshalb einerseits auf das Ideal einer symmetrischen Wirkungsproduktion zwischen Subjekt und Selbst - System ausgerichtet sein. Den Bemühungen um ein ideales Gleichgewicht ist andererseits ein permanentes In-Frage-Stellen des erreichten Zustands entgegenzustellen, um realen Bedingungen und Erfordernissen gerecht werden zu können. Bewußt und produktiv aufzunehmen sind *Asymmetrien und Symmetriebrüche*, die in der Subjektentwicklung auftreten. Dazu gehört rückwärtsgewandt etwa im Kindesalter das Erlebnis des Bruchs zwischen dem gelebtem Ich und dem Bild vom Selbst im Spiegel. Einerseits erscheint eine totale *Form* des Körpers, andererseits ist da die Bewegungsfülle, die man meint, für sich selbst in Anspruch nehmen zu können (s. dazu: PAZZINI, K.J., 1988, S. 349 ff.). In sich auszuhalten ist bei der Konstruktion von Selbst-Systemen also der *unaufhebbare Gegensatz von Einheit und Vielfalt oder Ich und Andersheit* sowie gleichzeitig wechselseitige Übergänge dieser Gegensätze im Prozeß. Der Kampf mit diesen Gegensätzen wird in der modernen Kunst etwa in den Bildern von Jackson POLLOCK zum Ausdruck gebracht, der den perspektivischen, alles zentrierenden Blick früherer Malerei aufgibt und die Abgrenzung des Bildes von seiner Umgebung aufhebt, indem er „den Rahmen sprengt" (s. dazu: PAZZINI, K.J., 1988, S. 356 ff)

Zu dem in der *Wechselwirkungs-Metapher* zum Ausdruck gebrachten „*Urbild*" ist damit ein „*Urphänomen*" gefunden worden, das in hochkomprimierter *Form* die ganze Problemkomplexität von *System*bildungen repräsentiert. Es ist das *Selbst-System*, materialisierbar in der Form eines Selbstbildes. Bei dessen Konstitution und Entwicklung können in der *Selbsttätigkeit* am eigenen Leibe elementare Probleme von Systembildungen erfahren und erforscht werden wie die Konstitution einer Einheit und deren Entwicklung innerhalb von Spannungsverhältnissen wie *Innen und Außen, Ich und Andersheit, Einheit und Vielfalt, Selbstentwicklung und Entwickeltwerden, Ordnung* und *Chaos* oder *Determination* und *Konstruktion*. Die Metapher „*Wechselwirkung ist symmetrische Wirkungsproduktion*" ist dabei ein heuristisches *Mittel*, das in der Funktion eines „*Urbildes*" die Bildung von Systemen orientiert.

3.6 Die absolute Metapher „Wechselwirkung ist symmetrische Wirkungsproduktion" als epistemologisches Grundheurem und zentrales Mittel bildungstheoretischer Systembildugen

Das *Wechselwirkungskonzept* ist das entwickeltste und universellste ideelle Mittel, das heute der Wissenschaft zur Verfügung steht. Seine Produktivität wird schon an einem einfachen Beispiel deutlich: Das lebensweltliche Wissen geht davon aus, daß Zucker wasserlöslich ist. Einem bestimmten Objekt wird also eine bestimmte Eigenschaft ontologisch zugeschrieben. *Wechselwirkungsdenken* läßt aber erkennen, daß diese Eigenschaft sich erst einstellt, wenn Zucker und Wasser miteinander in Beziehung gebracht werden. Die *Wechselwirkung* zwischen Objekten erst produziert deren Eigenschaften. Damit ergeben sich neue Möglichkeiten, weil über die Herstellung bestimmter *Wechselwirkung*en Objekteigenschaften verändert oder bewußt produziert und erforscht werden können.

*Wechselwirkung*en können als *Objekt-Objekt-Wechselwirkungen* in der Realität subjektunabhängig zustande kommen, aber auch - etwa im Experiment - vom Menschen bewußt herbeigeführt werden. Zu der *Objekt-Objekt-Wechselwirkung* tritt damit eine *Subjekt-Objekt-Wechselwirkung* hinzu, die der Mensch über seine *Tätigkeit* herstellt. Wird das Experiment etwa im Labor durchgeführt, so ist ein bestimmter sozialer Zusammenhang - etwa das Verhältnis zwischen Laborleiter, Experimentator, Laborant, Laborjungwerker usw. - gegeben und damit eine *Subjekt-Subjekt-Wechselwirkung*, die wiederum in *Wechselwirkung* steht mit den anderen *Wechselwirkungsprozessen*. Macht einer der Beteiligten sich seine eigene *Tätigkeit* zum Objekt mit dem Ziel der Selbstbestimmung, tritt er in *Wechselwirkung mit sich selbst* und kommt so zur **Selbsttätigkeit**.

Bei einem solchen Denken wird das *Wechselwirkungskonzept* zum zentralen *Mittel* der menschlichen *Tätigkeit*. Es ist ein Konzept von hoher Produktivität, weil es interdisziplinär einsetzbar und für die Erzeugung und Organisation einer hohen Komplexität nutzbar ist. Seine Bedeutung nicht nur für die Natur-, sondern auch für die Humanwissenschaften kann mit folgendem Beispiel kurz angedeutet werden: Werden menschliche Beziehungen vom Konzept der *Wechselwirkung* her gesehen, dann sind einem bestimmten Menschen nicht bestimmte feste Eigenschaften zuschreibbar. Seine Eigenschaften realisieren sich vielmehr erst in *Wechselwirkung* mit bestimmten Bedingungen und bestimmten Menschen. Potentielle Eigenschaften können dann in einer bestimmten Konstellation zu Schwächen, in einer anderen aber sehr wohl zu Stärken werden. Mit einer solchen Sichtweise werden ontologische Festschreibungen vermieden, die unproduktiv sind, weil über gegebene Wirklichkeit hinaus nicht die *Dimension des Möglichen* in den Blick kommt.

Das *Wechselwirkungskonzept* ist zuerst einmal ein abstrakt-allgemeines Konzept. Wie oben angedeutet, läßt es sich aber in verschiedene Richtungen hin konkretisieren. Gleichzeitig ist es als ***integratives Mittel*** nutzbar, das eine bestimmte Qualität für *Vielheit* auf methodischem Wege sichert. *Vielheit* wird dadurch untereinander kompatibel und läßt sich aufeinander beziehen ohne Rückfall in „Ein-Heils-Imaginationen" oder „Mono-Utopien". **Pädagogische Konzepte müssen danach generell auf dem *Wechselwirkungskonzept* aufbauen, wenn sie nicht hinter dem erreichten Stand wissenschaftlichen Denkens zurückfallen wollen.**

Aufgrund seiner Allgemeinheit und Abstraktheit kann *das Wechselwirkungskonzept* aber auch in Gefahr geraten, formalistisch eingesetzt zu werden und in Beliebigkeit abzugleiten. Wird das *Wechselwirkung*skonzept aber mit der *Kategorie „gegenständliche Tätigkeit"* verbunden und zu deren *Mittel* gemacht, dann ist das abstrakte heuristische *Mittel* auf *Inhaltliches* ausgerichtet: **Es wird *Mittel* einer *Tätigkeit*, deren Ziel die Gestaltung von (Welt-)Substanz ist.** Orientierungen für die Entfaltung einer solchen *inhaltlich* gebundenen *Tätigkeit* sind gewinnbar sowohl aus künstlerischen Ansätzen wie dem von Joseph BEUYS (s. dazu 2.4.4) oder aus einem Verständnis von

Postmoderne wie bei KLOTZ, der Kriterien wie Spontaneität, geschichtliche Erinnerung, poetische Fiktion oder Regionalisierung und Ortsgebundenheit damit verbindet (s. dazu 2.2).

Mit der Bindung an die *Inhaltlichkeit* gegenständlicher *Tätigkeit* wird das *Wechselwirkungskonzept* zu einem *Mittel*, das nicht mehr nur technisch, formal und abstrakt ist, sondern - wenn zu Anfang auch nur höchst keimhaft - *inhaltserfüllte Form*. Wird dieses Konzept in *Form* der absoluten Metapher „*Wechselwirkung ist symmetrische Wirkungsproduktion*" eingeführt, dann provoziert es in sich selbst schon *Wechselwirkungen* insofern, als der Metaphernteil A „*Wechselwirkung*" mit dem Metaphernteil B „*symmetrische Wirkungsproduktion*" in ein Wechselspiel gebracht werden muß, damit C als das *Neue* erzeugt werden kann. Die Metapher fordert also das zu ihrer Realisierung, was sie selbst zum *Inhalt* hat.

Die NOVALIS-Metapher „*Das Flüssige ist das sensible Chaos*" läßt sich als eine der möglichen Weiterentwicklungen und Konkretisierungen der absoluten Metapher „*Wechselwirkung ist symmetrische Wirkungsproduktion*" begreifen, weil die Komplexität des Phänomens des Flüssigen auf *Wechselwirkung*en zurückgeht, die Wirkungen produzieren in Form von *Symmetrien sowie Asymmetrien und Symmetriebrüchen* als deren Zwischen- und Übergangsformen. Die der NOVALIS-Metapher als Untersuchungsgegenstand zugeordnete Wirbelstraße ist dann ein weiterer Schritt hin zu Konkretheit, Inhaltlichkeit und Gegenständlichkeit. Sie läßt sich auch als *visuelle Metapher* verstehen, die der NOVALIS-Metapher eine bestimmte Materialität verleiht und eine *besondere Allgemeinheit* insofern darstellt, als Allgemeines im Besonderen zum Ausdruck kommt.

Andererseits eröffnet die absolute Metapher „*Wechselwirkung ist symmetrische Wirkungsproduktion*" aber auch einen Zugang zu *formal-abstrakter Selbstorganisation*. Anstatt Systemkomplexität nur von außen beobachten und beschreiben zu können, wird mit dem *Wechselwirkungskonzept* etwa die Iterationsgleichung als Generator einer automatisierten *System*bildung erkennbar und damit die Möglichkeit der Erklärung und in gewissen Grenzen auch der *operativen Steuerung und Regelung* (etwa durch Änderung von Parameterwerten) der sich vollziehenden *Systembildungsprozesse* gegeben.

Das *Wechselwirkung*skonzept kann auch zu einem *Mittel* werden, um die *Selbsttätigkeit von Mensch und Natur* und die *Selbstorganisation formal-abstrakter Systeme* aufeinander zu beziehen und miteinander zu vermitteln. *Wechselwirkung* fungiert dann als gemeinsamer Nenner von zwei eigentlich unterschiedlichen Arten von *Systembildungen*, macht sie aufeinander beziehbar, indem Gemeinsamkeiten und Unterschiede herausgearbeitet werden. Es wird damit zu einem *Mittel* von höchster Allgemeinheit und Abstraktheit und kann als dem nahekommend angesehen werden, was in dem Begriff der „*intellektuellen Anschauung*" in der Philosophie der Romantik angedacht worden ist.

Wechselwirkung als symmetrische Wirkungsproduktion ist zugleich ein auf der Grundlage physikalischer Forschung entwickeltes wie im Denken gesetztes *Ideal*. Zum einen kann in der Wirklichkeit danach gesucht werden, wo dieses Ideal zumindest ansatzweise realisiert ist. Zum anderen aber kann eine Wirklichkeit konstruiert und experimentell erforscht werden, in der *Wechselwirkung* das grundlegende Prinzip ist.

Neue Möglichkeiten eröffnet hier der **Computer**. Wie oben dargestellt, führt die Computernutzung im Bereich experimenteller Kunst und Wissenschaft zu grundlegend anderen Einstellungen in der Dimension der Gegenständlichkeit. Der Gegenstand, über den Wissen erzeugt wird, ist nicht mehr gegeben, sondern muß konstruiert werden. Das liegt schon darin begründet, daß der Computer eine Bandbreite von Material bereitstellt, die vom elementaren Grundbaustein (wie dem Sinuston in der Musik oder dem Pixel in der Computerkunst) bis hin zu höchster Komplexität (wie dem weißen Rauschen in der Musik oder den Multimedia-Systemen in der Bildenden Kunst) reicht. Aus dieser Materialfülle muß erst einmal ein Ausschnitt definiert und zu einem *Ausgangssystem* (Objektsystem) komponiert werden, das dann die gegenständliche Grundlage der experimentellen *Tätigkeit* bildet. Die *Konstruktion*en können dabei bis hin zu **Mikrowelten** führen, in denen eine *virtuelle Realität* repräsentiert ist, die nirgendwo real existiert und vielleicht niemals existieren wird (s. dazu: PAPERT, S., 1982). Solche Mikrowelten sind neue *Mittel* - oder in der Terminologie dieser Arbeit: *Miniaturen* - für die Durchführung von Gedankenexperimenten, in denen eine „unmöglich"-ideale Situation imaginiert und erforscht wird (s. dazu auch die Ausführungen zu Bildungsexperimenten in 6.1).

Die Erfahrung der Objektkonstitution auf der Grundlage der vom Computer generierten *Immaterialität* kann auch solche Objektkonstitutionen leiten, die sich auf gegebene Materialität stützen. Die Auswahl und/oder Konstruktion des Forschungsgegenstands erfolgt dann in dem Bewußtsein, daß dieser nicht einfach gegeben, sondern im Blick auf bestimmte *Mittel* und Ziele hin zu entdecken oder zu erfinden ist. Dabei wird oft nach *Miniaturen* gesucht (wie das Pendel der Physiker, die schiefe Bahn GALILEIs oder der Lichtstrahl EINSTEINs), die in komprimierter Form die Komplexität des zu untersuchenden Problems repräsentieren und besonders geeignet sind, Grenzfälle und Extremsituationen zu studieren. Die „Wirbelstraße" ist ein weiteres Beispiel dafür.

Den konstruierten *Ausgangssystemen* kommt insofern eine heuristische Qualität zu, als sie mit *heuristisch-ideellen Mitteln* entwickelt werden und von daher Vergegenständlichungen von Ideellem darstellen. Die *heuristisch-ideellen Mittel* werden in der Auseinandersetzung mit der Realität in einem *Wechselspiel von Anschauung und Reflexion* gewonnen, das bis hin zu absoluten Metaphern wie „*Wechselwirkung ist symmetrische*

Wirkungsproduktion" vorangetrieben werden kann. Es steht dann ein *heuristisches Mittel* zur Verfügung, das mit beliebiger Immaterialität und Materialität in Beziehung gesetzt und zu deren experimenteller Erforschung genutzt werden kann. Das heuristisch-ideelle *Mittel* und das auf seiner Grundlage konstruierte materielle Ausgangssystem entwickeln sich dann gegenseitig und können zu immer größerer Konkretheit und Komplexität geführt werden.

Insgesamt ergibt sich damit ein *Tätigkeitssystem*, das grundlegend geprägt ist von heuristischen *Mitteln* wie *Metaphern und/oder kategorialen Begriffspaaren* zur *Erzeugung von Neuem*. Mit diesen heuristischen *Mitteln* werden ideale Ausgangs*systeme* konstruiert und mit eben diesen *Mitteln* erforscht. Die *Mittel* sichern einerseits in hochkomprimierter *Form* gesellschaftliche Erfahrung und sind von daher **geschlossenbestimmt**. Anderseits ist diese gesellschaftliche Erfahrung so stark „verdünnt", daß sie *Selbsttätigkeit* nicht erstickt, sondern anstößt und in ihrer Entwicklung orientiert.

Die *heuristischen Mittel* sind aber ebenso **offen-unbestimmt**, weil sie in hochverallgemeinerter *Form* - etwa in der dialektischen Fassung von Begriffspaaren - auch eine Entwicklungsrichtung ausweisen.

In der Ausgangsabstraktion „Wechselwirkung ist symmetrische Wirkungsproduktion" ist in einer metaphorischen Weise die Grundlage und der Kern allen Systembildens zum Ausdruck gebracht. Dieses *Mittel* kann einerseits zum *Mittel* der Lernenden gemacht werden. Es ist aber ebenso als grundlegend für moderne pädagogische Systembildungen anzusehen, die sich auf dem höchstentwickelten Stand von Wissenschaft bewegen wollen. Das vorher für die Lösung des pädagogischen Grundproblems herangezogene Kausalkonzept wird jetzt ersetzt bzw. geht auf in ein produktiveres Konzept, das Lernende und Lehrende nicht mehr in einer asymmetrischen Beziehung denkt. Beide Seiten werden vielmehr über „homöopathische" *Mittel* in Form von *Metaphern* und *Begriffspaaren*, die an die *Inhalt*lichkeit elementarer „Miniaturen" gebunden sind, in ein gleichberechtigtes Wechselspiel miteinander gebracht. Das Kausalkonzept tritt dabei in der Form auf, daß die *Mittel* wie der „Flügelschlag eines Schmetterlings" einen Wechselwirkungsprozeß in Gang setzen, der zu komplexen Systembildungen führt. Das *Wechselwirkung*skonzept ist dabei grundlegend für den ganzen Prozeß: In ihrer *Selbsttätigkeit* treten die Lernenden in *Selbst-Wechselwirkung*en mit ihrem eigenen Ich. Die *Selbsttätigkeit* reflektiert Prozesse der Aneignung des Objekts durch das Subjekt in einem Wechselspiel zwischen beiden, in dem Subjekt und Objekt sich gegenseitig entwickeln; die Objekte stehen dabei selbst in *Wechselwirkung* miteinander. Der Prozeß gegenseitiger Entwicklung zwischen Subjekten ist ein sozialer Prozeß, in dem Subjekte auf der Grundlage von Gleichberechtigung symmetrisch miteinander kooperieren.

Die Ausgangsabstraktion „**Wechselwirkung ist symmetrische Wirkungsproduktion**" ist damit als elementarstes *Mittel* interdisziplinärer Systembildungen gesetzt. Diese Elementareinheit soll für den Bereich pädagogischer *System*bildung als *„Epistemologisches Heurem"* begrifflich gefaßt werden. Das Wort *„Heurem"* ist dabei in Anlehnung an das Wort „Morphem" gebildet worden, mit dem in den Sprachwissenschaften die kleinste Gestaltungseinheit gekennzeichnet wird.

Die problemgeschichtliche Rekonstruktion der Entwicklung von Bildungstheorie durch Wolfgang KLAFKI (1963) macht deutlich, daß - entgegen naheliegenden Annahmen - der zentrale Forschungsgegenstand von Pädagogik nicht der Lernende als Subjekt oder das Interaktions*system* von Lernenden und Lehrenden ist, sondern die **Entwicklung von** *elementaren Mitteln* für die Anregung und Entwicklung von *Selbsttätigkeit*. **Mit der Ausgangsabstraktion** *„Wechselwirkung ist symmetrische Wirkungsproduktion"* **wird hier „das Element" (SCHLEIERMACHER) pädagogisch-didaktischer Systembildungen als gefunden angesehen und damit die Ermöglichung einer „Interdisziplinären System-Bildung", in der Kompetenzen für interdisziplinäre Systembildungen erworben werden.** *Metaphern* und *Begriffspaare* als *Mittel* und „Urphänomene" als miniaturartige Gegenstände einer experimentellen interdisziplinären *System*bildung sind dann ableitbar aus dem **epistemologischen Grundheurem**, das in hoher Abstraktion den Generator und Organisator von in pädagogischen Prozessen entstehender Komplexität benennt.

Vielleicht erübrigt sich nicht der Hinweis, daß diese Ausführungen über die absolute Metapher „Wechselwirkung ist symmetrische Wirkungsproduktion" und ihre Verwendung als „epistemologisches (und damit auch pädagogisches Grundheurem" allein schon aufgrund ihrer Beziehungen zu neueren, sich noch in Entwicklung befindenden Forschungsarbeiten diskussionswürdig sind. Als konstitutives Element einer Heuristik für die Gestaltung komplexer Bildungsprozesse sind sie aber nicht nur deshalb, sondern auch von der Zielsetzung her *offen*. Das ist besonders deshalb der Fall, weil sie den Höhepunkt und Abschluß der angestrebten Heuristik bilden, wo die Diskussion notwendigerweise eine hochabstrakte Ebene erreicht und sich vielleicht in nicht mehr nachvollziehbare Höhenflüge versteigt.

Teil 4

Musterbeispiele für Systembildungssequenzen*

4. Überblick

Im folgenden sollen Musterbeispiele für Konkretisierungen und Realisierungen des Konzepts „Interdisziplinäre System-Bildung" vorgestellt werden. Im Sinne von Thomas S. KUHN (1976) kann auch von **„Paradigmatischen Anwendungen"** gesprochen werden.. Damit wird festgelegt, daß es sich bei den Musterbeispielen nicht um *Entwicklungen* handelt auf einer „praktischen", der Theorieentwicklung untergeordneten Ebene, auf der Theoretisch-Allgemeines im Hinblick auf konkrete Bedingungen einer bestimmten Bildungspraxis hin umgesetzt wird. Die „paradigmatischen Anwendungen" sind also nicht **Entwicklungsarbeiten** zuzuordnen, sondern sind vielmehr immanenter Bestandteil der Theoriearbeit und treiben diese voran in einem vorweggenommenen *Wechselspiel von Theorie und Praxis* **auf der theoretischen Ebene**. Sie werden konzipiert (s. dazu auch die Ausführungen unter 6.1 zur Implementation des Ansatzes „Interdisziplinäre System-Bildung" auf der *Ebene der Bildungstheorie* über Bildungsexperimente) unter der Annahme **idealer Bedingungen** (z. B. Ressourcenreichtum) sowie im Hinblick auf **ideale Lernende** (z. B. mit hohem Wissensstand, hoher Motivation und hohen Fähigkeiten zur Selbstreflexion und Kooperation).

Ausgangspunkt bildet die Systembildungssequenz „Spiegelungen: Entwicklung von Selbstthematisierungen zu konkretisierbaren Utopien". In ihr wird die Entwicklung des eigenen Ichs im Spannungsfeld von *Einheit und Vielfalt* thematisiert. Wegen ihrer zentralen Stellung als gemeinsamer Bezugspunkt im System der Musterbeispiele, dessen „systembildender Faktor" die **Thematisierung der Kategorie „Selbsttätigkeit"** und ihrer Komponenten ist, wird diese Systembildungssequenz didaktisch ausführlicher begründet. Die vier anderen Systembildungssequenzen werden dagegen nur kurz eingeführt und in ihrer Struktur skizziert. In der Systembildungssequenz „Der Hefeteig: Eine eigenwillige Masse", wird das *Material (Objekt)* der Selbsttätigkeit thematisiert, in der Systembildungssequenz „Die Wirbelstraße: Ein sensibles System zwischen Ordnung und Chaos" die *Mittel und Methoden* der Selbsttätigkeit, in der Systembildungssequenz „Virtuelle Labyrinthe: Organisation von Undurchschaubarem" die Komponente *Organisation* und in der Systembildungssequenz „Muscheln: Nachhaltiger Umgang mit Systemen" die Komponente *Ziele/Resultate* von Selbsttätigkeit.

Insgesamt soll damit ein *integriertes System* **von Systembildungssequenzen** vorgestellt werden, das Themen, Prinzipien, Leitbilder, Ziele, Inhalte usw. moderner Curri-

---

* (Verzeichnis beziehbarer Materialien s. S. 427)

culumforschung und Lehrplanentwicklung enthält, diese aber nicht einfach aufgrund mangelnder Theoriegeleitetheit additiv und damit mehr oder weniger unverbunden nebeneinanderstellt wie z. B. KLAFKI (1990) seine „Epochalen Schlüsselprobleme". Ausgangs- und Mittelpunkt ist vielmehr die Kategorie „Selbsttätigkeit", über die die einzelnen Systembildungssequenzen integriert werden. Weitere, allen Systembildungssequenzen eigene integrative Mittel sind die Struktur epistemologischer Heureme, die unter 3.4 beschriebene Prozeßstruktur sowie das für die Entfaltung materieller und ideeller *heuristischer Mittel* entwickelte Instrumentarium (s. dazu 3.3). Weil diese heuristischen Mittel aber nicht nur Mittel der Lehrenden sind, sondern im Gegenteil sogar wesentlich Mittel der Lernenden, **findet die eigentliche Integration „im Subjekt"** (s. dazu auch: LYBEK, L., 1973, S. 15) **statt.** Dort kann sie sich letztendlich auch nur ereignen, nämlich beim *Agieren auf metatheoretischer und metakognitiver Ebene.* Denn die hohe Komplexität sowohl **innerhalb** wie auch **zwischen** den Systembildungssequenzen und letztlich **im Gesamtsystem der Systembildungssequenzen** kann nur erfaßt und gestaltet werden mit erschließungsmächtigen *elementaren heuristischen Mitteln,* die Mittel auf der höchsten Ebene menschlicher Tätigkeit sind, nämlich der *Selbsttätigkeit* (s. dazu auch noch einmal die Ausführungen unter 1.2).

4.1 Spiegelungen: Selbstthematisierungen in konkretisierbaren Utopien

(Diese Systembildungssequenz ist in Zusammenarbeit mit José Flores, Cleausa Peralta, Nara Marone und Mônica Peres von der Universität Rio Grande RS/ Brasilien entwickelt worden. Realisierungen des Konzepts erfolgten in Schulen und Kulturveranstaltungen der Stadt Rio Grande RS und in dem gleichnamigen Bundesstaat/s. auch die fachdidaktische Spezifizierung und Ausdifferenzierung dieser Systembildungssequenz für den Fremdsprachenunterricht von Maria da Graça Cravalho do AMARAL, 1999, und die zusammenfassende Darstellung im Teil 6.3.2).

Die Systembildungssequenz **„Spiegelungen: Selbstthematisierungen in konkretisierbaren Utopien"** (im folgenden nur noch „Spiegelungen" genannt) läßt sich in Beziehung setzen zu modernen pädagogischen Diskussionen über interdisziplinäre Ansätze etwa zur *Umwelterziehung, Friedenserziehung, Sexualerziehung oder Gesundheitserziehung.* Mit solchen Ansätzen, die „ganzheitlicher" angelegt sind als der normale Fachunterricht, soll eine Antwort gegeben werden auf gesellschaftliche Anforderungen an die Schule zur Lösung moderner Schlüsselprobleme.

Unterscheiden lassen sich drei Arten von interdisziplinären Ansätzen: *ein affirmativ-positivistischer Ansatz,* ein *kritisch-emanzipatorischer* Ansatz und ein *an der Tätigkeit von Subjekten orientierter Ansatz.* Die Unterscheidung dieser drei pädagogischen Grundansätze (s. dazu auch ausführlicher: WALGENBACH, W. 1979, S. 58 - 77) beruht auf einer tätigkeitsorientierten Sichtweise, die Subjektives und Objektives (Natur,

Wissenschaft, Technik) nicht einfach als gegeben ansieht, sondern als aus der Tätigkeit von Subjekten hervorgehend und sich in dieser permanent verändernd.

Von dieser Sichtweise her läßt sich eine dreistufige Rangfolge festgelegen nach dem Grad der *Verabsolutierung von Objektivem* (z. B. der Resultate von Fachwissenschaften, vor allem der Naturwissenschaften), das durch Verhärtung und Abschließung mehr oder weniger der Verfügungsmöglichkeit von Subjekten entzogen wird:

- In **affirmativ-positivistischen Ansätzen** wird das Objektive so weitgehend verabsolutiert, daß das Subjekt sich den von ihm ausgehenden *"Sachzwängen"* („Bei physikalischen Gesetzen hört die Diskussion auf") zu unterwerfen hat.
- In **kritisch-emanzipatorischen Ansätzen** werden dem Subjekt zwar insofern größere Beeinflussungsmöglichkeiten eingeräumt, als es über die Art des *Umgangs mit dem Objektiven* (mit-)bestimmen kann. Formuliert werden dazu Leitideen, Leitbilder, Leitprinzipien usw., von denen her zwar **Verwertungszusammenhänge**, kaum oder gar nicht aber die **Entstehungszusammenhänge** „hinterfragt" werden. Das Objektive wird letztendlich also immer noch als gegeben und unveränderbar angesehen (so etwa in der Sichtweise von Jürgen HABERMAS: „Der Akt technischer Naturbeherrschung ist im Prinzip einsam und stumm - frei von der Verständigung handelnder Subjekte, die ihre gesellschaftlichen Verhältnisse praktisch beherrschen wollen." HABERMAS, J., 1969, S. 46).
- In den **an der (Selbst-)Tätigkeit von Subjekten orientierten Ansätzen** wird dann sowohl Subjektives wie Objektives *als vom Menschen gemacht und damit - zumindest grundsätzlich - als von ihm auch veränderbar* angesehen.

Der Ansatz „Interdisziplinäre System-Bildung" gehört zu dem letztgenannten Typ. Ausgangspunkt ist die Annahme, daß weder das *Subjekt* ("der Mensch") noch das *Objekt* (die Wissenschaft, die Technik oder die Kunst, aber auch die „Natur") einfach gegeben sind, **sondern erst in und durch die menschliche Tätigkeit konstituiert und so in ein Wechselspiel miteinander gebracht werden, daß beide Seiten sich permanent verändern und entwickeln.** Ziel ist es, daß sich die Subjekte ihrer Tätigkeit bewußt werden und den Prozeß der Entwicklung von Tätigkeit, Subjekt und Objekt gemeinsam auf ihre Bedürfnisse hin organisieren.

Wenn der Mensch sich Erkenntnis über den größtmöglichen Spielraum für sein Leben in dieser Welt und damit für seine Selbsttätigkeit verschaffen will, dann muß er sich seine eigene Tätigkeit bewußtmachen, weil diese - und nicht sogenannte „Sachzwänge" - Ursprung und Grundlage aller Resultate in Wissenschaft, Technik, Kunst, Ökonomie usw. ist, die dann wieder grundlegend das Alltagsleben bestimmen.

Gleichzeitig sind aber diese Resultate und die Wege ihres Zustandekommens in den hochentwickelten Bereichen gesellschaftlicher Praxis von grundlegender Bedeutung, weil aus ihnen **Orientierungen** gewonnen werden können für die Entwicklung der eigenen Tätigkeit (was Wissenschaftskritik und daraus ableitbare Orientierungen für die Vermeidung bisheriger Fehlentwicklungen in diesen Tätigkeitsformen einschließt).

Erkennbar wird hier der grundlegende Unterschied in der Zielorientierung des Ansatzes „Interdisziplinäre System-Bildung" im Vergleich zu den anderen: Ausgangs- und Mittelpunkt ist die Selbsttätigkeit von Subjekten, die sich in Wechselwirkung bringen mit der sie umgebenden Welt. In dieser Selbst-Tätigkeit bestimmen sie sich selbst in Freiheit, zwar auf der Grundlage gegebener Realität, aber so weitgehend wie nur eben möglich ohne Vorgabe von Objektivem, das durch seine Geschlossenheit und Unveränderbarkeit die Subjekte grundlegend einschränkt.

Pädagogik kann solchen selbsttätigen Subjekten dann nur *Orientierungen („Heuristiken")* zur Verfügung stellen, durch die sie bei der Entwicklung ihrer Selbsttätigkeit unterstützt werden. Aus dieser Selbst-Tätigkeit geht *Neues* hervor, das zuerst einmal nur *Subjektiv-Neues* ist. Dieses *Subjektiv-Neue* aber ist aufgrund seiner Einmaligkeit von allgemeiner Bedeutung, weil damit potentiell die gesellschaftlichen Möglichkeiten gesteigert werden. Aufgabe von Pädagogik ist es dann, dieses *Subjektiv-Neue* mit dem *Objektiv-Neuen* von Wissenschaft, Technik und Kunst so in Wechselwirkung zu bringen, daß Entwürfe für *Gesellschaftlich-Neues* entstehen. Die **konkretisierbare Utopie** ist eine *Form* dafür: Einerseits bringt sie als *Utopie* noch nicht Dagewesenes zur Darstellung, andererseits knüpft sie aber mit der Zielstellung der *Konkretisierbarkeit* bei konkret Gegebenem an, deckt dessen historische Gewordenheit auf und zeigt Möglichkeiten und Wege zu dessen Veränderung.

4.1.1 Das Konzept der Systembildungssequenz "Spiegelungen"

Im Gegensatz zu anderen pädagogischen Ansätzen (wie dem der „Handlungsorientierung", des „praktischen Lernens" oder des „Projektunterrichts") und in Übereinstimmung mit den zuvor angestellten Überlegungen ist Ausgangspunkt des Konzepts "Spiegelungen" nicht eine komplexe Problematik der alltäglichen Lebenswelt wie "Wasserverschmutzung", "Luftverschmutzung" oder "Vergifteter Boden".

An den Anfang gestellt werden ebenso nicht *Resultate gesellschaftlicher Tätigkeit* und damit eine komplexe, verhärtete Objektivität, die zudem noch mit negativer Bewertung (Vergiftung, Verschmutzung usw.) verbunden ist. Ausgangspunkt ist vielmehr die *Selbsttätigkeit der Lernenden.* Darunter wird hier verstanden, daß die Lernenden in größtmöglicher Freiheit in Wechselwirkung mit sich selbst treten ohne äußere, ihren Spielraum einschränkende Vorgaben. **Sie machen also zuerst sich selbst und ihre eigene Tätigkeit zum Objekt** und legen damit den Grundstein für die Entwicklung von Selbstbewußtsein und Identität.

244

Historisch gesehen ist die Setzung von Selbsttätigkeit als Ausgangspunkt erst auf einem bestimmten Entwicklungsstand menschlicher Tätigkeit möglich. *Systematisch* gesehen ist sie der Anfang aller menschlichen Tätigkeit: In seiner Selbsttätigkeit konstituiert sich der Mensch als Subjekt und grenzt sich damit von dem ihm gegenüberstehenden Objektiven ab.

Will man Selbsttätigkeit verstehen und bewußt organisieren, dann bietet es sich an, hochentwickelte Formen menschlicher Tätigkeit zu analysieren und so Orientierungen für die Gestaltung von Selbsttätigkeit zu gewinnen. Zu diesen hochentwickelten Formen gehört die *ästhetisch-wissenschaftliche Tätigkeit* (s. dazu noch einmal Teil 2, vor allem 2.5).

Als grundlegend für die *ästhetisch-wissenschaftliche Tätigkeit* wurde herausgearbeitet, daß sie zu Anfang mit bildhaften Mitteln theoriegeleitet eine *Einheit* konstituiert, mit der die ungeordnete Mannigfaltigkeit der Wirklichkeit in eine *Form* gebracht wird. Damit wird eine theoretische Ebene konstituiert, die zwar Wirklichkeit hat, nicht aber unmittelbar Wirklichkeit ist. Es ist eine *latente Ebene*, von der aus in der Wirklichkeit Gegebenes organisiert und Mögliches entworfen werden kann. Grundlegendes Mittel ist dabei die aufgrund bildhafter Vorstellungen hervorgebrachte *Form*; gleichzeitig ist diese *Form* selbst Gegenstand der Tätigkeit und wird in ihr entwickelt.

Übertragen auf das Problem der Entwicklung von Selbsttätigkeit ist damit die Orientierung gewonnen, daß am Anfang Selbsttätigkeit in eine *Form* gebracht werden muß. Das *„Selbstbild"* ist eine dieser möglichen Formen. Durch Entwicklung und Reflexion des zuerst noch inhaltsarmen und mehr intuitivem *Selbstbildes* wird es möglich, Identität zu entwickeln, sich seiner selbst bewußt und sicher zu werden (s. dazu und zum folgenden Tafel XIV).

Identität ist ein theoretisches Konstrukt, zu dem Varianten in verschiedenen Wissenschaften entwickelt wurden. Zur Ausbildung einer bildungstheoretischen Variante sieht Klaus MOLLENHAUER die Anerkennung des folgenden Gedankengangs als notwendig an:
1. „Um überhaupt so etwas wie einen einheitsstiftenden Sinn in die Vielfalt meiner Weltbezüge hineinzubekommen, muß ich diese Vielfalt vereinfachen.
2. Bezieht sich diese Vereinfachung nicht auf die Welt außer mir, sondern auf mich selbst, dann nennen wird das Muster, in dem die Vereinfachung geordnet ist, das „Selbstbild".
3. Das Selbstbild ist grundsätzlich labil, weil die in ihm nicht geordneten Erfahrungs- oder Wahrnehmungsteile meiner selbst jederzeit zur Bedeutsamkeit aufrücken und mich deshalb zur Umorganisation meines Selbstbildes veranlassen können.
4. Der gleiche Sachverhalt, der mich zur Vereinfachung in meinem Selbstbild führt, drängt mich auch, an ihm möglichst dauerhaft festzuhalten. Zugleich aber drängen mich andere Sachverhalte (neue Situationen, das "Großwerden-Wollen" des Kin-

des), mein Selbstbild zu revidieren. In der einen Hinsicht ist die Veränderungszumutung, in der anderen die Stabilitätszumutung bedrohlich.

5. Anerkennt man die Behauptungen 1 - 4, dann ist die Frage, was da noch „Identität" heißen soll. Ich sehe nur dies: Identität gibt es nur als Fiktion, nicht aber als empirisch zu sichernden Sachverhalt. Diese Fiktion aber ist eine notwendige Bedingung des Bildungsprozesses, denn nur durch sie bleibt er in Gang. Identität ist eine Fiktion, weil mein Verhältnis zu meinem Selbstbild in die Zukunft hinein offen, weil das Selbstbild ein **riskanter** Entwurf meiner Selbst ist." (MOLLENHAUER, K., 1972, S. 158).

Mit dem Selbstbild ist ein Mittel gewonnen, das einerseits schon bekannte Mannigfaltigkeit organisiert, andererseits aber auch aufgrund seiner Latenz Entwicklungsmöglichkeiten offenläßt. Mit ihm wird eine *Einheit* festgelegt, die sowohl nach innen ausdifferenziert wie auch nach außen erweitert werden kann. Mit dieser Entwicklungs-*Einheit* werde ich mir nicht nur meiner selbst bewußt, sondern präsentiere mich auch der Welt, mache mich erkennbar (s. das Selbstbild einer brasilianischen Schülerin in Tafel IV). Anderen wird damit die Möglichkeit gegeben, sich mit mir und meiner Sichtweise des eigenen Selbsts auseinanderzusetzen. Es wird der Grundstein gelegt für ein Wechselspiel von *Selbstentwicklung und Entwickeltwerden.*

In der Systembildungssequenz **"Spiegelungen"** nimmt die Entwicklung von Selbstbildern zeitlich einen großen Raum ein (in dem weiter unten beschriebenen brasilianischen Projekt etwa zwei bis sechs Monate). Eingeschlossen sind Aktivitäten wie Sich - im- Raum- Präsentieren, sich im Spiegel betrachten, ein Selbstporträt von sich anfertigen, Fotos und Videoaufnahmen von sich machen (lassen), von seinem Lernpartner ein Porträt anfertigen und dieses mit ihm diskutieren sowie umgekehrt sich von diesem porträtieren lassen, die Produkte in einer Ausstellung präsentieren und mit anderen besprechen usw. Alle diese Aktivitäten haben nicht nur zum Ziel, das eigene Ich zu aktivieren, Stolz auf sich zu erzeugen und Mut zum Hineinstellen des Selbsts in die Welt, sondern auch das Anlegen einer Entwicklungs*einheit* und die Konstitution einer theoretischen Ebene durch Explikation des Spannungsfeldes von *Einheit und Vielfalt* (s. dazu auch unter 6.3.2 den methodischen Vorschlag von Maria da Graça Carvalho do AMARAL, die auf Papier aufgetragenen Konturen der eigenen Gestalt an die Wand zu heften und schrittweise auszudifferenzieren und zu erweitern).

4.1.2 Aufsteigen vom Abstrakten zum Konkreten: Identität entwickeln im Spannungsfeld von Einheit und Vielfalt

Das eigene Selbst erscheint erst einmal das Vertrauteste, Bekannteste und Vielfältigste zu sein. Bei der Entwicklung seines Selbsts mit Hilfe von Selbstbildern aber macht man die Erfahrung, daß es einerseits nicht viel mehr ist als eine diffuse *Vielfalt*, die man in verschiedenster Weise und immer wieder neu organisieren kann und muß. Andererseits stellt sich bei der Betrachtung und Reflexion über die konstituierten *Einheiten* das Gefühl ein, daß sie der *Vielfalt*, die man in sich spürt, nicht gerecht werden, sondern relativ arm, abstrakt und inhaltsleer sind. Aus diesem Gefühl heraus entsteht die Motivation, sein Selbstbild zu bereichern, auszudifferenzieren und auszuweiten. Der Gegensatz von *Einheit und Vielfalt* wird bewußt und zu einem Problem, mit dem man sich auseinandersetzen möchte.

Der Gegensatz von *Einheit* und *Vielfalt* ist ein grundlegendes Problem nicht nur bei der Gestaltung von Selbstbildern, sondern bei modernen Systembildungen ganz allgemein. Wie die Ausführungen über die ästhetisch-wissenschaftliche Tätigkeit zeigen, geht es darum, eine ungeordnete *Vielfalt* in einen Zusammenhang zu bringen und diesen Zusammenhang dann zu entwickeln und zu entfalten. Dabei geht die Entwicklung zum einen *nach innen*, ist auf *Ausdifferenzierung* ausgerichtet; zum anderen geht die Entwicklung *nach außen*, zielt auf *Ausweitung der Einheit*, auf Öffnung zur Welt hin.

Einheit und *Vielfalt* sind dabei zum einen **Gegenstand** der Tätigkeit des Systembildens. Macht man sich aber das zu bearbeitende Problem bewußt, indem man bildhafte Vorstellungen entwickelt und/oder es mit den kategorialen Begriffen "*Einheit/Vielfalt*" begrifflich faßt, kann es auch zum **Mittel** der Tätigkeit werden. Faszinierend ist dann nicht nur der permanente Wechsel zwischen "*Einheit/Vielfalt*" als zu bearbeitender Gegenstand und als Mittel der Bearbeitung, sondern auch, daß das Problem zum Mittel der eigenen Lösung wird: **Das Begriffspaar "*Einheit/Vielfalt*" wird entwickelt, indem man es auf *Einheit* und *Vielfalt* selbst anwendet.**

Einerseits ist mit der Aufgabenstellung, ein Bild seines eigenen Selbst zu entwickeln, etwas sehr Konkretes Ausgangspunkt der Systembildungssequenz "Spiegelungen" (s. auch Tafel IV). Andererseits aber ist dieses Konkrete nicht unmittelbar gegeben. Es muß vielmehr ein konstruktiver Akt vorgenommen werden, um es als Objekt zu konstituieren. Dafür aber sind Mittel erforderlich wie das Begriffspaar "*Einheit/Vielfalt*". Zum einen ist dann die Anfertigung eines Selbstbildnisses ein Akt *praktisch-gegenständlicher Tätigkeit* (etwa: Malen eines Selbstporträts); zum anderen ist er aber auch ein *Akt ideell-theoretischer Tätigkeit,* deren Ergebnisse in dem Selbstbildnis materiell zum Ausdruck gebracht werden.

Je bewußter man sich macht, daß mit dem Mittel die Komplementarität von *Einheit* und *Vielfalt* organisiert wird, desto eher ist es möglich, dieses Mittel gezielt zu entwickeln und dadurch dessen Produktivität zu erhöhen. Die Entwicklung dieses ideellbegrifflichen Mittels wird dann zu einem Problem mit relativer Eigenständigkeit im Prozeß der Selbsttätigkeit; gleichzeitig aber ist dafür zu sorgen, daß die Konstruktion des Mittels nicht zum Selbstzweck wird und in eine abstrakte Begriffsentwicklung abgleitet, die nur noch sich selbst genügt. Es ist vielmehr etwas zu leisten, das GOETHE "gegenständliches Denken" GOETHE, J.W., 1966, S. 37) genannt hat.

Das Begriffspaar "*Einheit/Vielfalt*" ist am Anfang einerseits relativ abstrakt, inhaltsleer und entwicklungsbedürftig; es stellt von daher für das selbsttätige Subjekt eine *Aufforderung* dar. Andererseits ist das Begriffspaar theoriegeladen, weil es in komprimierter Form gesellschaftliche Erfahrungen mit Systembildungen auf den Punkt und ein elementares Systembildungsprinzip zum Ausdruck bringt. Diese Eigenschaft, zugleich **offen** zu sein für die konkreten Ziele konkreter Subjekte in ihrer Auseinandersetzung mit der objektiven Umwelt und **geschlossen** zu sein aufgrund der Verdichtung gesellschaftlichen Wissens, läßt es zu einem *heuristisch-"homöopathischen" Mittel* werden, mit dem sich Systembildungen bewußt organisieren lassen.

Mit dem Mittel "*Einheit/Vielfalt*" kann ich mich in meiner Selbsttätigkeit bewußt als Objekt setzen, dieses Objekt anschauen, darüber reflektieren und es zielgerichtet entfalten. Gleichzeitig kann ich das Begriffspaar methodisch entwickeln: Über *historische Rekonstruktionen* kann ich seine Entwicklungen verfolgen, wenn ich etwa die Stellung des Menschen im Mittelalter mit der des Renaissancemenschen vergleiche; ich kann aber auch *systematisch* die Möglichkeiten der Entfaltung des thematisierten Spannungsverhältnisses von *Einheit* und *Vielfalt* untersuchen, indem ich Verabsolutierungen einer bestimmten Seite - etwa die Tendenz zur Starrheit bei Überbetonung der *Einheit* oder die Tendenz zur Orientierungslosigkeit bei Überbetonung der *Vielfalt* - herausarbeite und im Anschluß daran nach produktiven Vermittlungen beider Seiten suche (s. dazu auch Tafel XX als methodische Orientierung).

"*Einheit/Vielfalt*" kann in Kombination mit dem Selbstbild so zu einem erschliessungsmächtigen und kreativen Mittel werden. Aufgrund der geringen Vorgabe für die Selbsttätigkeit erstickt sie diese nicht, sondern liefert Orientierungen für deren Entwicklung. Notwendig ist dazu ein Wechselspiel von *Mittel und Inhalt*; das Begriffspaar darf sich also nicht verselbständigen, sondern muß immer auf die Entwicklung der Selbsttätigkeit bezogen bleiben.

Im Konzept für die Systembildungssequenz "Spiegelungen" sind dafür **sechs Tätigkeitsfelder** vorgesehen, die auseinander hervorgehen (s. Tafel XIV). Das nächste Tätigkeitsfeld entsteht immer dann, wenn eine bestimmte Ausweitung von Selbsttätigkeit dadurch vorgenommen wird, daß die jeweils entwickelte Identität konfrontiert wird mit der *Vielfalt* und *Einheit* eines neuen Außens: mit der Klasse in einer Schule, mit der Familie und der Gemeinde, mit dem lokalen Ökosystem; mit der Selbstorganisation formal-abstrakter Systeme, mit virtuellen Realitäten und schließlich mit dem globalen Ökosystem Erde (s. dazu weiter unten ausführlichere Ausführungen).

1. Tätigkeitsfeld: Entwicklung einer individuellen Identität

Die erste *Einheit*, die konstituiert wird, ist die der **individuellen Identität**. Das Subjekt entwirft sein Selbstbild und präsentiert dieses der Lerngruppe. Damit gibt es sich selbst Gestalt, stellt sich in den Raum. In dem Selbstbild ist *Vielfalt* zusammengefaßt zu einem bestimmten Zustand und zu einer *Einheit* verdichtet.

Dieser Akt der Selbsttätigkeit wird bewußt, wenn das Subjekt sein Selbstbildnis der Lerngruppe vorstellt. Diese sitzt im Kreis zusammen und bringt damit die erweiterte *Einheit*, die mit der in der Selbsttätigkeit konstituierten *Einheit* konfrontiert wird, auch äußerlich sichtbar zum Ausdruck. Im Wechselspiel beider *Einheiten* wird das Selbstbild zum einen nach innen hin ausdifferenziert, indem das Subjekt sein eigenes Bild erklärt und Anregungen aus der Klasse in sein Bild einarbeitet. Zum anderen wird die in *Form* des Selbstbildes materialisierte *Einheit* aber auch nach außen hin erweitert, indem die Rückmeldungen der Klasse das Subjekt dazu bewegen, seine Selbsttätigkeit mit der *Vielfalt* seiner Umwelt in Wechselwirkung zu bringen und seinen Horizont zu erweitern.

Ergebnis der Selbsttätigkeit in diesem ersten Tätigkeitsfeld ist die **individuelle Identität**. Diese individuelle Identität entsteht erst, wenn die Klasse ihr Bild in Beziehung bringt zu den jeweiligen Selbstbildern und das Subjekt in eine Interaktion mit diesen Fremdbildern eintritt. Aus dieser Konfrontation geht dann das neue Selbstbild hervor als Ausdruck einer neuen Identität.

2. Tätigkeitsfeld: Entwicklung einer kulturellen Identität

Ziel der Selbsttätigkeit ist es, die in *Form* des Selbstbildes konstituierte *Einheit* zu entwickeln, ihre *Vielfalt* und ihren Reichtum zu entfalten. Einerseits sorgt damit die *Einheit* für Kontinuität, andererseits ist sie aber offen für Ausdifferenzierungen und Erweiterungen.

Die nächste Erweiterung und Ausdifferenzierung wird ausgelöst durch die Konfrontation der individuellen Identität als Ausgangs-*Einheit* mit der kulturellen Herkunft und Zugehörigkeit. Die Schüler gehen in ihre Familien und zu Mitgliedern der Gemeinde, um Informationen über ihre kulturellen Wurzeln zu sammeln.

Die Systembildungssequenz "Spiegelungen" wurde in Brasilien realisiert, einem Land mit einer multikulturellen Gesellschaft. Im Süden Brasiliens sind es vor allem europäische Einwanderer, die zur kulturellen *Vielfalt* beitragen. Einerseits gibt es dabei ganze Dörfer und kleinere Städte, die in der Überzahl oder fast ausschließlich von Italienern, Portugiesen, Holländern oder Deutschen bewohnt werden und in denen auch noch die Sprache des Herkunftslandes eine (manchmal noch bedeutende) Rolle spielt. Andererseits gibt es kulturelle *Einheiten*, in denen die unterschiedlichsten kulturellen Strömungen ineinanderfließen und sich zu einer neuen *Einheit* zusammenfinden. Dazu gehört z. B. die von der Viehwirtschaft geprägte Gaúcho-Kultur oder der Karneval.

Das Nebeneinander verschiedener kultureller Identitäten und die Herausbildung neuer kultureller *Einheiten* birgt zugleich Chancen wie auch Risiken und Probleme in sich. Bedeutsam wird damit die Selbstvergewisserung über die kulturelle Herkunft. Die Klassengemeinschaft wird zu einer Forschergemeinschaft, wenn sie - etwa mit Unterstützung eines Anthropologen - Informationen sammelt über Familientraditionen, Sagen, Märchen, Lieder, Tänze, Gerätschaften und kulturelle Bräuche. In der Klassengemeinschaft werden diese Informationen ausgetauscht und verarbeitet. Aus der *Vielfalt* müssen neue *Einheiten* gebildet und diese wiederum mit den aus der Selbsttätigkeit hervorgegangenen *Einheiten* in Wechselwirkung gebracht werden. Das Ergebnis der Arbeiten in diesem Tätigkeitsfeld ist dann die Herausbildung einer *kulturellen Identität*, mit der die individuelle Identität eine Ausweitung und Bereicherung erfährt.

3. Tätigkeitsfeld: Entwicklung einer lokalen Identität

Die kulturellen Wurzeln reichen auch heute noch im Bewußtsein der Bewohner Südbrasiliens bis nach Europa. Das schlägt sich etwa in dem Glauben portugiesischstämmiger Fischer nieder, daß in bestimmten Nächten Hexen ihre Boote nach Portugal entführen. In diesem Glauben kann man auch einen Ausdruck der Unsicherheit sehen, die ein Resultat der defizitären Vermittlung von kultureller Identität und unmittelbarer Umwelt ist, in der man lebt.

Geschaffen werden muß also eine neue *Einheit*, die aus der Konfrontation von kultureller Identität und lokaler Umgebung zu entwickeln ist. In der Systembildungssequenz "Spiegelungen" geschieht dies über Aktivitäten, in denen *Wissenschaft und Kunst als Mittel* eingesetzt werden, um lokale Ökosysteme zu konstituieren und diese in Wechselwirkung zu bringen mit kulturellen Identitäten.

Bevor die Klassengemeinschaft ihren Horizont mit Informationen über die lokale Umgebung erweitert, zeichnet sie eine Karte ihrer Heimatregion. Wie im Ansatz der Länderkunde innerhalb der Geographiewissenschaft wird damit eine *Einheit* konstituiert, die ausdifferenzierbar und entwickelbar ist. Bei Exkursionen werden Objekte in diesem lokalen Ökosystem gesammelt und intensiv studiert, die entweder der Natur entstammen oder Resultate menschlicher Tätigkeit sind. Unterstützt wird diese Tätigkeit von Wissenschaftlern und Künstlern verschiedener Disziplinen. Damit wird *Vielfalt* provoziert und die relative Eigenständigkeit disziplinärer Sichtweisen ins Spiel gebracht. Andererseits arbeiten diese Wissenschaftler und Künstler unmittelbar zusammen und lassen sich durch die Bedürfnisse der Schüler bestimmen, so daß interdisziplinäre Zusammenhänge in den Blick kommen, bewußt aufgenommen und als *Einheiten* gezielt konstituiert und entwickelt werden können. Auch hier ist wiederum eines der grundlegenden Mittel zur Entwicklung dieser interdisziplinären Zusammenhänge das Begriffspaar "*Einheit/Vielfalt*", das sowohl den Entstehungs- und Begründungszusammenhang für die *Vielfalt* disziplinärer Wissensstücke aufklären hilft wie auch für deren Integration zu einer *Einheit* herangezogen werden kann.

Die Entwicklung lokaler Identität durch Verbindung individueller und kultureller Identität mit der unmittelbaren Umgebung ist in Brasilien von grundlegender Bedeutung für die politische Entwicklung des Landes. Das Fehlen lokaler Identität ist eine der tieferliegenden Ursachen der Landflucht der Bevölkerung, die dann in den großen Metropolen ihr Glück sucht und meistens nicht findet.

4. Tätigkeitsfeld: Entwicklung einer selbstreflexiven Identität

Bei den bisherigen Entwicklungsstufen von Identität wurde eine konstituierte *Einheit* mit immer wieder neuer Komplexität und Vielheit außerhalb konfrontiert. Die Systembildung geschah dann in der Weise, daß dieses neue Vielheit integriert wurde in die bisher konstituierte *Einheit* und zu deren Bereicherung und Erweiterung beitrug. Das Ergebnis ist schließlich eine *subjektive Totalität*, die - mit einer sehr wohl auch negativen Tendenz - alles in sich vereinigt und unter das eigene System subsumiert (s. dazu auch noch einmal 1.2.1.4).

Gleichzeitig machen die selbsttätigen Subjekte aber schon zu Anfang des Prozesses der Identitätsentwicklung die **Erfahrung eines „Anderen"**, das sich nie restlos vereinnahmen läßt, wenn sie sich in ihrer Selbsttätigkeit sich selbst gegenüberstellen und so in Wechselwirkung treten mit dem *Anderen in sich selbst*. Dieses Andere begegnet ihnen dann zunehmend als etwas *außer ihnen Anderes*: die Eigenarten der Familienmitglieder, die Andersheit der Mitbewohner in den Gemeinden und schließlich bei Ausbildung der lokalen Identität das sie umgebende Ökosystem.

Zur Erfassung dieses lokalen Ökosystems kooperieren sie mit anderen, z. B. mit Wissenschaftlern und Künstlern, die spezielle Methoden ihrer Disziplinen mitbringen, mit denen man das fremde Andere erforschen und für sich aufschließen kann. Darin eingeschlossen sind mathematische und abstrakte Methoden, heute oft verbunden mit dem *Einsatz von Computern*. Läßt man aber Computer auf der Grundlage von Iterationsgleichungen Punktmengen auf dem Bildschirm generieren, dann zeigen diese abstrakten Zeichen eine Fähigkeit zur **Selbstorganisation** (s. Tafel XI). Das seine Identität entwickelnde Subjekt wird jetzt also mit Systemen konfrontiert, die fremd und andersartig schon deshalb erscheinen, weil sie sich selbst und ohne Einfluß des Subjekts organisieren, indem sich etwa Punkte um Attraktoren gruppieren. Hier bilden sich **abstrakte Identitäten**, die der eigenen Identität vielleicht sogar bedrohlich erscheinen, weil sie so völlig außerhalb der eigenen Verfügung stehen. Deren Distanz kann aber auch die Distanzierung zur eigenen Identität insofern verstärken, als über Systembildungen allgemein nachgedacht werden kann, von denen dann das eigene System eines der möglichen ist. Die sich so ereignende Identitätsentwicklung kann als **selbstreflexive Identität** bestimmt werden, weil hier durch Konfrontation mit sich selbst organisierenden Systemen Bewußtheit über die eigene Systembildungen und deren Beziehungen zu fremden Systembildungen erzeugt wird.

5. Tätigkeitsfeld: Entwicklung einer virtuellen Identität

Die Konfrontation mit sich selbst organisierenden Systemen läßt generell die Dimension der *Möglichkeit* in den Blick kommen: Gegenstand von Systembildungen sind nicht mehr nur das eigene System, sondern auch fremde Systembildungen. Das kann der Ausgangspunkt sein für die Erforschung von *möglichen Systemen*, hier speziell von Identitätssystemen. Durchgeführt werden können dazu historische Studien über

Ideen und Phantasien, die Menschen sich über mögliche Existenzen gemacht haben, etwa über Entwicklungen fern von jeder Kultur wie bei Kaspar Hauser, über den Homunculus als einer künstlich hergestellten Identität bis hin zu Phantasien über Identitäten auf anderen Planeten, die dann besonders mit dem Computer als einem speziellen Mittel für den Entwurf von Utopien bis hin zu **Animationen** („Beseelungen" von Utopien) erstellt werden können. Herausbilden kann sich so eine **virtuelle Identität**, in der Utopien zum Ausdruck gebracht werden können, die vielleicht nie realisierbar sind, aber doch Orientierungen bieten für eine bewußte Entwicklung der eigenen Identität.

6. Tätigkeitsfeld: Entwicklung einer globalen bzw. interkulturellen Identität

Die nächste Ausweitung der Identität erfolgt durch die Konfrontation mit globalen ökologischen Problemen. Von virtuellen Realitäten findet man hier zu Konkretem in Gestalt globaler Probleme zurück. Durch die **Internationalisierung** erfolgt eine Anreicherung der bisherigen *Einheit* mit einer neuen *Vielfalt*.

Die Entwicklung der neuen Identität erfolgt in zwei Schritten. Zum einen werden die Lernenden zu Teilnehmern internationaler Netzwerke wie etwa dem "GLOBAL RIVERS ENVIRONMENTAL EDUCATION NETWORK (GREEN)" oder dem Netzwerk „CARE-TAKERS". In diesen Netzwerken werden über Computer ökologische Daten ausgetauscht, Projekte auf internationalen Tagungen vorgestellt und diskutiert, Publikationen erstellt und Lernenden Mittel für die Teilnahme an dieser Art internationaler Kooperation zur Verfügung gestellt.

Die in den ersten drei Tätigkeitsfeldern vorgestellten Arten von Identität gründeten auf eine zunehmende *Vergemeinschaftung*: Die *individuelle Identität* bildete sich in Wechselwirkung mit der Klassengemeinschaft, *die kulturelle Identität* durch Erweiterung hin zu Traditionen in der Familie und in der Gemeinde, die *lokale Identität* durch Hinwendung zur unmittelbaren Umgebung, in der man lebt. Die Beziehungen zwischen den Menschen bleiben dabei weitgehend direkt und persönlich. Erst durch die Einbeziehung von Wissenschaft und Kunst im dritten Tätigkeitsfeld wird eine *Vergesellschaftung* in Grundzügen angelegt, die auch indirekte Beziehungen - etwa durch Nutzung von in Büchern vorfindbarem Wissen - produktiv einsetzt (zum Begriffspaar *Vergemeinschaftung/Vergesellschaftung* s. auch: WEBER, M., 1964, S. 29).

In den internationalen Netzwerken aber wird *Vergesellschaftung* zu einem bestimmenden Moment: Man kennt den Kommunikationspartner in den Computernetzwerken oft nicht mehr persönlich, sondern ist mit ihm nur noch über einen mehr oder weniger abstrakten Informationsaustausch verbunden. Die Abstraktheit der Kommunikation aber ermöglicht gerade die **Globalisierung**, den Austausch von Daten, die loslösbar von der Komplexität lokaler Verhältnisse und persönlicher Beziehungen sind.

Soll diese vergesellschaftete Kommunikation aber nicht nur abstrakt und damit folgenlos bleiben, dann ist sie wieder zurückzubeziehen auf lokale Verhältnisse. *Vergesellschaftung* ist in ein produktives Wechselspiel mit *Vergemeinschaftung* zu bringen. Wenn man dabei nicht wieder auf bereits durchlaufene Ebenen der Entwicklung von Identität zurückfallen will, ist eine höherstehende Stufe von Identität anzustreben.

Im Konzept für die Systembildungssequenz "Spiegelungen" wird diese höchste Stufe der Identitätsentwicklung als „*interkulturelle (oder globale) Identität*" bezeichnet: Angestrebt werden soll nicht nur eine multikulturelle Gesellschaft innerhalb eines bestimmten Landes wie etwa Brasilien, sondern die Entwicklung von *Identität in und zwischen Kulturen* wie etwa der europäischen und der lateinamerikanischen. Diese Identitätsentwicklung kann sich in *Form* von **interkulturellen Netzwerken** entwickeln (konkret für den Ansatz „Interdisziplinäre System-Bildung" siehe die Ausführungen unter 6.4 und 7.4), in denen Problemgemeinschaften untereinander Ideen für die Gestaltung von Wirklichkeit - hier konkret: für die Gestaltung von Landschaften - austauschen. Ergebnis sollen **"Spiegelungen"** sein, die einerseits sich unterscheiden aufgrund ihres lokalen Bezugs, andererseits aber integriert sind über die in der Tätigkeit verwendeten Mittel. Ein Beispiel für diese gemeinsamen Mittel ist das Begriffspaar "*Einheit/Vielfalt*", dessen Entwicklung dann ein zentrales Ziel des interkulturellen Netzwerks ist.

Die Entwicklung eines solchen Begriffspaars erfolgt nicht abstrakt, sondern über „gegenständliches Denken" (GOETHE). Diese Vorgehensweise impliziert, daß am Ende nicht abstrakte Begrifflichkeit steht, sondern ein materielles Produkt, nämlich eine *"Konkretisierbare Utopie"*.

4.1.3   Erfahrungsbericht aus einem Musterprojekt

Grundlegend für das Konzept der Systembildungssequenz „Spiegelungen" ist die Strategie des „*Aufsteigens vom Abstrakten zum Konkreten*" (der zuerst noch abstrakten Idee von Identität im Spannungsfeld von *Einheit* und Vielheit) bei gleichzeitigem „*Aufsteigen vom Konkreten zum Abstrakten*" (vom ersten Selbstbild zum Entwurf möglicher Identitäten). Im Gegensatz zu anderen pädagogischen Ansätzen ist der Anfangspunkt nicht ein mehr oder minder komplexes Problem der alltäglichen Lebenswelt, sondern die *Selbsttätigkeit der Lernenden*. In ihrer Selbsttätigkeit treten die Lernenden mit sich selbst in Wechselwirkung und konstituieren sich selbst in größtmöglicher Freiheit als Objekt, indem sie ihre eigene, immer auch auf Objekte der Realität gerichtete und daher gegenständliche Tätigkeit zum Gegenstand der Erforschung und Gestaltung machen.

Im folgenden wird auf der Grundlage von Realisierungen brasilianischer Projektpartner eine mögliche Praxis zum Konzept "Spiegelungen" vorgestellt. Dabei wird auf Berichte zurückgegriffen, die zu den einzelnen Tätigkeitsfeldern verfaßt wurden. Wenn dabei nur vier Tätigkeitsfelder vorgestellt werden, so liegt das daran, daß zum Zeitpunkt der Realisierungen in Brasilien noch nicht ausreichend Computer zur Verfügung standen, um etwa fraktale Computergrafiken zu erstellen und „virtuelle Realitäten" mit dem Computer zu entwerfen. Die Vorstellung der vier Tätigkeitsfelder erfolgt in Form von Projektberichten der brasilianischen Kooperationspartner (s. dazu auch: FLORES, J., PERALTA, C., PERES, M., WALGENBACH, W., 1994).

1. Tätigkeitsfeld: Entwicklung einer individuellen Identität durch Auseinandersetzung mit der Frage „Wer bin ich?"

Beim ersten Treffen in der Schule in Taim sitzen die Schüler im Kreis zusammen und versuchen eine Antwort auf die Frage zu finden *"Wer bin ich?"* Die Selbsttätigkeit ist sehr intensiv, sie suchen angestrengt nach Wörtern, um sich selbst darzustellen. Unser Ziel ist es, Selbstbilder zu gewinnen, um von diesen aus eine kulturelle Identität zu entwickeln.

Am Ende dieses Kreisgesprächs steht die Aufforderung: Laßt uns ein Bild machen! Zur gleichen Zeit werden Photos und Videoaufnahmen von jedem Schüler angefertigt. Dabei verändert sich merklich ihre Körperhaltung, weil ihr Bild von den Kameras wiedergegeben wird und die Schüler natürlich eine gute Figur machen wollen.

Daran schließt sich das Malen von Selbstbildnissen an. Während die Aktivitäten vorher laut und aufgeregt waren, tritt jetzt Ruhe und Konzentration ein. Die Schüler suchen in ihren Vorstellungen nach dem Bild, das sie von sich selbst haben, das ihnen aber noch unklar ist. Mit viel Sorgfalt wird gezeichnet und gemalt, das Radiergummi wird mehr als nötig gebraucht. Wenn sie ihr Bild vollendet haben, sind sie selbst ein *Teil* davon. Der Identifikationsgrad ist sehr hoch, die Bilder sind wie Spiegel für die Schüler.

Der nächste Schritt, der ebenfalls in großer Stille ausgeführt wird, besteht darin, einen Partner in der Klasse zu suchen und sich gegenseitig zu porträtieren. Diese Tätigkeit ist nicht konkurrenzhaft, sondern wird in großer Solidarität ausgeführt Man muß dem anderen vertrauen können. Es sind Augenblicke gegenseitigen Beobachtens, die sehr viel Zeit in Anspruch nehmen. Die Schüler malen und zeichnen sehr sorgfältig, unterstützt von den Lehrern, die allerdings nur technische Hilfen geben.

Schritt für Schritt nähern sich die jeweiligen Partner einander an. Zum Schluß machen die Schüler in ihrer Klasse eine Ausstellung, in der sie ihre Ergebnisse zeigen. Es ist eine sehr einfache Ausstellung innerhalb ihres Klassenraums, aber sie lieben sie sehr, und plötzlich kommen auch die Schüler der anderen Klassen. Die Schüler hören den Erklärungen zu, die von den jeweiligen Partnern abgegeben werden. Über ihre eigenen

Bilder und über sich sprechen sie nicht so gern, lieber kommentieren sie die Bilder, die sie von ihren Partnern gemacht haben. Sie sagen etwa: „Sieh ihn Dir an, wie groß seine Nase ist!" oder „Hat der aber feine Hosen an!".

Zum Schluß setzen wir uns wieder in einen Kreis und reden noch einmal über unsere Erfahrungen. Die **individuelle Identität** ist eine erste *Einheit*, die durch die von der Klasse eingebrachten *Vielfalt* und Verschiedenheit eine Bereicherung erfahren hat. Gleichzeitig aber bekommt die Klasse ein neues Bild durch die Reichhaltigkeit der individuellen Bilder, sie wird zu einer neuen *Einheit* und zum Ausgangspunkt der *Einheit* des nächsten Tätigkeitsfeldes. Als eine neue Gruppe sind wir nun fähig, aus der Klasse hinauszugehen und nach der *kulturellen Identität* zu suchen

2. Tätigkeitsfeld: Entwicklung einer kulturellen Identität „Laßt uns erinnern!"

Das Beispiel für die Entwicklung einer „kulturellen Identität" stammt von der Insel Ilha dos Marinheiros, die in der Nähe der Stadt Rio Grande RS liegt.

Die Gemeinde ist geprägt durch zwei Berufsgruppen: Fischer und Farmer. Niemals zuvor wußten wir etwas von der sehr sauberen und im natürlichen Zustand bewahrten Landschaft. Obwohl die Insel sich nahe bei der Stadt Rio Grande RS befindet, ist sie doch von dieser abgeschnitten, weil sie innerhalb einer Lagune („Lagoa dos Patos") liegt; weder gibt es eine Brücke zu dieser Insel noch eine schnelle Schiffsverbindung. Die einzige Möglichkeit, den See zu überqueren, ist bis heute die Benutzung eines alten Fährbootes, auf dem neben Personen Fischerei- und Landwirtschaftsprodukte transportiert werden. Tourismus gibt es auf dieser Insel (noch) nicht.

Diese Situation fanden wir vor und begannen, die Bewohner zu interviewen. Eine große Hilfe dabei war ein Anthropologe, Udo WRANI, der auf der Insel lebte und zeitweise in der dortigen Grundschule unterrichtete. Dieser erklärte uns die ökonomische Situation und die Probleme, die die Bewohner mit ihrem Selbstwertgefühl haben. Er zeigte uns aber auch den großen natürlichen Reichtum dieser Gegend und die beeindruckende Kultur, die die Bewohner der Insel bis heute aufzuweisen haben.

Das mangelnde Selbstwertgefühl der Bewohner lag begründet in dem niedrigen Entwicklungsstand der Insel Dieses Problem war für uns von zentraler Bedeutung, weil wir versuchten, mit einem neuen Konzept zu arbeiten, das auf die Entwicklung **kultureller Identität** ausgerichtet war.

Udo WRANIs Schule trug den Namen „Sagrado Coraçao" und war mit dem städtischen Sekretariat für Schule und Kultur (SMEC) in Rio Grande RS verbunden. Die Schüler hatten schon sehr intensiv in dem ersten Tätigkeitsfeld gearbeitet und Selbstbilder angefertigt. Unser Interesse war es nun, die Arbeit in das zweite Tätigkeitsfeld hinein zu entwickeln. Die Schüler mußten dafür die Schule verlassen und in der Gemeinde nach alten Geschichten und Kulturtechniken suchen, um sie dann im Klassenraum zu präsentieren. Sie sammelten eine Vielzahl an Geschichten, Sagen und Märchen, die sie von ihren Großmüttern, alten Seeleuten, Fischern und Bauern erfuhren.

Ein Beispiel ist die Geschichte von Hexen, die zu einer bestimmten Zeit den Seeleuten die Boote rauben und sie nach Portugal bringen. Diese Hexen sollen Portugiesinnen sein. Die Geschichte hat ihren Ursprung darin, daß in der Vergangenheit Portugiesen die Insel bevölkerten. Aber dieser Grund ist vergessen.

Im Anschluß an diese Forschungsarbeiten planten wir eine große Ausstellung im Rahmen eines Kulturfestes mit Ergebnissen aus Projekten verschiedener Schulen zum Thema 'Konkretisierbare Utopien' in der Stadt Rio Grande RS. Wir fragten die Schüler, ob sie nicht etwas über ihre Insel ausstellen könnten. Zuerst waren sie ängstlich und hatten Probleme mit ihrem Selbstwertgefühl. Aber wir sagten ihnen, daß sie Hilfe bekommen könnten von ihren Eltern und den Gemeindemitgliedern, die ihnen die Geschichten erzählt hätten. Aber das war unser zweites Problem: Wir wußten, daß die Eltern und die älteren Menschen in der Mehrzahl nie die Insel verlassen hatten.

Der nächste Schritt bestand darin, daß ein interdisziplinäres Team, zusammengesetzt aus Ozeanographen, Biologen, einem Anthropologen und Kunsterziehern (einschließlich der Kunstlehrerin der Schule, Maria Marcia), damit begann, die Ausstellung in Rio Grande zu planen und zu organisieren. Zu den Zielen gehörte, die Arbeit der Inselbewohner mit ähnlichen Projekten zu verbinden, die wir außerhalb der Insel in den städtischen Schulen und in einer der Schule in der Gemeinde Taim unter Beteiligung von Wissenschaftlern der Universität durchgeführt hatten.

Die Schüler und Mitglieder der Inselgemeinde organisierten schließlich mit unserer Hilfe, aber hauptsächlich mit eigenem Engagement ihren Beitrag für die Ausstellung. Zum einen machten sie eine große Installation zu dem Thema „Die Hexen von Portugal". Dabei wurden sie unterstützt von einem Handwerker der Insel, den die Bewohner "Künstler" nannten. Für die Installation verwendeten sie Naturmaterialien von ihrer Insel.

Zum anderen bauten sie ein Modell ihrer lokalen Umwelt und stellten daneben Flaschen mit Sand und Wasser von verschiedenen Stellen der Insel. Sie wollten den Menschen der großen Stadt zeigen, wie sauber und reichhaltig ihre Umwelt ist. Während ihrer Arbeit erfuhren sie von den guten Untersuchungswerten, die Wissenschafter der Universität bei Analysen auf ihrer Insel gewonnen hatten. Dadurch wurde der Stolz auf ihre Umwelt noch gesteigert.

Für die Inselbewohner war die Teilnahme an der Ausstellung mit einem hohen Aufwand verbunden. Nachdem sie sich aber zur Teilnahme entschlossen hatten, zögerten sie nicht, mit ihren Booten - teilweise zum ersten Mal in ihrem Leben - den See zu überqueren und in die Stadt zu kommen. Die Schüler stellten ihre Zeichnungen und Malereien Seite an Seite mit den Schülern städtischer Schulen aus. Darauf waren sie sehr stolz. Natürlich gab es auch viele Probleme in der Zusammenarbeit. Ihr erwachtes Selbstbewußtsein und ihr Stolz auf ihre Umwelt befähigten sie aber, erste Schritte in der Entwicklung einer „kulturellen Identität" zu machen und diese auch nach außen hin zu präsentieren. Die Unterschiede zu den Menschen der Stadt stellten für sie dabei eine *Vielfalt* dar, die sie mit ihrer *Einheit*, der mit der Insel verbundenen kulturellen Identität, konfrontierte.

3. Tätigkeitsfeld: Entwicklung einer lokalen Identität „An welchem Ort leben wir?"

Bei Forschungen über das Wissen der Fischer fanden die Lernenden heraus, daß diese hauptsächlich nachts mit Handangeln nach dem Fisch "Polprion americanus" fischten. Das erklärten die Fischer damit, daß tagsüber die Fische kleiner seien. Die Biologin aus dem interdisziplinären Team nahm das als eine Information auf, die näher zu untersuchen war. Bei der Analyse des Mageninhalts der Fische wurde klar, daß die Hauptnahrung der älteren Fische aus großen Krabben (Chacon noctialis) bestand, während die jüngeren Fische sich hauptsächlich von kleinen Fischen ernährten.

Da die Krabben ein Nachtverhalten zeigen, wurde gefolgert, daß die Fische je nach ihrem Alter zu unterschiedlichen Zeiten auf Nahrungssuche gehen in Abhängigkeit von dem Verhalten ihrer jeweiligen Beute. Wenn die Fischer also nachts auf das Meer hinausfuhren, war der Fang deshalb ertragreicher, weil zu dieser Zeit die größeren Fische dieser Art nach Futter suchten.

Dies ist ein Beispiel, wie in dem Projekt "Spiegelungen" nach einer *Integration von Volkswissen und Wissenschaft* gesucht wird. Ein anderes Beispiel wurde untersucht von Schülern aus Taim, einer Landschule in der Nähe von Rio Grande RS. Bei Interviews mit den Pecuaristas (Cowboys) erfuhren die Schüler, daß diese den Kühen Salz zu fressen geben mit der Begründung, daß diese dann durstig werden, viel Wasser trinken und so an Gewicht zunehmen.

Wissenschaftler wissen, daß in den Mägen von Kühen symbiotische Bakterien sind, die die Moleküle von Zellulose aufbrechen können. Diese Bakterien aber gebrauchen Salz für ihr Überleben. Deshalb entwickeln sich Bakterienkolonien in den Mägen der Kühe, wenn diese Salz fressen. Mit diesem Wissen wurde den Schülern verständlich, warum die "Pecuaristas" ihren Kühen Salz zu fressen geben.

4. Tätigkeitsfeld: Entwicklung einer global- interkulturellen Identität „In welcher Welt wollen wir leben?"

Nach der Arbeit im dritten Tätigkeitsfeld war den Schülern der Schule in Taim klar, daß Reisanbau in Form von Monokulturen, wie er in ihrer Gegend betrieben wird, schädlich für die Umwelt und wegen des Gebrauchs von landwirtschaftlichen Giften auch für die Gesundheit des Menschen ist.

Bei ihrem Versuch, konkretisierbare Utopien zu entwickeln, suchten sie nach anderen ökonomischen Möglichkeiten, die mit der Leitidee einer **nachhaltigen Entwicklung** (**„sustainable development"**) vereinbar sind.

Ihre natürliche Umwelt ist ein sehr schönes flaches Land ohne Hügel, aber mit vielen Bächen, Flüssen und Seen und tausenden von Vögeln und Säugetieren. Wegen der Feuchtigkeit ist der Boden aber nicht gut geeignet für die Landwirtschaft.

Die Schüler prüften viele Möglichkeiten, wie ihre Umgebung in ökologisch und ökonomisch sinnvoller Weise umgestaltet werden könnte. Sie entwickelten einen Plan für ein ökologisches Tourismus-Zentrum mit kleinen Hotels für Menschen aus Brasilien und anderen Ländern. Diese könnten sich hier erholen, die Umgebung erforschen und sich an den friedlichen, sauberen und reichen Möglichkeiten ihrer Heimat erfreuen. Die Menschen, die jetzt noch auf den Reisfeldern arbeiten, würden andere Berufe erlernen. Das kanalisierte Wasser würde wieder naturgemäßer gestaltet, die Wasserpumpen für die Bewässerung der Reisfelder würden verschwinden.

Auf diese Idee und das entwickelte Konzept waren die Lernenden sehr stolz. Es entwickelten sich dann Diskussionen zwischen den Schülern, den Mitgliedern der Gemeinde und den Wissenschaftlern. Für die Schüler war das ein Grund, sich weitere Informationen zu beschaffen. Deshalb wünschten sie sich eine Mitarbeit in internationalen ökologischen (Computer-)Netzwerken, um dadurch besser die Vor- und Nachteile der von ihnen entworfenen Utopie einschätzen und Verbesserungen entwickeln zu können, die auch globale Gesichtspunkte berücksichtigen.

(s. zu diesem Musterprojekt auch ausführlicher: FLORES, J., Peralta, C., Peres, B. M., WALGENBACH, W., 1994)

4.2 „Der Hefeteig: Eine eigenwillige Masse"

(Diese Systembildungssequenz ist in Zusammenarbeit mit Wolfgang BÜNDER, Mins MINSSEN, Stefan SCHULDT, Ulrich STAUDENMAYER und Ursula WALGENBACH entwickelt worden)

In der Systembildungssequenz „Der Hefeteig: Eine eigenwillige Masse" (im folgenden nur noch kurz „Der Hefeteig" genannt) wird eine bestimmte *Komponente der menschlichen Tätigkeit* thematisiert, nämlich das **Material** oder - mit anderen Worten - **der Gegenstand bzw. das Objekt der Tätigkeit.** Der Hefeteig wurde als Miniatur gewählt, um die Selbsttätigkeit in ihm zu spiegeln und die Aufmerksamkeit der Lernenden darauf zu richten, daß der Gegenstand menschlicher Tätigkeit nicht immer gleich ist und in seiner jeweiligen Qualität Auswirkungen auf das ganze Tätigkeitssystem hat. Über den Hefeteig soll Bewußtheit darüber hergestellt werden, daß man in der Biotechnologie nicht - wie überwiegend in der traditionellen (Groß-) Technologie - mit totem, sondern *lebendem Material* („Biomasse") umgeht.

Beim Hefeteig ist das erst einmal verschleiert, weil man den Eindruck haben kann, daß er „totes Material " ist. Erst intensivere Erfahrungen im Umgang mit ihm lassen bewußt werden, daß es sich um eine *eigenwillige Masse* handelt, die dem selbsttätigen Subjekt mit einem *Eigenleben* gegenübertritt. Um Nutzen für sich selbst haben zu können, muß man auf ihn eingehen und seine Eigenheiten kennen und achten lernen, weil nur bei einer „symmetrischen Wirkungsproduktion", bei der jede Seite für die andere sorgt, sich ein produktives Verhältnis entwickelt: Der Mensch muß also für das Wohlbefinden des Hefeteigs sorgen (etwa für die richtige Temperatur und eine günstige Feuchtigkeit), um zu einem eigenen Wohlbefinden durch das zu kommen, was dann der Hefeteig gibt.

Verallgemeinert werden kann das in der Zielstellung, eine **Partnerschaft zwischen Mensch und Natur** anzustreben (s. dazu: ARBEITSKREIS NATURQUALITÄT, 1980). Der Philosoph Ernst BLOCH nennt das **„Naturallianz"** und setzt damit ein Leitbild für die Zukunft, das sich historisch abgrenzt vom *Naturzwang*, bei dem die Natur mit ihren Kräften über den Menschen dominierte, und von der *Naturbeherrschung*, bei der der Mensch zwar mit Hilfe von Wissenschaft und Technologie die Natur weitgehend in seinen Dienst stellen konnte, aber zugleich durch Nichtbeachtung des Partners große und teilweise irreversible Schäden anrichtete.

Im folgenden werden sechs Tätigkeitsfelder skizziert, in denen die Lernenden Erfahrungen im Umgang mit einer Biomasse sammeln und die Auswirkungen auf das gesamte Tätigkeitssystem erforschen können. Am Ende der Aktivitäten steht dann der Entwurf konkretisierbarer Utopien, in denen die eigenen Vorstellungen zum Umgang der Menschen mit Natur zum Ausdruck gebracht werden.

1. Tätigkeitsfeld: Den Hefeteig als Ganzheit erfahren und gestalten

Die Lernenden werden aufgefordert, aus dem vor ihnen auf dem Tisch liegenden Hefeteig Landschaften zu formen. Erfahrungen mit dieser Aufgabenstellung zeigen zwei Verhaltensweisen: die einen zerreißen den Teig in kleine Stücke und bilden daraus neue Ganzheiten, die anderen gehen von der vorhandenen Ganzheit aus und versuchen, durch Dehnungen und „Eindrücke" (wie auch BEUYS sie in die "Weltsubstanz" vornimmt) eine Landschaft zu gestalten.

Nach der Herstellung von Landschaften finden sich die Lernenden in einem Kreis zusammen und erzählen über ihre Erfahrungen im Umgang mit dem Hefeteig: Wie er sich angefühlt hat, welche Widerständigkeiten sie erlebt haben, wie anschmiegsam er sein kann usw. Bei ca. 20 Lernenden nimmt dieser Erfahrungsaustausch ungefähr eine halbe Stunde Zeit in Anspruch. In dieser Zeit aber geht der Hefeteig - vor allem, wenn er mit „Startern" präpariert ist - mehr und mehr auf und quillt schließlich über die Tische. Erst jetzt wird den Lernenden bewußt, daß das Material, mit dem sie umgegangen sind, nicht tot und willenlos ist, sondern ein *Eigenleben* hat, das sich mehr und mehr Platz verschafft.

2. Tätigkeitsfeld: Die Form als das Außen und den Inhalt als das Innen betrachten

Wenn man den Hefeteig in seiner Eigenwilligkeit erlebt, dann fühlt man sich selbst als Außenstehender, dem die Vorgänge im Innern erst einmal verborgen sind. Man sieht *von außen* die Form der Masse, bleibt aber den Kräften im *Innern* ausgeliefert, weil man sie nicht kennt. Bauern nahmen früher an, daß *im Innern* des Hefeteigs böse Geister ihr Unwesen treiben, und ritzten deshalb vor dem Backen ein Kreuz auf den Brotteig, um diese unerwünschten Kräfte zu bannen.

Auf das Äußere aber konnte man gezielt einwirken und dem Teig verschiedenste Formen geben. Weil das ein kreatives Tun ist, wurden die Bäcker im Mittelalter zu den Künstlern gezählt.

3. Tätigkeitsfeld: Mit wissenschaftlichen Methoden ins Innere des Hefeteigs vordringen

Wenn man den Hefeteig aber wirklich beherrschen will, muß man in sein *Inneres* vordringen und es erforschen. An die Stelle des *Handwerks* mit seinem Wissen aus dem empirischen Umgang mit der Masse tritt jetzt die *Wissenschaft*. Historisch gesehen hat es eine lange und intensive Kontroverse gegeben zwischen Biologen und Chemikern, ob die Gärungsprozesse *im Innern* des Hefeteigs chemischer oder biologischer Natur seien. Um diese Frage zu beantworten, drang man mit **empirisch-analytischen Methoden** immer tiefer in die Masse ein, um die *elementaren Bausteine* der Hefezelle freizulegen und darin schließlich bis zu den Enzymen vorzustoßen, um die richtige Antwort zu finden (s. dazu auch Tafel VII). Der Preis aber, den man für die auf dem

Weg einer „harten" Empirie gefundene Lösung zu zahlen hatte, war der Tod der Hefezelle.

4. Tätigkeitsfeld: Durch freie Kombination elementarer Bausteine neue Systeme generieren

Wenn man das Leben der Hefezelle abgetötet hat, dann hat man auch ihre Eigenwilligkeit zum Stillstand gebracht. Man kann jetzt mit den gefundenen elementaren Bausteinen frei operieren und künstlich **neue Systeme** bilden. Dabei ist es möglich, sich völlig von den durch eine bestimmte Substanz vorgegebenen Bedingungen zu lösen. Konkretisierungen der Systembildungssequenz „Der Hefeteig" zeigen, daß Lernende einen hohen Eifer entwickeln und sich daran begeistern können, mit den Elementen von Atom- und Molekülmodellen verwickelte Systeme zusammenzustecken, die den ganzen Klassenraum einnehmen. Man ist dann nur noch an die vorgegebenen Elemente gebunden, kann aber ansonsten in völliger Freiheit durch deren Kombination neue Systeme erfinden. Im Zusammenhang mit der Gentechnologie ist dann das Problem von Determination und Freiheit zu diskutieren.

5. Tätigkeitsfeld: Mögliche Strukturen und Systeme am Computer entwerfen

Mit solchen Spielereien kann man auch den Computer beauftragen, der dann eine Vielzahl möglicher Strukturen und Systeme entwirft. Indem man diese Möglichkeiten wieder mit den konkreten Eigenschaften von Substanzen verbindet, können neue Substanzen gewonnen werden, die nicht mehr natürlich, sondern jetzt künstlich hergestellt sind.

Man kann aber auch zu dem Ursprungsmaterial zurückkehren und Biomasse in Fermentern züchten. Im Gegensatz zum „atomistisch-künstlichen" Weg der modernen Biologie und Gentechnologie ist dieser Weg der Biotechnologie mehr „holistisch-natürlich" ausgerichtet; anstelle „harter" Empirie wird hier „weiche" Empirie eingesetzt (s. auch Tafel VII).

6. Tätigkeitsfeld: Verschiedene Technologieformen bewerten und konkretisierbare Utopien entwerfen

Die über Wissenschaft gewonnenen Erkenntnisse von Eigenschaften gegebener Substanzen und die Möglichkeiten der Konstruktion künstlicher Substanz-Systeme realisiert der Mensch über verschiedene Formen von Technik, die als *Klein- Mittel- und Großtechnologie* bezeichnet werden.

Die Gewinnung elementarer Bausteine und das Operieren mit ihnen verlangt einen hohen technischen Aufwand und ist daher der *Groß-Technologie* vorbehalten. Notwendig ist der Bau großer Industrieanlagen und eine entsprechende Infrastruktur, damit etwa die dort Beschäftigten möglichst reibungslos mit Verkehrsmitteln die Arbeitsplätze erreichen können. Großtechnologie ist daher insgesamt mit *Zentralisierung* und *Vergesellschaftung* verbunden.

Im Gegensatz dazu tendiert die *Mittlere Technologie* (also etwa das Bäckerhandwerk) und noch mehr die *Klein-Technologie* (also etwa das Brotbacken im bäuerlichen Betrieben oder Privathaushalten) zur *Dezentralisierung* und - damit verbunden - zur *Vergemeinschaftung*. Die Entscheidung für eine bestimmte Technologie hat also immer vielfältige Implikationen. Dazu gehört auch das Mensch-Natur-Verhältnis: Klein- und Mitteltechnologie ist mehr auf ein *partnerschaftlich-symbiotisches Naturverhältnis* ausgerichtet, Großtechnologie dagegen auf *separatistische Naturbeherrschung und möglichst effektive (Aus-)Nutzung*.

Entworfen werden können deshalb am Ende dieser Systembildungssequenz **konkretisierbare Utopien**, in denen die Entscheidung für bestimmte Technologieformen auch Entscheidungen z. B. über die Art des Zusammenlebens der Menschen beinhalten. Historische Rekonstruktionen der Entwicklung der eigenen Heimat können dabei der Ausgangspunkt sein für die Entwicklung von Ideen, wie man die Gegend, in der man lebt, in Zukunft gestalten kann.

(s. zu dieser Systembildungssequenz ausführlicher: BURBAT, U., STAUDENMAYER, U., WALGENBACH, W., 1987, MINSSEN, M., 1986 , und WALGENBACH, W. 1986)

4.3   „Die Wirbelstraße: Ein sensibles System zwischen Ordnung und Chaos"

(Diese Systembildungssequenz ist vor allem in Zusammenarbeit mit Erich BÄUERLE, Hartmut GIEST, Günter KLARNER, Roland OESKER, Stefan SCHULDT, Ulrich STAUDENMAYER und Wilhelm WOLZE entwickelt worden. Gleichzeitig gab es eine, zum Teil heute noch bestehende brasilianische Projektgruppe an der Universität Santa Maria RS unter der Leitung von Ivone und Frederico RICHTER und André PETRY)

Im Mittelpunkt der Systembildungssequenz „Die Wirbelstraße: Ein sensibles System zwischen *Ordnung* und *Chaos*" (im folgenden nur noch kurz „Die Wirbelstraße" genannt) steht nicht - wie in der Systembildungssequenz "Spiegelungen"- die *Selbsttätigkeit* und auch nicht - wie in der Systembildungssequenz „Der Hefeteig" - das *Material* der *Selbsttätigkeit*. Thematisiert wird hier vielmehr die Komponente „**Mittel**" der *Selbsttätigkeit*. Angeknüpft wird dabei an dem in der Sequenz „Spiegelungen" konstituierten Grundrahmen, innerhalb dessen die Bedeutung und der Stellenwert von Mitteln in Form von *Bildern* (Selbstbilder, Umweltbilder, Weltbilder usw.) schon erfahren und ihre Möglichkeiten *als Spiegelung der eigenen Selbsttätigkeit* erkannt werden konnten.

Bilder sind insofern grundlegende Mittel menschlicher Tätigkeit, als mit ihnen die Mannigfaltigkeit von Wirklichkeit zu einer *Einheit* zusammengefaßt werden kann. In einem Spannungsfeld von *Einheit* und *Vielfalt* stehend, können sie als Keime für die Entwicklung komplexer Zusammenhänge bis hin zu theoretisch begründeten Systemen und auf deren Grundlage gestalteter Wirklichkeit genutzt werden (s. dazu auch die Zitate von Albert EINSTEIN, S. 163).

Grundlegend für das **Mittel „Bild"** in der menschlichen Tätigkeit ist nicht nur das Spannungsverhältnis von *Einheit* und *Vielfalt*, sondern auch eine Reihe anderer wie etwa: *Inhalt/Form, Konkret/Abstrakt, Intuition/Logik, Individuell/Allgemein* (wie etwa Archetypen), *Ideell/Materiell* oder *Gegenstand/ Mittel* (Herstellung von Bildern/Bilder als Werkzeuge).

An welchem Gegenstand und mit welchen Mitteln kann diese mit Bildern verbundene Problemkomplexität und der entwickeltste Stand erfahrbar gemacht werden? Gewählt ist für das Konzept „Interdisziplinäre System-Bildung" das *Phänomen des Flüssigen* (zur Begründung dieser Auswahl s. auch die Ausführungen in 7.4). Von Menschen wird es vor allem wegen seiner *Unbestimmtheit* und gleichzeitigen *Bestimmbarkeit* als faszinierend empfunden. Für die Erzeugung von Bewußtheit über Systembildungen ist es deshalb geeignet, weil es im Gegensatz zu festen Körpern keine bestimmte *Form* aufweist, sondern erst in der Wechselwirkung mit seiner Umgebung eine bestimmte *Form* annimmt, gleichzeitig aber auch diese Umgebung - wie etwa bei einem Flußlauf zu beobachten ist - mitgestaltet. *Bestimmen und Bestimmtwerden* ist ein Begriffspaar, das man für die Erfassung und Reflexion dieses Wechselwirkungsprozesses zwischen Flüssigem und seiner Umgebung nutzen kann.

Für Menschen besonders intensiv erfahrbar ist dieser Wechselwirkungsprozeß bei der Herstellung einer „Wirbelstraße" in einem Wasserbassin. Beim Hindurchziehen eines Hindernisses bilden sich Wirbel, die sich von dem Hindernis ablösen und zu einer Straße gruppieren. Neben dem Spannungsverhältnis von *Bestimmen* und *Bestimmtwerden* in der Beziehung zwischen dem die Wirbelstraße erzeugenden Menschen und dem auf dessen Aktivitäten sensibel reagierendem Flüssigen ist dabei außerdem noch ein Spannungsfeld von *Ordnung und Chaos* im Objekt, dem Flüssigen, erfahrbar. Die Wirbelstraße ist dabei ein komplexes und besonderes Phänomen, weil sie an der Grenze zwischen *reproduzierbarer Ordnung* und *nichtreproduzierbarem Chaos* liegt. Die ganze Spannbreite von der *Ordnung* linear-laminarer Strömungen bis hin zum *Chaos* komplex-dynamischer Turbulenzen ist an der Wirbelstraße als Grenzphänomen erforschbar. Die im Wasserbecken erzeugte Wirbelstraße kann deshalb als **Miniatur** betrachtet werden, in der in komprimierter Form die Problemkomplexität von Flüssigem enthalten ist. Sie ist nicht nur einfach e i n Beispiel, sondern **das Beispiel**, an dem Flüssiges und die Entfaltung der Begriffspaare *Ordnung und Chaos* sowie *Bestimmen und Bestimmtwerden* erforscht werden können (s. dazu auch Tafel I, VI und XVI).

Wenn der Mensch sich mit dem Flüssigen als dem *„bestimmbaren Unbestimmten"* (GOETHE) in Beziehung bringen will, so muß er sich Mittel schaffen, mit denen sich komplexe, ungeordnete Mannigfaltigkeit zu einer *Einheit* zusammenfassen läßt. Ein Beispiel für solch ein (ideelles) Mittel ist die NOVALIS-Metapher *„Das Flüssige ist das sensible Chaos"*. Das Flüssige als der *Inhalt* der Tätigkeit wird in dieser Metapher in Beziehung mit einer in dem Bild „sensibles *Chaos*" ausgedrückten *Form* zusammengebracht (s. dazu ausführlicher 3.3 und Tafel IX) .

1. Tätigkeitsfeld: Ganzheitlich-intuitiver Umgang mit Gestalten des Flüssigen

Mit der Wirbelstraße als Untersuchungsgegenstand und der NOVALIS-Metapher „Das Flüssige ist das sensible *Chaos*" sowie den daraus ableitbaren Begriffspaaren *„Bestimmen/Bestimmtwerden"* und *„Ordnung/Chaos"* als heuristische Mittel ist eine Grundlage geschaffen für die Entwicklung der Sequenz „Die Wirbelstraße". Im ersten Schritt wird dabei die Mannigfaltigkeit von Flüssigem erfahrbar gemacht. Das kann zum einen in einer offenen *Form* erfolgen, indem vielfältige Möglichkeiten für einen spielerischen Umgang mit Flüssigem (Spiele an einem Fluß, an einem Brunnen, in einer Spiellandschaft usw.) angeboten werden. Das kann aber auch in Form einer historischen Spurensuche erfolgen, indem erforscht wird, wie Menschen in der Vergangenheit mit Flüssigem umgegangen sind. Dabei kommen auch Formen des Umgangs mit Flüssigem in den Blick, in denen nicht nur direkte Beziehungen des Menschen zum Flüssigen eine Rolle spielen, sondern auch solche, die über **Symbole** (als eine erste Form von Bildern) vermittelt sind. Zusammenfassend können dieses Aktivitäten als *kulturwissenschaftliche Systembildungen* aufgefaßt werden, in denen der menschliche Umgang mit Flüssigem in der alltäglichen Lebenswelt historisch und systematisch zum Thema gemacht wird.

2. Tätigkeitsfeld: Erforschung von Formen des Flüssigen

Die im ersten Schritt der Systembildungssequenz erfahrene Mannigfaltigkeit des Flüssigen ist im zweiten Schritt zu komprimieren und „auf den Punkt" zu bringen. Es ist ein „Verbrechen" im Sinne EINSTEINs zu begehen, der ideelle Ausgangspunkt (eine „Ausgangsabstraktion") für Systembildungen als Prozeß des *Aufsteigens vom Abstrakten zum Konkreten* im Denken zu setzen. Erzeugt wird deshalb in einem Wasserbassin eine Wirbelstraße. Erfahrbar wird an der Erzeugung dieser **Gestalt** das Spannungsfeld von *Bestimmen* und *Bestimmtwerden* (Subjekt-Objekt-Beziehung) sowie von *Ordnung* und *Chaos* (als Systembildungsprozeß).

Mit der Metapher „Das Flüssige ist das sensible *Chaos*" (s. dazu auch 3.3) kann diese Erfahrung in komprimierter *Form* zum Ausdruck gebracht werden. Verfügbar ist damit ein *elementares heuristisches Mittel*, in dem menschliche Erfahrung im Umgang mit Flüssigem in hochverdichteter *Form* zusammengefaßt ist. Diese Erfahrung aber wird wie bei einem homöopathischen Mittel in einer **minimalen Dosierung** angeboten. Zum Problem und zur Aufgabe von Systembildnern wird dann die Erzeugung von

Komplexität durch die Herstellung von Wechselwirkungen zwischen der Metapher (und den mit ihr verbundenen Begriffspaaren) und der Wirbelstraße als Untersuchungsminiatur und Repräsentanten der Potentialität von Flüssigem.

Flüssiges als *Inhalt* und die mit ihr in Beziehung gesetzte *Form* „sensibles *Chaos*" sind zu Anfang noch kaum voneinander getrennt, sondern werden in der gegenständlich-praktischen Tätigkeit bei der Erzeugung von Wirbelstraßen als *Einheit* erfahren. Sichtbar werden auf dem Wasser **Gestalten** des Flüssigen, die aus der Wechselwirkung von Mensch und Objektsystem hervorgehen. Diese Gestalten können durch Auftropfen von Ölfarbe auf die Wasseroberfläche sichtbar gemacht werden. Legt man ein Blatt Papier auf die Wasseroberfläche und drückt es leicht an, dann können die dynamischen Gestalten auch in einem bestimmten Zustand fixiert werden. Man gewinnt dann ein Bild, in dem aber nicht die Gestalten „gebannt", sondern nur noch bestimmte *Formen* des Flüssigen zu bestimmten Zeitpunkten. Die **Trennung von** *Inhalt* **und** *Form* wird damit unmittelbar erfahrbar als ein menschlicher Akt, der gegebene Komplexität reduziert und dadurch mehr oder weniger zerstört (s. dazu auch 5.2.1.2).

Gleichzeitig werden Möglichkeiten eröffnet, *Form*en gesondert von bestimmten *Inhalt*en zu studieren und als Mittel zu nutzen, um damit andere *Inhalt*e über **Analogien** zu erfassen oder auch in eine bestimmte *Form* zu bringen. Diese Art der Tätigkeit ist zuerst noch stark im Ästhetischen verankert, weil die Trennung von der *Inhalt*lichkeit des Phänomens noch nicht weit vorangeschritten ist und immer wieder Bezüge hergestellt werden. Keimhaft ist hier der Ausgangspunkt für *künstlerische Systembildungen* angelegt, die dann in diesem Tätigkeitsfeld weiter entfaltet werden können.

3. Tätigkeitsfeld: Die Entdeckung von Strukturen des Flüssigen

Gibt man sich aber nicht mit der Gegebenheit von *Form*en zufrieden, sondern fragt auch nach deren Entstehung, Entwicklung und Gestaltbarkeit, dann kommt es auf der Grundlage von Teilchenvorstellungen zur Zerlegung von *Form*en in ihre Grundelemente und zur Erforschung möglicher Beziehungen zwischen den Elementen. Es findet ein Übergang statt vom Denken in *Form*en zum *Denken in Strukturen*. Die vorher mehr an gegebene Phänomene orientierte Tätigkeit entwickelt sich zu *einer experimentellen Tätigkeit*, die über gegebene Wirklichkeit hinaus auf *die Ent-deckung von Möglichem* ausgerichtet ist. Die Distanz zur *Inhalt*lichkeit erhöht sich, die Tätigkeit geht vom Ästhetisch-Künstlerischen in *(natur-) wissenschaftliche Systembildungen* über, deren Ziel es ist, **Strukturen** objektiv zu erfassen und in ihnen enthaltene Möglichkeiten aufzudecken. Damit sind wissenschaftliche Systembildungen weder - wie die ästhetisch-künstlerischen Systembildungen auf dem vorher beschriebenen Niveau - an bestimmte *Inhalt*e gebunden, noch an bestimmte vorgegebene *Form*en. An die Stelle von *Analogiebildungen* treten dann **Metaphernbildungen**, in denen sowohl die *Inhalt*s- wie die *Form*seite mehr oder weniger weitgehend unbestimmt ist und die Metapher ihre Bestimmung erst in einem gleichberechtigten Wechselspiel erfolgt.

Form dominiert also nicht mehr wie bei der Analogie über *Inhalt*liches, sondern *Inhalt* und *Form* erklären sich gegenseitig wie in der Metapher „Das Flüssige ist das sensible *Chaos*".

4. Tätigkeitsfeld: Die Erfindung von Texturen durch Kombination frei verfügbarer Elemente

Die Entwicklung menschlicher Tätigkeit zu einer experimentell-wissenschaftlichen Tätigkeit ist eng mit dem Einsatz technischer Mittel wie etwa dem Mikroskop verbunden. Ganz neue Möglichkeiten werden durch den *Computer* eröffnet, der - in der Terminologie von Vilem FLUSSER - einen Übergang von *traditionellen* zu *technischen* Bildern ermöglicht, die nicht mehr auf *Ab-bildung* von Gegebenem beruhen, sondern *Ein-bildungen* in Bedeutungsloses erforderlich machen. Mit dem Computer lassen sich abstrakte Punktmengen generieren, die im Gegensatz etwa zu Strukturdarstellungen von Strömungswissenschaftlern, die ebenfalls mit Punktmengen als Zeichen für Flüssigkeitselemente operieren, nicht mehr gegebene Wirklichkeit repräsentieren, sondern nur noch sich selbst bedeuten.

Gewonnen sind dadurch *Texturen*, versteht man darunter im Anschluß an Max BENSE (1971) abstrakte Elementansammlungen, die - im Gegensatz zur Struktur - nicht mehr aus Elementen bestehen, deren Beziehungen untereinander mehr oder weniger durch die Bindung an eine bestimmte Substanz (wie das Wasser) „natürlich" vorgegeben, sondern frei miteinander kombinierbar sind. Nicht mehr die *Ent-deckung* durch Substanzen vorgegebener Beziehungen ist dann das Ziel formal-abstrakter Systembildungen, sondern die *Erfindung von Neuem* mit abstrakten, nur noch sich selbst bedeutenden Punktelementen. Die Generierung solcher Punktmengen kann dabei dem Computer übertragen werden, der etwa auf der Grundlage von Iterationsgleichungen komplex-dynamische Systeme im Spannungsfeld von *Ordnung* und *Chaos* erzeugt, denen aufgrund ihrer Gruppierungen um bestimmte Arten von Attraktoren (z. B. seltsame Attraktoren) eine Fähigkeit zur **Selbstorganisation** zugeschrieben werden kann. Es sind *syntaktische Systembildungen*, die erst einmal ohne Berücksichtigung von Bedeutungen für den Menschen ablaufen.

5. Tätigkeitsfeld: Die Erfindung virtueller Realitäten

Menschliche Tätigkeit, die sich auf Phänomenhaftes bezieht, gründet auf Aussagen vom Typ „Dies (eine bestimmte *Inhalt*lichkeit) *ist das* (eine bestimmte *Form*)". Menschliche Tätigkeit, die sich auf syntaktische Systembildungen bezieht, ist demgegenüber auf Aussagen ausgerichtet vom Typ „Das (ein bestimmtes abstraktes System) *ist dieses* (eine bestimmte *Inhalt*lichkeit)". Die Bearbeitung dieser Aussagen führt zu *semantischen Systembildungen*, in denen über „Ein-bildungen" (V. FLUSSER, 1989) abstrakten syntaktischen Systemen eine bestimmte Bedeutung zugeordnet wird. Wird dabei der Computer als Mittel genutzt, so lassen sich **virtuelle Realitäten** etwa in

Form von Computer-Animationen entwerfen, die aufgrund ihrer *Immaterialität* zuerst einmal nichts anderes sind als **Möglichkeitswelten**.

6. Tätigkeitsfeld: Entwurf konretisierbarer Utopien

Solche über Computerdesign und -animationen erstellten Utopien können in Wechselwirkung gebracht werden mit konkreten Bedingungen und Möglichkeiten. Es lassen sich dann unter Rückgriff auf die in den anderen Tätigkeitsfeldern kennengelernten bildnerischen Mittel **konkretisierbare Utopien** entwerfen. Diese Tätigkeit läßt sich als *pragmatische Systembildung* begreifen, weil hier Konzepte für die Gestaltung der alltäglichen Lebenswelt entwickelt werden. Konkretes Ziel kann dabei der Entwurf von **konkretisierbaren Utopien für Landschaften mit Fließgewässern** sein, in denen eine natur- und eine humanzentrierte Ökologie im Hinblick auf das Ziel einer „Nachhaltigen Entwicklung (,,Sustainable Development") zu einer *Einheit* miteinander verschmolzen werden.

(s. zu dieser Systembildungssequenz ausführlicher: AUTORENGRUPPE "INTERDISZIPLINÄRE SYSTEM-BILDUNG, 1998, die Arbeiten von Henning FREIBERG und Roland OESKER im Literaturverzeichnis sowie die empirischen Studien in 7.2).

4.1.2 „Virtuelle Labyrinthe: Organisation von Undurchschaubarem"

(Diese Systembildungssequenz ist vor allem in Zusammenarbeit mit Hermann DILLMAMNN; Günter KLARNER, Stefan SCHULDT und Ulrich STAUDENMAYER entwickelt worden)

Mit der Systembildungssequenz „Virtuelle Labyrinthe: Organisation von Undurchschaubarem" (im folgenden nur noch „Virtuelle Labyrinthe" genannt) sollen Probleme und Möglichkeiten von *Systemorganisationen und -architekturen* aufgenommen werden. Grundlegend ist dabei die These, daß sich mit dem Einsatz von Computern in diesem Bereich menschlicher Tätigkeit grundlegende Veränderungen ergeben haben. **Der Computer wird deshalb selbst zum Gegenstand gemacht,** um über seine Erforschung zu dem entwickeltsten Stand im Bereich von Systemorganisationen zu gelangen. Ausgangspunkt ist also nicht die soziale Organisation, sondern **der Computer als ein Mittel, das den sozialen Bereich heute tiefgreifend prägt und revolutioniert.** Dabei wird die Entstehungsgeschichte von Computern zurückverfolgt bis zum Auftauchen von Elektrizität als ein undurchschautes Phänomen und dessen technische Handhabbarmachung in Form von Elektronik.

Computer, Elektrizität und Elektronik werden in dieser Systembildungssequenz nicht (nur) wegen ihres Eigenwerts gelernt und gelehrt, sondern vor allem wegen ihres im folgenden beschriebenen Bildungswerts: Moderne Industriegesellschaften sind immer mehr durch Wissenschaft, Kunst und Technologie geprägt. Dadurch ist das Leben insgesamt und speziell der Umgang mit bestimmten Objekten und Phänomenen (wie

Energie, Computer, Medien, usw.) immer komplexer und undurchschaubarer geworden. Deshalb werden Fähigkeiten und Fertigkeiten immer wichtiger, die es ermöglichen, sich in komplexen und undurchschauten Zusammenhängen zu bewegen.

Die in dieser Systembildungssequenz im Mittelpunkt stehenden Phänomene Elektrizität, Elektronik und Computer haben besonders zu der Unanschaulichkeit beigetragen (s. dazu auch BACHELARD, 1975). Deshalb eignen sie sich auch besonders gut, um an ihnen den *Umgang mit Komplexität und Undurchschautem* zu erlernen.

Gegenüber den bisher vorgestellten Systembildungssequenzen gibt es bei dem Thema „Virtuelle Labyrinthe" eine Besonderheit: Bei der Bearbeitung des Wasserthemas z. B. wurde die Wirbelstraße als Miniatur ausgewählt, weil sie „Urbilder/kategoriale Anfangsideen" von *Ordnung* und *Chaos* sowie von *Bestimmen* und *Bestimmtwerden* bei ihrer Erzeugung in einem Wasserbassin hervorrufen kann. Dabei ist das Wasser ein sinnlich-konkret *wahrnehmbarer Gegenstand bzw. Inhalt.* Im Falle des Themas „Virtuelle Labyrinthe" aber ist der Gegenstand/*Inhalt* „Elektrizität/Elektronik" nicht wahrnehmbar, sondern *immateriell.* Der Mensch muß deshalb Mittel finden, um sich diese **Immaterialität** zugänglich und handhabbar zu machen. Damit aber wird dieses **Mittel selbst** erst einmal zum Gegenstand bzw. Inhalt der Tätigkeit.

Wenn der Mensch sich Undurchsichtigem und Undurchschautem nähern will, fallen ihm Bilder ein wie: Dschungel, Irrgarten, Sumpf, undurchdringlicher Urwald, dunkles Loch, geheimnisvolle Höhle, Nebel oder eben: Labyrinth. Unter allen diesen Bildern hat das „Labyrinth" eine besondere erkenntnistheoretische Qualität. Der Mathematikdidaktiker Michael Otte (1986) hat in einem Aufsatz „Wege durchs Labyrinth" im Anschluß an DESCARTES grundlegende Erkenntnisprobleme im Umgang mit diesem Gebilde aufgezeigt: Einerseits muß man sich in bestimmten *Teilen* etwa unter Zuhilfenahme eines Algorithmus (wie dem PLEDGE-Algorithmus: eine moderne Form des Ariadne-Fadens) zurechtfinden, andererseits muß man aber auch zumindest ein diffuses Bild vom *Ganzen* entwerfen (etwa: Dieses Labyrinth hier ist - wahrscheinlich - ein zweidimensionales Gebilde mit einem Ein- und Ausgang). Erst also in einem Wechselspiel von *Intuition* (ganzheitliches Bild) und *Logik* (Algorithmus als geordnete Abfolge von Schritten) läßt sich ein Weg aus dem Labyrinth finden.

Ebenso gibt es beim Labyrinth einen grundlegenden Unterschied zwischen *zwei Arten von Systembildnern*: Der in ein Labyrinth Eintretende - der **„Nutzer"**- sieht sich erst einmal einer undurchschauten Komplexität gegenüber, für deren Bewältigung er nach Strategien - etwa der Vereinfachung auf Rechts-/Links- oder Ja-/Nein-Entscheidungen - suchen muß. Dagegen ist für den **Konstrukteur** (bzw. für „Dädalus und Ikarus", die das Labyrinth überfliegen) das Labyrinth einfach und übersichtlich.

Insgesamt stellt sich damit das **Labyrinth** als ein Gebilde dar, das interessante erkenntnistheoretische Probleme aufwirft, die sich in Gegensatzpaare wie *Teil/Ganzes,*

Komplexität/Vereinfachung, Intuition/Logik, (digital-atomistischer) *Algorithmus/*(holistisches) *Bild* begrifflich fassen lassen. Vor allem das Begriffspaar *Teil/Ganzes* hat dabei die Qualität von Grundkategorien, mit denen wir die Komplexität der Welt in Systemen zu erfassen suchen, und die auch grundlegend für das Denken in Systemen sind.

Labyrinthe treten in verschiedenen Erscheinungsformen auf, etwa in der *materiellen Form* eines Irrgartens, den man durchwandert, oder der *ideellen Form,* die man in seinem Kopf von diesem Irrgarten entwirft.

Beim „**Finger-Labyrinth**" der Neurobiologen sind diese erkenntnistheoretischen Paradoxien gleichsam in einer reinen Form „auf den Punkt" gebracht: Man ist nicht mehr mit dem ganzen Körper in einem Labyrinth gefangen, sondern betastet es aus einer bestimmten Distanz mit den Fingern. Dabei überführt man die materielle *Form* in eine ideelle *Form* und kann dann feststellen, daß es Personen mit holistisch-ganzheitlichen und andere mit atomistisch-digitalen Speicherungs-Strategien gibt.

Die ganze Spannbreite zwischen ideeller und materieller (Re-)Präsentation von Labyrinthen. die heute mit wissenschaftlich-technischen Mitteln möglich ist, läßt sich entfalten, wenn man vom Computer generierte immaterielle Punktmengen als labyrinthisch auffaßt und auch noch Labyrinthkonstruktionen hinzunimmt, die nur fiktiv im Kopf und mehr oder weniger unabhängig von irgendeiner Art von Materialität entworfen und deshalb als „*virtuelle Labyrinthe*" bezeichnet werden können.

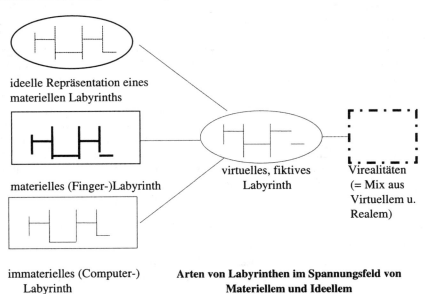

ideelle Repräsentation eines
materiellen Labyrinths

materielles (Finger-)Labyrinth

virtuelles, fiktives
Labyrinth

Virealitäten
(= Mix aus
Virtuellem u.
Realem)

immaterielles (Computer-)
Labyrinth

**Arten von Labyrinthen im Spannungsfeld von
Materiellem und Ideellem**

Das Labyrinth kann deshalb die Funktion einer *Miniatur* übernehmen, in der Probleme im Umgang mit undurchschauter Komplexität komprimiert zusammengefaßt sind. Beim Umgang mit dieser *Miniatur* werden grundlegende Ideen („Urbilder") wie die von *Teil/Ganzes*-Beziehungen hervorgerufen, die sowohl auf Objektives bezogen sind wie auf das Verhältnis von Subjekt und Objekt(-system).

1. Tätigkeitsfeld: Sammeln ganzheitlicher Erfahrungen im Umgang mit Labyrinthen als Konstrukteur und als Suchender

Die Systembildungssequenz beginnt mit *ästhetisch-spielerischen Erfahrungen* im Umgang mit Labyrinthen. Zum einen kann man **Konstrukteur** von Labyrinthen sein, die einem selbst dann gar nicht komplex und undurchschaubar vorkommen. Zum anderen kann man aber auch **Suchender und Herumirrender** in fremden Labyrinthen sein. Die Aufgabe besteht dann darin, sich in komplexen Räumen zu orientieren. Kennengelernt wird dabei etwa ein *Ganzes*, das z. B. einen Ein- und einen Ausgang hat, dessen Innen aber erst einmal undurchsichtig und verworren ist.. Erforderlich ist deshalb zum einen *Intuition* als Fähigkeit, sich ein - oft zu Anfang noch weitgehend diffuses - *Ganzes* vorzustellen. Zum anderen ist *Differenzierung* insofern gefragt, als man sich auf kleinere *Teil*räume konzentrieren muß, um über deren Erforschung wiederum Anhaltspunkte für die Erkenntnis des Ganzen zu gewinnen.

2. Tätigkeitsfeld: Formen von Labyrinthen erkennen und als Mittel nutzen, um Undurchschautes zu strukturieren

In einem zweiten Schritt werden die Erfahrungen, die man mit Labyrinthen gesammelt hat, systematisiert. Man verfügt dann über ein Repertoire von Labyrinth*form*en. Wie aber sind eigentlich diese Labyrinthe im Gehirn gespeichert? Diese Frage stellt sich besonders, wenn man mit dem Finger die Wege eines in eine (Kunststoff-)Platte eingefräßten Finger-Labyrinths mit geschlossenen Augen verfolgt. Versuche, die Speicherung der Labyrintherfahrungen sich zu erklären, führen zu eigenen Theorien. Man kann sich aber auch Informationen etwa aus der Neurobiologie besorgen. Dort erfährt man etwas über Energieströme und ihre Speicherung in labyrinthisch erscheinenden Strukturen des Gehirns. Erweitert man dabei den Suchraum über das Gehirn hinaus, stößt man auf Fragen, wie überhaupt Energieströme in unserem Körper, aber auch in der Erde fließen. Man kann auch hier, vielleicht unter Rückgriff auf das Wissen über Labyrinth*form*en, eigene Konzepte entwickeln für Energiefelder und -ströme und diese konfrontieren mit Konzepten, die man in alten Kulturen - etwa in der „Geomantie" (s. dazu etwa: PIEPER, W., 1993) - oder in der modernen Wissenschaft findet.

3. Tätigkeitsfeld: Elektrischen Strom als kanalisierte Energie nutzen zum Steuern, Messen und Regeln

In Form des elektrischen Stromkreises ist es dem Menschen gelungen, sich elektrische Energie in einer beherrschbaren *Form* verfügbar zu machen. Durch Einbau und gezielte Anordnung von Schaltern kann man den elektrischen Stromkreis nutzen, um logische Zustände (Wahrheitswerte der traditionellen Aussagelogik wie ja/nein oder 0/1) darzustellen und für die Steuerung, Messung und Regelung von Systemen bis hin computergesteuerten Maschinensystemen einzusetzen.

4. Tätigkeitsfeld: Entwurf und Erforschung von komplexen Logiken

Stellt man - etwa beim Bau eines „Ringautomaten" - *Rückkopplungen* zwischen den elektrischen oder elektronischen Bausteinen her, dann findet ein Übergang von *Kompliziertheit* zu *Komplexität* statt. Man steht dann vor Problemen, die nicht mehr mit einem *Ursache-Wirkungs-Denken* und *traditioneller Logik*, sondern nur noch mit *komplexen Logiken* bearbeitet werden können. Historisch und systematisch ist deshalb - je nach konkreten Bedingungen in bestimmten Problemtiefen - die Konstruktion logischer Systeme von der traditionellen Aussagelogik über die „Fuzzy -Logik (unscharfe/unsaubere Logik) bis hin zu dialektischer Logik aufzuarbeiten.

5. Tätigkeitsfeld: Nutzung komplexer Logiken für Multimedia-Systeme

Für moderne Computer stehen heute schon komplexere Logiken wie etwa die „Fuzzy Logik" (unsaubere/unscharfe Logik) zur Verfügung. Das menschliche Denken aber ist zu einem noch viel komplexeren logischen Denken fähig. Im Gegensatz zum Schreiben und Lesen eines Buches, das auf einer *linearen Logik* aufbaut (etwa: Lesen von links nach rechts in der abendländischen Tradition), setzt der Mensch bei der Konstruktion von **Hypermedia- und Multimedia-Systemen** sehr viel komplexere Logiken ein. Dem Nutzer solcher „Labyrinthe" werden damit Möglichkeiten eröffnet, individuelle Informationswege anzulegen und komplexe, auf die eigenen Bedürfnisse ausgerichtete Systembildungen vorzunehmen.

6. Tätigkeitsfeld: Konkretisierbare Utopien entwerfen für eine demokratische Informations- und Kommunikationsgesellschaft

Komplexe Logiken können aber nicht nur zur Vernetzung von Informationen *in* einem Computer eingesetzt werden, sondern auch zur Vernetzung *zwischen* Computern. Es können dann, wie etwa im Internet, **komplexe Informations- und Kommunikationslabyrinthe** entstehen, die nicht mehr an materielle Einrichtungen wie Bibliotheken, Hochschulen und die persönliche Präsenz eines Benutzers zu einer bestimmten Zeit gebunden sind, sondern **virtuelle Labyrinthe** insofern darstellen, als sie auf *Immaterialität* aufbauen. Wie sollen die sich damit ergebenden Möglichkeiten in demokratischen Gesellschaften genutzt werden? Das bisher in der Systembildungssequenz „Virtuelle Labyrinthe" gewonnene Wissen kann genutzt werden, um diese Fragestellung aufzunehmen, Lösungskonzepte in Form *konkretisierbarer Utopien* zu entwerfen und mit anderen über deren Wünschbarkeit und Veränderbarkeit in *inter- und transdisziplinären Dialogen* zu diskutieren.*(s. auch den Bericht über ein Berufsschulprojekt zum Thema "Labnyrinthe" im Internet unter* www.naturfreundejugend.de*)*

4.5   „Muscheln: Nachhaltiger Umgang mit Systemen"

(Diese Systembildungssequenz ist in Zusammenarbeit mit Künstlern und Wissenschaftlern der südbrasilianischen Universität Rio Grande RS im Rahmen eines Forschungsprojekts „Interdisziplinäres Systemdenken und den Umweltwissenschaften und der Umwelterziehung" entwickelt worden. Besonders zu nennen sind dabei: Maria da Graça Carvalho do AMARAL, Felix Valentin Miranda BUGUENO, Michael CHAPMAN, Denise IGLESIAS, Arion de Kurtz SANTOS, Ingrid Oliveira SANTOS; Jaime JOHN, Sirio Lopez VELASCO und Carolus Maria VOOREN/ s. zu dieser Systembildungssequenz auch ausführlicher: AUTORENGRUPPE "INTERDISZIPLINÄRE SYSTEM-BILDUNG, 1999)

In der ersten Systembildungssequenz stand das *selbsttätige Subjekt* mit der Entwicklung seiner Identität im Mittelpunkt. In den Systembildungssequenzen „Der Hefeteig" wurde das *Material* der Selbsttätigkeit, in der Systembildungssequenz „Die Wirbelstraße" das Bild als *Mittel* und in der Systembildungssequenz „Virtuelle Labyrinthe" die *Organisation* komplexer Systemarchitekturen thematisiert. In der hier zum Abschluß vorgestellten Systembildungssequenz „Muscheln: Nachhaltiger Umgang mit Systemen" geht es nun um die **Ziele und Resultate** von Systembildungen.

Ausgangspunkt ist ein *Bildungsexperiment* mit Muscheln, das in Anlehnung an eine Idee von Mins MINSSEN (1986; s. dazu auch: BATESON, G., 1983 , S. 20 - 22) entwickelt wurde: Lernende sammeln am Ende eines Ausflugs zu einer Landschaft am Meer Muscheln, die sie dort am Strand finden. Nach ihrer Rückkehr werden die Muscheln auf dem Boden ausgebreitet. Jeder hat die Möglichkeit, eine Muschel auszuwählen, die ihm besonders gefällt. Im Kreis sitzend wird von jedem seine Lieblingsmuschel beschrieben. Danach werden alle Muscheln wieder zusammengelegt und in ein Labor gebracht, weil „wir jetzt zusammen Chemie machen wollen". Dort erhalten die Lernenden Mörser und Stampfer, zerkleinern die Muscheln zu Mehl und schütten das Mehl in eine Säure. Zu sehen ist schließlich nur noch eine milchige Flüssigkeit. Von dem Untersuchungsleiter wird dann die Frage gestellt: „Könnt Ihr Eure Lieblingsmuschel aus dieser Flüssigkeit wiederherstellen?".

Aufgeworfen ist damit das Problem von **Reversibilität und Irreversibilität** beim Umgang mit Systemen, von denen ja die Muschel eines ist. Diese ist auch ein *Teil* und - mehr oder weniger bewußt bei den Lernenden - ein Repräsentant der vorher besuchten Landschaft, einem noch größerem System. Damit in Verbindung gebracht werden können jetzt verschiedene Ansätze, sich einer Landschaft - oder allgemeiner: einem System - zu nähern (wie etwa phänomenologische, ästhetische, ökosystemtheoretische Ansätze). Es kann gefragt werden, wie solche Ansätze im Hinblick auf das Leitziel **„Nachhaltige Entwicklung („Sustainable Development")"** zu bewerten sind, da hinter diesem letztlich die Frage steht nach der **Reversibilität und Irreversibilität von Systembildungen**. Am Ende der Systembildungssequenz können dann wieder *konkretisierbare Utopien* entworfen werden, die der *nachhaltigen Entwicklung* einer Landschaft möglichst förderlich sind.

Entsprechend der vorgestellten Prozeßstruktur (s. dazu auch 3.4) mit einem *„Aufsteigen vom Konkretem zum Abstrakten"* (von der Landschaft bzw. ihrem Repräsentanten, der Muschel) und einem *„Aufsteigen vom Abstrakten zum Konkreten"* als Entfaltung des Begriffspaars *Reversibilität/Irreversibilität* und dem damit verbindbaren Begriffspaar *Erhaltung* (mit der Tendenz zur Reversibilität)/*Gestaltung* (mit der Tendenz zu irreversiblen Eingriffen in eine Landschaft) kann jetzt die folgende Systembildungssequenz entwickelt werden:

1. Tätigkeitsfeld: Eine Landschaft als ganzheitliche Gestalt erfahren

Die Lernenden fahren hinaus an den Strand, wo an einer bestimmten Stelle ein Bach in das Meer einmündet. Die Wechselwirkungen zwischen Meer und Land sowie zwischen Bach und Landschaft drücken sich in der **Gestalt** der Landschaft aus, die dem Betrachter vielfältige Anreize bietet. Nachdem die Lernenden etwa eine halbe Stunde Zeit gehabt haben, allein oder in Gruppen diese Landschaft zu erkunden, versammeln sie sich im Kreis, um (wie Forscher beim Ansatz der Länderkunde) einzeln die Landschaft zu beschreiben. Erkennbar wird, daß eine Landschaft nicht einfach gegeben, sondern ein **Konstrukt** des jeweiligen Betrachters ist: *Es gibt so viele verschiedene Landschaften, wie es Lernende gibt.*

Am Ende des Ausflugs zur Landschaft sammeln die Lernenden Muscheln am Strand und führen dann an ihrem Haupt-Lernort (der Schule, Universität u.ä.) das oben beschriebene Experiment durch. Die Fragestellung, die damit aufgeworfen ist, läßt sich wie folgt formulieren: *Wie kann und soll man mit Landschaften umgehen in einem Spannungsfeld von Erhaltung (mit dem Ziel reversibler Systembildungen) und Gestaltung (mit der Gefahr irreversibler Systembildungen)?*

2. Tätigkeitsfeld: Formen von Landschaften erkunden

Phänomenologische Ansätze bauen auf einer „sanften Empirie" auf: Ein Landschaft wird einen Tag, eine Woche oder ein Jahr lang beobachtet (s. dazu auch: BOCKE-MÜHL, J., 1980 und 1992). Wahrnehmbar sind dann *Veränderungen der Landschaft* in Abhängigkeit etwa von den Jahreszeiten und verschiedene *Formen,* die aus der Wechselwirkung der Bestandteile einer Landschaft (Sand, Wasser, Wind, Vegetation, Fauna usw.) hervorgehen. Das Erkenntnisinteresse ist hier auf die *Wahrnehmung und Erfassung des Eigenlebens* einer Landschaft, auf ihre ***Formen und auf deren Vergleich mit Formen anderer Landschaften*** gerichtet und noch nicht auf eine *Veränderung* der Landschaft. Es werden - wie bei Ansätzen der Länderkunde und der Vergleichenden Länderkunde (s. dazu auch 2.5.3) - *Idiographien* von Landschaftsformen erstellt und *Systematiken, Typologien und Klassifikationen* von Landschaften entworfen. Möglich werden damit auch *Analogiebildungen,* bei denen man von bekannten auf unbekannte Landschaften schließt.

3. Tätigkeitsfeld: Strukturen einer Landschaft entdecken durch Ermittlung ihrer grundlegender Elemente und deren Beziehungen

Nicht nur beobachtend, sondern eingreifend ist eine *empirisch-analytische Zugangsweise* zur Landschaft. Es werden grundlegende Elemente der Landschaft nicht nur beobachtend erfaßt, sondern auch aus ihren Zusammenhängen herausgerissen und im Labor untersucht. Solche Eingriffe in die Landschaft können mehr oder weniger tiefgehend und folgenreich sein. Wichtig ist aber auch das zugrundeliegende Erkenntnisinteresse: **Elementare Bausteine** sollen entdeckt werden, um über ihre Manipulation und Veränderung die Landschaft so umzugestalten, daß sie menschlichen Bedürfnissen besser entspricht (s. dazu auch Tafel VII).

4. Tätigkeitsfeld: Durch freie Kombination von Elementen neue Muster erfinden

Die ermittelten Elemente sind immer noch an ihre Ausgangssubstanz, die Landschaft, gebunden und dadurch auch in ihrer Kombinierbarkeit festgelegt. Von diesen Bindungen befreit aber lassen sich die Elemente frei gruppieren. Erfunden werden können (wie etwa bei formalwissenschaftlichen Ansätzen zur Semiotik, Informationstheorie, Geometrie usw.) *neue Muster* (s. dazu: CHAPMAN, M., 1997) , die nicht auf induktivem Wege aus der Landschaft abgeleitet werden und erst einmal nur sich selbst bedeuten. Sie sind weniger Bestandteil einer gegebenen Wirklichkeit (mit der sie höchstens noch auf einer sehr indirekten und vermittelten Weise verbunden sind), sondern gehören mehr einer *Welt der Möglichkeit* an.

5. Tätigkeitsfeld: Mit erfundenen Mustern mögliche Landschaften entwerfen

Die erfundenen Muster kann man jetzt wieder mit dem Ausgangsproblem, dem Umgang mit einer Landschaft, in Verbindung bringen. Sie können als Mittel genutzt werden, um *gegebene* Landschaften (etwa repräsentiert durch Satellitenfotos) zu analysieren und *mögliche* Landschaften zu entwerfen, ohne dabei zuerst einmal auf die Wünschbarkeit bestimmter Landschaften Rücksicht zu nehmen. Methoden und Organisationsformen für solche Aktivitäten lassen sich in den Planungswissenschaften finden.

6. Tätigkeitsfeld: Konkretisierbare Utopien für Landschaften entwerfen

Erkennbar geworden ist, daß man sich mit verschiedenen Forschungsansätzen in unterschiedlicher Weise einer Landschaft nähern kann: Erkenntnisinteresse kann mehr die *Erfassung einer gegebenen Landschaft* oder gerade ihre *tiefgreifende Veränderung* sein. Im Hinblick auf das Leitziel „**Nachhaltige Entwicklung (Sustainable Development)**" können nun verschiedene Landschaften entworfen werden. In *inter- und transdisziplinären Dialogen* werden diese Entwürfe dann zwischen Wissenschaftlern, Künstlern und Betroffenen diskutiert, bewertet und eventuell verändert.

Teil 5

Explorative Studien:
Empirische Methoden als Mittel der Selbsttätigkeit

---

5. Einführende Bemerkungen

Grundlegend für die Entwicklung des Ansatzes „Interdisziplinäre System-Bildung" ist die Annahme, daß Ziel und Gegenstand der Pädagogik die **Entwicklung von elementaren heuristischen Mitteln zur Anregung und Unterstützung von Selbsttätigkeit** ist. Hinter diese Annahme fallen sowohl Ansätze zurück, die einseitig eine Pädagogik „von der Sache aus" betreiben, indem sie fertige Resultate etwa von Fachwissenschaften im Sinne einer **Materialen Bildung** als Ausgangspunkt nehmen und Wege der Vermittlung auf der Grundlage von Instruktionstheorien und -strategien suchen. Ebenso genügen aber auch Ansätze einer Pädagogik „vom Kinde aus" dieser Annahme nicht, wenn sie einseitig auf Subjektivität setzen und im Sinne einer **Formalen Bildung** bei der Entwicklung von Mitteln und Methoden den Aspekt der Inhaltlichkeit in den Hintergrund rücken und damit in unterschiedlichen Ausprägungen einem Formalismus und/oder Subjektivismus erliegen.

Mit dem Bild der **„homöopathischen Mittel"**, mit denen sich bei geringer Dosierung ein hohes Maß an Wirkung erzielen läßt, hat Adolph DIESTERWEG (1958, S. 93) in anschaulicher Weise das von der Pädagogik zu bearbeitende Problem benannt: Einerseits muß in minimalisierter Form Inhaltlichkeit in den zu entwickelnden Mitteln enthalten sein, andererseits ist die Formseite insofern von Bedeutung, als sie die methodische Erzeugung einer hohen Komplexität aus einem (System-) Keim heraus ermöglicht.

Möglichkeiten komplexer Systembildungen mit solchen „homöopathischen" Mitteln wurden aufgezeigt an Musterbeispielen für Systembildungssequenzen, die insgesamt als ein System zur **Thematisierung von Selbsttätigkeit** verstanden wurden.

Zu der Systembildungssequenz „Die Wirbelstraße: Ein sensibles System zwischen Chaos und Ordnung" sind auch erste empirische Untersuchungen durchgeführt worden, um Orientierungen für Forschungen zu den anderen Systembildungssequenzen und dem Gesamtkonzept zu gewinnen. Bevor diese ersten explorativen Studien vorgestellt werden, soll zuvor noch eine Bestandsaufnahme der Beziehungen zwischen Bildungstheorie und empirischer Forschung durchgeführt werden.

5.1 Bestandsaufnahme: Bildungstheorie und empirische Forschung

Peter VOGEL konstatiert in der Diskussion zwischen Vertretern des bildungstheoretischen und des empirisch-analytischen Paradigmas einen diametralen Widerspruch: „In der Auseinandersetzung der systematischen Pädagogik mit dem empirisch-analytischen Paradigma war der Status des Zöglings in einer Erziehungspraxis, die sich selbst als technologische versteht, ein wichtiger, vielleicht der wichtigste Kritikpunkt. Der Zögling wird Objekt eines pädagogischen Handelns nach dem Modell der Bearbeitung eines Naturgegenstandes; Subjektivität und Intentionalität werden ihm abgesprochen. Das Subjektmodell des empirisch-analytischen Paradigmas steht im diametralen Widerspruch zu der traditionellen Auffassung der systematischen Pädagogik von der zu achtenden Individualität und dem Eigenrecht des Zöglings - oder ist bestenfalls deren, ihr Wesen verkennende, Reduktionsform." (VOGEL, P., 1991, S. 20). Indem die eine Seite Subjektives, die andere aber Objektives zum Ausgangs- und Mittelpunkt macht, produzieren beide ihre je spezifischen Defizite: „Während die systematische Pädagogik, traditionell subjektphilosophisch orientiert, nach einer empirischen Methodologie sucht, deren Grundrahmen mit dem Modell des intentionalen Subjekts verträglich sind, wird im empirisch-analytischen Paradigma, traditionell kausal-analytisch orientiert, nach einem Subjektmodell gesucht, das eine Interpretation subjekttheoretischer Elemente ermöglicht, ohne der Logik empirischer Forschung zu widersprechen." (VOGEL, P.,1991, S. 23).

In der Lehr-Lern-Forschung, die mit ihrem empirisch-analytischem Paradigma mehr zur Objekt-Seite tendiert, dominiert nach Einschätzung von VAN BUER eine psychologische über eine pädagogische Ausrichtung. Es geht primär um die **Analyse des Aufbaus kognitiver Strukturen** bei Schülern und um Möglichkeiten der Beeinflussung dieser Strukturen durch den Lehrer (s. dazu: J. VAN BUER, M., 1990, S. 17). Zurückgedrängt ist damit die pädagogische Fragestellung nach den **elementaren, Inhalt und Form zugleich umfassenden Mitteln** von Bildung. Im Mittelpunkt der Untersuchungen steht die *formale Syntax* des Unterrichtsgeschehens und der Inhalte (s. dazu: VAN BUER, J., 1990, S. 18).

Das von der empirisch-pädagogischen Forschung angekündigte System der Erziehungswissenschaft, das die Zersplitterung der geisteswissenschaftlichen Pädagogik überwinden sollte, liegt bis heute nicht vor: „Die Programmatiker des Paradigmas sind weitgehend mit begriffskritischen oder paradigmatischen Vorarbeiten beschäftigt (z. B. BREZINKA oder RÖSSNER), in erziehungsphilosophischer Polemik engagiert (z. B. VON CUBE), an Systembildung uninteressiert (z. B. die AEPF-Eliten) oder, wenn im analytischen Geiste philosophisch tätig, kaum mit empirischer Forschung intensiv beschäftigt." (TENORTH, 1991, S. 8). Die Studien und Forschungsergebnisse stehen weitgehend unverbunden nebeneinander (s. dazu: STRITTMATTER, F., DINTER, F., 1991, S. 203 f.).

Ein gewichtiger Grund für die Heterogenität und fehlende Integration empirischer Forschung in den Erziehungswissenschaften ist darin zu sehen, daß sie nicht im Hinblick auf den Begriff der Bildung und der grundlegenden Kategorie „Selbsttätigkeit", sondern auf sozialwissenschaftliche und insbesonders auf **psychologische Konstrukte** hin konzipiert wird. Während das bildungstheoretische Paradigma insofern *monistisch* angelegt ist, als das gesamte pädagogische System aus der Kategorie „Selbsttätigkeit" heraus entwickelt werden soll, ist das empirisch-analytische Paradigma insofern *pluralistisch* ausgerichtet, als es die Komplexität des lernenden Subjekts in Grundelemente zu zerlegen und dann deren Beziehungen untereinander zu erforschen sucht (s. auch Tafel V). Das wird etwa deutlich, wenn Jürgen BAUMERT Forschungslücken in der Lehr-Lern-Forschung wie folgt benennt: „Im Vergleich zu den Erkenntnisfortschritten hinsichtlich des Erwerbs kognitiver Kompetenzen ist der Mangel an Arbeiten zur Bedeutung von Schule und Unterricht für den Erwerb nicht primär kognitiver Fähigkeiten um so auffälliger. Die Aneignung von Fähigkeiten, Präferenzen und Orientierungen im sozialen, moralisch-evaluativen, religiös-konstitutiven und ästhetisch-expressiven Bereich ist ausgesprochen wenig erforscht, obwohl ihre Vermittlung zu den zentralen Anliegen der Schule gehört. Empirische Arbeiten zur Entwicklung moralischer und religiöser Urteilsfähigkeit, die überwiegend strukturgenetischen Theorien verpflichtet sind, bleiben noch in einer eigentümlichen Distanz zur Lehr-Lern-Forschung." (BAUMERT, J., 1990, S. 6).

Das Subjekt wird im empirisch-analytischen Paradigma nicht nur in Teile zerlegt wie den moralischen, religiösen, kognitiven oder ästhetischen, die dann je für sich untersucht werden. Das Erkenntnisinteresse ist auch mehr auf **Konstatierung und Aneignung von Gegebenem** als auf die *Erzeugung von Neuem* ausgerichtet. Ein Beispiel dafür sind die Forschungen zum „entdeckenden Lernen", die CRONBACH bei gleichzeitiger Entwicklung einer Zielperspektive grundlegend kritisiert: „ Ich hätte gern, daß man sich mehr um die Gewinnung von Daten über theoretisches Verständnis, **heuristische Methoden**, Lernfähigkeit, Wertung, kreatives Bemühen und Epistemologie bemüht. Diese Variablen wurden in der bisherigen Forschung am wenigsten berücksichtigt und dies überrascht nicht, da man kaum annehmen kann, daß ein **50-Minuten-Experiment** dem Lernenden irgendeinen dieser Vorteile bringt. Die erzieherische Entwicklung ergibt sich durch fortwährendes Unterrichten mit intellektuell entscheidenden Inhalten, und das sollten wir erforschen." (CRONBACH, L.J., 1981, S. 162/Hervorhebungen:W.W.).

Heuristische Methoden, Kreativität und kontinuierliche, langfristige Entwicklungen („fortwährendes Unterrichten") werden zu zentralen Problemen, wenn man an den Begriff der Bildung anschließen will und dem damit verbundenen Ziel der *Erzeugung von Neuem* in der Selbsttätigkeit von Subjekten. Diese Zielstellung ist, wie P.U. HOHENDAHL betont, grundlegend für die Konzeption Wilhelm von HUMBOLDTs: „Wir müssen noch einmal daran erinnern, daß in Humboldts Modell die fortschrittliche Veränderung primär von den Subjekten ausgeht, die auf das soziale System einwirken sollen. Wie im einzelnen die neue Ordnung beschaffen sein wird, ist dann vorher gar nicht auszumachen. Es kann von ihr nur gesagt werden, daß die Subjekte in ihr die Freiheit haben werden, unbeschränkter die Kräfte zu entfalten. Diese folgende Stufe der Gesellschaft kann überboten werden durch eine weitere, in der die Entfaltung in einem noch höherem Maße möglich ist." (HOHENDAHL, P.U., 1982, S. 268).

Empirische Forschung, die auf die *Erzeugung von Neuem* in der Selbsttätigkeit individueller Subjekte ausgerichtet ist, benötigt (erst einmal) andere Ansätze, als sie die empirisch-analytisch und psychologisch ausgerichtete Lehr-Lern-Forschung anzubieten hat. Dazu gehören Ansätze, die **das Subjekt** in seiner Individualität und mit seiner Intentionalität zum Ausgangs- und Mittelpunkt machen, wie sie sich in einer „anderen", alternativen pädagogischen Forschung finden, die KRÜSSEL wie folgt umreißt: „Die Bemühungen um die Etablierung einer „anderen" (qualitativen, interpretativen, hermeneutischen) Unterrichtsforschung (vgl. LOSER 1979) sind - wie bereits erwähnt - als eine Antwort auf Verkürzungen der empirisch-analytischen Unterrichtsforschung entwickelt worden. Ein zentrales Element dieser Bemühungen um eine Neukonstituierung von Unterrichtsforschung war der Versuch einer *Rehabilitierung des Subjekts* als Forschungsgegenstand und in der Forschungssituation. Von daher sollte bewußt ein Kontrapunkt zum Programm einer empirisch-analytischen Erziehungswissenschaft gesetzt werden, die sich mit dem Hinweis auf Objektivität gewissermaßen um eine Eliminierung des subjektiven Faktors bemüht. Diese Rehabilitierung wurde unterschiedlich konstruiert: Tagebuch-Schreiben, teilnehmende Beobachtung, Inhaltsanalyse, Lebensweltanalyse u. a." (KRÜSSEL, H., 1993, S. 188).

Die Initiierung und Entwicklung dieser „anderen" pädagogischen Forschung ist in Deutschland wesentlich mit den Arbeiten von Fritz LOSER und Ewald TERHART zu einer „interpretativen Unterrichtsforschung" verbunden, die in einer neueren Arbeit über „Konstruktivistische Unterrichtungsforschung" von Hermann KRÜSSEL durch Herstellung von Bezügen zu konstruktivistischen Wissenschaftstheorien und zur Theorie der persönlichen Konstrukte von G.A. KELLY aufgenommen und weitergeführt wurden.

Charakteristisch für dieser „andere" Unterrichtsforschung ist nun allerdings, daß sie **soziale Probleme** wie das der *Kommunikation zwischen Schülern und Lehrern* zum zentralen Untersuchungsgegenstand zu machen. Zurückgegriffen wird dabei auf den „Symbolischen Interaktionismus", der von Ewald TERHART wie folgt bestimmt wird: „In der Perspektive des „Symbolischen Interaktionismus" erscheint Gesellschaft als eine große Zahl von Interaktionssituationen. In diesen Situationen werden Handlungslinien entwickelt, deren Entwicklungsprozeß bedingt ist durch die Regeln der symbolischen Interaktion: ständiges Wahrnehmen, Interpretieren, Klassifizieren und Definieren des Handelns des jeweiligen Gegenübers. In diesem Prozeß der Herausbildung komplexer Handlungsnetze wird den Objekten eine Bedeutung zugesprochen, die die Grundlage des Handelns bilden. Die sozial konstruierten Bedeutungen machen die komplexer Handlungsnetze wird den Objekten eine Bedeutung zugesprochen, die die Grundlage des Handelns bilden. Die sozial konstruierten Bedeutungen machen die subjektiv erlebte und erlebbare Wirklichkeit, die Lebenswelt der Handelnden aus; als je subjektive, im Sozialisationsprozeß übermittelte Sinnzusammenhänge stecken sie den Rahmen des Alltagswissens ab." (TERHART, 1978, S. 137).

Die Erforschung pädagogischer Prozesse auf dieser Grundlage läßt sich am Beispiel des Ansatzes *„Bewußtes Lernen"* (HEINZE, T, 1976, S. 31.; s. dazu auch die Analyse dieses Ansatzes bei TERHART, E., 1978, S. 278 - 288) wie folgt kurz umreißen. Die Forschungsstrategie baut auf folgenden drei Elementen auf:

1. Dimensionierung der sozialen Situation Unterricht (soziale Beziehungsdimension, sachliche Inhaltsdimension und zeitliche Entwicklung) und darauf aufbauende Kategorien zur Unterrichtsbeobachtung (wie etwa Dominanz des Lehrers, Problematisierung von Kommunikationsinhalten oder Ritualisierung)
2. Benennung von Schülertaktiken im Anschluß an das Konzept der „totalen Institution" (GOFFMAN) Schule.
3. Selbstthematisierungen (Diskussion der Taktiken mit den Schülern, gemeinsame Entwicklung eines Fragebogens durch Schüler und Lehrer im Unterricht über Unterricht, Rollenspiele zu schulischen Interaktionen wie Stören oder Strafen).

Ewald TERHART kritisiert an dem Ansatz des „Bewußten Lernens", daß durch die Beschränkung auf die *Analyse sozialer Lernprozesse* die wichtige Rolle des **Inhalts** des Unterrichts aus den Augen verlorengeht (s. dazu: TERHART, E., 1978, S. 287). Dieser Gefahr droht aber auch allzu leicht das von ihm vertretene Konzept des **„Meta-Unterrichts"** als *Unterricht über Unterricht* zu erliegen. Vorgänger dieses Ansatzes sind für ihn zum einen SCHÄFER/SCHALLER (1973) mit der von ihnen entwickelten „Kommunikativen Didaktik", denen TERHART selbst eine **Bevorzugung der Beziehungsdimension gegenüber der Inhaltsdimension** von Unterricht vorhält (s. dazu: TERHART, E., 1978, S. 305). Einen weiteren Bezugspunkt sieht er in dem Konzept „Bewußtes Lernen", weil auch in diesem *Unterricht über Unterricht* vorgesehen ist, bezeichnenderweise aber zu dem Thema „Bearbeitung des Disziplinproblems", das wiederum die **Beziehungsdimension zwischen Lernenden und Lehrenden** in den Mittelpunkt stellt und das Moment der Inhaltlichkeit in den Hintergrund treten läßt (s. dazu: TERHART, E., 1978, S. 306 f.).

Im Gegensatz dazu wird hier die These vertreten, daß weder die Thematisierung des Beziehungs- noch der Inhaltsdimension Ausgangs- und Mittelpunkt einer bildungstheoretisch ausgerichteten empirischen Forschung sein kann. **Zum zentralen Untersuchungsgegenstand müssen vielmehr die im Unterricht verwendeten *Mittel* gemacht werden,** weil durch diese die Tiefenstruktur des Lehrens und Lernens festgelegt wird, die dann die Qualität des Gesamtsystems bestimmen. (s. dazu noch einmal das Unterrichtsbeispiel in der Einleitung).

Beim Ansatz „Interdisziplinäre System-Bildung" ist grundlegendes Ziel die *Konstitution eines theoretischen Verhältnisses zur Wirklichkeit* und die *Erzeugung von Neuem in der Selbsttätigkeit* (s. dazu 1.2). Mittel wie formal-induktive Verallgemeinerungen, von DIESTERWEG früher bis EINSIEDLER heute immer wieder vorgeschlagen (s. dazu 1.2.3.4), werden diesem Ziel nicht gerecht, sondern beschränken durch die Vorgabe fertiger Objekte und Ausklammerung von deren theoriegeleiteter Konstitution grundlegend die Möglichkeiten der *Erzeugung von Neuem* und produzieren hierarchisch-autoritäre Strukturen. **Demnach setzt die Untersuchung sozialer Beziehungen in Lehr-Lern-Prozessen nicht tief genug an und führt deshalb auch nicht zu produktiven Orientierungen für die Gestaltung von Bildungsprozessen.**

Verlagert wird mit der Thematisierung der *Tiefenstrukturen von Unterricht* das Augenmerk von den *Interaktionen zwischen Subjekten* zu den **Mitteln der Wissenskonstruktion.** Genau diesen Perspektivwechsel sieht Hermann KRÜSSEL als grundlegend für die von ihm entworfene konstruktivistisch-empirische Lehr-Lern-Forschung an, die an das Forschungsprogramm einer interpretativen Unterrichtsforschung anschließen und diese weiterführen soll (s. auch die weiteren Ausführungen zu KRÜSSELs Ansatz S. 316 f.).

Im Interesse des hier verfolgten Anliegens, *in empirischen Forschungen das Problem der Mittel und deren determinierende Rolle für Interaktionsbeziehungen stärker zur Geltung zu bringen*, soll der Ansatz von KRÜSSEL hier in Verbindung gebracht werden mit konstruktivistischen Ansätzen in der naturwissenschaftsdidaktischen Forschung, weil beide auf den Konstruktivismus als Grundlage zurückgreifen.

Der Physikdidaktiker Stefan von AUFSCHNAITER skizziert die historische Entwicklung konstruktivistischer Ansätze in seinem Forschungsbereich wie folgt:

1. Unter dem Paradigma, daß Wissen unmittelbar vom Lehrer auf den Schüler übertragen werden kann, wurden Input-/Output-Analysen durchgeführt und nach Optimierungsstrategien für den unterstellten Mechanismus gesucht. Die Untersuchungsergebnisse zeigten, daß Unterricht nur unbefriedigend physikalisches Wissen und Denken vermittelt.
2. Beeinflußt durch die These AUSUBELs, daß das Altwissen der Lernenden der wichtigste Faktor für weiteres Lernen ist, gewann die Erhebung und Berücksichtigung von Schülervorstellungen zunehmend an Bedeutung. Umstritten blieb, ob solche „Alltagsvorstellungen" Fehlkonzepte (misconceptions) darstellen und deshalb aufzuheben sind oder gleichberechtigt neben wissenschaftlichen Konzepten weiterbestehen sollen.
3. Der damit eingeleitete Perspektivwechsel von der Resultats- zur Konstruktionsseite des Wissens wurde verstärkt durch konstruktivistische Forschungsansätze, die im Anschluß an den Radikalen Konstruktivismus die These vertreten, daß alles Wissen über die Welt vom Individuum selbst erzeugt werden muß. In den Mittelpunkt ge-

rückt wurde damit der individuelle Schüler mit den nicht nur kognitiven, sondern auch emotionalen und psychomotorischen Aspekten seiner Wissenskonstruktion, darüber hinaus aber auch Prozesse der Konsensbildung von Schülern untereinander und mit den Lehrern.
(vgl.: AUFSCHNAITER, S.v., u. a., 1990)

In einer modernisierten Form erscheint in der Diskussion um konstruktivistische Ansätze der alte Gegensatz einer „Pädagogik von der Sache/vom fertigen Wissen aus " und einer „Pädagogik vom Kinde/vom konstruierenden Subjekt aus". Eine vermittelnde Rolle kann dabei Ansätzen zukommen, in denen - wie in dem hier vorgestellten Ansatz - den *Mitteln* im Prozeß der Wissenserzeugung eine zentrale Bedeutung zuschreiben. Es sind dies Ansätze, die die Funktion von bildhaften Mitteln wie *Homologien*, *Analogien* und *Metaphern* bei der Konstruktion von Wissen untersuchen und für Lehr-Lernprozesse fruchtbar machen wollen (s. dazu: DUIT, R., 1986.; GLYNN, S., 1992). Dabei geht man allerdings von „Sachstrukturen", „naturwissenschaftlichen Inhalten", „Sachlogiken" aus, also von fertig Vorgegebenem. **Im Mittelpunkt solcher Ansätze stehen daher „kommunikative" Analogien, mit denen bekanntes Wissen an Lernende vermittelt werden soll** (s.dazu auch 1.2.3 und 7.3).

Im Gegensatz dazu wird mit dem Ansatz „Interdisziplinäre System-Bildung" eine Forschungsstrategie vorgestellt, die in die Richtung eines **„intervenierenden Konstruktivismus"** geht: Einerseits ist Ausgangs- und Mittelpunkt das schöpferisch-konstruktive Subjekt, andererseits werden diesem *elementare heuristische Mittel* zur Verfügung gestellt, in denen in hochkomprimierter, „homöopathischer" Form gesellschaftliche Erfahrung enthalten ist. Diese Mittel aber sind zuerst noch abstrakt und inhaltsarm und müssen von den Subjekten in konkreten Situationen an konkretem Material entwickelt werden.

In den Konstruktionsprozessen spielt die **Kommunikation** zwischen den Subjekten eine grundlegende Rolle, weil menschliche Tätigkeit - und damit auch Selbsttätigkeit - immer eine gesellschaftliche Tätigkeit ist. Die Betonung der Beziehungsdimension durch die interpretative Unterrichtsforschung hat von hierher ihre Berechtigung. Der Rückgriff auf die „Theorie des Diskurses" von Jürgen HABERMAS hat allerdings mit dazu beigetragen, daß der Blick auf das konstruierende, *gegenständlich*-tätige Subjekt verstellt wurde.

Die entscheidenden Probleme, die die Theorie von HABERMAS heraufbeschwört, liegen nämlich nicht nur in der instrumentellen Umdeutung (mit der Stellenwert dieser Theorie als kontrafaktisches Regulationsprinzip transzendentaler Art verkannt wird), in der Unterstellung einer relativ stabilen Kontinuität zwischen Erkenntnis und Handlungsprozeß oder in der Aufstellung der Gleichung „Reflexion führt zu Emanzipation" (s. dazu: TERHART, 1978, S. 312 f.). Entscheidender ist die Trennung von *zweckrationalem und kommunikativem Handeln* bei Jürgen HABERMAS. Dadurch kommt er zu einer Gegenüberstellung eines „objektiven" Bereich empirisch-analytischer Wissenschaft und Technologie und eines „subjektiven" Bereich gesellschaftlicher Kommunikation, in der über den Umgang mit den „objektiven" Resultaten in einem *herrschaftsfreien Diskurs* verhandelt werden soll (s. dazu ausführlicher WALGENBACH, W., 1979, S. 63 - 69).

Diese Auftrennung in zwei voneinander getrennte gesellschaftliche Bereiche hat in Ansätzen zu einer „kritischen" Erziehungswissenschaft dazu geführt, daß an die Stelle einer integrierten pädagogischen Systembildung aus der zentralen Kategorie „Selbsttätigkeit" heraus eine Zweiteilung tritt, die *Inhaltliches* (aus dem zweckrationalen Handeln in Wissenschaft und Technologie hervorgegangenes Wissen) mit *pädagogischen Leitlinien, Leitprinzipien oder Leitideen* (s. dazu als Beispiel die „Schlüsselprobleme von KLAFKI) als Mittel kommunikativen Handelns konfrontiert. Die Artikulationen subjektiv-emanzipativer Interessen in Form dieser Leitlinien, -prinzipien und -ideen muß dem als „objektiv" verstandenen Wissen aber immer äußerlich bleiben, weil dessen Entstehung aus der konstruierenden Tätigkeit von Subjekten - wohl nicht zuletzt aufgrund der geisteswissenschaftlichen Herkunft der meisten „kritischen" Pädagogen und ihrer daher nicht allzu umfangreichen naturwissenschaftlich- technologischen Kenntnisse - nicht aufgedeckt wird. Subjektives und Objektives stehen damit einander unvermittelt gegenüber, wobei letztlich das Objektive aufgrund der von ihm ausgehenden „Sachzwänge" dominiert (s. dazu ausführlicher die Analyse des Strukturgitteransatzes von Herwig BLANKERTZ bei: WALGENBACH, W., 1979, S. 63 - 69).

Von entscheidender Bedeutung für empirische Forschungen auf der Grundlage des Konzepts „Interdisziplinäre System-Bildung" erweist sich damit die Klärung der Beziehungen zwischen der *gegenständlich-praktischen Tätigkeit* und der *Kommunikation zwischen den tätigen Subjekten*, weil hiervon die Möglichkeiten und die Art der Erfassung von Beziehungen zwischen Tätigkeit und sozialem System abhängen.

Die Trennung von objektiver Gegenständlichkeit und Kommunikation zwischen Subjekten findet sich auch in Ansätzen der Tätigkeitstheorie, die neben der Bildungstheorie und der Systemtheorie eine der Ausgangstheorien für den hier dargestellten Ansatz ist. Eine Überwindung dieser Trennung versucht der Tätigkeitstheoretiker Arne RAEITHEL, indem er *Kommunikation als gegenständliche Tätigkeit* begreift (s. dazu: RAEITHEL, A., 1988).

Kommunikation ist für Arne RAEITHEL nicht irgendein Forschungsgebiet der Sozialwissenschaften, sondern ein zentrales Problem: zum einen aus methodologischen Gründen, weil sich diese Wissenschaften in diesem Medium realisieren, zum anderen aber auch aus gegenstandstheoretischen Gründen, weil sie **zugleich** mit der Werkzeugproduktion (so die Abweichung RAEITHELs von der herrschenden materialistischen/marxistischen Lehrmeinung) den Übergang von den Primaten zu den Menschen

282

markiert. Die kommunikativen Mittel haben damit nicht nur eine sekundäre Funktion für die ökonomische Produktion, sondern sind primäre Mittel für die Produktion des Zusammenhangs der Gemeinwesen und Gesellschaften sowie Medium der Antizipation künftiger Entwicklungen. Eine Einordnung in den „Überbau" statt in die Basis einer Gesellschaftsformation hält RAEITHEL deshalb für falsch und „verheerend" in ihren Auswirkungen.

Die Bearbeitung des Problems der Kommunikation ist für Arne RAEITHEL über die genannten methodologischen und gegenstandstheoretischen Gründe hinaus auch deshalb notwendig, weil die gegenwärtigen praktischen Anforderungen an die Psychologie einen Übergang von der herrschenden Psychologie der Einzelperson zu einer sozialen, gesellschaftsorientierten Psychologie erforderlich machen: „Die explosionsartig zunehmende Anwendung von Computern in nahezu allen Arbeits- und Lebensbereichen und die Verbreitung neuer Kommunikationsmedien erzeugen soziale, individuelle und auch technische Probleme, zu deren Lösung die Ingenieure, Informatiker und Betriebswirtschaftler in vorher unbekanntem Ausmaß auf die Mitarbeit von Sozial- und Humanwissenschaftlern angewiesen sind. Dies wird erst dann voll verständlich, wenn erkannt wird, daß die Technologie der „Informationsverarbeitung" nicht mehr Produktionsmittel im alten Sinne betrifft, sondern technische Mittel der Kommunikation (Raeithel & Volpert 1985, Winograd & Flores 1987), durch welche die „gesamtgesellschaftliche Kommunikationsweise" (Krüger 1986) in derzeit unübersehbarer Weise verändert wird." (RAEITHEL, A., 1988, S.2).

Um über die von Jürgen HABERMAS vorgenommene Entgegensetzung *von **Kommunikation** als Reich menschlicher Freiheit* und **Arbeit** *(oder allgemeiner: gegenständliche Tätigkeit) als Reich der Notwendigkeit und Herrschaft über verdinglichte Prozesse* hinauszukommen, zeigt Arne RAEITHEL auf, daß Arbeit auch Kommunikation impliziert, daß aber auch Kommunikation als Arbeit zu verstehen ist.

Arbeit enthält insofern Kommunikatives, als nicht das Individuum, sondern das Gemeinwesen Subjekt der Arbeit ist und die Tätigkeiten des individuellen Subjekts zur Reproduktion der gesellschaftlichen Gesamtarbeit beitragen. Analysiert werden muß also die kommunikative, das Gemeinwesen reproduzierende Funktion der Arbeit. **Für die Erforschung von Lehr-Lern-Prozessen ist daraus die Folgerung zu ziehen, daß die Gesamttätigkeit einer Lerngruppe und in ihr der Beitrag der individuellen Tätigkeit zu untersuchen ist.** Darüber hinaus können und müssen an der eingreifenden gegenständlichen Tätigkeit mehrere Wirkungen unterschieden werden: „Eine wahrnehmbare Bewegung wird erzeugt, ein besonderes Produkt wird produziert, eine (weitergehende) Intention der Person wird sichtbar (die auf das Motiv der Tätigkeit hindeutet), und es wird auch immer eine interpersonale Beziehung oder soziale Position (re-) produziert." (RAEITHEL, A., 1988, S. 8). Zu untersuchen sind also die Bewegungen, die Produkte, die zugrundeliegenden Motive sowie die interpersonalen Beziehungen in der Lern- und Lehrtätigkeit.

Kommunikation ist umgekehrt aber auch als Arbeit zu verstehen aufgrund ihrer **Gerichtetheit auf einen Gegenstand** und des **Wechselwirkungsprozesses mit diesem Gegenstand** (in dem hier vorgestellten Ansatz also etwa die "Wirbelstraße" oder der "Hefeteig"). Dieser Gegenstand ist zum einen subjekt*abhängig*, weil das Subjekt ihn durch Bildung von Einheiten aus dem in der Wirklichkeit gegebenem Material konstituiert, zum anderen aber auch subjekt*unabhängig*, weil das Objekt immer noch aufgrund seiner relativen Eigenständigkeit Widerstand bietet und mit seinem „Eigensinn" *Partner in einem Wechselwirkungsprozeß* ist. Im Anschluß an Peter FURTH und Christel NEUSÜSS verweist Arne RAEITHEL in diesem Zusammenhang auf das Theorem von MARX, daß Arbeit Stoffwechsel ist zwischen Mensch und Natur. Diese Auffassung von Arbeit steht im Gegensatz zu HEGELs „praktischem Verhalten", das auf die „Aufreibung, Vernichtung" der Natur ausgerichtet ist (s. dazu: RAEITHEL, A., 1988, S. 9 f.).

In empirischen Untersuchungen auf der Grundlage des Konzepts „Interdisziplinäre System-Bildung" ist deshalb darauf zu achten, inwieweit die Agierenden ihr *Verhältnis zum Objekt* ihrer Tätigkeit als **Kommunikation mit einem gleichberechtigten Partner** sehen, mit dem sie in einem *stofflichen Wechselwirkungsprozeß* stehen (s. dazu die später vorgestellten Protokollauszüge über die Erzeugung einer „Wirbelstraße" und die Tafel XVII).

Den Übergang von der Gegenständlichkeit der Tätigkeit zur Sprache und zur Reflexion findet RAEITHEL dadurch, daß die Tätigkeit eines Subjekts zum Gegenstand der Tätigkeit anderer Subjekte oder - in der Selbsttätigkeit - auch dieses Subjekts selbst werden kann, „ weil sie nicht bloß ein intentionaler, sondern auch ein *körperlicher* Prozeß ist. Sobald wir Tätigkeit als *körperliche* Aktivität eines anderen Subjekts, des „verallgemeinerten Anderen" nämlich, zu begreifen imstande sind, ist der Übergang zur Sprache und zu den „höheren geistigen Tätigkeiten" möglich, ohne daß wir eine Kluft zwischen „Materiellem" und „Ideellem" aufreißen müssen: Die Symbolisierung beginnt mit körperlichen Gesten (Mead, 1968) und mit der Dramatisierung von körperlichen Bewegungen zum Zweck der Kommunikation." (RAEITHEL, A., 1985, 1988).

5.2 Empirische Studien zu der Systembildungssequenz „Die Wirbelstraße: Ein sensibles System zwischen Chaos und Ordnung"

Im folgenden soll am Beispiel der Systembildungssequenz „Die Wirbelstraße: Ein sensibles System zwischen Chaos und Ordnung" (im folgenden Text dann nur noch „Die Wirbelstraße" genannt) diskutiert und gezeigt werden, wie sich empirische Forschungen durchführen lassen, die nicht nur von außen etwa mit psychologischen oder soziologischen Fragestellungen an Bildungsprozesse herangetragen werden, sondern deren **immanenter Bestandteil** sind und zur Entwicklung von „System-Bildung" einen entscheidenden Beitrag leisten.

Die Auswahl der Systembildungssequenz „Die Wirbelstraße" hat zum einen den praktischen Grund, daß hierzu reichhaltiges Untersuchungsmaterial vorliegt (vor allem aus Veranstaltungen der *Akademie für musische Bildung und Medienerziehung Remscheid* unter Leitung von Roland OESKER, der brasilianischen *Universität Santa Maria RS* unter Leitung von Ivone Mendes RICHTER und des *Instituts für die Pädagogik der Naturwissenschaften an der Universität Kiel* unter Leitung des Verfassers). Neben diesem mehr pragmatischen Grund gibt es aber auch einen inhaltlichen Grund für die Wahl: Bei Systembildungen mit Flüssigem ist die Distanz zwischen Subjekt und Objekt-System größer als bei Systembildungen, in denen man sich - wie innerhalb der Systembildungssequenz „Spiegelungen" - selbst zum Gegenstand der Systementwicklung macht. Von daher ist zu erwarten, daß in bestimmter Hinsicht Selbstreflexionen erleichtert sind, auch wenn sie in anderer Hinsicht -etwa durch das stärkere Gewicht eines außerhalb stehenden Objekts - erschwert werden.

5.2.1 Selbstthematisierungen als Untersuchungsgegenstand

Wenn bei den Konkretisierungen des Konzepts „Interdisziplinäre System-Bildung" nach „Urphänomenen" wie die „Wirbelstraße" oder den „Hefeteig" gesucht worden ist, die miniaturartig die Komplexität des zu untersuchenden Problemfeldes enthalten, so ist bei empirischen Forschungen auf der Grundlage des Konzepts „Interdisziplinäre System-Bildung" in der gleichen Weise zu verfahren: Zu finden oder zu konstruieren ist eine **Untersuchungseinheit**, die in hochkomprimierter Form die Wechselwirkungen zwischen der Selbsttätigkeit von Lernenden und den zur Verfügung gestellten heuristisch-„homöopathischen" Mittel repräsentiert und analysierbar macht.

Eine Orientierung bei der Suche nach einer Untersuchungseinheit war der Ansatz von VYGOTSKY, bei der Erforschung von Beziehungen zwischen Kind und Umwelt von dessen **„Erleben"** auszugehen, weil damit die *Schnittstelle* zwischen beiden Systemen erfaßt wird (s. dazu: VYGOTSKY, L., 1987, S. 280 f.). Eine zweite Orientierung war die Wahl der Untersuchungseinheit **„Selbstthematisierung"**, die Ewald TERHART für die Untersuchung seines Konzepts „Meta-Unterricht (Unterricht über Unterricht)" im Anschluß an HEINZEs Konzept des „Bewußten Lernens" gewählt hatte (s. dazu: TERHART, 1978, 284 - 316).

Selbstthematisierungen können auf der Grundlage dieser beiden Orientierungen begriffen werden als Form, in der das Subjekt einerseits sein Erleben der Wechselwirkungen in und mit der Umwelt, andererseits seine Selbstwahrnehmung, Selbstanalyse, Selbsteinschätzung und Selbstentwürfe zum Ausdruck bringt (s. auch Tafel XIV). Wie die Untersuchungen von A.R. LURIJA (1986) in der Tradition der von VYGOTSKY begründeten kulturhistorischen Schule zeigen, werden Selbstwahrnehmung, Selbstanalyse und Selbsteinschätzung nicht nur auf der Grundlage von Reflexionen über das eigene Ich vorgenommen, sondern zugleich unter Bezugnahme auf konkrete Tätigkeitsformen und soziale Zusammenhänge. Im selbstwahrnehmenden Erleben, ausgedrückt in der Form von Selbstthematisierungen, wird also die ganze Komplexität der systembildenden (Selbst-)Tätigkeit zum Ausdruck gebracht und empirischer Forschung zugänglich gemacht.

Die Untersuchungsergebnisse von LURIJA korrespondieren mit dem soziologischen Ansatz der Selbstthematisierung von Alois HAHN und Volker KAPP (1987) insofern, als Selbstthematisierungen in ihrer historischen Beziehung gesehen werden zur umgebenden Gesellschaft: „Die Rolle, die der Individualität in verschiedenen Gesellschaften zugesprochen wird, ergibt sich nicht zuletzt aus den Formen, die jeweils institutionalisiert sind. Im religiösen Kontext sind - ähnlich wie im rechtlichen - vor allem Schuldbekenntnisse eine der verbreiteten Methoden der geregelten Konfrontation des Ichs mit sich selbst. Daneben zeigen sich historisch zahlreiche Verfahren zur kollektiven Erzeugung und Thematisierung von Identität. Statt Schuld kann z. B. Ruhm im Vordergrund der Identitätsbildung stehen. Dieses gilt besonders für ältere Kulturen, aber auch für die abendländische Zivilisation bis in die frühe Neuzeit hinein. Für die Moderne scheinen nun allerdings vor allem Techniken der Selbstbeobachtung, der Selbstkontrolle, der Buchführung über sich selbst, Formen des freiwilligen oder erzwungenen Bekenntnisses von zentraler Bedeutung gewesen zu sein." (HAHN, A., KAPP, V., 1987, S. 7).

In Selbstthematisierungen wird ein implizites Selbst, das ohne eine begriffliche Identifizierung gegeben ist, explizit gemacht. Im Anschluß an MEAD betont Alois Hahn, daß dieser Prozeß der Darstellung des Selbsts gebunden ist an die Fähigkeit des Menschen, sich mit den Augen seiner Umgebung zu sehen: Das Individuum schlüpft in die Rolle der anderen, sieht und erfährt sich von außen und bringt seine Sichtweise in einem *Selbstbild* zum Ausdruck: „Jedes solche Bild stellt eine Abstraktion dar. Denn es ist nicht möglich, daß es die Totalität des gelebten Lebens widerspiegelt. Jedes Bild, das ich von mir haben kann, muß eine Selektion aus der Faktizität meines Erlebens und Handelns sein. Wie diese Bilder aufgebaut sind, das hängt ganz wesentlich von den institutionellen Zusammenhängen, in denen sie konstruiert werden, ab. Besonders wichtig ist in diesem Kontext die Frage, inwiefern das Individuum durch ausdrücklich von den Gruppen inszenierte Prozeduren zur Selbstdarstellung, zum Selbstbekenntnis, zur Offenlegung seines Inneren und zur Aufdeckung seiner Vergangenheit veranlaßt wird." (HAHN, A., 1987, S. 10 f. /s. auch Tafel XIV).

Bei Realisierungen der Systembildungssequenz „Die Wirbelstraße" erfolgten solche Selbstthematisierungen im Anschluß an Aktivitäten in den einzelnen Tätigkeitsfeldern und nach Abschluß der gesamten Sequenz. Es handelt sich dabei um **Bildungsexpe-**

rimente, die mit bestimmten Gruppen wie Dozenten des Didaktikums in Aarau (Leitung: Rudolf KÜNZLI) oder Stipendiaten der Hans-Böckler-Stiftung im Rahmen einer Sommerakademie durchgeführt wurden, vor allem aber um Kurse für außerschulische Erzieher in der Akademie Remscheid, die sich über vier, durch Zwischenräume von drei bis sechs Monaten unterbrochene Tagungswochen erstreckten. Durchgeführt wurden sowohl Gruppendiskussionen wie auch Einzelinterviews. Der institutionelle Zusammenhang bekam damit die Funktion eines „Biographiegenerators" ähnlich wie etwa „die Beichte, die Psychoanalyse, das Tagebuch oder Memoiren, aber auch bestimmte Formen der medizinischen Anamnese oder des Geständnisses vor Gericht." (HAHN, A., 1987, S. 12).

Über die Form hinaus bestimmten auch die zur Verfügung gestellten **heuristischen Mittel** die Selbstthematisierungen. Begriffspaare wie *Bestimmen/Bestimmtwerden* oder *Ordnung/Chaos* werden nicht nur auf die Umwelt, sondern - wie im folgenden gezeigt wird - auf das eigene Selbst bezogen. Zugleich sind solche *heuristischen Mittel* aber auch die „Schlüssel", mit denen Selbstthematisierungen von außen aufgeschlossen werden können.

Mit Selbstthematisierungen sind also immer **zugleich inhaltliche und soziale** Implikationen verbunden, weil sie in einem bestimmten Rahmen und mit bestimmten Mitteln durchgeführt werden, die historisch-gesellschaftlich bestimmt sind (s. dazu auch noch einmal das Unterrichtsbeispiel in der Einleitung). Wie David ARMSTRONG an der historischen Entwicklung des Arzt-Patient-Verhältnisses in der Medizin aufzeigt, führt die zunehmende Bedeutung von Selbstthematisierungen aber auch zu veränderten **Beziehungen zwischen Untersucher und Untersuchtem**. In der alten Sicht war der Patient mehr oder weniger ein Körper, welcher die krankhafte Veränderung einschloß. Die Einführung der sozialmedizinischen Begutachtung in den sechziger Jahren führte dazu, daß die Sichtweise des Patienten einen höheren Stellenwert erhielt. Diese Entwicklung mündete schließlich in eine biographisch orientierte Medizin, in der versucht wird, die Gefahr leitender Fragen zu vermeiden und der Sicht des Patienten einen zentralen Stellenwert einzuräumen: „Während vorher die Worte des Patienten, die sich nicht auf die krankhafte Veränderung bezogen, als unbedeutend vernachlässigt wurden oder der Patient als Simulant verdächtigt wurde, ging die neue Auffassung dahin, daß es - so ARMSTRONG im Anschluß an R. BROMFORD - „wichtig (sei) zu verstehen", <<daß die offensichtliche Unverständlichkeit auf Seiten des Patienten beinahe nie absichtlich war>>. Die erste Aufgabe des Arztes war es, <<zuzuhören und zu beobachten, nicht nur um Informationen über das jetzige Problem zu erhalten, sondern auch um den Patienten als eine Person zu begreifen>>." (ARMSTRONG, D., 1987, S. 202 f).

Mit der Wahl von Selbstthematisierungen als Untersuchungseinheit sind also mehrere Implikationen verbunden: der Untersuchte wird als Person wahrgenommen, seine Selbstthematisierungen werden grundlegend bestimmt durch die zu bearbeitende Inhaltlichkeit, den sozialen Kontext und die gesellschaftlich geprägten Mittel. Das Verhältnis zwischen Untersucher und Untersuchtem wandelt sich damit von einer distanziert-analytischen zu einer *kooperativ-dialogischen Beziehung*.

5.2.2   Inhaltsanalysen von Selbstthematisierungen

Für einen tätigkeitstheoretischen Ansatz ist über die sozialen Implikationen von Selbstthematisierungen hinaus die materielle Dimension dieser Untersuchungseinheit von grundlegender Bedeutung. Formen der Selbstthematisierung wie die Beichte oder das Geständnis sind zuerst einmal sprachlich-ideeller Art, ebenso die Biographie, wenn diese auch als Buch schon in einer materiell-stofflichen Form vorgelegt wird.

Als Selbstthematisierungen begreift Jan ASSMANN aber auch die altägyptischen Tempel, Gräber, Stelen und Statuen. Das Privileg, sich in solchen Denkmälern zu verewigen, stand „in der Regel gerade nicht den Künstlern, sondern nur den Inhabern hoher Ämter im Königsdienst zu. Das ägyptische Kunstwerk kann daher immer nur Ausdruck *einer* Individualität sein: und das ist diejenige seines Stifters als Subjekt der Selbstthematisierung, dessen Name und Titel ihm auch in aller Regel in Hieroglyphen beigeschrieben sind." (ASSMANN, J., 1987, S. 211). Obschon in den folgenden Untersuchungen *materialisierte Selbstthematisierungen* nicht zum Gegenstand werden, soll hier doch auf die Möglichkeit und auch Notwendigkeit der Erforschung dieser Art von Selbstthematisierungen hingewiesen werden. Zu Forschungsobjekten würden dann die von den Lernenden produzierten **Bilder, Installationen oder konkretisierbaren Utopien**, in denen Systembildungen auch in vergegenständlichter Form zum Ausdruck gebracht werden.

Selbstthematisierungen haben immer eine bestimmte **Inhaltlichkeit**. In bisherigen Untersuchungen der „anderen", interpretativen Unterrichtsforschung waren dies vornehmlich immer „sekundäre" Objekte wie Schülertaktiken, Disziplinprobleme oder soziale Beziehungen etwa zwischen Lehrern und Schülern, nicht aber Selbstthematisierungen, die sich direkt auf **Unterrichtsinhalte bzw. -gegenstände** bezogen. In den folgenden Untersuchungen stehen demgegenüber Selbstthematisierungen im Mittelpunkt, die Erfahrungen, Erlebnisse und Reflexionen in bezug auf ein ganz bestimmtes „primäres" Objekt, nämlich die „Wirbelstraße", sprachlich zum Ausdruck bringen. Entsprochen wird damit der tätigkeitstheoretischen Bestimmung von der zentralen Stellung des **Gegenständlich-Materiellen**. Indem aber die Transformationen dieser Gegenständlichkeit in der systembildenden Tätigkeit verfolgt werden, kommt es zur Ansammlung von **komplexem Untersuchungsmaterial**, das zu strukturieren ist.

Orientierungen für den Umgang mit komplexem Untersuchungsmaterial, das in sozialen Prozessen gewonnen wird, lassen sich dem von Anselm STRAUSS entwickelten Ansatz der **„Grounded Theory"** (gegenstandsverankerten Theorie) entnehmen. Dieser Ansatz zu einer qualitativen Sozialforschung ist sowohl in methodischer wie inhaltlicher Hinsicht für die Untersuchung von Selbstthematisierungen von Interesse.

Die zentralen Merkmale der grounded theory sind:
- der Fall als eigenständige Untersuchungseinheit,
- soziologische Interpretation als Kunstlehre,
- Kontinuität von alltagsweltlichem und wissenschaftlichem Denken,
- Offenheit sozialwissenschaftlicher Begriffsbildung.

Unter einem Fall wird eine autonome Handlungseinheit mit Geschichte verstanden. Einerseits wird dieser Fall in seiner Eigenlogik, andererseits in theoriebildender Absicht rekonstruiert. Der Theoriegenerierungsprozeß wird als ein zugleich wissenschaftlicher und künstlerischer Prozeß gesehen, in dem Wirklichkeit mit unvoreingenommenen Blick wahrgenommen und gestaltet werden soll. Dabei wird alltägliches Erfahrungswissen und berufliches Wissen der Akteure in dem untersuchten Feld systematisch genutzt. Konsequenterweise ist dann auch nicht die Bildung unumstößlicher Theorien das Ziel; die entwickelten Begriffe, Konzepte und Kategorien sollen ihre Tauglichkeit für das wissenschaftliche Erschließen alltäglicher Wirklichkeit in jeder Untersuchung neu erweisen (vgl.: HILDENBRAND, B., 1991).

Zu den Studien mit Beispielcharakter aus dem Bereich der grounded theory gehört die Untersuchung "Interaktion mit Sterbenden" von Barney G. GLASER und Anselm L. STRAUSS. Auf der Grundlage von Feldstudien (Beobachtungen und Interviews) in Krankenhäusern wird eine Theorie entwickelt, in deren Zentrum die These steht, daß alle Variationen der Interaktion sich ableiten lassen von der "Bewußtheit" der an der Sterbesituation Beteiligten (Ärzte, Krankenschwestern, Angehörige usw.). Von daher werden vier Bewußtseinskontexte mit entsprechenden Interaktionen unterschieden: (1) *geschlossene Bewußtheit*: der Patient ist ahnungslos; (2) *argwöhnische Bewußtheit*: der Patient verfolgt einen Verdacht; (3) *Bewußtheit der wechselseitigen Täuschung:* alle Beteiligten wissen Bescheid, gestehen es aber nicht ein; (4) *offene Bewußtheit*: Der Patient kennt seinen Zustand und bekennt sich dazu (s. dazu: GLASER, B. G., STRAUSS, A., 1974, Kapitel 1 und 2).

In Analogie zu dieser Untersuchung von GLASER/STRAUSS erscheint es möglich und produktiv, *die Entwicklung von Bewußtheit über die Mittel der Wissenskonstruktion* zu erforschen. Die von Anselm L. STRAUSS eingesetzten Methoden sind dabei inzwischen so weiterentwickelt worden, daß computerunterstützte Auswertungen mit der Software ATLAS ti (s. dazu: BÖHM, A., MENGEL, A., MUHR T., WILLENBORG, J., 1993) möglich sind.

Wie vorher schon dargestellt (s. vor allem dazu 4.3), wird in der Sequenz „Die Wirbelstraße" nach vielfältigen spielerischen Erfahrungen mit Wasser ein Hindernis durch ein Wasserbecken gezogen und damit eine *Wirbelstraße* erzeugt, durch Auftragen von Ölfarbe sichtbar gemacht und durch Auflegen von Papier auf die Wasseroberfläche in einem bestimmten Zustand fixiert. Die bei der Herstellung der Wirbelstraße gemachten Erfahrungen werden in Gruppendiskussionen reflektiert und in der NOVALIS-Metapher "Das Flüssige ist das sensible Chaos" komprimiert. Die Metapher und die aus ihr ableitbaren Begriffspaare *"Bestimmen/Bestimmtwerden"* sowie *"Ordnung/Chaos"* werden als heuristische Mittel genutzt, die im Durchgang durch verschiedene Disziplinen (Kulturwissenschaft, Kunst, Naturwissenschaft, Formalwissenschaft, Computerunterstütztes Entwerfen und Ökologie) zu allgemeinen Systembildungsprinzipien entwickelt werden.

Der Gesamtprozeß läßt sich in folgende Phasen unterteilen:

1. **Initialphase:** Selbsttätigkeit wird durch heuristische Mittel (das Phänomen "Wirbelstraße" und die NOVALIS-Metapher/Begriffspaare) angeregt.
2. **Differenzierungsphase:** Über Tätigkeiten in den Bereichen Kunst und Naturwissenschaften wird Selbsttätigkeit im Wechselspiel von Subjekt und Objekt symmetrisch (dem Objekt wird ebenfalls die Fähigkeit zur Selbsttätigkeit zuerkannt) entwickelt.
3. **Symmetriebruch:** Computergenerierte Systeme konfrontieren Selbsttätigkeit von Mensch (und Natur) mit der Selbstorganisation formal-abstrakter Systeme.
4. **Integrationsphase:** Im Entwurf konkretisierbarer Utopien werden Möglichkeiten der Vermittlung von Selbsttätigkeit und Selbstorganisation erkundet.

Das allgemeine Bildungsziel dieser Systembildungssequenz hat der Humanökologe Ulrich EISEL wie folgt zusammengefaßt:

„Wie hängen Selbsttätigkeit und Wirbelstraße zusammen? Gesucht wurde nach einem Sachinhalt, der so geartet ist, daß das Subjekt sich geändert hat, wenn es sich ihm ganz angenähert hat. Der Wirbel ist es, und nur der Wirbel! Das Subjekt soll ein Wirbel werden, und wenn es ein Wirbel geworden ist, dann wird es ein Subjekt geworden sein.

Ich verstehe das allgemeine Ziel des Konzepts so: Es werden Sachinhalte erlernt in einem Verfahren, in dem man zugleich erlernt, daß man die Welt, über die man etwas erfährt, durch die Art, wie man fragt, mitbestimmt. Dabei bleibt man aber dem Gegenstand unterworfen. Das sind sozusagen zwei Runden, die da gedreht werden.

Weiterhin lernt man in der Abfolge vom Wasser zum Computer, daß das Ausmaß an Materialität einen Einfluß darauf hat, diese Welt spielerisch zu erzeugen. Je weniger Materie, desto spielerischer ist der Umgang. Aber diese Freiheit des Subjekts, die dabei entsteht, korreliert mit der Freiheit der Effekte, die sich selbst bis hin zur Fraktalen Geometrie erzeugen. Je größer also die Freiheit in diesem Erzeugungsakt wird, um so mehr muß man auch akzeptieren, daß die Fraktale sich selbst erzeugen. Daraus folgt, daß auf dieser Stufe der Bestimmtheit das Objekt einen neuen Charakter annimmt. Die

Freiheit des Subjekts, das Objekt zu bestimmen, wird mit der Notwendigkeit erkauft, die Selbstbestimmung des Objekts zu akzeptieren, das sich jetzt ja selbst erzeugt.

Diese Bestimmung liegt aber auf einer anderen Ebene als die Bestimmung durch das Wasser. Diese Selbstbestimmung des Objekts, der man sich als Subjekt unterwerfen muß, läuft einem einfach davon. Es läuft auf Toleranz hinaus!

Das allgemeine Bildungsziel ist dieses existentialistische Prinzip, ist quasi das Anschmiegen an eine Sache, die eine Selbstveränderung produzieren soll. Das ist eigentlich eine absolut konservative Pädagogik: Der Schüler geht zum Meister. So wurde das früher auch zelebriert: bei großen Malern etwa oder bei großen Philosophen. Platons Schüler mußten werden wie Platon. Bei Kant ist es das Erlernen der Nachfolge dem Meister gegenüber.

In diesem Konzept aber ist die Pointe, daß man nicht eine hochgradige Identifikation mit einem Subjekt, einem großen König etwa, fordert. Es ist vielmehr eine Sache, ein ästhetisches Produkt wie das Bild oder ein naturwissenschaftliches Phänomen. Dem gilt es sich anzuschmiegen wie früher einem großen Lehrer.

Das bricht den Aspekt konservativer Pädagogik, weil man die Identifikation verlagert in einen aufs Objekt bezogenen Selbstbestimmungsprozeß und in einen gruppenorganisierten Selbstbestimmungsprozeß. Das ist sozusagen eine demokratische Form der Identifikation mit dem großen Lehrer von früher, die quasi zerschlagen und auf Sach- und Gruppenstrukturen übertragen wird."
(EISEL, U., 1992, zitiert nach einem Protokoll des Forschungs- und Entwicklungsverbunds „Interdisziplinäre System-Bildung", 1992)

5.2.2.1 Analyse der Initialphase: Einführung des epistemologischen Heurems

Das Gelingen der Initialphase, die Anregung von Selbsttätigkeit durch Einwirkung von außen, ist für die Bearbeitung des pädagogischen Grundproblems von entscheidender Bedeutung. Pädagogen in der Nachfolge FICHTEs sahen diese Phase als entscheidend für den dann nachfolgenden Prozeß an. SAUER war sogar der Auffassung, daß ein Subjekt vielleicht **nur einmal in seinem Leben** eine solche Anregung zur Selbsttätigkeit müsse, um dann grundsätzlich befähigt zu sein, sich selbst als Vernunftwesen zu verwirklichen (s. dazu: FUNKE, R., 1983, S. 64 f.).

Ziel der Initialphase in der Systembildungssequenz „Wirbelstraße" ist es, die Lernenden den Grundwiderspruch zwischen Subjekt und Objekt in ihrer Tätigkeit erfahren zu lassen, um aus diesem Erfahrungskeim heraus den Grundwiderspruch von "natürlicher" Selbsttätigkeit und "künstlicher" Selbstorganisation entwickelbar zu machen. Im

Mittelpunkt steht dabei die Erzeugung einer Wirbelstraße in einem Wasserbecken, die durch Ölfarbe sichtbar gemacht wird und mit einem Blatt Papier in einem bestimmten Zustand fixiert werden kann. Die folgenden Protokollauszüge machen deutlich, wie die Spannungsverhältnisse zwischen *Subjekt und Objekt, Bestimmen und Bestimmtwerden* sowie *Inhalt und Form* in der eigenen Tätigkeit erfahren werden. Zitiert wird aus Protokollen einer Intensivtagung zum Konzept "Interdisziplinäre System-Bildung" für Dozenten des Didaktikums Aarau/Schweiz.

Bei der Erzeugung von Wirbelstraßen wird das Flüssige als ein Phänomen erlebt, das eine Vielfalt von Subjekt-Objekt-Beziehungen aktiviert. In der Reflexion der eigenen Tätigkeit stellt sich darüber Bewußtsein ein, wie der folgende Protokollauszug zeigt:

- Erfahren einer Vielfalt von Subjekt-Objekt-Beziehungen

„Mein erstes Bild, das ich gemacht habe, das ist der Versuch, das, was übrigbleibt, festzuhalten, wenn das Bild zur Ruhe gekommen ist. Ich habe keine weitere Farbe 'reingetan, sondern ich habe versucht, nur mich heranzutasten an dieses Phänomen, das da entsteht. Ich habe das auch als eine ganz vorsichtige Annäherung an das Phänomen empfunden. Beim zweiten Bild habe ich mir dann in der Tat schon sehr viel zugetraut. Ich habe dann durch Farbmischung versucht, etwas zu markieren. Dann ist dieses kräftige Bild dort entstanden. Das hat mich dann sehr fasziniert, das hat mir dann sehr gut gefallen. Aber ich habe festgestellt, daß ich gar nicht konstruktiv und überlegt an die Sache herangegangen bin. Ich habe mich ziemlich stark von den Bildern und Figuren, die da entstehen, eigentlich selber steuern lassen. Ich habe mir keine irgendwelchen Theorien vorher gemacht. Ich habe es einmal versucht, und da kam etwas ganz Banales, jedenfalls etwas heraus, was mir überhaupt nicht gefällt, was dort direkt vor dem Peter liegt; da habe ich versucht, etwas zu machen, das finde ich jetzt sehr enttäuschend. Bei den anderen, wo ich mich sehr stark hab' steuern lassen von dem Phänomen, die gefallen mir sehr viel besser."

Ein solches Erleben verschiedener Möglichkeiten der Subjekt-Objekt-Beziehung erregt Interesse an deren Erforschung nach verschiedenen Seiten hin. Dazu gehört die Frage nach dem Verhalten des Objekts an sich und seinen Wechselwirkungen mit anderen Objekten:

- Interesse am Objekt unabhängig vom Subjekt

„Ich habe gewartet: Wird das Wasser einmal stillstehen? Das ist nicht der Fall. Immer weht ein leichtes Lüftchen und bringt Bewegung ins Wasser. Mich hätte das interessiert, was passiert, wenn ich noch zwei Stunden warte. Oder wenn ich das Becken irgendwo hinstelle, wo kein Wind herankommt: Gibt es da einen endgültigen Zustand?"

Auf der anderen Seite wird immer wieder thematisiert, wie man als Subjekt vom Objekt in eine Wechselbeziehung hineingezogen wird:

- Hineingezogenwerden in die Wechselwirkung mit dem Objekt

„Das war das Erstaunliche für mich, daß, wenn ich nur die Ecke des Beckens hochgehoben habe und dann ein wenig das Wasser schwappen ließ, da habe ich dann ja nur sehr wenig von mir dazu beigetragen; und trotzdem wurde ich da hineingezogen."

Erkennbar werden grundlegende Unterschiede zwischen den Teilnehmern hinsichtlich ihrer Distanz zum Objekt:

- Unterschiedliche Distanz zum Objekt

„Wenn ich diese Besprechung höre, dann fällt mir auf, daß da zwei Elemente ganz stark sind: Die einen begeben sich da willig 'rein in diesen Sog, finden das interessant, sind fasziniert und wollen sehen, was da passiert. Die anderen distanzieren sich, sind Beobachter und sorgen dafür, daß sie bloß nicht erfaßt werden."

Distanz wird nicht nur zum Objekt, sondern auch zum eigenen Selbst eingenommen:

- Distanz zum eigenen Selbst

„Ich habe mich sehr stark als Beobachter gefühlt. Ich habe auf meine Hände geschaut; das war alles sehr weit weg von mir. Ich habe meine eigene Körperhaltung, mein Körpergefühl beobachtet. Ich habe auch andere von Euch beobachtet: Wie sieht das bei denen aus? Auf der anderen Seite habe ich versucht, bewußt nicht zu gestalten. Komischerweise habe ich meine Bilder als meine Bilder erkannt..."

Selbstbeobachtung findet auch hinsichtlich des inneren Sprechens statt:

- Selbstbeobachtung des inneren Sprechens

"Beim ersten Bild, als ich das zum Abschluß gebracht habe, da habe ich gesagt: Hier habe ich vergessen zu atmen. Ganz atemlos habe ich geschaut, was da passiert."

In dem ersten Protokollauszug wurde schon die Beeinflussung des Objekts auf der Grundlage einer "Theorie" thematisiert. Das Naheliegendste scheint dabei für die Teilnehmer ein Ursache-Wirkungs-Denken zu sein. Das Flüssige aber zwingt immer wieder zu einem Denken in Richtung von Wechselwirkungen, seien es Wechselwirkungen im Objekt selbst, zwischen Objekten oder zwischen Subjekt und Objekt (s. Tafel XXIII). An die Stelle der Idee einer einseitigen, unsymmetrischen Ursache-Wirkungs-

Beziehung wird die einer gegenseitigen, tendenziell symmetrischen Wirkungsproduktion gesetzt.

- Wechselwirkungen zwischen Subjekt und Objekt anstelle einseitiger Ursache-Wirkungs-Produktion

"Für mich war das Erstaunliche, daß ich merkte, wie wenig ich tun kann. Zuerst habe ich gedacht, ich kann da etwas bewegen nach meinem Willen. Dann habe ich aber gemerkt, daß ich da hindurchfahren kann, wie ich will: das macht trotzdem etwas ganz anderes. Und dann habe ich losgelassen, dann kam die Neugierde, und ich habe gar nicht mehr viel dazugetan, und trotzdem wurde es mein Bild. "

Erlebt wird auch, wie Wechselwirkung im Objekt erst nur keimhaft entsteht und dann sich zu immer höheren Komplexität aufschaukelt:

- Aufschaukelung von zuerst nur keimhaft vorhandener Wechselwirkung im Objekt

„Bei einem Bild war ich nicht zufrieden, das war mir zu brav, da wollte ich mit Gewalt etwas in Bewegung setzen. Wenn ich aber das Wasser stark anzustoßen versuchte, dann bewegte sich kaum etwas. Erst als ich nur eine kleine Bewegung anregte, als ich etwas geschehen ließ, da ereignete sich etwas: Aus dem kleinen Anstoß gingen nach und nach Gebilde hervor, die sich gegenseitig anstießen, sich zu Spiralen dehnten und zusammenzogen, unterschiedliche Größen annahmen und sich doch untereinander immer ähnlich blieben. "

Aus der Sicht moderner, dynamisch-evolutionärer Systemtheorien werden hier grundlegende Systembildungsprinzipien thematisiert: Durch Rückkopplungen schaukeln sich erst nur keimhaft vorhandene Wechselwirkungen zu immer höherer Komplexität auf; gleichzeitig bleiben die entstehenden Strukturen sich untereinander ähnlich, herrscht das FEIGENBAUMsche Prinzip der Universalität als (Selbst-) Ähnlichkeit von Formen auf verschiedenen Skalen (s. dazu 3.6 und die Tafel X).

Zur Entwicklung dieser elementaren Systembildungsprinzipien bedarf es einer intensiven Konzentration auf die Form und damit eine Loslösung von Inhaltlichem. Dieser Prozeß wird besonders intensiv erlebt beim Abnehmen der auf der Wasseroberfläche sich bildenden Formen mit einem Blatt Papier. Dieser Vorgang wird als ein Akt des Sichbemächtigens empfunden.

- Trennung von Inhalt und Form bei der Herstellung von Bildern

„Mir ist ein enormer Kontrast aufgefallen zwischen dem Herstellen dieser Wellen und Spiralen und meinem Eingriff. Ich habe das als etwas sehr Machtvolles empfunden, meinen Eingriff mit dem Auflegen des Papiers. Das ist ein Gewaltakt gewesen für

mich. Ich habe das auch etwas als Jagdfieber empfunden: Im richtigen Moment das
Papier auflegen, dann habe ich es gepackt! Das hat mich ein bißchen erschreckt, ja..,
diese liebliche Ausbreitung dieser Wasserzüge, diese Spiralen, diese Farben; und
dann: uau! dieses Sichbemächtigen des Bildes."

Hier wird die Entwicklung einer Herrschaftsbeziehung gegenüber dem Phänomen über
die Bemächtigung von Form angesprochen, die dann in der Ökologiediskussion als ein
durch Wissenschaft und Technik bewirktes typisches Fehlverhalten des Menschen gegenüber der Natur thematisiert wird. Aber schon in der ästhetischen Herstellung von
Bildern, die noch relativ zweckfrei ist, wird dieser Subjekt und Objekt entfremdende
Vorgang der Trennung von Form und Inhalt deutlich empfunden:

- Die Trennung von Form und Inhalt als Bruch im Subjekt-Objekt-Verhältnis

„Was mir auch ein bißchen aufgefallen ist, ist, daß das Wasser nach dem Herausneh-
men des Blattes nicht mehr wichtig ist. Also, ich habe dann mein Produkt in den Hän-
den und bin darauf wirklich fixiert wie die Katze auf die Maus und schaue dieses Blatt
an. Und das Wasser, von dem ich vorher so fasziniert war, spielte keine Rolle mehr.
Das ist dann auch ein großer Bruch."

Die Loslösung der Form vom Inhalt bedeutet auf der einen Seite Verlust, auf der anderen Seite aber auch Gewinn: Ich kann neue Inhaltlichkeit in die befreite Form hinein-
legen, mich in der befreiten Form selbst thematisieren.

- Subjektive Aneignung von befreiter Form: Materialisierende Selbstthematisierung

„Ich empfinde in mancher Hinsicht jetzt im nachhinein meine eigene Begeisterung und
Identifikation mit dem Bild als einen Akt der Bändigung, der Domestikation, der Be-
schwörung. Ich meine, die Bilder haben ja in der Tat nichts mit mir zu tun, sondern ich
empfinde das als einen ganz direkten Setzungsakt, daß ich das Bild jetzt herausnehme,
es bestimme als mein Bild. Gestaltmäßig und inhaltlich fällt mir dazu nichts Bedeut-
sames ein. Das einzige, was mir dazu einfällt, bin ich... Ich bin sozusagen das einzige
Element, das diesem Bild seine Existenz gibt; es würde ja sonst verschwinden, es hat
ja keine Bedeutung."

An den Protokollauszügen wird erkennbar, daß die durch die NOVALIS-Metapher
„Das Flüssige ist das sensible Chaos" theoriegeleitete Erzeugung einer Wirbelstraße
Selbsttätigkeit anregt, die sich im Umgang mit einem konkreten Phänomen entwickelt
und zu Selbstthematisierungen im Rahmen des Erfahrungsaustausches innerhalb der
Experimentiergemeinschaft führt. Aus systemtheoretischer Sicht erscheinen folgende
Entwicklungen keimhaft angelegter Konzepte, Konstrukte und Prinzipien möglich:

1. Verfolgt werden kann historisch und systematisch die Entwicklung der Subjekt-Objekt-Beziehung: Die relative Einheit beider Seiten zu Anfang, die Einnahme der Rolle eines distanzierten Beobachters durch das Subjekt und die Erkenntnis auf einer höheren Stufe, daß ein Objekt nie unabhängig vom Beobachter gesehen werden kann, daß das Subjekt immer zugleich Teil und distanzierter Konstrukteur des Systems ist.

2. Wichtig für die Entwicklung der Subjekt-Objekt-Beziehungen ist ein Wechselwirkungsdenken als das gegenüber einem Ursache-Wirkungs-Denken produktivere Konzept. In den Protokollaussagen wird die Ambivalenz der Teilnehmer in der Entscheidung für das eine oder andere Konzept sichtbar. Das Phänomen des Flüssigen provoziert viel eher als ein Umgang mit festen Körpern (etwa dem „Pendel" der Physiker) eine Entscheidung für das Wechselwirkungskonzept, von dem aus Ursache-Wirkungs-Beziehungen dann als Spezialfälle betrachtet werden können.

3. Verbunden mit dem Wechselwirkungskonzept ist das Systembildungsprinzip, daß aus Systemkeimen (Attraktoren, Generatoren, Ordnern) durch sich aufschaukelnde Wechselwirkungen komplexe System entstehen können (kleine Ursachen/große Wirkungen). Das Problem des exponentiellen Wachstums wird oft herangezogen, um die Schwierigkeiten aufzuzeigen, die das lebensweltliche Denken mit diesem Prinzip hat (s. dazu etwa: DÖRNER, D., 1983, S.24).

4. Grundlegend für die Entwicklung der Subjekt-Objekt-Beziehung ist die Trennung von Inhalt und Form. Damit wird ein Wechselwirkungsprozeß von *Ent-deutung und Be-deutung* möglich. Der Weg kann bis hin zu computergenerierten Punktmengen in der fraktalen Geometrie geführt werden, die nur noch sich selbst bedeuten und besonders intensiv das Erlebnis der zugleich faszinierenden und befremdenden Selbstorganisation von Systemen ermöglichen. Als Problem stellt sich dann, wie *Selbsttätigkeit und Selbstorganisation* produktiv miteinander vermittelt werden können.

5.2.2.2 Analyse von Entwicklungsprozessen: Veränderungen der Form-Inhalts-Beziehung als Beispiel

Auf der Grundlage eines Interviews mit einem Teilnehmer des Fortbildungskurses „Strömungsbilder" an der Bundesakademie für musische Bildung und Medienerziehung in Remscheid und Auszügen aus Gesprächsprotokollen, die bei einer Sommerakademie der Hans-Böckler-Stiftung entstanden, soll im folgenden aufgezeigt werden, wie der Entwicklungsprozeß in bezug auf die Form-Inhalts-Problematik reflektiert wird.

Der Kurs in Remscheid beginnt mit einer Exkursion zu einem nahegelegenen Bach. Ziel ist es, das Flüssige in seiner Mannigfaltigkeit und im Gesamtzusammenhang einer Natur-/Kultur-Landschaft unmittelbar und sinnlich-konkret erleben zu lassen. Inhalt und Form sind hier noch eng miteinander verschmolzen, erfaßt werden **Gestalten** des

Flüssigen. Im Rückblick erinnert sich der Teilnehmer an eine von ihm als entscheidend empfundene Erfahrung:

- Erfassung von Phänomenen in ihrer Einheit von Inhalt und Form

„Ein Knackpunkt für mein Denken dort war, daß ich dieses Phänomendenken wieder stärker hatte... Als wir nämlich unten an dem Bach waren, habe ich gesehen, daß das Wasser auch aufwärtsfloß... Das war für mich aber ein Schlüsselerlebnis, daß ich das Flußbett gesehen habe und das Wasser nach oben fließen sah... Da habe ich so ein Phänomendenken gewonnen, das ist mir an dem Punkt bewußt geworden."

Als ein nächster Schritt wird die Loslösung der Form vom Inhalt thematisiert. Gewonnen wird damit eine größere Beweglichkeit, die Möglichkeit des Vergleichs unterschiedlicher Phänomene.

- Form als Mittel des Vergleichs unterschiedlicher Phänomene

„Roland machte da z. B. auf den Wuchs der Bäume aufmerksam, daß die sich alle ähnlich sehen. Die Begriffe "Ähnlichkeit, Selbstähnlichkeit" wurden dann für mich sehr wichtig... Diese Formen habe ich dann überall wiedergesehen, bei Muscheln, im Sand, bei Korallen usw. Da kam dann auch das mit den Verwirbelungen, das ist auch so eine wirklich ganz grundsätzliche Form. Ich habe solche Formen für mich immer Basisformen genannt, die wohl alle ähnliche, wenn nicht dieselben Parameter haben."

Wie in den oben wiedergegebenen Äußerungen der Schweizer Dozenten zum Ausdruck kommt, ist die Form aber nicht nur ein Mittel für Vergleiche und Analogien. Sie kann auch für Selbstthematisierungen genutzt werden, indem man ihr einen persönlichen Sinn gibt. Der Kunstwissenschaftler A.C. DANTO zeigt auf, daß das Spezifische der Kunst eine solche *metaphorische Verwendung der Form* ist, über die eine bestimmte Weltsicht zur Darstellung gebracht wird (s. dazu: DANTO, A.C., 1984).

Der Übergang zum nächsten Entwicklungsabschnitt in der Inhalt-Form-Beziehung wird ermöglicht durch die Einführung der **Teilchenvorstellung**. Gerade im Bereich des Flüssigen wird in Wissenschaft und Technik dabei noch die ganze Bandbreite vom Makroskopischen bis zum Mikroskopischen gedacht. Wichtig werden das Mikroskop als Mittel der Analyse und die Mathematik als Mittel der Formalisierung, um zur Formulierung grundlegender Gesetzmäßigkeiten zu kommen. Dieser Schritt wird von dem Teilnehmer des Remscheider Kurses wie folgt reflektiert:

- Zerlegung des Flüssigen in Teilchen

„Je atomistischer ich mit meinem Denken werde, desto mehr muß ich mir Hilfsmittel schaffen, um überhaupt dahinzukommen. Ich muß vom Makroskopischen immer weiter

ins Mikroskopische hineingehen. Irgendwann hört das eben auf, und zwar da, wo bei der Brownschen Molekularbewegung nur noch andeutungswiese die Bewegungen einer Strömung oder die Energie von anderen Elementen dort ist. Da fängt dann für mich auch dieses punktuelle Denken an, wo man dann 'reingeht in die Mathematik. Da sag' ich: Die haben jetzt bestimmte Parameter, die benutzen sie. Das hat aber überhaupt nichts mehr mit dem zu tun, was da in der Natur abläuft. Da entfernen die sich immer weiter, das verselbständigt sich...Über den Weg der Mathematik komme ich hin zu diesem punktuellen Denken. Aber ich glaube, das ist genau der Punkt: Wenn Du 'rausgehst aus einem System, wenn keine Dynamik mehr da ist, wo gar nichts mehr ist, dann bist Du genau in der Mathematik. Das ist so ein Trennpunkt. Das ist mir nie so deutlich gewesen früher."

Damit ist der Punkt angesprochen, an dem ein Symmetriebruch insofern stattfindet, als Inhalt und Form, Subjekt und Objekt sich nicht mehr in Wechselwirkung miteinander befinden. Die Form verselbständigt sich, zeigt sich in ihrer Selbstorganisation unabhängig vom Subjekt (s. dazu auch Ulrich EISEL S. 290 f.). Über einen Vergleich von Computerbildern und traditionellen Bildern macht sich der Kursteilnehmer diesen Bruch wie folgt bewußt:

- Computerbilder als Bruch in der Subjekt-Objekt-Beziehung

„In Computerbildern bedeutet dieser einzelne Lichtpunkt wirklich absolut nichts; es sei denn, ich gehe in die andere Ebene, in den elektrischen Stromkreis und die Peripherie. Aber wenn ich jetzt einen Bleistift nehme und ein Bild zeichne, ist das für mich fast genau das Gleiche. Denn was mach' ich da? Ich mache auch nur einen Punkt und setze einen Punkt neben den anderen. Wenn ich den Bleistift jetzt nehme und den Lichtpunkt und diese beiden Punkte jetzt habe, dann betrachte ich beide Punkte. Ich seh' einmal den Lichtpunkt, weiß aber, warum der existiert, woher der kommt. Das ist die eine materielle Ebene. Und beim Bleistift weiß ich, wenn ich einen Punkt auf einem Blatt Papier mach', dann sind das viele zigtausend kleine Punkte. Das ist immer noch genau die gleiche Ebene. Wenn ich jetzt aber den Computer irgendwelche Bilder aufzeichnen lasse, die ich nicht denke, weil das ja der Rechner macht, dann liegt für mich da der Unterschied: Auf solche Bilder wie die in der Fraktalen Geometrie wäre ich selbst nie gekommen. Das, was ich mit dem Bleistift und dem Papier mach', das habe ich im Kopf, weil ich selber das ausführende Organ bin. Ich bin selbst die Hand, die den Bleistift führt; und das Abbild kriege ich auch irgendwie hin. D a s ist für mich der springende Punkt: Bei dem anderen muß ich nicht denken, da bekomme ich es geliefert. Bei dem Bleistift, bei der Darstellung, muß ich selber ein Bild im Kopf haben, egal, wo ich es herhabe. Aber ich habe es im Kopf, es kommt aus mir selbst heraus."

Reflektiert wird auch, daß digitalisierte Bilder ebenso erst einmal aus bedeutungslosen Punktmengen bestehen wie die Computergrafiken der Fraktalen Geometrie:

- Digitalisierte Bilder sind keine Abbilder, sondern erst einmal auch nur abstrakte Punktmengen

„Wenn Du Strömungen digitalisierst, dann hältst Du sie ja fest. Aber das ist eine völlig andere Ebene. Du bekommst zwar ein Abbild von der Flüssigkeitsströmung, aber was Du da hast, das ist eine ganz andere Darstellung. Das ist nicht nur vom Dreidimensionalen ins Zweidimensionale, sondern das ist etwas völlig anderes. Das ist einmal statisch, und Du hältst es einen Augenblick nur fest. Dann ist die Darstellung eine ganz andere. Allein schon die Verzerrung der Farben: Du kriegst nie das gleiche Abbild hin. Außerdem ist das eine punktuelle Darstellung vom Rechner. Du machst die Strömungsgeschichte eigentlich bedeutungslos. Das bietet natürlich auch neue Möglichkeiten. Mit der Erkenntnis aus solchen Bildern kannst Du das weiterentwickeln, entschlüsseln oder bearbeiten. Aber das ist auch so ein Prozeß, der mir erst sehr viel später klar geworden ist."

Erkannt wird hier, daß abstrakte Punktmengen erst einmal bedeutungslos sind, sich aber wieder bedeuten lassen. Das eröffnet Planungsmöglichkeiten etwa für Landschaften mit Fließgewässern, die Teilnehmer an einer Sommerakademie der Hans-Böckler-Stiftung in einem Dialog wie folgt thematisieren:

- Nutzung von Computerbildern für die Planung von Umweltgestaltung

T1 „Die Möglichkeit, die ich sehe, ist folgende: Ich übertrage 'mal auf eine Wohnstraße. Die Technik gibt mir die Möglichkeit, direkt mit den Leuten vor Ort Bilder zu machen. Das kann ich zwar auch mit Malerei machen, aber das ist ein sehr schwieriger Prozeß. Was wir hier gemacht haben, Elemente 'reinnehmen und rausnehmen, das könnte da dann auch direkt passieren. Ob ich Bäume pflanz', wie die Autos parken, ob ich eine Straße dem Verkehr wegnehme, das gibt eine ganz andere Möglichkeit. Das, was hier stattgefunden hat, ist ja nicht die Realität, daß Leute beteiligt werden. Bei allem anderen wird protestiert, bei Kernkraftwerken oder so, aber das Wohnumfeld geht komischerweise so durch."

T2 „Mir gefällt überhaupt nicht, daß ich auf den Bildern alles so beliebig umgestalten kann. Was es bedeutet, also eine Unwiederbringlichkeit eines Dinges, eines Menschen, einer Form oder wie auch immer zu zerstören..."

T3 „Für mich ist wichtig die Zeitlichkeit. Durch die Technik ist einfach alles schneller geworden. Für die Landschaft bedeutet das, daß wir jetzt davon tausende Bilder machen können und sie abspeichern, und dann machen wir' was ganz anderes. Daß Bilder weggeworfen werden und daß eine geringere Auseinandersetzung mit ihnen stattfindet, das fällt mir bei dieser Zeitlichkeit ein."

Hier deutet sich die Entwicklung eines Bewußtseins über den grundlegenden Unterschied von traditionellen Abbildungen und technischen "Ein-bildungen" (Vilem FLUSSER, 1989) an. Damit dieses nicht nur theoretisch-reflexiv bleibt, ist in der letzten Phase des Konzepts der Entwurf von konkretisierbaren Utopien für Landschaften mit Fließgewässern vorgesehen. Im Rahmen einer Sommerakademie der *Hans-Böckler-Stiftung* hatten die Teilnehmer sich die Aufgabe gestellt, ortsnah zu agieren: Entwickelt wurde ein Konzept zur Umgestaltung der „Wien", einem kanalisierten Fluß in der Nähe der Tagungsstätte. Bei der Vorstellung des Arbeitsergebnisses einer Teilgruppe kam es zu folgender Gesprächspassage, in der noch einmal das grundlegende Problem *von Bestimmen und Bestimmtwerden* in der Subjekt-Objekt-Beziehung zur Sprache gebracht wurde:

- *Bestimmen und Bestimmtwerden* bei der Planung von Landschaften mit Fließgewässern

T1 „*Für uns war dieses als ein Angebot an das Wasser gedacht - die Landschaft war ja total verhunzt -, daß das Wasser hier die Möglichkeit hat, daß es 'was machen kann. Wir haben dem Wasser die Chance gegeben, etwas zu verändern, allerdings begrenzt, nämlich mit Ausnahme der Landnase und der Brücke. Und hier hinten, da liegen Steine, hier ist auch ein bestimmter Toleranzbereich für das Wasser.*"

M „*Im Gegensatz zum Kanal habt ihr hier dem Wasser die Möglichkeit gegeben, was Menschenhand geschaffen hat, auch noch zu verändern.*"

T1 „*Aber genau das ist es, was die Landschaft zur Kulturlandschaft macht: Daß ich mich von dem Wasser bestimmen lassen will, das macht mich zu einem Teil des Systems. Wenn ich diese Landschaft habe, dann habe ich als Mensch bestimmte Bedingungen, ich habe etwa die Brücke, die ich benutzen will.*"

T2 „*In Wien ist ein Kanal, dessen Eröffnung verschoben werden mußte, weil er sich durchgefressen hatte und unterirdisch abgeflossen ist, also undicht gewesen ist.*"

T3 "*Der hat sich also seinen Weg gesucht, während wir hier die Wege des Flusses berücksichtigt haben. Wir haben Bestimmungen vorgegeben und zugleich Raum gelassen für Bestimmungen durch den Fluß.*"

T1 „*Ich geb' dem Fluß aber nur soviel Raum, daß er mich nicht gefährdet. Ich gebe also dem Fluß den Rahmen, in dem er sich verwirklichen kann. Aber er darf nur ja nicht gefährlich werden.*"

5.2.2.3 Auf den Gesamtprozeß bezogene Selbstthematisierungen: Metatheoretisches und Metakognitives

Für den Gesamtprozeß ist eine Entwicklungslogik grundlegend, die aus der Entfaltung des Grundwiderspruchs von *"natürlicher" Selbsttätigkeit* und *"künstlicher" Selbstorganisation* hervorgeht. Das Flüssige wird zuerst als Gestalt, in seiner Einheit von Inhalt und Form, erlebt. Dann folgen Stufen zunehmender Entsubstantialisierung durch die Form-Inhalts-Trennung. Erlebt und erfahren wird die Form und ihre analogische und metaphorische Verwendung in der Kunst, die Auflösung der Form in Teilchen im naturwissenschaftlichen Denken und schließlich die Generierung abstrakter, nur noch sich selbst bedeutender Punktmengen mit dem Computer. Mit der Be-deutung, mit der Ein-bildung von Sinn in diese Punktmengen setzt dann der Weg zurück zum Konkreten ein, der über das computerunterstützte Entwerfen von fiktiven, immateriellen Welten schließlich in den Entwurf konkretisierbarer Utopien mündet.

Mit dieser „Struktur" (wie der Tagungsteilnehmer in dem Protokollauszug weiter unten sagt) der Systembildungssequenz setzen sich die Teilnehmer des Kurses in Remscheid in vier Tagungswochen auseinander, zwischen denen jeweils ein Zeitraum von drei bis sechs Monaten liegt. In diesen Zwischenzeiten realisieren die Teilnehmer in ihren jeweiligen Praxiszusammenhängen (außerschulische pädagogische Institutionen) bestimmte Aufgaben, deren Ergebnisse in den darauffolgenden Tagungen vorgestellt werden. Dadurch gewinnt die Auseinandersetzung mit der "Struktur" für die Teilnehmer eine größere Bedeutung, als dies bei Tagungen von nur einer Woche der Fall ist. Auf dem Hintergrund der intensiven und zeitlich umfangreichen Aktivitäten müssen die folgenden Äußerungen eines Kursteilnehmers gesehen werden, der über die Orientierungsfunktion dieser "Struktur" für ihn und sein Leben folgendes aussagt:

„Einerseits ist die Struktur des Ganzen ja festgelegt, aber zugleich ist sie auch offen. Aber die Struktur bietet mir den roten Faden, den ich brauch'. Ich kann das nicht, dieses ständige hin und her. Ich muß eine bestimmte Zielvorstellung haben. Dann habe ich auch die Möglichkeit, nach allen Seiten hin auszuweichen und anderes zu betrachten; aber ich komme immer wieder auf diesen roten Faden zurück."

Thematisiert wird hier ein Denken, das sich in einem Spannungsfeld von *Differenzierung und Integration* bewegt. Der Kursteilnehmer betont, daß er früher nicht so komplex gedacht hat, spricht aber auch die Schwierigkeiten der Integration von speziellem und allgemeinem Wissen an:

„Demgegenüber habe ich heute aber auch das andere Denken, daß ich mir sehr große Systeme vorstellen kann und darin sehr frei herummanöverier. Ich merk heute: Halt, stop! Wenn das eine mit dem zusammenhängt, muß das andere auch damit zusammenhängen. Aus sehr unterschiedlichen Bereichen kann das heute kommen, das krieg' ich jetzt im Kopf auch klar. Ich denke, das ist ein Teil, den ich bei dieser ganzen Sache,

die ihr macht, gelernt habe. Bei mir ist eindeutig ein allgemeines Wissen und ein Wissen über einen ganz bestimmten Bereich getrennt. Ich trenn das immer noch, die laufen bei mir wirklich noch parallel, weil ich das Denken im technischen Bereich so spezifisch auch noch gewohnt bin. Wenn ich ein technisches Problem löse, dann interessiert mich nur das technische Problem. Ich denke dann nicht über die Umwelt nach oder die Menschen, die damit zu tun haben, sondern ich bin ganz genau auf dieses Problem ausgerichtet. Oder ich nehme mir ein anderes Problem, das ich mir als Teil genau anguck' und herausnehm', abgrenze, und sag': So, das Stück gucke ich mir jetzt an und bearbeite das. Heute weiß ich das, daß das eigentlich eine verkehrte Geschichte gewesen ist, weil man das ganze Umfeld nicht herausnehmen kann. Aber diese Eingrenzungen sind vielleicht nötig, weil das sonst zu komplex würde. Ich vermute, daß man so ein eingrenzendes Vorgehen auch haben muß. Für mich selber kann ich das inzwischen sehr gut trennen, ich weiß, wo ich so denken muß und wo nicht. Das ist aber erst sehr viel später gekommen, eigentlich nach Remscheid."

Selbsteinschätzungen des eigenen Denkens und Handelns werden auch gewonnen durch den Vergleich mit anderen Kursteilnehmern:

„Ich erinnere mich daran, daß ich in dieser Gruppe in Remscheid als Techniker aufgetreten bin. Ich habe gesagt, daß ich etwa die Teilchen technisch denke. Das habe ich dann auch versucht, da einzubringen. Ich merkte aber, daß ich damit gar nicht durchkam. Ich war bei denen so als Techniker abgestempelt. Das ist für mich auch so ein Knackpunkt gewesen: Ich habe gedacht, daß ich mich da eigentlich so in eine Ecke 'reindränge, die vielleicht gar nicht so gut ist. Heute weiß ich, daß ich das hätte stärker ausbauen müssen. Ich hätte ruhig auf meinem Denken beharren sollen, und hätte dann ja umlernen können. Ich hätte ja das andere Denken zusätzlich haben können. Daran kann ich mich erinnern: die anderen verstanden mein Denken nicht. Die wollten das z. B. gefühlsmäßiger haben. Ich denke, daß das bei den anderen umgekehrt ähnlich war."

Deutlich wird auch, daß vom Allgemeinem her bessere Einschätzungen von Speziellem, etwa von Disziplinärem, möglich werden. Von dem Begriffspaar *Ordnung/Chaos* her erscheint dann etwa die Entwicklung der Naturwissenschaften in folgendem Licht:

„Das habe ich früher nie so gesehen, daß z. B. die Physiker vielmehr an laminaren Strömungen interessiert sind. Das Chaotische haben sie ja genau versucht wegzudrükken. Daß das bei den heutigen Möglichkeiten umkippt, das ist mir sehr deutlich geworden."

Als besonders wichtiges Erkenntnismittel empfindet der Remscheider Kursteilnehmer für sich das Begriffspaar *Bestimmen/Bestimmtwerden*, das zu Anfang bei der Erzeugung der Wirbelstraße intensiv erfahren und dann im Gesamtprozeß in der Auseinandersetzung mit dem Phänomen des Flüssigen und den von diesem abhebbaren Formen entwickelt wird:

„Besonders das Begriffspaar Bestimmen/Bestimmtwerden hat für mich eine wichtige Rolle eingenommen. Das hat mir ein Bewußtsein davon gegeben, daß ich den anderen immer mitbeeinflusse, wenn ich etwas tue. Ich wußte das irgendwie früher auch, nur ist es mir nie deutlich geworden. Bestimmen/Bestimmtwerden ist ein Begriffspaar, das mich selbst betrifft. Chaos und Ordnung als Begriffspaar rechne ich mehr zum Computer. Wenn ich kalt und heiß sagen würde, dann wäre für mich Chaos/Ordnung kalt und Bestimmen/Bestimmtwerden heiß. So etwas Gegensätzliches ist das für mich."

Mit den Begriffspaaren ist keimhaft ein Wechselwirkungsdenken auf der Grundlage von Komplementaritäten bis hin zum dialektischen Denken angelegt (s. Tafel XX). Der Kursteilnehmer betont, wie wichtig für ihn dieses Denken auch in seinem Alltagsleben geworden ist:

„Wichtig war für mich auch, daß ich dieses dialektische Denken kennengelernt habe. Ich habe das immer bei Unterhaltungen mit Roland (Kursleiter in Remscheid; W.W) bewundert. Wenn er etwas erklärte, hat er immer sofort beide Seiten gesehen. Die andere Seite hatte ich gar nicht mitgedacht... Das habe ich dann auch gelernt: Einerseits habe ich einen roten Faden, andererseits kann ich hin- und herspringen; ich kann jetzt auch beide Seiten betrachten. Ich sage das auch immer meinen Kindern: Es gibt zwei Grenzen, in denen wir uns bewegen, da kann ich gedanklich hin- und herfahren. Das sind immer zwei Extreme, zwischen denen wir uns bewegen. Früher habe ich das nicht geschafft, dieses Hin- und Herspringen zwischen zwei Grenzen. Damit habe ich immer Schwierigkeiten gehabt. Inzwischen kann ich das um ein Vielfaches besser. Ich kann jetzt auch die künstlerische Komponente besser einbeziehen."

Das Aufschaukeln von Wechselwirkungen, das von den Dozenten in der Schweiz bei der Erzeugung von Wirbelstraßen gesehen wurde, wird jetzt von dem Remscheider Kursteilnehmer am Ende des Gesamtprozesses in einem sehr viel allgemeineren Zusammenhang gesehen und konstruktiv angewandt:

„Ich meine, daß ich jetzt sehr viel großzügiger denke, und zwar auch im Bereich der Familie. Da habe ich gemerkt: Halt, Stop, das sind ja ganz eigenartige Strukturen, die es da gibt! Die sind so langfristig und so..., ich präge die irgendwie mit, ich lege die Grundsteine für später auch. Mir ist klargeworden, daß ich manchmal zu meinen Kindern etwas gesagt habe, was ich für relativ bedeutungslos hielt. Das war aber gar nicht so bedeutungslos! Für mich war es relativ bedeutungslos, nicht aber die Wirkung. Über die Wirkung habe ich manchmal gestaunt. Das ist auch so ein Prozeß gewesen, der mir nie so bewußt war, auf den auch zutrifft: Kleine Ursachen, große Wirkungen, und umgekehrt wieder. Ich bin jetzt vorsichtiger geworden mit dem, was ich sage... Du mußt das auch von meiner Entwicklung her sehen: Das, was für Euch

selbstverständlich ist, ist für mich nicht selbstverständlich... Das ist genau der Prozeß, der hier drinsteckt, daß ich mir sage: Hier mußt du gucken, und da auch, und das könnte eine Rolle spielen. Und daß ich verschiedene Ebenen einfach durchspielen kann und dann trotzdem merke, daß sich das sehr stark verändert. Vom Bildungsprozeß her gesehen, wenn das auch übertragbar ist auf Kinder, so ein Selbsterkennungsprozeß, das wäre, glaube ich, schon eine große Sache."

5.2.3 Konstruktion semantischer Netzwerke und deren Weiterentwicklung in dialogischen Forschungsprozessen

Verdeutlicht werden sollte mit den vorangegangenen Ausführungen, wie die heuristischen Mittel von den Lernenden zugleich als *Organisatoren* von gegebenem und *Generatoren* von neuem Wissen eingesetzt werden. Die weitgehend ungeordnete Mannigfaltigkeit, die ihnen am Bach begegnet war, wurde durch die Erzeugung der Wirbelstraße und deren Aufschließung mit der NOVALIS-Metapher „Das Flüssige ist das sensible Chaos" so strukturiert und komprimiert, daß eine „theorie"-geleitete Generierung von Komplexität erfolgen konnte. Bei dieser Komplexitätserzeugung trat das Subjekt in **Wechselwirkung mit sich selbst, dem Objekt und den Mitteln seiner Tätigkeit wie auch mit den Subjekten, mit denen es eine Experimentiergemeinschaft bildete.** Über Selbstthematisierungen wurde diese Komplexität in eine Form gebracht, die dann auch Untersuchungen der abgelaufenen Prozesse von außen ermöglichte.

Zur Analyse und Interpretation von komplexem Textmaterial ist in dem interdisziplinären Forschungsprojekt „Archiv für Technik, Lebenswelt und Alltagssprache (ATLAS)" an der TU Berlin von den Psychologen Andreas BÖHM, Heiner LEGGEWIE und Thomas MUHR ein Computerprogramm „ATLAS ti " (ti = Textinterpretation) entwickelt worden. Textpassagen können am Bildschirm markiert und kodiert (in Kategorien geordnet), kodierte Textpassagen ausgedruckt oder mit Hilfe elektronischer Verweise miteinander in Form von „Hypertext"-Verknüpfungen verbunden werden. Die erstellten Kodes können auf dem Bildschirm auch in Kästchen als Knoten dargestellt und mit Linien zu Netzen verbunden werden (s. dazu: BÖHM, A., MENGEL, A., MUHR, T., WILLENBORG, J., 1993).

Im folgenden soll gezeigt werden, wie mit dem Computerprogramm „ATLAS ti" auf der Grundlage vorliegender Selbstthematisierungen zur Sequenz „Die Wirbelstraße" semantische Netzwerke konstruiert und wie diese zu Mitteln der Selbsttätigkeit werden können

Grundlage der Netzwerkkonstruktion durch den Forscher ist die Selbstthematisierung eines Teilnehmers an einem Lehrgang in der Akademie Remscheid. Ausgewählt aus dieser Selbstthematisierung wurden Passagen, die sich auf das Begriffspaar *Ord-*

nung/Chaos beziehen (s. dazu Tafel 24).Es soll noch einmal darauf aufmerksam gemacht werden, daß dieses Begriffspaar in der *gegenständlichen* Tätigkeit, d. h. konkret in der Auseinandersetzung mit dem Phänomen des Flüssigen, von den Teilnehmern konstituiert und entwickelt wurde. Dazu folgender Auszug aus einem Interview mit dem Teilnehmer eines Kurses der Akademie Remscheid:

„Ich habe dann also den GLEICK(1988; s. Literaturverzeichnis, W.W.) gelesen, kam dann über die Mathematik, über die Darstellung der Fraktale hin zu den Attraktoren. Hier tauchte in einem abstrakten Zusammenhang dann auch das wieder auf, was im Umgang mit Wasser schon deutlich geworden war: Eine kleine Abweichung oder Störung kann große Auswirkungen haben.

Das ist alles sehr abstrakt gewesen für mich. Stück für Stück kam ich immer näher und verstand das immer mehr. Ich verstand das, weil ich immer mehr Zusammenhänge sah, vom Makroskopischen bis hin zum Atomistischen. Ich hab gesehen, daß da ein Teilbereich Fraktale war, der das aufzeigen konnte, die chaotischen Zustände. Das war eine ganz künstlich erzeugte Geschichte. Nicht so wie bei den Strömungen, wo für mich das deutlich geworden ist, wie chaotisch das ist oder sein kann, und wie laminar das sein kann, und diese Differenz zwischen laminar und chaotisch. Durch das Fließfenster und durch die Betrachtungen am Fluß ist mir vieles sehr viel deutlicher geworden. Das habe ich früher nie so gesehen, daß z. B. die Physiker viel mehr an laminaren Strömungen interessiert sind. Das Chaotische haben sie ja genau versucht wegzudrükken. Daß das bei den heutigen Möglichkeiten umkippt, das ist mir sehr deutlich geworden. "

Grundlegend für die angebotenen heuristischen Mitte ist, daß sie zugleich gegenständlich sind (und damit eine materiale Bildung gewährleisten) und ein anschaulichbildhaftes und begrifflich-reflexives Denken aktivieren (und damit eine formale Bildung gewährleisten). Aus dem folgenden Protokollauszug geht hervor, wie jetzt der Teilnehmer das Schwergewicht in seinen Selbstthematisierungen mehr auf die begrifflich-reflexive Seite verlegt:

„Bestimmen/Bestimmtwerden ist ein Begriffspaar, das mich selbst betrifft. Chaos und Ordnung als Begriffspaar rechne ich mehr zum Computer. Wenn ich kalt und heiß sagen würde, dann wäre für mich Chaos/Ordnung kalt und Bestimmen/Bestimmtwerden heiß. So etwas Gegensätzliches ist das für mich. Ich weiß natürlich inzwischen, daß hinter Chaos und Ordnung ein ganz anderer Hintergrund dahintersteht. Wie Chaos und Ordnung entstehen, wie sie sich entwickeln, das ist mir jetzt deutlicher geworden. Damit kann ich jetzt umgehen, wenn ich etwa die Großwetterlage sehe oder auch andere Dinge.

Semantische Netzwerke als Mittel der Selbsttätigkeit

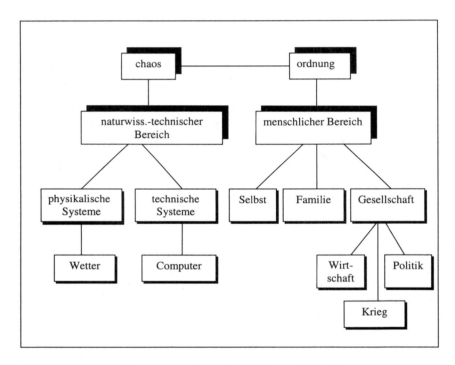

Ausgangsnetzwerk „Ordnung/Chaos"

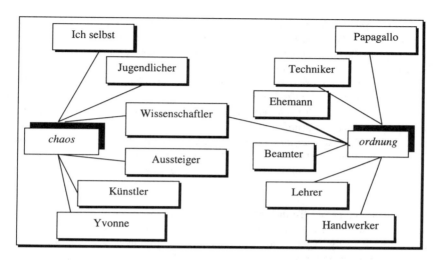

Netzwerk II: Zuordnung von Personen zu den Polen „Ordnung/Chaos"

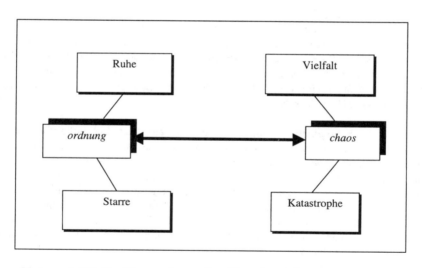

Netzwerk III: Positive und negative Charakterisierung der Pole „Ordnung/Chaos"

Mit dem Computer bringe ich Chaos und Ordnung deswegen zusammen, weil es vor-
her gar nicht möglich war, Chaos irgendwie in den Griff zu kriegen. Das ermöglichte
erst die neuere Technik. Unser Wissensstand ist eben abhängig von dem Stand der
Technik. Wir entwickeln uns mit der Technik gemeinsam weiter. Leider ist es wohl so,
daß wir von der Technik sehr stark beeinflußt werden. Deshalb schiebe ich auch Ord-
nung/Chaos genau in diese Ecke. Für mich ist das Chaos nur über Technik in den
Griff zu kriegen. Nicht für mich persönlich, daß ich jetzt denke: Chaos in der Familie
oder Chaos in der Gesellschaft. Ich denke, damit bringe ich das gar nicht so schnell in
Verbindung. Ich denke eher an physikalische chaotische Zustände, Zustände in natür-
lichen Systemen etwa. Ich weiß zwar, daß das Chaos überall existiert, weil das über
alle Bereiche geht. Trotzdem denke ich in die Richtung gar nicht, sehr selten eigent-
lich."

Diese Ausführungen des Teilnehmers wurden mit der Software ATLAS ti analysiert
und zur Grundlage der Konstruktion eines „**Semantischen Netzwerks**" gemacht,
nachdem einschlägige Textpassagen markiert und Zuordnungen von Kodes zu diesen
Textpassagen vorgenommen worden waren. Das auf dieser Grundlage erstellte semantische Netzwerk hatte die im ersten Bild der Tafel XXIV dargestellte Struktur.

Auffällig ist an den Selbstthematisierungen war zweierlei: Zum einen versucht der
Teilnehmer, das Begriffspaar *Ordnung/Chaos* nicht dem menschlich-sozialen Bereich,
sondern nur dem Bereich von Computer, Technik und Naturwissenschaft zuzuordnen.
Zum anderen wird seine Sprache eigenartig unbestimmt, wenn er das Begriffspaar
Ordnung/Chaos auf dessen Relevanz für sich selber und den privaten, familiären Bereich überprüft. Hier finden sich dann Formulierungen wie „*Ich denke, damit bringe*
ich das gar nicht so schnell in Verbindung" oder „*Trotzdem denke ich in die Richtung*
gar nicht, sehr selten eigentlich".

Nachdem der Kursteilnehmer durch das Netzwerk auf diese Auffällighkeiten seiner
Argumentation aufmerksam geworden war, erklärte er sein Interesse an einer weiteren
Diskussion dieses Problems. Dabei entstanden dann auch Überlegungen über *komple-*
mentär-dialektisches Denken, in dem Gegensätze immer als in einem Wechselspiel
miteinander und einem bestimmten Ziel zustrebend angesehen werden. Dieses Denken
hatte im Kurs schon einige Male eine Rolle gespielt und brachte den Teilnehmer auf
die Idee, bestimmte Menschen, Berufsgruppen oder Typen jeweils dem Pol *Chaos*
oder Ordnung zuzuordnen. Ergebnis dieser Diskussion war das zweite in der Tafel
XXIV dargestellte Netzwerk.

Auffällig an diesem Netz ist, daß beim Element „Wissenschaftler" eine Beziehung
hergestellt wird zu beiden Polen hin, nicht aber zwischen den Elementen „Ehemann"
und „Ich selbst". Das war verwunderlich, weil der Kursteilnehmer verheiratet war. Es
setzte deshalb ein Nachdenken ein, warum diese Verbindung nicht gemacht worden
war. Um sich selbst die positiven und negativen Assoziationen zu den beiden Be-

griffspaaren *Ordnung/Chaos* und *Bestimmen/Bestimmtwerden* bewußtzumachen, konstruierte der Kursteilnehmer dann ein drittes Netz, in dem er den Polen jeweils einen positiv und einen negativ besetzten Begriff zuordnete (s. dazu das dritte in der Tafel XXIV dargestellte Netzwerk).

2.4 Von qualitativen zu quantitativen Forschungsmethoden: Quantifizierung persönlicher Konstrukte mit der Repertory Grid Technik

Die im Dialog zwischen Lernendem und Forscher konstruierten Netzwerke lassen erkennen, wie hier Lernen stattfindet, indem ein Mensch zu sich selbst in Wechselwirkung tritt und sich sein Denken und Fühlen bewußtmacht. Ein solches Lernen bezeichnen THOMAS und HARRI-AUGSTEIN als „**selbstorganisiertes Lernen**" in Entgegensetzung zu einem fremdgesteuerten Lernen, das auf Einwirkungen von außen beruht (s. dazu und zum folgenden: THOMAS, L. F., HARRI-AUGSTEIN, E. S., 1985, vor allem S. xxii - 17). Die Notwendigkeit eines solchen Lernens begründen sie nicht nur aus der Sicht des Lernenden, sondern ebenso von den Erfordernissen einer modernen Gesellschaft her, die mehr und mehr Fähigkeiten verlangt an Vorausschau und Gestaltung. Der Lernende muß deshalb direkter Adressat sein und mit Techniken versorgt werden, *mit denen er die eigenen Konstruktionen der Welt so explizit macht, daß er darüber reflektieren kann.*

Eine grundlegende Prämisse im Ansatz des selbstorganisierten Lernens von THOMAS und HARRI-AUGSTEIN ist, daß die meisten Menschen sich nicht bewußt sind, wie sie persönlichen Sinn zu Ereignissen, Objekten, Aktivitäten und Menschen in der Welt, in der sie leben, hinzufügen. Selbstorganisation besteht für sie dann in der Fähigkeit, mit sich selbst zu kommunizieren über den eigenen Lernprozeß und diesen zu beobachten, zu erforschen, zu beurteilen und zu organisieren auf der Grundlage des eigenen Denkens und Fühlens.

Ohne Hilfe von außen sind dazu die meisten Menschen nicht imstande. Deshalb ist die Fähigkeit der Menschen zur Kommunikation untereinander von grundlegender Bedeutung. Notwendig und möglich ist die Kooperation in Paaren, Gruppen und Institutionen, um die Lernkapazität eines jeden wachsen zu lassen. Jede Person wird dabei als eine eigenständige Einheit mit persönlicher Meinung anerkannt. In der Kommunikation beeinflussen sich Menschen gegenseitig, aber nicht in der Form von Ursache-Wirkung; jeder Teilnehmer an der Kommunikation bleibt vielmehr frei, Meinungen zu akzeptieren, zurückzuweisen oder zu transformieren und damit neuen Sinn zu erfinden.

Grundlage für das „conversational"-Paradigma von THOMAS und HARRI-AUGSTEIN ist die „**Theorie der persönlichen Konstrukte**" von G.A. KELLY. Für

Quantifizierung persönlicher Konstrukte mit Repertory Grids

	chaotisch-ordentlich¹	intelligent-einseitig²	engagiert-formal³	frei-gebunden⁴	konstruktiv-nutznießend⁵	kreativ-konsumierend⁶	wißbegierig-allwissend⁷	weich-hart⁸
¹ Yvonne	4	3	4	5	1	1	5	5
² Jugendlicher	2	4	4	5	2	3	5	3
³ Ehemann	1	3	3	1	3	3	3	4
⁴ Papagallo	2	1	4	5	1	1	3	5
⁵ Aussteiger	4	4	5	3	5	5	5	3
⁶ Wissenschaftler	3	5	5	3	5	5	1	4
⁷ Beamter	1	4	2	2	4	3	1	3
⁸ Lehrer	1	4	5	4	4	4	1	4
⁹ Pastor	1	4	3	3	4	3	1	4
¹⁰ Handwerker	2	2	1	1	4	3	4	2
¹¹ Künstler	4	5	4	5	4	5	5	5
¹² Techniker	2	3	2	3	4	4	4	2

Konstruktgitter

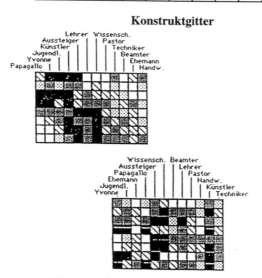

Menschen

ordentlich	chaotisch
einseitig	intelligent
formal	engagiert
gebunden	frei
nutznießend	konstruktiv
konsumierend	kreativ
allwissend	wißbegierig
hart	weich

Unsortiertes und sortiertes BERTIN-Bild

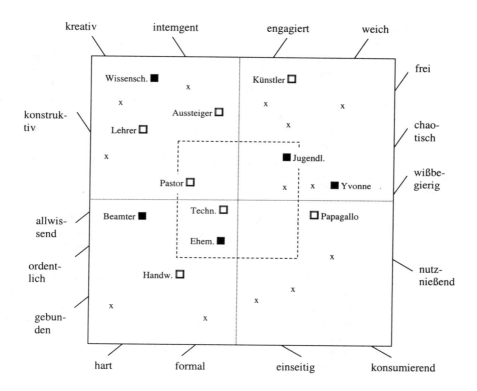

Biplot des obigen Konstruktgitters

KELLY (1986) ist der Mensch als aktiver Gestalter der Welt ein unaufhörlicher Schöpfer von eigenen Erklärungsansätzen, Hypothesen und Konstrukten. KELLY betrachtet daher den Klienten nicht als einen Organismus, der von unerbittlichen, in ihm aufsteigenden Trieben bewegt wird, sondern unter dem Blickwinkel „Der Mensch als Wissenschaftler", indem er die Fragen stellt: „Könnte es nicht eher sein, daß sich der einzelne Mensch, jeder auf seine persönliche Weise, eher wie ein Wissenschaftler verhält, der immer den Lauf der Dinge, in die er verwickelt ist, vorherzusagen und zu kontrollieren versucht? Würde er nicht auch Theorien haben, Hypothesen testen und ihre experimentelle Aussagekraft abwägen? Und würden nicht, wenn dem so wäre, die unterschiedlichen persönlichen Ansichten verschiedener Menschen den unterschiedlichen theoretischen Auffassungen verschiedener Wissenschaftler entsprechen?" (KELLY, G.A., 1986, S. 19).

Im Verständnis von KELLY entwirft der *Mensch als Wissenschaftler* Konstrukte, die er als Mittel einsetzt, um die Welt für sich zu konstruieren. Diese Konstrukte versucht der Mensch zu verbessern, indem er etwa sein Repertoire vergrößert, verändert oder unter übergeordnete Konstrukte und Systeme subsumiert. Um solche Konstrukte bewußt und kommunizierbar zu machen, hat KELLY die Technik der **Konstruktionsnetze (Repertory Grids)** entwickelt, mit der es auch möglich ist, mathematische Beziehungen zwischen Konstrukten zu errechnen. KELLY war aber keineswegs der Ansicht, daß nur mit diesem Instrumentarium Konstrukte erforscht werden könnten, sondern hielt ebenso qualitative Verfahren für möglich, mit denen man etwa aus Essays, Dichtungen, Zeitungen oder Selbstcharakterisierungen Konstrukte gewinnt und untersucht (s. dazu: BANNISTER, D., FRANSELLA, F., 1981, S. 58).

Im folgenden wird dargestellt, wie mit dem Remscheider Kursteilnehmer, mit dem auch schon die semantischen Netzwerke konstruiert worden waren, ein solches Konstruktionsnetz entwickelt wurde. Ziel war es dabei, noch weitergehende Klarheit über mit dem Begriffspaar *Ordnung/Chaos* verbundene Konstruktonen zu gewinnen. Die Planung und Durchführung dieser Repertory Grid-Technik orientierte sich dabei an Verfahren, wie sie von Jörn W. SCHEER (1993) und Arne RAEITHEL (1993) vorgeschlagen worden sind. Arne RAEITHEL hat mit von ihm entwickelter Software die vorgestellten Analysen in Zusammenarbeit mit dem Autor hergestellt (s. Tafel XXV).

Gegenstand der Untersuchung waren Konstrukte, die der Kursteilnehmer in Verbindung brachte mit dem Gegensatz *Ordnung/Chaos* (s. zur Untersuchung dieses Begriffspaars auch HASS, H., 1998) und hierbei wiederum speziell mit der Bedeutung des Gegensatzpaares für den menschlichen Bereich. Im ersten Schritt wurden die Personen, die der Kursteilnehmer in Verbindung gebracht hatte mit dem Gegensatz *Ordnung/Chaos*, als numerierte Elemente in die vertikale Spalte einer Matrix eingetragen. Der zweite Schritt bestand dann darin, drei Elemente auszuwählen und zu überlegen, in welcher Weise zwei der drei Elemente einander ähnlich sind und sich darin von dem dritten unterscheiden. Diesen Schritt der Gewinnung von Konstrukten, die dann in der horizontalen Spalte der Matrix aufgetragen wurden, erläuterte der Kursteilnehmer wie folgt:

„Aus den drei Begriffen Ivonne, Jugendlicher und Ehemann ordne ich die ersten beiden dem Chaos zu, den letzteren der Ordnung bzw. ordentlich. Bei Papagallo, Aussteiger und Wissenschaftler verhält es sich genau so. Wenn ich mich aber mehr von den Begriffen Ordnung und Chaos löse und auch andere Gegensätze berücksichtige, ergibt sich ein verändertes Bild, dann halte ich Aussteiger und Papagallo für ganz entgegengesetzt, und da würde ich Wissenschaftler und Aussteiger zusammenbringen, weil ich denke, daß Aussteiger aus den gleichen geistigen Bereichen kommen: Aussteiger zu sein heißt ja nicht, nicht intelligent zu sein, und ich meine, gerade Wissenschaftler, die ja hochintelligente Leute sind, werden sich entsprechend zuordnen. Der Papagallo ist für mich einer, der sich nur sehr speziell auf etwas konzentriert und alles andere, was um ihn herum ist, vergißt. Hier ergibt sich also der Gegensatz zwischen intelligent und nicht-intelligent oder, anders gesagt, zwischen einseitig denkend; wobei auch der Wissenschaftler einseitig denken kann, aber intelligent.

Schwierig ist es bei Beamten, Lehrern und Pastoren. Lehrer sind ja Beamte. Zusammennehmen würde ich Lehrer und Pastoren, die im Gegensatz zu den Beamten berufsbezogen eher aus dem nichttechnischen Bereich stammen. Ich denke da z. B. an Musiklehrer. Das ist aber je nachdem, wie ich die Zuordnung mache. Bei Pastoren und Lehrern sehe ich einen anderen Auftrag, so etwas wie „vermitteln von...“. Bei den Beamten würde ich die Tätigkeit mehr als Arbeit bezeichnen. Lehrer und Pastoren müssen engagiert und formal sein.

Die letzte Gruppe umfaßt die Handwerker, Künstler und Techniker. Handwerker und Techniker sind durch die Materialien, die sie verarbeiten, gebunden, und der Künstler ist völlig frei in seinen Entscheidungen. Also, da würde ich mich entscheiden in frei und nicht-frei bzw. gebunden, was für mich das gleiche bedeutet.

Andere Konstrukte aus Ehemann, Papagallo und Aussteiger: Treue und Untreue wäre eine Kombination. Der Ehemann und der Aussteiger gehören zusammen, da sie konstruktiv sind in Bezug auf Natur, Ehe usw. Sie versuchen das, was zum menschlichen Leben gehört, positiv aufzubauen. Das ist ihr Bestreben, während der Papagallo nur leben will, nur nutznießen, vom Typ her, von der Art her.

Bei Techniker, Künstler und Ivonne vergleicht man Berufe mit einer Person. Das ist eine denkbar schwierige Geschichte. Ich würde Techniker und Künstler zusammennehmen wollen, sie sind kreativ, und das klassifiziert auch Menschen, die relativ stabil sind und die bewußt irgendwo Veränderungen vornehmen. Bei Yvonne ist es so, daß sie einfach nur lebt, das wahrnimmt, was das Leben ihr zu bieten hat. Sie ist in ihrer Art nicht kreativ. Es ergibt sich hier also die Unterscheidung in kreativ und konsumierend.

Zur Zuordnung von Lehrer, Aussteiger und Jugendlicher: Aussteiger und Jugendlicher nehme ich im Zusammenhang und Lehrer als gesondert. Die ersten sind wißbegierig, der Lehrer gilt als allwissend.

Die nächste Gruppe umfaßt Pastoren, Handwerker und Beamte. Wenn ich so überlege, würde ich sagen, daß Pastoren und Beamte ein besonderer Schlag Menschen sind, also eher weiche Menschen. Hier wäre das Begriffspaar dann weich und hart. Sie sind vom Typ her in der Vermittlung und im Umgang miteinander und mit anderen sehr weich. Handwerker sind viel rigoroser - auch aus dem Intelligenzbereich heraus, denke ich. Von daher würde ich diese Trennung machen."

Das Ergebnis dieser Konstruktbildung ist der ersten Abbildung in der Tafel XXV zu entnehmen. Eingetragen sind in den Spalten zusätzlich noch Werte einer Rangskala von 1 (trifft in geringem Ausmaß zu) bis 5 (trifft in hohem Ausmaß zu), die der Kursteilnehmer den Elementen im Hinblick auf die gebildeten Konstrukte zuordnete.
Im nächsten Schritt wurden die in dem Konstruktgitter angegebenen Werte nach der Methode des Kartographen Jacques BERTIN in Grauwerte umgesetzt, um Zusammenhänge zwischen Konstrukten und Elementen besser erfassen zu können. Die Spalten der entstehenden Matrix können mit interaktiven Computerprogrammen als ganze umgelegt, sortiert und reflektiert werden. Die anfangs relativ chaotisch aussehenden „BERTIN-Bilder" werden damit so umgeformt, daß charakteristische Muster klar hervortreten (s. die zweite Darstellung auf der Tafel XXV).

Der Übergang von qualitativen zu quantitativen Vorgehensweisen kann noch verstärkt werden, wenn man auf der Grundlage der mathematischen Hauptkomponentenanalyse die ursprünglichen Zahlen in der Matrix so umrechnet, daß man für die Elemente und Konstruktpole neue Koordinaten auf sogenannten „Hauptachsen" erhält. Diese neuen Achsen kann man als grundlegende Dimensionen des „kognitiven Ähnlichkeitsraums" verstehen oder aber als mathematische Hilfsmittel ohne zunächst eigenständige Bedeutung zur Erzeugung eines Bildes des wechselseitigen Zusammenhangs der Urteile. Im Vergleich zur herkömmlichen Faktorenanalyse erhält man ein komplexeres Diagramm, weil „Elemente und Konstrukte in einem Bild zusammengebracht und so in ihrer wechselseitigen Bezogenheit betrachtet werden können. Man nennt dies das Biplot-Prinzip, das neben SLATER noch viele andere unabhängig arbeitende Erfinder hatte und mittlerweile durch die französische Korrespondenzanalyse von GREENACRE sehr bekannt geworden ist" (RAEITHEL, A., 1993, S. 54).

In dem Biplot sind die Elemente des Konstruktgitters als Quadrate und die Konstrukte außen am Rand durch Raumrichtungen mit den jeweiligen Polbezeichnungen wiedergegeben. Zusätzlich sind im Innern die Konstrukte als Kreuze dargestellt.

Ablesen läßt sich jetzt, daß die Ideale des Kursteilnehmers in den beiden oberen Quadraten vertreten sind. Von ihm ähnlich wahrgenommene Personen liegen räumlich nahe beieinander. Mitgemeint ist dabei der Winkel, den die zwei Punkte mit dem Null-punkt bilden: Ein kleiner Winkel deutet auf große Ähnlichkeit hin, ein Winkel um 180 Grad auf ausgesprochene Gegensätzlichkeit, während ein annähernd rechter Winkel angibt, daß zwei Elemente weder ähnlich noch gegensätzlich sind und ebenso viele gleichgerichtete wie entgegengesetzte Merkmale haben. Ein großer Abstand der Qua-drate bzw. Kreuze vom neutralen Nullpunkt signalisieren Eindeutigkeit bzw. Wichtig-keit der Konstrukte (s. dazu auch: RAEITHEL, 1993, S. 54 f).

5.3 „Dialogische Forschung" als Methode für die Entwicklung des Ansatzes „Interdisziplinäre System-Bildung"

Mit den vorgestellten Untersuchungen wird erkennbar die „Sicht der Schüler" (FROMM, M., 1987) in den Mittelpunkt gerückt und damit eine „andere" Lehr-Lern-Forschung realisiert. Welche Vorteile und welche Nachteile sind damit verbunden?

Die Vorteile, die Martin FROMM für die Netz-Interviews auf der Grundlage der KELLYschen **Theorie persönlicher Konstrukte** aufzählt, gelten auch weitgehend für die **dialogische Konstruktion semantischer Netzwerke**: Es werden vergleichsweise differenzierte Äußerungen provoziert, ein intensiveres und anderes Nachdenken ange-regt, eine annähernd zutreffende Reformulierung und Rekonstruktion der Aussagen durch den Frager aufgrund der Strukturierungen durch den Befragten ermöglicht, An-haltspunkte über die individuelle Art und Weise der Erfüllung von Aufgaben gewon-nen und eine an den Strukturierungsgewohnheiten des Befragten orientierte Rückmel-dung der Ergebnisse der Befragung erleichtert.

Positiv vermerkt werden können auch eine Sensibilisierung der befragten Person für ihre eigene subjektive Sicht, eine Sensibilisierung für die subjektive Sicht eines Ge-genübers, eine Sensibilisierung für die Nicht-Selbstverständlichkeit der eigenen Sicht und die Ermöglichung von Hypothesen über Gemeinsamkeiten der Sicht von Lernen-den (s. dazu: FROMM, M., 1987, S. 308 - 315).

Mit dem letzten Punkt ist auch das entscheidende Problem der Geltung der Aussagen angesprochen. Ewald TERHART sieht vier verschiedene Strategien, diesem Problem zu begegnen:

1. Über *kommunikative Validierung* kann eine Übereinstimmung zwischen den am Forschungsprozeß Beteiligten herbeigeführt werden. Diesem Verfahren haftet aber der Nachteil an, daß Forschung über das vom Erforschten Gewußte nicht hinaus-kommt und zudem eventuell auch noch Irrtümer des Interpretierten über sich selbst dupliziert.
2. Durch eine *„Integration von dialogischer und falsifikationstheoretischer Geltungs-begründung"* können die in einem ersten Forschungsschritt validierten Wis-

sensbestände empirisch getestet werden. Auch mit dieser Strategie ist die Gefahr einer Verdinglichung naiver Theorien verbunden.

3. Die „*objektive Hermeneutik*" nimmt als ihren Gegenstand den aus der Kommunikation zwischen Forscher und Beforschtem hervorgegangenen „Text". Durch eine intensive Diskussion innerhalb einer Interpretengruppe soll dann approximativ ein gültiges Verständnis von dem zur Verhandlung stehenden Protokoll der Interaktion zwischen Forscher und Erforschtem erzeugt werden. Dabei soll eine strikte Trennung zwischen Wissenschaft und Lebenspraxis eingehalten werden, um einen Erkenntnisfortschritt zu erzielen und nicht technokratisch-bevormundend in die Autonomie der Lebenspraxis einzugreifen.

4. Bei der „*argumentativen Validierung*" sollen Elemente der kommunikativen Validierung und der Objektiven Hermeneutik miteinander verbunden werden, um den Dialog mit den Interpretierten wiedereinzuführen. Gleichzeitig soll durch den Rückgriff auf in der ERLANGER SCHULE entwickelte Diskursstrukturen erreicht werden, daß zwischen Interpreten und Interpretierten ein nach begründbaren Regeln ablaufender Beratungsprozeß mit dem Ziel stattfindet, Praxis aufzuklären und Möglichkeiten der Verbesserungen dieser Praxis gemeinsam aufzuspüren. (s. dazu: TERHART, 1981 und KRÜSSEL, H. , 1993, S. 231 - 238).

Für KRÜSSEL sind diese Strategien gebunden an die traditionellen Gütekriterien wie *Objektivität, Reliabilität und Validität* sowie an die *Adäquatheit oder Falsifizierbarkeit von Hypothesen*, weil mit diesen angestrebt wird, den Grad der Annäherung an die Wirklichkeit einschätzen zu können. Dem stellt er die Position des Wissenschaftlichen Konstruktivismus gegenüber, der den Phänomenbereich, auf den sich die Gütekriterien wissenschaftlichen Erkennens beziehen, von der Realität auf die beobachterkonstruierten Wirklichkeiten verschiebt und die „Gemeinschaft der Wissenschaftler" als Bezugsrahmen einführt. **Gütekriterium ist dann nicht mehr Objektivität, sondern Viabilität des konstruierten Wissens.**

Das damit eingeführte *Kriterium des Nutzens* sieht KRÜSSEL für den humanwissenschaftlichen Bereich insofern als unzureichend an, als Nutzen grundsätzlich in wertende Entscheidungen eingebunden ist, die dem gesellschaftlichen Wandel unterworfen sind: „LUDEWIG... hat daher vorgeschlagen, neben der Viabilitätskategorie Kriterien des **„Ästhetischen und Ethischen"** zu erwägen. Als weitere Kriterien zur Modell- und Theoriebildung sind im Kontext der systemisch-konstruktivistischen Methodologie-Diskussion genannt worden: **Plausibilität, Effektivität, Transparenz, Vergleichbarkeit, Kreativität und die „methodische Selbstreferenz".** (KRÜSSEL, H., 1993, S. 240).

Der Konstrukteur von Erkenntnis wird damit zu einem **Theoretiker seines eigenen Wissens.** KRÜSSEL weist in diesem Zusammenhang auf die Diskussion von Möglichkeiten einer Kooperation von Wissenschaft und Praxis bei Peter KAIMER hin, der wie folgt argumentiert: „Der praktisch Tätige muß sich gemäß den je neuen Fragestellungen und Anforderungen das für ihn Passende suchen und kann dies heuristisch nutzen. Dazu ist es sehr hilfreich, wenn sich der Praktiker mit Erkenntnis- und Wissenschaftstheorie beschäftigt hat, da er dann klarer wissen kann, wie eine solche Nutzung überhaupt möglich ist." (KAIMER, P., zitiert nach KRÜSSEL, H., 1993, S. 246). Während bei KRÜSSEL offenbleibt, wie eine solche Nutzung von Wissenschaft und Wissenschafts- und Erkenntnistheorie durch die konstruierenden Subjekte erfolgen kann, stellt der Ansatz „Interdisziplinäre System-Bildung" heuristische Mittel im Sinne eines **„intervenierenden Konstruktivismus"** zur Verfügung. Diese Mittel regen einerseits *eigene Konstruktionen* an, enthalten aber zugleich in einer „homöopathischen Dosis" gesellschaftliche Erfahrung und sichern daher - zumindest potentiell - *Kontinuität und theoretische Qualität.* Wie diese Mittel Selbsttätigkeit orientieren und anleiten können, wird aus den folgenden Äußerungen erkennbar, die im Zusammenhang mit der Konstruktion des oben wiedergegebenen KELLY-Grids entstanden:

„Ich denke, wenn wir das an einem anderen Tag machen - also je nachdem, was ich erlebt habe -, werden andere Begriffsbildungen kommen. In dem einen Bereich war ich gedanklich nicht ganz dabei. Das sind so Geschichten, die dabei eine ganz große Rolle spielen.

Gedanklich ist es so, daß ich meine, ich bin alt genug, daß ich eine feste Meinung habe über das Leben, und das wird dann natürlich immer durchschlagen.

Ich mag Kunst, und ich mag Künstler von der Art her, wie sie leben, was sie machen, wie sie denken, die Freiheit - Aussteiger gehören genau zu dieser Klasse dazu. Die tun etwas, was kreativ ist, was sie gerne möchten. Das gehört für mich zum Leben. Die nehmen auch das Leben anders, die sehen das ganz anders; und Papagallo ist nun einmal Papagallo, den mag ich nicht, der wird von der ganzen Art immer negativ bei mir abschneiden. Oder Menschen, die nur konsumieren, kann ich genauso wenig ausstehen. Also alle diese Gedankengänge werden genau da hingehen, und die Frage ist immer, in welchen Bezug ich das setze: zur Arbeitswelt, zur Gesellschaft, zur Natur, zu mir selbst. Wie ist die Beziehung von Ivonne zu mir? Das spielt eine ganz andere Rolle, wie ich sie dann auch einschätze.

Ich verbinde Chaos nicht unbedingt mit Negativem. Es ist mir schon bewußt, daß das einfach dazugehört. Wenn ich keinen Gegenpol zur Ordnung habe, würde ich nie mehr Ordnung haben. Es ist egal: In welcher Stufe ich mir Ordnung ansiedele, da werde ich auch Chaos haben.

Auf welcher Ebene ich mich auch bewege, ich muß immer Gegensatzpaare haben, damit das funktioniert. Jedes System ist kaputt, wenn Du es auf den Nullpunkt runterfährst. Es muß dynamisch sein. Wenn es Null ist, taugt es nichts. Je feiner Du es stellst, um so geringer sind die Pendelbewegungen - sagen wir, wenn es um den Nullpunkt geht -, aber es muß da sein, sonst steht es einfach; und so, denke ich, ist es auch im

Leben. Ich kann keinen Menschen als chaotisch bezeichnen, wenn er in anderen Berei-
chen ordnungsliebend ist. Es ist eine Frage der Definition, auf welchem Punkt, auf
welcher Ebene man sich bewegt."

In den Blick kommt durch diese Textpassage zuerst einmal das Problem, daß Selbstthematisierungen zunächst nur einen Zugang zu aktuellen Bewußtseinszuständen in
einer spezifischen Situation ermöglichen. Von daher stellt sich die Frage, inwieweit
man den Äußerungen eines Befragten Allgemeinheit zusprechen darf und ihnen „trau-
en" kann (s. zu diesem Problem auch: HUBER, G.L., MANDL, H., 1982, S. 10). Der
Befragte spricht in dem obigen Protokollauszug dieses Problem selbst an, beruft er
sich dann aber darauf, daß er aufgrund seines Lebensalters eine feste Meinung hat. Er
kommt dann auf das zur Diskussion stehende Problem der Zuordnung von Menschen
zu den Begriffspaaren *Ordnung/Chaos* zurück, ohne dieses aber zunächst explizit als
Mittel zu nutzen. Im nächsten Schritt konzentriert er sich in einer zuerst noch abstrakten Weise wieder auf dieses Begriffspaar und wendet es schließlich in einer allgemeinen Weise auf den menschlichen Bereich an. Schließlich bezieht er es auf sich selbst
und weist auf die Bedeutung hin, die dieses Mittel für ihn in seinem Leben inzwischen
hat:

„Wie gesagt, dies hat mich doch unheimlich stark verändert und mir Zusammenhänge
bewußter gemacht, seitdem ich mich mit diesem Chaos und Ordnung also wirklich
befasse. Das hat also auch etwas verändert bei mir. Ich bin ruhiger geworden, insge-
samt auch, weil ich denke, wenn sich andere Leute aufregen: Sollen sie sich aufregen,
das brauchen sie jetzt gerade mal, dann sollen sie es auch machen. Ich gehe da viel
ruhiger heran, frage nach den Ursachen. Ich kann also viel besser differenzieren jetzt
und komme auch viel besser an die Ursachen heran."

Zusammenfassend kann gesagt werden, daß hier ein ***Dialog zwischen Lernendem und***
Forscher stattgefunden hat, der mit einer **Analyse von Selbstthematisierungen** be-
gann und zu einem **semantischen Netzwerk** führte, durch das der fehlende Bezug des
Begriffsteils „Chaos" zum menschlichen Bereich offensichtlich wurde. Als Ergebnis
der Transformationen dieses Netzwerks und einer vertiefenden Problembearbeitung
mit Hilfe der **Repertory Grid Technik** steht am Ende des **Dialogs** eine Äußerung des
Kursteilnehmers, in der er die Bedeutung des heuristischen Mittels nicht nur für sein
Denken und Fühlen, sondern auch für sein alltägliches Handeln und sein Leben insgesamt hervorhebt.

Der Psychologe Jörg SOMMER hat den Dialog als Forschungsinstrument wie folgt
definiert: „Der Dialog ist ein Gespräch unter gleichberechtigten Partnern über ein
wichtiges Thema, in dem jeder den anderen ernst nimmt und auf das eingeht, was er
mitteilt." (SOMMER, S., 1987, S. 87). Den Dialog als Forschungsinstrument zu verwenden, begründet er damit, daß der Dialogpartner als Mitforscher gewonnen werden,
die Fähigkeiten des Dialogpartners zur Selbstreflexion gefördert und der Dialogpartner

dabei unterstützt werden soll, seine Bewußtseinsinhalte zu beschreiben und mitzuteilen (s. dazu: Sommer, J., 1987, S. 92 - 95).

Jörg SOMMER unterscheidet drei Ansätze dialogischer Forschung:

- die dialogische Phänomenologie;
- die dialogische Hermeneutik;
- die dialogische Dialektik.

Hauptinteresse des Forschers in der *dialogischen Phänomenologie* ist es, Bewußtseinsinhalte zu einem zuverlässigen Forschungsgegenstand zu machen. Überprüft werden im Forschungsprozeß weder die Ziele noch das Handeln der erforschten Person im Alltag. Wenn Handeln zur Sprache kommt, geht es um die Vorstellungen, Pläne und Erinnerungen vom Handeln bzw. dessen Voraussetzungen und Folgen. Ziel der dialogischen Phänomenologie ist zuerst einmal eine möglichst genaue und treffende Einzelfalldarstellung. Wenn viele solcher Darstellungen zum gleichen Thema es zulassen, können Verallgemeinerungen durchgeführt werden. (s. dazu: SOMMER, J., 1987, S. 106 - 154).

In der *dialogischen Hermeneutik* wird der Dialog als jeweils individuelle Form der Interaktion zwischen Forscher und Forschungspartner verstanden. Die Interaktionsformen können beschrieben werden anhand von Rollenerwartungen, Rollenzuweisungen und -übernahmen der Dialogpartner oder des Durchspielens bestimmter Umgangsweisen. Der Dialog insgesamt wird dabei als Szene verstanden. Die Interpretation der in der Interaktion hergestellten Fakten beginnt mit der Rekonstruktion des manifesten Sinngehalts, durch die Widersprüche, Ungereimtheiten, Lücken, überraschende Wendungen in der Themenführung oder unerwartete Reaktionen aufgedeckt werden. Die Erklärung dieser Bruchstellen führt zu dem latenten Sinn des Dialogs, der in der Regel nicht in einem linearen Erkenntnisprozeß, sondern in einem hermeneutischen Zirkel aufgedeckt wird, der dadurch entsteht, daß das Dialogmaterial mehrfach durchgearbeitet wird, bis sich allmählich brauchbare Hypothesen über den latenten Sinn herauskristallisieren. (s. dazu: SOMMER, J., 1987, S. 157 - 205).

Die *dialogische Dialektik* geht von Gegensätzen in Bewußtseinsstrukturen aus und sieht diese als positive Ansatzpunkte für Problemlösungen. Im Dialog werden Gegensätze in Form von *These und Antithese* aufgestellt und nach einer *Synthese* gesucht, in der die positiven Merkmale beider Seiten aufbewahrt und die jeweiligen negativen Merkmale aufgehoben werden. Die Synthese ist zu unterscheiden vom Kompromiß einerseits und von extremistischen Lösungen, in denen jeweils eine Seite verabsolutiert wird, andererseits. Die Synthese kann wiederum Ausgangspunkt neuer „dialektischer Triaden" werden (s, dazu: SOMMER, J., 1987, S. 234 - 256).

Die drei dialogischen Forschungsansätze können als aufeinander aufbauende Entwicklungsstufen aufgefaßt werden, die von der sich einfühlenden Beschreibung über die latenten Sinn aufdeckende Interpretation bis hin zur Veränderung erarbeitenden Dialektik voranschreiten. Ziel dieser **dialogischen Dialektik** ist es dann, neuartige Lösungen zu finden für ein Problem, dem Dialogpartner eine Weiterentwicklung im Sinne eines qualitativen Fortschritts zu ermöglichen und diesen Fortschritt im Gegensatz zur phänomenologischen und hermeneutischen Vorgehensweise direkt anzugehen. Die naheliegende *Gefahr der Indoktrination* kann dabei vermieden werden durch eine Trennung von Inhalt und Methode, indem jeder Lösungsvorschlag der gleichen Widerspruchsanalyse ausgesetzt wird. Auf diese Weise wird sich gegebenenfalls die „Rückschrittlichkeit" oder „Fortschrittlichkeit" eines Vorschlags erweisen. Der Forscher braucht ihn bei der Beschränkung auf die Anleitung zur Methode nicht selbst zu bewerten oder den Dialogpartner in die (vermeintlich oder tatsächlich) „richtige" Richtung zu lenken (s. dazu: SOMMER, J., 1987, S. 248 - 255).

In Realisierungen des Ansatzes „Interdisziplinäre System-Bildung" ist die dialektische Methode (auf der Grundlage von Begriffspaaren) nicht nur Mittel der Systembildung, sondern auch ihr Gegenstand. In ihr wird eine spezifische Form des Wechselwirkungsdenkens realisiert, deren Handhabung nicht einfach ist, wie aus den folgenden Äußerungen eines Kursteilnehmers hervorgeht:

„Also, ich glaube, ich habe verstanden, was Dialektik ist, nur kann ich es nicht ständig anwenden, weil ich nicht trainiert bin in solchen Dingen. In meinem beruflichen Alltag muß ich zielgerichtet denken, da ist keine Dialektik enthalten. So gesehen ergeben sich dann in unseren Unterhaltungen auch Schwierigkeiten, da ich es manchmal mache und dann meistens auch wieder nicht. Aber ich denke, daß ich diesen darin enthaltenen Mechanismus in etwa begriffen habe. Aber man sieht an dem Interview, das wir vorher gemacht haben: es ist mal so und mal so. Ich habe es nicht anders gelernt, so daß ich nicht aus dem Stegreif sagen kann, ich habe jetzt ein neues Instrumentarium, das kann ich einsetzen und fahre damit durch die Welt und bin perfekt darin. ... Der springende Punkt ist auch, daß in unseren Unterhaltungen immer sehr viel Neues auf mich einströmt, ich über das, was Du sagst, erst nachdenken muß. Da kann ich nicht sofort dialektisch darauf antworten, das ist unmöglich. Ich muß das erst für mich umsetzen, um sagen zu können, wie es ist."

Zusammenfassend läßt sich sagen, daß die vorgestellten empirischen Studien trotz ihres erst einmal explorativen Charakters Möglichkeiten erkennen lassen, empirische Methoden zu Mitteln der Selbsttätigkeit werden zu lassen. Empirische Forschung wird damit nicht mehr (nur) von außen an Bildungsprozesse herangetragen, sondern wird zu einem methodischen Implikament. In 7.1 werden Hypothesen vorgestellt, die auf der Grundlage der Ergebnisse der hier vorgestellten explorativen .Studien entwickelt wurden und zukünftige empirische Studien leiten sollen.

Teil 6

Implementationsstrategien für den Ansatz „Interdisziplinäre System-Bildung"

---

6. Grundlegende Spannungsfelder im Bildungssystem

Die im Teil 4 vorgestellte „Offene Heuristik für Interdisziplinäre System-Bildung" ist insofern konsequent von der Theorie der Kategorialen Bildung her angelegt, als ein System konstituiert wird, das die Kategorie „Selbsttätigkeit" zum Ausgangs- und Mittelpunkt macht und elementare heuristische Mittel zu deren Entfaltung bereitstellt. Es wird also nicht mehr wie in Ansätzen zu Theorien der Materialen Bildung eine Auswahl von Teilen gesellschaftlichen Wissens vorgenommen, die dann nach bestimmten Prinzipien wie etwa „Vom Einfach-Grundlegenden zum Komplex-Zusammengesetzten" zu einem Lehrplan zusammengefügt werden. Es werden auch nicht wie bei Ansätzen zu Theorien der Formalen Bildung bestimmte Fertigkeiten und Fähigkeiten und/oder Methoden und Organisationsformen bestimmt, die dann entweder isoliert für sich zu Bildungszielen erhoben oder mit zuvor auf der Grundlage von Theorien der Materialen Bildung festgelegten Inhalten additiv verbunden werden, indem man sie wie Elemente in einem Baukasten mehr oder weniger beliebig miteinander kombiniert.

Grundlegend für die Konstruktion der „Offenen Heuristik für Interdisziplinäre System-Bildung" war die unter 3.1 vorgestellte musikdidaktische Konzeption, bei der Lernende in die Situation von Komponisten elektronischer Musik versetzt werden, die für den Umgang mit völlig neuem Material eigene Mittel, Regeln, Organisationsformen usw. entwickeln müssen. Dabei wird aber der Bezug zur gesellschaftlichen Tradition und Praxis nicht einfach aufgegeben, sondern nach daraus ableitbaren Orientierungen gesucht, um die eigene Praxis strukturieren, entwickeln und in ein produktives Wechselspiel mit de0r gesellschaftlichen Praxis bringen zu können.

Verallgemeinernd läßt sich daraus für die Bildungspraxis die Orientierung gewinnen, daß Bildungsprozesse in einem Spannungsfeld von *Offenheit* (Erzeugung von Neuem) und *Geschlossenheit* (Übernahme von Gegebenem) zu organisieren sind. Bei der Vorstellung der musikdidaktischen Konzeption war dabei dieses Spannungsfeld in die Teilstufen *geschlossen-starr, geschlossen-flexibel. teilweise offen und offen* gegliedert und diesen als Lehrformen der systematische Lehrgang, der fachliche Kurs, das Vorhaben (verstanden als Projekt in einem Fach) und das fach- bzw. fächerübergreifende Projekt zugeordnet worden (s. dazu 3.1 und 3.2). Insgesamt ließ sich damit eine Lehr-Lern-Organisation modellieren, in der das interdisziplinäre Projekt im Mittelpunkt steht und in Prozessen der *Differenzierung* Teilprobleme aus dem komplexen Gesamt-zusammenhang ausgegliedert, in den Fächern in mehr oder weniger geschlossenen Formen bearbeitet und die erzielten Ergebnisse in Prozessen der *Integration* anschlie-ßend wieder in den ursprünglichen Zusammenhang eingebracht werden und damit zu dessen Weiterentwicklung beitragen (s. dazu Tafel XIII).

Für die Entwicklung einer theoriegeleiteten Sichtweise auf das Bildungssystem läßt sich außerdem ein Spannungsfeld von *Theorie und Praxis* aufspannen, innerhalb des-sen auf den verschiedenen Ebenen Probleme unterschiedlicher Komplexität bearbeitet werden. Als *offen-komplex* läßt sich die **unmittelbare Bildungspraxis** begreifen, die Ebene der Schulen und außerschulischen Bildungseinrichtungen, die von außen nie vollständig steuerbar ist. Reduzierter und auf bestimmte Aspekte der unmittelbaren Bildungspraxis konzentriert ist die Ebene der **mittelbaren Bildungspraxis**. Hier lassen sich Arbeiten etwa der Schulaufsicht, von Lehrplangruppen oder von Landesinstituten ansiedeln, die auf die Planung, Organisation und Evaluation von Bildungspraxis aus-gerichtet sind und damit auf Aktivitäten, die sich auch unter dem Begriff „Bildungs-technologie" zusammenfassen lassen. Die Ebene der mittelbaren Bildungspraxis über-nimmt zugleich eine wichtige Vermittlungsfunktion zwischen unmittelbarer Bil-dungspraxis und einer dritten Ebene, der **Ebene der Bildungstheorie**, deren Entwick-lung Aufgabe wissenschaftlicher Einrichtungen wie Universitäten, Forschungsinstitu-ten oder Akademien ist. Hier ist die Komplexität der Bildungspraxis zuerst einmal in-sofern noch reduzierter repräsentiert, als aus ihr bestimmte Teilprobleme mehr oder weniger theoriegeleitet ausgegliedert, mit bestimmten wissenschaftlichen Ansätzen transformiert und einer Theoretisierung zugeführt werden. Da hier nicht nur Gegebe-nes strukturiert, analysiert und gestaltet, sondern auch Mögliches aufgezeigt wird, kommt es zur Erzeugung einer höheren Komplexität über Teilaspekte des Bildungssy-stems, die dann über die beiden anderen Ebenen praktisch-konkret gemacht werden kann.

Diese einfache und sehr formalistische Strukturierung des Bildungssystems, die als Grundlage für die folgenden Ausführungen aber als ausreichend angesehen werden kann, ist unter Orientierung am naturwissenschaftlich-technischen Arbeits- und Be-rufsfeld entwickelt worden. Von hieraus wird etwa leichter erkennbar, daß die Ar-beitsteilung im Bildungssystem noch zu undifferenziert ist und zu wenig bewußt in einer produktiven Weise genutzt wird. Das zeigt sich etwa bei Vorträgen von Erzie-hungswissenschaftlern: Die Erwartung von Lehrern ist oft, daß das Vorgetragene un-mittelbar in Praxis umgesetzt werden kann. Demgegenüber würde niemandem im na-turwissenschaftlich-technischen Berufsfeld einfallen, etwa einen theoretischen Physi-ker um die Reparatur seines Fernsehgeräts zu bitten, weil hier die Arbeitsteilung viel ausgeprägter und der Umgang mit ihr sehr viel bewußter ist.

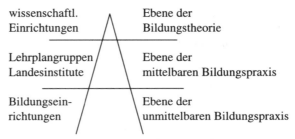

wissenschaftl. Einrichtungen		Ebene der Bildungstheorie
Lehrplangruppen Landesinstitute		Ebene der mittelbaren Bildungspraxis
Bildungsein- richtungen		Ebene der unmittelbaren Bildungspraxis

Ebenen des Bildungssystems im Spannungsfeld von Theorie und Praxis

Diese einfache Strukturierung des Bildungssystems und die als grundlegend angegebenen Spannungsfelder *Offen/Geschlossen* und *Theorie/Praxis* sollen im folgenden genutzt werden, um Möglichkeiten zu diskutieren, wie der Ansatz „Interdisziplinäre System-Bildung" in das Bildungssystem implementiert werden kann.

6.1 Der Ansatz „Interdisziplinäre System-Bildung" auf der Ebene der Theoriebildung: Durchführung von Bildungsexperimenten

Ausgangs- und Mittelpunkt der Entwicklung des Ansatzes „Interdisziplinäre System-Bildung" war das Institut für die Pädagogik der Naturwissenschaften (IPN) **an** der Universität Kiel, das als Institut der „Blauen Liste" (heute: Wissenschaftsgemeinschaft Gottfried Wilhelm Leibniz WGL) von Bund und Ländern gemeinsam gefördert wird, ein reines Forschungsinstitut ist und den Auftrag hat, *interdisziplinär* (und nicht nur disziplinär wie normale Universitätsinstitute) und *gesamtstaatlich* (d.h. für alle Bundesländer und nicht nur etwa allein für das Sitzland Schleswig-Holstein) zu arbeiten.

Die Arbeiten an dem Ansatz „Interdisziplinäre System-Bildung" waren daher zuerst einmal auf der **Ebene der Bildungstheorie** angesiedelt. Primäres Ziel war es also nicht, wie bei Arbeiten auf der Ebenen *mittelbarer* Bildungspraxis etwa einen Lehrplan mit zugehörigen Unterrichtsmaterialien zu entwickeln oder wie bei Arbeiten auf der Ebene *unmittelbarer* Bildungspraxis einen pädagogischen Ansatz in Schulen oder außerschulischen Einrichtungen zu realisieren. Es ging vielmehr (erst einmal) darum, **unter idealen Bedingungen für ideale Lerner ein ideales System zu entwickeln und experimentell zu erforschen.** Die Frage war also erst einmal (noch) nicht: Was macht man wie im 5. Schuljahr einer Realschule in Nordrhein-Westfalen?

Die Arbeit im IPN ist in Arbeitsgebieten organisiert, in denen Forscher verschiedener, nicht nur naturwissenschaftlicher, sondern auch humanwissenschaftlicher Disziplinen zusammenarbeiten. Von daher besteht die auch im heutigen Wissenschaftsbetrieb noch seltene Möglichkeit, sowohl *innerhalb* eines Arbeitsgebiets wie im Kontakt *zwischen* Arbeitsgebieten **interdisziplinär** zu arbeiten. Damit waren Grundvoraussetzungen gegeben, die im Teil 4 vorgestellten Musterbeispiele zu entwickeln, in denen verschiedene Disziplinen miteinander in Wechselwirkung gebracht werden. Erforderlich ist nämlich schon im Entwicklungsstadium ein Wechselspiel von *Differenzierung (disziplinäre Ausrichtung der Arbeit)* und *Integration (interdisziplinäre Ausrichtung der Arbeit)*. Durch die interdisziplinäre Zusammensetzung der Mitarbeiter im Arbeitsgebiet „Interdisziplinäre System-Bildung" war diese Voraussetzung gegeben (Neben dem Autor waren hauptamtliche Mitarbeiter in dem Arbeitsgebiet "Interdisziplinäre System-Bildung" der Ozeanograph Erich BÄUERLE, der Naturphilosoph und Chemiedidaktiker Jan Robert BLOCH, die Physikdidaktiker Jens BRAAK und Peter REINHOLD, der Chemiedidaktiker Wolfgang BÜNDER, der Künstler Klaudiusz KOWOLL, die Biologiedidaktikerin Patricia NEVERS und der Wissenschafts- und Erkenntnistheoretiker und Physiker Wilhelm WOLZE).

Als überregionales Forschungsinstitut verfügt das IPN über besondere Ressourcen, die auch Kooperationszusammenhänge mit anderen Wissenschaftlern und Künstlern sowie Bildungsinstitutionen ermöglichen. Dieses war für die Entwicklung des theoretischen Ansatzes und der Musterbeispiele ebenfalls grundlegend und erforderlich, um die interdisziplinäre Kompetenz zu erweitern. Dazu gehörten in Deutschland Karl-Heinz EDEN und Henning FREIBERG von der „Arbeitsstelle für Computergrafik in der ästhetischen Erziehung" der Hochschule der Bildenden Künste Braunschweig, Ulrich EISEL vom Institut für Landschaftsökonomie und Landschaftsplanung der TU Berlin, Bernd FICHTNER vom Fachbereich Erziehungswissenschaften der Universität/Gesamthochschule Siegen, Heiko HERWALD vom Fachbereich Ästhetische Erziehung der Universität Lüneburg, Arne RAEITHEL vom Psychologischen Institut der Universität Hamburg, Hartmut GIEST und Joachim LOMPSCHER vom Interdisziplinären Zentrum für Lehr-Lern-Forschung der Universität Potsdam, Günter KLARNER von der Bundesleitung der Naturfreundejugend e.V. und Roland OESKER von der Bundesakademie für musische Bildung und Medienerziehung Remscheid (s. auch die weiteren, bei den einzelnen Musterbeispielen aufgeführten Mitarbeitenden). Hinzu kamen noch ausländische Künstler und Wissenschaftler, vor allem Kerst BOERSMA vom Naturwissenschaftsdidaktischen Zentrum der Universität Utrecht/ Niederlande, Ivone und Frederico RICHTER sowie Andrè Petry von der Universität Santa Maria RS/Brasilien sowie Michael CHAPMAN, José FLORES, Cleusa PERALTA, Sirio Lopez VELASCO und Carolus Maria VOOREN von der Universität Rio Grande RS/Brasilien.

Für die Ausbildung eines interdisziplinären Ansatzes stand damit ein weitgehend **ideales Ausgangs-System** zur Verfügung, das es grundsätzlich möglich machte, **ideale Systeme** für **ideale Lerner** zu entwickeln und experimentell zu erproben. Man denke dabei an naturwissenschaftliche Experimente, wie sie GALILEI an der schiefen

Bahn durchgeführte (s. dazu: WERTHEIMER, M., 1963; S. 185 ff.). Auch deren wesentliches Merkmal ist es, daß nach idealen, die ganze Problemkomplexität umfassenden Bedingungen gesucht wird, um ideale Systeme ausbilden zu können. Die Form, auf die die Theoriearbeit sich stützte und ausgerichtet war, war die des *Bildungsexperiments*.

Zentrale Bestimmungen von „Bildungsexperimenten" sollen im folgenden durch Herausarbeitung von Gemeinsamkeiten und Unterschieden zu den „Ausbildungsexperimenten" von DAVYDOV/LOMPSCHER und den „Bildungsexperimenten" von BENNER entwicklet werden.

Im Anschluß an Forschungsstrategien von VYGOTSKY und RUBINSTEIN haben DAVYDOV und LOMPSCHER ein Konzept entwickelt, das sie „**Ausbildungsexperiment**" nennen. Den Grundgedanken dieses Konzepts hat RUBINSTEIN wie folgt formuliert: „Wir studieren das Kind, indem wir es unterrichten... . Dabei bemühen wir uns nicht, in erster Linie das Stadium bzw. das Niveau zu fixieren, auf dem das Kind sich befindet, sondern ihm zu helfen, von diesem Stadium auf das folgende, höhere fortzuschreiten. Bei diesem Fortschreiten erkennen wir die Gesetzmäßigkeit der kindlichen Psyche" (zitiert nach: LOMPSCHER, J., 1989, S. 35 f.).

Joachim LOMPSCHER hält für die Realisierung dieses Konzepts einen *Wechsel von Konstatierungs- zu Ausbildungsstrategien* für erforderlich, allerdings ohne einen Gegensatz zwischen beiden Strategien zu konstruieren. Die *Konstatierungsstrategie* ist auf die anforderungsbezogene Analyse bereits ausgebildeter bzw. in einer aktuellen Anforderungssituation entstehende Strukturen oder auf deren Fehlen bezogen. Die *Ausbildungsstrategie* geht über diese Grenzen hinaus und ist auf die Analyse der im Prozeß sich ausbildenden Strukturen gerichtet: „Während bei der Konstatierungsstrategie gewissermaßen das Gewordene und Seiende im Zentrum steht, ist es bei der Ausbildungsstrategie das Sollende und Werdende... . Letztere ist deshalb auch mehr auf die Handlungs- als die Aktualgenese und mehr auf die Persönlichkeitsentwicklung als auf die Analyse relativ isoliert betrachteter psychischer Zustände und Prozesse und Zustände orientiert. Die Konstatierungsstrategie geht als notwendiger Aspekt und Bestandteil in die Ausbildungsstrategie mit ein" (LOMPSCHER, J., 1989, S. 34).

Grundlegend für das Konzept des *„Ausbildungsexperiments"* ist die Annahme, daß eine mehr oder weniger exakte Bestimmung des Zielzustandes möglich ist. Die ausgeführten Forschungsprojekte zeigen, daß dabei an die Aneignung bestimmter disziplinspezifischer Resultate etwa im Naturwissenschaftlichen Unterricht (GIEST, H., 1991) oder im Fremdsprachenunterricht (KOMAROWA, L., 1989) und an die Ausbildung bestimmter, eng eingegrenzter kognitiver Leistungen gedacht ist.

Dieser Konzeption von Ausbildungsexperiment, die stärker psychologisch-pädagogisch orientiert und auf einzelne Schulfächer hin ausgelegt ist, steht die pädagogische

Konzeption der „Bildungsexperimente" von Dietrich BENNER gegenüber, die sich nicht auf partiale Einzel- und Teilleistungen von Subjekten und auf eine Kontrolle von Ursachen und Reproduktion von Effekten, sondern auf „*das gesellschaftliche Experiment individueller Bildung und sozialer Höherentwicklung der Menschheit* beziehen." (BENNER, D., 1984, S. 381). Forscher und Akteure stehen sich dabei nicht in einem Verhältnis von Experimentator und Versuchsobjekt gegenüber, sondern bilden zusammen eine *Experimentiergemeinschaft*. Die Ergebnisse von Bildungsexperimenten sind auch nicht auf eine Beendigung der experimentellen Praxis nach dem Finden endgültiger Lösungen ausgerichtet, vielmehr „gewinnen die Ergebnisse pädagogischer Experimente ihre Handlungsrelevanz stets erst im Zusammenhang mit der erneuten Planung, Gestaltung und Überprüfung pädagogischer Situationen." (BENNER, D., 1984, S. 382 f.).

Bildungsexperimenten wird damit insgesamt ein *heuristischer* Charakter zugeschrieben, weil sie nicht auf fertige Ergebnisse ausgerichtet sind, sondern orientierende Ausgangspunkte für eigenes Handeln und neue Experimente sein sollen. **Vorhergehende Experimente und ihre Ergebnisse werden zu heuristischen Mitteln der nachfolgenden**.

Ziele von Ausbildungsexperimenten sind die Aneignung fachlichen Wissens und die Konstruktion allgemeiner Theorien und Gesetzmäßigkeiten. Bildungsexperimente streben demgegenüber die ständige Reflexion von Praxis und kritische Selbstbeobachtung an, deren Ergebnisse dann zu heuristischen Orientierungen in anderen Bildungszusammenhängen werden.

Beide Konzepte bieten Orientierungen für die Konstruktion einer *experimentellen Form*, in der sich der Ansatz „Interdisziplinäre System-Bildung" entwickeln läßt. Für diese Form wird die Bezeichnung **„Bildungsexperiment"** vorgezogen, weil die Zielstellung pädagogisch und interdisziplinär und nicht wie bei den Ausbildungsexperimenten psychologisch und disziplinär ausgerichtet ist. Ein entscheidender Unterschied zum Konzept des Bildungsexperiments in der Bestimmung von Dietrich BENNER besteht aber darin, daß gezielt *heuristische Mittel* eingegeben werden, um Prozesse der Selbsttätigkeit zu initialisieren und in ihrer Entwicklung zu unterstützen. Diese Entscheidung für einen **„intervenierenden Konstruktivismus"** aber hat dann Konsequenzen für die Konstruktion des Bildungsexperiments in allen seinen Komponenten, wie im folgenden aufgezeigt wird:

(1) Konstruktion heuristischer Mittel

Heuristischen Mitteln kommt bildungstheoretisch ein zentraler Stellenwert zu, weil eine Selbsttätigkeit dadurch ermöglicht wird, die nicht durch die von bestimmten *Inhalt*en ausgehenden Zwänge einer Materialen Bildung eingeengt wird, nicht die Beliebigkeit Formaler Bildung mit ihrer Anwendbarkeit von *Formalem* auf irgendwelche, vielleicht mit gegensätzlichen Implikationen behaftete Inhalte aufweist und ebenso nicht in einer theoriearmen bzw. -losen Praxis verbleibt. Die heuristischen Mittel bewahren Gesellschaftlich-Allgemeines in hochkomprimierter Form in sich auf, sind im Gegensatz zu rigiden Erfahrungsregeln nicht an Gegebenes gebunden und auch nicht wie eine logisch-lineare Algorithmik rein formal, sondern fordern Anschauung und Reflexion, Intuition und Logik, bildhaftes Denken und begriffliche Anstrengung zugleich heraus. Im Ansatz „Interdisziplinäre System-Bildung" haben diese heuristischen Mittel die Form von Miniaturen sowie Metaphern und Begriffspaaren, mit denen allgemeine Systembildungsprinzipien zum Ausdruck gebracht werden.

(2) Konstruktion einer Miniatur als Untersuchungsgegenstand

Wenn die heuristischen Mittel nicht rein formal bleiben sollen, dann müssen sie in Beziehung gesetzt werden zu einer bestimmten Inhaltlichkeit. Diese Inhaltlichkeit muß einerseits die ganze Komplexität des zu untersuchenden Problems bzw. Problembereichs repräsentieren, andererseits aber die Selbsttätigkeit nicht entscheidend vorterminieren. Zu konstruieren bzw. auszuwählen ist deshalb eine Miniatur mit der Qualität von **„Urphänomenen"**, die grundlegende Spannungsverhältnisse in sich enthält, die durch **„Urbilder"** und aus ihnen ableitbare die Begriffspaare zum Ausdruck gebracht werden (s. dazu 3.3.1 und die Tafel VI).

(3) Konstruktion der Ablaufstruktur

Indem die „Urbilder" und die aus ihnen ableitbaren Begriffspaare in Beziehung gesetzt werden zu der gewählten Miniatur, wird ein Prozeß des *Aufsteigens vom Abstrakten zum Konkreten* und zugleich des *Aufsteigens vom Konkreten zum Abstrakten* initiiert. Die heuristischen Mittel sind zu Anfang noch abstrakt und inhaltsarm. Im Durchgang durch verschiedene Disziplinen und durch sowohl historische wie systematische Untersuchungen kommt es zu komplexen Systembildungen, die schließlich in den Entwurf konkretisierbarer Utopien einmünden (s. dazu 3.4)..

(4) Konstruktion der Organisationsstruktur

Gebildet werden *Experimentiergemeinschaften*, in denen sich das in der Selbsttätigkeit erzeugte Neue erst einmal in einem geschützten sozialen Raum entwickeln kann. Mit der Experimentiergemeinschaft wird eine *Form* bereitgestellt, in der gemeinsam Tätigkeiten durchgeführt und reflektiert werden, deren Ergebnisse dann über Internalisierungsprozesse von Individuen zu ihrer Persönlichkeitsentwicklung genutzt werden können. Gleichzeitig ist die Externalisierung von Selbsttätigkeit eine notwendige Voraussetzung für die Erzeugung von Neuem. Bedeutsam wird dabei die von L.S. VYGOTSKY dem Menschen zugeschriebene Fähigkeit zu „innerer Sprache" (s. dazu: FRIEDRICH, J., 1990, S. 125 - 130), die nicht wie bei PIAGET als nur dem Egozentrismus dienend aufgefaßt wird, sondern als ein entscheidendes Mittel reflexiven Selbstbezugs. Die Kommunikation in der Experimentiergemeinschaft erhält dadurch insofern einen spezifischen Charakter, als sie sich nicht nur in den Kommunikation von Kommunikablem (Austausch von kodierten Zeichen bzw. Informationen) erschöpft, sondern die Übersetzung von erst einmal Inkommunikablem als der immer unvollständig bleibenden Mitteilung von in „innerer Sprache" gebildetem Selbstbewußtsein beinhaltet. Damit kommt es, wie an den im Teil 5 vorgestellten Protokollauszügen deutlich wird, zu einer Kommunikation, in der nicht nur Wissen ausgetauscht wird, sondern im Dialog Perspektiven der verschiedenen Subjekte, ihre Verhaltensformen und die Selbstreflexionen darüber.

(5) Konstruktion des Resultats: Essayismus als heuristische Form der Ergebnisdarstellung

Aus der von Dietrich BENNER für Bildungsexperimente vorgenommenen Bestimmung, daß die erzielten Ergebnisse nicht auf technisches Handeln ausgerichtet sind, sondern „ihre Handlungsrelevanz stets erst im Zusammenhang mit der erneuten Planung, Gestaltung und Überprüfung pädagogischer Situationen erhalten" (BENNER, D., 1984, S. 382 f), wird die Forderung nach einem heuristischen Charakter der Resultate abgeleitet. Eine *Form* dafür ist der *„Essayismus"*, der als offene Form nicht Sichtweisen aufzwingt, sondern Assoziationen und eigene Weiterentwicklungen herausfordert (s. dazu: BACHMANN, D., 1969).

Wie können Bildungsexperimente, die diesen Bestimmungen genügen bzw. diesen nahekommen, konkret durchgeführt werden? Obschon bei bisherigen Realisierungen des Ansatzes „Interdisziplinäre System-Bildung" auch mit Kindern und Jugendlichen gearbeitet wurde und interessante Ergebnisse gewonnen werden konnten, ist bei den Ausführungen zu empirischen Forschungen auf der Grundlage des Ansatzes „Interdisziplinäre System-Bildung" immer aus Textdokumenten zitiert worden, die im Bereich der Erwachsenenbildung entstanden sind (s. dazu Teil 5).

Auch unter diesen sind qualitative Unterschiede festzustellen. Ein herausragendes Dokument ist durch die Protokollierung der Reflexionen von Schweizer Lehrerbildnern im Anschluß an die Erzeugung von Wirbelstraßen in einem Wasserbecken entstanden. U. a. auf der Grundlage der hier gewonnenen Erfahrungen ist ein Konzept für die Durchführung von **Bildungsexperimenten mit Innovatoren** entworfen worden, das folgende Struktur aufweist:

- Durchgeführt werden soll ein „Ur-„Bildungsexperiment mit einer **„Idealgruppe"**, die sich aus **Innovatoren** verschiedener Bildungsbereiche zusammensetzt. Kriterien für die theoriegeleitete Auswahl („theoretical sampling") dieser Innovatoren sind in Anlehnung an die Innovationsforschung (s. dazu: ROGERS, M., 1962) etwa: Verfolgen der wissenschaftlichen Diskussion (Lesen von Zeitschriften, Büchern, überregionalen Tageszeitungen usw.), überregionale Kontakte, Kenntnis von innovativen Ansätzen und Versuche zur Umsetzung in der eigenen Praxis, kosmopolitische Orientierung, „opinion leader" im eigenen Praxisfeld, Funktionsträger in Berufsverbänden u. ä..

Strukturen für Forschungs- und Entwicklungsarbeiten auf der Grundlage des Ansatzes „Interdisziplinäre System-Bildung"

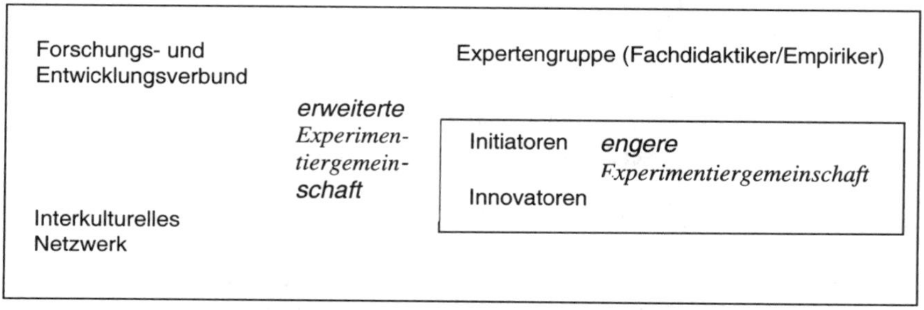

Forschungs- und
Entwicklungsverbund

Expertengruppe (Fachdidaktiker/Empiriker)

*erweiterte
Experimen-
tiergemein-
schaft*

Initiatoren   *engere
Experimentiergemeinschaft*

Innovatoren

Interkulturelles
Netzwerk

Experimentiergemeinschaft

**Organisationsstruktur für die Durchführung von Bildungsexperimenten
auf der Ebene von Theoriebildung**

1. Phase: "Ur-"Bildungsexperiment mit Innovatoren

2. Phase: Bildungsexperimente in verschiedenen Praxisbereichen des
            Bildungssystems

3. Phase: Zusammenfassende Auswertung

4. Phase: Workshops und Einzelgespräche mit Bildungsexperten

5. Phase: Erstellung eines Informationsangebots für eine "Bildungskonferenz"

6. Phase: Durchführung der "Bildungskonferenz" mit dem Ziel der Entwicklung
            eines Kern-Curriculums "System-Bildung"

7. Phase: Implementations- und Evaluationsaktivitäten

Ablaufstruktur für Aktivitäten auf der Ebene mittelbarer Bildungspraxis

Tafel XXVI

- Diese Innovatoren werden eingeladen durch die Mitglieder des Forschungs- und Entwicklungsverbunds „Interdisziplinäre System-Bildung", denen damit die Funktion von **„Initiatoren"** des Bildungsexperiments zukommt (s. dazu auch die Funktion der Initiatoren im Konzept der „Curriculumkonferenz" von Karl FREY, 1981). Unterstützt wird die Initiatorengruppe durch **Experten** verschiedener Disziplinen, die entweder zu einzelnen Systembildungssequenzen ihre fachwissenschaftliche Kompetenzen und Ressourcen einbringen oder die empirischen Arbeiten unterstützen. Internationalisiert wird diese Organisationsstruktur durch den Einbezug eines **„Interkulturellen Netzwerks"** mit Wissenschaftlern und Künstlern verschiedener Länder.

Insgesamt ergibt sich damit die in Tafel XXVI vorgestellte Organisationsstruktur.

Diese Organisationsstruktur kann verstanden werden als ein künstlich geschaffenes „lokales Tätigkeitssystem" mit institutionalisierten Außenbeziehungen, zu dessen Untersuchung das folgende, von Yryö ENGESTRÖM am „Labatory for Communication" der Universität San Diego/USA auf tätigkeitstheoretischer Grundlage entwickelte Forschungsprogramm als Orientierung herangezogen werden kann:

(1) Analyseeinheit sind lokale Tätigkeitssysteme, weil einerseits fundamentale gesellschaftliche Beziehungen gegenwärtig sind in jeder lokalen Tätigkeit, andererseits die am meisten unpersönlichen sozialen Strukturen Bestandteile lokaler Aktivitäten sind, die von konkreten Menschen ausgeführt werden.

Im Bildungsexperiment sind es Experimentiergemeinschaften, die solche lokalen Tätigkeitssysteme bilden. Im ersten Schritt werden diese theoriegeleitet-"künstlich" konstituiert.

(2) Forscher treten in Transformationen vollziehende lokale Tätigkeitssysteme ein. Dabei geht es nicht um naive Handlungsforschung, sondern um das Einbringen allgemeiner Ideen der Tätigkeitstheorie.

Im Bildungsexperiment werden diese allgemeinen Ideen der Tätigkeitstheorie eingebracht über heuristische Mittel für interdisziplinäre Systembildungen, die bildungstheoretisch bestimmt sind.

(3) Ziel der Aktivitäten in lokalen Tätigkeitssystemen ist die Konstruktion neuer Mittel, Modelle, Konzepte und Methoden.

Im Bildungsexperiment erfolgt diese Entwicklung neuer Mittel in der Auseinandersetzung mit Untersuchungsminiaturen wie dem Selbstbildnis, der Wirbelstraße oder dem Hefeteig. Von besonderer Bedeutung aus tätigkeitstheoretischer Sicht („Gegenständlichkeit von Tätigkeit") ist die Vergegenständlichung entwik-

kelter Mittel in Form von visuellen Metaphern wie etwa konkretisierbaren Utopi-
en für Landschaften. Sie stellen einerseits ein bestimmtes materielles Resultat
dar, haben zugleich aber auch eine heuristische Funktion und können andere
Tätigkeitssysteme motivieren, Weiterentwicklungen zu betreiben ohne Rückfall
hinter das erreichte Niveau.

(4)　Erforscht werden die Aktivitäten des Tätigkeitssystems in Form formativer Experimente: „This approach gives new contents to the notion of formative experiments. Instead of only forming experimentally skills and mental functions in stu-
dents, the researchers will be engaged in forming societally new artifacts and
forms of practice, jointly with their subjects. The validity and generalizability of
the results will be decided by the viability, diffusion and multiplication of those
new models in similar activity systems."
(ENGESTRÖM, Y., 1990b, S. 20)

Im Bildungsexperiment erfolgt empirische Forschung in einer dialogischen Form. Die
empirischen Instrumente werden dabei zu Mitteln der Selbsttätigkeit.

Die empirische Erforschung von Bildungsexperimenten erfordert Methoden, die über
Konstatierungsstrategien hinausgeht. Hartmut GIEST, Klaus KRASSA und Joachim
LOMPSCHER haben einige grundlegende Probleme und Anforderungen an das empi-
rische Design wie folgt benannt:

(1)　Die Teilnehmer an dem „Ur-"Bildungsexperiment sind hochqualifizierte und en-
gagierte Experten auf ihren jeweiligen Arbeitsgebieten. Sie müssen als Partner
der Forscher und Mitwirkende an der Untersuchung gewonnen werden, die ganz
andersartige Fragestellungen verfolgt, als sie es von ihren Arbeitsgebieten her
kennen.

(2)　Gleichzeitig geraten die Teilnehmer im Rahmen der Experimentiergemeinschaft
in eine neuartige Situation: interdisziplinäre Zusammensetzung und Zusammenarbeit, Durchlaufen ganz unterschiedlicher Tätigkeitsfelder mit z.T. subjektiv
völlig neuen Anforderungen, Zusammenführung ausgeprägter und selbstbewuß-
ter Persönlichkeiten mit sehr unterschiedlichen Voraussetzungen in einer Gruppe,
deren Tätigkeit sich in Wochenabschnitten über einen längeren Zeitraum er-
streckt.

(3)　Es muß eine Kombination qualitativer und quantitativer Untersuchungsmethoden
gefunden werden, die einerseits den Inhalt und Verlauf der Tätigkeit der Experimentiergemeinschaft so wenig wie möglich beeinträchtigt und andererseits die
Verfälschungstendenzen aufgrund der - zumindest teilweisen - Bekanntheit der
Untersuchungsziele und der bewußten und gewollten Mitwirkung der Teilnehmer
so weit wie möglich einschränkt. Die Untersuchungsmethoden müssen - so weit
es möglich ist - in Inhalt und Verlauf der Tätigkeit integriert werden.

(4)   Da Inhalt und Verlauf der Tätigkeit einerseits zwar im Prinzip vorher geplant und bestimmt werden, andererseits aber sich im Rahmen der Selbsttätigkeit der Experimentiergemeinschaft und in Abhängigkeit von ihrer Entwicklung herausbilden und verändern werden (und sollen!), muß eine möglichst differenzierte und genaue Erfassung angestrebt und die Untersuchungsmethodik in Abhängigkeit von Inhalt und Verlauf der Tätigkeit in Auswertung jeder Tagungswoche neu überprüft und gegebenenfalls präzisiert, ergänzt oder anderweitig verändert werden.

(5)   Durch die Arbeit der Experimentiergemeinschaft sollen Voraussetzungen dafür geschaffen werden, daß - zeitlich versetzt und auf der Grundlage der Auswertung und Erfahrungen des „Ur-" Experiments - analoge Bildungsexperimente mit Personen unterschiedlichen Alters- und Bildungsniveaus (Schüler, Lehrlinge, Studenten, Lehrer u. a.) geplant und durchgeführt werden können, um bei unterschiedlichen Voraussetzungen und Bedingungen Möglichkeiten der System-Bildung zu erproben und zu verallgemeinern. Die Untersuchungsmethoden müssen jeweils den konkreten Zielen und Bedingungen dieser Experimente angepaßt werden, damit Vergleiche zwischen den verschiedenen Experimenten möglich sind. Dies um so mehr, als angestrebt wird, im Rahmen eines interkulturellen Netzwerks cross-cultural-Untersuchungen in verschiedenen Ländern, Institutionen usw. durchzuführen.

(6)   Es muß der Versuch gemacht werden, dem Anliegen des Ansatzes adäquate Methoden aus unterschiedlichen methodologischen Richtungen (z. B. Kognitions- und Motivationsforschung, Tätigkeits- und Handlungstheorien) aufzugreifen und zu nutzen. Dieser Versuch darf nicht mit der sogenannten Handlungsforschung verwechselt werden.

(vgl. dazu: GIEST, H., KRASSA, K., LOMPSCHER, J., 1992, S. 1 f.).

Im Anschluß an diese Überlegungen und die von Yryö ENGESTRÖM entworfene Strategie zur Erforschung lokaler Tätigkeitssysteme ist das im folgenden beschriebene Design für empirische Arbeiten zu Bildungsexperimenten auf der Grundlage des Ansatzes „Interdisziplinäre System-Bildung" entworfen worden (s. dazu auch Teil 5). Im Mittelpunkt steht die Untersuchung von Selbstthematisierungen, mit denen die Teilnehmer das von ihnen erzeugte Subjektiv-Neue und dessen Verbindung mit Objektiv-Neuem zum Ausdruck bringen:

(1)   Untersuchungsgegenstand sind *Selbstthematisierungen*, die von den Teilnehmern im Anschluß an bestimmte Tätigkeitssequenzen oder nach Abschluß des Bildungsexperiments vorgenommen werden. Sie werden aufgefaßt als Einheiten, in denen das Erleben von interdisziplinärer Systembildung in komprimierter Form zusammengefaßt und zum Ausdruck gebracht werden.

(2)   Orientierungen für die Untersuchung der mit Selbstthematisierungen gegebenen Komplexität werden der „grounded theory" von Anselm STRAUSS entnommen. Mit den auf der Grundlage dieses Ansatzes entwickelten, z. T. computergestützten Untersuchungsmethoden läßt sich zum einen eine Strukturierung der gegebe-

nen Komplexität vornehmen. Ergebnis dieser Aktivität ist eine *Grundstruktur* der in Selbstthematisierungen zum Ausdruck gebrachten Elemente von Selbsttätigkeit.

(3) Die *Konstruktion von semantischen Netzwerken* auf der Basis der Selbstthematisierungen ermöglicht ein Anschaubarmachen und damit auch die Veränderung und Entwicklung eigenen Denkens.

(4) Die Konstruktion und Transformation semantischer Netzwerke ist auch im *Dialog* von Forscher und Teilnehmern sowie der Teilnehmer untereinander möglich. Dabei fallen neue Selbstthematisierungen an, die wiederum zur Grundlage weiterer Untersuchungen gemacht werden können.

(5) *Dialogische Forschung* ist in drei Varianten möglich, die sich im Anschluß an Jörg SOMMER auch als aufeinander aufbauende Entwicklungsstufen verstehen lassen: die mehr auf Feststellung ausgerichtete *dialogische Phänomenologie*, die auf Verstehen ausgerichtete *dialogische Hermeneutik* und die auf Veränderung und Entwicklung zielende *dialogische Dialektik*.

(6) Bei der Konstruktion semantischer Netzwerke können grundlegende Probleme erkannt werden, die eine vertiefende Untersuchung erforderlich und/oder wünschenswert erscheinen lassen. Hier bietet sich die auf der Grundlage der KELLYschen Theorie persönlicher Konstrukte entwickelte *Repertory Grid Technik* an, die auch eine Vermittlung von qualitativen und quantitativen Methoden ermöglicht.

(7) *Traditionelle Konstatierungsstrategien* lassen sich einsetzen, um u. a. die Eingangs- und Ausgangssituation im Sinne von Input-Output-Analysen miteinander vergleichen zu können und damit Effektivitätsfeststellungen zu ermöglichen.

(8) Ist dialogische Forschung die adäquate Methodik, so sind Bildungsexperimente die geeignete Form zur Entwicklung des Konzepts „Interdisziplinäre System-Bildung" mit Hilfe von Empirie. Bildungsexperimente sind *Entwicklungs*experimente mit einer grundlegend heuristischen Struktur: Zentral sind heuristische Mittel, mit denen von einer Experimentiergemeinschaft Forschungsminiaturen aufgeschlossen und über die komplexe Systeme entwickelt werden, die wiederum in heuristische Mittel überführt werden und dann sowohl den Entwicklern wie auch anderen Systembildnern für die *Erzeugung von Neuem* zur Verfügung stehen.

6.2 Der Ansatz „Interdisziplinäre System-Bildung" auf der Ebene mittelbarer Bildungspraxis

Als nächstes stellt sich die Frage, wie solche Bildungsexperimente Bedeutung erlangen können für die *mittelbare und unmittelbare* Praxis des Bildungssystems. In einer hierarchisierenden Sichtweise sind dabei erst einmal Aktivitäten auf der Ebene der *mittelbaren Bidungspraxis* (Lehrplangruppen, Landesinstitute u. ä.) durchzuführen, um Rahmenvorgaben für die *unmittelbare* Bildungspraxis (schulische und außerschulische

Einrichtungen) zu entwickeln. Im folgenden soll dazu zum einen ein Konzept vorgestellt werden, das direkt auf die Implementierung des Ansatzes „Interdisziplinäre System-Bildung" ausgerichtet ist. Zum anderen soll am Beispiel eines Lehrplans für den
naturwissenschaftlichen Unterricht im Wahlpflichtbereich der Sekundarstufe I aufgezeigt werden, wie der Ansatz „Interdisziplinäre System-Bildung" als Orientierung genutzt werden kann für eine theoriegeleitete Lehrplankonstruktion.

6.2.1 Konzept für die Implementierung des Ansatzes „Interdisziplinäre System-Bildung" in die mittelbare Bildungspraxis

Bei der Entwicklung von Strategien zur Implementierung des Ansatzes „Interdisziplinäre System-Bildung" wird zurückgegriffen auf Erfahrungen mit Kursen (Leitung:
Roland OESKER) in der Akademie für musische Bildung und Medienerziehung Remscheid. Die Teilnehmer realisierten jeweils in den Zeiten zwischen den einwöchigen,
von etwa dreimonatigen Zwischenräumen unterbrochenen Kursen in ihren Praxisfel-
dern Teile des Konzepts bzw. die Gesamtkonzeption. Ihre Ergebnisse und Erfahrungen
brachten sie dann wieder in den Kurs ein. Ebenso wirkten die Kursteilnehmer als Mul-
tiplikatoren in Rahmen von Mitarbeiterfortbildungen. Die Gesamtresultate zeigten eine
hohe Komplexität, die aber immer zusammengehalten wurden über die heuristischen
Mittel, die eine integrative Funktion ausübten.

Unter Orientierung an diesem „Schneeballsystem" ist folgender Ablauf für die Entwicklung und Implementation des Konzepts „Interdisziplinäre System-Bildung" entworfen worden: Ausgehend von einem „Ur-"Bildungsexperiment mit Innovatoren
sollen Bildungsexperimente mit „Tätigkeitssystemen" aus verschiedenen Bereichen
des Bildungssystems durchgeführt werden. Es folgt eine zusammenfassende Auswertung der erzielten Resultate auf der Grundlage von Kriterien, die aus dem „Ur-" Bildungsexperiment abgeleitet werden. Anschließend werden Workshops und Einzelgespräche mit Bildungsexperten (Mitarbeiter in Landesinstituten, Vertreter von Berufsverbänden, politische Entscheidungsträger usw.) durchgeführt, in denen die Untersuchungsergebnisse im Hinblick auf Handlungskonsequenzen für die Bildungspraxis
diskutiert werden. Auf der Grundlage dieser Gespräche und der Untersuchungsergebnisse wird dann ein Informationsangebot für eine „Bildungskonferenz" erstellt, in der
ca. 12 Experten (eingeladen aufgrund von Auswahlkriterien wie im Konzept „Curriculumkonferenz" von Karl FREY, 1981) ein Kern-Curriculum „System-Bildung" erstellen. Insgesamt ergibt sich dann die in Tafel XXVI vorgestellte Ablaufstruktur.

6.2.2 Der Ansatz „Interdisiplinäre System-Bildung" als Grundlage für eine theoriegeleitete Lehrplanarbeit

Gezeigt werden soll im folgenden am Beispiel einer Lehrplanentwicklung, wie sich der Ansatz „Interdisziplinäre System-Bildung" auf der Ebene mittelbarer Bildungspraxis auch einer traditionellen Ausrichtung der Arbeiten nutzen läßt.

Deutlich werden soll zweierlei:

- Mit dem vorgestellten Instrumentarium läßt sich ein Lehrplan entwickeln, der eine weit höhere theoretische Konsistenz hat als übliche Lehrpläne.
- Das Instrumentarium läßt sich so modifizieren, daß konkreten Praxiserfordernissen Rechnung getragen werden kann.

Ziel war die Entwicklung eines Lehrplans für den Naturwissenschaftlichen Unterricht im Wahlpflichtbereich der Sekundarstufe I im Rahmen eines BLK-Modellversuchs. Der Wahlpflichtbereich sollte dabei den Pflichtbereich ergänzen, durfte sich mit diesem aber nicht überschneiden. Durchgeführt wurde zuerst eine Bestandsaufnahme der von Lehrern in Form einer *basisnahen Curriculumentwicklung* erarbeiteten Materialien, die auch schon im Unterricht eingesetzt wurden. Eine der Maximen der Lehrplanarbeit war es, diese Materialien nicht einfach unbeachtet zu lassen, sondern nach Möglichkeit so in das zu entwickelnde Konzept zu integrieren, daß sie auch weiterhin einsetzbar waren.

Auf der Grundlage tätigkeitstheoretischer Ideen wurde als Ziel für den Wahlpflichtunterricht in den Naturwissenschaften festgelegt, daß hier die naturwissenschaftliche Tätigkeit *als eine besondere Form menschlicher Tätigkeit* für die Lernenden erfahrbar gemacht werden sollte. Die unter dieser theoretischen Perspektive durchgeführte Analyse der Unterrichtsmaterialien zeigte, daß sie sich in ihrer Mehrzahl den Komponenten menschlicher Tätigkeit (Material, Mittel, Methode, Organisation, Ziel/Resultat) zuordnen ließen.

Entwickelt wurde dann von der Forschergruppe aus dem Institut für die Pädagogik der Naturwissenschaften an der Universität Kiel (Horst BAYRHUBER, Rüdiger HEER, Wilhelm WALGENBACH/s. dazu: PROJEKTGRUPPE „Naturwissenschaften im Wahlpflichtbereich der Sekundarstufe I", 1980), die die Lehrplanarbeit begleitete, das folgende Planungsraster, bei dem die Kategorie „Tätigkeit" nach drei Dimensionen hin ausdifferenziert ist: In der einen Dimension sind die **Komponenten menschlicher Tätigkeit** (Material/ Gegenstand, Mittel, Methoden, Organisation sowie ideelles und materielles Resultat) aufgetragen, in der anderen der **entwickeltste Stand des Wissens** (differenziert nach Umfang und Reichweite in Elemente, Strukturen, Systeme) und in der dritten Dimension **Bereiche gesellschaftlicher Arbeitsteilung** (etwa: Kunst, Wissenschaft, Technik, alltägliche Lebenswelt), zu denen dieses Wissen in Beziehung gebracht werden kann. Die folgende Abbildung bringt diese drei Dimensionen menschlicher Tätigkeit zur Darstellung. Deren konkrete Ausdifferenzierung wird hier erst einmal als sekundär angesehen. In den Blick gebracht werden soll ein bestimmtes Ziel, nämlich die Sicherung der Reflexion eines *Gesamtzusammenhangs menschlicher Tätigkeit*, dessen Spezifizierung dann im Hinblick auf bestimmte Bedingungen und Bedürfnisse erfolgen kann.

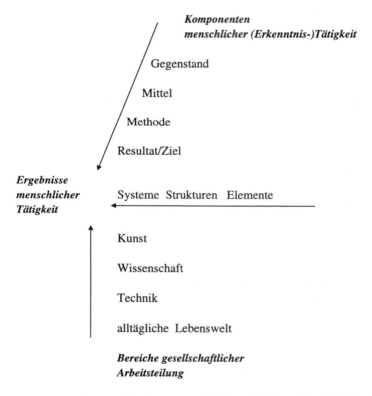

Gesamtsystem menschlicher (Erkenntnis-)Tätigkeit

(s. dazu: PROJEKTGRUPPE „Naturwissenschaften im Wahlpflichtbereich der Sekundarstufe I", 1980)

Das Interesse an der Entwicklung einer solchen Grundstruktur resultiert aus dem Ziel, Wissen nicht mehr nur in Form fertiger Resultate aus Wissenschaft, Technik und Kunst zum Gegenstand des Lernens zu machen, sondern es zu prozessualisieren und damit anschließbar an die Selbsttätigkeit von Lernenden zu machen. Die Lehrplangruppe näherte sich diesem Ziel, indem sie einen Lehrplan entwickelte, der Naturwis-

Überfachliche Rahmenthemen	Fachteil Biologie	Fachteil Chemie	Fachteil Physik
Mensch, Erde, Weltall: Wie erlebe ich Natur?	Ökosysteme		Aufbau und Struktur des Weltalls
Gegenstand der Naturwissenschaft: Will ich die Natur verändern oder erhalten?	Möglichkeiten einer Partnerschaft von Mensch und Natur: Biotechnologie als sanfte Technologie		Alternative Technologien
Methoden, Verfahren und Mittel der Naturwissenschaft: Wie gehe ich mit der Natur um?	Charakteristische Arbeitsweisen der Biologie	Charakteristische Arbeitsweisen der Chemie	Charakteristische Arbeitsweisen der Physik
Entwicklung naturwissenschaftlicher Erkenntnis: Wie kann ich Wissen erzeugen und darstellen?	Historische Entwicklung biologischen Wissens und seine Darstellung	Historische Entwicklung chemischen Wissens und seine Darstellung	Historische Entwicklung physikalischen Wissens und seine Darstellung
Verwertung naturwissenschaftlicher Erkenntnis: Wie kann ich mein Wissen einsetzen?	Verwertung biologischer Forschungsergebnisse in der Medizin	Vom Labor über das Technikum zur Produktion	Auswirkung der Weltraumforschung auf die Entwicklung der Elektrotechnik
Soziale Organisation in der Naturwissenschaft: Wie kann ich mit anderen zusammenarbeiten?	Arbeit im biologisch-technischen Berufsfeld	Arbeit im chemisch-technischen Versuchsfeld	Arbeit im physikalisch-technischen Berufsfeld
Naturwissenschaftliche Theorien im Verhältnis zum Individuum: Welche Vorstellungen habe ich von der Gestaltbarkeit der Welt?	Einfluß biologischer Theorien auf das moderne Weltbild	Das Verhältnis des Menschen zum Stoff in Alchemie und Chemie	Einfluß physikalischer Theorien auf das moderne Weltbild
	In Verbindung mit Betriebspraktikum		
Naturwissenschaft im gesellschaftlichen Gesamtzusammenhang: Wie kann ich gesellschaftliche Wirklichkeit mitgestalten?	Evolution in Natur, Technik und Gesellschaft	Probleme der Umweltbelastung durch chemische Produkte	Probleme der Weltenergieversorgung

senschaft nicht mehr nur als Ergebnis, sondern als eine besondere Form menschlicher Tätigkeit erfahrbar macht. Um dies zu erreichen, beschränkte sie die Verbindlichkeit ihrer Vorgaben auf das obige Planungsraster ein, das die naturwissenschaftliche Tätigkeit in den Gesamtzusammenhang menschlicher Tätigkeit stellt. Das Planungsraster konnte dann sowohl im Sinne einer pragmatischen Curriculumentwicklung von bereits durch Lehrer entwickelte Unterrichtseinheiten abgedeckt werden wie auch im Sinne einer theoretisch begründeten Kursstruktur durch einen Themenkatalog, der auf der Grundlage des obigen Planungsrasters entwickelt und den Lehrern als eine theoriegeleitet konstruierte Möglichkeit, dem Planungsraster gerecht zu werden, angeboten wurde (s. dazu den KurskatalogSeite 337).

6.3 Der Ansatz „Interdisziplinäre System-Bildung" auf der Ebene unmittelbarer Bildungspraxis

Solange ein pädagogisch-didaktischer Ansatz nicht in Hochschulen und in der Lehreraus-, fort- und weiterbildung gelehrt, in Lehrplänen verankert und in Lehrmaterialien umgesetzt ist, werden Konkretisierungen in der unmittelbaren Bildungspraxis immer nur im begrenzten Umfang erfolgen und einen eingeschränkten allgemeinen Wert haben, indem sie etwa Material abgeben für Fallanalysen, aber auch für die Entwicklung von Multimediasystemen, die dann im Rahmen von Computernetzwerken mehr oder weniger an den offiziellen Strukturen des Bildungswesens vorbei auch allgemeine Wirkungen erreichen können (s. dazu die Ausführungen unter 6.4). Dazu bietet es sich erst einmal an, die „Nischen" in der schulischen Praxis auszunutzen

6.3.1 Ausnutzung von Nischen in der Bildungspraxis

Es sind zuerst einmal die „Nischen" in der unmittelbaren Bildungspraxis, in denen sich neue, nicht nur auf fachdidaktische Aspekte, sondern auch oder sogar schwerpunktmäßig auf Interdisziplinarität und Integration ausgerichtete Ansätze wie der einer „Interdisziplinären System-Bildung" durchführen lassen. Dazu zählen etwa:

- Projektwochen in Schulen
- Arbeitsgemeinschaften
- Wahl-(pflicht-)unterricht
- Schulfeste
- Beteiligung an Kulturfesten in einer Gemeinde, die mit schulischen Aktivitäten verbunden werden
- Aktionen in außerschulischen Einrichtungen, wie etwa Jugendkunstschulen oder Jugendzentren usw.
- .Klassenfahrten

Beispielhaft für Realisierungen des Ansatzes „Interdisziplinäre System-Bildung" in solchen Bereichen sollen hier die Teilnahme an Aktionen auf der „Spiellinie" der Kieler Woche 1987, dem Kulturfest „Luftsprünge" der Stadt Wolfsburg (1990) und projektartige Kurzlehrgänge genannt werden, die ebenfalls 1990 an einer Hauptschule und einem Gymnasium der Stadt Ibbenbüren/NRW durchgeführt und deren Ergebnisse auf einem Stadtfest vorgestellt wurden. Dabei hatten Lernende im Rahmen der Systembildungssequenz „Die Wirbelstraße" (die für die schulische Praxis unter der einfacheren Formulierung „Projekt Wasser" firmierte) z. B. die Geschichte eines kanalisierten Flußlaufes in der Stadt aufgearbeitet, ökologische Analysen der Wasserqualität durchgeführt und „konkretisierbare Utopien" für eine Renaturierung entwickelt, die sie dann mit den Bürgern der Stadt, die das Stadtfest besuchten, diskutierten (s. dazu: EULEFELD, G., FOLWARZNY, P. WALGENBACH, W. , 1991).

Besonders engagiert und umfangreich im Bereich der unmittelbaren Bildungspraxis waren Aktivitäten von Lehrenden an den brasilianischen Universitäten Rio Grande RS und Santa Maria RS. In Zusammenarbeit von Universität und den jeweiligen Städtischen Sekretariaten für Schule und Kultur wurden hier in Schulen mehrwöchige und z. T. auch mehrmonatige Projekte mit hunderten von Lehren und an die Tausend Schüler durchgeführt, deren Ergebnisse dann im Rahmen großer städtischer Ausstellungen und Kulturfeste sowie auf wissenschaftlichen Kongressen in Brasilien vorgestellt wurden. Unterstützt wurden diese Aktivitäten wurden durch die brasilianischen Forschungsorganisationen CAPES, CNPq und FAPERGS, die auch in Zusammenarbeit mit dem Deutschen Akademischen Austauschdienst (DAAD) einen Austausch von Wissenschaftlern und Künstlern zwischen Deutschland und Brasilien ermöglichten. Ziel war es dabei, Gemeinsamkeiten und Unterschiede der Realisierungen in den verschiedenen Kulturkreisen herauszuarbeiten (s. dazu: RICHTER, I., 1993).

6.3.2   Variantenbildungen durch Entwicklung fachdidaktischer Konzepte

Das folgende Beispiel soll zeigen, daß der Ansatz „Interdisziplinäre System-Bildung" aber auch für **fachdidaktische Innovationen** genutzt werden kann, die Lehrende (in Zusammenarbeit mit Forschern) entwickeln (s. dazu als ein weiteres Beispiel die Durchführung eines Projekts im Deutschunterricht: SCHWEGER, H.J., 1999). Im Anschluß an die Systembildungssequenz „Spiegelungen,, (s. 3.2) hat Maria da Graça do AMARAL (1999) einen fachdidaktischen Ansatz für den Fremsprachen- (speziell: Englisch-)unterricht entworfen und in ihrer Unterrichtspraxis realisiert, der Möglichkeiten aufzeigt, wie eine Frendsprache zum Mittel der Selbsttätigkeit bzw. der Identitätsentwicklung werden kann.

Ausgangspunkt ist die Feststellung, daß bisherige fachdidaktische Ansätze zum Erlernen der englischen Sprache entweder auf den traditionsreichen „Grammatik-Übersetzungs-" Methoden aufbauen oder auf modernen Methoden wie die Direkt-Methode, die Audio-Linguale Methode oder die Kommunikative Methode. Beiden Richtungen ist gemeinsam, daß sie die zu erlernende Fremdsprache - etwa in der Form des „Oxford-Englisch" - als gegeben voraussetzen. Während bei den modernen Methoden eine Reflexion und Theoretisierung von Sprache weitgehend in den Hintergrund tritt bzw. gänzlich unterbleibt, spielt sie in den traditionellen Methoden eine größere Rolle sowohl bei grammatischen Übungen wie bei Übersetzungsaktivitäten. Sprache und Theorie über Sprache sind dabei aber immer schon fertig vorgegeben und Mittel, die weitgehend in der Hand der Lehrenden liegen und von den Lernenden mehr oder weniger passiv übernommen werden sollen. Sowohl bei den traditionellen wie bei den modernen Methoden kommt es daher nur zu einem *technisch-pragmatischen Umgang* mit Sprache, deren **Reproduktion** das zentrale Ziel ist.

Wie läßt sich demgegenüber ein Englischunterricht konzipieren, der von der Selbsttätigkeit der Lernenden ausgeht? Als grundlegend für Selbsttätigkeit wurden die **Erzeugung von Neuem** und die Konstitution und Entwicklung eines **theoretischen Verhältnisses zur Wirklichkeit** bestimmt. Diese Bestimmungen lassen sich im Sprachunterricht aber nur realisieren, wenn *Sprache* und *Theorie der Sprache* nicht als fertig vorgegeben angesehen werden. Das heißt aber auch, daß erst einmal radikal von einem *Repräsentationskonzept*, wie es etwa von CHOMSKY und anderen Kognitivisten vertreten wird, zu einem *Produktionskonzept,* wie es von Wilhelm von HUMBOLDT und der Bildungstheorie vertreten wird, gewechselt werden muß (s. dazu auch 1.2.3.4).

Orientiert man sich an dem vorgestellten musikdidaktischen Konzept (s. 3.1), dann wird die erforderliche Strategie zur Entwicklung eines Sprachunterrichts, für den Selbsttätigkeit Ausgangs- und Mittelpunkt ist, erkennbar: Fachliches Wissen muß in seiner ganzen Spannbreite von *geschlossenem* bis *offenem* Wissen in den Blick kommen und **vom entwickeltsten Stand her** betrachtet werden. In den Ausführungen zum Phänomen „Elektrizität/Elektrischer Stromkreis" ist dazu ein Strukturschema vorgestellt worden, das verschiedene Dimensionen des Wissens ausweist (a. dazu 1.2.3.4). Übertragen auf das Phänomen „Sprache" läßt sich folgende Konkretisierung vornehmen: *Technisch-pragmatisch* gehe ich mit Sprache um, wenn ich sie in meiner aktuellen Praxis mehr oder weniger unreflektiert gebrauche. *Theoretisch* verhalte ich mich gegenüber Sprache, wenn ich ein System entwickel, mit dem ich sowohl gegebene Sprache analysieren wie auch *Möglichkeiten* von Sprache begründet entwerfen kann. Der *ästhetisch-emotionalen Dimension* von Sprache wende ich mich zu, wenn ich mir meine intuitiven Beziehungen zu ihr, ihre Bedeutung für mich und andere Subjekte sowie ihre sinnlichen und emotionalen Aspekte bewußt mache. Die Herausarbeitung *historischer Aspekte* führt mich zur **Entwicklung** von Sprache, die ich dann sowohl von der Vergangenheit bis in die Gegenwart und zur Gleichzeitigkeit verschiedener Formen ein und derselben Sprache (etwa: brititisches und amerikanisches Englisch oder verschieden Dialekte und Slangs) verfolgen als auch *persepktivisch* in die Zukunft hinein verlängern kann. Alle diese Aspekte von Sprachen und zusätzlich noch meine Beziehungen zu ihr kann ich in *Selbstreflexionen* zusammenfassen und so ein Ganzes entwerfen, das mir grundlegende Orientierungen bietet für den Umgang mit Sprache als einem **Mittel** zur Entwicklung meiner eigenen Persönlichkeit und der Kooperation und Kommunikation mit anderen Subjekten im Gesamtzusammenhang gesellschaftlicher Praxis.

Ausgehend von diesen Überlegungen hat Maria da Graça Carvalho do AMARAL ein Konzept für den Englischunterricht in Brasilien konzipiert und in ihrer Unterrichtspraxis realisiert, dessen Ausgangs- und Mittelpunkt die Nutzung einer fremden Sprache als Mittel für die Entwicklung der eigenen Identität ist (s. dazu auch Tafel XIV). Wie in dem Musterbeispiel „Spiegelungen" beginnt der Lernprozeß mit der Vorstellung der eigenen Person in der Lerngruppe. Sodann legt sich jeder auf einen auf dem Boden ausgebreiteten Bogen Packpapier, läßt von einem anderen Mitglied der Lerngruppe die Konturen seines Körpers auf das Papier auftragen, schneidet die entstandene Figur aus und heftet sie an die Wand. Damit ist - wie im Konzept von FRÖBEL der Ball - eine *materielle* **Einheit** geschaffen worden, die noch sehr inhaltsarm ist und durch Prozesse der Ausdifferenzierung zu einer **Vielfalt** entwickelt werden kann. Das geschieht zuerst einmal dadurch, daß man auf Kärtchen Eigenschaften seiner eigenen Person in der Muttersprache aufschreibt und zugleich von der Lehrperson sich die englische Übersetzung sagen läßt. Die Kärtchen werden an die an der Wand befestigten Figur angeheftet. Direkt sichtbar wird damit ein Spannungsfeld von **Einheit** (materialisiert in der schematisierten Figur an der Wand) und **Vielfalt** (materialisiert durch die auf Kärtchen eingetragenen Wörter, Begriffe, Bezeichnungen usw.). In Gruppendiskussionen wird dieses Spannungsverhältnis reflektiert, sprachlich explizit zum Ausdruck gebracht und in seinen Variationsmöglichkeiten erkundet. Damit ist es als *ideelles Mittel* für den weiterer Lernprozeß verfügbar.

Auf der Grundlage dieses Arbeitsschritts schreiben die Lernenden dann zuerst in der Muttersprache eine Charakterisierung ihrer eigenen Person und übersetzen diese mit Unterstützung des Lehrenden ins Englische. Ziel ist es dabei, sich im Internet vorzustellen und so internationale Kontakte aufnehmen zu können. Da zu Anfang nur ein begrenzter Wortschatz in der fremden Sprache zur Verfügung steht, muß man auswählen und Schwerpunkte setzen. Dieser Vorgang wird in einem Vergleich beider Fassungen bewußtgemacht und führt zu einer ersten Anbahnung eines **theoretischen Verhältnisses** zur Sprache und zur eigenen Art ihrer *Produktion*.

Wird im ersten Schritt als Einheit eine *individuelle Identität* konstituiert und ausdifferenziert, so erfolgt im zweiten Schritt deren Weiterentwicklung zu einer *kulturellen Identität*, indem die Lernenden sich den Traditionen ihrer Familien und ihrer Gemeinde zuwenden. Da Brasilien eine multikulturelle Gesellschaft ist, wird Vielfalt schon *innerhalb* einer Familie sichtbar. Materiell zum Ausdruck gebracht wird diese Vielfalt mit Kärtchen, auf die Schlüsselwörter wiederum zweisprachig notiert werden. Diese werden wie bei der individuellen Identitätsbildung an die Wand geheftet und differenzieren damit die Figur aus, deren Kontur um eine parallel verlaufende Linie erweitert wurde (Vergrößerung der Ausgangsfigur), um die neue Einheit der kulturellen Identität auch materiell sichtbar werden zu lassen.

Gemeinsam - und nicht mehr nur individuell wie bei der Beschreibung der eigenen Person - wird dann ein *Kulturporträt* der Gemeinde entwickelt. Die Motivation, dieses in Englische zu übersetzen, ergibt sich wiederum aus dem Ziel, diese Darstellung in das INTERNET zu stellen.

Gezielt gesucht werden im nächsten Schritt Wörter, Begriffe, Bezeichnungen usw., die aus einer fremden Sprache stammen und in die (brasilianische) Muttersprache direkt übernommen, ihr angepaßt oder bei denen umgekehrt die Muttersprache der fremden Sprache angepaßt wurde. Wie in der musikdidaktischen Konzeption mit dem Vorspielen einer Bach-Komposition wird dabei ein orientierender, aus der Waldorfpädagogik übernommener Informationsteil in den Lernprozeß eingeführt, der das Spannungsverhältnis von *Repräsentation* und *Produktion* in der Spracherzeugung erkennbar werden läßt: Den Lernenden werden die Wörter für „Baum" in der englischen, deutschen und protugiesischen Sprache vorgesprochen, nämlich „tree", „Baum" und „árvore". Sie werden dann aufgefordert, mit ihren Händen jeweils zu den Wörtern die (Klang-) Gestalt des Baumes zu zeigen. Erfahrungsgemäß deuten viele die folgenden Formen mit den Händen an:

tree   Baum   árvore
(typisch für Tanne) (typisch für Lindenbaum) (typisch für Bäume südlicher Regionen)

Diskutiert und reflektiert werden kann an diesem Beispiel, wie in der Sprache die typische Form eines Baums einer bestimmten geographischen Region zum Ausdruck gebracht wird und welchen Anteil dabei die vorgegebene Gegenständlichkeit und die Sprachproduktion des Menschen hat.

Damit ist auch ein Übergang von der *kulturellen* zu einer **lokalen Identität** insofern möglich, als typische Wörter der Region, in der man lebt, gesammelt werden. In Brasilien sind das z. B. Bezeichnungen für Flüsse oder Plätze, die aus der Sprache der eingeborenen Indianer übernommen wurden. Die Konturen der Figur an der Wand werden dabei wiederum durch parallele Linienziehung vergrößert und die so entstandene größere Einheit durch Anbringen von Wortkarten ausdifferenziert. Diskutiert und reflektiert werden können die Gründe für die Worterzeugung und den Wortgebrauch. Vom Lehrenden werden dabei Beispiele aus dem Englischen und englische Wörter etwa für räumliche Bezeichnungen (wie oben, unten, südlich, westlich usw.) beigesteuert.

Das Erlernen der englischen Sprache ist in dem hier skizzierten Ansatz also immer mit einer **Reflexion von Sprache und Spracherzeugung** allgemein und speziell der Muttersprache und der im Vordergrund stehenden Fremdsprache - hier Englisch - verbunden. Aus der Sicht bisheriger Methoden der Erlernens einer Fremdsprache handelt es sich bei diesem Ansatz um eine Verbindung von altem und modernem Sprachunterricht, der hier allerdings konsequent von der Selbsttätigkeit der Lernenden ausgeht und nach einer engen Verbindung von Subjektivität und einem theoretischen Verhältnis zur Sprache sucht. Es ist insofern auch ein **interdisziplinärer (fach- und fächerübergreifender) Ansatz**, als er einerseits ökologische, kulturwissenschaftliche, historische usw. Aspekte von Sprache allgemein und spezifischer Sprachen einbezieht. Zugleich aber gründet er sich auf der **Theorie der Kategorialen Bildung** insofern, als er den Lernenden elementare heuristische Mittel zur Verfügung stellt: *materiell* in Form der Figur an der Wand, die die eigene Identität als *Einheit* und deren schrittweise Entwicklung zu immer höherer Komplexität, *ideell* in Form von Begriffspaaren wie *Einheit/Vielheit* oder *Repräsentation/Produktion*.

Die weiteren Schritte bestehen darin, von der lokalen zu einer *idealen* und *virtuellen Identität* voranzuschreiten und schließlich die Entwicklung einer *globalen Identität* anzuzielen. Im Stadium der *idealen Identität* erfolgt dabei eine Konzentration auf die Produktion von Sprache allgemein insofern, als Spracherzeugung bis hin zur Erzeugung künstlicher Sprachen - wie Geheimsprachen (darunter selbst erfundene), Esperanto oder auch künstliche Programmiersprachen für den Computer - analysiert und reflektiert werden. Zur Ausbildung einer *virtuellen Identität* werden Möglichkeiten der Entwicklung von Sprache und speziell der englischen Sprache im Zusammenhang mit der Weltraumfahrt oder der Künstlichen Intelligenz diskutiert und in eigenen Entwürfen angedeutet. Kommt hier mehr ein *utopisches Denken* zum Tragen, so nehmen die Aktivitäten zur Entwicklung einer *globalen Identität* insofern die Beziehung zur gegebenen Wirklichkeit (wieder) auf, als die Lernenden sich mit den im Internet verwendeten Sprachen beschäftigen und selbst an Internetdiskussionen teilnehmen. Auf der Grundlage der eigenen Erfahrungen werden dann **konkretisierbare Utopien** entworfen für Sprache als Mittel der eigenen Identitätsentwicklung und der Kooperation und Kommunikation zwischen Menschen unter Nutzung moderner Informations- und Kommunikationstechnologien..

Neben diesem mehr interdisziplinär angelegten Englischunterricht werden - wie auch in der vorgestellten musikdidaktischen Konzeption - **systematische Lehrgänge** durchgeführt. Aber auch hier werden konzentrierte Übungen immer um Teile erweitert, in denen Beziehungen hergestellt werden zu den mehr offenen Teilen des Englischlernens. Angezielt wird also ein produktives Wechselspiel von *Offenheit* und *Ge-*

schlossenheit, in dem Selbsttätigkeit Ausgangspunkt des Lernens ist und immer das Zentrum bildet, auf das alles bezogen wird.

Auf der Grundlage des skizzierten Ansatzes zum Erlernen einer Fremdsprache und der in 3.1 vorgestellten musikdidaktischen Konzeption lassen sich jetzt folgende Schritte für die Entwicklung fachdidaktischer Konzeptionen auf der Grundlage des Ansatzes „Interdisziplinäre System-Bildung" angeben:

- Fachliches Wissen darf nicht nur als fertiges Resultat gesehen werden, sondern muß in seiner *Entwicklung, seiner Bewegung und Veränderung* in den Blick kommen.
- Indem ein Spannungsfeld von *Geschlossenheit* (gewordenes fachliches Wissen) und *Offenheit* (subjektive und objektive Entwicklungsmöglichkeiten von fachlichem Wissen) aufgezeigt wird, werden Möglichkeiten eröffnet, die Selbsttätigkeit der Lernenden zum Ausgangs- und Mittelpunkt des Lehr-Lern-Prozesses zu machen. Anschließbar wird nämlich die Offenheit der Selbsttätigkeit (deren Ergebnis ja noch nicht festgelegt ist) an die Offenheit aktueller Entwicklungsstufen einer Gesellschaft.
- Gesucht wird sodann nach *elementaren heuristischen Mitteln*, um Selbsttätigkeit auszulösen und in ihrer Entwicklung zu orientieren und zu unterstützen. Im Fall des oben skizzierten Fremdsprachenunterrichts sind das als *materielle Mittel* die an die Wand gehefteten schematisierte Figur und die Wortkarten und als *ideelle Mittel* vor allem die Begriffspaare *Einheit/Vielheit* und *Repräsentation/Produktion*.
- Zu konzipieren ist sodann eine *Prozeßstruktur*, innerhalb derer die elementaren heuristischen Mittel **in einem kontinuierlichem Prozeß** (und nicht unter Addition von Teilen, wie sie im traditionellen Unterricht stattfindet, der sehr wohl auch Elemente wie etwa die Beschreibung des eigenen Ichs kennt) entfaltet werden können. Im Falle des skizzierten Englischunterrichts ist diese auf die Entwicklung verschiedener Identitäten ausgerichtet, in den Musterbeispielen ist es die Entwicklungsreihe „Gestalt - Form - Struktur - Textur - virtuelle Realität - konkretisierbare Utopie" (Diese Entwicklungsreihe könnte auch für den Sprachunterricht produktiv gemacht werden, indem das Spannungsfeld von *Bedeutung* und *Form* in der Sprache aufgenommen und entfaltet wird; s. dazu: AIDAROVA, L.I., 1967).

6.4 Heuristische Curriculumentwicklung: Computernetzwerke als adäquatestes Mittel für die Entfaltung des Ansatzes „Interdisziplinäre System-Bildung"

Nachdem in den vorhergehenden Ausführungen aufgezeigt wurde, wie der Ansatz „Interdisziplinäre System-Bildung" in bestehende Strukturen des Bildungssystems eingebracht werden kann, sollen im folgenden Strategien beschrieben werden, die unmittelbarer mit den grundlegenden Bestimmungen dieses Ansatzes insofern korrespondieren, als die mit **elementaren heuristischen Mitteln** unterstützte *Selbsttätigkeit* *und Selbstorganisation* von Bildungssystemen Ausgangs- und Mittelpunkt dieser Strategien ist. Dabei sind die neuen Möglichkeiten, die sich aus dem *Einsatz von Computern* ergeben, von besonderer Bedeutung. Es ist nämlich davon auszugehen, daß der Computer auch im Bildungswesen so grundlegende Neuerungen hervorruft bzw. für solche genutzt werden kann, wie das im Teil 2 für die Bereiche von Wissenschaft und Kunst aufgezeigt wurde.

Ausgangspunkt für die folgenden Ausführungen ist eine kurze Charakterisierung einer „wissenschaftsorientierten Curriculumentwicklung" und einer „basisnahen Curriculumentwicklung". Im Anschluß daran wird die eigene Strategie einer **„heuristischen Curriculumentwicklung"** vorgestellt.

Ziel einer **„wissenschaftsorientierten Curriculumentwicklung"** ist es, die Lernenden an den entwickeltsten Stand von Wissenschaft und Technik heranzuführen. Propagiert wurde dieser Ansatz vor allem von der „New Science"-Bewegung in den USA, die in den 50er Jahren zuerst von Mathematikern und dann auch von Naturwissenschaftlern ausging und nach dem Start des Satelliten „Sputnik I" durch die damalige Sowjetunion in der öffentlichen Diskussion grundlegende Bedeutung gewann. Der sogenannte „Sputnik"-Schock beinhaltete, daß die naturwissenschaftliche Bildung in den damaligen Mitgliedstaaten des „realen Sozialismus" als effektiver und höherwertiger als im Westen angesehen wurde und man nun (auch) auf diesem Gebiet aufholen und den Kommunismus überholen wollte. BRUNER, einer der Wortführer, formulierte drei grundlegende Ziele:

(1)   Möglichst die besten Vertreter der verschiedenen Disziplinen sollen an der Curriculumentwicklung in allen Bereichen und damit auch dem der Elementarschule maßgeblich beteiligt sein.
(2)   Herausgearbeitet werden sollen die „Struktur der Disziplin" und die grundlegenden Ideen und Konzepte der Wissenschaften.
(3)   Das Lernen soll mit diesen fundamentalen Ideen und Konzepten schon in der Elementarschule beginnen.
(s. dazu: BRUNER; J.R., 1960).

In der Folgezeit entwickelten Naturwissenschaftler, Psychologen und Pädagogen eine Fülle von grundlegenden Konzepten und Systemen für diese Konzepte (s. dazu die Zusammenstellungen und Analysen bei LYBEK, L., 1973). Diese wurden dann zur Grundlage einer **„Curriculumentwicklung von oben",** die bis hin zu „teacher proof"-Curriculas reichte, unter die man praktisch lehrerunabhängige Unterrichtsmaterialien verstand, mit denen die wissenschaftlichen oder wissenschaftsorientierten Inhalte über wissenschaftliche Methoden mit einer bestimmten Garantie (etwa gemäß dem Motto „Alle Schüler schaffen es") die Lernenden erreichen sollten.

Die Praxis zeigte, daß diese Ziele einer wissenschaftsorientierten Curriculumentwicklung „von oben" nicht zu erreichen waren, weil sowohl bei den Lehrenden wie den Lernenden grundlegende Akzeptanzprobleme auftraten. Es bildete sich deshalb als Gegenbewegung eine **„Curriculumentwicklung von der Basis"**. War eines der Hauptprobleme der wissenschaftsorientierten Curriculumentwicklung das Akzeptanzproblem bei den Lehrenden und Lernenden, so führten bei der basisnahen Curriculumentwicklung vor allem *Theoriedefizite* zu Problemen wie mangelnde Abstimmung und Beziehungen der Curricula untereinander und eine niedrige Wissensqualität, die für eine sich verwissenschaftlichende Gesellschaft nicht akzeptabel war.

Eine *heuristische Curriculumentwicklung* kann insofern (erst einmal) als ein „Mittelweg" bezeichnet werden, als einerseits wie bei einer „Curriculumentwicklung von unten" von der Selbsttätigkeit und Selbstorganisation der im Bildungssystem Tätigen ausgegangen wird und damit *Offenheit* gegeben ist. Andererseits aber wird über elementare heuristische Mittel, die in einem Forschungsverbund von Wissenschaftlern und Künstlern konstruiert werden, aber auch *Geschlossenheit* hergestellt, weil in diesen Mitteln gesellschaftliche Erfahrung in hochkomprimierter Form aufbewahrt ist.

Im folgenden soll eine solche *heuristische Curriculumentwicklung* in Grundzügen in der Weise vorgestellt werden, daß in einem ersten Schritt die praktische Arbeit mit dem Ansatz „Interdisziplinäre System-Bildung" so, wie sie sich historisch entwickelt hat, beschrieben und in einem zweiten Schritt Theoretisierungen vorgenommen werden, die an praktische Erfahrungen anschließen und diese perspektivisch erweitern.

Wie schon bei der Arbeit mit dem Ansatz „Interdisziplinäre System-Bildung" auf der Ebene von Bildungstheorie beschrieben wurde, kam es zur Konstitution eines Forschungsverbunds in Deutschland, an dem Wissenschaftler und Künstler verschiedener Hochschulinstitutionen beteiligt waren. Neben der Arbeit zur theoretischen Entwicklung des Ansatzes und zu einem empirischen Design wurden auch Realisierungen im Sinne von „Bildungsexperimenten" durchgeführt entweder in den beteiligten Institutionen in Form von Projekten und Kursen oder durch Beteiligung an besonderen Veranstaltungen wie Kulturfeste in Städten, Projektwochen in Einrichtungen der unmittelbaren Bildungspraxis oder Ausstellungen auf wissenschaftlichen Kongressen.

Besondere Bedeutung erlangten dabei Kurse für Lehrende in außerschulischen Institutionen an der Bundesakademie für musische Bildung und Medienerziehung Remscheid unter der Leitung von Roland OESKER, vom Verein Naturfreundejugend e.V. durchgeführte Projekte mit Jugendlichen unter der Leitung von Günter KLARNER sowie Aktivitäten sowohl im Hochschulbereich wie in den Bereichen mittelbarer und unmittelbarer Bildungspraxis, die in Brasilien an der Universität Santa Maria RS unter Leitung von Ivone und Frederico RICHTER sowie André PETRY und an der Universität Rio Grande RS unter der Leitung von José FLORES und Cleusa PERALTA durchgeführt wurden.

Konzentriert waren diese Arbeiten vornehmlich auf die Systembildungssequenz „Die Wirbelstraße: Ein sensibles System zwischen Ordnung und Chaos". Durch den Austausch von Konzepten, Planungen und Materialien entstand ein komplexes, zugleich interdisziplinär und interkulturell ausgerichtetes Netzwerk:

- *interdisziplinär* insofern, als sich Personen und Institutionen verschiedener Disziplinen aus Kunst, Wissenschaft und Bildungspraxis zusammenfanden, um sowohl in relativer Eigenständigkeit wie in Kooperation miteinander an Teilen oder an der Systembildungssequenz insgesamt zusammenzuarbeiten.
- *interkulturell* insofern, als sich in einem Zeitraum von mehr als zehn Jahren eine Kooperation zwischen Künstlern und Wissenschaftlern verschiedener Kultubereiche - vor allem Europa und Lateinamerika - entwickelt hat, innerhalb derer sowohl gemeinsame Aktivitäten (Projekte, Ausstellungen, kulturpädagogische Aktionen, wissenschaftliche Veranstaltungen usw.) stattfinden wie auch kulturspezifische Beiträge entwickelt und miteinander in Beziehung gebracht werden.

Inzwischen sind diese Resultate auch im INTERNET verfügbar und können sowohl für eigene Aktivitäten genutzt wie auch mit Ergebnissen eigener Aktivitäten angereichert werden. Um die Komplexität anzudeuten, die dabei ensteht, wird im folgenden eine Auflistung möglicher Aktivitäten zu den sechs Tätigkeitsfeldern der Systembildungssequenz „Die Wirbelstraße" vorgestellt, die auf einer Auswahl aus den erarbeiteten Materialien beruht:

1. **Tätigkeitsfeld: Ganzheitlich-intuitiver Umgang mit Gestalten des Flüssigen**

Mögliche Aktivitäten: Ausflug zu einem Fließgewässer/Erfahrungen mit Wasser in einer Spiellandschaft oder an einem Brunnen/Wasser schmecken, hören, fühlen/Wasserspiele und Tischbrunnen bauen/Kulturelle Bräuche (re-) interpretieren/Wassersymbole aus verschiedenen Kulturen miteinander vergleichen

2. **Tätigkeitsfeld: Erforschen von Formen des Wassers**

Mögliche Aktivitäten: Herstellen von Marmorierpapier/Herausarbeiten von Konturen/Zeichnen von Wasserformen/Studieren von Formentwicklungen (wie etwa beim Formenzeichnen in Waldorfschulen)/ Analyse: Wasserformen in der Kunst/Analogiebildungen: Entwickeln von Gesichtern, Landschaften, Tieren u. ä. aus Wasserformen/ Vergleichen: Suchen nach Spiralformen in verschiedenen (Natur-)Phänomenen

3. **Tätigkeitsfeld: Entdecken von Strukturen des Flüssigen**

Mögliche Aktivitäten: Erforschung des Teilchenverhaltens auf der Makroebene/Experimente mit der REYNOLDS-Zahl: Beziehungen zwischen Hindernisform, Fließgeschwindigkeit und Viskosität/Mikroskopieren: Teilchen auf unterschiedlichen Mikroebenen/Rekonstruktionen: Geschichte der Strömungswissenschaften

Produkte zum Ansatz "Interdisziplinäre System-Bildung"

(Verzeichnis beziehbarer Materialien s.S.427)

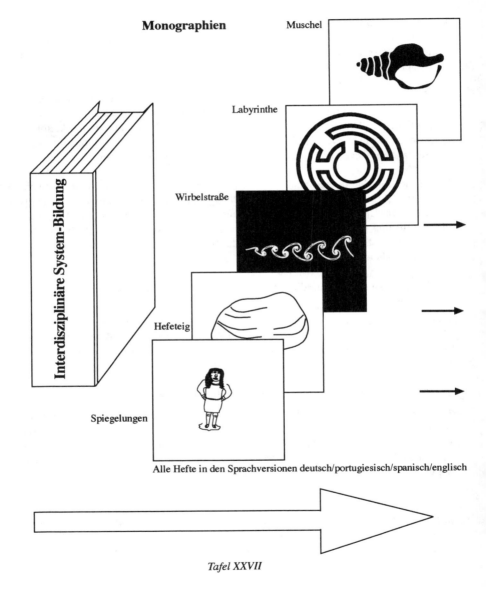

Monographien

Muschel

Labyrinthe

Wirbelstraße

Hefeteig

Spiegelungen

Interdisziplinäre System-Bildung

Alle Hefte in den Sprachversionen deutsch/portugiesisch/spanisch/englisch

Tafel XXVII

CD Versionen/Internetpräsentation

Weiterführendes Text-und Bildmaterial/Links
zu weiteren Adressen und Quellen
Alle Textteile in den Sprachversionen deutsch/portugiesisch/
spanisch/englisch

Materialboxen:
Unterrichtsmateralien

4. Tätigkeitsfeld: Erfinden von Texturen durch Kombination frei verfügbarer Elemente

Mögliche Aktivitäten: Mit Punktelementen spielen und Muster erfinden/Mit Iterationsgleichungen Zahlenreihen generieren/Punktmengen mit dem Computer generieren und durch Veränderung von Parameterwerten variieren/Mit geometrischen Generatoren komplexe Systeme entstehen lassen (Koch-Kurve, Drachenkurve, fraktale Pflanzen, Tiere, Landschaften)/Selbstähnlichkeit untersuchen

5. Tätigkeitsfeld: Erfinden virtueller Realitäten

Mögliche Aktivitäten: Auswahl von flüssigkeitsähnlichen Punktmengen/Ausgestaltung von Punktmengen zu fiktiven Flüssigkeitswelten/Digitalisierung von Flüssigkeitsbildern/Verfremdung digitalisierter Punktmengen mit Malprogrammen/Entwurf von Utopien (möglichen Flüssigkeitswelten) mit digitalisierten und generierten Punktmengen

6. Tätigkeitsfeld: Entwurf von konkretisierbaren Utopien

Mögliche Aktivitäten: Rekonstruktion von Landschaften mit Fließgewässern/Ökologische Untersuchungen/Entwicklung von Modellen, Plänen, Multimediapräsentationen u. ä./Diskussion der Entwürfe mit Betroffenen und Mitbürgern/Diskussionen im Internet oder Mitarbeit in ökologischen Netzwerken wie GREEN

Diese Auflistung läßt einerseits die Komplexität möglicher Aktivitäten erkennen, andererseits aber auch die Gefahr, daß man sich in dieser Vielfalt verliert und kein Zusammenhang mehr hergestellt wird. Diese Integrationsfunktion sollen die elementaren heuristischen Mittel erfüllen, die dann die gemeinsame Basis aller Akteure darstellt. Nur dann kann von einer „heuristischen Curriculumentwicklung" gesprochen werden.

Die Komplexität der Aktivitäten und der aus ihnen hervorgehenden Ergebnisse legt es nahe, die neuen Mittel zu nutzen, die heute die modernen Informations- und Kommunikationstechnologien bieten. Systembildungen, die sich labyrinthisch verzweigen, lassen sich adäquat nicht mehr mit der *linearen Logik* etwa von traditionellen Büchern (s. dazu: FLUSSER, V., 1989) realisieren. Dafür bieten sich **Multimedia-Konzepte** an, die auf der Grundlage **komplexer Logiken** dynamische Operationen hypermedialer Verknüpfungen und Vernetzungen von Texten, Bildern, Aktionen, technischen Bildern, Programmen und Ideen ermöglichen (s. dazu etwa: VAN LÜCK, 1993 a u. b; KUHLEN, R. 1991; GLOOR, P.A.; STREITZ, N.A., 1990).

Mit Multimediasystemen, die wiederum in Netzwerken miteinander verknüpft sind, kann die Darstellung von Ergebnissen interdisziplinärer Systembildungen und deren *interaktive Nutzung* durch verschiedene Personen, Gruppen oder Institutionen erfolgen sowie empirisch auswertbares Material über Systembildungen gewonnen werden (s. dazu auch die Produktstruktur in Tafel XXVII).

Erkennbar wird, **daß der Einsatz des Computers zu völlig neuen Prozessen und Formen im Bildungssystem führen kann.** Quasi am bestehenden Bildungssystem mit seinen Lehrplänen, Schulformen, Leistungstests usw. vorbei lassen sich Bildungsprozesse organisieren, die nicht mehr (so sehr) auf die Reproduktion von Gegebenem ausgerichtet sind als vielmehr auf die *Erzeugung von Neuem* in Form **von Selbstthematisierungen bis hin zum Entwurf konkretisierbarer Utopien.** Der Computer fungiert dabei nicht mehr (nur) als Mittel zur Vermittlung von schon fertig Gewußtem, sondern *als Werkzeug für die Erzeugung von Neuem und den Entwurf möglicher Zukünfte.* Es geht nicht mehr zentral um schulisches Lernen, sondern um „*human development*": „Lernen soll sich mit Tätigkeit verbinden, durch die Menschen ihr Leben selbst in die Hand nehmen. Lernen wird zugleich ausgeweitet und aus seinem Ghetto befreit." (KAHL, R., 1997, S. 10). Diese Befreiung betrifft auch grundlegend das Lernen in Entwicklungs- und Schwellenländern, die damit nicht mehr zur Übernahme abendländischer Lernkulturen gezwungen werden.

Der Computer kann dabei zu einem Mittel werden, das völlig neue Bildungsprozesse ermöglicht. Die *Neutralisierung von Information* eröffnet große Freiheits- und Spielräume, macht aber aufgrund der Formbarkeit von Information auch **Gestaltung** notwendig, die **schon bei der Herstellung der Software** (also im Bereich „zweckrationalen Handelns"/s. dazu auch die Ausführungen unter 5.1) beginnt: „Das Konzept einer human-ökologischen Technikgestaltung trifft aktuell auf die sachlich gegebene Plastizität der Informations- und Kommunikationstechnik (Softwaretechnologie), die es mit ihren abstrakten Maschinen eher erlaubt als die alte Technik mit ihren gegenständlichen Maschinen Technik auf Weiterentwicklung, auf Umgestaltung und auf Alternativen hin zu gestalten.

Die Informatik als neue Ingenieurwissenschaft trägt in einem beachtlichen Umfang dazu bei, den durch die „alte" Technik selbst verstärkten *Gegensatz zwischen Technikentwicklung und Technikkritik* aufzuweichen... . *Die didaktische Qualität der Software wird zunehmend zu einem entscheidenden Kriterium für den ökonomischen Erfolg computergestützter Technik.* Es liegt also auf der Hand, (potentielle) Nutzer, Arbeitswissenschaftler, Berufs- und Arbeitspädagogen verstärkt in Technikgestaltungsprojekte einzubeziehen. So bedarf der Transfer von Fähigkeiten und Wissen via Computer und software tools... jener Fähigkeiten, die sich einer Operationalisierung entziehen (tacit skills), um diese Fähigkeiten bei der Programmierung und Optimierung ... zu nutzen und zu erhalten. Die Softwaretechnologie bietet darüber hinaus neue Möglichkeiten experimenteller Realisierungen von neuen Fertigungskonzepten und so die Beteiligung von Betroffenen und potentiellen Nutzern bei der Entscheidung über mögliche Ausgestaltungen arbeitsbezogener Technik. Eine Entwicklungsphilosophie im Bereich der Softwareengineering verfolgt die Absicht, Software so offen auszulegen, daß sie sich anwendungsspezifisch nach den Interessen und Fähigkeiten der Benutzer ausgestalten läßt" (RAUNER, F., 1988, S. 38 f).

Verbunden mit dem Computer sind nicht mehr nur Prozesse der Analyse und Optimierung gegebener Systeme. Wesentlicher ist vielmehr der **Entwurf und die Gestaltung neuer Systeme**. Der Arbeitswissenschaftler Felix RAUNER betont dabei nur die eine Seite, nämlich die *(Mit-)Gestaltung der technischen Systeme*. **Bei diesen Systeminnovationen gestaltet der Mensch sich aber auch immer selbst mit**. Diese Seite ist für Bildungsprozesse von noch ausschlaggebender Bedeutung, weil sie unmittelbar die *Selbsttätigkeit der Subjekte* betrifft. Deutlich wird das, wenn man den Computer nicht isoliert als Gegenstand oder Mittel an sich analysiert, sondern als **Mittel der menschlichen Tätigkeit**. Indem Bernd FICHTNER und Michael OTTE sich auf diesen Aspekt konzentrieren, können sie herausarbeiten, daß der Computer ein *neues Mittel der Reflexion* ist, das Daten interpretiert und darstellt und zugleich ein Mittel ist, dessen Anwendungsmöglichkeiten unabsehbar sind. In dieser Funktion revolutioniert es ähnlich wie der Buchdruck *die Beziehung zum Wissen* grundlegend und damit auch die *Auffassung von Wissen* in der Gesellschaft (s. dazu: BRACHT, U., FICHTNER, B., 1993; FICHTNER, B., 1994; OTTE, M., 1984 und 1985).

Die zentrale These in den Ausführungen von FICHTNER, die im folgenden in ihren wesentlichen Aussagen zusammengefaßt werden, lautet: „Der Computer ist Prozessor einer umfassenden Veränderung des Wissens und seiner sozialen Funktion. Diese Veränderung wird eine neue Sichtweise des Subjekts zur Konsequenz haben." (FICHTNER, B., 1994, S. 3).

Um diese These zu entfalten, legt Bernd FICHTNER zuerst sein Verständnis von Wissen und dessen sozialer Funktion dar. Der Ausgang von einer **epistemologischen** und nicht einer *mentalistischen* Konzeption von Wissen erlaubt ihm, Wissen in der Materialität seiner Mitteilbarkeit und Kommunikation als ein sozial-historisches Phänomen zu sehen und vor allem die Probleme der gesellschaftlichen Anwendung von Wissen zu thematisieren. Wichtig für die Entwicklung seiner Argumentation ist die Unterscheidung von zwei Wissensformen, nämlich *objektivierte Wissensformen* wie Wissenschaft, Kunst oder Technik, die sich von einzelnen Personen ablösen lassen, und *subjektive Wissensformen*, die mit bestimmten Personen verbunden sind. Unter den objektivierten Wissensformen gelten Kunst und Wissenschaft aus der Sicht des Alltagsdenken als grundlegend verschieden. Über den Computer aber werden sie in einer neuen Art und Weise aufeinander bezogen.

Für die Wissenschaft eröffnet der Computer ganz neue Möglichkeiten einer **Theoretisierung des Wissens** (s. dazu auch: OTTE, M., 1985). Wissen wird dabei nicht immer abstrakter, sondern immer allgemeiner, nicht immer formalistischer, sondern immer formaler. Wissen erhält damit immer mehr die Qualität eines *offenen Mittels*, das erst in der gesellschaftlichen Anwendung seine Bedeutung und Konkretisierung erfährt.

Theoretisierung des Wissens **meint also, daß Wissen zunächst und primär** *als Form* **gegeben ist**. Der Computer aber bietet ganz neue Möglichkeiten, **Wissen als**

Form zu erzeugen, indem Denkprozeduren vergegenständlicht und dadurch erstmals sinnlich und materiell erfahrbar werden. Über den Computer wird eine Prozedur zu einer Sache, die benannt, manipuliert und begriffen werden kann. Sie stellt eine Seite einer algebraischen Formel dar, deren andere die eines abstrakten Modells ist. Aus einer einfachen Formel wie $Y = X^2 + C$ läßt sich dann durch Rückkopplungen eine überraschend hohe Komplexität generieren (s. dazu auch die Ausführungen unter 3.6). Deren Visualisierung führt zu einer neuen Form von Wissen, in der abstrakte Mathematik **anschaubar** wird.

Diese Möglichkeit der Visualisierung führt auch zur Etablierung einer neuen Art von experimenteller Praxis als *Simulation*. Von diesem Aspekt des Visuellen her läßt sich dann ein Übergang vom Computer in der Wissenschaft zu seinen *Beziehungen zu Kunst und Ästhetik* finden. Der Computer erfordert nämlich ein Sehen, das mehr ist als sinnliche Wahrnehmung. *Indem er Form anbietet, ist er dem Kunstwerk gleich, das ebenfalls zunächst als Form gegeben ist und primär einen formalen, strukturellen Zusammenhang darstellt.* Insofern ist das Kunstwerk keine Verdopplung von Wirklichkeit, sondern eine umfassend wirksame Art und Weise, Wirklichkeit (neu) zu sehen. Der Umgang mit Computern erfordert daher ähnliche Fähigkeiten wie die im Umgang mit Kunstwerken benötigten, *weil in beiden Fällen Form konstituiert und mit Sinn und Bedeutung zu versehen ist.* Erforderlich ist deshalb eine **metaphorische Kompetenz** im Umgang mit Computern.

Wie das Kunstwerk eine bestimmte Sicht von Welt über die Form zur Darstellung bringt, so macht der Computer unser Denken selbst etwa in seinem algorithmischen Anteil anschaubar. Damit erschließt der Computer eine **neue Auffassung von uns selbst als Subjek**t: *Indem ein Teil von uns selbst in der Maschine vergegenständlicht wird, wird es uns möglich, das Maschinenhafte in uns selbst neu und besser zu verstehen.* Erforderlich ist dazu allerdings ein transklassischer Maschinenbegriff, der sich nicht mehr nur auf eine bestimmte äußere Gestalt der Maschine bezieht, sondern „interne Maschinen" einbezieht.

Die Implikationen der Vergegenständlichung menschlicher Fähigkeiten in einer Maschine verdeutlicht Bernd FICHTNER am Beispiel der Werkzeugmaschine, die wie der Computer heute die gesellschaftliche Entwicklung zur Zeit der Industriellen Revolution in Europa entscheidend bestimmt hat. Mit der Werkzeugmaschine wird das Werkzeug des Menschen auf die Mechanismen einer Maschine übertragen: „Der Übergang vom Werkzeug zur Maschine beinhaltet eine fundamental neue Qualität der Vergegenständlichung der Fähigkeiten des Subjekts überhaupt. Die Werkzeugmaschine führt quasi das Subjekt überhaupt erst de facto in die Welt ein. Die Werkzeugmaschine ist die Grundlage einer jetzt möglichen Entfaltung der Konstruktivität des Subjekts schlechthin. Der Mensch kann nun nicht mehr auf Funktionen, die er zeitweilig im Arbeitsprozeß einnimmt, reduziert werden. Er tritt seiner Tätigkeit steuernd, regulierend und kontrollierend gegenüber. Er kann nun erstmals als Subjekt seiner Tätigkeit überhaupt gesehen werden." (FICHTNER, B., 1994, S. 11).

Der Computer als Universalmaschine wirkt nicht nur wie die Werkzeugmaschine im Bereich der Produktion. Der Computer verändert daher auch nicht nur die Produktion an sich, *sondern die Produktion des gesellschaftlichen Systems insgesamt.* Die Aneignung des Computers kann deshalb auch nicht (nur) individuell erfolgen, sondern erfordert die „Entwicklung und Herausbildung eines neuen gesellschaftlichen Tätigkeitssystems, das dem Potential und den Ansprüchen dieses Mittels entspricht.

Im Blick auf die Werkzeugmaschine war die **allgemeinbildende Schule** (Hervorhebung: W. W.) für alle Kinder ein solches neues gesellschaftliches Tätigkeitssystem, das dem Potential dieser Maschine entsprach. Diese Problemlösung kann nicht individuell erfunden werden, sie wurde nicht individuell am Schreibtisch gleichsam ausgedacht, sie wurde praktisch in einem komplexen Prozeß buchstäblich von der Gesellschaft in der Umbruchzeit vom 18. zum 19. Jahrhundert erarbeitet.

Diese könnte man verallgemeinern. Die Entwicklung eines neuen gesellschaftlichen Tätigkeitssystems ist immer ein komplexer, bewußter gesellschaftlicher Diskurs. Die Gefahren, die Möglichkeiten, die Anforderungen der universalen Maschine können m. E. so etwas wie eine Richtung, eine Perspektive bzw. einen Problemraum anzeigen, in dem ein neues Tätigkeitssystem entwickelt werden kann" (FICHTNER, B., 1994, S. 12).

So wie in der preußischen Bildungsreform mit der allgemeinbildenden Schule ein Tätigkeitssystem konzipiert wurde, das auf die *Erzeugung von Neuem aus der Selbsttätigkeit* ausgerichtet war und eine **Vorlauffunktion im Verhältnis zur allgemeinen gesellschaftlichen Entwicklung** hatte, so ist jetzt **eine neue Form von Tätigkeitssystem** zu erfinden, die die Gestaltung der gesellschaftlichen Aneignung des Computers und der damit verbundenen Gestaltung des Subjekts ermöglicht und vorantreibt. Ulla BRACHT und Bernd FICHTNER sehen den Inhalt, auf den dieses Tätigkeitssystem ausgerichtet ist, in einer Lernstufe, die nicht mehr nur auf ein „Lernen des Lernens" zielt, wie Wilhelm von HUMBOLDT es konzipierte, sondern ein **„Lernen des Lernens des Lernens"**, wie Gregory BATESON es als „Lernen Typ III" (BATESON, G., 1983, S. 389 ff.) angedacht hat. Diese Lernstufe „würde ein neues gesellschaftliches Tätigkeitssystem und eine neue Vorstellung des Subjekts beinhalten. Welche neue organisatorische und inhaltliche Konkretisierung diese neue Lernstufe erhalten wird, kann nur in einem gesellschaftlichen Diskurs entwickelt und erarbeitet werden." (BRACHT, U., FICHTNER, B., 1993, S. 22).

Als einen Diskurs in die Richtung eines neuen gesellschaftlichen Tätigkeitssystems kann man die Diskussion über **Netzwerke** ansehen. Netzwerkkonzepte gibt es dabei in einer Spannbreite von mathematisch-abstrakten Systemen über Explikationen in der

Terminologie moderner Chaos- und Selbstorganisationsforschung bis hin zu Konzepten soziokultureller Basisdemokratie. Von grundlegendem Interesse für das hier diskutierte Problem interkultureller Kooperation und Kommunikation ist die Frage, wie sich Individuelles und Allgemeines über Netzwerke miteinander vermitteln lassen. Netzwerkarbeit bringt nämlich auf der einen Seite Menschen über Beziehungen zu einer persönlich betroffenmachenden und zugleich gemeinsamen Themenstellung zusammen und ist von daher zuerst einmal auf *Individuelles* ausgerichtet. Da die Problembearbeitung in direkten, persönlichen Beziehungen erfolgt, bleiben Notwendigkeit und Möglichkeit der Herstellung von *Allgemeinheit* erst einmal beschränkt.

Andererseits muß man erarbeitete Problemlösungen gesellschaftlich anschließbar machen, damit sie überhaupt politische Relevanz bekommen. Auch in basisdemokratischen Netzwerken gibt es daher inzwischen den Wunsch nach höherer *Allgemeinheit*, der in Forderungen nach stärkerer Professionalisierung, Überwindung lokaler Egoismen und Entwicklung globaler Problemlösungsstrategien zum Ausdruck gebracht wird (s. dazu etwa: BURMEISTER, K., CANZLER, W., 1993).

Charakteristisch für Netzwerkarbeit ist die Erzeugung einer hohen Komplexität, da Wissen in zwei Richtungen produziert wird:

- *horizontal* durch Einbringen je spezifischen Wissens von Personen, Gruppen und Organisationen an der Basis,
- *vertikal* durch Herstellung von Beziehungen zwischen basisdemokratischen Aktivitäten, lokalen und regionalen Kulturträgern, Institutionen mit Mittlerfunktionen und schließlich mit den „Produzenten rationalen Wissens" (ZÖPEL, C., 1991) in staatlichen Einrichtungen, wissenschaftlichen Institutionen und im Medienbereich.

Die erzeugte Komplexität ist allerdings erst einmal weitgehend unstrukturiert und in einer additiven Weise zusammengesetzt aus heterogenen Wissensstücken. Netzwerkarbeit bewegt sich damit etwa auf dem *vordisziplinären Niveau* eines reformpädagogisch orientierten Gesamtunterrichts, in dem z. B. zum Thema „Herbst" im Deutschunterricht ein Herbstgedicht gelernt, im Musikunterricht ein Herbstlied gesungen und im Mathematikunterricht Maße und Gewichte für die Quantifizierung von Ergebnissen der Herbsternte eingesetzt werden. Alles dieses Wissen hängt irgendwie miteinander zusammen, weil es assoziativ auf das Thema „Herbst" bezogen wird. Weil **Integration** aber nicht bewußt über Theorie hergestellt wird, findet insgesamt kaum eine Höherentwicklung des Wissens statt: Wissensstücke werden nur additiv miteinander vernetzt, nicht aber in eine produktive Wechselwirkung miteinander gebracht (s. dazu auch die Ausführungen zur Theorie der Materialen Bildung in 1.2.1.1)

Netzwerkarbeit kann nur dann ein *höheres theoretisches Niveau* erreichen und damit über gegebene Faktizität hinauskommen, wenn wie im Fall der Selbsttätigkeit Theoretisch-Allgemeines in Form elementarer heuristisch-"homöopathischer" Mittel induziert wird (s. dazu ausführlicher WALGENBACH, W., 1993 a). Das Konzept „Interdisziplinäre System-Bildung" bietet hierfür allgemeine Systembildungsprinzipien in Form von **Metaphern und Begriffspaaren** wie *Ordnung/ Chaos* an, die mit bestimmten **Untersuchungsminiaturen** wie die der Wirbelstraße gekoppelt sind. Wie die Kooperation in dem zum Ansatz „Interdisziplinäre System-Bildung" konstituierten Forschungs- und Entwicklungsverbund zeigt, können mit Hilfe dieser heuristischen Mittel interdisziplinäre Systembildungen durchgeführt werden, die einerseits eine relative Eigenständigkeit zeigen aufgrund der jeweiligen kulturellen Besonderheiten und fachspezifischer Ausrichtungen, die andererseits aber über diese Mittel immer aufeinander bezogen bleiben und damit eingehen in einen ständig wachsenden Gesamtzusammenhang.

Der Computer ist in dieser interkulturellen Kooperation und Kommunikation sowohl **Mittel** wie zu bearbeitender **Inhalt/Gegenstand.**

Mittel ist der Computer insofern, als er - wie in den internationalen Netzwerken GREEN oder CARETAKERS - überhaupt erst große Entfernungen überbrückende und auf komplexe Informationen aufbauende Zusammenarbeit ermöglicht. Mittel ist er aber auch in seiner Funktion als *Entwurfswerkzeug*, weil seine Nutzung insgesamt ausgerichtet werden kann auf *konkretisierbare Utopien* als Ziel komplexer Systembildungen. Weiterhin ist er Mittel der (Selbst-) Reflexion, wenn er in der dialogischen Forschung etwa für die Konstruktion semantischer Netzwerke eingesetzt wird und dadurch ermöglicht, daß das Subjekt sich selbst als Systembildner bewußt erfährt.

Als **Inhalt und Gegenstand** wird der Computer relevant, wenn erkannt wird, daß Wirklichkeit dem Menschen nicht einfach gegeben ist, sondern von ihm konstruiert und gestaltet werden muß. Dazu sind Akte ästhetischer Integration erforderlich, in denen Material aus der Wirklichkeit über Vorstellungsbilder in Einheiten organisiert wird, die dann in Prozessen von *Differenzierung und Integration* entwickelt werden können. Dabei stellt sich das Problem, daß diese Vorstellungsbilder als Mittel historischen Entwicklungen unterliegen und heute in Form der **technischen Bilder** eine radikal neue Qualität insofern aufweisen, als sie abstrakt-allgemeine Form anbieten, die Ein-Bildungen erforderlich macht und damit **Gestaltung** in einem vorher nicht gekanntem Ausmaß.

Jan Robert BLOCH (1993) hat anhand eines Vergleichs der wissenschaftlichen Tätigkeit von KEPLER und GALILEI aufgezeigt, daß der Mensch im Laufe seiner Geschichte **zwei verschiedene Arten von Gestaltung** ausbildet hat, die sich in der Art der Abstraktion unterscheiden. Während KEPLER in seiner „Weltharmonik" eine mathematisch-musikalische Harmonie zur Darstellung bringt, in der die göttliche Ordnung in geometrischer Form ihren ästhetischen Ausdruck findet, lösen sich bei GALILEI die himmlischen Proportionen in numerisch-quantitative Bewegungsgleichungen auf: „Es stehen sich somit zwei Zahlensysteme und damit Maße gegenüber: ein qualitativ proportionales und ein quantitativ numerisches, das indessen durchaus auch Qualitatives auszusagen vermag. Genese und Kategorien beider Maßsysteme sind unterschiedlich: bei der Proportionalität fragen wir nach der >>eingeborenen<< Maß idee, die ein ästhetisches Vermögen in uns eröffnet (zur >>ebenmäßigen Vernunft des Weltalls<< bei KEPLER etwa), bei der Gleichung nach dem >>ersten gesellschaftlichen Beweger<<, der qualitativ Ungleiches numerisch gleichsetzt, der zum >>Geld, der baren Münze des Apriori<< führt" (BLOCH, J.R., 1993, S. 4).

Gestaltung auf der Grundlage inhaltlicher Abstraktionen, über die Wesenszüge einer Sache hervorgebracht werden, ist Gestaltung nach Maßgabe der Schönheit, **Gestaltung auf der Grundlage formaler Abstraktionen**, die die Besonderheiten einer Sache unter einen qualitativ-numerischen Begriff in Gestalt eines gemeinsamen, notwendig kleineren Nenners einebnen, führt dagegen zu einem Verschwinden des Schönen und Vielfältigen: „Wir wissen kaum mehr, wie ästhetisch harmonische Stadtviertel aussehen, weil die Bodenspekulation andere Maßstäbe setzt; wir wissen nicht mehr, welche Pflanzenarten ausgestorben sind, weil wir sie nie kennengelernt haben. Es fallen im wesentlichen nur die grossen Katastrophen auf, nicht die vielen kleinen. Die Subjekt-Objekt-Verarmung ist solchermaßen wechselseitig verschränkt. Das, was Auge und Ohr, Nase, Zunge oder Hand erfreut, geht vermehrt abhanden - und damit auch die differenziert ausgebildete Fähigkeit zu sehen, zu hören, zu riechen, zu schmecken, zu fühlen" (BLOCH, J.R., 1993, S. 7).

Andererseits eröffnet *Gestaltung auf der Grundlage formaler Abstraktionen* neue Möglichkeiten. So wie der Stahlbeton im Vergleich zu älteren Baumaterialien wie Holz, Steine oder Ziegel aufgrund der ihm eigenen statischen Eigenschaften Bauwerke von architektonischer Schwerelosigkeit erlaubt, so eröffnet auch der Computer eine ganz neue *Offenheit und Beweglichkeit.*

Interdisziplinäre und interkulturelle Systembildungen mit Unterstützung von Computern führen in einen experimentellen Raum hinein, in dem bisher gültige Verfahren, Regeln und Methoden in ihrer Gültigkeit und Brauchbarkeit zumindest relativiert werden. System-Bildung, die sich die dadurch entstehenden Probleme zum Inhalt macht, gerät in die Situation, wie sie für die moderne Musik (s. dazu 2.1.2) dargestellt wurde.

Mit der Notwendigkeit und Möglichkeit zur *Erzeugung von Neuem* muß das **Tätigkeitssystem insgesamt** neu entwickelt werden. Die Arbeit in interkulturellen Netzwerken, deren gemeinsame Tätigkeit in interdisziplinären Systembildungen besteht, ist dabei eine neue Form für die Organisation von Bildungsprozessen, in denen für die Gesellschaft insgesamt Neues insofern erzeugt wird, als hier neue Mittel für die Gestaltung von Wirklichkeit hervorgebracht, erprobt und ausgetauscht werden. Indem Pädagogik dafür Grundlagen schafft und Mittel bereitstellt, sichert sie sich als Wissenschaft einen Platz als gleichberechtigter und gleichzeitig spezialisierter Partner im System der hochentwickelten gesellschaftlichen Formen Wissenschaft und Kunst.

Teil 7

Einordnung des Ansatzes „Interdisziplinäre System-Bildung" in aktuelle pädagogische Diskussionen

---

7. Grundlegende Bestimmungen eines Forschungsprogramms auf der Grundlage des Ansatzes „Interdisziplinäre System-Bildung"

Der WISSENCHAFTSRAT hatte in seiner Evaluation der außeruniversitären erziehungswissenschaftlichen Institute Anfang der 80er Jahre festgestellt, daß die Erziehungswissenschaften Schwierigkeiten haben, ihre Eigenständigkeit zu wahren und eine Balance zu finden zwischen ihren angestammt pädagogischen Orientierungen und den Bezugsdisziplinen Psychologie und Soziologie (s. dazu: WISSENSCHAFTSRAT, 1984, S. 11). Etwa zur gleichen Zeit schlugen LUHMANN/SCHORR (1982) vor, sich auf das **„pädagogische Grundproblem"** zurückzubesinnen, *wie man von außen auf sich in Freiheit selbstbestimmende Subjekte einwirken kann*.

Ihren eigenen Versuch einer Wiederaufnahme dieser Fragestellung mit neuen (systemtheoretischen) Begriffsmitteln schätzten sie selbst als wenig erfolgreich ein, weil ein allgemeiner Theorierahmen sich nicht abzeichnete und „die Frage nach den Wirkungsmöglichkeiten des Pädagogen sich in ganz verschiedene Richtungen auflösen und theoretisch weiter bearbeiten läßt, wobei das Interesse an der Freiheit des Menschen, der zu erziehen ist, eher zurücktritt." (LUHMANN, N., SCHORR, K.E., 1982, S. 9).

Mit dem Ansatz „Interdisziplinäre System-Bildung" wird ein erneuter Versuch der Wiederaufnahme des (oder vorsichtiger: eines) pädagogischen Grundproblems auf systemwissenschaftlicher Grundlage unternommen. Indem aber im Gegensatz zu LUHMANN/SCHORR und den von ihnen eingeladenen Pädagogen konsequent von „Selbsttätigkeit" als zentraler Kategorie (s. dazu 1.2) ausgegangen wird, zeigt sich die Möglichkeit, auf der Grundlage der vorangegangenen Ausführungen zum Ansatz „Interdisziplinäre System-Bildung" ein konsistentes Forschungsprogramm auf bildungstheoretischer Grundlage wie folgt zu formulieren:

(1) Mit der Setzung von *„Selbsttätigkeit" als* **zentraler Kategorie** nimmt die bildungstheoretische Pädagogik eine **Konzeptrevolution** insofern vor, als anstelle der in traditionellen Erziehungskonzepten angezielten Vermittlung von fertigen gesellschaftlichen Resultaten die **Erzeugung von Neuem** als Ziel gesetzt wird. Pädagogik gibt damit ihre zu den anderen Wissenschaften nachgängige Funktion –

nämlich die mehr oder weniger direkte Vermittlung von deren Ergebnissen - auf und wird mit ihrer Ausrichtung auf *Neues* zu einem gleichberechtigten und -wertigen Partner im System der ebenfalls auf die *Erzeugung von Neuem* ausgerichteten gesellschaftlichen Bereiche Wissenschaft, Kunst und Technologie. Didaktik wird zum *methodischen Implikament* einer sich zunehmend verwissenschaftlichenden gesellschaftlichen Praxis (s. dazu die Ausführungen weiter unten und: WALGENBACH, W., 1979, S. 53 - 57).

(2) **Forschungsgegenstand** einer bildungstheoretischen Pädagogik ist nicht das lernende Subjekt (wie bei psychologischen und/oder soziologischen Ansätzen), weil dieses als selbsttätiges Wesen vorausgesetzt wird, sondern es sind die *Mittel* der Einwirkung. Dies führt zu dem „**pädagogischen Grundproblem**", wie überhaupt eine Einwirkung von außen auf sich in Freiheit bestimmende Subjekte möglich ist. In der Geschichte der Pädagogik hat sich als produktivster Lösungsansatz die Suche nach **elementaren heuristischen Mitteln**, die zwischen Lernende und Lehrende geschoben werden und zugleich Gegenstand und Werkzeug der Selbsttätigkeit sind, herauskristallisiert. Deren Erforschung wird damit zur zentralen Aufgabe bildungstheoretischer Pädagogik. Heuristische Mittel sind zugleich *geschlossen,* weil sie in komprimierter Form (DIESTERWEG: „homöopathische Dosis") gesellschaftliche Erfahrung in sich aufbewahren, und *offen,* weil sie dem Subjekt Freiheitsräume für die *Erzeugung von Neuem* eröffnen.

(3) Indem die Mittel zum zentralen Forschungsgegenstand werden, ergibt sich als **Forschungsfrage** : „*Lösen die eingesetzten heuristischen Mittel Selbsttätigkeit aus und unterstützen sie diese in ihrer Entwicklung?*"

Aktualisieren läßt sich diese Forschungsfrage, wenn man als Ziel und als Kriterium für die Beurteilung der Qualität von Selbsttätigkeit **Systembildung** bestimmt, weil diese als eine hochentwickelte bzw. die höchstentwickeltste Form menschlicher Tätigkeit (s. dazu 3.6 und 3.7) angesehen werden kann. Gesucht werden muß dann nach **heuristischen Mitteln für Systembildungen**, die Selbsttätigkeit auslösen und diese in ihrer Entwicklung zu einer systembildenden Tätigkeit orientieren und unterstützen.

Grundlegend für die Konstruktion dieser Mittel ist das **Wechselwirkungskonzept,** weil dieses essentiell für Systemdenken und im Vergleich mit dem *Kausalkonzept* ein produktiveres Mittel für die Gestaltung von gleichberechtigten Beziehungen zwischen Subjekten sowie zwischen Subjekt und Objekt ist. Kategoriale Begriffspaare (wie *Teil/Ganzes, Ordnung/Chaos, Selbstentwicklung/Entwikkeltwerden, Bestimmen/ Bestimmtwerden*) sind ideelle Mittel, um solche Wechselwirkungen zu thematisieren und begrifflich zu fassen. Gekoppelt mit *Elementarobjekten* („Miniaturen") bilden sie die „**epistemologischen Heureme**" (s. dazu 3.7), mit denen *Selbsttätigkeit* ausgelöst und in ihrer Entwicklung zu einer *systembildenden Tätigkeit* unterstützt wird.

Die **aktualisierte Forschungsfrage** lautet dann: „*Lösen die eingesetzten heuristischen Mittel Selbsttätigkeit aus und orientieren und unterstützen sie diese in ihrer Entwicklung zu einer systembildenden Tätigkeit?*"

(4) Bei der Suche nach einer geeigneten **Analyseeinheit** für empirische Forschungen bieten sich **Selbstthematisierungen** insofern an, als hiermit das Subjekt Reflexionen über seine Selbsttätigkeit zum Ausdruck bringt und durch die Wendung von Innen nach Außen *Vergegenständlichungen* schafft, die auch anderen zugänglich sind. Diese Vergegenständlichungen des eigenen Selbsts können ideeller Natur sein, wie etwa verbale Äußerungen, aber auch materielle Resultate praktisch-gegenständlicher Tätigkeit bis hin zu *konkretisierbaren Utopien*.

(5) Adäquate **Forschungsmethode**, die die mit dem empirisch-analytischen Paradigma verbundene Umwandlung des selbsttätigen Subjekts in ein fremdbestimmtes Objekt vermeidet (s. dazu: VOGEL, P., 1991), ist eine **dialogische Forschung** (s. dazu SOMMER, J., 1987), in der das Subjekt gleichberechtigter Partner der Forscher ist in einem Prozeß, in dem empirische, vornehmlich qualitative Methoden zu **Mitteln von Subjekten** werden, mit denen diese ihre Selbsttätigkeit zu einer systembildenden Tätigkeit entwickeln. Selbsttätige Subjekte werden damit zu „Wissenschaftlern ihrer eigenen Person" (KELLY, G.A, 1986.).

(6) **Forschungsziel und –resultat** ist die **Erzeugung von Neuem**, vergegenständlicht in Form von Selbstthematisierungen, und nicht (zentral) das Auffinden allgemeiner Aussagen und Gesetzmäßigkeiten. Die Selbstthematisierungen sind dann für andere selbsttätige Subjekte nicht fertige und von ihnen zu übernehmende Resultate, sondern *heuristische Orientierungen* für die eigene Selbsttätigkeit.

(7) **Bildungsexperimente** (im Sinne von BENNER, 1984) stellen die geeignete **Forschungsorganisation** dar, in der selbsttätige Subjekte nicht von außen oder durch autoritäre soziale Strukturen fremdbestimmt werden, sondern sich als eine auf die *Erzeugung von Neuem* ausgerichtete *Experimentiergemeinschaft* konstituieren. Das trifft vor allem auf *Bildungsexperimente* zu, in denen **ideale Lerner unter idealen Bedingungen ideale Systeme erzeugen** (s. dazu 6.1 und 6.4).

Um den Stellenwert und die Relevanz dieses Forschungsprogramms erkennbar werden zu lassen, sollen im folgenden Beziehungen hergestellt werden zu neueren Diskussionen in den Erziehungswissenschaften.

7.1 Der Ansatz „Interdisziplinäre System-Bildung" und die Diskussion über Bildung und Erziehung

Die Art, wie Erziehungswissenschaftler mit dem Vorschlag einer Wiederaufnahme des „pädagogischen Grundproblems" durch LUHMANN/SCHORR umgegangen sind, ist ein Beispiel für bestimmte Eigenheiten in pädagogischen Diskursen, die (vielleicht) speziell in Deutschland sich zeigen und auch für den Umgang mit dem hier vorgestellten Ansatz erwartet werden können. Diese bestehen vor allem darin, die aufgeworfene Fragestellung nicht ernsthaft aufzunehmen, sondern entweder insgesamt abzulehnen, nur von der eigenen Position her zu sehen oder so weitgehend zu transformieren, daß die vorgeschlagenen Lösungsansätze nicht mehr anschlußfähig sind an die grundlegenden Bestimmungen des formulierten Problems.

Wie eigene Erfahrungen zeigen, geben sich auch bekanntere Vertreter der Disziplin „Erziehungswissenschaften" erstaunt und müssen überlegen, was wohl mit dem „pädagogischen Grundproblem" gemeint sein könnte. Die Diskussion zwischen LUHMANN/SCHORR und BENNER ist keineswegs Gemeingut der erziehungswissenschaftlichen Diskussion. Die ersten Reaktionen sind auch eher ablehnend, weil nicht für möglich gehalten wird, daß eine einzige Problemstellung grundlegend für die ganze Disziplin sein kann. Andererseits gibt es ein beredtes Klagen über die Heterogenität der Erziehungswissenschaften, die begründet vermuten läßt, daß man sich schon so etwas Systematisches und Grundlegendes wie die „klassische Mechanik" in der Physik wünscht.

Läßt man sich aber auf die mit dem pädagogischen Grundproblem aufgeworfene Fragestellung ein, dann sind zwei zentrale Bestandteile zu bearbeiten, nämlich die Kategorie **„Selbsttätigkeit"** und die **„Art der Einwirkung"** auf selbsttätige Subjekte.

Zu den umfangreicheren und bekannteren Auseinandersetzungen mit der Kategorie „Selbsttätigkeit" in den letzten Jahren gehören die Arbeiten von Dietrich BENNER (1987 u. 1991). Angesichts der „disparaten Lage der Allgemeinen Erziehungswissenschaft" (FUNKE-WIENEKE, 1998, S, 18) war es das zentrale Anliegen von Dietrich BENNER, einen pädagogischen Gedankengang zu entwerfen, der Anerkennung in allen Bereichen des Erziehens finden konnte. Erziehung wurde von ihm begriffen als ein *Umgang zwischen Generationen*, bei dem die Aufforderung zur *selbsttätigen Mitwirkung* der Jüngeren beim Finden ihrer Bestimmung zum Prinzip erhoben wird und davon absieht, vorgängige, durch Anlage und/oder Milieu bestimmte Vor-Bilder zur Grundlage von Erziehung zu machen. Mit diesem kritischen Begriff von Erziehung war es möglich, Erziehen von Manipulieren abzugrenzen und Vorgaben durch die verschiedenen Bereiche gesellschaftlicher Praxis nicht einfach hinzunehmen, sondern von erzieherischen Gesichtspunkten her zu be- und hinterfragen. Erziehung stand in dieser Bestimmung zwar weiterhin in Abhängigkeit zur Welt, andererseits aber wurde ihr eine relative Freiheit zugeschrieben, indem die zu Erziehenden nicht nur einer Welt ausgeliefert werden sollten, wie sie ist. Von diesem Denkansatz her sah BENNER es als Aufgabe der Erziehungswissenschaften an, eine **Theorie der Bildung** durch Reflexion der Sinnrichtung des Erziehens über die Auslegung des *Begriffs der Bildsamkeit* zu entwerfen und zugleich eine **Theorie der Erziehung** zu formulieren über die Reflexion erzieherischer Umgangsformen und Lerngelegenheiten in Auslegung des *Begriffs der Aufforderung zur selbsttätigen Mitwirkung beim Finden der Bestimmung.*

Mit diesem Ansatz bestimmt BENNER das Erziehen *vom Generationenverhältnis her* als **personale Interaktion** (s. dazu auch 5.1). Damit aber läßt er Selbsttätigkeit als **Selbsterziehung** im Selbstverhältnis und ebenso eine **Erziehung durch die „Sache"** unberücksichtigt. Gerade Ansätze in diese Richtung wurden naheliegenderweise aber immer wieder vor allem von Fachdidaktikern verfolgt. Daher kritisiert auch der Sportpädagoge Jürgen FUNKE-WIENEKE den Ansatz von Dietrich BENNER, indem er argumentiert: „Eine Selbsterziehung im Verhältnis zur Sache und sich selbst angesichts attraktiver Handlungsmöglichkeiten, wie es z.B. das Fußballspielen für ein Kind oder einen Jugendlichen darstellen kann, weist über den von BENNER gesteckten Rahmen seines Erziehungsbegriffs hinaus. Er kann eine solche Selbsterziehung - trotz seiner Anknüpfung an ROUSSEAU - nicht mitdenken, weil er dem Erziehungsbegriff nur das Generationsverhältnis, nicht aber auch das Selbstverhältnis zugrunde legt. Jedoch ermöglicht überhaupt erst das Selbstverhältnis eine phänomenal stimmige Erfassung der Bildsamkeit, wie sie BENNER vorschwebt. Wodurch soll denn eine Offenheit, eine die Bildsamkeit auszeichnende, nicht von irgendeiner unausweichlichen Zwangsläufigkeit geprägte Möglichkeit des Umgangs mit Anforderungen überhaupt begründet sein, wenn nicht dadurch, daß dem äußeren Verhältnis zu den Anforderungen und Personen ein inneres Verhältnis der Person zu sich selbst entspricht, zu dem, was sie will, angesichts zu dem, was sie soll. An wen oder was soll sich denn die Aufforderung zur Selbsttätigkeit richten, wenn nicht an ein selbstreflexives Wesen." (FUNKE-WIENKE, 1998, S. 19).

Konsequenter als bei BENNER wird in dem Ansatz „Interdisziplinäre System-Bildung" die Kategorie „Selbsttätigkeit" zum Ausgangs- und Mittelpunkt pädagogischer Systembildung gemacht. Die Bestimmung erfolgt in komprimierter Form, indem die einzelnen Elemente als auseinander hervorgehend aufgefaßt werden. Im einzelnen sind es:

- Die *Wechselwirkung mit sich selbst*, realisiert über das Mittel „Selbst-Bild", das sich auf der **praktisch-gegenständlichen** Tätigkeit des Subjekts (und damit auf Beziehungen zu Sachen) gründet
- Die Konstitution eines *theoretischen Verhältnisses zur Wirklichkeit* durch die erst einmal paradoxe Gegenüberstellung von „Ich" und „mein Selbst" als das Andere im Selbstbild
- Die *Erzeugung von Neuem*, der einmaligen Persönlichkeit, basierend auf dem konstituierten theoretischen Verhältnis zur Wirklichkeit

- Die in der Selbsttätigkeit herzustellende *Wechselwirkung von Subjektiv- und Objektiv-Neuem*

Eine solche Bestimmung von Selbsttätigkeit hat entscheidende Konsequenzen: Zentrales Ziel von Bildung und Erziehung ist nicht mehr die Vermittlung von Gegebenem und Bekanntem, sondern die **Erzeugung von Neuem**. Damit findet eine **Konzeptrevolution** insofern statt, als jetzt nicht mehr von außen auf das lernende Subjekt geblickt, sondern **vom lernenden Subjekt aus** gedacht wird. „Selbsttätigkeit" wird zu einer Grenzabstraktion im JUDINschen Sinne, hinter der keine anderen Begriffe (es sei denn der noch allgemeinere Begriff „Tätigkeit"/s. dazu 2.4) zu ihrer Erklärung mehr stehen und die damit zum Ausgangs- und Mittelpunkt einer konsequenten und konsistenten pädagogischen Systembildung gemacht werden kann. Dabei besteht die Besonderheit des Vorgehens darin, Selbsttätigkeit mit Selbsttätigkeit - und damit voraussetzungsfrei - zu erklären (durch Rückkopplung mit sich selbst) und die Systembildung auf der Grundlage einer genetisch-entwickelnden Methode (aus einem Zentrum heraus; s. dazu auch die Ausführungen weiter unten) zu vollziehen.

Die reduktionistische Bestimmung der Kategorie „Selbsttätigkeit" durch Einschränkung auf Generationenverhältnisse und eine daraus folgende Unterbewertung dieser Kategorie kann mit als Grund dafür angesehen werden, daß BENNER nicht deren Klärung zum zentralen Gegenstand seiner Kontroverse über das „pädagogische Grundproblem" mit LUHMANN/SCHORR macht, sondern sich auf das Problem der „Einwirkung" als kausalen Akt konzentriert. Ein weiterer Grund für die reduktionistische Fassung der Kategorie „Selbsttätigkeit" könnte auch ein bestimmter, die Theoriebildung prägender **Praxisbezug** sein: Wie KLAFKI hat BENNER (s. dazu: BENNER, D., RAMSEGGER; J., 1981) sich an praktischen Reformvorhaben für die Grundschule beteiligt und bewegte sich damit in einem Bildungsbereich, in dem schon eher ein Erzieher-Zögling-Verhältnis als zentral angesehen werden kann.

Im Gegensatz dazu galt das Engagement etwa von Herwig BLANKETZ vornehmlich der Integration von allgemeiner und beruflicher Bildung im Bereich der Sekundarstufe II und führte zu Bestimmungen von Didaktik, in der über den Rückgriff auf *Wechselwirkungsdenken* Unterordnungsverhältnisse vermieden werden. Für BLANKERTZ hat Didaktik nicht mehr hauptsächlich die Aufgabe, Resultate von Fachwissenschaften (und damit Ergebnisse der Tätigkeit von Vorgängern) zu vermitteln, sondern „...einen wissenschaftsdidaktischen Prozeß anzuregen, der im **Wechselspiel** (Hervorhebung: W.W.) von Disziplinarität und Interdisziplinarität Veränderungen nicht nur im Schulunterricht, sondern im ganzen Sachfeld und d.h. auch in der Wissenschaft selbst bewirkt." (BLANKERTZ, H., 1973, S. 12).

Mit ähnlicher Ausrichtung, Didaktik als methodisches Implikament gesellschaftlicher Praxis und damit von ihrer Funktion bei der *Erzeugung und Organisation von Neuem* her zu begreifen, hat auch Karl FREY (1975, 1981) Konzeptionen für „Elementare

Diskurse" (FREY, K., 1975) und „Curriculumkonferenzen" (FREY, K., 1981) entwickelt. Ebenso bestimmt Arne BAMMÉ Didaktik nicht von pädagogischen Vermittlungsproblemen her, sondern von Entwicklungen im Bereich der Natur- und Technikwissenschaften: „Auch in den Natur- und Technikwissenschaften muß anerkannt werden, daß Wahrheiten nicht aus sich heraus verständlich sind, daß sie zuallererst konstruiert und dann problem- und adressatenspezifisch vermittelt werden müssen. Läßt sich die erste Phase didaktischen Selbstverständnisses der Disziplinen als die naive, die zweite als die aufgeklärte bezeichnen, so befinden wir uns gegenwärtig in einer dritten: Wissenschaft richtet die Reflexion auf sich selbst, und Didaktik hat einen großen Anteil daran."(BAMMÉ, A., u. a.: 1988, S. 11).

Im Bereich von Ästhetik/Kunst allerdings hat eine solche Sichtweise von Didaktik, die nicht mehr (so sehr) auf Reproduktion, sondern auf *kreative Produktion* ausgerichtet ist, aufgrund der traditionellen Ausrichtung ästhetischer Ansätze auf die kreative menschliche Tätigkeit etwa mit Konzepten wie „Das schaffende Kind in der Musik" oder „Kinderkunst" schon eine längere Tradition, findet aber neuerdings Eingang auch in den Bereich der „richtigen" Kunst, wenn etwa Bazon BROCK die Tätigkeit des Künstlerehepaars BLUME mit ihren didaktischen Anteilen wie folgt beschreibt: „Vom Didaktiker wird behauptet, er verwende didaktische Methoden zur adressatengerechten Verabreichung von mehr oder weniger dogmatisch festgeschriebenem Wissen, die Fülle der lebendig wuchernden geistigen Produktion werde vom Didaktiker unstatthaft beschränkt und kanalisiert... Didaktisches Arbeiten ist seinem Wesen nach aber in erster Linie ein Problem für die lebendig und das heißt zumeist recht chaotisch Produzierenden; sie arbeiten didaktisch, um selber zu umfassenden, kohärenten Aussagen zu kommen..." (BROCK, B., 1992, S. 15).

Wie bei BENNER zeigt sich auch bei vielen anderen Vertretern der *Allgemeinen Erziehungswissenschaft* die Tendenz, die Beziehungen von Bildung und Erziehung **von der Erziehung bzw. den Erziehenden** her zu denken und die *Bildung durch Sachen* und die *Selbstbildung* mehr oder weniger aus den Augen zu verlieren. Die Entscheidung für die Kategorie „Selbsttätigkeit" aber bedeutet in letzter Konsequenz, daß das selbsttätige Subjekt selbst Motor pädagogischer Systembildungen ist, die von außen durch die Erziehungswissenschaften dann auch nur noch in **mit heuristischen Mitteln** orientiert werden können (s. dazu die vorgestellte Offene Heuristik im Teil 3).

Wie der Versuch einer Wiederaufnahme des „pädagogischen Grundproblems" durch LUHMANN/SCHORR zeigt, konzentrieren sich die Vertreter der Allgemeinen Erziehungswissenschaft, soweit sie sich überhaupt auf die Problemstellung einlassen, **auf die Erziehenden** und dabei bevorzugt auf den Entwurf von *Theorien der Handlung von Lehrern*. In empirischen Untersuchungen setzen sie diese dann in Beziehung „zu deren Handlungen im Unterricht, in weiterreichenden Ansätzen auch noch zu Schülerhandlungen." (SCHMALT, H.-D., 1982, S. 214). Bei den von LUHMANN/ SCHORR eingeladenen Pädagogen entschieden sich mit Ausnahme von Jürgen MARKOWITZ alle (nämlich Jürgen DIEDERICH, Reinhard UHLE, Jürgen OELKERS, und Hans-Dieter SCHMALE; s. dazu den Sammelband von LUHMANN, N., SCHORR, K. E., 1982) für Ansätze in diese Richtung. Damit war nicht mehr die Selbsttätigkeit der Lernenden Ausgangs- und Mittelpunkt pädagogischer Systembildungen, auch nicht die (Selbst-)Tätigkeit der Lehrenden, sondern deren *Handeln*.

Zurückgegriffen wird damit nicht mehr auf wie auch immer in der Tradition des Deutschen Idealismus stehende philosophische **Theorien der Tätigkeit**, sondern auf (vor allem angloamerikanische und bevorzugt psychologische) Ansätze zu *Handlungstheorien*. Implikationen dieser Entscheidung sollen wie folgt kurz angedeutet werden:

LEONTJEV (1982), einer der Hauptvertreter der psychologischen Tätigkeitstheorie, unterscheidet:

* *Tätigkeiten,* die mit *Motiven* verbunden sind
* *Handlungen,* die mit *Zielen* verbunden sind
* *Operationen,* die mit *Bedingungen* verbunden sind

Um eine nur formalistisch-abstrakte Sicht auf diese Klassifikation aufzuheben, wird im folgenden ein kurzes Beispiel gegeben: Das *Motiv* eines Musikers, die *Tätigkeit* des Musizierens auszuführen, ist der Wunsch, sich als Mensch in diesem Medium auszudrücken. und zu verwirklichen. Dafür führt er *Handlungen* aus, die zum *Ziel* haben, ein Instrument in einer bestimmten Weise zum Klingen zu bringen. Erforderlich ist dafür, daß er z.B. als Geiger bestimmte *Operationen* unter bestimmten *Bedingungen* ausführt, also etwa das Aufsetzen bestimmter Finger in einer bestimmten Reihenfolge auf einem bestimmten Teil einer Seite u.ä.

Tätigkeit meint also gegenüber Handlung eine komplexere, für den Menschen charakteristische Aktivität, mit der er sich selbst in ideellen und materiellen Vergegenständlichungen zum Ausdruck bringt. Handlungen und Operationen sind dafür notwendige, aber untergeordnete Mittel mit mehr oder weniger technischem Charakter. Der Rückgriff auf Handlungstheorien bedeutet dann aus tätigkeitstheoretischer Sicht eine Komplexitäts*reduktion*, die vor allem das für menschliche Aktivitäten Charakteristische mehr oder weniger ausblendet.

Dementsprechend weisen auch die auf handlungstheoretischer Grundlage entwickelten Vorschläge zur Lösung des „pädagogischen Grundproblems" (das in den Texten nur noch mühsam bzw. gar nicht wiederentdeckt werden kann) der von LUHMANN/SCHORR eingeladenen Erziehungswissenschafter technisch-formale Züge auf. So konzentriert sich etwa Jürgen OELKERS (1982) darauf, im Anschluß an angloamerikanische Handlungstheorien Strukturelemente von Handlungen aufzuzeigen und diese dann für eine Analyse und Kritik pädagogischen Handelns zu nutzen. Demgegenüber bezieht sich Heinz-Dieter SCHMALT (1982) auf psychologische Ansätze und führt

Bestimmungsstücke für das Konzept „Handlung" auf, um dann in einem abschließenden Teil einen Überblick über empirische Untersuchungen zum Handeln vornehmlich von Lehrern zu geben.

In den Mittelpunkt gestellt wird also nicht die *Selbsttätigkeit von Lernenden*, sondern das *Handeln von Lehrern*. Dieses wird als „Einwirkung" auf Lernende gesehen und vornehmlich unter der Fragestellung bearbeitet, wieweit mit einem - wenn vielleicht auch abgemilderten - **Kausalkonzept** dieses *asymmetrisch* gesehene Verhältnis von Lehrenden und Lernenden erfaßt werden kann. Obwohl auch in der Pädagogik *Systemdenken* Einzug gehalten hat (s. dazu die Ausführungen weiter unten) und damit Konzepte für komplexere Elementbeziehungen vom einfachen *feed back* über *Vernetzungen* bis hin zu *Wechselwirkungen* bekannt sind, tendieren Erziehungswissenschaftler bei der Diskussion von Beziehungen zwischen Erziehern und Zöglingen immer noch zu einem *Kausaldenken*, das sie allerdings gleichzeitig - vor allem unter Berufung auf die Philosophie KANTs - als nicht akzeptabel für pädagogische Prozesse erklären. Erziehungswissenschaftlern ist dann vorzuhalten, daß sie Entwicklungen im wissenschaftlichen Denken *vom traditionellen Kausaldenken zum modernen Wechselwirkungsdenken* nicht (ausreichend) nachvollzogen haben, wenn sie LUHMANN/SCHORR, wie Dietrich BENNER es tut, nahelegen, das „pädagogische Grundproblem" nicht wieder aufzunehmen, weil seit KANT die Inkompatibilität von Kausalität und Freiheit eine nicht hintergehbare Erkenntnis darstelle (s. dazu die Diskussion zwischen BENNER und LUHMAN/SCHORR in der *Zeitschrift für Pädagogik*, 1979/2).

Aber auch etwa Jürgen DIEDERICH (1982) und LUHMANN/SCHORR (1982) selbst vollziehen nicht konsequent genug den notwendigen **Paradigmenwechsel zum Wechselwirkungskonzept**, wenn sie ein starres Ursache-Wirkungs-Konzept nur aufweichen durch das Konzept der *Kausalpläne*, in dem nicht mehr von strengen Ursache-Wirkungs-Beziehungen die Rede ist, sondern von Bedingungskomplexen, Ereignisketten, multifunktionalen Maßnahmen, Bündeln von Folgen usw.

Dem Ansatz „Interdisziplääre System-Bildung" liegt demgegenüber das **Wechselwirkungskonzept** (s. dazu die Ausführungen unter 3.6 und 3.7) auf allen Ebenen pädagogischer Prozesse zugrunde:

- In seiner Tätigkeit konstituiert das Subjekt Objekte, indem es in *Wechselwirkung mit Material aus der Wirklichkeit* tritt und dieses in Akten ästhetischer Integration als *Einheiten* konstituiert. Grundlegende Mittel sind dabei *Bilder,* die zugleich Ab-bilder gegebener Wirklichkeit und Vor-bilder für die Gestaltung von Wirklichkeit sind.
- Objekte erhalten ihre Eigenschaften erst in *Wechselwirkung mit anderen Objekten*. Subjekte stellen aktiv (etwa in Experimenten) solche Wechselwir-

kungen her und initiieren damit Entwicklungsprozesse, die bis hin zu Prozessen der *Selbstorganisation von formalen Systemen* aufsteigen können.

- Indem das Subjekt seine eigene gegenständliche Tätigkeit, die grundlegend ist für die Konstitution von Objekten, zum Objekt macht, tritt es in *Wechselwirkung mit sich selbst* und findet zu seiner *Selbsttätigkeit*. Dieser Prozeß wird als *Bildung* begriffen.

- Von außen angeregt werden kann diese Selbsttätigkeit von anderen selbsttätigen Subjekten, indem diese *heuristische Mittel* konstruieren, in denen in komprimierter, „homöopathischer" Dosierung Resultate ihrer Selbsttätigkeit aufbewahrt sind und nach dem Prinzip „Kleine Ursache, große Wirkung" zu *Ursachen von Wechselwirkungen* anderer Subjekte mit sich selbst werden. Dieser Prozeß wird als *Erziehung* begriffen.

Die Entwicklung des Wechselwirkungskonzepts läßt sich in einer historisch-idealisierenden Weise (Wechselwirkungsdenken gibt es in rudimentären Formen schon immer im menschlichen Denken) wie folgt rekonstruieren: Indem der Mensch Material aus der Wirklichkeit in Akten ästhetischer Integration organisiert, schafft er *Einheiten* (Gegenstände, Fakten, Objekte usw.), die erst einmal eigenständig für sich gesehen werden. Diese Einheiten lassen sich ordnen, indem man auf der Grundlage formalinduktiver Verallgemeinerungen nach gemeinsamen Merkmalen sucht, diese in Oberbegriffen zusammenfaßt und als Mittel für die Erstellung von Systematiken, Klassifikationen und Typologien nutzt (Beispiel: Roggen, Gerste, Weizen = Getreide). Solche *Ordnung von Vielheiten* bleibt aber den Objekten noch äußerlich und verändert sie nicht. Erst wenn man die Objektgrenzen auflöst und (etwa mit dem Mikroskop) in ihr Inneres vorstößt, gelangt man zu den (Grund-) Elementen, deren gegebene und mögliche Beziehungen erforscht und durch Änderung der *Vernetzung* („Rekombination") auch zu neuen Strukturen zusammengefügt werden können. Auf diese Weise läßt sich ein Weg zurücklegen, den man als *Aufsteigen vom Einfachen zum **Komplizierten*** insofern begreifen kann, als immer mehr Einheiten bzw. Elemente miteinander in Beziehung gesetzt werden.

Der Übergang von *Kompliziertheit* zu **Komplexität** aber kann als qualitativer Sprung begriffen werden: Nicht mehr die Anzahl der Einheiten oder Elemente (ihre „Vielheit") und deren Vernetzung sind jetzt das Wesentliche, sondern die **Wechselwirkung** von vielleicht nur zwei Elementen. Im folgenden wird von einem Nicht-Naturwissenschaftler für Nicht-Naturwissenschaftler eine Denkhilfe (vielleicht aber auch eine eher gefährliche Denk-„krücke", wie Naturwissenschaftler warnen) angeboten, um den **„Switch"** zu ermöglichen, den der Übergang vom Kausal- zum Wechselwirkungskonzept erfordert (s. dazu Tafel XXIII).

Die Entstehung von Wechselwirkung läßt sich idealisierend wie folgt denken: Ein Element wirkt auf das andere in einer Weise, die sich noch als *Ursache-Wirkung* bezeichnen läßt. Das beeinflußte Element wirkt dann auf das erstere zurück und produziert so eine *zirkuläre Kausalität*. Das erste Element wirkt dann auf das zweite, von dem es jetzt schon beeinflußt ist, wieder zurück, sodann das zweite wieder auf das erste usw. Wenn dieser Prozeß sich zeitlich in großer Schnelligkeit vollzieht, sind Ursache und Wirkung nicht mehr voneinander zu unterscheiden, weil die wechselseitige Beeinflussung zu schnell verläuft. Das Konzept der *Kausalität* ist damit weder zur Erklärung noch zur Gestaltung dieses Prozesses geeignet. Notwendig ist vielmehr ein Übergang zum Konzept der **Wechselwirkung**. Verbunden mit diesem sind Begriffe wie *Rückbezüglichkeit, Evolution, Dynamik, Selbstreferentialität, Selbstorganisation usw.* (s. dazu auch 3.6 und 3.7).

Das Bild von einem magnetischen Kraftfeld ist vielleicht ein Mittel, um sich Wechselwirkungen in einem ersten Zugang anschaulich vorzustellen (s. Tafel XXIII). Es müssen nicht viele Elemente sein, die zu einem Gebilde mit hoher *Kompliziertheit* miteinander verbunden sind, sondern es genügen zwei Pole, die in einem spannungsreichen Verhältnis zueinander stehen, um **Komplexität,** anschaubar in Form expandierender Kraftlinien, ringförmig wachsen zu lassen. Das magnetische Kraftfeld ist dabei eigentlich unsichtbar, kann aber mit bestimmten Mitteln - wie etwa Eisenfeilspänen - anschaubar gemacht werden. Dabei muß immer bewußt bleiben, daß das, was man sieht, nicht ein Kraftfeld ist, sondern ein **Bild** von einem Kraftfeld (man denke an René MAGRITTEs Bild einer Pfeife mit der Unterschrift „Das ist keine Pfeife").

Wechselwirkungsdenken ist ein sehr komplexes Denken und benötigte daher in der Geschichte von Wissenschaft und Kunst einen langen Entwicklungsprozeß. Es ist aber auch deshalb ein noch sehr junges Denken, weil es aus der erst spät erfolgten wissenschaftlichen Beschäftigung mit Undurchschautem bzw. Undurchschaubarem wie etwa „Energie" (z. B. elektrischer Strom oder Elementarteilchen) hervorging. Es verlangt also *Fähigkeiten zum Umgang mit Undurchschaubarem und Abstraktem*. Das zeigt sich etwa bei der „Fraktalen Geometrie", zu deren Grundlage abstrakte Formeln wie etwa $x^2 + c = y$ gehören. Verwendet man diese als *Iterationsgleichungen* (d.h. gibt man erzielte Ergebnisse immer wieder als Werte in die Formel ein), dann kann man den ablaufenden Prozeß in etwa analog zum Kraftfeld denken, nämlich als Komplexitäts-„explosion" aus einer „Ausgangsspannung" heraus.

Die aus den Gleichungen entstehende Komplexität in Form von Zahlenkolonnen ist zuerst einmal unanschaulich-abstrakt. Übersetzt man sie aber nach bestimmten Regeln auf den Computerbildschirm, dann entstehen **fraktale Bilder**, in denen *abstrakte Mathematik anschaubar* wird. Diese Bilder kann man untersuchen und etwa das *Prinzip der Universalität* in ihrem Aufbau entdecken, das darin besteht, daß die Bilder jeweils zusammengesetzt sind aus immer gleichen, aber unterschiedlich großen Formen (etwa Spiralen). Naheliegend ist es dann, abstrakten Zeichen eine Fähigkeit zur **Selbstorganisation** zuzuschreiben, deren „Subjekt" unerkannt bleibt, sondern nur als *abstrakter Systemautomatismus* erscheint. Zugleich kann man mit diesen Bildern aber auch praktisch-konkret arbeiten, indem man etwa Ausschnitte festlegt und so eine unerschöpfliche Vielfalt weiterer Bilder generiert. **Man hat anschauliches Material, das aber auf unanschaulichen Mitteln und abstrakten Entstehungsprozessen beruht** (s. dazu auch BAMMÉ, u.a., 1988).

Komplexität setzt also nicht ein System mit hoher *Kompliziertheit* (d. h. vielen verschiedenen Elementen) voraus. In sich selbst organisierenden Systemen kann vielmehr aus einem elementaren Kern (z. B. eine immer wieder sich selbst mit eigenen Ergebnissen fütternde Iterationsgleichung) Vielfalt und Fülle über sich aufschaukelnde **Wechselwirkungen** entstehen. Dieser Prozeß und seine Ergebnisse sind (oft) erst einmal abstrakt, können aber mit bestimmten Mitteln wie etwa **Bilder** zur Anschaung und damit auch nutz- und bearbeitbar gemacht werden.

In einer ähnlichen Weise kann aus bildungstheoretischer Sicht die *Selbsttätigkeit von Subjekten* als ein Komplexität erzeugendes Kraftzentrum gesehen werden. Da Bildungstheorie das selbsttätige Subjekt als sich in Freiheit bestimmendes Wesen voraussetzt, kann es von außen nicht bestimmt und nur in einem eingeschränkten Maße, d.h. mehr oder weniger formal, erklärt werden. Dazu gehören die Bestimmungen, daß das selbsttätige Subjekt **mit sich selbst in Wechselwirkung** tritt, die Paradoxie von „Ich" und „mein Selbst" erzeugt, ein *theoretisches, sowohl das gegebene wie das mögliche Selbst umfassende Verhältnis zur Wirklichkeit* konstituiert und *Neues* insofern erzeugt, als es seine eigene, immer einmalige Persönlichkeit hervorbringt.

Auch Selbsttätigkeit bildet also wie selbstorganisierende Systeme einen **elementaren Kern** mit einem grundlegenden Spannungsverhältnis, nämlich die paradoxe Spannung zwischen „Ich" und „mein Selbst". Aus diesem Spannungsfeld geht dann in dynamisch-evolutionären Prozessen eine **Komplexität** hervor, die in Form von **Selbst-Bildern** ihre Materialität erhält und damit wie bei fraktalen Bildern auch von außen (und damit auch für andere Menschen) anschaubar und entwickelbar wird. **Bildung** als Prozeß und Ergebnis von Selbsttätigkeit kann so in *Wechselwirkung* treten mit **Erziehung** als Initialisierung und Unterstützung von Selbsttätigkeit und zu einem Prozeß führen, der von einem Spannungsverhältnis von *Selbstentwicklung und Entwickeltwerden* getragen wird.

Es liegt deshalb nahe, *Selbsttätigkeit von Subjekten* und *Selbstorganisation von Systemen* als mehr oder weniger ein und dasselbe anzusehen. Damit aber begibt Pädagogik sich (wieder einmal) in Gefahr, zu schnell und unreflektiert ein Paradigma aus den Naturwissenschaften zu übernehmen und die eigene Denktradition leichtfertig aufzugeben. Dieser Gefahr erliegen etwa Niklas LUHMANN und Karl Eberhard SCHORR (1982), wenn sie den „schöner klingenden" Begriff „Selbsttätigkeit" durch den neuen Begriff „selbstreferentielles System" vorschnell ersetzen wollen, ohne Gemeinsamkeiten und Unterschiede herauszuarbeiten und dann eine begründete Entscheidung zu treffen.

Naheliegend sind nicht nur historisch bewußtslose *Ersetzungen* des Begriffs der „Selbsttätigkeit", sondern auch vorschnelle *Gleichsetzungen* beider Begriffe oder unkontrollierte *Analogiebildungen.* Daß nicht nur die Erziehungswissenschaften in ihrer relativ großen Distanz zu den das Selbstorganisationsparadigma hervorbringenden Naturwissenschaften, sondern auch Naturwissenschaftler selbst diesen Gefahren erliegen, hat Hans-Dierter MUTSCHLER (1990) an Versuchen aufgezeigt, die Naturphilosophie SCHELLINGs mit modernem evolutionären Systemdenken gleichzusetzen: „Da gibt es Physiker, die finden bei Schelling Hermann Hakens Synergetik besser als bei Haken selber und verteidigen ihn nun plötzlich gegen den Vorwurf, den sie über hundert Jahre gegen ihn erhoben hatten, daß er nämlich das Eigenrecht der empirischen Wissenschaften geistesphilosophisch beschneide und aus der intellektuellen Anschauung heraus empirischen Unsinn deduziere." (MUTSCHLER, H.-D., 1990, S. 11). In einer zu einfachen Weise werde SCHELLINGs spekulative Physik in das Sprachspiel der modernen Physik transformiert. In dieser Art der Interpretation gehe von der Philosophie SCHELLINGs keine Beunruhigung mehr aus: „Das 19. Jahrhundert konnte sich über Schelling wenigstens noch ärgern. Die positivistische Vereinnahmung macht ihn hingegen unschädlich." (MUTSCHLER, H.-D., 1990, S. 69).

Was sind die „Beunruhigungen", die von der Kategorie „Selbsttätigkeit" ausgehen bzw. ausgehen müßten? Selbsttätigkeit beruht darauf, daß das Subjekt sich selbst und seinem Innern zuwendet, und damit - negativ gesehen - ungeordneten Emotionen, traumatischen Erlebnissen, ungezügelten Phantasien, egozentrischen Wünschen usw. Traditionelle Erziehung aber ist darauf ausgerichtet, diese unerwünschten Erscheinungen bei Individuen zu kontrollieren, zu dirigieren, zu beeinflussen, einzuschränken, zu erlauben und zu verbieten. Es werden Frei- und Spielräume zugestanden oder verweigert. Kreativität etwa meint man nicht allen zugestehen zu können: „Sechs Milliarden Menschen, die pausenlos "kreativ" sind, ist eine schreckliche Vorstellung, die es mit der vom Jüngsten Gericht aufnehmen kann", meint - im Gegensatz zum Programm von Joseph BEUYS „Jeder Mensch ein Künstler" - etwa der Physikdidaktiker Walter Jung (1997, S. 10).

„Selbsttätigkeit" kann aber auch positiv gesehen werden. Grundlegend verbunden mit der Setzung dieser Kategorie ist die Freigabe des Subjekts, das sich damit ohne Beeinflussung und Zwänge von außen in Freiheit selbst bestimmen kann. Die Möglichkeiten der Entwicklung einer eigenen Persönlichkeit liegen damit nicht mehr nur oder vorrangig außen, sondern *in ihm selbst* (Bernd FICHTNER hat dazu die Hypothese zur Prüfung vorgeschlagen, daß diese Setzung der Kategorie „Selbsttätigkeit" bei den preußischen Bildungsreformern nicht nur ein idealistischer Akt war, sondern historisch und gesellschaftlich insofern bedingt und begründet, als das auf allen Gebieten rückständige Preußen das Ziel von Erziehung nicht wie im hochentwickelten England und Frankreich auf die Aneignung schon vorhandener Wissenschaft und Technologie ausrichten, sondern nur in das Subjekt selbst, in dessen Eigenbildung legen konnte. Das in der Selbsttätigkeit erzeugte Neue wäre dann das eigentliche Potential einer sich entwickelnden Gesellschaft. Bildungstheorie würde damit u.a. auch zu einem interessanten Ansatz für Entwicklungsländer bzw. für eine interkulturelle Kooperation, in der gleichgerichtete und Ähnlichkeiten aufweisende Entwürfe wie etwa der von Paulo FREIRE(1974) - die Armen als Adressaten von Bildung, Verwendung von Bildern, Ziel der Bewußtmachung usw. - in ein produktives Wechselspiel miteinander gebracht werden könnten).

Wenn das Subjekt sich seinem Innern zuwendet, so findet es eine Komplexität vor, die noch weitgehend unanschaulich und unstrukturiert ist. Wie bei dem erst einmal abstrakten und unanschaulichen Material, das der Computer auf der Grundlage von Iterationsgleichungen generiert, muß ein Transformationsprozeß erfolgen, eine Bearbeitung, Strukturierung und Weiterentwicklung. Im Anschluß an Untersuchungen von W. BION (1990) über die psychischen Prozesse in der inneren Welt des Subjekts hat Gerd E. SCHÄFER (s. dazu: WULF, C., SCHÄFER, G.E., 1999,) einige Orientierungen für ein Verstehen und Erforschen der Abläufe im Subjekt angeboten: Subjektive Erfahrung entsteht danach nicht, indem man theoretisches und praktisches Wissen über Wirklichkeitsbereiche ansammelt und auf die eigene Wahrnehmung anwendet, sondern indem Erfahrung **von unten her** über die Zusammensetzung von Partikeln eigener Wahrnehmungen der Wirklichkeit und dem Denken dieser Wahrnehmungen aufgebaut wird. Auslöser ist eine Diskrepanz zwischen Wahrnehmung und unbekannter Bedeutung, für METZLER die Wahrnehmung eines „ästhetischen Konflikts" (METZLER, D., 1988). Eine erste „denkbare" Form erhält ein ästhetischer Konflikt durch die von BION sogenannte „*Alpha-Funktion*", mit der in absichtlicher Neutralität ein grundlegender Strukturierungsprozeß bezeichnet wird, durch den sinnlich-emotionale Erfahrung in etwas Denkbares umgewandelt wird. Ergebnis dieser Bearbeitung durch die Alpha-Funktion sind Phantasien, Traumgedanken und Bilder im weitesten Sinne. Mit Hilfe dieser Mittel wird eine „Zwischenwelt" konstituiert, „die einerseits ganz nahe mit den Sequenzen der Realität, die die Quelle einer Erfahrung repräsentieren, verknüpft sind. Andererseits sind Bilder, bildhafte Erzählungen, Metaphern usw. von der Realität unabhängige, innerpsychische Konstrukte, die nach den Bedingungen dieser Innenwelt weiter bearbeitet werden können." (WULF, C., SCHÄFER, G. E., 1999, S. 357).

Im Anschluß an solche Überlegungen kann der Beginn von „**Bildung**" verstanden werden *als ein Prozeß, in dem Subjekte in ihrer Selbsttätigkeit erst einmal sinnlich-emotionale Erfahrungen organisieren und Bilder als elementare Mittel erzeugen und entwickeln.* Für Bildung ist dann grundlegend, „reflexiv mit Bildern umzugehen. Dies bedeutet aber nicht: Reduktion des Bildes auf seine Bedeutung, sondern meint: das Bild „rückwärts biegen", es „drehen", es „umwenden". Beim Bild verweilen und es als solches wahrnehmen, sich seine Figurationen und Gefühlsqualitäten vergegenwärtigen und diese wirken lassen. Das Bild vor schnellen Deutungen schützen, durch die es in Sprache und Bedeutung transformiert wird, jedoch als Bild „erledigt" wird. Unsicherheit, Vieldeutigkeit, Komplexität aushalten, ohne Eindeutigkeit herzustellen.

Meditation des Bildes: imaginäre Reproduktion von etwas Abwesendem, mimetische Erzeugung und Veränderung im inneren Bilderstrom. **Bildung verlangt also Arbeit an den inneren Bildern.**" (WULF, C., SCHÄFER, G.E., 1999, S. 359; Hervorhebung: W. W.).

Es wird nicht möglich sein, jede Erfahrung und die Umwandlung in ein Bild reflexiv zu bearbeiten: „Aber über die wichtigsten im Leben wenigstens darf man sich nicht im Unklaren halten, will man diesem Leben Bedeutung abgewinnen und sich dadurch bilden." (WULF, C., SCHÄFER, G. E., 1999, S. 361).

Um grundlegende Bestandteile der Selbsttätigkeit zu thematisieren, sinnlich-emotionale Erfahrungen mit ihnen und deren Umwandlung in Bilder und Begriffe zu ermöglichen, bietet der Ansatz „Interdisziplinäre System-Bildung" *epistemologische Heureme* (s. dazu auch 3.2.3 und 3.3) an, die einerseits aus *Miniaturen* (der Hefeteig, die Wirbelstraße, das Labyrinth, der Spiegel, die Muschel) mit der Qualität von *„Urphänomenen"* bestehen, andererseits aus *kategorialen Begriffspaaren (Teil/Ganzes, Ordnung/Chaos, Innen/Außen, Bestimmen/Bestimmtwerden usw.)*, die erst einmal in Form von *„Urbildern"* aufscheinen und dann in einem komplexen Systembildungsprozeß entwickelt und in begriffliche Mittel überführt werden, mit denen weitere Systembildungen bewußt vollzogen werden können.

Am Beispiel der „Wirbelstraße" (s. 3.3 und 4.3 sowie die Tafel XXII) ist dargestellt worden, wie eine solche Miniatur Vorstellungen von der *Einheit und Differenz* zwischen *Inhalt und Form* in der *Gestalt* eines Phänomens hervorruft; wie die Idee der Trennbarkeit von *Form und Inhalt* zu einer Manipulation des Phänomens führt, um die *Form* vom Inhalt ablösen und intensiv erforschen zu können; wie zur Erforschung der Entstehung von Formen die Teilchenvorstellung eingeführt, das Phänomen entsprechend präpariert und zur Entdeckung von *Strukturen* genutzt wird; wie die Elemente einer Struktur von ihrer Inhaltlichkeit befreit werden und dann frei kombiniert werden können zu *Texturen*, die keine *Abbildungen* von in der Realität Gegebenem mehr sind, sondern nur noch sich selbst bedeuten; wie dann diese *syntaktische Systembildung* in *semantische Systembildungen* überführt werden kann, indem man über Ein-bildungen in die abstrakten Texturen diesen Bedeutung verleiht, wie dann die auf diese Weise konstruierbaren „virtuellen Realitäten" für *pragmatische Systembildungen* genutzt und *konkretisierbare Utopien* entworfen werden können, in denen Möglichkeit und Wirklichkeit miteinander vermittelt werden.

Vollzogen wird damit ein Prozeß, in dem im Umgang mit einem Phänomen Bilder erzeugt und zur Erforschung und Gestaltung dieses Phänomens genutzt werden. *Kategoriale Bildung* ereignet sich dabei, indem dieser Prozeß reflektiert, die grundlegenden Mittel bewußtgemacht und entwickelt werden, um sowohl dieses **Phänomen, das eigene Selbst im Umgang mit diesem Phänomen wie auch die Verwendbarkeit der gewonnenen Mittel für die Gestaltung von Welt allgemein** zu erschließen.

Selbsttätigkeit wird dabei erfahren als ein Prozeß, der bei sinnlich-emotionalen Erfahrungen mit Phänomenen und deren Verarbeitung in Bildern einsetzt und über die Erforschung von Gestalten, Formen und Strukturen zu einer Ebene vorstößt, auf der es nur noch abstrakte, sich selbst bedeutende Punktmengen gibt. Einerseits befreit man dabei sich und das Phänomen von einengender Substantialität, andererseits muß man dann aber erleben, daß diese abstrakten Elemente sich etwa in Computersimulationen und -animationen verselbständigen und eine Fähigkeit zur *„Selbstorganisation"* zeigen. *Selbsttätigkeit* wird damit vor einen grundlegenden Bruch in ihrer Beziehung zur Welt gestellt, den etwa Umberto ECO (1972) durch die Gegenüberstellung von *Entdeckung* (einer gegebenen Welt) und *Erfindung* (möglicher Welten) charakterisiert oder Vilem FLUSSER(1989) durch die Gegenüberstellung von *traditionellen Bildern*, die *Ab-bildungen* von Gegebenem darstellen, und *technischen Bildern,* die vor allem in Form von Computerbildern aus abstrakten, nur noch sich selbst bedeutenden „Punktschwärmen" bestehen, die der Mensch sich nur dann verfügbar machen kann, wenn er *Ein-Bildungen* vornimmt und sie damit für sich bedeutsam macht.

Ziel des Ansatzes „Interdisziplinäre System-Bildung" ist es, das sich bildende Subjekt diese Brüche erfahren zu lassen, die sich auch allgemeiner als Bruch zwischen seiner **Selbsttätigkeit** und der **Selbstorganisation (formaler) Systeme** begreifen lassen. Grundlegend für die Selbsttätigkeit ist das **individuelle Subjekt** und seine Beziehungen zu **konkreter Weltsubstanz** in bestimmten sozialen Kontexten (wie etwa einer *„Experimentiergemeinschaft"*). Für die Thematisierung dieses Teils des Prozesses (in den Systembildungssequenzen sind es die ersten drei, auf die Begegnung des Subjekts mit „Weltsubstanz" ausgerichteten Tätigkeitsfelder; s. dazu ausführlicher 3.4) nimmt der Ansatz „Interdisziplinäre System-Bildung" Orientierungen auf aus *subjektorientierten didaktischen Ansätzen* (auf der Grundlage etwa der Tiefenpsychologie, der humanistischen Psychologie oder der Gestaltpädagogik), aus Ansätzen zur ästhetischen Bildung und Erziehung (wie etwa denen von Gunter OTTO, Heiko HERWALD oder der Waldorfpädagogik), phänomenorientierten Ansätzen (wie etwa denen von Martin WAGENSCHEIN, Hugo KÜKELHAUS, Mins MINSSEN oder Michael BRATER) und aus naturwissenschaftsdidaktischen Ansätzen. Für die Thematisierung der (computergestützten) *Selbstorganisation von Systemen* und deren Nutzung für die Selbsttätigkeit wurden eigene Konzepte entwickelt vor allem von Roland OESKER, Stefan SCHULDT, Henning FREIBERG, Karl-Heinz EDEN, Hartmut GIEST, Günter KLARNER und André PETRY (s. Literaturverzeichnis).

Die Besonderheit des Ansatzes „Interdisziplinäre System-Bildung" gegenüber anderen Bemühungen, *Systemdenken zu einem grundlegenden Mittel der Erziehungswissenschaften* zu machen und damit Anschluß zu gewinnen an moderne Entwicklungen in Wissenschaft, Technologie und Kunst, ist darin zu sehen, daß konsequent von der Kategorie „Selbsttätigkeit" her gedacht wird und diese zum Ausgangs- und Mittelpunkt pädagogischer Systembildungen gemacht wird. Mit einigem Recht hat Dieter LENZEN (1997) darauf hingewiesen, daß vor der von ihm durchgeführten Bearbeitung der

Fragestellung, ob die Begriffe *Selbstorganisation, Autopoiese und Emergenz* den Bildungsbegriff ablösen können, Systemtheorie in den Erziehungswissenschaften in der Regel auf soziologische Ansätze, vor allem dem von Niklas LUHMANN), zurückgreifen: „Rezeptionsversuche rekurrieren vor allem auf diesen Typus. Dabei wird die Erziehungswissenschaft als System betrachtet und die Disziplindynamik zum Gegenstand wissenschaftssoziologischer und -historischer Betrachtungen gemacht (vgl. z.B. TENORTH, 1986, 1992). Solche Ansätze gehören primär nicht zur Erziehungswissenschaft, sondern zur Soziologie (die sich auf diese Weise eine andere Wissenschaft zum Objekt macht)." (LENZEN, D., 1997, S. 957, s. dazu auch den Sammelband „Pädagogik, Erziehungswissenschaft und Systemtheorie" von OELKERS, J., TENORTH, H-E, 1987). Dabei übergeht Dieter LENZEN aber Arbeiten, die teilweise schon älter sind und etwas außerhalb des deutschen erziehungswissenschaftlichen Establishments liegen wie die von Harald RIEDEL (1979) mit seiner technisch-formal orientierten „Systemtheoretischen Didaktik", von Rolf HUSCKE-RHEIN (1988) mit seiner auf die Ausbildung einer pädagogischen Handlungswissenschaft ausgerichteten „Systemischen Pädagogik" oder wie die von Kenneth BOULDING, Alfred KUHN und Lawrence SENESH (1975), die Möglichkeiten der „Systemanalyse und ihre Anwendung im Unterricht" aufzeigen.

Es zeigt sich damit eine große Spannbreite von Möglichkeiten, auf Systemdenken in den Erziehungswissenschaften zurückzugreifen, die von Versuchen von Theoretikern, umfassende erziehungswissenschaftliche Systeme zu entwerfen (die dann allerdings mehr soziologisch geraten) über die Entwicklung systemtheoretischer Handlungsmodelle als Orientierungen für Didaktiker (die sehr schnell nur technisch-formal ausgerichtet sind) bis hin zu Konzepten reichen, Lernende - wie beim Ansatz „Interdisziplinäre System-Bildung" - selbst Systeme analysieren und bilden zu lassen.

In diesem Spektrum bewegt sich Dieter LENZEN sehr nahe an das Subjekt heran, das sich bildet. Sein Erkenntnisinteresse ist aber nicht auf die Erforschung von Möglichkeiten, wie das Konzept „System" bzw. die Konzepte „Selbstorganisation-Autopoiese-Emergenz" zu *Mitteln der Bildenden* werden, sondern ob und wie man mit den systemtheoretischen Begriffen „Selbstorganisation-Autopoiese-Emergenz" (von ihm SAE abgekürzt) Bildung erfassen bzw. diesen Begriff durch die systemtheoretischen Begriffe ersetzen kann. Dabei kommt er vergleichend zu folgendem Ergebnis:

(1) Während Bildung eine mehrfache Paradoxie bezeichnet, markiert SAE eine einfache, auch dem Bildungsbegriff inhärente „Kernparadoxie", die *Möglichkeit der Selbstbeobachtung*.

(2) Die Paradoxie, daß Bildung zugleich einen *Prozeß* und ein *Resultat* bezeichnet, ist mit der Kernparadoxie der SAE identisch.

(3) Die Konzeptionierung von SAE liefert den logischen Grund dafür, daß Bildung zugleich *abgeschlossen* und *nicht abgeschlossen* ist.

(4) Bildung ist als Prozeß zugleich *zielorientiert und offen*. Für das SAE-Konzept verbietet sich allerdings schon logisch der mit dem Bildungsbegriff verbundene Vollendungsgedanke.

(5) Bildung ist als Prozeß zugleich *determiniert und indeterminiert*. Entgegen anderslautenden Vorurteilen impliziert auch die SAE-Konzeption keinen Determinismus. Bildungstheoretische Dinensionen wie Selbsttätigkeit, Autonomie und Freiheit finden in der SAE-Konzeption ihre logische und empirische Bestätigung im Terminus der Selbsttransformation.

(6) Für den Bildungsbegriff wie auch für die SAE-Konzeption ist zentral, daß das Individuum bzw. das sich selbst organisierende System *etwas werden soll, was es aber zugleich immer schon ist* (im Sinne GOETHEs: „Werde, der Du bist!").

(7) Bildung wird zugleich als (Höher-)Bildung des *Individuums* und der *Gattung* gedacht und enthält damit im Gegensatz zur SAE-Konzeption die Idee eines „humanistischen Überschusses".

(8) Sozialisation ist nach der SAE-Konzeption Selbstsozialisation. Gegenüber bildungstheoretischen Überlegungen, daß Bildung zugleich *Produkt des Inidividuums* wie der *Sozialität* ist, bedeutet das eine Bekräftigung und eine Zuspitzung.

(9) Für die Bildungstheorie ist wie für die SAE-Konzeption die Annahme konstitutiv, daß aufgrund der paradoxen *Struktur ein auf Dauer gestellter Prozeß* abläuft.

(vgl. dazu. LENZEN, D., 1997, S. 963 ff.)

Nach einem solchen Vergleich drängt sich die Frage auf, was mit der Ablösung des Bildungsbegriffs durch die SAE-Konzeption bzw. durch einen der Begriffe aus dieser Konstellation erreicht wird. Der Vergleich und auch LENZENs ergänzende Hinweise, daß z.B. der Aufenthalt von Lernenden auf einem bestimmten „Plateau" als eine gelungene Alltagsbeobachtung von „Bifurkation" bewertet werden kann, sind wenig überzeugend.

Im Gegensatz dazu ist für den Ansatz „Interdisziplinäre System-Bildung" grundlegend, daß an der zentralen bildungstheoretischen Kategorie „Selbsttätigkeit" festgehalten wird. Damit soll **Inhaltlichkeit/Substantialität** (im Gegensatz zu einem erst einmal formalen Systemdenken) und **Subjekthaftigkeit** (im Gegensatz zum Systemautomatismus) gewahrt bleiben. *Gleichzeitig aber wird im Prozeß der Entwicklung von Selbsttätigkeit der Bruch thematisiert, der mit abstrakt-formalen Systembildungen verbunden ist.* Dabei wird aber immer zur Abwehr eines Reifizierungsdenkens (= Gleichsetzung von Theorie und Realität) die Erkenntnis gefördert, daß eine Konzeption wie das „System" oder „Selbstorganisation-Autopoiese-Emergenz" *zwar Wirklichkeit hat, nicht aber unmittelbar Wirklichkeit ist:* Die „Selbstorganisation von Systemen" bleibt immer eine Konstruktion des erkennenden Subjekts, auch wenn diese noch so gut emprisch abgesichert ist und, wie weitgehend auch immer, die menschliche Tätigkeit real determiniert.

Angestrebt wird also ein *dialektisches Begreifen* der *Einheit und Differenz* von „**Selbsttätigkeit**" und „**Selbstorganisation**" (s. dazu auch die Ausführungen unter 2.4.4 und die Tafel X). In ihren Lernprozessen sollen die Lernenden Strategien entwickeln, den Gegensatz zwischen **Selbsttätigkeit,** die an Subjekte und an eine bestimmte Materialität bzw. Substanz gebunden ist, und der **Selbstorganisation von Systemen** in sich auszuhalten und produktiv zu nutzen (An einem Beispiel konkretisiert: Die Einheit und die Differenz von künstlerischen Ansätzen wie dem von Joseph BEUYS und Vilem FLUSSER/Louis BEC herauszuarbeiten/s. dazu 2.4.4).

7.2 Empirische Lehr-Lern-Forschung und der Ansatz „Interdisziplinäre System- Bildung"

Ein Grund für Überlegungen, den Bildungsbegriff durch systemtheoretische Konzepte wie etwa das der „Selbstorganisation" zu ersetzen, kann aus dem Anliegen resultieren, den Erziehungswissenschaften eine stabile **empirische Basis** zu verschaffen. Dabei sind *Selbstorganisation, Autopoiese und Emergenz* auch in den Naturwissenschaften erst einmal **theoretische Setzungen,** die experimentell erforscht werden müssen, und nicht einfach induktiv aus der „Natur" abgeleitete oder ableitbare Wahrheiten.

Erziehungswissenschaftler tendieren dazu, solche Konzepte empiristisch mißzuverstehen. Sie meinen, sich dadurch Wissenschaftlichkeit und eine empirische Basis verschaffen zu können, daß sie naturwissenschaftliche Konzepte, etwa das der Kausalität oder das der Selbstorganisation, in ihrer Wissenschaft „anwenden". Sie verwenden dann diese Konzepte bevorzugt theoretisch-spekulativ, ersparen sich empirisch-experimentelle Arbeiten und erliegen leicht der Gefahr, gerade das Spezifische ihrer Wissenschaft leichtfertig zu verspielen, nämlich konsequent vom **tätigen Subjekt** aus zu denken und dieses nicht nur von außen als Objekt zu betrachten und mit analytischen Methoden aufzuklären.

Erziehungswissenschaftler neigen besonders dann zu „naturwissenschaftlichen" Vorgehensweisen, wenn es um das *Lernen und Lehren von Naturwissenschaften* geht. Wie am Beispiel des "Einfachen elektrischen Stromkreises" aufgezeigt wurde (s. dazu die Ausführungen unter 1.2.3.4), geht man dabei von fertig gegebenen Objekten (den „Lerninhalten") aus. Ermittelt werden dann zu diesen Objekten Schüler- bzw. Alltagsvorstellungen, die man früher als „Mißkonzepte" ansah, inzwischen aber in ihrer relativen Eigenständigkeit und ihren Eigenheiten anzuerkennen versucht. Als „Versuch" wird dieses Bemühen hier deshalb charakterisiert, weil das Interesse an den Schülervorstellungen nur zum Ziel hat, den Ausgangszustand beim „Lerner" und damit die Startbedingungen für Vermittlungsprozesse definieren zu können. Es werden zwar Lippenbekennntnisse über die Bedeutung und den (relativen) Eigenwert von Schülervorstellungen abgelegt, eine Diskussion über deren Stellung im Gesamtsystem des Wissens aber nicht geführt Das eigentliche Ziel bleibt, diese Vorstellungen in „wissenschaftliche" Vorstellungen zu überführen. Als Mittel greift man dabei auf **„kommunikative Analogien"** (HOOPS, W., 1992, S. 4) zurück, mit denen Lehrende bekanntes Wissen anschlußfähig für die Lernenden machen sollen (der als bekannt vorausgesetzte „Wasserkreislauf" etwa als Mittel für das Verständnis des unbekannten „elektrischen Stromkreises").

Die hier vorgebrachte Kritik gegen die empirische Lehr-Lern-Forschung ist Ausdruck der Unzufriedenheit und Beunruhigung darüber, daß sich seit Jahren wenig bis nichts ändert, obwohl in empirischen Untersuchungen immer wieder der mangelnde Erfolg des mathematisch-naturwissenschaftlichen Unterrichts konstatiert wurde. Als mitverantwortlich dafür wird eine Lehr-Lern-Forschung angesehen, die den Erkenntnis- bzw. Lernprozeß nach „unten" und nach „oben" hin abschneidet (s. dazu auch 1.2.3.4): Nach „unten", weil den Lernenden die theoriegeleitete und fachlich ausgerichtete Konstitution etwa des elektrischen Stromkreises oder des physikalischen „Pendels" nicht zugänglich gemacht und schon gar nicht die Produktion eigener Bilder zur Strukturierung eigener sinnlich-emotionaler Erlebnisse im nicht-fachlichen Umgang mit „Lerninhalten" wie etwa undurchschaubarer Energie ermöglicht wird.

Nach „oben" wird der Erkenntnisprozeß deshalb abgeschnitten, weil nur (kommunikative) *Analogien* als Erkenntnismittel in den Lehr-Lern-Prozeß eingeführt werden. Damit aber wird den Lernenden das *Agieren auf metatheoretischer und metakognitiver Ebene* vorenthalten, wie es **heuristische,** auf die *Erzeugung von Neuem* ausgerichtete Erkenntnismittel wie *Metaphern und Kategorien* erforderlich machen (s. dazu die Ausführungen unter 3.3.2.1 und die Tafel XXI).

Einerseits stellen Vertreter der psychologisch-„konstruktivistisch" orientierten Lehr-Lern-Forschung wie Reinders DUIT selbst fest, daß es im Bereich ihres Forschungsansatzes kaum bzw. keine Untersuchungen zum Umgang mit heuristischen Mitteln gibt. DUIT konstatiert das speziell für den Umgang mit Metaphern, die er allerdings mehr oder weniger gleichsetzt mit Analogien (s. dazu. DUIT, R., 1992). Trotz fehlender Forschung werden aber in dem BLK-Gutachten zur „Steigerung der Effizienz des mathematisch-naturwissenschaftlichen Unterrichts" zu diesem Problem generelle Aussagen gemacht wie etwa: „Je allgemeiner diese Werkzeuge sind, desto geringer ist ihr Nutzen bei der Lösung spezifischer anspruchsvoller Probleme." (BLK, 1997, S.13).

Überhaupt ist an diesem Gutachten auffällig, daß die Lehr-Lern-Forschung als ein umfassendes und weitgehend konsistentes, auch noch als „bildungstheoretisch" (S.9) apostrophierbares System von empirisch belegten Aussagen vorgestellt wird, auf dessen Grundlage schlüssige Empfehlungen für das Lehren und Lernen möglich seien. Nicht mit diesem Forschungsansatz verbundene Vertreter der Erziehungswissenschaften beurteilen demgegenüber den Forschungsstand deutlich anders: „!980 stellt sich die L-L-F noch immer als bloßer Sammelname für verschiedene Forschungsstränge dar (WEINERT/TREIBER, 1980, S. 9) und weitere 10 Jahre später konstatiert BECK (1990, S. 10) - wie viele andere Autoren auch - denselben fundamentalen Mangel: Isolierte Studien und Forschungsresultate, die nur selten verknüpfbar sind, sowie Theoriearmut insofern, als formalen Modellen keine materialen Hypothesenkonstruktionen gegenüberstehen und die Komplexität der interessierenden Realität noch nicht hinreichend abgebildet ist." (STRITTMATTER, P., DINTER, F., 1991, S. 203 f.).

In dem BLK-Gutachten „Steigerung der Effizienz des mathematisch-naturwissenschaftlichen Unterrichts", mit dem Vertreter der Lehr-Lern-Forschung einen entscheidenden Einfluß auf einen wichtigen Bildungsbereich zu gewinnen suchen, werden sehr grundsätzliche Aussagen gemacht nicht nur zu grundlegenden **Mitteln des Lernens**, zu denen auch die heuristischen Mittel gehören, sondern auch zum *fachlichen und überfachlichem Lernen, zum situationsbezogenen Lernen und zum systematischen Wissenserwerb sowie zur Selbstregulation und zum angeleiteten Lernen*. Dabei wird etwa zum *überfachlichen Lernen* festgestellt, daß es kaum strittig ist, „daß die überfachliche Perspektive in unseren Schulen im allgemeinen zu kurz kommt. Dies gilt insbesondere für den mathematisch-naturwissenschaftlichen Unterricht." (BLK, 1997, S. 19).

Man kann aber davon ausgehen, daß nicht nur zum *überfachlichen Lernen* keine ausreichende Praxis besteht, sondern auch zu allen anderen komplexeren Lernarten und -formen. Es fehlen nämlich weitgehend theoretisch fundierte fachdidaktische Konzepte für diese Art von Lernen, auf die empirische Forschung ausgerichtet werden könnte. Zur Entwicklung solcher Konzepte wäre nämlich eine stärkere Zusammenarbeit zwischen wissenschafts- und erkenntnistheoretisch arbeitenden und empirisch ausgerichteten Fachdidaktikern erforderlich. Beide Seiten nehmen sich aber zu wenig zur Kenntnis, wobei als Grund bei den empirischen Forschern vermutet werden kann, daß sie dann nicht mehr ohne größere Umstände ihre empirisch-quantitativen Methoden einsetzen könnten, sondern sich auf lange Diskussionsprozesse einlassen müßten. Als Beispiel, an dem dieser Forschungsstand besonders deutlich wird, sei noch einmal auf den Stand fachdidaktischer Arbeiten zum elektrischen Stromkreis hingewiesen, wie er sich etwa in den Veröffentlichungen der Jahrestagungen der Gesellschaft für die Didaktik der Chemie und Physik GDCP darstellt: Auf der einen Seite werden seit Jahren immer wieder Schülervorstellungen zum elektrischen Stromkreis erhoben und empirische Forschungen zum Gebrauch von (kommunikativen) Analogien durchgeführt; auf der anderen Seite werden von wissenschafts- und erkenntnistheoretisch interessierten Fachdidaktikern historische Rekonstruktionen der Erforschung der Elektrizität vorgelegt, die sehr wohl Orientierungen bieten könnten für ein komplexeres Herangehen an Lehr-und Lern-Prozesse zur Elektrizität. (s. dazu auch die Ausführungen unter 1.2.3.4). So aber kommt es nur zu einer weitgehend unveränderten und wenig effektiven Vermittlung des „guten Alten", weil dieses unaufgeklärt bleibt.

Lehr-Lern-Forscher, die sich spezialisiert haben auf Methoden der empirischen Sozialforschung, verhalten sich zu formalistisch, wenn sie das heute in Schulen vermittelte Fachwissen einfach als gegeben und akzeptabel ansehen und unbefragt zum Ausgangspunkt ihrer Untersuchungen machen. Mins MINSSEN (1998/99) hat am Beispiel Chemieaufgaben der Studie „TIMSS - Mathematisch-naturwissenschaftlicher Unterricht im internationalen Vergleich - Deskriptive Befunde" (BAUMERT, J. u.a., 1997) aufgezeigt, daß die empirische Lehr-Lern-Forschung von einem Schulwissen ausgeht, das abstrakt und formalistisch ist und nicht nur von Lernenden nicht verstanden werden kann, sondern auch grundlegende Zweifel an dem Naturwissenschaftsverständnis der Lehr-Lern-Forscher erwecken kann.

Eine der Fragen zum Fach Chemie heißt: Was entsteht, wenn ein neutrales Atom ein Elektron verliert? Von den vier angebotenen Antworten soll die richtige sein: Ein Ion. Dazu Mins MINSSEN: „Das hat man gesagt bekommen oder nicht gesagt bekommen. Die Antwort ist auf keine Weise durch Nachdenken herzuleiten. Es ist wie beim Kreuzworträtsel: Man weiß es oder weiß es nicht." (MINNSSEN, M., 1998/99, S. 187; s. dazu auch seine Ausführungen zur „Sichtbarkeit" von Atomen S. 191f). Die am höchsten eingestufte Frage, für die die Testpersonen die meisten Punkte bekommen können, lautet: Die Wörter *Stoff, Faden* und *Faser* können zu folgendem Satz verbunden werden: *Stoff* besteht aus *Fäden,* die aus *Fasern* zusammengesetzt sind. Verwende die Wörter *Moleküle, Atome* und *Zellen,* um den folgenden Satz zu vervollständigen: _____ bestehen aus _____, die aus _____ zusammengesetzt sind. Die richtige Antwort soll sein: *Zellen* bestehen aus *Molekülen,* die aus *Atomen* zusammengesetzt sind. Dazu Mins MINSSEN: „Ich bin einigermaßen verblüfft. Besser als mit diesem Beispiel der Verknüpfung von zwei Sätzen ist der philosophische Mangel „global" stattfindender „naturwissenschaftlicher" Schullehre, nach deren Ergebnissen die Tester ja fragen, kaum wiederzugeben. Hier werden die Kinder erst ins Halbreale und dann ins Absurde geführt, ohne daß sie den Gang der Reise durchschauen können. Absurd ist auch wörtlich zu nehmen als mißtönend zwischen den Gliedern des Satzes." Diese noch pauschal gehaltene Kritik begründet er dann differenzierter wie folgt: „Hätte mich jemand gefragt, woraus Zellen bestehen, hätte ich geantwortet: Aus Zellkern, Zellwand und Zellplasma und hätte vielleicht weitere Untereinheiten und Organellen angeboten wie Ribosomen und Mitochondrien oder sonst etwas, was in Lehrbüchern zur Systematik des Zellbegriffs zu finden ist. Auf Moleküle und Atome wäre ich, da mir die asiatische Höflichkeit fehlt, mir die Erwartungen der Fragenden zu eigen zu machen, nicht gekommen. Die Stichworte Atome und Moleküle findet man nicht unter dem Begriff Zelle, Stoff im Sinne von Tuch, und Fäden und Fasern sind auf der gleichen Wahrnehmungsebene gegeben. Ich kann sie sehen und daran reißen. Zellen kann ich je nach Typ mit bloßem Auge, mit Hilfe einer Lupe oder unter dem Lichtmikroskop erkennen, wenn ich eine Vorstellung von ihrer Erscheinung habe. Moleküle und Atome liegen in einem anderen, weit weniger dinglichen Bereich, mehr in einer begrifflich-irrealen Welt als in einer real anfaßbar vorhanden gedeuteten. Wieviel Atome braucht der Schwefel, um gelb zu werden, wieviel Moleküle das Wasser, damit es naß ist? Das Ding, das Material ist mit einem Atom, einem Molekül nicht zu haben..." (MINSSEN, M., 1998/99, S. 189).

Hier zeigt sich also bei Lehr-Lern-Forschern ein ähnlich unbekümmertes Umgehen mit verschiedenen Denk-, Abstraktions- und Formalisierungsebenen wie bei mehr theoretisch ausgerichteten Erziehungswissenschaftlern mit ihrer vorschnellen Gleichsetzung der Begriffe „Selbsttätigkeit/Bildung" mit systemtheoretischen Begriffen wie „Selbstorganisation/Autopoiese/Emergenz". Dabei soll nicht verlangt werden, daß sie selbst alle diese Theorien, Konzepte, Konstrukte usw. aus den Naturwissenschaften aufarbeiten. Angestrebt werden muß vielmehr eine **interdisziplinäre Kooperation** (s. dazu auch die Ausführungen in 6.1 und 7.3 zum Forschungs- und Entwicklungsverbund „Interdisziplinäre System-Bildung"), die es ihnen ermöglicht, Wissen *inhaltlicher, historischer, metatheoretischer und (selbst-)reflexiver* zu sehen, es in seiner *Bewegung, Veränderung und Entwicklung* zu begreifen und ihre Forschungen dementsprechend anzulegen. Als Erziehungswissenschaftler wäre von ihnen dann auch der entscheidende, von der Bildungstheorie vorgegebene Paradigmenwechsel von einer *analytischen Sicht von außen* auf das Wissen und die Lernenden zum *Erzeuger von Wissen*, dem „selbsttätigen Subjekt", zu vollziehen.

Für den Ansatz „Interdisziplinäre System-Bildung" ist im Anschluß an die Tradition der deutschen Bildungstheorie genau ein solcher Paradigmenwechsel grundlegend, der auch eine andere Ausrichtung der zentralen Fragestellungen empirischer Forschung einschließt. Im Gegensatz zur Lehr-Lern-Forschung werden den Lernenden nicht fertige, von den Fachwissenschaften theoriegeleitet konstruierte Objekte (wie der „elektrische Stromkreis", das physikalische Pendel oder andere standardisierte Experimente etwa der Firma PHYWE) vorgegeben, zu denen dann entsprechend der in den Experimentiergegenständen vergegenständlichten „Sachlogik" oder „Sachstruktur" die Lernenden die richtigen wissenschaftlichen Vorstellungen sich anzueignen haben. Es werden vielmehr „Urphänomene", aus der alltäglichen Lebenswelt entnommene **Miniaturen** wie der *Hefeteig, der Spiegel, die Wirbelstraße oder die Muschel* angeboten, die komplexes sinnlich-emotionales Erleben und zugleich aufgrund an ihnen aufscheinender Paradoxien einen „ästhetischen Konflikt" auslösen. Dieser wird dann mit „Ur-" Bildern als Mittel in eine anschaubare und bearbeitbare Form gebracht, die bis hin zu kategorialer Begrifflichkeit entwickelt wird. Ist damit ein absichtsvoll inszeniertes *situiertes Lernen* (zu dieser und den folgenden hervorgehobenen Lernarten s. das BLK-

Gutachten, 1997) der Ausgangspunkt, so wird dieses in einem komplexen Entwicklungsprozeß *systematisch* entfaltet, so daß ein *kumulatives Lernen* stattfindet. Dabei werden die allgemeinen heuristischen Mittel immer wieder mit Disziplinärem in Beziehung gesetzt, so daß *fachliches Lernen* und *fächerübergreifendes Lernen* in einem spannungsvollem Wechselspiel miteinander bleiben und sich nicht verselbständigen (allgemeine Vorstellungen von *Ordnung* und *Chaos* etwa werden genutzt, um die Geschichte der Strömungswissenschaft zu rekonstruieren und den jeweiligen Umgang mit laminaren Strömungen und chaotischer Turbulenz zu erfassen und zu interpretieren). Indem schließlich am Ende des Lernprozesses *konkretisierbare Utopien* entworfen werden, wird *Verantwortung für das eigene Lernen* insofern übernommen, als die eigenen Ideen und Lösungsvorschläge anderen gegenüber vertreten und eventuell aufgrund von deren Rückmeldungen überarbeitet oder grundlegend verändert werden.

Empirische Forschung begleitet diesen Prozeß dabei nicht (mehr nur) von außen, indem sie Lernende beobachtet und ihren Lernprozeß analysiert. Stattdessen werden Selbstthematisierungen von selbsttätigen Subjekten, die quasi „von innen" gesehen werden, in *semantischen Netzwerken* anschaubar gemacht, die dann im Prozeß einer *dialogischen Forschung* zu Mitteln der lernenden Subjekte und zur Weiterentwicklung von Selbsttätigkeit von diesen selbst genutzt werden (s. dazu die Ausführungen im Teil 5). Auch wenn so empirische Methoden zu **Mitteln der Selbsttätigkeit** werden, ist damit natürlich nicht ausgeschlossen, daß in Begleitforschungen auch bisherige Verfahren eingesetzt werden bis hin zu quantitativen Methoden. Diese aber bleiben dem Prozeß der dialogischen Forschung untergeordnet, begleiten und unterstützen ihn.

Grundlegend für diese *dialogische Forschung* sind folgende Hypothesen:

- „Epistemologische Heureme" bewirken „ästhetische Konflikte" und „epistemische Brüche" von so grundlegender Art, daß Selbsttätigkeit ausgelöst wird und Lernende beginnen, ihre eigene Tätigkeit zum Gegenstand von Reflexionen zu machen.
- In Selbstthematisierungen bringen sie diese Reflexionen zum Ausdruck und tauschen sie untereinander und mit den Forschern aus. Dadurch kommt es zu komplexeren Sichtweisen, als sie von einzelnen erreicht werden bzw. erreichbar sind.
- Grundlegende Bestandteile von Selbstthematisierungen sind Begriffspaare (wie *Ordnung/Chaos, Teil/Ganzes, Innen/Außen, Bestimmen/Bestimmtwerden usw.*), die für das Alltagsdenken ebenso elementar sind wie für hochentwikkeltes dynamisch-evolutionäres Systemdenken.
- Alltagsdenken (und damit auch das Denken von Lernenden) tendiert je nach (vor-)gegebenen Situationen und Objekten zum *Monismus* (eine Seite eines Begriffspaars wird betont und verabsolutiert) oder zum *Dualismus* (beide Seiten sind im Denken präsent, stehen aber weitgehend beziehungslos nebeneinander).

- In Bildungsexperimenten und mit ihnen verbundener dialogischer Forschung ist eine Hinführung zu einem expliziten *komplementären bzw. dialektischen Denken* möglich.
- Begriffspaare zeigen eine Tendenz zur *Vernetzung* (Beispiel: *Ordnung* korrespondiert mit der Möglichkeit des *Bestimmens, Chaos* mit dem Gefühl des *Bestimmtwerdens*).
- Mit Begriffspaaren läßt sich die Bildung *theoretischer Konstrukte* in Disziplinen rekonstruieren und begreifen. Sie sind daher Mittel für ein Agieren auf **metatheoretischer Ebene.**
- Mit Begriffspaaren lassen sich eigene Sichtweisen und Arten der Gestaltung von Wirklichkeit reflektieren. Sie sind daher Mittel für das Agieren auf **metakognitiver Ebene,** auf der man sich seine eigenen Sichtweisen und Arten der Gestaltung von Wirklichkeit bewußtmacht und zielgerichtet organisiert.

7.3 „Etwas Neues sehen, das gut ist; das gute Alte kennen wir schon!" (Hans-Magnus ENZENSBERGER: Kassandra)

Die empirisch-psychlogisch ausgerichtete Lehr-Lern-Forschung zielt in ihren programmatischen Äußerungen einen „weiten Wissensbegriff" an: „Er schließt Wissen über Fakten und deren Zusammenhänge, das Verständnis von Konzepten, Modellen und Theorien sowie methodologisches Wissen und methodische Kenntnisse ebenso ein wie das Wissen über das eigene Denken, Handeln und Lernen. Darüber hinaus werden unter diesem Begriff aber auch jene oftmals routinisierten, nicht selten auch automatisierten Fertigkeiten verstanden, die für erfolgreiches Handeln und Lernen notwendig sind." (BLK, 1997, S. 10).

Nimmt die Lehr-Lern-Forschung diese Programmatik wirklich ernst und läßt sich von ihr mit all ihren Implikationen, zu denen etwa die Unmöglichkeit einer Messung und Benotung bestimmter Leistungen bei komplexeren Lernarten und -formen gehört, in ihrer Forschungspraxis leiten? Ein Vergleich der Lehr-Lern-Forschung und des Ansatzes „Interdisziniäere System-Bildung" führt zu dem folgenden, bewußt zugespitzten Bild:

(1) Lehr-Lern-Forschung

Lehr-Lern-Forschung wendet sich dem **schulischen** Lernen zu und konzentriert sich dabei auf grundlegende und traditionsreiche Konzepte etwa der Physik. Es geht ihr also um das **„gute Alte",** das für Lernende Neues ist und sein soll. Zu diesem „guten Alten" werden *Schülervorstellungen* erhoben wie etwa zur klassischen Mechanik, zum Energiebegriff oder zum elektrischen Stromkreis. Die „Lerngegenstände" werden dabei als fertig vorgegeben angesehen, es wird von „der Sachstruktur", „der Sachlogik", den „naturwissenschaftlichen Inhalten" usw. gesprochen. Von dem gleichen Denkansatz her erforscht man auch die *Interessen, die Motivation, die Einstellungen* usw. von Lernenden zu diesen „Inhalten".

Weitgehend unverbunden mit dieser *Konstatierungsforschung* werden Untersuchungen durchgeführt zur Verwendung von *Analogien*. Dabei beschränkt man sich weitgehend auf *„kommunikative" Analogien*. Das ist insofern verständlich, als das „gute Alte" ja als bekannt vorausgesetzt und das Problem in seiner Vermittlung gesehen wird. Diese Vermittlung gilt es also zu optimieren. Deshalb sucht man nach Mitteln, wie man das fachliche Wissen in einer effektiven Weise **von den Lehrenden auf die Lernenden** übertragen kann.

Wiederum relativ unabhängig von den empirischen Erhebungen und der Erforschung von Analogien werden Leistungsmessungen und Leistungsvergleiche durchgeführt. Auch dieses liegt nahe, wenn man von fertigen Lerninhalten her denkt und deren effektive und ökonomische Vermittlung als zentrales Ziel von Lehren und Lernen setzt.

Das Beispiel „TIMSS-Studie" zeigt, daß diese Art empirischer erziehungswissenschaftlicher Forschung durchaus nicht nur für den Wissenschaftsbetrieb, sondern auch für die Praxis des Bildungssystems eine hohe Relevanz haben kann. Da das „gute Alte" aber als bekannt vorausgesetzt wird, wird nicht ein Beitrag zu „inhaltlichen" Veränderungen des Bildungswesens geleistet, **sondern nur eine Optimierung und Effektivitätssteigerung traditioneller, von der empirischen Forschung selbst als defizitär nachgewiesener Vermittlungsstrategien** .

Ein Beispiel dafür ist der BLK-Modellversuch „Steigerung der Effizienz des mathematisch-naturwissenschaftlichen Unterrichts". Da laut TIMSS-Studie die deutschen Schüler im internationalen Leistungsvergleich in diesem Lernbereich (relativ) schlecht abschnitten, wurde von der Bund-Länder-Kommission (BLK) dieser finanziell großzügig ausgestatteter Modellversuch eingerichtet. Die Organisation umfaßt dabei als Elemente einen Lenkungsausschuß, eine Koordinierungsstelle, Pilotschulen und regionale Netzwerke sowie einen Wissenschaftlichen Beirat. Ziel dieses Organisationsverbunds ist es, „einen längerfristigen Prozeß der Sicherung und Optimierung der Qualität des mathematisch-naturwissenschaftlichen Unterrichts anzuregen und zu unterstützen, der:

- Unterricht als komplexes, auf **stabile und bewährte Routinen** (!) angewiesenes System auffaßt,
- auf lokalen und überregionalen Erfahrungsaustausch angelegt ist,
- von Anfang an die Perspektive der Breitenwirkung in die Regionen entwickelt und
- eine Dynamik entfalten kann, die über das Ende des Modellversuchs-programms hinaus trägt." (BLK, 1997, S. 102/ Hervorhebung: W.W.)

Ohne Zweifel ist damit eine effiziente Organisationsstruktur geschaffen, wenn man eine grundlegende Prämisse akzeptiert: Die Lerninhalte - das „gute Alte" - sind bekannt und fertig, man muß sie nur noch optimal für die Lernenden aufbereiten und dann dafür sorgen, daß „stabile und bewährte Routinen" ausgebildet und eingesetzt werden.

Skeptisch gegenüber dieser Prämisse aber wird man nicht zuletzt dann, wenn man Ergebnisse der empirischen Lehr-Lern-Forschung kennt, etwa zu dem Wissen von Lernenden über Physik: Internationale Studien zeigen, daß bis in den Hochschulbereich Lernende grundlegende Defizite aufweisen, wenn nicht nur Formel- und Anwendungswissen abgefragt wird. Deutlich wird vor allem, daß **qualitative Vorstellungen** (man denke etwa an das bekannte Beispiel aus dem mathematischen Bereich: Zwei Männer benötigen für das Ausschachten eines 1x1m breiten und 2m tiefen Lochs 1 Stunde, wieviel benötigen 10 Männer?) nur unzureichend ausgebildet oder in einer Art vorhanden sind, die den Zugang zu modernem physikalischen Denken be- oder sogar verhindern. Schwierigkeiten, die selbst Physikdidaktiker (und nicht wenige Physiker) etwa beim Begriff "Feld" oder beim Übergang vom Kausal- zum Wechselwirkungsdenken haben, sind dafür ein Beispiel.

Die hier vertretene These ist also: Das Problem ist (erst einmal) noch gar nicht die **Optimierung der Aneignung von altem, als grundlegend angesehenem Wissen,** sondern die **Erzeugung von neuem Wissen über altes, nur angeblich bekanntes Wissen.** Der Lehr-Lern-Forschung kann man vorhalten, daß sie ihre eigenen Ergebnisse nicht ernstnimmt, die zeigen, daß es größte Lernschwierigkeiten bei der Aneignung etwa der „Klassischen Mechanik", einer wichtigen Grundlage jedes physikalischen Denkens, gibt. Physikdidaktik müßte also zuerst einmal historische Rekonstruktionen, wissenschafts- und erkenntnistheoretische Studien, umfangreiche Experimente usw. durchführen, um dann „stabile und bewährte Routinen" (BLK, 1997, S. 102) ausbilden und für das Bildungssystem verfügbar machen zu können. Eine solche fachdidaktische Lehr-Lern-Forschung müßte dabei in einem interdisziplinär ausgerichteten Arbeitszusammenhang eingebettet sein, weil die zu bearbeitenden Probleme nicht nur oder sogar nicht vorrangig von einer *fachlich-theoretischen Ebene* anzugehen sind, sondern vielmehr von einer *metatheoretischen und metakognitiven Ebene.* Es müßte also eine **interdisziplinär ausgerichtete Didaktik** entwickelt werden, die es ermöglicht, „einen wissenschaftsdidaktischen Prozeß zu organisieren, der im Wechselspiel von Disziplinarität und Interdisziplinarität Veränderungen nicht nur im Schulunterricht, sondern im ganzen Sachfeld und d.h. auch in der Wissenschaft selbst bewirkt." (BLANKERTZ, H., 1973, S. 12).

(2) Der Ansatz „Interdisziplinäre System-Bildung"

Beim Ansatz „Interdisziplinäre System-Bildung" geht es nicht um die **Optimierung von Altem,** sondern um die *Erzeugung von Neuem.* Dieses Neue ist zuerst einmal das in der Selbsttätigkeit erzeugte *„Subjektiv-Neue",* die eigene, immer einzigartige Persönlichkeit. Am Beispiel der Entwicklung der Systembildungssequenz „Die Wirbelstraße" (s. Teil 4) soll im folgenden skizziert, wie sich dadurch das ganze auf Bildung und Erziehung ausgerichtete Tätigkeitssystem grundlegend ändert (s. dazu auch die Ausführungen unter 2.1.2 zur Bildung von *Experimentiergemeinschaften* im Bereich der Neuen Musik). Da sich bildende, selbsttätige *Subjekte,* also ganz bestimmte und konkrete Personen (und nicht wie bei LUHMANN/SCHORR ein nur angenommer Schüler „Stefan"), Mittel-und Ausgangspunkt des Ansatzes „Interdisziplinäre System-Bildung" sind, ist es im folgenden notwendig, Namen, Institutionen, persönliche Verdienste, Erfolge usw. konkret zu benennen, damit aber an vom etablierten Wissenschaftssystem definierte Tabugrenzen zu stoßen und den Vorwurf „peinlicher" Eigenpropaganda zu riskieren.

Ausgangspunkt der Arbeiten waren nicht Überlegungen, wie man Wissen über den „Lerninhalt Wasser" innerhalb eines bestimmten Faches oder fach - und fächerübergreifend in den Unterricht bringen könnte (s. dazu etwa die Unterrichtseinheit „Ich und das Wasser" des „Projekts Integrierte Naturwissenschaftliche Grundbildung PING" 1995 oder die Unterrichtsmaterialien „Wasser begreifen und erfahren" von W. KNEIP, STACHEIT, W., o.J.), sondern die Frage, wie die **Mittel menschlicher Tätigkeit und der Computer als entwickeltstes Mittel** zum Gegenstand selbsttätigen Lernens werden können.

In Diskussionen über das Spezifische des Computers hatte der Mathematiker Michael STAWICKI auf eine Ausstellung von PEITGEN, RICHTER und SAUPE (1984) in Bremen aufmerksam gemacht, in der zum ersten Mal in Deutschland Bilder aus der fraktalen Geometrie gezeigt wurden. Manche dieser fraktalen Bilder riefen Assoziationen an Flüssigkeitsbewegungen wie etwa spiralförmige Turbulenzen hervor und brachten den Autor und die damaligen studentischen Hilfskräfte Andreas BLÖSS und Stefan SCHULDT (Fächer: Physik/Mathematik) auf die Idee, eine Systembildungssequenz zum Thema *„Ordung und Chaos"* zu entwickeln, die von komplexen sinnlichemotionalen Erfahrungen beim Spielen mit Wasser ausgeht und dann die entstehenden elementaren Bilder und die aus ihnen ableitbaren Ideen von *Ordnung und Chaos* in einem *Prozeß vom Konkreten zum Abstrakten* zu immer komplexerem Wissen entwickelt. Auf einige Stationen des dann einsetzenden Arbeitsprozesses zur Entwicklung dieser Idee soll im folgenden kurz eingegangen werden:

Erfahrungen mit einer *Curriculumentwicklung „von oben"* (vor allem durch die eigene Mitarbeit im BLK-Modellversuch „Wahlpflichtunterricht" und im BLK-Modellversuch „Kollegstufenversuch NW") wie einer *„Basisnahen Curriculumentwicklung"* (Mitarbeit im Gesamtschulversuch NW) führten zu der von dem damaligen Leiter des IPN, Karl FREY, mitgetragenen Entscheidung, zusammen mit Wissenschaftlern und Künstlern unter möglichst optimalen Bedingungen eine Ausstellung zu entwickeln. Im Sinne einer **„heuristischen Curriculumentwicklung"** (s. dazu die Ausführungen unter 6.4) sollten Lehrende dann in dieser Ausstellung eigene Erfahrungen mit der Systembildungssequenz „Die Wirbelstraße" machen und auf dieser Grundlage Unterrichtsmaterialien für ihre Schulpraxis erstellen und erproben.

Gebildet wurde ein interdisziplinäres Team (Mitarbeitende waren u.a. die Künstler Klaudiusz KOWOLL, Hans-Martin IHME, Roland OESKER, Carmen RSYCZKA, Rose SCHMIDT-STETTIN, der Ozeanograph Erich BÄUERLE, der Wissenschaftstheoretiker Wilhelm WOLZE, der Naturphilosoph Jan R. BLOCH, die Physikdidaktiker Jens BRAAK und Peter REINHOLD, die Pädagogen Ulrich B. STAUDENMAYER und Margarete WOLZE, der Erziehungswissenschaftler Bernd FICHTNER, der Techniker Kurt NIEMANN und die Architektin Gabriele PAHMS). In Kooperation mit der „Kunsthalle zu Kiel" wurde die entwickelte *interaktive* Ausstellung 1987 im Rahmen der Kieler Woche zum ersten Mal realisiert und in demselben Jahr auf dem Kongreß des Internationalen Kunsterzieherverbandes INSEA im Kongreßzentrum in Hamburg gezeigt.

Die Ausstellung in Hamburg führte zu ersten Kontakten mit Ivone Mendes RICHTER, Professorin für Kunsterziehung an der brasilianischen Universität Santa Maria RS, und Frederico RICHTER, einem bekanntem Komponisten für Neue Musik in Brasilien. In der Folgezeit entwickelten sich in Deutschland und Brasilien zwei voneinander relativ unabhängige Netzwerke von Wissenschaftlern und Künstlern, die zugleich, vermittelt über die Systembildungssequenz „Die Wirbelstraße", miteinander kooperierten. In Deutschland gehörten dazu vor allem neben den oben aufgeführten Mitarbeitenden Henning FREIBERG und Karl-Heinz EDEN von der „Arbeitsstelle für Computergrafik in der ästhetischen Erziehung" der Hochschule der Bildenden Künste und Heiko HERWALD vom Fachbereich „Kunsterziehung" der Universität Lüneburg. In Brasilien waren es vor allem André PETRY von der Universität Santa Maria RS sowie Cleusa PERALTA und José FLORES von der Universität Rio Grande RS.

Ergebnisse dieser Arbeit waren Ausstellungen und Projekte in der Lehreraus- und fortbildung sowie in Schulen und Städten etwa im Rahmen von Kultur- und Stadtfesten. Außerdem fanden mehrere wissenschaftliche Veranstaltungen statt, deren Ziele die gemeinsame Arbeit an der theoretischen Konzeption und die Entwicklung eines empirischen Designs waren. Teilnehmer waren hier neben den oben genannten Wissenschaftlern u. a. Kerst BOERSMA vom Naturwissenschaftsdidaktischen Zentrum der Universität Utrecht/Niederlande, Ulrich EISEL vom Institut für Landschaftsökonomie und Landschaftsplanung der TU Berlin, Joachim LOMPSCHER und Hartmut GIEST vom Interdisziplinären Zentrum für Lehr-Lern-Forschung der Universität Potsdam und Arne RAEITHEL vom Psychologischen Institut der Universität Hamburg.

Ergebnisse der Arbeit wurden aufgrund der interdisziplinären Ausrichtung auf so unterschiedlichen wissenschaftlichen Kongressen vorgestellt wie dem 2. Internationalen Kongreß für Tätigkeitstheorie in Helsinki (Lahti)/Finnland, auf dem Internationalen

Kongreß für Semiotik in Passau, auf der "Fiera delle Utopie Concrete" in Citta di Castello/Italien, auf dem VIII. Kongreß für Angewandte Ozeanographie in Rio Grande RS/Brasilien und der ECO 92 (Internationaler Ökologischer Kongreß) in São Paulo/Brasilien. Außerdem wurden zahlreiche wissenschaftliche Veröffentlichungen verfaßt (s. dazu im Literaturverzeichnis die Arbeiten der aufgeführten Mitarbeiter).

Von grundlegenderer Bedeutung für die Beurteilung des Ansatzes „Interdisziplinäre System-Bildung", der auf die *Erzeugung von Neuem in der Selbsttätigkeit* ausgerichtet ist, sind aber nicht nur solche internationalen und wissenschaftlichen Präsentationen, sondern konkrete Beispiele, wie für Beteiligte die Forschungs- und Entwicklungsarbeiten eine **persönliche Bedeutung** und ihre Beiträge zu den Arbeiten zugleich **gesellschaftliche Relevanz** erlangten. Davon sollen einige im folgenden kurz skizziert werden:

- Angeregt durch die Teilnahme an von Roland OESKER durchgeführten Kursen in der Bundesakademie für musische Bildung und Medienerziehung in Remscheid baut der Techniker *Kurt Niemann* ein „Strömungsfenster", an dem Flüssigkeitsbewegungen studiert und durch verschiedenartigste Beeinflussungsmöglichkeiten erforscht werden können. Er selbst führt über die Zeit von etwa einem Jahr Videostudien durch und produziert auf der Grundlage des gewonnenen Materials einen Film, der dann im Fernsehen gesendet wird.
- Während seines ersten Forschungsaufenthalts in Kiel im Jahre 1989 komponiert Frederico RICHTER seine 2. Symphonie „Sinfonia Báltica", die am 4. Mai 1990 von dem Symphonieorchester Sao Paulo uraufgeführt und im Rundfunk und Fernsehen übertragen wird. In einem der Sätze dieser Symphonie mit dem Namen „Os Lagos de Eric (Erichs Seen)" werden Intervalle verwendet, die der in dem Forschungsverbund mitarbeitende Ozeanograph Erich BÄUERLE bei der Erforschung von Eigenschwingungen des Chiemsees und des Comer Sees ermittelt hat. Im Jahre 1991 komponiert Frederico RICHTER auf der Grundlage von fraktalem Material, das er in Zusammenarbeit mit dem Diplomphysiker Stefan SCHULDT mit dem Computer generiert hat, das Stück „Monumenta Fractalis-Thomas" für Orgel und Tonband. Die Komposition, in der mittelalterliche Choralmusik mit fraktalen Klängen kombiniert wird, kommt 1992 in Sao Paulo zur Uraufführung und ist Teil einer CD mit den Werken Frederico RICHTERs (RICHTER, F., 1992).
- Angeregt durch einen an der Universität Santa Maria RS durchgeführten Workshop zum Ansatz „Interdisziplinäre System-Bildung" und der Systembildungssequenz „Die Wirbelstraße" gründet Cleusa PERALTA in Rio Grande RS eine Projektgruppe „Konkretisierbare Utopien", in der Wissenschaftler und Künstler der dortigen Universität sowie Lehrende aus Schulen der Region zusammenarbeiten. Ihre Aktivitäten tragen mit dazu bei, daß an der Universität Rio Grande RS der bisher einzige brasilianische Postgraduierten-Studiengang zur Umwelterziehung eingerichtet wird. Sie selbst, die bis dahin nur eine Lizenziatur für Kunsterziehung als akademische Qualifikation besitzt, gehört zu den ersten Studierenden und legt nach zwei For-

schungsaufenthalten in Deutschland eine Magisterarbeit zum Thema „Konkretisierbare Utopien - Entwurf eines interdisziplinären Ansatzes zur Umwelterziehung in Brasilien" (PERALTA, C., 1998) vor. Nach erfolgreicher Verteidigung dieser Arbeit wird sie kurze Zeit später vom Rektor der Universität beauftragt, ein Konzept für eine interdisziplinäre Ausrichtung von Forschung und Lehre an der Universität zu entwickeln und eine Abteilung im Rektorat zur Implementation dieses Konzepts zu leiten.

- Das Mitglied der Bundesleitung der Naturfreundejugend Deutschlands e.V., Günter KLARNER, nimmt an einem von Roland OESKER entwickelten Kursprogramm für Jugendkunstschulen teil, in dem die Systembildungssequenz „Die Wirbelstraße" einen zentralen Platz einnimmt. Auf der Grundlage seiner Kurserfahrungen entwikkelt Günter KLARNER ein Konzept für „UFOS: Umweltforschungsstationen" und führt seit Jahren auf dieser Grundlage Kurse, Jugendcamps, Internetaktionen usw. durch, über die überregionale Medien mehrfach als gelungene Beispiele für eine erfolgreiche Umwelterziehung berichten und für die das Projekt 1998 den Bundesumweltpreis des Bundespräsidenten erhält. Um die Ergebnisse allgemein verfügbar zu machen, weitere Aktivitäten anzuregen und miteinander zu verbinden, entwickelt Günter KLARNER Präsentationsformen für das Internet. Dabei kooperiert er mit Ulrich STAUDENMAYER, der an der Entwicklung des Ansatzes „Interdisziplinäre System-Bildung" von Anfang an beteiligt war. Zusammen konzipieren sie ein Computernetzwerk, an dem zum jetzigen Zeitpunkt folgende Institutionen teilnehmen: das Institut für Grundschulpädagogik der Universität Potsdam, die Naturfreundejugend Deutschland e.V., Staudenmayers Pädagogische Werkstatt, die Arbeitsstelle für Computergrafik in der Ästhetischen Erziehung der Hochschule der Bildenden Künste Braunschweig, die Pädagogische Stiftung Burgenland/Österreich, das Laboratorium für Ökologie der Universität Belo Horizonte MG/Brasilien, das Laboratorium für Denkforschung der Universität Espirito Santo/Brasilien und der Postgraduierten-Studiengang „Umwelterziehung" der Universität Rio Grande RS/Brasilien.

Diese Beispiele sollen zeigen, daß Lernende über den Ansatz „Interdisziplinäre System-Bildung" zu einem lebenslangen, ihre Persönlichkeitsentwicklung grundlegend bestimmenden Lernen und Arbeiten angeregt werden, indem sie elementare Bilder in sich enstehen lassen und diese in zeitlich weitausgedehnten Prozessen zu einer hohen Komplexität zu entfalten. Die Ergebnisse zeigen, daß sowohl die eigene Lebensperspektive entscheidend geprägt wie auch innovative Beiträge mit gesellschaftlicher Relevanz entwickelt werden.

Bildung ist hier also keineswegs nur individualistisch bzw. subjektivistisch ausgerichtet. Sie findet immer in sozialen Kontexten statt und wird von diesem bestimmt, beeinflußt diesen anderseits aber auch. Das wird noch deutlicher an dem folgenden Beispiel, bei dem anstelle der Betonung individueller Entwicklung stärker auf soziale Systemaspekte eingegangen wird.

Im Rahmen einer Realisierung der Systembildungssequenz „Muscheln: Nachhaltige Umgang mit Systemen" in Brasilien wurden 12 an Schulen der Stadt Rio Grande RS Lehrende zu einem zweiwöchigen Projekt eingeladen. Nach dem Besuch einer Fluß-landschaft wurde das unter 3.2.3 beschriebene Muschelexperiment durchgeführt und damit die Fragestellung bewußt und explizit gemacht, wie man mit Systemen im Spannungsfeld von *Reversibilität und Irreversibilität* umgehen kann. Konkretisiert für den Umgang mit der ausgewählten Landschaft hieß das: Soll ich diese Landschaft ver-ändern und gestalten oder erhalten?

Zur Bearbeitung dieser Problemstellung trafen sich die Lehrenden innerhalb der ersten Woche an jedem Tag mit einem Umweltwissenschaftler der Universität Rio Grande RS und lernten jeweils einen bestimmten Forschungsansatz kennen. Die Reihenfolge war dabei so gewählt, daß ein Prozeß des *„Aufsteigens vom Konkreten zum Abstrakten und wieder zurück zum Konkreten"* stattfand: Carolus Maria VOOREN führte ein in eine phänomenologische Sichtweise der Landschaft, Ulrich Seliger stellte einen empi-risch-analytischen Zugang zur Landschaft vor, Milton ASMUS nahm diesen auf und entwickelte ihn in Richtung eines ökosystemtheoretischen Ansatzes, den Michael CHAPMAN in eine abstrakte Systemtheorie überführte, mit der auf ästhetisch-künstlerischer Weise abstrakte Muster generiert wurden; diese Muster nutzte Paulo TAGLIANI zur Analyse von Satellitenfotos gegebener und zur Planung möglicher Landschaften, die dann als Orientierungen für den Entwurf konkretisierbarer Utopien für die Flußlandschaft am Strand von Rio Grande RS genutzt wurden.

In der zweiten Projektwoche entwickelten die Lehrer eine Ausstellung, zu der sie ei-nerseits Kollegen und Schüler der eigenen sowie anderer Schulen einluden, die sie an-dererseits aber auch nutzten als Grundlage für eigene Unterrichtsplanungen (s. dazu ausführlich: AUTORENGRUPPE „INTERDISZIPLINÄRE SYSTEM-BILDUNG", 1998).

Zu diesem Projekt mit Lehrern fanden im Rahmen eines von der brasilianischen For-schungsorganisation CNPq geförderten Forschungsprojekts „Interdisziplinäres Sy-stemdenken in den Umweltwissenschaften und der Umwelterziehung" vor- und nach-bereitende Arbeiten statt, die vor allem auf eine Dokumentation der Umweltforschung an der Universität Rio Grande RS in Form einer Multimedia-Präsentation ausgerichtet waren. Damit sollte auch ein Beitrag zur interdisziplinären Kooperation in der Um-weltforschung (s. zu den Defiziten in diesem Bereich das Gutachten zur Umweltfor-schung des WISSENSCHAFTSRATs, 1994) geleistet werden, und zwar sowohl in-nerhalb der Universität wie auch international, da die Region Rio Grande RS auch un-ter globalen ökologischen Aspekten (u. a. ist dort eine der größten Lagunen der Welt und ein 200 km langer, weitgehend noch naturbelassenr Sandstrand) von besonderer Bedeutung für das Weltklima ist.

Sowohl diese Dokumentationsarbeiten wie auch die Projektarbeit mit den Lehrern waren Ausgangspunkt für z. Zt. laufende Planungsarbeiten für ein Internationales Symposium **„Mögliche Zukünfte einer brasilianischen Landschaft".** Zusammengeführt werden sollen hier vor allem brasilianische und deutsche Wissenschaftler und Künstler. Ihre Mitarbeit zugesagt haben u.a. der New Yorker Künstler Peter FEND, Gründer und Leiter des internationalen Projekts „OCEAN EARTH" (s. dazu: WEIBEL, P., 1994) und Roy WALFORD, Leiter des Experiments „Biosphere II". In interdisziplinären Diskursen sollen auf diesem Symposium *„Konkretisierbare Utopien"* entwickelt und dann ein transdisziplinärer Dialog mit den Bürgern der Region und im Internet stattfinden. Hier ist „Interdisziplinäre System-Bildung" dann nicht mehr (vorrangig) auf schulische Ziele hin orientiert, sondern wird gesellschaftlich unmittelbar relevant. Die **Erzeugung von** *Subjektiv-Neuem* und *Objektiv-Neues* werden in der Zusammenarbeit von Wissenschaftlern, Künstlern und Bürgern in ein direktes produktives Wechselspiel miteinander gebracht. Didaktik ist dabei nicht mehr auf die Vermittlung fachwissenschaftlicher Ergebnisse ausgerichtet, sondern im Sinne von Herwig BLANKERTZ auf die Organisation eines *Wechselspiels von Disziplinarität und Interdisziplinarität* mit dem Ziel der *Erzeugung von Neuem.*.

Vergleicht man zusammenfassend Ziele, Organisationsstrukturen und Realisierungen des BLK-Modellversuchs „Zur Steigerung der Effizienz des mathematisch-naturwissenschaftlichen Unterrichts" und des Ansatzes „Interdisziplinäre System-Bildung" miteinander, so ist vor allem ein Unterschied von grundlegender Bedeutung: In dem BLK-Modellversuch (der hier stellvertretend für andere Reformansätze im Bildungswesen diskutiert wird) wird eine **Optimierung der Vermittlung von „gutem Altem"** (den nur für Lernende neuen Resultaten) angezielt. Die darauf ausgerichteten Aktivitäten kann man mit der Festlegung von Normen und Handelsbestimmungen für Agrarprodukte in der Europäischen Union vergleichen: Es werden z.B. Tomaten oder Gurken standardisiert und genaue Bestimmungen für ihren Vertrieb und Verkauf festgelegt. Der relative Boom von Produkten aus alternativ-biologischem Anbau sagt einiges aus über den „Erfolg" solcher Optimierungsstrategien.

Im Gegensatz dazu sind Aktivitäten auf der Grundlage des Ansatzes „Interdisiplinäre System-Bildung" vergleichbar mit der Entwicklung eines komplexen *Rhizoms*: Es bildet sich aus einer zuerst unscheinbaren Erdwurzel ein stetig wachsender Wurzelstamm, aus dem viele kleine Verästelungen hervorgehen, die sich im jeweiligen Untergrund verankern und aus diesem ihre Nahrung gewinnen. Anstelle von Standardisierung gibt es hier ein ständiges Wachstum, das aus Wechselwirkungen mit der Umgebung hervorgeht, gleichzeitig aber immer mit dem Hauptstrang verbunden bleibt.

Vergleichen lassen sich Arbeiten auf der Grundlage des Ansatzes „Interdisziplinäre System-Bildung" auch mit der gemeinsamen Entwicklung des Computer-Betriebssystems LINUX durch viele, auf der ganzen Welt verteilte und sich freiwillig beteiligender Programmierer, für deren Kooperation Richard STALLMANN die folgenden

Maximen nennt: „Die Benutzer sollten bestimmte Freiheiten haben, etwa die Freiheit, ein Programm so laufen zu lassen, wie sie es möchten, nachzuvollziehen, wie es konstruiert wurde, es zu verändern und an bestimmte Bedürfnisse anzupassen oder Probleme zu beheben, die Freiheit, Kopien des Programms weiterzugeben, so daß man mit seinen Mitmenschen kooperieren kann, und schließlich die Freiheit, eine verbesserte Version des Programms zu veröffentlichen, um mitzuhelfen, eine Gemeinschaft zu errichten." (STALLMAN, R., 1999, S. 17).

Während es dem BLK-Programm „Effektivitätssteigerung des mathematisch- naturwissenschaftlichen Unterrichts" darum geht, den Umgang mit Bekanntem, den traditionellen mathematisch-naturwissenschaftlichen Unterrichtsinhalten, und damit dem „guten Alten" zu optimieren, geht es dem Ansatz „Interdisziplinäre System-Bildung um die *Erzeugung von Neuem* in der Selbsttätigkeit, und zwar einerseits um die *Erzeugung von Subjektiv-Neuem*, der immer einmaligen Persönlichkeit, und andererseits um die *Erzeugung von Gesellschaftlich-Neuem*, das aus einem produktivem Wechselspiel zwischen dem in Bildungsprozessen erzeugten *Subjektiv-Neuen* und dem in Wissenschaft, Kunst und Technologie erzeugten *Objektiv-Neuen* hervorgeht.

Wie alle komplexen Ansätze ist auch der Ansatz „Interdisziplinäre System-Bildung" immer in Gefahr, sich nur auf Makrostrukturelles zu konzentrieren, Detailarbeit aber zu scheuen und zu vernachlässigen. Zum Abschluß soll deshalb noch ein Beispiel gegeben werden, wie das „gute Alte" aus der Sicht des „guten Neuen" nicht nur anders, sondern auch besser angeeignet werden kann.

Generationen von Lernenden auch höherer Bildungsbereiche haben die Schule nicht nur als weitgehend musikalische Analphabeten, sondern mit einer tiefen Abneigung gegen die „klassische Musik" verlassen. Lernende, die auf der Grundlage des beschriebenen musikdidaktischen Konzepts unterrichtet wurden, entwickeln demgegenüber ein musikalisches Verständnis und eine sprachliche Ausdrucksfähigkeit, die überrascht. Die Äußerungen auf der folgenden Seite von Lernenden einer 5./6. Klasse sind nach der Gestaltung einer Aufgabe „Zwei Geräusche kämpfen miteinander, sie verzahnen sich und verschmelzen zu etwas Neuem" und dem anschließenden Hören der C-Dur Invention von Johann Sebastian BACH entstanden:

Takt 1/2: Wenn es oben ruhig wird, wird es unten unruhig und lebendig

Takt 3/4: Die untere Stimme begleitet/untere Stimme bildet Spalier/untere Stimme verstärkt, damit die andere sich nicht verirrt/damit die andere nicht allein dasteht/ damit die andere nichts Falsches macht/ unterstreichend/ beschwichtigend/die helle Musik wird herausgehoben/sie wird an die Spitze gestellt/ durch die Verstärkung wird sie verkleidet/die helle Melodie überholt die ruhige/ das Helle beherrscht die Töne/ die dunkle Musik veredelt die helle/ die helle kommt wieder zu sich, erst war sie unruhig, durch die dunkle Musik wird sie beruhigt.

Takt 5/6: Die untere Musik bricht aus, die andere fängt sie wieder ein/sie schiebt sie zurück/sie sammelt ihre ganze Kraft, um die untere zurückzudrängen, dadurch schwächt sie sich selber.

Takt 7 - 10: Die dunkle versucht nun, als Hauptstimme herauszukommen/ die beiden kommen auseinander, sie greifen sich dann gegenseitig wieder an/ sie waren beide außer Atem, nun versuchen sie, mit neuer Kraft sich gegenseitig unterzukriegen.

Takt 11/12: Vorher keiften die beiden sich an, jetzt regiert die dunkle/ die dunkle Melodie hat den Kampf gewon-

nen/ die helle Melodie ist jetzt Dienerin.

Takt 13,2: Die untere ist erschöpft, sie will Atem holen, in der Zeit greift die helle wieder an/ die obere nutzt die Schwäche der unteren aus.

Takt 13,3 -14: Jetzt gibt es plötzlich ein Getümmel/ es entsteht ein Wirrwarr/ keiner gönnt dem anderen eine Pause/ das ist ein einziges Tauziehen/ sie haben beide die Chance hochzukommen/ sie liegen im Mittelpunkt/ sie sind beide gleich stark/ das ist der Höhepunkt, ein Duell der beiden/ die helle ist am Schluß doch stärker.

Takt 15 - 21: Es wird wieder ruhiger/jetzt hat wieder einmal der eine, dann der andere die Oberhand/ aber der jetzt dient, der ruht sich dabei aus/ die wollen zu einer Einigung kommen/ sie sind beide gleichberechtigt/ sie machen einen Friedensvertrag/ sie haben beide jetzt das gleiche Recht/ das ist die Endpause/ beide bilden ein Team.

Takt 22: Zusammenschluß/ Vereinigung/ sie fließen zusammen in einem Punkt/ sie finden einen Abschluß/ es gibt keinen Gegner mehr/ es steht nichts mehr im Weg.

(s. dazu ausführlicher: WALGENBACH, W., 1969)

Hier wird eine Leistung sichtbar, die nicht darin besteht, das „gute Alte" in einer standardisierten Form zu reproduzieren, sondern es sich aus eigener Sicht anzueignen und in Richtung eines „guten Neuen" zu entwickeln (Wer meint, das sei in einem „weichen" Schulfach wie „Musik" eben eher und leichter möglich als etwa in den Naturwissenschaften, gehört wahrscheinlich zu den musikalischen Analphabeten, die sich nie der „Härte" und Geschlossenheit von Regeln der klassischen Harmonielehre stellen mußten, die es hinsichtlich Rigidität durchaus mit der „klassischen Mechanik" der Physik aufnehmen können).

Es geht hier nicht mehr um „herbeikommandierte " (HENTIG, H.v.) Leistungen, wie sie in Leistungsvergleichen wie TIMSS im Mittelpunkt stehen, sondern um einen Beitrag zu Leistungen, wie Hartmut von HENTIG sie für die Lernenden der von ihm initiierten Reformprojekte beschreibt: „Sachen, die uns angehen, wirklich verstehen und sie oder eure Fragen oder eure Meinung anderen verständlich machen können; aufmerksam und wachsam sein; was euch vorgesetzt, gar vorgeschrieben wird, prüfen und euch ein Urteil bilden, das ihr ebenfalls prüft; eure Entscheidungen mutig fällen, wenn es nötig ist, und mit anderen/unseren Mitteln sorgfältig haushalten. Wie gut ihr das könnt, lässt sich zwar nicht testen und messen, aber ihr und wir können es einschätzen und unsere Einschätzungen einander mitteilen und sie vergleichen." (HENTIG. H.v., 1999, S. 26).

Literatur

* * = grundlegend

* = empfehlenswert für Zugang zum vorgestellten Ansatz

ADRIANI, G.; KONNERTZ, W.; THOMAS, K.: Joseph Beuys: Leben und Werk. Köln 1973.

*AHRBECK, R.: Beiträge zur Bedeutung des Selbsttätigkeitsprinzips in der klassischen bürgerlichen Pädagogik. Halle (Saale) 1981.

*AIDAROVA, L.I.: Die Ausbildung einer linguistischen Einstellung zum Wort bei Schülern der Unterstufe. In: AIDAROVA, L.I.: Probleme der Lerntheorie. Berlin 1967, S. 131 - 158.

**ALDRICH, V.C.: Visuelle Metapher. In: HAVERKAMP, A. (Hrsg.): Theorie der Metapher. Darmstadt 1983, S. 142 - 159.

*AMARAL, Maria da Graça Carvalho do: Foreign Language as a Means for the Development of Identity in Environmental Education. Universidade (PUC): Pelotas/Brazil 1999.

*ANOCHIN, P.K.: Beiträge zur allgemeinen Theorie des funktionalen Systems. Jena 1978.

* ARBEITSKREIS NATURQUALITÄT: Naturallianz: Zur Entwicklung einer Leitidee. IPN: Kiel 1980.

ARMSTRONG, D.: Sagen und Hören: Das Problem der Sicht des Patienten. In: HAHN, A.; KAPP, V. (Hrsg.): Selbstthematisierung und Selbstzeugnis: Bekenntnis und Geständnis. Frankfurt a.M. 1987, S. 193 - 207.

ASSMANN, J.: Sepulkrale Selbstthematisierung im Alten Ägypten. In: HAHN, A.; KAPP, V. (Hrsg.): Selbstthematisierung und Selbstzeugnis: Bekenntnis und Geständnis. Frankfurt a.M. 1987, S. 208 - 232.

AUFSCHNAITER, S.v., FISCHER, H., SCHMIDT, D., SCHWEDES, H.: Ein „konstruktivistisches" Forschungsprogramm zur Untersuchung von Denk- und Lernprozessen. In: WIEBEL, K.H. (Hrsg.): Zur Didaktik der Physik und Chemie. Alsbach 1990, S. 232 - 234.

AUFSCHNAITER, S.v., FISCHER, H.E., SCHWEDES, H.: Kinder konstruieren Welten. In: SCHMIDT, S.J. (Hrsg.): Kognition und Gesellschaft. Frankfurt a.M. 1992, S. 380 - 424.

**AUTORENGRUPPE „INTERDISZIPLINÄRE SYSTEM-BILDUNG": Bilder vom Wasser - Hinführungen zu neuem Denken in Wissenschaft und Kunst. Kiel, Rio Grande RS 1998.

**AUTORENGRUPPE „INTERDISZIPLINÄRE SYSTEM-BILDUNG": Bilder einer Landschaft - Hinführungen zu neuem Denken in Wissenschaft und Kunst. Kiel, Rio Grande RS 1999.

AWG (Assoziierte Wissenschaftlergruppe) Naturwissenschaften: Elemente einer fachlichen Grundbildung für den Schwerpunkt Naturwissenschaften des Kollegstufenversuchs NW. IPN: Kiel 1975.

BACHELARD, G.: La formation de lésprit scientifique. Paris: 1975 (9).

*BACHMANN, D., Essay und Essayismus. Stuttgart, Berlin, Köln, Mainz 1969.

** BAMMÉ, A.; BAUMGARNTNER, P.; BERGER, W.; KOTZMANN, E. (Hrsg.): Wissenschaftsdidaktik heißt heute Wissenschaftskritik. In: dies. (Hrsg.): Technologische Zivilisation und die Transformation des Wissens. München 1988, S. 11 - 60.

*BANNISTER, D., FRANSELLA, F.: Der Mensch als Forscher - (Inquiring Man) - Die Psychologie der persönlichen Konstrukte. Münster 1991.

BASFELD, M.: Erkenntnis des Geistes an der Materie - Der Entwicklungsursprung der Physik. Stuttgart 1992.

* BATESON, G.: Geist und Natur. Eine notwendige Einheit. Frankfurt a.M. 1982.

* BATESON, G.: Ökologie des Geistes. Anthropologische, psychologische, biologische und epistemologische Perspektiven. Frankfurt a. M. 1983.

BAUDRILLARD, J.: Das Ding und das Ich - Gespräch mit der täglichen Umwelt. Wien 1974.

*BAUERSFELD, H.: Tätigkeitstheorie und Radikaler Konstruktivismus: Was verbindet sie und was unterscheidet sie? In: BALHORN, H., BRÜGELMANN, H. (Hrsg.): Bedeutungen erfinden - im Kopf, mit Schrift und miteinander. Konstanz 1993, S. 38 - 56.

BAUMERT, J.: Längerfristige Wirkungen des Schulunterrichts unter institutioneller Perspektive. In: Unterrichtswissenschaft, 1990, H. 1, S. 5 - 9.

BAUMERT, J.: Projekt „Naturwissenschaftliche Bildungsprozesse und psychosoziale Bildungsprozesse im Jugendalter (BIJU)" - Testdokumentation der BIJU - Instrumente. IPN: Kiel 1992.

BAUMERT, J., u.a.: TIMSS - Mathematisch-naturwissenschaftlicher Unterricht im internationalen Vergleich - Deskriptive Befunde. Opladen 1997.

** BAUMGARTNER, P.: Der Computer als Metapher. In: BAMMÉ, A., BAUMGARNTNER, P., BERGER, W., KOTZMANN, E. (Hrsg.): Technologische Zivilisation und die Transformation des Wissens. München 1988, S. 257 - 290.

BAYERTZ, K.: Von der Physikotheologie zur Biotechnologie. Hamburg 1989.

BEC, L.: Zoosystemiker-Monographie-Die Upokrinomene. In: Kunstforum, 1988, Bd. 97, S. 136 - 149.

BECKH, H.: Alchymie - Vom Geheimnis der Stoffeswelt. Dornach 1987 (4).

* BECK, K.; KELL, A. (Hrsg.): Bilanz der Bildungsforschung. Weinheim 1991.

BENHABIB, S.: Kritik des <postmodernen Wissens> - eine Auseinandersetzung mit Jean-Francois Lyotard. In: HUYSSEN, A., SCHERPE, K.R. (Hrsg.): Postmoderne - Zeichen eines kulturellen Wandels. Reinbek b. Hamburg 1986, S. 103 - 127.

* BENNER, D.: Hauptströmungen der Erziehungswissenschaft - Eine Systematik traditioneller und moderner Theorien. München 1973.

BENNER, D.: Aspekte und Probleme einer pädagogischen Handlungswissenschaft. Kastellaun 1977.

BENNER, D.: Läßt sich das Technologieproblem durch eine Technologieersatztechnologie lösen? - Eine Auseinandersetzung mit den Thesen von N. LUHMANN und K.E. SCHORR. In: Zeitschrift für Pädagogik, 1979a, H. 3, S. 367 - 375.

BENNER, D.: Hat die Pädagogik das Technologieproblem gelöst? - Bemerkungen zum Beitrag von LUHMANN/SCHORR in Heft 3/1979. In: Zeitschrift für Pädagogik, 1979b, H. 4, S. 799 - 801.

BENNER, D.: Ist etwas, was man durch sich selbst ersetzt, nicht mehr dasselbe? - Bemerkungen zur Replik von N. LUHMANN und K.E. SCHORR. In: Zeitschrift für Pädagogik, 1979c, H. 5.

BENNER, D.; RAMSEGER, J.: Wenn die Schule sich öffnet - Erfahrungen aus dem Grundschulprojekt Gievenbeck. München 1981.

** BENNER, D.: Experiment, pädagogisches. In: HAFT, H.; KORDES, H. (Hrsg.): Enzyklopädie Erziehungswissenschaften. Stuttgart 1984, S. 376 - 385.

* BENNER, D.: Allgemeine Pädagogik - Eine systematisch-problemgeschichtliche Einführung in die Grundstruktur pädagogischen Denkens und Handelns. Weinheim, München 1987.

BENSE, M.: Aesthetica - Einführung in die neue Ästhetik. Baden-Baden 1965.

** BENSE, M.: Zeichen und Design - Semiotische Ästhetik. Baden-Baden 1971.

BERG, H.C.: Weltanschauung braucht Welt-Anschauung. In: ARBEITSGRUPPE DIESTERWEG DER GESAMTHOCHSCHULE/UNIVERSITÄT SIEGEN (Hrsg.): Adolph Diesterweg - Wissen im Aufbruch - Katalog zur Ausstellung zum 200. Geburtstag. Weinheim 1990, S. 245 - 253.

*BERG, H.C.: Suchlinien - Studien zur Lehrkunst und Schulvielfalt. Neuwied, Berlin 1993.

BEUYS, J.: Eine radikale Veränderung - Erläuterungen zur Honigpumpe. In: Spuren in Kunst und Gesellschaft. 1984/85, H. 9, S. 37 - 40.

* BINNIG, G.: Aus dem Nichts - Über die Kreativität von Natur und Mensch. München 1992 (4).

BINNEBERG, K.: Das didaktische Prinzip in der Wissenschaft. In: Pädagogische Rundschau, 1997/51, S. 419 - 427.

BLACK, M.: Modells and Metaphors. Ithaca N.Y.: 1962.

* BLANKERTZ, H.: Die fachdidaktisch orientierte Curriculumforschung und die Entwicklung von Strukturgittern. In: ders: (Hrsg.): Fachdidaktische Curriculumforschung - Strukturansätze für Geschichte, Deutsch, Biologie. Essen 1973, S. 9 - 27.

BLK (Bund-Länder-Kommission für Bildungsplanung und Forschungsförderung): Gutachten zur Vorbereitung des Programms „Steigerung der Effizienz des mathematisch-naturwissenschaftlichen Unterrichts". Bonn 1997.

** BLAUBERG, I.V., SADOVSKY, V.N., YUDIN, E.G.: Systems Theory - Philosophical and Methodological Problems. Moskau 1977.

* BLOCH, E.: Das Prinzip Hoffnung. Frankfurt a.M. 1959.

BLOCH, J.R.: Von der bürgerlichen Sozialutopie zur Gegenutopie. In: KERBER, H., SCHMIEDER, A. (Hrsg.): Soziologie - ein Grundkurs. Reinbek 1991, S. 379 - 401.

* BLOCH, J.R.: Die dialektische Struktur der Selbstorganisation. IPN: Kiel 1992.

BLOCH, J.R.: Gestalten nach Maßgabe der Schönheit. In: Vorschein, 1993, H. 13/14, S. 51 - 64.

* BLOCH, J.R., MAIER, W. (Hrsg.): Wachstum der Grenzen - Selbstorganisation in der Natur und die Zukunft der Gesellschaft. Frankfurt a.M. 1984.

BION, W.: Lernen durch Erfahrung. Frankfurt a.M. 1990.

* BOCKEMÜHL, J.: Lebenszusammenhänge: erkennen - erleben - gestalten. Dornach 1980.

* BOCKEMÜHL, J. (Hrsg.): Erwachen an der Landschaft. Dornach 1992.

BÖHM, A.; LEGEWIE, H.; MUHR, T.: Kursus Textinterpretation: Grounded Theory. Berlin: (TU: ATLAS - FORSCHUNGSBERICHT 92 - 3), 1992.

* BÖHM, A.; MENGEL, A.; MUHR T.; WILLENBORG, J.: Methodenentwicklung für ein „Archiv für Technik, Lebenswelt und Alltagssprache" - Endbericht: ATLAS-Forschungsbericht 93 - 3), TU: Berlin: 1993.

* BÖHME, G.: Für eine ökologische Naturästhetik. Frankfurt a.M. 1989.

BOLZ, N.: Errechnete Bilder - Perspektiven der Kommunikationsästhetik. In: BDK-Mitteilungen, 1992, H. 3, S. 4 - 7.

BÖNSCH, M.: Forschendes Lernen als Lernprozeß. In: Neue Deutsche Schule, 1992, H. 9, S. 22 - 24.

BOHRER, K.H.: Ausfälle gegen die kulturelle Norm - Erkenntnis und Subjektivität - Formen des Essays. In: BORN, N., SCHLAFFER, H. (Hrsg.): Literaturmagazin 6: Die Literatur und die Wissenschaften. Reinbek b. Hamburg, 1974, S. 15 - 29.

** BORTOFT, H.: Goethes naturwissenschaftliche Methode. Stuttgart 1995.

BOULDING, K., KUHN, A., SENESH, L.: Systemanalyse und ihre Anwendung im Unterricht. Stuttgart 1975.

BRAAK, J.: Strömungsexperimente zur Selbstorganisation. IPN: Kiel 1987.

BRAAK, J.: Die komplementären Strukturen des Selbstorganisationsparadigmas als Elementarprinzipien für dessen Vermittlung. IPN: Kiel 1990.

BRACHT, U., FICHTNER, B., MIES, T., RÜCKRIEM, G.: Erziehung und Bildung. In: SANDKÜHLER, H.J. (Hrsg.): Europäische Enzyklopädie zu Philosophie und Wissenschaften. Hamburg 1990, S. 919 - 939.

BRACHT, U.; FICHTNER, B.; RÜCKRIEM, G.: Erziehungswissenschaft. In: SANDÜHLER, H.J. (Hrsg.): Europäische Enzyklopädie zu Philosophie und Wissenschaft (Bd.1). Hamburg 1990a, S. 909 - 918.

* BRACHT, U.; FICHTNER, B.: Das Lernen des Lernenlernens oder die epistemologische Revolution der neuen Technologie. Universität/Gesamthochschule: Siegen 1993.

* BRATER, M.; BÜCHELE, U.; REUTER, M.: Fachübergreifende Qualifizierung durch künstlerische Übungen. Bericht über einen Ausbildungsversuch im Jugendförderungsprogramm der FORD-Werke AG, Köln. München 1985.

BRATER, M.: Berufsbildung und Persönlichkeitsentwicklung. Stuttgart 1988.

BRIGGS, J.; PEAT, F.D.: Die Entdeckung des Chaos - Eine Reise durch die Chaostheorie. München, Wien 1990.

BROCK, B.: Die Re-Dekade - Kunst und Kultur der 80er Jahre. München 1990.

BROCK, B.: Gemeinschaftsarbeit der Blumes - eine Probe aufs Exempel. In: Rheinisches Landesmuseum Bonn (Hrsg.): Anna & Bernhard Blume - Großfotoserien 1985 - 1990. Köln 1992, S. 9 - 15.

* BROMME, R.; HÖMBERG, E.: Psychologie und Heuristik - Probleme der systematischen Effektivierung von Erkenntnisprozessen. Darmstadt 1977.

BROMME, R., STRÄSSER, R.: Wissenstypen und professionelles Selbstverständnis - Eine empirische Untersuchung bei Berufsschullehrern. In: Zeitschrift für Pädagogik, H. 5, S. 769 - 785.

BRUNER, J. S.: Learning and Thinking. In: Havard Educational Review, 1959, V. 29, S. 184 - 192.

BRUNER, J.S.: The Act of Discovery. In: Havard Educational Review, 1961, V. 31, S. 21 - 32.

* BUCK, P.: Ganzheitlich-goetheanistische und materialistisch-mechanistische Begriffsbildung in den Naturwissenschaften. In: Erziehungskunst, 1982/5, S. 273 - 283.

BUCK. P.: Wie viele Wasserarten gibt es? In: BUCK, P., KRANICH, E.-M. (Hrsg.): Auf der Suche nach dem erlebbaren Zusammenhang - Übersehene Dimensionen der Natur und ihre Bedeutung für die Schule. Weinheim, Basel 1995, S. 46 - 49.

BUER, J. van: Lehr-Lern-Forschung der 80er Jahre - nur ein anderes Etikett für psychologische Unterrichtsforschung? Lehr-Lern-Forschung der 90er Jahre - Chance für eine erziehungs-wissenschaftliche Analyse von Unterricht. In: Unterrichtswissenschaft, 1990, S. 16 - 22.

* BURBAT, U.; STAUDENMAYER, U.; WALGENBACH, W.: Möglichkeiten einer Partnerschaft von Mensch und Natur - Biotechnologie zwischen Alchemie und Großtechnologie. IPN: Kiel 1987.

BURMEISTER, K.; CANZLER, W.; KREIBICH, R. (Hrsg.): Netzwerke: Vernetzungen und Zukunftsgestaltung. Weinheim, Basel 1991.

BURMEISTER, K.; CANZLER, W.: Anything goes or what goes on? In: Context, 1992, H. 1. Adolph-Grimme-Institut: Marl 1992, S. 6 - 8.

BUSSMANN, H.: Zum Prozeß des schöpferischen Lernens. In: Zeitschrift für Pädagogik, 1976, H. 2, S. 199 - 212.

BUTTLAR, A.v.: Der Landschaftsgarten. München 1980.

CAPRA, F.: Die Auto-Organisation im nicht-lebenden Universum. In: GUNTERN, G. (Hrsg.): Der blinde Tanz zur lautlosen Musik. Brig: 1987, S. 21 - 53.

CARLSON, R.O.: Adoption of Educational Innovations. University of Oregon 1969.

CAROL, H.: Zur Diskussion um Landschaft und Geographie. In: STORKEBAUM, W. (Hrsg.): Zum Gegenstand und zur Methode der Geographie. Darmstadt 1967, S. 475 - 514.

CÉZANNE, P.: Über die Kunst - Gespräche mit Gasquet und Briefe. Hamburg 1957.

** CHAPMAN, M.: Sequentielle Ästhetische Systeme. Rio Grande/RS 1997.

CHURCHMAN, C.W.: Philosophie des Managements - Ethik von Gesamtsystemen und gesellschaftliche Planung. Freiburg 1973.

** CHURCHMAN, C.W.: Die Konstruktion von Erkenntnissystemen - Grundlagen für die System- und Organisationstheorie. Frankfurt a.M., New York 1973a.

** CHURCHMAN, C.W.: Der Systemansatz und seine <Feinde>. Bern, Stuttgart 1981.

COOPER, J.C.: Illustriertes Lexikon der traditionellen Symbole. Leipzig 1986.

COSTARD, H.: ANAWRAHTA - Freie Software für die Schule. B-Pictures-Filmproduktion. Berlin 1985.

CRONBACH, L.J.: Die Logik von Experimenten über Entdeckung. In: NEBER, H. (Hrsg.): Entdeckendes Lernen. Weinheim, Basel 1981 (3), S. 153 - 165.

DAHLHAUS, C.: Rätselhafte Popularität - Gustav Mahler. Zuflucht vor der Moderne oder der Anfang der Neuen Musik. In: ZEIT, 1972, Nr. 19, S. 13 - 14.

* DANTO, A.C.: Die Verklärung des Gewöhnlichen - Eine Philosophie der Kunst. (engl: The Transfiguration of the Commonplace - A Philosophy of Art. Cambridge, Mass.: 1981). Frankfurt a. M. 1984.

** DASCHKEIT, A.: Interdisziplinarität und Umweltforschung. Geographisches Institut der Universität Kiel: Kiel 1995.

* DÁVIS, Winfried: Theoretische Lücken der Cognitive Science. In: Journal of General Philosophy of Science. 1998/29, S. 37 - 57.

** DAVYDOV, V.V.: Über das Verhältnis zwischen abstrakten und konkreten Kenntnissen im Unterricht. In: LOMPSCHER, J. (Hrsg.): Problem der Ausbildung geistiger Handlungen. Berlin 1972, S. 241 - 260.

** DAVYDOV, V.V.: Arten der Verallgemeinerung im Unterricht. Berlin 1977.

* DAVYDOV, V.V.; SINTSCHENKO, V.: Das Entwicklungsprinzip in der Psychologie. In: Gesellschaftswissenschaft, 1982, H. 2, S. 128 - 145.

DAVYDOV, V.V.: Inhalt und Struktur der Lerntätigkeit. In: DAVYDOV, V.V., LOMPSCHER, J. (Hrsg.): Die Ausbildung der Lerntätigkeit bei Schülern. Berlin 1982.

DAVYDOV, V.V.: The Content and Unsolved Problems of Activity Theory. Presentation at the 2nd International Congress for Research on Activity Theory in Helsinki, 1990.

DIAS, G.F.: Educacão Ambiental. São Paulo 1992.

DIERKS, W., WENINGER, J.: Stoffe und Stoffumbildungen - 3. Teil. Stuttgart 1988.

DIESTERWEG, A.: Ausgewählte Schriften Bd. III, hrsgg. von SALLWÜRK. E.v., Langensalza 1911 (2).

DIESTERWEG, A.: Sämtliche Werke. Berlin 1956.

DIESTERWEG, A.: Wegweiser zur Bildung für deutsche Lehrer. Paderborn 1958.

DÖRNER, D.: Die kognitive Organisation beim Problemlösen. Bern, Stuttgart, Wien 1974.

DÖRNER, D.: Problemlösen als Informationsverarbeitung. Stuttgart 1976.

DÖRNER, D. et al.: Lohhausen - Vom Umgang mit Unbestimmtheit und Komplexität. Bern, Stuttgart, Wien 1983.

DÖRNER, D.: Die Logik des Mißlingens. Reinbek 1989.

* DUIT, R.; JUNG, W.; PFUNDT, H. (Hrsg.): Alltagsvorstellungen und naturwissenschaftlicher Unterricht. Köln 1981.

DUIT, R.: Forschungen zur Bedeutung vorunterrichtlicher Vorstellungen für das Erlernen der Naturwissenschaften. IPN: Kiel 1986.

DUIT, R.: On the Role of Analogies, Similes and Metaphors in Leraning Science. Institut für die Pädagogik der Naturwissenscaften an der Universität Kiel: 1990.

DUIT, R., GLYNN, S.: Analogien und Metaphern, Brücken zum Verständnis im schülergerechten Physikunterricht. In: HÄUSSLER, P. (Hrsg.): Physikunterricht und Menschenbildung. Köln 1992, S. 223 - 250.

DUIT, R.: Konzeptwechsel und Lernen in den Naturwissenschaften in einem mehrperspektivischen Ansatz. Beitrag zum Workshop „Interdisziplinäre Ansätze in der Lehr-/Lernforschung und Fachdidaktiken". Pädagogische Hochschule Ludwigsburg, 11. u. 12. Dezember 1998.

DUX, G.: Die Logik der Weltbilder. Frankfurt a.M. 1982.

* ECO, U.: Einführung in die Semiotik. München 1972.

ECO, E.: Das offene Kunstwerk. Frankfurt a.M. 1973.

ECO, U.: Über Spiegel und andere Phänomene. Wien 1988.

EHMERT, H.K: Ästhetisches Lernen in der kulturellen Bildung. In: BDK-MITTEILUNGEN, 1994/1, S. 12 - 14.

EINSIEDLER, W.: Kategoriale Bildung im Sachunterricht der Grundschule. In: Pädagogische Welt, 1992/11, S. 482 - 486.

EINSIEDLER, W.: Der Sachunterricht in der Grundschule als Voraussetzung für Allgemeinbildung. In: Grundschulmagazin, 1994, H. 2, S. 38 - 42.

EINSIEDLER, W.: Wissensstrukturierung im Unterricht - Neuere Forschung zur Wissensrepräsentation und ihre Anwendung in der Didaktik. In: Zeitschrift für Pädagogik, 1996/2, S. 167 - 192.

EINSIEDLER, W.: Grundlegende Bildung durch Sachunterricht. Vortrag auf der Tagung „Grundlegende Bildung in der Grundschule von heute" an der Universität Potsdam am 6.6.1997.

* EINSTEIN, A., INFELD, L.: Die Evolution der Physik - Von Newton bis zur Quantentheorie. Hamburg 1968.

EINSTEIN, A.: Autobiographisches. In: SCHILP, P.A. (Hrsg.): Albert Einstein als Philosoph und Naturforscher. Braunschweig, Wiesbaden 1979, S. 1 - 86.

* EISEL, U.: Landschaft zwischen Wissenschaft und Kunst. Projektbericht Fachbereich 14 (Landschaftsentwicklung), SS/WS 1987/88. TU: Berlin 1988 (2).

** EISEL, U.: Über den Umgang mit dem Unmöglichen - Ein Erfahrungsbericht über Interdisziplinarität im Studiengang Landschaftsplanung. Berlin (TU) 1991.

* EISEL, U.: Hat Goldmund jemals Narziss berührt? Über den Geschmack der Reflexion. In: HEGER, R.-J., MANTHEY, H. (Hrsg.): LernLiebe. Weinheim 1993, S. 192 - 205.

ELFFERS, J.; SCHUYT, M.; LEEMAN, F.: Anamorphosen - Ein Spiel mit der Wahrnehmung, dem Schein und der Wirklichkeit. Köln 1981.

ELLENBERG, H. (Hrsg.): Ökosystemforschung. Berlin, Heidelberg, New York 1973.

** ENGESTRÖM, Y.: Learning by Expanding. An activity-theoretical approach to development research. Helsinki 1987.

* ENGESTRÖM, J.: Learning, Working and Imagining - Twelve Studies in Activity Theory. Helsinki 1990a.

* ENGESTRÖM, Y.: Activity Theory and Individual and Social Transformation. Eröffnungsvortrag auf dem 2. Internationalen Kongreß für Tätigkeitstheorie, Lahti, Finnland, Mai 1990. University of San Diego, University of Helsinki 1990b.

* ENGESTRÖM, Y.; COLE, M.: Auf der Suche nach einer Methodologie: eine kulturhistorische Annäherung an Individualität. In: Dialektik 1991, H. 3, S. 37 - 51.

ENZENSBERGER, H.E.: Zwei Anmerkungen zum Weltuntergang. In: Kursbuch 52, Berlin 1978.

ESSER, K.; MEINHARDT, F.: Mikrorganismen. In: PRÄVE, P.; FAUST, M.; SITTIG, W.; SU-
KATSCH, D.A. (Hrsg.): Handbuch der Biotechnologie. München 1984, S. 13 - 51.

ESSIG, P.; MATZEN, J.: Ein Versuch über die Schwierigkeit, sich der Zukunft zu nähern. In:
PLUSKWA, M. (Hrsg.): Für Utopü ist´s nie zu früh - Jugend und ihre Mitwirkung an ihrer Zukunft. Evangelische Akademnie: Loccum 1985, S. 223 - 231.

EULEFELD, G., u.a.: Ökologie und Umwelt. Stuttgart 1990 (4).

EULEFELD, G., FOLWARZNY, P., WALGENBACH, W.: Spurensuche mit Fließgewässern - Informationen sammeln für den Bürger. In: Praxis Geographie 1991/6, S. 24 - 26.

* EVERS, A., NOWOTNY, H.: Über den Umgang mit Unsicherheit - Die Entdeckung der Gestaltbarkeit von Gesellschaft. Frankfurt a. M. 1987.

FEDERMANN, R.: Die königliche Kunst - Eine Geschichte der Alchemie. Wien 1964.

FEIGENBAUM, E.A.; FELDMANN, J.: Was ist ein heuristisches Programm. In: Team-Brief,
1967/Heft 26, S. 6 - 7.

** FICHTNER, B.: Ästhetik und Didaktik. Baumgartens „Aesthetica" und Kants „Kritik der Urteilskraft" als Paradigmen der Erfahrung und ihre didaktische Relevanz. In: Pädagogische Rundschau,
1977, H. 31, S. 603 - 625.

FICHTNER, B.: Subjektivität ohne Subjekt - Zur Kritik phänomenologisch-interaktionistischer Ansätze in der Pädagogik. In: Demokratische Erziehung, 1979, H. 2, S. 212 - 222.

** FICHTNER, B.: Form als Mittel der künstlerischen Aneignung der Welt. In: KNOBLOCH, C.
(Hrsg.): Kognition und Kommunikation. Beiträge zur Psychologie der Zeichenverwendung. Münster 1988, S. 85 - 100.

** FICHTNER, B.: Lernen und Lerntätigkeit - Phylogenetische, ontogenetische und epistemologische
Studien zur Begründung pädagogischer Kategorien. Habilitationsschrift, Siegen 1989.

FICHTNER, B.: Erziehung und Bildung - Kategoriengenese als Gesellschaftsgeschichte. Habilitati-
onsvortrtag an der Universität und Gesamthochschule Siegen. Siegen 1989.

FICHTNER, B.: Die Komplementarität von Wissen und Interaktion - Didaktische Probleme des Ansatzes „EDUCATION AS NEGOTIATION OF MEANING". GSH/Universität Siegen 1990a.

* FICHTNER, B.: Metapher und Lerntätigkeit. Vortrag auf dem 2. Internationalen Kongreß für Tätigkeitstheorie, Helsinki 1990. Siegen (Universität/Gesamthochschule) 1990b.

FICHTNER, B.: Erziehung und Bildung als Kategorien im Werk Diesterwegs. In: FICHTNER, B.;
MENCK, P. (Hrsg.): Pädagogik der modernen Schule - Adolph Diesterwegs Pädagogik im Zusammenhang von Gesellschaft und Schule. Weinheim, München 1992, S. 17 - 29.

* FICHTNER, B.: Computer und Bildung. GHS/Universität Siegen 1994.

FIESSER, L.: Anstiften zum Denken - die Phänomenta. Pädagogische Hochschule: Flensburg 1990.

** FISCHER, K.: Rationale Heuristik - Die Funktion der Kritik im „Context of Discovery". In: Zeitschrift für allgemeine Wissenschaftstheorie Band XIV, Wiesbaden 1983, S. 234 - 272.

FISCHER, E.; GREINER, J.; STEINER, R.: Experimentierwerkstatt Energie. Experimentierwerkstatt:
Wien 1996.

FISCHER, P.M.; MANDL, H.; MEYNERSEN, K. (Hrsg.): Interaktives Lernen mit Neuen Medien -
Möglichkeiten und Grenzen. Tübingen 1989.

* FISCHER, R.: Mittel und System. In: BAMMÉ, A.; BAUMGARTNER, P.; BERGER, W.; KOTZ-
MANN, E. (Hrsg.): Technologische Zivilisation und die Transformation des Wissens. München
1988, S. 349 - 377.

FISCHER-BARNICOL, H.A.: Ästhetische Erfahrung in interkultureller Verständigung. In:
ROSCHER, W. (Hrsg.): Polyästhetische Erziehung. Klänge - Texte - Bilder - Szenen - Theorien
und Modelle zur pädagogischen Praxis. Köln 1976, S. 51 - 61.

FLICK, U.; KARDORFF, E.v.; KEUPP, H.; ROSENSTIEL, L.v.; WOLFF, S. (Hrsg.): Handbuch Qualitative Sozialforschung. München 1991.

FLICK, U.: Stationen des qualitativen Forschungsprozesses. In: FLICK, U.; KARDOFF, E.v.; KEUPP, H.; ROSENSTIEL, L.v.; WOLFF, S. (Hrsg.): Handbuch Qualitative Sozialforschung. München 1991, S. 148 - 175.

** FLORES, J.; PERALTA, C.; PERES, B.M.; WALGENBACH, W.: Utopias Concretizaveis Interculturais - An Intedisciplinary and Intercultural Concept of Environmental Education. Rio Grande 1994.

FLUSSER, V.; BEC, L.: Vampyrotheutis infernalis - Eine Abhandlung samt Befund des Instituts Scientifique De Recherche Paranaturaliste. Göttingen 1987.

** FLUSSER, V.: Ins Universum der technischen Bilder. Göttingen 1989 (2).

FLUSSER, V.: Digitaler Schein. In: RÖTZER, F. (Hrsg.): Digitaler Schein - Ästhetik der elektronischen Medien. Frankfurt a.M. 1991, S. 147 - 159.

* FORNANI, F.: Das Individuum und die Symbolisierung der Umwelt. In: CARLINI, A., SCHNEIDER, B. (Hrsg.): Konzept 2 - Stadtbild, 1976, S. 93 - 105.

FREIBERG, H.: Bildhafte Systembildungen in Kunst und Natur - Konstruktion imaginärer Wasserwelten mit dem Videocomputer. In: BDK-Mitteilungen, 1992a , H. 3, S. 8 - 13.

** FREIBERG, H.: Imaginäre Wasserwelten - Bildhafte künstliche Systeme aus Elementen des Systems Wirbelstraße. In: Computer und Unterricht, 1992b, S. 45 - 47.

* FREIRE, Paulo: Erziehung als Praxis der Freiheit - Beispiele zur Pädagogik der Unterdrückten. Stuttgart 1974.

* FREY, K.: Rechtfertigung von Bildungsinhalten im elementaren Diskurs: Ein Entwurf für den Bereich der didaktischen Rekonstruktion. In: KÜNZLI, R. (Hrsg.): Curriculumentwicklung - Begründung und Legitimation. München 1975, S. 103 - 129.

* FREY, K. (Hrsg.): Curriculumkonferenz: Gebiet Mikroprozessor. IPN: Kiel 1981.

* FRIEDRICH, J.: Die Konzipierung eines reflexiven Bewußtseinsbegriffs in der sowjetischen Psychologie: A.N. Leont´ev, E.V. Il´enkov, K.R. Megrelidze, L.S. Vygotsky. Ein Paradigmenvergleich. Dissertation Humboldt-Universität, Berlin 1990.

FRIEDMAN, Y.: Machbare Utopien - Absage an geläufige Zukunftsmodelle. Frankfurt a.M. 1977.

FRÖBEL, F.: Gesammelte pädagogische Schriften Bd. III, hrsgg. von LANGE, W., Berlin 1862.

FRÖBEL, F.: Ausgewählte Schriften - Bd. 3, hrsgg. von HEILAND, H., Stuttgart 1982 (2).

FROMM, M.: Die Sicht der Schüler in der Pädagogik - Untersuchungen zur Behandlung der Sicht von Schülern in der pädagogischen Theoriebildung und in der quantitativen und qualitativen empirischen Forschung. Weinheim 1987.

FROMM, M.: Zur prognostischen Relevanz qualitativer pädagogischer Forschung. In: HOFFMANN, D. (Hrsg.): Bilanz der Paradigmendiskussion in der Erziehungswissenschaft. Weinheim 1991, S. 65 - 79.

** FUNKE, R.: Selbsttätigkeit - Zur theoretischen Begründung eines heute vernachlässigten Begriffs durch Fichte und seine Schüler. In: Vierteljahrsschrift für wissenschaftliche Pädagogik, 1983, H. 1, S. 62 - 78.

GALILI, I.; BENDALL, S.; GOLDBERG, F.: The Effects of Prior Knowledge and Instruction on Understanding Image Formation. In: Journal of Research in Science Teaching, 1993, V. 30, S. 271 - 301.

GEIGER, R.: Märchenkunde - Mensch & Schicksal im Spiegel der Grimmschen Märchen. Stuttgart 1982.

GERCKE, H. (Hrsg.): Der Baum in Mythologie, Kunstgeschichte und Gegenwartskunst. Heidelberg 1985.

GIEST, H.: Lernen und Lehren auf der Grundlage inhaltlich-logischer Verallgemeinerungen. Arbeitsgruppe für Lehr-Lern-Forschung: Berlin 1991.

* GIEST, H.: Einführung in die Naturwissenschaften - Wege zur Ausbildung theoretischen Denkens in der Mittelstufe. In: Empirische Pädagogik, 1991a, H. 5, S. 25 - 45.

*GIEST, H.: Kognition-Lernen-Unterricht. In: Zeitschrift für Didaktik der Naturwissenschaften, 1999/1, S. 25 - 40.

GIEST, H.; KRASSA, K.; LOMPSCHER, J.: System - Bildung durch interdisziplinäres Systembilden - Entwurf eines Forschungsdesigns. Arbeitsgruppe für Lehr-Lern-Forschung: Berlin 1992.

** GLASER, B.G.; STRAUSS, A.: Interaktion mit Sterbenden - Beobachtungen für Ärzte, Schwestern, Seelsorger und Angehörige. Göttingen 1965.

GLASERSFELD, E.v.: Einführung in den radikalen Konstruktivismus. In: WATZLAWICK, P. (Ed.): Die erfundene Wirklichkeit - Wie wissen wir, was zu wissen glauben? München, Zürich 1981.

* GLEICK, J.: Chaos - die Ordnung des Universums. Vorstoß in Grenzbereiche der modernen Physik. München 1988.

GLOOR, P.A.; STREITZ, N.A. (Hrsg.): Hypertext und Hypermedia - Von theoretischen Konzepten zur praktischen Anwendung. Heidelberg 1990.

GODWIN, J.: Robert Fludd - Hermetic philosopher and surveyor of two worlds. London 1979.

* GOETHE, J.W.v.: Schriften zur Morphologie II - Morphologische Hefte 1817 - 1824. Herausgegeben von W. MALSCH.

GOETHE, J.W.v.: Goethes Werke Band 1 - XIV. Hamburg 1967 (6).

GRÄFRATH, B.; HUBER, R.; UHLEMANN, B.: Einheit - Interdisziplinarität - Komplementarität. Berlin, New York 1991.

GRAEVENITZ, A. v.: Erlösungskunst oder Befreiungspolitik: Wagner und Beuys. In: FÖRG, G.: Unsere Wagner. Frankfurt a.M. 1984, S. 11 - 49.

GRAHAM, R.: Ein Stück unberechenbarer Natur: Die Turbulenz. In: Bild der Wissenschaft, 1982, H. 4, S. 68 - 82.

** GREINER, J.: Energie - Eine interaktive Ausstellung. Wien 1996.

GRIEM, H.: Der Prozeß der Unternehmensentscheidung bei unvollkommener Information. Berlin 1968.

* GROEBEN, N.; SCHEELE, B.: Argumente für eine Psychologie des reflexiven Subjekts. Darmstadt 1977.

GROSSMANN, S.: Selbstähnlichkeit - Das Strukturgesetz in und vor dem Chaos. In: GEROG, W. (Hrsg.): Ordnung und Chaos in der unbelebten und belebten Natur. Stuttgart 1989.

GROYS, B.: Über das Neue - Versuch einer Kulturökonomie. München, Wien 1992.

GSÄNGER. H.: Irland - Insel des Abel. Freiburg 1969.

GUMBRECHT, H.U., PFEIFFER, K.L. (Hrsg.): Paradoxien, Dissonanzen, Zusammenbrüche - Situationen offener Epistemologie. Frankfurt a.M. 1991.

GUNTERN, G. (Hrsg): Der blinde Tanz zur lautlosen Musik - Die Auto-Organisation von Systemen. Brig 1987.

* HABERMAS, J.: Technik und Wissenschaft als Ideologie. Frankfurt a.M. 1968 (2).

HABERMAS, J.: Theorie und Praxis. Neuwied, Berlin 1969 (3).

HABERMAS, J.: Theorie des kommunikativen Handelns. Frankfurt a.M. 1981.

HABERMAS, J.: Die Moderne - ein unvollendetes Projekt. In: WELSCH, W. (Hrsg.): Wege aus der Moderne - Schlüsseltexte der Postmoderne - Diskussion. Weinheim 1988b, S. 177 - 192.

HABERMAS, J.: Moderne und postmoderne Architektur. In: WELSCH, W. (Hrsg.): Wege aus der Moderne - Schlüsseltexte der Postmoderne - Diskussion. Weinheim 1988b, S. 110 - 120.

HAFERKAMP, H.; SCHMID, M. (Hrsg.): Sinn, Kommunikation und soziale Differenzierung - Beiträge zu Luhmanns Theorie sozialer Systeme. Frankfurt a.M. 1987.

HAGEDORN, F.; JUNGK, S.; LOHMANN, M.; MEYER, H.H.: Netzwerk - Impulse für die Bildungs- und Kulturorganisation. Adolf Grimme - Institut: Marl 1994.

HAGGETT, P.: Einführung in die kultur- und sozialgeographische Regionalanalyse. Berlin, New York 1973.

HAHN, A.; KAPP, V.: Selbstthematisierung und Selbstzeugnis: Bekenntnis und Geständnis. In: dies. (Hrsg.): Selbstthematisierung und Selbstzeugnis: Bekenntnis und Geständnis. Frankfurt a.M. 1987, S. 7 - 8.

** HAHN, A.: Identität und Selbstthematisierung. In: HAHN, A.; KAPP, V. (Hrsg.): Selbstthematisierung und Selbstzeugnis: Bekenntnis und Geständnis. Frankfurt a.M. 1987, S. 9 - 24.

HAMEYER, U.: Lehr - und Lernforschung bis zum Jahr 2000: Wissenssynthese als Förderungsschwerpunkt. In: Unterrichtswissenschaft, 1990, S. 23 - 28.

HARLAN, V.: Was ist Kunst? - Werkstattgespräch mit Beuys. Stuttgart 1987 (2).

HÄRTEL, H.: Der elektrische Stromkreis. Stuttgart 1981.

HARTEN, H-C. u. E.: Versöhnung mit der Natur. Reinbek 1989.

** HARTKOPF, W.: Dialektik - Heuristik - Logik. Frankfurt a.M. 1987.

HASS, H.: Fachdidaktische Studien über den Assoziationsraum biologischer Begriffe mit besonderem Schwerpunkt auf Ordnung und Chaos. Frankfurt/M., Bern, New York, Paris, Wien 1998

HEGEL, G.W.F.: Das älteste Systemprogramm des Deutschen Idealismus. In: HEGEL, G.W.F.: Werkausgabe in 20 Bänden, Bd. 1, Frankfurt a.M. 1969 ff.

** HEGEL, G.W.F.: Phänomenologie des Geistes. Frankfurt a.M. 1970.

HEID, H.: Zur Situation der Erziehungswissenschaft. In: Zeitschrift für Pädagogik, 25. Beiheft. Weinheim, Basel 1990, S. 56 - 67.

HEID, H.: Ökologie als Bildungsfrage. In: Zeitschrift für Pädagogik, 1992, H. 1, S. 113 - 138.

HEIDEGGER, G.; WALGENBACH, W.: Berufliche Kompetenzen als Kriterium für eine Integration technischen und naturwissenschaftlichen Unterrichts. IPN: Kiel 1977.

* HEIDEGGER, G.: Zur Dialektik im Bildungswesen - Widersprüchliche Strukturierungen für Reformen zur Integration beruflicher und allgemeiner Bildung. Dissertation: Bremen 1985.

HEIDEGGER, G.; GERDS, P.; WIESENBACH, K. (Hrsg.): Gestaltung von Arbeit und Technik - ein Ziel beruflicher Bildung. Frankfurt a.M., New York 1988.

HEIMANN, P.; OTTO, G.; SCHULZ, T.: Unterricht - Planung und Analyse. Hannover 1965.

HEIMANN, P.: Didaktik als Unterrichtswissenschaft. Hrsgg. von REICH, K.; THOMAS, H. Stuttgart 1976.

HENTIG, H.v.: Abstand vom Zeitgeist - Die Pädagogik prüft sich selbst: 25 Jahre Bielefelder Laborschule und Oberstufenkolleg/Ein aktueller Kommentar von Hartmut von HENTIG. In: Frankfurter Runschau, 1999/Nr. 210, S. 26.

HENZLER, T.: Die Gestalt der Wohnwelt ist steingewordene Weltanschauung. In: Arbeitsgemeinschaft Umwelt (Hrsg.): Umdenken - Umschwenken. Achberg 1977.

HEINZE, T.: Unterricht als soziale Situation. München 1976.

HERBART, J.F.: Sämtliche Werke Bd. 4, hrsgg. von KEHRBACH, K, Langensalza 1891 ff.

HERBART, J.F.: Pädagogische Schriften, hrsgg. von WILLMANN, O.; FRIETZSCH, T. Osterwieck, Leipzig 1919.

HERWALD, H.; JANSEN, G.: Sinneserfahrungsfelder: Projekt Wahrnehmungslandschaft, realisiert von Grundschülern, Studenten und Eltern. In: Sachunterricht und Mathematik in der Primarstufe, 1987, H. 15, S. 286 -293.

HERWALD, H.: Projekt Wasserlandschaft/-Plastik. Universität Lüneburg 1990.

* HERWALD, H.: The Approach „Ästhetische Bildung". Vortag auf dem IV. Congresso Nationale Da Federacao De Arte-Educadores Do Brasil, Porto Alegre 1991.

HESSE, F.W.: Analoges Problemlösen - Eine Analyse kognitiver Prozesse beim analogen Problemlösen. Weinheim 1991.

HEUSER- KESSLER, M.-L.: Die Produktivität der Natur - Schellings Naturphilosophie und das neue Paradigma der Selbstorganisation in den Naturwissenschaften. Berlin, München 1986.

HIEBSCH, H.: Wissenschaftspsychologie - Psychologische Fragen der Wissenschaftsorganisation. Berlin 1977.

HILDENBRAND, B.: Vorwort zu STRAUSS, A.: Grundlagen der qualitativen Sozialforschung. München 1991, S. 11 - 17.

HILLER, G.G.: Unterrichtliches Handeln als Gegenstand des Unterrichts. In: Zeitschrift für Religionspädagogik, 1971, 26/1, S. 3 - 19.

HOFFMANN, D. (Hrsg.): Bilanz der Paradigmendiskussion in der Erziehungswissenschaft. Weinheim 1991.

HOFSTADTER, D.R.: Gödel, Escher, Bach. Stuttgart 1985.

* HOHENDAHL, P.U.: Reform als Utopie: Die preußische Bildungspolitik 1809 - 1817. In: VOSSKAMP, W. (Hrsg.): Utopieforschung - Interdisziplinäre Studien zur neuzeitlichen Utopie (Bd. 3). Stuttgart 1982, S. 250 - 272.

HOLLIGER, H.: Morphologie. In: Industrielle Organisation, 1968/9, S. 485 - 492.

** HOOPS, W.: Wenn wir Äpfel mit Birnen vergleichen - Analogien und ihr didaktisches Potential, Teil I u. II. Tübingen 1992.

HUBER, G.L.; MANDL, H.: Verbalisierungsmethoden zur Erfassung von Kognitionen im Handlungszusammenhang. In: dies. (Hrsg.): Verbale Daten. Eine Einführung in die Grundlagen und Methoden der Erhebung und Auswertung. Weinheim, Basel 1982.

HUMBOLDT, A.v.: Kosmos. Entwurf einer physischen Weltbeschreibung. Stuttgart, Augsburg 1845.

** HUMBOLDT, W.v.: Theorie der Bildung des Menschen (1794). In: ders.: Werke in fünf Bänden, hrsgg. v. FLITNER, A.; GIEL, K., Bd. V, Darmstadt 1983 (Zitiert nach: HUMBOLDT, W.v.: Bildung und Sprache. Hrsgg. von MENZE, C., 1965 (2), S. 24 - 28.

HUMBOLDT, W.v.: Brief vom 23. Dezember 1796 an F.A. WOLF . In: Gesammelte Werke. Hrsg.: Andreas FLITNER, Klaus GIEL, Bd. 1 - 5; hier Bd. 5, S. 182.

HUSCHKE-RHEIN, R., Systemische Pädagogik Bd. I Köln1988 (2), Bd. II, III Köln 1989, Bd. IV. Köln 1990.

INGENKAMP, K. (Hrsg.): Die Fragwürdigkeit der Zensurengebung. Weinheim 1977 (7).

IRIGARAY, L.: Die Mechanik des „Flüssigen". In: dies.: Das Geschlecht das nicht eins ist. Berlin 1979, S. 110 - 124.

IWAN, R.: Das Ei des Kolumbus - Ein Ökoprojekt in Schwäbisch Hall. In: Erziehungskunst 1999/5, S. 543 - 555.

JAHNKE, N., SEEGER, F.: Erkenntnismittel versus logische Strukturen: Selz und Piaget. IDM: Bielefeld 1984.

JAHNKE, H.N.: Abstrakte Anschauung, Geschichte und didaktische Bedeutung. IDM Occasional Paper 15, Bielefeld 1989.

** JAHNKE, H.N.: Mathematik und Bildung in der Humboldtschen Reform. Göttingen 1990.

JANSSEN, W.: Morphologie - Vom Naturkundeunterricht zum Biologieunterricht. In: Unterricht Biologie, 1985/101, S. 2 - 10.

** JANTSCH, E.: Towards Interdisciplinarity and Transdisciplinarity in Educations and Innovation. In: Centre for Education Research and Innovation (CERI). Organisation for Economic Cooperation and Development (OECD). 1972, S. 97 - 121.

** JANTSCH, E.: Die Selbstorganisation des Universums. München 1982.

JANTZEN, W.: Am Anfang war der Sinn - Zur Naturgeschichte, Psychologie und Philosophie von Tätigkeit, Sinn und Dialog. Marburg 1994.

JAPPE, G.: "Du bist der Prinz vom Dach" - Schlüsselerlebnisse bei Künstlern. In: DIE ZEIT, 1977/11, S. 44.

JENCKS, C.: Postskriptum für einen radikalen Eklektizismus. In: WELSCH, W. (Hrsg.): Wege aus der Moderne - Schlüsseltexte der Postmoderne - Diskussion. Weinheim 1988b, S. 92 - 98.

JENNY, H.: Kymatik, Bd. I u. II. Basel 1972.

JONASSEN, D.H.: What are Cognitive Tools? In: KOMMERS, P.A.M., JONASSEN, D.H., MAYES, J.T. (Ed.): Cognitive Tools. 1992, S. 1 - 6.

JERGINS, H.: Subjektive Allgemeinheit - Untersuchungen im Anschluß an Kant. Freiburg, München 1984.

** JUDIN, E.G: Die Tätigkeit als erklärendes Prinzip und als Gegenstand wissenschaftlicher Untersuchungen. In: Sowjetwissenschaft, 1977, H. 3, S. 293 - 306.

** JUDIN, E.G.: Systemvorgehen und Tätigkeitsprinzip - Methodologische Probleme der modernen Wissenschaft. Moskau 1978 (Übersetzung von I. MASCHKE, Universität Bielefeld).

** JUDIN, E.G.: Das Problem der Tätigkeit in Philosophie und Wissenschaft. In: VIEHWEGER, D. (Hrsg.): Grundfragen einer Theorie der sprachlichen Tätigkeit. Stuttgart 1984, S. 216 - 270.

JUNG, C.G.: Psychologie und Alchemie. Olten 1972.

** JUNG, C.G.; FRANZ, M.-L. v., u.a.: Der Mensch und seine Symbole. Olten, Freiburg im Breisgau 1979 (8).

JUNG, C.G.: Zugang zum Unbewußten. In: JUNG, C.G.; FRANZ, M.-L. v., u.a.: Der Mensch und seine Symbole. Olten, Freiburg im Breisgau 1979(8), S. 20 - 103.

JUNG, W.: Aufsätze zur Didaktik der Physik und Wissenschaftstheorie. Frankfurt a.M., Berlin, München 1979.

JUNG, W.: Alltagsvorstellungen und das Lernen von Physik und Chemie. In: Naturwissenschaften im Unterricht - Physik/Chemie, 1986/3, S. 2 - 6.

JUNG, W.: Hilft die Entwicklungspsychologie dem Physikdidaktiker? In: DUIT, R.; GRÄBER, W. /Hrsg.): Kognitive Entwicklung und Lernen der Naturwissenschaften. Kiel 1993, S. 86 - 108.

JUNG, W.: Konstruktivismus, Physikalismus und Phänomenologie. In: Zeitschrift für Didaktik der Naturwissenschaften. 1997/2, S. 3 - 14.

JUNG, W.; REUL, H.; SCHWEDES, H.: Untersuchungen zur Einführung in die Mechanik in den Klassen 3 - 6. Frankfurt a.M., Berlin, München 1977.

JUNG, W.; ENGELHARDT, P.; WIESNER, H.: Vorstellungen von Schülern über Begriffe der Newtonschen Mechanik. Bad Salzdethfurt 1981.

* KAH KYUNG CHO: Anschauung und Abstraktion - Im Lichte der modernen Wissenschaftstheorie. In: LANDGREBE, L. (Hrsg.): 9. Deutscher Kongreß für Philosophie Düsseldorf 1969. Meisenheim am Glan 1972.

KAHL, R. : Ein Wagnis für Herrschaft jeder Art - Die Globalisierung zwingt zu einer Revolution des Lernens. In: die tageszeitung, 1997/4. August, S. 10.

** KANT, I.: Kritik der Urteilskraft. VORLÄNDER, K. (Hrsg.). Hamburg 1963.

KARBISICKY, V.: Widerspiegelungstheorie und Strukturalismus - Zur Entstehung und Kritik der marxistisch-leninistischen Ästhetik. München 1973.

KARKOSCHKA, E.: Das Schriftbild der Neuen Musik. Celle 1966.

KATTMANN, U.; GROPENGIESSER, H.: Modellirung der Didaktischen Rekonstruktion. In: DUIT, R.; VON RHÖNECK, C. (Hrsg.): Lernen in den Naturwissenschaften. Kiel 1996, S. 180 - 204).

KAUPPE, R.: Chaos. In: RITTER, C. (Hrsg.): Historisch-philosophisches Wörterbuch Bd. 1. Basel, Stuttgart 1971, S. 980 - 984.

* KEDROW, B.M.: Zur Frage der Psychologie der wissenschaftlichen schöpferischen Arbeit (anläßlich der Entdeckung des periodischen Systems der Elemente durch Mendelejew.) In: ULMANN, G. (Hrsg.): Kreativitätsforschung. Köln 1973, S. 249 - 278.

KEKULÉ, A.: Rede anläßlich der Feier der Deutschen Chemischen Gesellschaft zu Ehren August KEKULÉs. In: Bericht der deutschen chemischen Gesellschaft 1890, H. 23, 1306.

KELLY, G.A.: Die Psychologie der persönlichen Konstrukte. Paderborn 1986.

KEPLER, J.: Weltharmonik. München 1973.

KIRCHER, E.: Humanes Lernen in den Naturwissenschaften? - Über den Umgang mit Schülervorstellungen im Sachunterricht. In: MARQUARDT-MAU, B.; SCHREIER, H.: Grundlegende Bildung im Sachunterricht. Bad Heilbrunn 1998, S. 142 - 154.

** KIRN, M.: Der Computer und das Menschenbild der Philosophie - Leibniz´ Monadologie und Hegels philosophisches System auf dem Prüfstand. Stuttgart 1985.

** KLAFKI, W.: Das pädagogische Problem des Elementaren und die Theorie der kategorialen Bildung. Weinheim 1957.

KLAFKI, W.: Didaktische Analyse als Kern der Unterrichtsvorbereitung. In: ROTH, R.; BLUMENTHAL, A.: Grundlegende Aufsätze aus der Zeitschrift DIE DEUTSCHE SCHULE. Hannover 1962, S. 9 - 34.

KLAFKI, W.: Bildung und Erziehung im Spannungsfeld von Vergangenheit, Gegenwart und Zukunft. In: ders. Studien zur Bildungstheorie und Didaktik. Weinheim, Basel 1973 (29. - 32. Tausend), S. 9 - 24.

* KLAFKI, W.: Kategoriale Bildung. In: PLEINES, J.-E. (Hrsg.): Bildungstheorien. Freiburg, Basel, Wien 1978, S. 64 - 77.

KLAFKI, W.: Schlüsselprobleme als Konzentrationskerne einer zeitgemäßen Bildungskonzeption - Aufgaben der Schulgestaltung und der Lehrer(fort)bildung. Vortrag auf der 8. überregionalen Fachtagung für Lehrerfortbildner. Bad Segeberg (Evangelische Akademie) 1990.

KALFKI, W: Allgemeinbildung in der Grundschule. In: Roland LAUTERBACH et al. (Hrsg.): Brennpunkte des Sachunterrichts. Kiel 1992, S. 11 - 31; hier: S. 21.

KLAFKI, W.: Allgemeinbildung heute - Grundzüge internationaler Erziehung. In: Pädagogische Forschung 1993, H. 1.

* KLARNER, G., GRZONKA, P. (Hrsg.): Das Projekt UFOS: Umweltbildung zwischen Naturerfahrung und Kunst. Remagen 1998 (Internet: www.naturfreundejugend.de).

KLAUER, K.J.: Erziehung zum induktiven Denken - Neue Ansätze der Denkerziehung. In: Unterrichtswissenschaft, 1991, H. 2, S. 135 - 151.

KLEE, P.: Das bildnerische Denken - Schriften zur Form und Gestaltungslehre. Herausgegeben von Jürg Spiller. Basel 1964.

KLIEME, E.; MAICHLE, U.: Erprobung eines Modellbildungssystems im Unterricht - Bericht über eine Pilotstudie zur Unterrichtsevaluation. Institut für Test- und Begabungsforschung: Bonn 1991.

KLOSSOWSKI DE ROLA, S.: Alchemie - Die geheime Kunst. München, Zürich 1974.

KLOTZ, H.: Moderne und Postmoderne. In: WELSCH, W. (Hrsg.): Wege aus der Moderne - Schlüsseltexte der Postmoderne - Diskussion. Weinheim 1988b, S. 99 - 109.

KNEER, G., NASSEHI, A.: Niklas Luhmanns Theorie sozialer Systeme - Eine Einführung. München 1993.

KNOBLOCH, C.: Hase und Igel in der Soziologie: Niklas Luhmann. In: Düsseldorfer Debatte, 1986, S. 49 - 58.

KOCKA, J. (Hrsg.): Interdisziplinarität. Praxis-Herausforderung-Ideologie. Frankfurt a.M. 1987.

KOESTLER, A.: Der göttliche Funke - Der schöpferische Akt in Kunst und Wissenschaft. Bern, München, Wien 1966.

KNEIP, W.; STASCHEIT, W.: Wasser begreifen und erfahren. Mülheim a.d. Ruhr 1971.

* KNORR-CETINA, K.: Die Fabrikation von Erkenntnis - Zur Anthropologie der Naturwissenschaft. Frankfurt a. M. 1984.

** KÖLLER, W.: Semiotik und Metapher - Untersuchungen zur grammatischen Struktur und kommunikativen Funktion von Metaphern. Stuttgart 1975.

KOLLER, H-C.: Bildung als Ab-bildung? - Eine bildungstheoretische Fallstudie im Anschluß an Jacques Lacan. In: Pädagogische Rundschau, 1994/48, S. 687 - 706.

KOMMERS, P.A.M.; JONASSEN, D.H.; MAYES, J.T.: Cognitive Tools for Learning. Berlin, Heidelberg 1992.

KÖSEL, E.: Die Modellierung von Lernwelten - Ein Handbuch zur Subjektiven Didaktik. Elztal-Dallau 1993.

KÖSSLER, H.: Bildung und Identität. In: Erlanger Forschungen, Reihe B, 1989, S. 51 - 65.

KRANICH, E.-M.: Waldorfschule - In der Praxis mehr am Menschen orientiert. In: Neue Deutsche Schule, 1987, H. 15/16, S. 14 - 16.

* KROHN, W.; KÜPPERS, G. (Hrsg.): Emergenz: Die Entstehung von Ordnung, Organisation und Bedeutung. Frankfurt a.M. 1992.

* KRÜSSEL, H.: Konstruktivistische Unterrichtsforschung. Frankfurt a.M. 1993.

** KÜKELHAUS, H.: Fassen - Fühlen - Bilden. Organerfahrungen im Umgang mit Phänomenen. Köln 1978.

** KÜKELHAUS, H.; ZUR LIPPE, R.: Entfaltung der Sinne - Ein „Erfahrungsfeld" zur Bewegung und Besinnung. Frankfurt a.M. 1982.

KÜKELHAUS, K.: Hören und Sehen in Tätigkeit. Zug 1986.

KUHLEN, R.: Hypertext - Ein nicht-lineares Medium zwischen Buch und Wissensbank. Heidelberg 1991.

KUHN, D.: Das Leben der Erde in der Naturanschauung und in den Landschaftsbildern der Romantik. In: HOFFMANN, D.; ERMERT, K. (Hrsg.): Landschaftsbilder, Landschaftswahrnehmung, Landschaft - Die Rolle der Kunst in der Geschichte der Wahrnehmung unserer Landschaft. Evangelische Akademie: Loccum 1985, S. 87 - 121.

* KUHN, T.S.: Die Struktur wissenschaftlicher Revolutionen. Frankfurt a.M. 1976.

* KUHN, T.S.: Die Entstehung des Neuen - Studien zur Struktur der Wissenschaftsgeschichte. Frankfurt a.M. 1977.

* KUHN, T.S.: Metaphor in Science. In: ORTONY, A. (Ed.): Metaphor and Thought. Cambridge 1979, S. 409 - 419.

KULENKAMPFF, H.W.: Die Explosion des Materials. In: MELOS - Zeitschrift für Neue Musik, 1967, H. 5, S. 153 - 161.

KÜNZLI, R.: Vom epistemologischen Bruch und den Folgen für Lehren und Lernen. In: NITZ, S. (Hrsg.): Interdisziplinarität - Annäherungen an einen Begriff und an eine Praxis. Pädagogisches Institut: Bozen 1993, S. 50 - 63.

* KÜPPERS, G.; KROHN, W. (Hrsg.): Emergenz: Die Entstehung von Ordnung, Organisation und Bedeutung. Frankfurt a.M. 1992.

KULTUSMINISTER NW: Unterrichtsempfehlung für den Wahlpflichtbereich I (Klasse 7 - 10) der Gesamtschule in Nordrhein-Westfalen. Frechen 1982.

KUPISIEWICZ, C.: Erkenntnistheoretische Grundlagen des Lernens und Lehrens. In: Pecherski, M., MITTER, W. (Hrsg.): Didaktische Probleme und Themen in Polen. Hannover, Dortmund, Darmstadt, Berlin 1977, S. 91 - 102.

LACAN, J.: Das Spiegelstadium als Bildner der Ichfunktion. In: Schriften I. Olten 1975.

LANGE, H.: Schulbau und Schulverfassung der frühen Neuzeit - Zur Entstehung und Problematik des modernen Schulwesens. Weinheim, Berlin 1967.

LARSEN, P. (Hrsg.): Mitteilungen des Instituts für Wasserbau und Kulturtechnik, 1986/Heft 174.

LEGLER, W.: Ästhetische Erziehung und Lerntheorie. Zeitschrift für Pädagogik, 1978/5, S. 709 - 727.

LEHRKE, M.; HOFFMANN, L. (Hrsg.): Schülerinteressen am naturwissenschaftlichen Unterricht. Köln 1987.

LEHRKE, M.: Interesse und Desinteresse am naturwissenschaftlich-technischen Unterricht. IPN: Kiel 1988.

LENGER, H.J.: Honigpumpe - Joseph Beuys und die Ökologie aus dem Nichts heraus. In: Spuren in Kunst und Gesellschaft, 1984/85, S. 42 - 45.

** LEISEGANG, H.: Denkformen. Berlin 1951.

** LEKTORSKY, W.A.: Das Subjekt-Objekt-Problem in der klassischen und modernen bürgerlichen Philosophie. Berlin 1968.

LEKTORSKY, V.A.: Subjekt - Objekt - Erkenntnis. Grundlegung einer Theorie des Wissens. Frankfurt a.M.: 1985.

LENZEN, D.: Lösen die Begriffe Selbstorganisation, Autopoiesis und Emergenz den Bildngsbegriff ab? In: Zeitschrift für Pädagogik, 1997/6, S. 950 - 968.

LENZ-JOHANNS, M.; PETERS, M.: Ästhetische Bildung und Allgemeinbildung. In: Kunst + Unterricht, 1992/162, S. 10 - 11.

LEONTJEV, A.N.: Tätigkeit, Bewußtsein, Persönlichkeit. Köln 1982.

LICHTENSTERN, C.: Die Wirkungsgeschichte der Metamorphosenlehre Goethes - Von Philipp Otto Runge bis Joseph Beuys. Weinheim 1990.

* LOESER, F., SCHULZE, D.: Erkenntnistheoretische Fragen einer Kreativitätslogik Berlin 1976.

LOHMANN, I.; WEISSE, W. (Hrsg.): Dialog zwischen den Kulturen - Erziehungshistoriche und religionspädagogische Gesichtspunkte interkultureller Bildung. Münster, New York 1994.

LOMPSCHER, J.: Psychologische Analysen der Lerntätigkeit. Berlin 1989.

* LOMPSCHER, J. (Hrsg.): Zur Psychologie der Lerntätigkeit. Berlin 1989a.

LOMPSCHER, J.: Formation of Learning Activity in Pupils. In: MANDL, H.; CORTE, E.D.; BENNETT, N.; FRIEDRICH, H.F. (Eds): Learning and Instruction. Oxford 1989b.

* LOMPSCHER, J.: Das Tätigkeitskonzept - Grundlagen, Potenzen, Konsequenzen. Berlin 1990a.

LOMPSCHER, J.: Wissenschaft vermitteln - Lerntätigkeit ausbilden. In: Grundschule, 1990b, H. 10, S. 46 - 49.

LOMPSCHER, J.: Aufsteigen vom Abstrakten zum Konkreten im Unterricht. Versuche zu einer alternativen Lehrstrategie. Berlin 1990c.

LONEGREN, S.: Labyrinthe - Antike Mythen & moderne Nutzungsmöglichkeiten. Frankfurt a.M. 1993.

* LOSER, F.: Konzepte und Verfahren der Unterrichtsforschung. München 1979.

* LUGT, H.J.: Wirbelströmung in Natur und Technik. Karlsruhe 1979.

LUHMANN, N.; SCHORR, K.E.: Das Technologiedefizit der Erziehung und die Pädagogik. In: Zeitschrift für Pädagogik, 1979, H. 3, S. 345 - 365.

* LUHMANN, N.; SCHORR, K.E. (Hrsg.): Zwischen Technologie und Selbstreferenz - Fragen an die Pädagogik. Frankfurt a.M. 1982.

LUHMANN, N., SCHORR, K.E.: Das Technologiedefizit der Erziehung und die Pädagogik. In: dies. (Hrsg.): Das Technologiedefizit der Erziehung und die Pädagogik. Frankfurt a.M. 1982, S. 11 - 40.

** LURIJA, A.R.: Die historische Bedingtheit individueller Erkenntnisprozesse. Weinheim 1986.

** LYBEK, L.: Konzepte zum fächerübergreifenden naturwissenschaftlichen Unterricht. IPN-Arbeitsberichte: Kiel 1973.

LYNCH, K.: Das Bild der Stadt (The Image of the City). Gütersloh 1968.

LYOTARD, J-F.: Das postmoderne Wissen - Ein Bericht. Graz-Wien 1986.

LYOTARD, J-F.: Beantwortung der Frage: Was ist postmodern? In: WELSCH, W. (Hrsg.): Wege aus der Moderne - Schlüsseltexte der Postmoderne - Diskussion. Weinheim 1988b, S. 193 - 203.

MALIN, L.: Die schönen Kräfte - Eine Arbeit über Heilen in verschiedenen Dimensionen. Frankfurt a.M. 1986.

* MANDELBROT, B.B.: Die fraktale Geometrie der Natur. Basel 1987.

MARQUARDT, B.: Neue Curricula für primary science education aus den USA - Anregungen für den Sachunterricht und die Lehrerausbildung? In: MARQUARDT-MAU, B., u.a. (Hrsg.): Lehrerbildung und Sachunterricht. München 1996 (im Druck).

MEISSNER, W.W.: Chymia Perennis - Von dem unvergänglichen Werden der allbeherrschenden Chemie. Bielefeld 1954.

MELTZER, D.: Traumleben. Eine Überprüfung der psychoanalytischen Theorie und Technik. München 1988.

* MENCK, P.: Unterrichtsinhalt - erziehungswissenschaftlich analysiert. In: Zeitschrift für Pädagogik, 1991, H. 5, S. 787 - 805.

MENZE, C.: Wilhelm von Humboldts Lehre und Bild vom Menschen. Ratingen 1965.

* MENZE, C.: Die Bildungsreform Wilhelm von Humboldts. Hannover 1975.

MENZE, C.: Wilhelm von Humboldt und die deutsche Universität. In: Vierteljahresschrift für wissenschaftliche Pädagogik, 1991, H. 4, S. 471 - 484.

METKEN, G.: Sich suchen, um sich zu erfinden - Die Kunst Brasiliens zwischen Moritz von Oranien und die Sao Paulo-Biennale. In: DIE ZEIT, 1991, Nr. 48, S. 68.

MEYER, C.: Umwelterziehung im authentischen Handlungskontext - Zur theoretischen Fundierung und Evaluation Regionalen Lernens. Bern-Berlin-Frankfurt/M. 1996.

MICHELL, J.: Die vergessene Kraft der Erde - Ihre Zentren, Strömungen und Wirkungsweisen. Frauenberg 1981.

** MIES, T., OTTE, M.: Interdisziplinarität der wissenschaftlichen Arbeit und Dialektik. In: PLATH, P., SANDKÜHLER, H.J. (Hrsg.): Theorie und Labor - Dialektik als Programm der Naturwissenschaft. Köln 1978, S. 192 - 208.

MIKELSKIS, H: Goethes Farbenlehre heute. Kiel (Goethe-Gesellschaft): 1990.

MIKELSKIS: Physiklernen heißt: Brücken schlagen zwischen toten Zahlen und sinnlichen Daten. In: HÄUßLER, P. (Hrsg.): Physikunterricht und Menschenbildung. IPN: Kiel 1992.

MINSSEN, M.: Häuschen auf dem Eis - Zu Labor und Landschaft. In: Scheidewege - Jahresschrift für skeptisches Denken. 1984/85, Jg. 14, S. 314 - 341.

** MINSSEN, M.; WALGENBACH, W.: Naturstoffe, Kunststoffe und das Makromolekülkonzept. Bad Salzdetfurth 1985.

* MINSSEN, M: Der sinnliche Stoff - Vom Umgang mit der Materie. Stuttgart 1986.

MINSSEN, M.: Der fliehende Hund - Über Phänomenologie und das Leiden am chemischen Unterricht. In: Scheidewege - Jahresschrift für skeptisches Denken 1998/99, S. 175 - 204.

* MOLLENHAUER, K.: Theorien zum Erziehungsprozeß. Zur Einführung in erziehungswissenschaftliche Fragestellungen. München 1972.

MOSCHNITZKA, P.: Der Tisch stößt sich von Greta ab - Theoriebildung: Sachkunde im 4. Schuljahr. In: päd. extra & demokratische erziehung, 1990, S. 36 - 39.

MÜLLER, H.R.: Vom „Ende der Erziehung": Kritik der pädagogischen Rezeption „postmodernen" Denkens : In: Vierteljahresschrift für wissenschaftliche Pädagogik,1990, S. 309 - 334.

MÜLLER, J.: Grundlagen der Systematischen Heuristik. Berlin 1970.

* MUTSCHLER, H.-D.: Spekulative und empirische Physik - Aktualität und Grenzen der Naturphilosophie Schellings. Stuttgart, Berlin, Köln 1990.

NACHTIGALL, D.: Vorstellungen im Bereich der Mechanik. In: Naturwissenschaften im Unterricht: Physik und Chemie, 1986, H. 13, S. 16 - 20.

NEBEN, H.; WAGNER, A.C.; EINSIEDLER, W.; MISCHKE, W. (Hrsg.): Selbstgesteuertes Lernen - Psychologische und pädagogische Aspekte eines handlungsorientierten Lernens. Weinheim, Basel 1978.

NEBER, H. (Hrsg.): Entdeckendes Lernen. Weinheim, Basel 1981 (3).

NENNINGER, P.: Entwicklungsmöglichkeiten der Lehr-Lern-Forschung. In: Unterrichtswissenschaft, 1990, S. 45 - 49.

** NEUMANN, T.; OTTE, M.: Versuch, Soziologie als Wissenschaftliche Praxis zu begreifen. In: SCHÄFERS, B. (Hrsg.): Thesen zur Kritik der Soziologie. Frankfurt a.M. 1969.

NIEDDERER, H.: Probleme der Lebenswelt. Vorverständnis der Schüler und Wissenschaftstheorie der Physik als Determinante für den Physikunterricht. In: FISCHLER, H. (Hrsg.): Lehren und Lernen im Physikunterricht. Köln 1982, S. 105 - 132.

NOLTE-FISCHER, Georg: Bildung zum Laien - Zur Soziologie des schulischen Fachunterrichts. Weinheim 1989.

NOSRATIAN, K.: Intellektuelle Anschauung - Zur Argonautik des Todes bei Schelling. In: Spuren in Kunst und Gesellschaft, 1984/85, H. 9, S. 29 - 32.

NOVALIS: Schriften Bd. III. Herausgegeben von KLUCKHOHN, P.; SAMUEL, R. Stuttgart 1960.

OELKERS, J.; TENORTH, H.-E. (Hrsg.): Pädagogik, Erziehungswissenschaft und Systemtheorie. Weinheim, Basel 1987.

OERTER, R.: Interaktion als Individuum - Umwelt - Bezug. In: LANTERMANN, E.D. (Hrsg.): Wechselwirkungen. Psychologische Analysen der Mensch - Umwelt - Beziehung. Göttingen, Toronto, Zürich 1982.

OESKER, R.: Mit Wasser spielen - mit dem Wasser gestalten. In: Motorik, 1991a/3, S. 139 - 147.

OESKER, R.: Strömungsbilder formen, ertasten und begreifen. In: gruppe&spiel, 1991/3, S. 4 - 11.

* OESKER, R.; WALGENBACH, W.: Flüssiges zwischen Ordnung und Chaos. In: Die Grundschulzeitschrift, 1992, H. 53, S. 20 - 23.

* OESKER, R.: Strömungsbilder: Dehnungen und Faltungen im Spannungsfeld von Ordnung und Chaos. In: Compuer und Unterricht. 1992/5, S. 10 - 18.

ORTONY, A. (Ed.): Metaphor and Thougt. London, New York, Melbourne 1979.

** OTTE, M.: Komplementarität. In: Dialektik - Beiträge zu Philosophie und Wissenschaften Bd. 8, 1984b, S. 60 - 75.

OTTE, M.: Können Maschinen denken? - Die Gottesfurcht vorm Denken der Computer. In: Düsseldorfer Debatte, 1984c / H. 2.

* OTTE, M.: Theorie, Computer und Bildung . In: JMD, 1985, H. 6, S. 161 - 185.

* OTTE, M.: Wege durch das Labyrinth - Die cartesische Methode und das Konzept der Komplementarität. Bielefeld (IDM) 1986 (s. auch: Düsseldorfer DEBATTE, 1986/4, S. 39 - 48).

OTTE, M.: Kunst und Wissenschaft - oder: Die individuell beförderte Einsicht in allgemeine Zusammenhänge. In: Düsseldorfer Debatte, 1988, S. 40 - 51.

** OTTE, M.: Das Formale, das Soziale und das Subjektive - Eine Einführung in die Philosophie und Didaktik der Mathematik. Frankfurt a.M. 1994.

* OTTO, G.: Didaktik der ästhetischen Erziehung. Braunschweig 1974.

OTTO, G.: Ästhetische Rationalität. In: KAISER, H.J. (Hrsg.): Ästhetik und Erkenntnis. Hamburg 1990, S. 37 - 52.

OTTO, G.: Ästhetisches Denken und ästhetische Rationalität - Über Wolfgang Welschs Aufsatz <<Zur Aktualität Ästhetischen Denkens>>. In: Kunst + Unterricht, 1991/155, S. 36 - 38.

PAPERT, S.: Mindstorms - Kinder, Computer und neues Lernen. Basel, Boston, Stuttgart 1982.

** PAWELZIG, G.: Dialektik der Entwicklung objektiver Systeme. Berlin 1970.

** PAZZINI, K.J.: Bildung und Bilder - Über einen nicht nur ethymologischen Zusammenhang. In: HANSMANN, O., MAROTZKI, W. (Hrsg.): Diskurs Bildungstheorie I: Systematische Markierungen. Weinheim 1988, S. 334 - 363.

PRAT, H.: Explosion und Verwandlung der Menschheit. Olten 1965.

PEARL, J.: Heuristics - Intelligent Search Strategies for Computer Problem Solving. Massachusetts, Menlo Park/California, London, Amsterdam, Ontario, Sydney 1984.

PEDRETTI, C.; CLARK, K.: Leonardo da Vinci - Natur und Landschaft. Stuttgart, Zürich, New York 1983.

** PEITGEN, H. O.; RICHTER, P.H.: Morphologie komplexer Grenzen - Bilder aus der Theorie dynamischer Systeme. Bremen 1984.

PEITGEN, H.O.; SAUPE, D.: The Science of Fractal Images. Berlin, Heidelberg, London, Paris, Tokyo 1988.

** PELLERT, A.(Hrsg.): Vernetzung und Widerspruch - Zur Neuorganisation von Wissenschaft. München, Wien 1991.

** PERALTA, Cleusa: Utopias Concretizaveis. Um Conceito Interdisciplinar de Educaçao Ambiental. Magisterarbeit: Fundaçao Universidade do Rio Grande RS (FURG): Rio Grande RS 1998.

* PEUKERT, H.: Bildung als Wahrnehmung des Anderen - Der Dialog im Bildungsdenken der Moderne. In: LOHMANN, I.; WEISSE, W. (Hrsg.): Dialog zwischen den Kulturen - Erziehungshistorische und religionspädagogische Gesichtspunkte interkultureller Bildung. Münster, New York 1994, S. 1 - 14.

* PFUNDT, H.; DUIT, R.: Alltagsvorstellungen und naturwissenschaftlicher Unterricht - Bibliographie. IPN: Kiel 1994 (4).

PIAGET, J.: Psychologie der Intelligenz. Olten 1947.

* PIAGET, J.: The Epistemology of Interdisciplinary Relationships. In: CENTRE FOR EDUCATIO-NAL RESEARCH AND INNOVATION (CERI): Interdisciplinarity - Problems of Teaching and Research in Universities. OECD: 1972, S. 127 - 139.

PIAGET, J.: Einführung in die genetische Erkenntnistheorie. Frankfurt a.M. 1973.

PIAGET, J.; INHELDER, B.: Die Entwicklung des inneren Bildes beim Kind. Frankfurt a.M. 1978.

PIEPER, W. (Hrsg.): Geomantie oder die alte Kunst, Energiezentren auf der Erdoberfläche auszuma-chen, sowie die künstliche Veränderung der Landschaft, um ihre geometrische Verbindung mit anderen Zentren auszudrücken. Löhrbach 1993.

PING (Praxis Integrierter naturwissenschaftlicher Grundbildung): Ich und das Wasser. IPN Kiel: Ent-wicklungsfassung Oktober 1995.

PLOSS, E.E.; ROOSEN-RUNGE, H.; SCHIPPERGES, H.; BUNTZ, H.: Alchimia - Ideologie und Technologie. München, 1970.

* PORTMANN, A.: Nachwort. In: GOETHE, J.W.v.: Schriften zur Morphologie II. Herausgegeben von W. MALSCH, Stuttgart o.J., S. 797 - 826.

PRANDTL, L.; OSWATITSCH, K.; WIEGHARDT, K.: Führer durch die Strömungslehre. Braun-schweig 1990 (9).

PRANGE, K.: Diesterwegs Lehre vom Unterricht. Ein Kapitel bürgerlicher Anthropologie und Didak-tik. In: FICHTNER, B.; MENCK, P. (Hrsg.): Pädagogik der modernen Schule - Adolph Diester-wegs Pädagogik im Zusammenhang von Gesellschaft und Schule. Weinheim, München 1992, S. 155 - 165.

PRIGANN, H.: Der Wald - Ein Zyklus. Wien, Berlin 1985.

PRIGGE, S.: Gewässer im Stadtteil - Ansätze für eine fächerübergreifende Umwelterziehung auf den Sekundratsufen I u. II - Das Umweltprojekt GREEN. Behörde für Schule, Jugend und Berufsbil-dung. Hamburg 1994 (2).

PROJEKTGRUPPE „Naturwissenschaften im Wahlpflichtbereich der Sekundarstufe I": Entwurf eines Lehrplans. IPN: Kiel 1980.

PURCE, J.: Die Spirale - Symbol der Seelenreise. München 1988.

* PUSCHKIN, W.N.: Die heuristische Tätigkeit in einem großen System. In: Ideen des exakten Wis-sens - Wissenschaft und Technik in der Sowjetunion, 1968, H. 11, S. 5 - 14.

QUISKE, F.H.; SKIRL, S.J.; SPIESS, G.: Denklabor Team. Konzepte für kreative Problemlösungen in Forschung, Verwaltung und Industrie. Stuttgart 1973.

* RAEITHEL, A.: Intuitionen, Algorithmen und Künstliche Intelligenz. In: Düsseldorfer Debatte, 1985, H. 10, S. 41 - 52.

* RAEITHEL, A.: Kommunikation als gegenständliche Tätigkeit - Zu einigen philosophischen Pro-blemen der kulturhistorischen Psychologie. Poykop., Hamburg 1988.

RAEITHEL, A.: Ein kulturhistorischer Blick auf rechnergestützte Arbeit. In: COY, W. et al.: Sicht-weisen der Informatik. Braunschweig 1992, S. 125 - 139.

* RAEITHEL, A.: Auswertungsmethoden für Repertory Grids. In: SCHEER, J.W., CATINA, A.: Einführung in die Repertory Grid-Technik - Bd. 1: Grundlagen und Methoden. Bern 1993, S. 41 - 67.

** RAEITHEL, A.: Kooperative Modellproduktion von Professionellen und Klienten. Vortrag auf der 2. Deutschen Konferenz zur PPK, Lengerich 1993.

** RAUH, H.C.: Die Entwicklung der Erkenntis nach Hegels „Phänomenologie des Geistes". In: STIEHLER, G. (Hrsg.): Veränderung und Entwicklung - Studien zur vormarxistischen Dialektik, Berlin 1974, S. 211 - 255.

* RAUNER, F. (Hrsg.): „Gestalten" - Eine neue gesellschaftliche Praxis. Bonn 1988.

413

RAUNER, F.: Die Befähigung zur (Mit-) Gestaltung von Arbeit und Technik als Leitidee beruflicher Bildung. In: HEIDEGGER, G.; GERDS, P.; WEISENBACH, K. (Hrsg.): Gestaltung von Arbeit und Technik - ein Ziel beruflicher Bildung. Frankfurt a.M., New York 1988, S. 32 - 50.

* REINHOLD, P.: Systembildenlernen am Beispiel von Carnots Wärmemaschine. IPN: Kiel 1988.

REINHOLD, P.: Offenes Experimentieren und Physiklernen. Habilitationsschrift. Kiel 1994.

RICHTER, I.V.: Aesthetic Thinking in the Construction of Knowledge - An Interdisciplinary Experience. Universidade:Santa Maria RS 1993.

RIEDEL, H. (Hrsg.): Standort und Anwendung der Systemtheoretischen Didaktik. München 1979.

**RITTER, J.: Landschaft - Zur Funktion des Ästhetischen in der modernen Gesellschaft. Münster 1963.

* RÖTZER, F.: Technoimaginäres - Ende des Imaginären? In: Kunstforum, 1988, H. 97, S. 64 - 74.

ROGERS, E.M.: Diffusion of Innovations. New York, London 1962.

ROGERS, E.M.: Diffusion of Innovations. Toronto, Ontario 1969 (7).

ROSNAY, J.d.: Das Makroskop - Systemdenken als Werkzeug der Ökogesellschaft. Reinbek 1979.

* ROTH, G.: Selbstorganisation und Selbstreferentialität als Prinzipien der Organisation von Lebewesen. In: KRÖBER, G.; SANDKÜHLER, H.J. (Hrsg.): Die Dialektik und die Wissenschaften. Köln 1986.

ROUSSEAU: J.-J.: Emil oder Über die Erziehung. Paderborn 1995 (12).

RÜCKRIEM, G.: Grundbegriffe der Tätigkeitstheorie. Vortrag auf der 1. Arbeitstagung der Österreichischen Sektion der ISCRAT, 2. - 4. 11. Wien 1990.

RÜCKRIEM, G.: Pädagogik als Praktische Vermittlungswissenschaft - Versuch einer tätigkeitstheoretischen Interpretation F.A. Diesterwegs. In: FICHTNER, B.; MENCK, P. (Hrsg.): Pädagogik der modernen Schule - Adolph Diesterwegs Pädagogik im Zusammenhang von Gesellschaft und Schule. Weinheim, München 1992, S. 31 - 52.

RÜCKRIEM, G.: Sinnkrise des Wissens. In: LLF-Berichte (hrsgg. von LOMPSCHER, J.), 1994, Nr. 8, S. 2 - 33.

RUHRBERG, K.: Zum Beispiel Spurensicherung. In: KUNSTmagazin, 1978/3, S. 35 - 37.

RUSCH, G., SCHMIDT, S.J.: Konstruktivismus und Sozialtheorie. Frankfurt a.M. 1994.

**SAUER: Über das Problem der Erziehung. In: J.G. FICHTE, H.I. NIETHAMMER (Hrsg.): Philosophisches Journal einer Gesellschaft Deutscher Gelehrten Bd. IX., 1798.

SCHÄFER, K.-H., SCHALLER, K.: Kritische Erziehungswissenschaft und kommunikative Didaktik. Heidelberg 1973.

** SCHARF, H.-J.: Das Verfahren der Sprache - Humboldt gegen Chomsky. Paderborn 1994.

SCHECKER, H.: Das Schülervorverständnis zur Mechanik. Eine Untersuchung in der Sekundarstufe II unter Einbeziehung historischer und wissenschaftstheoretischer Aspekte. Dissertation Bremen 1985.

SCHEER, J.W.: Planung und Durchführung von Repertory Grid-Untersuchungen. In: SCHEER, J.W.; CATINA, A.: Einführung in die Repertory Grid-Technik - Bd. 1: Grundlagen und Methoden. Bern 1993, S. 24 - 40.

SCHIEMENZ, G.P.: Joseph Lohschmidt und die Benzol-Formel. In: Sudhoffs Archiv, Bd. 78, H. 1. Stuttgart 1994, S. 41 - 58.

SCHLEIERMACHER, F.E.D.: Erziehungslehre. Hrsgg. v. C.PLATZ, Langensalza 1871.

SCHLOSSER, G.: Einheit der Welt und Einheitswissenschaft - Grundlegung einer Allgemeinen Systemtheorie. Braunschweig, Wiesbaden 1993.

SCHMIDT, S.J. (Hrsg.): Der Diskurs des Radikalen Konstruktivismus. Frankfurt a. M. 1987.

SCHMIDT, S.J. (Hrsg.): Kognition und Gesellschaft - Der Diskurs des Radikalen Konstruktivismus 2. Frankfurt a.M. 1992.

SCHNEIDER, E.: Das naturwissenschaftliche Weltbild. Berlin 1945.

SCHREIER, H.: Sternstunden der Sach-Erfahrung. In: Grundschule, 1990/März, S. 60 - 63.

SCHREIER, H.: Sachunterricht und Erfahrung. In: LAUTERBACH, R.; KÖHNLEIN, W.; SPREK-KELSEN, K.; KLEWITZ, E. (Hrsg.): Brennpunkte des Sachunterrichts. Kiel 1992a, S. 47 - 65.

SCHREIER, H.: Ordnen und die Herstellung von Sinnzusammenhängen. In: LAUETERBACH, R., KÖHNLEIN, W.; SPRECKELSEN, K.; KLEWITZ, E. (Hrsg.): Wege des Ordnens. Kiel 1992b, S. 29 - 50.

SCHULDT, S.: Computergrafik: Ein interaktiver Exkurs über die Abbildung von Funktionen und die Darstellung von Prozessen. Mathematisch-Naturwissenschaftliche Fakultät: Kiel 1987.

SCHULDT, S.: Interaktive Computersimulation zu Symmetrievorstellungen. Kiel 1994.

** SCHULDT, S.; WALGENBACH, W.; WOLZE, W.: Funktion heuristischer Mittel bei der Entstehung des Neuen. In: BEHRENDT, H. (Hrsg.): Zur Didaktik der Physik und Chemie - Probleme und Perspektiven. Alsbach 1994, S. 384 - 392.

SCHULTE, G.: Der blinde Fleck in Luhmanns Systemtheorie. Frankfurt, New York 1993.

* SCHWEGER, H.J.: Ein Land - Viele Kulturen!? - Migrantenliteratur in Unterricht und Öffentlichkeit. Arbeit zum zweiten Staatsexamen für das Lehramt an berufsbildenden Schulen. Husum 1999

SCHWEITZER, F.: Identität statt Bildung? - Zum Wandel pädagogischer Leitbegriffe. In: HANS-MANN, O., MAROTZKI, W.: Diskurs Bildungstheorie I: Systematische Markierungen - Rekonstruktion der Bildungstheorie unter Bedingungen der gegenwärtigen Gesellschaft. Weinheim 1988, S. 55 - 73.

** SCHWENK, T.: Das sensible Chaos. Stuttgart 1988 (7).

SECKEL, C.: Maßstäbe der Kunst im 20. Jahrhundert - Soziologische, ästhetische, psychologische Kriterien der modernen Malerei. Düsseldorf, Wien 1967, S. 149 - 196.

SEEL, N.M.; DINTER, F.R: Induktives Denken und Analogiebildung. In: Unterrichtswissenschaft, 1991/2, S. 98 - 110.

SEYFERT, R.: Die Landschaftsschilderung. Ein fachwissenschaftliches und psychogenetisches Problem. Leipzig 1903.

SHELDAKE, R.: Das Gedächtnis der Natur - Das Geheimnis der Entstehung der Formen in der Natur. 1991 (4).

* SIMONYI, K.: Kulturgeschichte der Physik. Frankfurt a.M. 1990.

SNOW, C.P.: Die zwei Kulturen. In: KREUZER, H. (Hrsg.): Die zwei Kulturen - Literarische und naturwissenschaftliche Intelligenz. Stuttgart 1987, S. 19 - 96.

* SOMMER, J.: Dialogische Forschung. München, Weinheim 1987.

SPRECKELSEN, K.: Wechselwirkungen und ihre Partner. Frankfurt a.M. 1971.

SPRECKELSEN, K.: Konzepte als Leitlinien für die Struktur eines stufenübergreifenden Curriculums. In: FREY, K.; HÄUSSLRE, P.: Integriertes Curriculum Naturwissenschaft: Theoretische Grundlagen und Ansätze. Kiel 1993, S. 409 - 412.

STALLMANN, R.: „Ich will Teil einer Gemeinschaft sein". Interview, Tageszeitung (taz) 1999/21. Juli, S. 17.

* STAUDENMAYER, U.B.; WALGENBACH, W.: Ist eine große Stadt besser als vier kleine Städte? In: LAUTERBACH, R.; MARQUARDT, B. (Hrsg.): Sachunterricht zwischen Alltag und Wissenschaft - Grundlagen und Beispiele für Schulpraxis und Lehrerbildung. Weinheim, Basel 1983, S. 137 - 145.

** STEINER, H.G.: Über Metaphern, Modelle und Mathematik. In: Festschrift für Heinrich Winter. Berlin 1988, S. 190 - 201.

STEINER, H.G.: Die Fragilität des Wissens in der unterrichtlichen Situation. IDM: Bielfeld 1988.

STEINER, R.: Erde und Naturreiche. Stuttgart 1981 (2).

* STEPANOV, N.I.: Das Problem der Elementarität. In: HÖRZ, H., OMEL`JANOSKIJ: Experiment - Modell - Theorie. Berlin 1982, S. 214 - 225.

* STICHWEH, R.: Zur Entstehung des modernen Systems wissenschaftlicher Disziplinen - Physik in Deutschland 1740 - 1890. Frankfurt 1984.

STRAWE, C.: Marxismus und Anthroposophie. Stuttgart 1986.

**STRAUSS, A.L.: Grundlagen qualitativer Sozialforschung - Datenanalyse und Theoriebildung in der empirischen soziologischen Forschung. München 1991.

STRITTMATTER, P.; DINTER, F.: Stand und Perspektiven der Lehr-Lern-Forschung. In: BECK, K.; KELL, A. (Hrsg.): Bilanz der Bildungsforschung - Stand und Zukunftsperspektiven, Weinheim 1991, S. 201 - 21.

SUCHMAN, J.R.: Learning Through Inquiry. In: Childhood Education, 1965, V. 41, S. 289 - 291.

TARASSOW, L.: Symmetrie, Symmetrie! - Strukturprinzipien in Natur und Technik. Heidelberg, Berlin, Oxford 1993.

TENORTH, H-E: Empirisch-analytisches Paradigma: Programm ohne Praxis - Praxis ohne Programm. In: HOFFMANN, D. (Hrsg.): Bilanz der Paradigmendiskussion in der Erziehungswissenschaft. Weinheim 1991, S. 1 - 16.

TENORTH, H.-E.: „Bildung" - Thematisierungsformen und Bedeutung in der Erziehungswissenschaft. In: Zeitschrift für Pädagogik, 1997/, 969 - 984.

* TERHART, E.: Interpretative Unterrichtsforschung - Kritische Rekonstruktion und Analyse konkurrierender Forschungsprogramme der Unterrichtswissenschaft. Stuttgart 1978.

* TERHART, E.: Intuition - Interpretation - Argumentation. Zum Problem der Geltungsbegründung von Interpretationen. In: Zeitschrift für Pädagogik, 1981, H. 5, S. 769 - 793.

** THAGARD, P.: Conceptual Resolutions. Princeton 1992.

THEOPHEL, E.: Kerze, nach Faraday. In: BERG, H.C.; SCHULZE, T. (Hrsg.): Lehrkunst - Lehrbuch der Didaktik Bd. II. Neuwied, Kriftel, Berlin 1995, S. 283 - 304.

* THEUNISSEN, M.: Selbstverwirklichung und Allgemeinheit. Berlin, New York 1982.

* THOMAS, L.F.; HARRI-AUGSTEIN, E.S.: Self-organised learning - Foundations of a conversational science of psychology. London, Boston, Melbourne, Henley 1985.

* THOMPSON, dÁrcy: Über Wachstum und Form. Frankfurt a.M. 1985.

VAN BUER, J.: Lehr-Lernforschung der 80er Jahre - nur ein anderes Etikett für psychologische Unterrichtsforschung. In: Unterrichtswissenschaft, 1990, H. 1, S. 16 - 22.

VAN DEN BOOM, H.: Digitale Ästhetik - Zu einer Bildungstheorie des Computers. Stuttgart 1987.

VAN LÜCK, W.: Lernen in Sach- und Sinnzusammenhängen, unterstützt durch Neue Medien. In: Computer und Unterricht, 1993a, H. 1, S. 5 - 11.

VAN LÜCK, W.: Hypermedia - Arbeitsumgebungen. In: Friedrich Jahresheft 1993b, S. 122 - 128.

* VARELA, F.: Der kreative Zirkel - Skizzen zur Naturgeschichte der Rückbezüglichkeit. In: WATZLAWICK, P. (Hrsg.): Die erfundene Wirklichkeit. München 1985, S. 294 - 309.

VARELA, F.: Die Auto-Organisation im Hirn und kognitive Prozesse. In: GUNTERN, G. (Hrsg.): Der blinde Tanz zur lautlosen Musik. Brig 1987, S. 71 - 92.

* VARELA, F.: Kognitionswissenschaft - Kognitionstechnik. Frankfurt a.M. 1990.

VESTER, F.: Unsere Welt - ein vernetztes System. Stuttgart 1978.

VOGEL, P.: Von Umfang und Grenzen der Lernfähigkeit empirisch-analytischer und systematischer Pädagogik. In: HOFFMANN, D. (Hrsg.): Bilanz der Paradigmendiskussion in der Erziehungswissenschaft. Weinheim 1991, S. 17 - 30.

VOGEL, P.: System - die Antwort der Bildungsphilosophie? In: OELKERS, J.; TENORTH, H.-E. (Hrsg.): Pädagogisches Wissen - 27. Beiheft der Zeitschrift für Pädagogik. Weinheim, Basel 1991a, S. 333 - 345.

VON DER STEIN, A.: Der Systembegriff in seiner geschichtlichen Entwicklung. In: DIEMER, H. (Hrsg.): System und Klassifikation in Wissenschaft und Dokumentation. Meisenheim am Glan 1968, S. 1 - 14.

VOSNIADOU, S.; ORTONY, A. (Edts.): Similarity and Analogical Reasoning. Cambridge 1989.

VYGOTSKY, L.S.: Ausgewählte Schriften Bd. II. Berlin 1987.

WILDERMUTH, H.: Lebensraum Wasser - Unterrichtseinheiten zur Biologie von Tümpel, Bach und Weiher. Basel 1986.

WACHSMANN, K: Wendepunkt im Bauen. Wiesbaden 1959.

* WAGENSCHEIN, M., Ursprüngliches Verstehen und exaktes Denken, Band I und II. Stuttgart 1970.

WAGENSCHEIN, M.: Naturphänomene sehen und verstehen: genetische Lehrgänge. Hrsgg. von H.C. BERG. Stuttgart 1980.

** WAGENSCHEIN, M.: Rettet die Phänomene! (Der Vorrang des Unmittelbaren). In. ders: Erinnerungen für morgen - Eine pädagogische Autobiographie. Weinheim, Basel 1983, S. 135 - 153.

WALGENBACH, W.: Versuche zur Bildung ästhetischer Redundanzen im Musikunterricht einer Volksschule. In: Musik und Bildung, 1969/12, S. 551 - 555.

** WALGENBACH, W.: Ansätze zu einer Didakitik ästhetisch-wissenschaftlicher Praxis - Orientierungen für die Theoretisierung eigenen Denkens und Handelns. Weinheim, Basel 1979.

WALGENBACH, W.; FREY, K.: Bildungsforschung - Retrospektive und Prognose. In: Bildung und Erziehung, 1980, H. 1, S. 1 - 3.

WALGENBACH, W.: Curriculumforschung auf der Grundlage systemtheoretischer Strategien und Methoden. In: HAMEYER, U.; FREY, K. (Hrsg.): Handbuch der Curriculumforschung. Weinheim 1982, S. 569 - 576.

** WALGENBACH, W.: Lernen im Widerspruch von Wildnis und Zivilisation. In: Bildung und Erziehung, 1982, H. 35, S. 135 - 151. (engl: Learning at the Interface between Wildness and Civilization. In: Learning and Teaching on a Scientific Basis - Methodological and Epistemological Aspects of the Activity of Learning and Teaching. Aarhus 1984).

WALGENBACH, W.; WOLZE, W.: Education through System Design - Outline of a Research and Development Program. Vortrag auf dem 1. Internationalen Kongreß zur Tätigkeitstheorie. Berlin 1987.

WALGENBACH, W., OESKER, R., STRUWE, G.: Computerbilder in der Umwelterziehung. In: log in 1988, H.3, S. 20 - 23.

** WALGENBACH, W.: Und er bewegt sich doch - Kleiner didaktischer Essay über den Hefeteig. In: Demokratische Erziehung, 1986/10, S. 10 - 14.

* WALGENBACH, W.: Computerkunst - Materialien und Ideen zur Integration von Kunst, Wissenschaft, Technologie und Alltagskultur. In: log in, 1989a, H. 3, S. 16 -19.

* WALGENBACH, W.: Wasser-Gestalten und Wasser gestalten - Bildhaftes in naturwissenschaftlich-technologischen Systembildungen. In: Pädagogik, 1989b, H. 9, S. 16 - 19.

WALGENBACH, W.: System-Bildung durch interdisziplinäre Systembildungen mit Fließendem. Vortrag auf dem 2. Internationalen Kongreß zur Tätigkeitstheorie in Lahti/Finnland. Kiel 1990a.

WALGENBACH, W.: Interkulturelle Netzwerkarbeit - Neue Medien als Mittel und Inhalt. In: Gesprächskreis Medienverbund, Arbeitskreis 6 der Konzertierten Aktion Weiterbildung (Hrsg.): Welche Zukunft hat der Medienverbund? Adolf-Grimme-Institut: Marl 1990b, S. 53 - 58.

* WALGENBACH, W.: Selbsttätigkeit, Anschauung, Abstraktion und Heuristik bei Diesterweg und in Konzepten didaktischer Tätigkeitstheorie. In: FICHTNER, B.; MENCK, P. (Hrsg.): Pädagogik der modernen Schule - Adolph Diesterwegs Pädagogik im Zusammenhang von Gesellschaft und Schule. München 1992a, S. 115 - 130.

* WALGENBACH, W.: Computerbilder zwischen Elementarbildern und Weltbildern. In: Computer und Unterricht, 1992/5, S. 4 - 19.

WALGENBACH, W.: Netzwerkarbeit als theoriegeleitetes Bildungsexperiment - Ein Plädoyer für die Entwicklung heuristischer Netzwerkstrategien. In: NETZWERK Context, 1993a, H. 4, S. 5 - 9.

WALGENBACH, W.: Biotechnologie as onderwigs van „System-Bildung": Gistdeeg leeft!. In: Heb het lef eens ... Biologie-onderwigs en opleiding in het jaar 2000. Universität Groningen/Niederlande: 1993b, S. 21 - 24.

* WALGENBACH, W.: Conceitos Básicos da Eucaçao Ambiental do Ponto de Vista da Teoria da Educaçao Categorial. In. Ambiente & Educaçao, 1996/1, S. 47 - 72.

WALTHER, P.: Vergleichende Studien zur Konstruktion von Bildern über Umweltwandel in Wissenschaft und Alltag. In: Landschaft + Stadt 1988, H. 20, S. 1 - 9.

WARTHORST, A.: Verlaufsprotokoll einer Unterrichtsstunde „Ruhrgebiet - Münsterland". Pädagogische Hochschule: Münster 1973.

* WATSON, J.D.: Die Doppel-Helix - Ein Bericht über die Entdeckung der DNS-Struktur. Reinbek 1969.

WEBER, M.: Wirtschaft und Gesellschaft 1. Halbband, hrsgg. von WINCKELMANN, J., Köln, Berlin 1964.

* WEIBEL, P. (Hrsg.): OCEAN EARTH - 1980 bis heute. Stuttgart 1994.

* WEIBEL, P.: Jenseits von Kunst. Wien: 1997.

WEISS, P.: Die Ästhetik des Widerstands. Frankfurt a.M. 1983.

* WEINRICH, H.: Semantik der kühnen Metapher. In: Deutsche Vierteljahrsschrift für Literaturwissenschaft und Geistesgeschichte, 1963, H. 37, S. 324 - 344.

** WEIZSÄCKER, E.v.: Erstmaligkeit und Bestätigung als Komponenten der pragmatischen Information. In: ders. (Hrsg.): Offene Systeme I. Stuttgart 1974, S. 82 - 113.

WELSCH, W.: Unsere postmoderne Moderne. Weinheim 1988a.

** WERTHEIMER, M.: Produktives Denken. Frankfurt a.M. 1964 (2).

WILHELM, T.: Aufbruch ins europäische Zeitalter - Eine politisch-pädagogische Besinnung am Ende des 20. Jahrhunderts. Stuttgart 1990.

* WILLKE, H.: Systemtheorie - Eine Einführung in die Grundprobleme der Theorie sozialer Systeme. Stuttgart, Jena 1993 (4).

** WINOGRAD, T.; FLORES, F.: Erkenntnis Maschinen Verstehen. Zur Neugestaltung von Computersystemen. 1992 (2)/engl.: Understanding Computers and Cognition. Reading, Massachusetts 1997 (11).

WINKLER, E.: Das Allgemeine und die Geographie. Darmstadt 1967 S. 215 - 222.

WISSENSCHAFTSRAT: Stellungnahme zu erziehungswissenschaftlichen Einrichtungen außerhalb der Hochschulen. Bonn 1984.

WISSENSCHAFTSRAT: Stellungnahme zur Umweltforschung in Deutschland. Bonn 1994.

418

* WITTE, R.: Konzeptdeterminierte Curricula für die Grundschule? - Eine kritische Betrachung der Vorgeschichte des wissenschaftsorientierten Sachunterrichts. In. LAUTERBACH, R.; MARQUARDT, B. (Hrsg.): Sachunterricht zwischen Alltag und Wissenschaft. Basel 1983, S.13 - 33.

WOLZE, W.: Historische Rekonstruktion in der Lerntätigkeit. In: WIEBEL, K.H. (Hrsg.): Zur Didaktik der Physik und Chemie. Alsbach 1988.

** WOLZE, W.: Zur Entwicklung naturwissenschaftlicher Erkenntnissysteme im Lernprozeß. Wiesbaden 1989.

** WOLZE, W.: Lernen in der Komplementarität von Autopoiese und Evolution. In: physica didactica, 1991, H. 2/3, S. 3 - 37.

* WOLZE, W., WALGENBACH, W.: Naturwissenschaftliche Bildung als System-Bildung. In: HÄUSSLER, P.: Physikunterricht und Menschenbildung. IPN: Kiel 1992.

WOLZE, W.; SCHULDT, S.; WALGENBACH, W.: Funktion heuristischer Mittel bei der Entstehung des Neuen. In: BEHRENDT, H. (Hrsg.): Zur Didaktik der Physik und Chemie. Alsbach 1994, S. 384 - 392.

** WOLZE, W.; WALGENBACH, W.; SCHULDT, S.: Die Erzeugung von Neuem in den Wissenschaften als Orientierung für die Konstruktion heuristischer Mittel. In: Zeitschrift für Didaktik der Naturwissenschaften, 1997/1, S. 52 - 70.

WULF, C. (Hrsg.): Evaluation. Beschreibung und Bewertung von Unterricht, Curricula und Schulversuchen. München 1972.

WULF, C.: Heuristische Lernziele - Verhaltensziele. In: Bildung und Erziehung, 1972a, S. 15 - 24.

** WULF, C.; SCHÄFER, G.E.: Bild-Phantasie-Täuschung. In: GOGOLIN, I.; LENZEN, D.: Medien-Generation - Beiträge zum 16. Kongreß der Deutschen Gesellschaft für Erziehungswissenschaft. Opladen 1999, S. 345 - 362.

WULFF, E.: Psychiatrie in Vietnam. In: Der Nervenarzt, 1966, H. 6, S. 237 - 246.

WÜRTENBERGER, F: Die Architektur der Lebewesen.Karlsruhe 1989.

ZACHARIAS, F.: Das Ökosystemkonzept und seine Unterricht strukturierende Funktion. In: Biologie-Unterricht, 1978/2, S. 4 - 25.

ZAMATTIO, C.; MARINONI, A.; BRIZIO, A.M: Leonardo, der Forscher. Stuttgart, Zürich 1987.

** ZELENY, J.: Die Wissenschaftslogik und „Das Kapital". Frankfurt, Wien 1968.

ZÖLLNER, D.: Wilhelm von Humboldt - Einbildung und Wirklichkeit. Münster, New York 1989.

ZÖPEL, W.: Staatliche Verantwortung und Zukunftsgestaltung durch Netzwerke. In: BURMEISTER, K.; CANZLER, W.; KREIBICH, R. (Hrsg.): Netzwerke - Vernetzungen und Zukunftsgestaltung. Weinheim, Basel 1991, S. 93 - 108.

** ZWEITE, A.: Joseph Beuys - Natur, Materie, Form. München, Paris, London 1991.

Sachregister

1. Argumentativ-entwickelnder Teil

Ausgangspunkt: Kritik an Pädagogik als Wissenschaft (WISSENSCHAFTSRAT): 17

Lösungsansatz: Wiederaufnahme des „pädagogischen Grundproblems":
17, 18, 31-32, 53-55, 77, 359, 360

Klassische Konzepte/Lösungsansätze	*Aktualisierung: Systemwissenschaft*
o „Selbsttätigkeit" als zentrale Kategorie: 17-18, 34-40, 51-52, 73, 75, 169, 218, 244, 291f., 340, 359f., 362-364, 371	o Selbsttätigkeit als systembildende Tätigkeit: 23f., 99f., 121-142, 166-170, 237f.
- Erzeugung von Neuem (einmalige Persönlichkeit): 17, 47	- Selbsttätigkeit/Selbstorganisation: 23-29, 77-81, 127-142, 143-147, 230-231
- Selbstreflexivität: 18, 33, 39	- Theoretische Einstellung zur Wirklichkeit: Metatheoretisches/Metakognitives: 29, 119,166, 242, 289, 301-304, 316, 341, 352f., 378
o Elementare Mittel. 18, 20-23, 61-71, 67-68, 72-73	o Heuristische Mittel: 21, 33, 38, 66f., 67-68, 73-76, 99, 120, 124, 147-163
- Elementarobjekte/Urphänomene: 29, 40-41, 67-71	- Forschungsobjekte/Miniaturen: 100-110, 123, 174-179, 182-190, 259- 262
- Urbilder/"Entgegensetzungen": 29, 42-47, 68-71	- Theoretische Konstrukte/Metaphern, Kategoriale Begriffspaare: 23-28, 94-95, 106, 120, 136, 143-145, 190-207, 209f., 225-240, 262-267
- Induktive Methode (Vom Konkreten zum Abstrakten): 66-67, 73f., 87-89,	- Heuristische Methoden (Wechselwirkung Konkret/Abstrakt):
- Organisation "Subjektive Totalität": 48-51	- Inter- und Transdisziplinarität: 7, 116-121, 166-170, 267-271
- Persönlichkeitsentwicklung als Ziel/ Resultat: 20, 47	- Systembildungen: Vom Selbstsystem zu konkretisierbaren Utopien: 33, 80-81, 110-115, 171-174, 182-190, 206-207, 219-224, 234-235, 242-258, 272-274, 304-315, 304-344
o Einwirkungen auf Selbsttätigkeit (Erziehung):	o Heuristische Mittel für interdisziplinäre Systembildungen:
- Kausalität (Wechselwirkung als Idee): 31, 39, 53-54	- Wechselwirkungskonzept: 53, 65, 77-79, 80, 199, 225-240, 294, 360, 367f.
- Elementare "homöopathische" Mittel: 54, 68-71	- Epistemologische Heureme: 22, 68f., 179-181, 235-240

Personenregister

Entwicklungslogik ausgewählter Bildtafeln

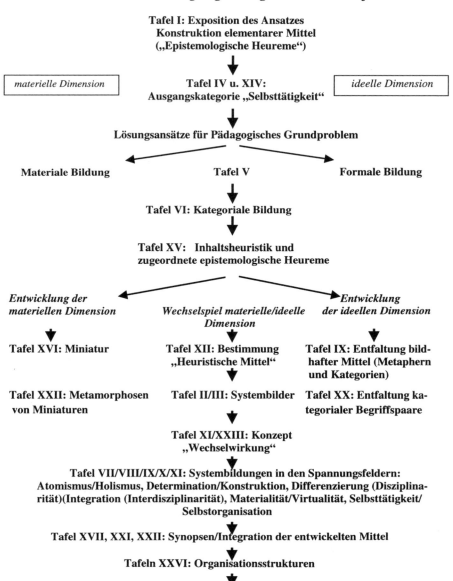

Tafel I: Exposition des Ansatzes Konstruktion elementarer Mittel („Epistemologische Heureme")

↓

materielle Dimension

Tafel IV u. XIV: Ausgangskategorie „Selbsttätigkeit"

ideelle Dimension

↓

Lösungsansätze für Pädagogisches Grundproblem

Materiale Bildung ← **Tafel V** → **Formale Bildung**

↓

Tafel VI: Kategoriale Bildung

↓

Tafel XV: Inhaltsheuristik und zugeordnete epistemologische Heureme

Entwicklung der materiellen Dimension ←

Wechselspiel materielle/ideelle Dimension

→ *Entwicklung der ideellen Dimension*

↓ ↓ ↓

Tafel XVI: Miniatur

Tafel XII: Bestimmung „Heuristische Mittel"

Tafel IX: Entfaltung bildhafter Mittel (Metaphern und Kategorien)

Tafel XXII: Metamorphosen von Miniaturen

Tafel II/III: Systembilder

Tafel XX: Entfaltung kategorialer Begriffspaare

↓

Tafel XI/XXIII: Konzept „Wechselwirkung"

↓

Tafel VII/VIII/IX/X/XI: Systembildungen in den Spannungsfeldern: Atomismus/Holismus, Determination/Konstruktion, Differenzierung (Disziplinarität)(Integration (Interdisziplinarität), Materialität/Virtualität, Selbsttätigkeit/ Selbstorganisation

↓

Tafel XVII, XXI, XXII: Synopsen/Integration der entwickelten Mittel

↓

Tafeln XXVI: Organisationsstrukturen

↓

Tafel XXVII: Produktstruktur

**Weitere Materialien zum Ansatz
„Interdisiziplinäre System-Bildung"**

o CD ROM mit Multimedia-Präsentation deutsch/englisch
(Gesamtüberblick/Ergebnisse zu einzelnen Systembildungs-
sequenzen aus dem Kooperationsverbund „Interdisciplinary
Self-System Design (INSYDE)"

Preis: 10,00 DM Schutzgebühr

o Print-Materialien zu den einzelnen Systembildungssequenzen
(Versionen: Deutsch/Englisch/Spanisch/Portugiesisch)

Preis: auf Anfrage

Bezugsadressen:

PD Dr. Wilhelm Walgenbach
Institut für die Pädagogik der Naturwissenschaften (IPN)
an der Universität Kiel
Olshausenstr. 62

24098 K I E L   email: walgen@t-online.de

Staudenmayers Pädagogische Werkstatt (SPW)
Werkstatt für pädagogische Medien und Lehrerbildung
Strönfeldstr. 1

48619 H E E K   email: stauden@mlnet.de

Internet:

www.naturfreundejugend.de
(dort Links zu kooperierenden Personen und Institutionen sowie
Download-Möglichkeiten)

Jürgen Walter

Bildung der Zukunft

Für Nachhaltigkeit in Bildung und Gesellschaft

2., korrigierte Auflage

Frankfurt/M., Berlin, Bern, Bruxelles, New York, Wien, 1999. 222 S., zahlr. Graf.
ISBN 3-631-35329-4 · br. DM 59.–*

Die Zukunftsperspektiven hochmoderner Industriegesellschaften hängen ganz wesentlich ab von der Gestaltung und Leistungsfähigkeit des Bildungssystems. Dies gilt um so mehr, als sich nicht nur Arbeitsplätze und Wirtschaftsstrukturen, sondern das gesamte Profil unserer Gesellschaft wandelt. Geprägt ist dieser sich beschleunigende Wandel durch moderne Informationstechnologien, durch die Globalisierung von Märkten und Produktionsweisen, aber auch durch die Frage, mit welchem „Rüstzeug" und mit welchen Orientierungen der Mensch den wachsenden Herausforderungen begegnen kann. Die damit verbundenen Fragen werden hier in einer neuen Perspektive aufgearbeitet. Denn über Anforderungen an Bildungsinhalte, -systeme und -politik hinaus wird Bildung umfassend als Chance diskutiert, um Zukunft human und im Sinne einer Nachhaltigkeit zu gestalten.

Aus dem Inhalt: 30 Jahre Hochschulreform · Roman Herzogs Rede · Neuorientierung in Wandlungsprozessen · Profilierung innerhalb der Globalisierung · Transformation der Industriegesellschaft · Prinzipien lernender Organisationen · Leitbild Nachhaltigkeit · Situation und Reformvorschläge im Bereich Chemie · Sieben Leitbilder und kritische Fragen zu einer „Bildung der Zukunft"

Frankfurt/M · Berlin · Bern · New York · Paris · Wien
Auslieferung: Verlag Peter Lang AG
Jupiterstr. 15, CH-3000 Bern 15
Telefax (004131) 9402131
*inklusive Mehrwertsteuer
Preisänderungen vorbehalten

Peter Lang · Europäischer Verlag der Wissenschaften